庆祝改革开放40周年专题研究

“庆祝改革开放40周年专题研究”丛书
编委会

A Research on China's Social and Economic Development with 40th Anniversary of Reform and Opening-up

改革开放40周年
中国社会经济发展研究

中共中央党校（国家行政学院）课题组 著

人民出版社

策划编辑：郑海燕
责任编辑：郑海燕　张　燕　孟　雪　李甜甜
封面设计：吴燕妮
责任校对：刘　青

图书在版编目(CIP)数据

改革开放40周年中国社会经济发展研究/中共中央党校(国家行政学院)课题组 著. —北京:人民出版社,2018.12
ISBN 978-7-01-020152-8

Ⅰ.①改…　Ⅱ.①中…　Ⅲ.①社会发展-研究-中国-1978-2018②中国经济-经济发展-研究-1978-2018　Ⅳ.①D668②F124

中国版本图书馆CIP数据核字(2018)第271638号

改革开放40周年中国社会经济发展研究
GAIGE KAIFANG 40 ZHOUNIAN ZHONGGUO SHEHUI JINGJI FAZHAN YANJIU

中共中央党校(国家行政学院)课题组　著

人民出版社 出版发行
(100706　北京市东城区隆福寺街99号)

中煤(北京)印务有限公司印刷　新华书店经销

2018年12月第1版　2018年12月北京第1次印刷
开本:787毫米×1092毫米 1/16　印张:30.25
字数:638千字

ISBN 978-7-01-020152-8　定价:120.00元

邮购地址 100706　北京市东城区隆福寺街99号
人民东方图书销售中心　电话 (010)65250042　65289539

前　言

一、研究背景

1978年12月18—22日,党的十一届三中全会隆重召开,全会中心议题是讨论把全党工作重点转移到社会主义现代化建设上来。党的十一届三中全会拉开了我国改革开放的大幕。

早在新中国成立初期,特别是在社会主义改造基本完成以后,毛泽东同志就再三指示全党,要把工作中心转移到经济方面和技术革命方面。1956年,毛泽东同志在《论十大关系》报告中提出的基本方针"就是要把国内外一切积极因素调动起来,为社会主义事业服务",这既是经济规律的客观反映,也是社会政治安定的重要保证。以毛泽东同志为核心的党的第一代中央领导集体带领全党和全国各族人民完成了新民主主义革命,进行了社会主义改造,确立了社会主义基本制度,成功实现了中国历史上最伟大最深刻的社会变革,为当代中国一切发展进步奠定了根本政治前提和制度基础,也为新的历史时期开创中国特色社会主义提供了宝贵经验、理论准备、物质基础。

20世纪70年代末,以邓小平同志为核心的党的第二代中央领导集体带领全党和全国各族人民深刻总结我国社会主义建设正反两方面经验,借鉴世界社会主义历史经验,作出把党和国家工作中心转移到经济建设上来、实行改革开放的历史性决策,深刻揭示社会主义本质,确立社会主义初级阶段基本路线,明确提出走自己的路、建设中国特色社会主义,科学回答了建设中国特色社会主义的一系列基本问题,成功开创了中国特色社会主义。

20世纪80年代末,国际局势风云变幻,我国改革开放和社会主义现代化建设的进程波澜壮阔。以江泽民同志为核心的党的第三代中央领导集体带领全党和全国各族人民坚持党的基本理论、基本路线,在国内外形势十分复杂、世界社会主义出现严重曲折的严峻考验面前捍卫了中国特色社会主义,依据新的实践确立了党的基本纲领、基本经验,确立了社会主义市场经济体制的改革目标和基本框架,确立了社会主义初级阶段的基本经济制度和分配制度,开创全面改革开放的新局面,推进党的建设新的伟大工程,成功把中国特色社会主义推向21世纪。

进入21世纪,我国进入全面建设小康社会、加快推进社会主义现代化新的发展阶段。党中央抓住重要战略机遇期,在全面建设小康社会进程中推进实践创新、理论创新、制度创新,强调坚持以人为本、全面协调可持续发展,提出构建社会主义和谐社会、加快生态文明建设,形成中国特色社会主义事业总体布局,着力保障和改善民生,促进社会公平正义,推动建设和谐世界,推进党的执政能力建设和先进性建设,成功在新的历史起点上坚持和发展了中国特色社会主义。

步入新时代,以习近平同志为核心的党中央不忘初心、牢记使命,明确坚持和发展中国特色社会主义,总任务是实现社会主义现代化和中华民族伟大复兴,在全面建成小康社会的基础上,分两步走在21世纪中叶建成富强民主文明和谐美丽的社会主义现代化强国;明确新时代我国社会主要矛盾是人民日益增长的美好生活需要和不平衡不充分发展之间的矛盾,必须坚持以人民为中心的发展思想,不断促进人的全面发展、全体人民共同富裕;明确中国特色社会主义事业总体布局是"五位一体"、战略布局是"四个全面",强调坚定道路自信、理论自信、制度自信、文化自信;明确全面深化改革总目标是完善和发展中国特色社会主义制度、推进国家治理体系和治理能力现代化;明确全面推进依法治国总目标是建设中国特色社会主义法治体系、建设社会主义法治国家;明确党在新时代的强军目标是建设一支听党指挥、能打胜仗、作风优良的人民军队,把人民军队建设成为世界一流军队;明确中国特色大国外交要推动构建新型国际关系,推动构建人类命运共同体;明确中国特色社会主义最本质的特征是中国共产党领导,中国特色社会主义制度的最大优势是中国共产党领导,党是最高政治领导力量,提出新时代党的建设总要求,突出政治建设在党的建设中的重要地位。

40年来,从农村到城市,从试点到推广,从经济体制改革到全面深化改革,我国社会经济出现了翻天覆地的变化。为了全面把握中国社会经济的发展成就与目前存在的挑战,并提出应对之策,中共中央党校(国家行政学院)成立课题组,将"庆祝改革开放40周年"作为重大课题,组织党校(行政学院)全系统力量进行研究,得到全国28个省(自治区、直辖市)党校(行政学院)的大力支持与积极参与。

二、课题结构

本课题研究成果共两本著作,分别是《改革开放40周年中国社会经济发展研究》和《改革开放40周年地区发展报告》。课题的结构安排如下:

《改革开放40周年中国社会经济发展研究》分为总报告和专题报告。总报告主要包括两大部分:第一部分是40年来经济社会发展成就,分12大类指标,从国际对比与国内比较的视角，全面梳理分析中国经济社会发展的成就，具体包括经济实力、经济结构、宏观经济稳定、基础设施、基础自然资源、民生保障、扶贫脱贫、财政税收、金融实力、能源环境、就业收入以及科技实力等。第二部分是目前存在的挑战及对策，包括实施创新驱动、提高发展质量和效益，稳固实体经济、推动虚实经济的协调发展，统筹协调发展、加速缩小城乡区域间差距，补齐民生短板、实现基本公共服务均等化，防范金融风险、健全金融业安全防护体系，推进精准扶贫、按期保质打赢脱贫攻坚战，倡导绿色发展、保持生态环境可持续发展，厘清政府市场关系、发挥政府与市场双重作用，深化对外开放，维护国家经济运行的安全。专题报告，共 11 个专题，分别梳理各领域的改革历程，包括：经济体制改革、国家治理现代化、机构改革、行政体制改革、市场经济法制建设、公共服务均等化、社会保障体制改革、突发事件应急管理创新、乡村治理改革、土地制度改革以及信息化发展等。

《改革开放 40 周年地区发展报告》为地区报告，共 28 个省（自治区、直辖市）的党校（行政学院）参与编写，系统梳理各省（自治区、直辖市）改革开放 40 年来各地区社会经济发展成就、目前存在的问题以及应对之策。

三、几点说明

中共中央党校（国家行政学院）“庆祝改革开放 40 周年”课题组成立于 2018 年 1 月，课题组顾问为中共中央党校（国家行政学院）常务副校（院）长何毅亭，课题组组长为中共中央党校（国家行政学院）校（院）委委员陈立，课题组副组长为中共中央党校（国家行政学院）校（院）经济学教研部副主任董小君、王小广。课题组的分工如下：《改革开放 40 周年中国社会经济发展研究》上卷由董小君、王学凯、郭贝贝、徐晓明、蔡之兵、汪彬、钟颉完成；《改革开放 40 周年中国社会经济发展研究》下卷由张占斌、黄伟、王满传、宋志红、孙晓莉、李志明、李明、袁金辉、王文、王益民等及其团队完成；《改革开放 40 周年地区发展报告》由北京行政学院钟勇、河北行政学院赵印良、山西行政学院王联辉、内蒙古行政学院张学刚、辽宁行政学院孙庆国、吉林省行政学院关英菊、黑龙江省行政学院仇荀、上海行政学院沈炜、江苏省行政学院黄瑞玲、浙江行政学院袁涌波、安徽行政学院江观伙、福建行政学院何福平、江西行政学院郭金丰、山东行政学院司强、河南行政学院张廷银、湖北省行政学院王能应、湖南行政学院曹健华、广东行政学院蔡兵、广西行政学院郛思怡、海南行政学院毕普云、重庆行政学院伏虎、四川行政学院袁威、贵州行政学院刘旭友、云南行政学院欧黎明、西藏行政学院孙向军、甘肃行政学院刘进军、青海省行政学院王兰英、宁夏行政学院霍岩松等及其团队完成。

董小君负责课题框架设计与统筹工作，徐晓明、王学凯、郭贝贝负责统稿工作，由董小君定稿。人民出版社郑海燕主任在书稿编辑与出版过程中付出了大量的辛勤劳动，在此表示深深的感谢！

由于时间仓促，本书难免有疏忽之处，敬请读者批评指正！

中共中央党校（国家行政学院）课题组

目　录

总报告

专题报告

总 报 告

1

40 年来经济社会发展成就

改革开放以来，我国经济社会发展取得了卓越的成就。下面将从经济实力、经济结构、宏观经济稳定、基础设施、基础自然资源、健康与教育、扶贫脱贫、财政、金融、能源与环境、就业和收入、知识经济与创新等十二大类，从国际对比与国内比较两个视角，系统梳理 1978 年以来我国经济社会发展的成就。

一、经济实力不断上升，逐渐成为世界引擎

反映经济实力的指标主要是 GDP，比如 GDP 占世界经济比重、GDP 增长率、人均 GDP 增长率等。

（一）国际对比

1. GDP 占世界经济比重

我国 GDP 占世界经济比重逐年上升（见图 1-1）。1978 年，我国 GDP 占世界经济比重仅有 1.75%，与印度的 1.59%相当，远远低于美国、日本、德国、英国、法国等主要的发达国家。2005 年，我国 GDP 总量赶超德国、法国，上升至世界第三位。2010 年，我国 GDP 总量再次超越日本，一举成为世界第二大经济体。到 2016 年，我国 GDP 占世界经济比重已经高达 14.76%，虽然与美国同期的 24.55%尚有一定差距，但这种差距越来越小。

中国对世界经济增长的贡献愈发明显。根据国家统计局的计算，2013—2016 年，中国 GDP 占世界经济总量的比重由 12.5%提高到 14.8%，提高了 2.3 个百分点，中国经济实现了年均 7.2%的增长速度，远远高于同期美国、欧元区和日本三大发达经济体年均增速，也明显高于世界经济 2.7%的年均增速，有力推动了世界经济增长，对世界

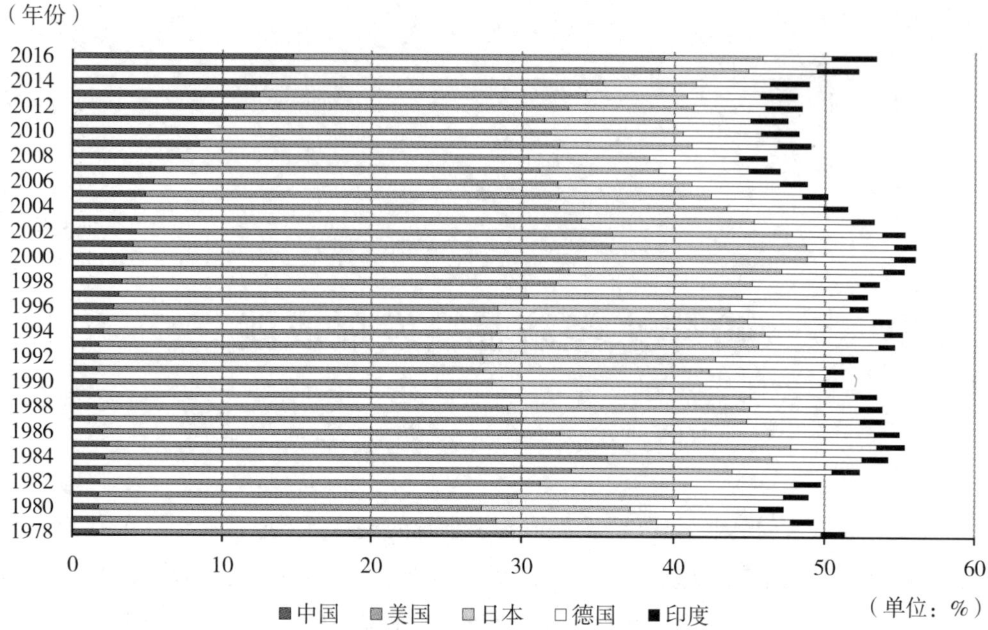

图 1-1　主要国家 GDP 占世界经济比重

资料来源：世界银行数据库。

经济增长的平均贡献率超过 30%。

2. GDP 增长率

我国 GDP 增长率位居世界领先水平（见图 1-2）。我国经济增速远高于发达国家和世界平均水平。1978 年以来，我国 GDP 增长率普遍在 6%—15%之间。发达国家在经历 20 世纪 70 年代之前的快速发展后，经济增速逐步放缓。美国、日本、德国的经济增长率基本维持在 0%—5%之间，个别年份出现超过 5%的增长，如日本 1988 年 GDP 增长率为 7. 15%。这三个国家的经济甚至出现过负增长，比如 2009 年美国、日本、德国的 GDP 增长率分别为-2. 78%、-5. 42%、-5. 62%。个别新兴经济体增速有赶超我国 GDP 增速的趋势。比如印度，此前印度的经济增速基本低于我国，但近十年来中国和印度 GDP 增速的差距越来越小，2014—2016 年印度的经济增速甚至超过了中国。

由高速增长阶段转向高质量发展阶段。党的十九大报告指出，“我国经济已由高速增长阶段转向高质量发展阶段，正处在转变发展方式、优化经济结构、转换增长动力的攻关期”。这意味着，GDP 增速已经不是我国未来政策的主要目标，而应更多转向高质量发展。这是党中央根据经济发展规律及我国的实践，在新时代作出的重大研判。今后在保持一定经济增速的基础上，我国会更加注重坚持质量第一、效益优先。

3. 人均 GDP 增长率

我国人均 GDP 增长率领跑全球（见图 1-3）。与 GDP 增长率一致，我国人均 GDP

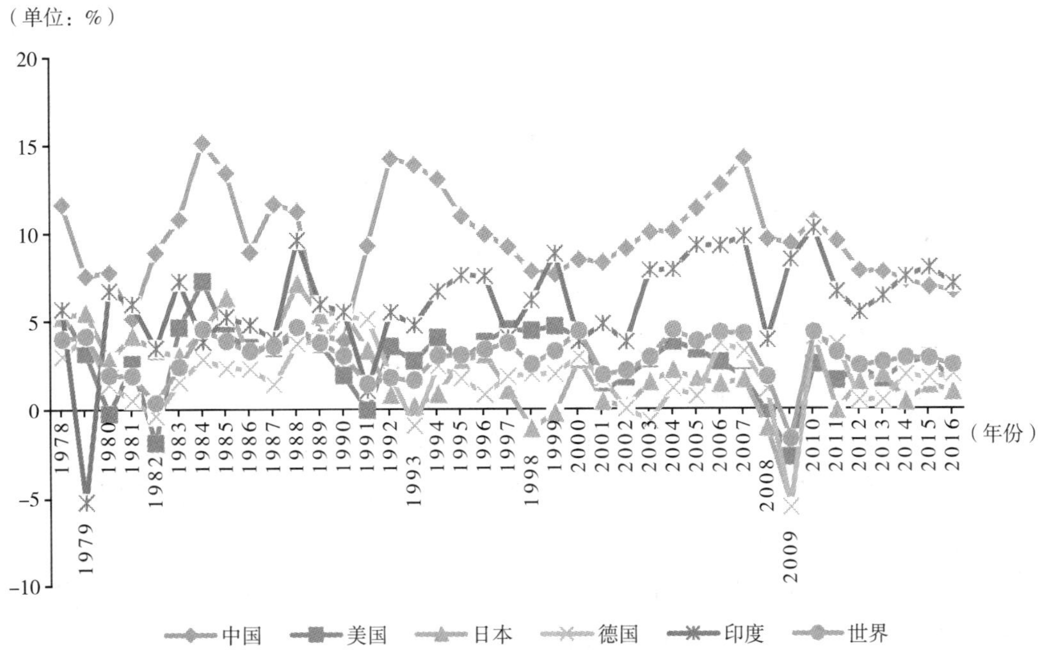

图 1-2　1978—2016 年主要国家 GDP 增长率

资料来源:世界银行数据库。

增长率远高于发达国家和世界平均水平。除个别年份外,我国人均 GDP 增长率基本介于 6%—13%之间,而同期美国、日本、德国则处于 0%—5%之间,这三个国家不少年份甚至出现负增长的情况。

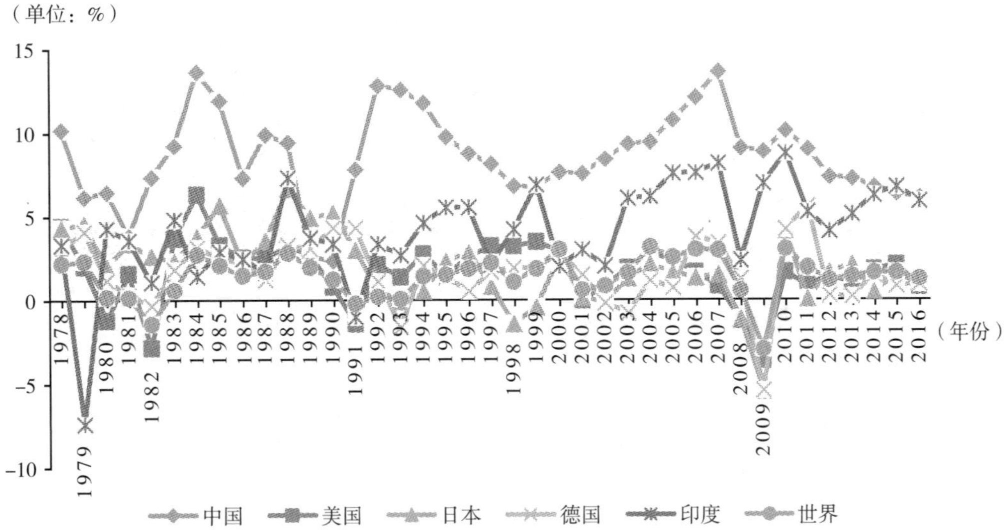

图 1-3　1978—2016 年主要国家人均 GDP 增长率

资料来源:世界银行数据库。

人均 GDP 高增长并不能否认我国仍是发展中国家。我国是世界上人口最多的国家，占世界人口约 20%。较高的人均 GDP 增长率，是基于此前我国极低的人均 GDP 水平。1978 年我国人均 GDP 只有 156 美元，同时间世界平均水平为 1993 美元，美国更是高达 10587 美元。正是基于极低绝对值，我国人均 GDP 才随着 GDP 的高增长呈现高速增长的情况。尽管到 2016 年我国人均 GDP 已经达到 8123 美元，与世界平均水平 10192 美元差距越来越小，但距离美国 57638 美元的人均 GDP 仍有极大差距，我国仍是发展中国家。

（二）国内比较

1. 经济总量呈指数扩张，区域增长略有差异

改革开放 40 年来，我国综合国力稳步提升，经济的快速增长使经济总量呈现加速扩张态势。2017 年国内生产总值达到 827121.70 亿元，按可比价计算是 1978 年 3645 亿元的 35.94 倍，年均增长率为 9.53%。其中，从 1978 年的 3645 亿元上升到 1986 年的 1 万亿元用了 8 年时间，上升到 1991 年的 2 万亿元用了 5 年时间，此后 10 年到 2001 年平均每年上升近 1 万亿元，2001 年超过 10 万亿元大关，2002—2017 年进入高速增长期，平均每年上升 4 万亿元，2017 年突破 80 万亿元。自 2010 年以来，我国已经连续 8 年成为世界第二大经济体（见图 1-4）。

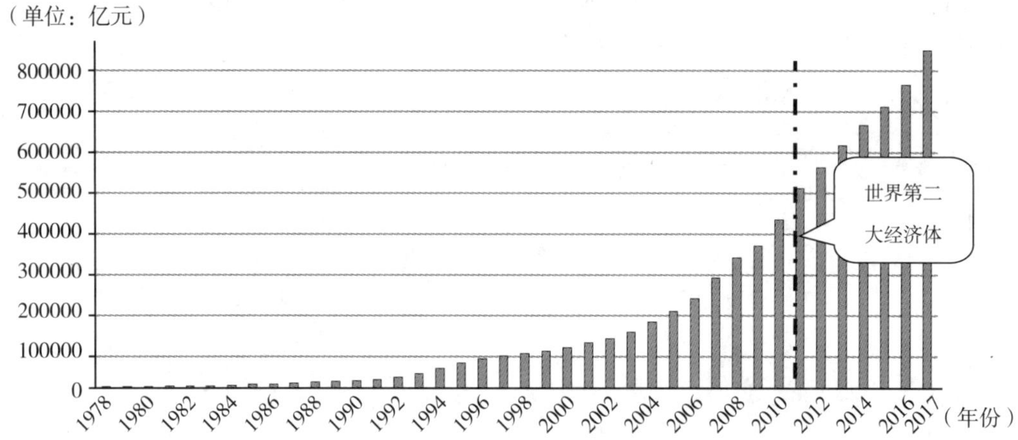

图 1-4 改革开放 40 年间中国国内生产总值（全国 GDP）

资料来源：国家统计局。

改革开放 40 年来，在六大板块①中，泛长三角地区作为我国经济发展的桥头堡，发展效益最好，增长幅度最高；其次为泛京津冀地区，但受华北地区环境治理的影响，自

① 六大板块包括泛京津冀地区（北京、天津、河北、山西、内蒙古、山东）、泛长三角地区（上海、江苏、浙江、安徽、福建、河南、湖北）、泛珠三角地区（广东、广西、海南、江西、湖南）、东北地区（辽宁、吉林、黑龙江）、西北地区（陕西、甘肃、青海、宁夏、新疆）、西南地区（西藏、重庆、四川、贵州、云南）等。

2015 年以来,泛珠三角地区反超泛京津冀地区,成为第二大发展地区;而西南地区、东北地区和西北地区处于较低发展幅度(见图 1-5)。2017 年,广东、江苏、山东地区构成我国区域经济的第一阵营,地区生产总值分别为 89879.23 亿元、85900.9 亿元和 72678.18 亿元。西藏、青海和宁夏排在最后三位,分别为 1310.6 亿元、2642.8 亿元和 3453.93 亿元。西藏自治区总量仅占广东的 1.46%。

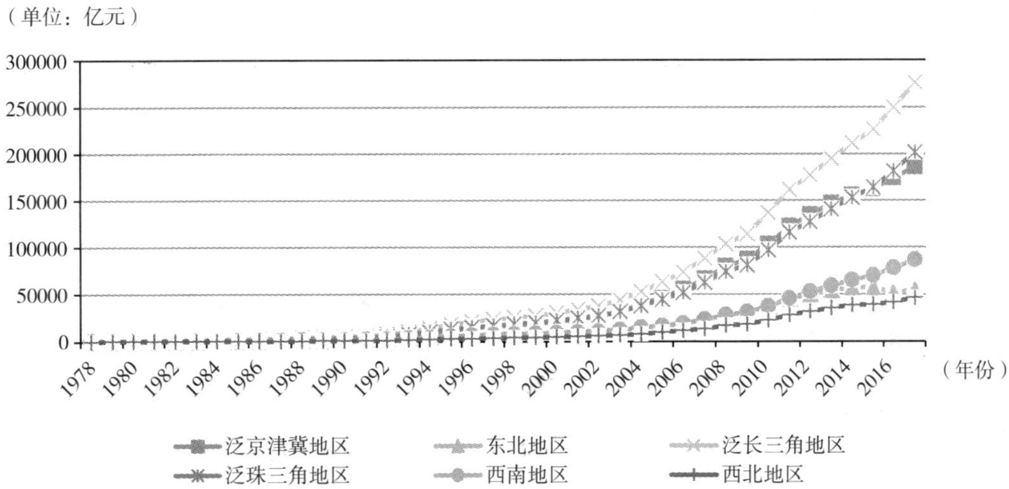

图 1-5　改革开放 40 年间六大板块地区生产总值

资料来源:国家统计局。

分区域来看(见图 1-6),泛长三角地区 2017 年地区生产总值占比为 32.37%(最高占比),较 1978 年的 30.89%增幅为 4.79%;长期来看,泛长三角地区保持较为稳定水平,均值为 31.26%,最低水平仅为 29.19%(1991 年),始终占据全国地区产值第一。泛京津冀地区在 2017 年地区生产总值占比为 21.79%,较 1978 年的 21.46%增幅为 1.54%;长期来看,泛京津冀地区整体呈现先下降后上升又下降的趋势,均值为 22.19%,最低水平为 20.73%(1993 年),最高水平为 24.17%(2008 年)。泛珠三角地区在 2017 年地区生产总值占比为 23.67%,较 1978 年的 16.64%增幅为 42.25%;长期来看,泛珠三角地区 GDP 占比始终保持上升趋势,均值为 21.20%。泛京津冀地区与泛珠三角地区的地区生产总值占全国的比重中曾有三次交错:1992 年,泛珠三角地区反超泛京津冀地区成为地区排名第二,保持 12 年之久;2004 年,泛京津冀地区反超泛珠三角地区,夺回地区排名第二,保持 12 年之久;2015 年,受华北地区环境治理的产业改革,泛京津冀地区 GDP 占比下滑,成为地区排名第三。东北地区在 2017 年地区生产总值占比为 6.48%,较 1978 年的 13.98%降幅为 53.65%;长期来看,东北地区整体呈现持续下滑趋势,均值为 10.43%,从而东北振兴战略有待深化。西南地区和西北地区保持相对较为稳定水平,西南地区占比均值为 9.64%,而西北地区占比均值为 5.28%。

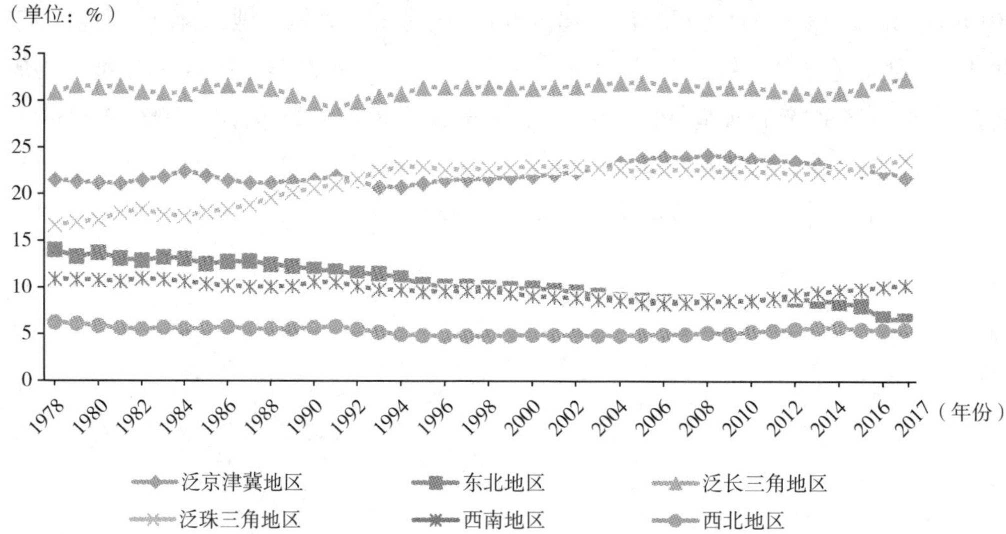

图 1-6　改革开放 40 年间六大板块地区生产总值占全国 GDP 比重

资料来源:国家统计局。

2. 人均 GDP 成倍增加,区域之间存在分化

人均国内生产总值成倍增加(见图 1-7)。人均国内生产总值在由 1978 年的 385 元上升到 1987 年的 1123 元后,1992 年达到 2334 元,2003 年超过 1 万元大关,达到 10666 元,2007 年突破 2 万元大关,达到 20505 元,2015 年迅速突破 5 万元大关,达到 50251 元。在此基础上,2017 年,全国人均 GDP 为 59660 元,较 2016 年的 53980 元增长了 10.5%。人均国民总收入也实现同步快速增长,1978 年仅为 190 美元,而按照 2017

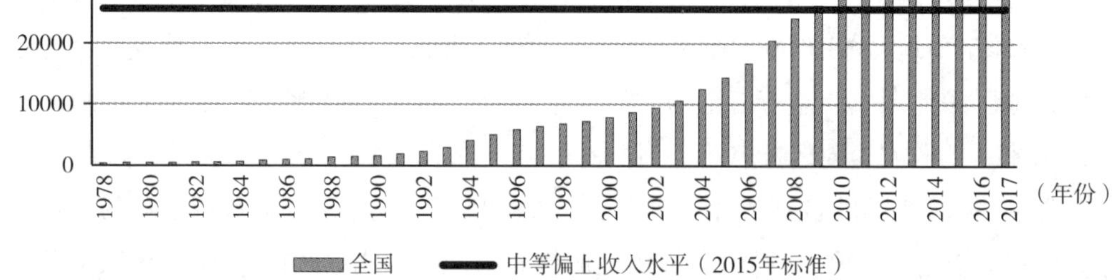

图 1-7　改革开放 40 年间我国人均国内生产总值(人均 GDP)

资料来源:国家统计局。

年人民币对美元平均汇率(1 美元兑换 6.7518 元人民币)计算,我国 2017 年人均国民总收入达到 8836.16 美元,处于中等偏上收入国家行列。按照世界银行的划分标准,我国自 2009 年由低收入国家跃升至世界中等偏上收入国家行列,对我国这样一个经济发展起点低、人口基数庞大的国家,能够取得这样的进步,确实是一个了不起的成绩。

通过对 31 个省份 1978 年和 2016 年人均地区生产总值的统计分析发现(见图 1-8):在 1978 年,我国人均 GDP 水平主要集中于京津冀地区、长三角地区、东北地区,有 7 个省份人均地区生产总值超过全国水平,分别为上海、北京、天津、辽宁、黑龙江、江苏和青海,而广东为 369.7,较全国水平仅低了 15.3 元。经过改革开放 40 年的发展,2016 年,有 11 个省份人均地区生产总值超过了全国平均水平,其中泛京津冀地区占 4 个、泛长三角地区占 4 个、泛珠三角地区占 2 个、西南地区占 1 个。北京、上海和天津三大直辖市位列前三,人均地区生产总值均超过了 11 万元,其中,北京的人均 GDP 高居榜首,达到了 118198 元。说明我国东、中、西部地区仍然存在严重的收入分配不均的贫富差距,东部地区生活水平相对较高,而东北、西南和西北地区仅有一省达到全国平均水平,尤其是东北地区经济发展出现停滞状态,西南地区最为贫困,其中甘肃、云南、贵州排名倒数后三位,分别为 27643 元、31093 元、33246 元。

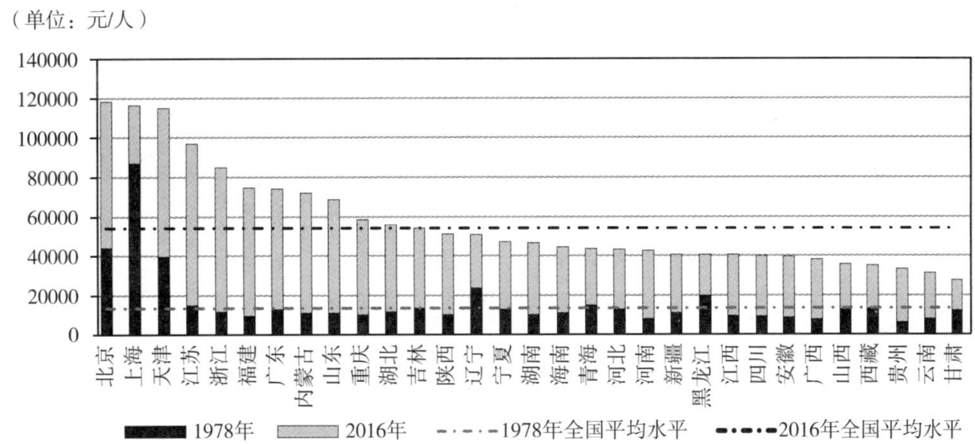

图 1-8　改革开放 40 年间全国各省(自治区、直辖市)人均地区生产总值

资料来源:国家统计局。

3. 经济保持中高速发展,区域板块轮番驱动

改革开放 40 年来,我国经济保持中高速发展,年均增长率达 9.53%。改革开放初期,党和政府按照改革开放的总体要求,确立了"三步走"的伟大战略目标。为实现既定目标,全国上下励精图治、开拓进取,于 1987 年提前 3 年完成"解决人民温饱问题"的第一战略目标(国民生产总值比 1980 年翻一番),于 1995 年提前 5 年完成再翻一番的第二战略目标,实现人民生活达到小康水平,顺利迈入第三战略目标发展新阶段,并

于十九大中制定出新的三步走战略，为实现中华民族伟大复兴的“中国梦”而奋斗。在实现“三步走”伟大战略目标的进程中，国民经济实现快速增长。1979—2017 年，国内生产总值年均实际增长 9.53%，明显高于 1953—1978 年平均增长 6.1%的速度。与日本经济起飞阶段国内生产总值年平均增长 9.2%和韩国经济起飞阶段国内生产总值年平均增长 8.5%不相上下。

从六大板块来看：在 2008 年次贷危机之前，我国经济发展动力主要是依靠泛珠三角地区、泛长三角地区和泛京津冀地区的高速发展来驱动，发展增速明显高于改革开放后 GDP 年平均增速 9.53%；2008 年次贷危机后，西南地区和西北地区发挥其后发优势，作为支撑经济平稳发展的中坚力量，该地区省份主要处于中西部地区，受西部大开发国家战略支持，得到了较快发展，资源优势和产业转移、承接作用得到有效发挥。而东北地区作为老工业地区，受体制机制和资源约束，发展增速相对较低，尤其是 2012 年以后，我国迈入新常态之后，该地区的经济下滑形势不容乐观，尤其是辽宁省。辽宁省在 2014—2017 年，经济增速分别为 5.8%、3%、-2.5%、4.2%，年平均增速仅为 2.63%，远远低于改革开放 40 年的全国平均 GDP 增速水平。

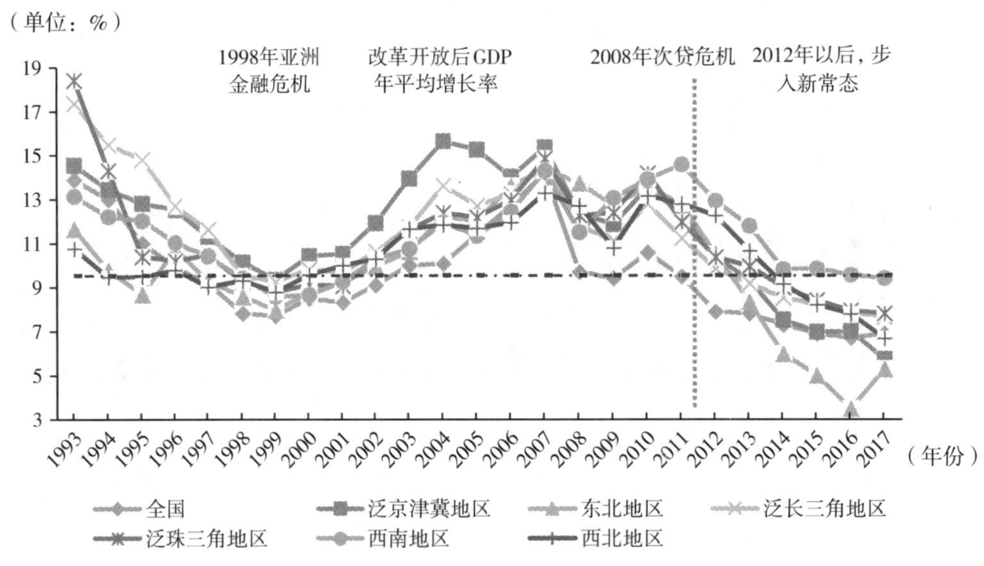

图 1-9　1993—2017 年六大板块地区生产总值增长率

资料来源：国家统计局。

二、经济结构不断优化，集约增长模式初现

反映经济结构的指标主要是工业增加值占 GDP 比重、城镇化率、私营部门的国内信贷占 GDP 比重等。我国过去 40 年的发展并不仅仅只是经济规模的提高，实际上，我

国过去 40 年内经济发展模式的效率、效益也在不断提高。

（一）国际对比

1. 工业增加值占 GDP 比重

我国是工业大国。20 世纪 60 年代，我国工业增加值占 GDP 比重约为 1/3，那时候工业部门结构不完整、规模不大。伴随改革开放政策，20 世纪 70 年代至今，我国工业增加值占 GDP 比重一直处于 40%—50%之间。同样作为工业大国的美国、日本、德国，1997 年之后，美国的工业增加值占 GDP 比重仅约 1/5，日本从 1/3 一直下降至 30%以下，德国则保持 30%左右的比例。同为新兴经济体的印度，工业增加值占 GDP 比重为 1/3 左右（见图 1-10）。

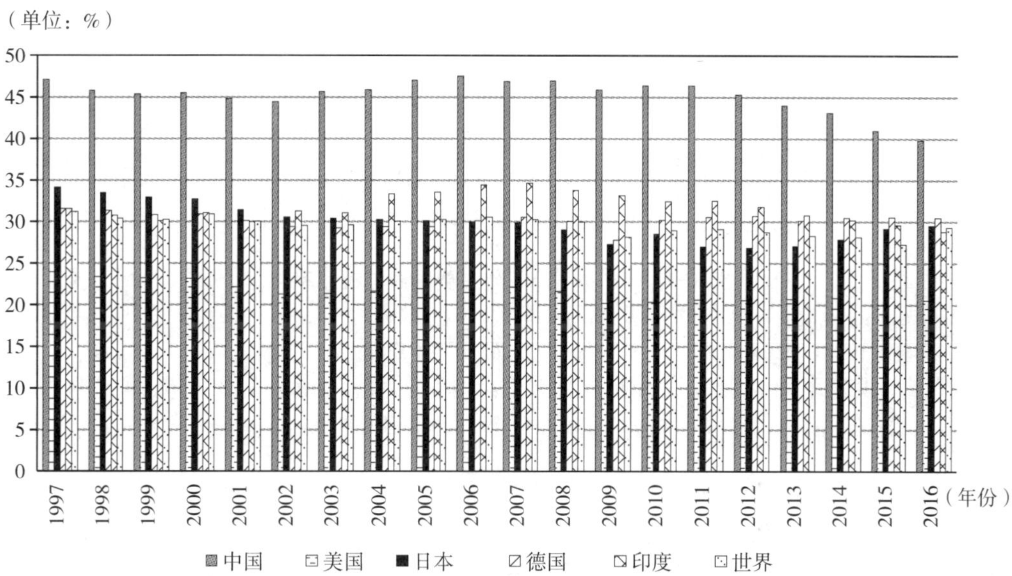

图 1-10　1997—2016 年主要国家工业增加值占 GDP 比重

资料来源：世界银行数据库。其中美国 2016 年数值空缺，由 2011—2015 年算数平均计算得到。

我国三产结构正在不断优化。近年来，我国在优化产业结构方面取得了一些成就。2012 年，我国第三产业增加值占比首次与第二产业增加值占比相当。2015 年，我国第三产业增加值占比首次超过 50%，到 2017 年第三产业增加值比重为 51.6%。我国正在从工业大国向工业强国和服务业大国迈进。

2. 城镇化率

我国城镇化率逐年提高（见图 1-11）。新中国成立初期，我国城镇化率仅约 10%，且增长速度极慢。到 1978 年，我国城镇化率仅为 18%不到，即改革开放前 30 年，只增长了 8%。但改革开放之后，我国城镇化率呈逐年稳步上升态势，从 1978 年的 17.9%

上升至2017年的58.52%,40年间上涨40.62个百分点,每年按1%速度增长。1978年与印度城镇化率水平相当,2013年超过世界平均城镇化率水平,我国城镇化进程速度较新兴经济体国家快。

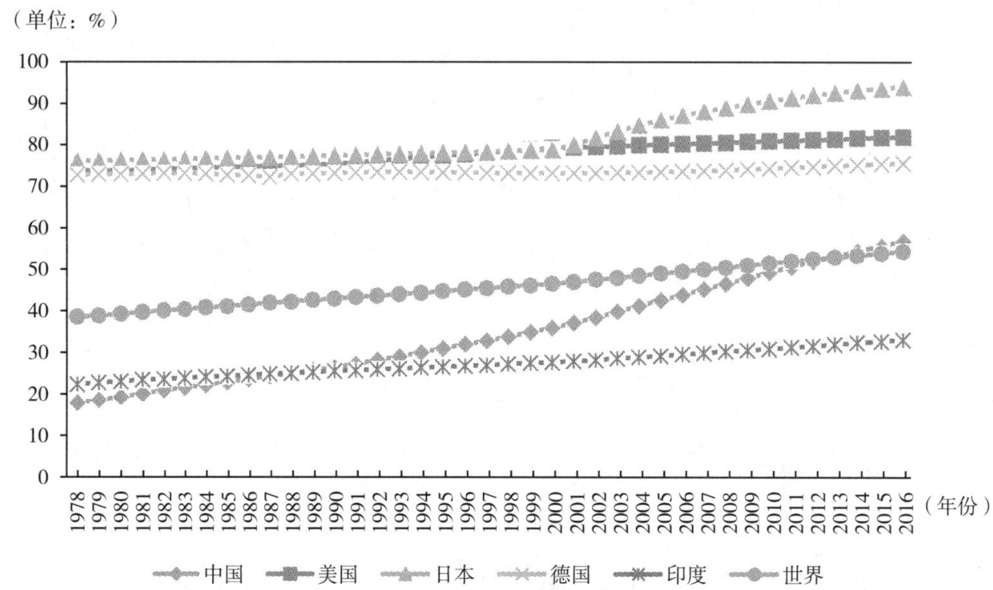

图1-11　1978—2016年主要国家城镇化率

资料来源:世界银行数据库。

我国城镇化率尚有很大提升空间。虽然与新兴经济体或世界平均城镇化率水平比,我国已经取得较大成就。但和发达国家相比,我国城镇化进程仍有许多提升的空间。诸如美国、日本、德国的城镇化率水平都极高。2016年,德国的城镇化率水平达到75.51%、美国为81.79%,日本更是高达93.93%。即使有些新兴经济体国家,目前城镇化率水平也要比我国高得多。比如2016年,阿根廷城镇化率水平为91.89%、巴西为85.93%、俄罗斯为74.1%、南非为65.3%。因此,无论与发达国家比,还是与新兴经济体比,我国城镇化率水平还有很大的提升空间。

3. 私营部门国内信贷占GDP比重

我国非国有经济不断得到发展。从私营部门国内信贷占GDP比重看(见图1-12),较发达国家而言,我国与发达国家的差距越来越小。1978年,我国私营部门国内信贷占GDP比重仅为50.29%,而同期日本为124.38%,连日本的一半都不到。到2016年,我国与日本的水平已经大体相当,虽然较美国还有一定差距,但这种差距已经越来越小。较新兴经济体而言,我国已远远超过巴西、俄罗斯、印度等国家,这三个国家2016年私营部门国内信贷占GDP比重分别为62.19%、53.44%、49.77%,南非与中国水平相当,为144.42%,但仍低于我国同期156.71%的水平。

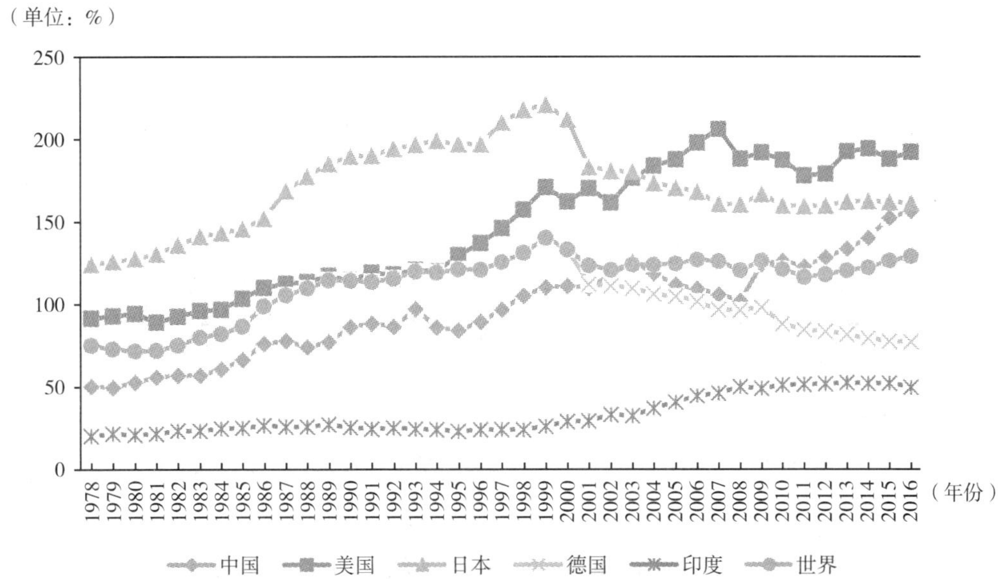

图 1-12　1978—2016 年主要国家私营部门国内信贷占 GDP 比重

资料来源：世界银行数据库。其中世界 1990 年平均水平数值缺失，用相邻两年算数平均值替代；德国 1978—2000 年数值用世界平均水平替代。

我国将“毫不动摇地鼓励、支持和引导非公有制经济的发展”。党的十八届三中全会提出，“使市场在资源配置中起决定性作用和更好发挥政府作用”；党的十九大再次重申，“毫不动摇巩固和发展公有制经济，毫不动摇鼓励、支持、引导非公有制经济发展”。非公有制经济是社会主义市场经济的重要组成部分，鼓励非公有制经济的发展，将有助于优化我国经济结构。

（二）国内比较

1. 三次产业协同发展，服务业迅速壮大与优化

改革开放 40 年来，改革进程的加快和经济的快速增长，促进经济结构不断优化升级。改革开放 40 年来，经济发展方式和增长模式呈现新格局，三次产业在调整中均得到长足发展，基本形成以农业为基础，工业为主导，服务业迅速发展壮大与优化的协同发展的产业格局。如图 1-13 所示，1978 年第一产业、第二产业和第三产业增加值分别为 1018.5 亿元、1755.2 亿元和 905.1 亿元，2017 年三次产业增加值达到 65468 亿元、334623 亿元和 427032 亿元，较 1978 年分别增长 63.28 倍、189.65 倍和 470.81 倍。三次产业增加值在国内生产总值中所占的比例由 1978 年的 27.7∶47.7∶24.6 调整为 2017 年的 7.9∶40.5∶51.6。与 1978 年相比，2017 年第一产业比重下降 19.8 个百分点，第二产业比重下降 7.2 个百分点，第三产业比重大幅上升 27 个百分点。

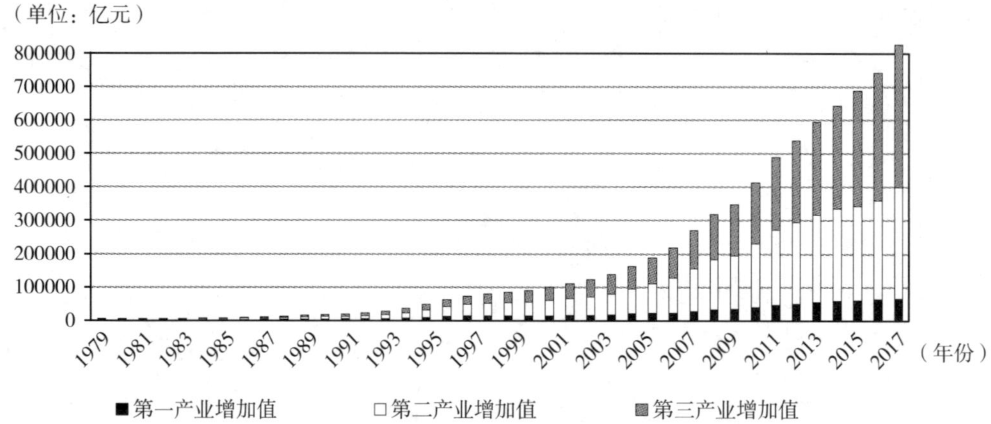

图 1-13　改革开放 40 年间全国三次产业规模及占 GDP 的比重

资料来源：国家统计局。

服务业的大发展，是改革开放 40 年来我国产业结构调整最鲜明的特征。服务业在我国创新发展中亮点突出，对国民经济增长的贡献率稳步提升，成为国民经济发展的“助推器”和“稳定器”。2017 年，我国服务业增加值占 GDP 的比重为 51.6%，比第二产业高出 11.6 个百分点；2016 年，服务业对国民经济增长的贡献率为 58.2%，比第二产业高出 20.8 个百分点。各地区与各省份的服务业占 GDP 的比重不断提升，由 1978 年平均值约为 20%占比提升到 2017 年平均值约为 51.6%占比。泛京津冀地区和泛长三

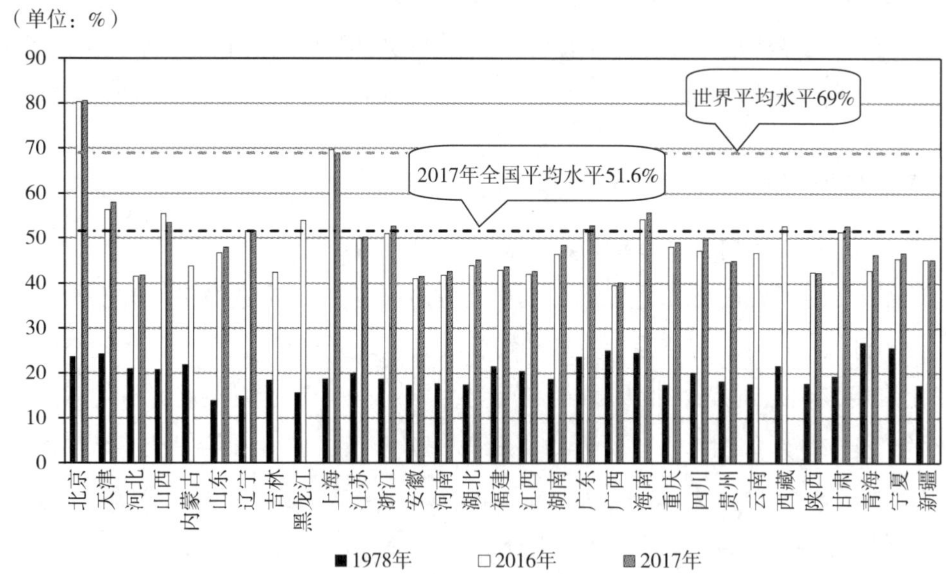

图 1-14　1978、2016、2017 年各省（自治区、直辖市）服务产业规模占地区生产总值比重

注：2017 年内蒙古、吉林、黑龙江、云南和西藏的数据缺失。

资料来源：Wind。

角地区的两大经济区不断加快向服务型经济转型，2017 年北京、上海分别以 80.6%和 68.97%的比重位列前两名，较 1978 年的 23.69%和 18.61%分别增长了 56.91%和 50.36%。与 1978 年相比，我国六大板块中的各省（自治区、直辖市）的服务业占 GDP 比重得到快速提升，特别是随着互联网进一步向各领域渗透，各地服务业规模不断扩大。按照世界服务业占比水平，2017 年全国仅有北京、上海达到世界平均水平 69%。按照 2016 年全国水平比较，全国由 11 个省份超过全国平均水平，其中泛京津冀地区有 3 个，分别是北京、天津和山西；东北地区有 2 个，分别是辽宁和黑龙江；泛长三角地区有 1 个，即上海；泛珠三角地区有 2 个，分别是广东和海南；西南和西北地区各有 1 个，分别为西藏和甘肃。

2. 城镇化率稳步提升，城市群发展格局初步形成

改革开放 40 年来，我国城市数量较快增长，城市规模不断扩大，小城镇建设快速发展，全国各地区城镇化率稳步提升，城市群发展格局基本初步形成。如图 1-15 所示，传统的省域经济和行政区经济逐步向城市群经济过渡，尤其是京津冀、长三角和珠三角三大城市群，区域集聚效应日益凸显，逐步向世界级城市群迈进。1978 年，全国城镇化率水平仅为 17.92%，其中北京、天津、东北三省和西北地区的城镇化率水平高于全国水平；2017 年，全国城镇化率达到 58.52%，较 1978 年增加了 40.6%。2016 年，全国 13 个省或直辖市城镇化率超过全国水平，主要集中在东部地区的京津冀、长三角和珠三角三大经济圈。上海、北京和天津的城镇化率水平最高，均超过 80%，分别为 87.9%、86.5%和 82.9%，而排名最后的是西藏、贵州、甘肃和云南，分别为 29.6%、44.2%、44.7%和 45%。从 1978 年至 2016 年，我国城镇化率高水平地区由以工业为主的东北、西北地区向以服务业为主的三大东部经济圈转移。

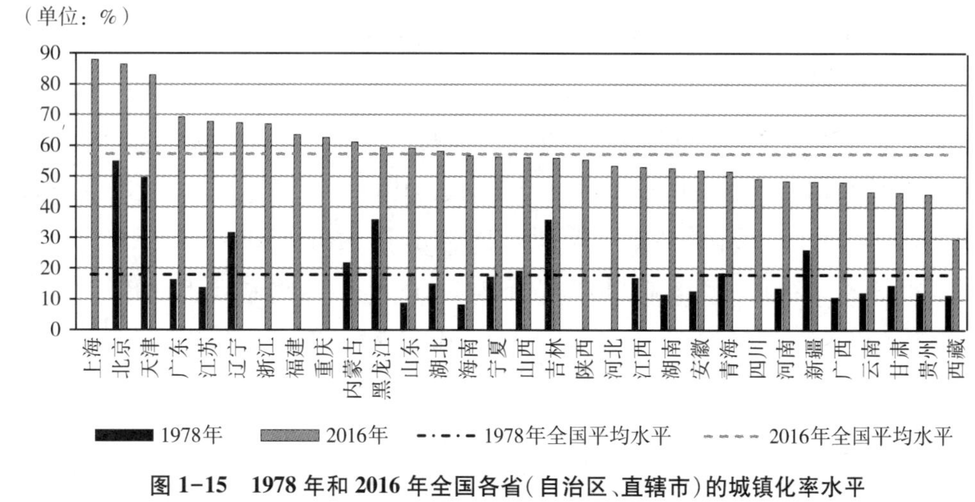

图 1-15　1978 年和 2016 年全国各省（自治区、直辖市）的城镇化率水平

注：1978 年的上海、浙江、福建、重庆、陕西、河北、四川的城镇化率数据缺失。

资料来源：国家统计局。

3. 消费需求持续增长、城乡居民消费能力稳步提升

随着我国城镇化步伐加快、消费需求持续增长、城乡居民消费能力稳步提升，我国消费持续保持平稳较快增长。如图 1-16 所示，整体来看，我国最终消费规模不断提升，1978 年我国最终消费仅为 2232.9 亿元，占 GDP 比重为 61.4%，于 1989 年突破 1 万亿元规模用时 10 年，于 1993 年突破 2 万亿元规模仅用时 4 年，于 1998 年突破 5 万亿元规模仅用时 5 年，于 2005 年突破 10 万亿元仅用时 7 年，并于 2016 年突破 40 万亿元规模，到 2017 年全国最终消费为 486347.74 亿元，占 GDP 比重为 58.8%，均居三驾马车之首。长期来看，全国最终消费率较 1978 年基本保持较为稳定的水平，年平均最终消费率为 58.35%。

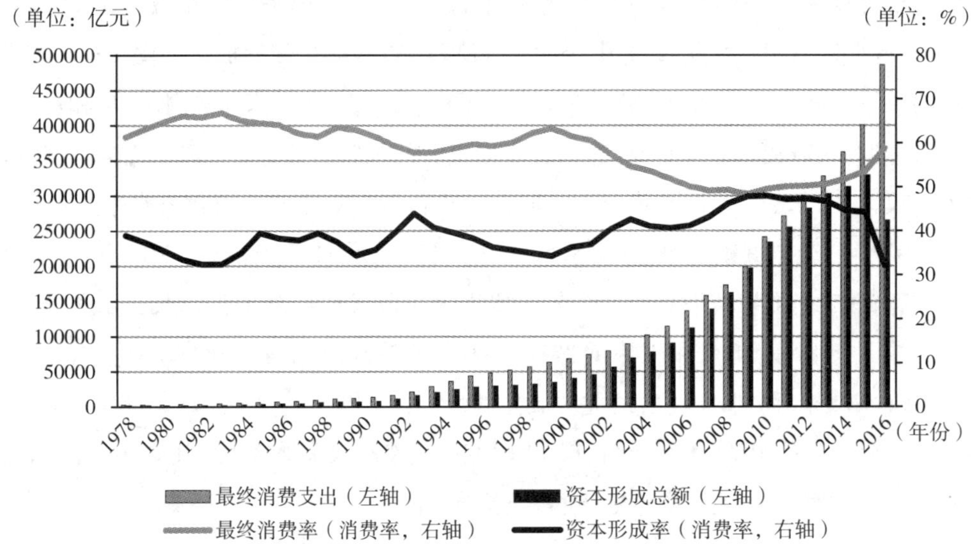

图 1-16　1978—2016 年全国最终消费和资本投资及占 GDP 的比重

资料来源：国家统计局。

随着多元化、多层次的消费新增长点的不断涌现，我国消费驱动增长的新格局加快形成，为经济长期持续稳定增长提供主要动力。如图 1-17 所示，从六大板块分析，2016 年，我国 14 个地区最终消费率高于全国平均水平，西南地区有 3 个，云南、贵州和西藏，其中西藏全国排名第一，达到 78.2%；西北地区有 4 个，新疆、宁夏、青海和甘肃；泛京津冀地区仅有北京和山西；东北地区有辽宁和黑龙江；泛长三角地区仅有上海；泛珠三角地区仅有广西、海南；西藏、北京、海南、黑龙江、新疆、云南、青海、甘肃等 8 省（自治区、直辖市）超过 60%，17 个地区低于全国水平，排名最末位的吉林省低于 40%，最终消费率为 37.7%。东部主要的三大经济区：京津冀地区、珠三角地区和长三角地区，仅有北京和海南超过 60%，而上海、广东仅分别达到 53.6%和 50.57%；处于中西部地区的西北地区和西南地区的省份最终消费率水平较高。与 2015 年相比，2016 年全国最终消费率提升了 2.0 个百分点。全国有 20 个地区最终消费率保持稳步提升，其中青海、新疆、黑龙江、辽宁、山东等省（自治区、直辖市）提升幅度最大，消费率分别为 65.2%、63.8%、62.3%、59.1%和 47.3%，较 2015 年分别提高 3.7 个、3.3 个、2.7 个、13.7 个和 5.8 个百分点。10 个地区最终消费率有所下降，北京和上海下降幅度最大，消费率分别为 60.0%和 57.4%，较 2015 年分别下降了 3.0 个和 1.7 个百分点。

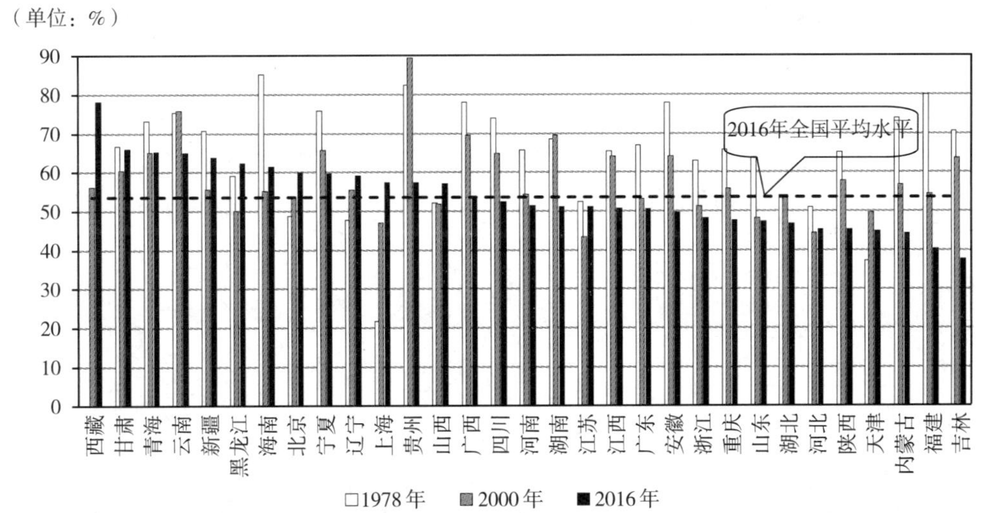

图 1-17　1978、2000、2016 年全国各省（自治区、直辖市）最终消费占地区 GDP 的比重

注：1978 年西藏的数据缺失。

资料来源：国家统计局。

4. 三次产业就业结构得到明显优化

改革开放 40 年来，我国经济发展和结构调整进一步加快，产业结构由农业产业向重工业产业再向轻工业和第三服务产业的转变，积极引导有利于增加就业机会的产业和企业的发展，在增加基本建设投资，积极扩大内需，保持国民经济快速发展的同时，重视发展具有比较优势和市场潜力的劳动密集型企业，特别是就业容量比较大的服务型企业和中小企业。随着经济结构和产业结构的调整，就业人员的就业结构发生了相应变化（见图 1-18）。我国第一产业就业人员首先由 1978 年的 28318 万人增加至 1992 年的 39098.13 万人，出现小幅增长；自 1992 年之后呈现下降趋势，截至 2016 年全国第一产业就业人员为 21496 万人，较 1992 年降幅为 45.02%，处于历史最低点。全国第一产业就业人员占比始终保持下降趋势，由 1978 年的 70.5%降至 2016 年的 27.7%，降幅为 42.8 个百分点。改革开放 40 年来，第一产业就业人数不断向第二、第三产业转移，第二、第三产业成为就业人数增长最快的产业。

近年来，第一产业就业人员地区分布差异较大，呈现两极分化现象。如图 1-19 所示，1985 年第一产业就业人员比例相对均衡，除了上海、北京和天津三市较低以外。随

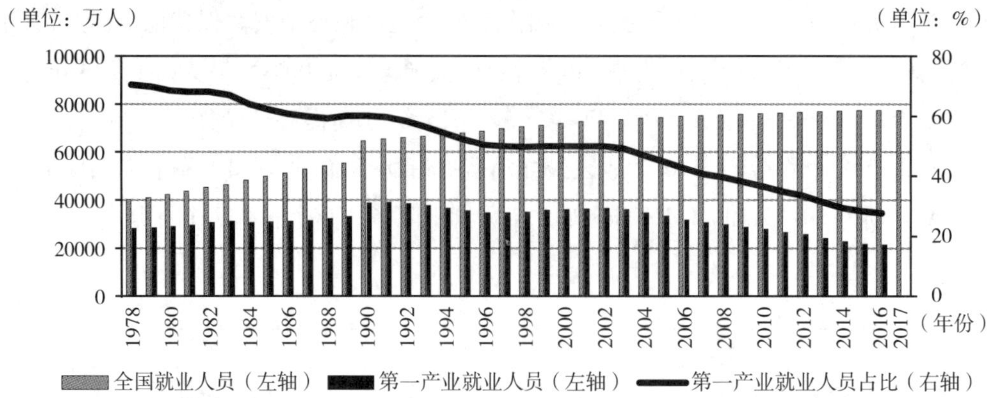

图 1-18　1978—2017 年全国就业人员及第一产业就业人员

注:2017 年第一产业就业人员数据缺失。

资料来源:国家统计局。

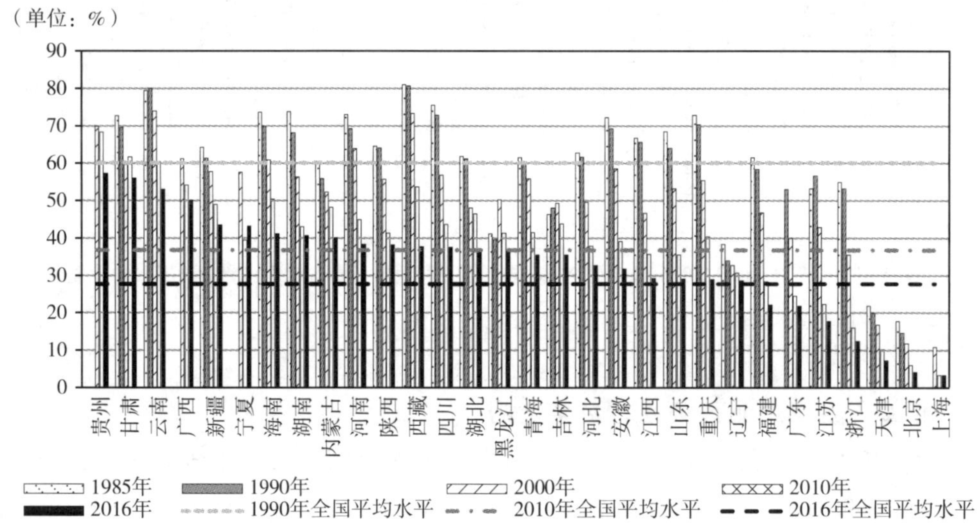

图 1-19　1985—2016 年全国各省(自治区、直辖市)第一产业就业人员占比

注:1985 年与 1990 年上海、贵州、宁夏、广西的数据缺失;1985 年广东的数据缺失。

资料来源:国家统计局。

着如改革开放经济发展和就业结构的转变,西南地区和泛珠三角地区的第一产业就业占比普遍相对较高,泛京津冀地区和泛长三角地区的第一产业就业占比普遍较低,东北地区和西北地区处于中等水平。截至 2016 年,全国第一产业就业占比处于前五位的省(自治区、直辖市)为贵州、甘肃、云南、广西和新疆等,分别为 57. 31%、55. 96%、52. 95%、50. 09%和 43. 48%;处于全国后五位的省(自治区、直辖市)为江苏、浙江、天津、北京和上海,分别为 17. 70%、12. 40%、7. 21%、4. 10%和 3. 33%。

5. 能源消耗逐年降低,集约型发展方式逐步形成

改革开放 40 年来,尤其是我国步入经济新常态,我国经济发展逐步从粗放型增长模式向集约型增长模式转变,全国节能降耗成效显著,单位国内生产总值能源消耗量逐年降低。如图 1-20 所示,2000 年全国单位 GDP 能源消耗量为 1.4655 吨标准煤/万元,2016 年能源消耗降至 0.5863 吨标准煤/万元,降幅达 59.99%,其中 2000—2006 年降幅较平缓,为 10.92%,2007—2016 年受国内经济创新驱动的影响,单位 GDP 能源消耗呈现高效降低,降幅为 49.13%。

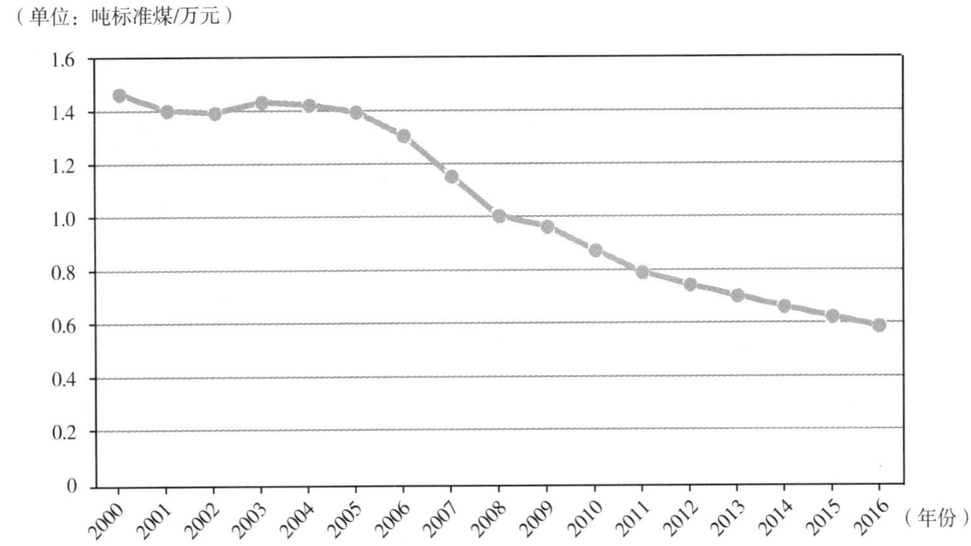

图 1-20　2000—2016 年全国单位国内生产总值能源消耗量

资料来源:国家统计局。

随着经济步入新常态,为缓解能源压力、应对气候变化、转变发展方式,各地政府和企业积极采取措施降低能源消耗,单位 GDP 能源消耗量逐年降低。如图 1-21 所示,2005 年,全国单位 GDP 能源消耗为 1.3953 吨标准煤/万元,有 16 个省份高于全国平均水平,大多数西北地区、东北地区及少数泛京津冀地区排名靠前,宁夏、贵州、青海、山西和内蒙古名列前五。广东、北京、上海、江苏、浙江该项指标最低。2011 年,全国单位 GDP 能源消耗为 0.791 吨标准煤/万元,各省份的能源消耗呈现大幅下降,趋于全国平均水平,其中宁夏、山西和贵州的降幅最高,能源消耗水平较高的地区主要处在西北地区和西南地区,仍然以宁夏、甘肃、山西和贵州为主。当前,我国东部地区已进入后工业化阶段,服务业成为经济增长的主导产业,使得单位地区生产总值电力消费量水平较低。但西部地区仍处于工业化中期,经济发展主要依赖高能耗的钢铁、石化能源、电力等重工业的拉动,因此未来将面临更大的能耗和环保压力。

6. 能源消费结构更加趋于合理

长期以来,我国一次能源消费中,化石能源尤其是煤炭占据主导地位,煤炭和石油占比在 80%—90%之间。党的十八大以来,我国能源结构正由以煤炭为主向多元化转

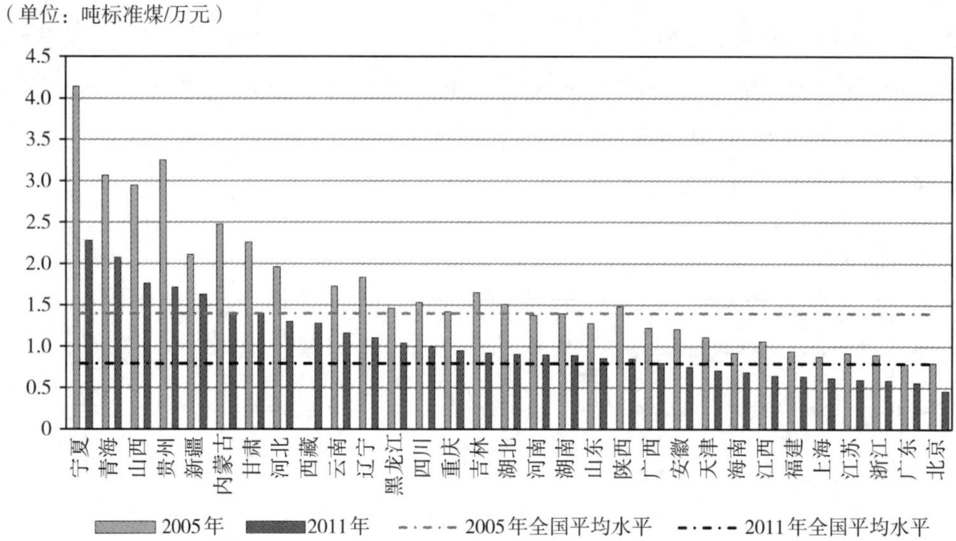

图 1-21　2005 年和 2011 年全国各省（自治区、直辖市）单位地区生产总值能源消耗量

注：西藏只有 2011 年数据。

资料来源：国家统计局。

变，能源发展动力正由传统能源增长向新能源增长转变。如图 1-22 所示，煤炭消费比重从 2011 年的 68.8%下降至 2016 年的 62%，降幅为 6.8 个百分点，清洁能源（天然气、水电）消费比重从 2011 年的 12.6%上升至 2016 年的 19.7%，提高了 7.1 个百分点。总体来看，东部地区能源结构更趋于多元化，清洁能源消费比重不断提升，而中西部地区的多数省份依旧以化石能源为主（见图 1-23、图 1-24、图 1-25、图 1-26）。

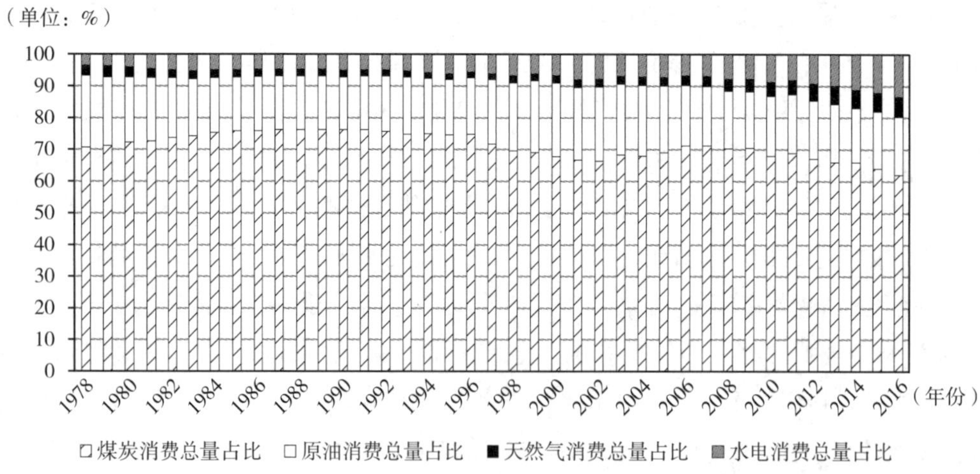

图 1-22　1978—2016 年全国单位国内生产总值能源消费占比

资料来源：国家统计局。

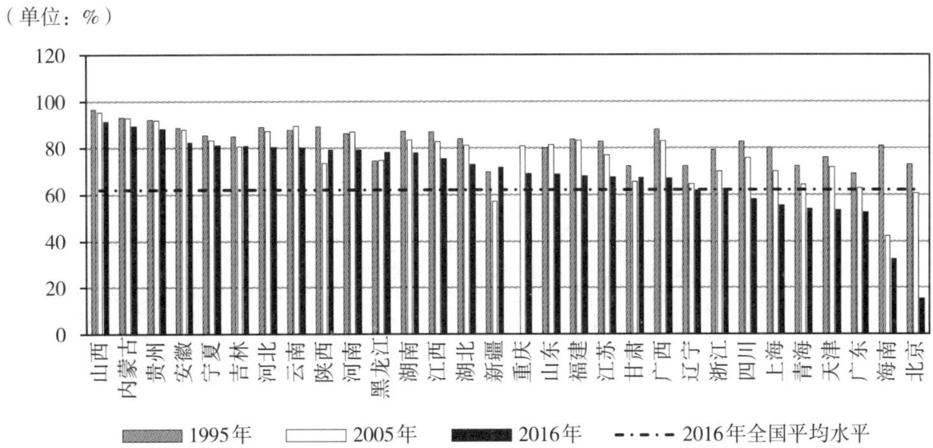

图 1-23　1995、2005、2016 年全国各省(自治区、直辖市)煤炭消费量占比

资料来源:国家统计局。

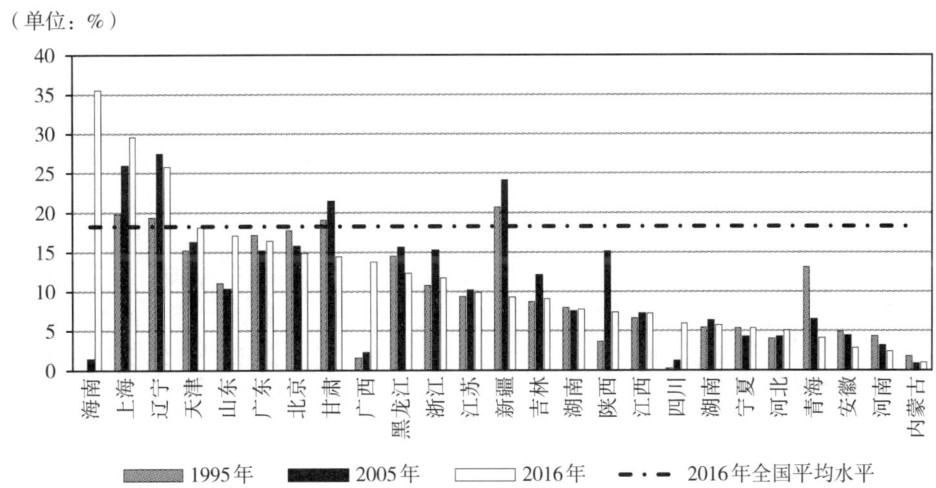

图 1-24　1995、2005、2016 年全国各省(自治区、直辖市)原油消费量占比

注:1995 年海南的数据缺失。

资料来源:国家统计局。

三、宏观经济相对稳定,经济风险总体可控

反映经济结构的指标主要有消费者价格指数、政府负债率水平、财政赤字率、银行不良贷款情况等。改革开放 40 年来,我国宏观经济历经数次波动,但是总体上始终保持稳中向好的趋势,整个国家的经济实力、宏观调控能力、财政能力都在不断提高。

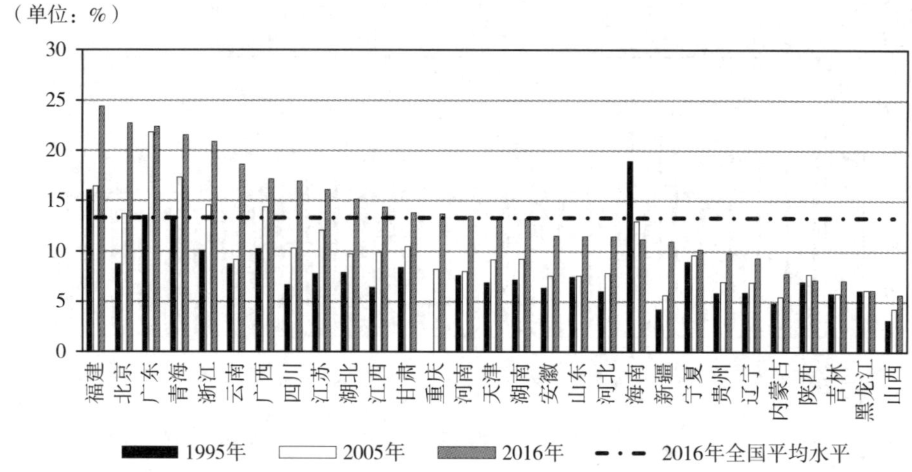

图 1-25　1995、2005、2016 年全国各省（自治区、直辖市）天然气消费量占比

注：1995 年重庆的数据缺失。

资料来源：国家统计局。

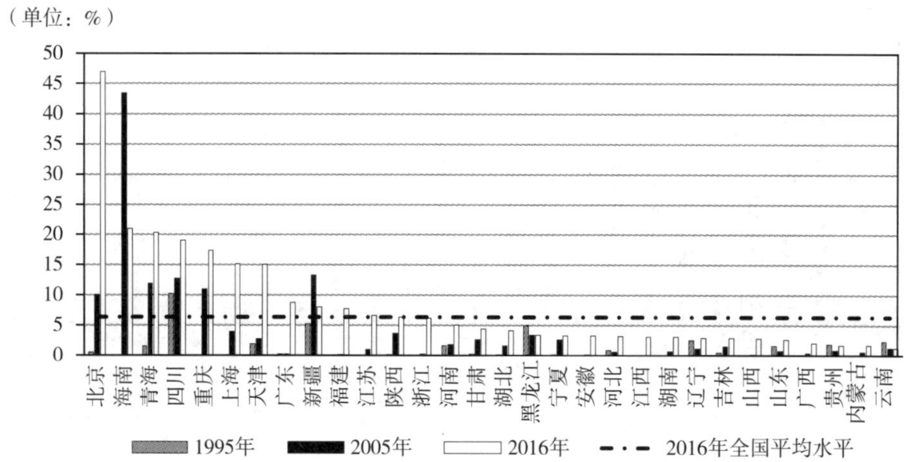

图 1-26　1995、2005、2016 年全国各省（自治区、直辖市）水电消费量占比

注：海南、重庆、上海、广东、福建、江苏、陕西、浙江、甘肃、湖北、宁夏、安徽、江西、湖南、山西、广西、内蒙古缺失 1995 年的数据，广东、福建、浙江、安徽、江西、山西缺失 2005 年数据。

资料来源：国家统计局。

（一）国际对比

1. 消费者价格指数

我国消费者价格指数“闯关”后总体较为稳定（见图 1-27）。改革开放初期，我国商品价格机制很不成熟，经历了“物价闯关”和一段时期的“恶性通胀”。从 1978 年至 1996 年，我国消费者价格指数波动较大，最低为 3.05%（1990 年），最高曾达到 24.26%（1994 年）。在这一段时期内，我国开始探索价格机制改革，从实施生产资料“双轨制”

价格机制，到取消“双轨制”，再到确立建立社会主义市场经济体制，以市场机制决定价格。最终，我国物价成功闯关。2000年后，我国消费者价格指数保持平稳，基本处于世界平均水平以下，与发达国家相差无几。

继续推进价格改革，使市场在资源配置中起决定性作用。近年来，价格改革步伐大大加快，一大批商品和服务价格陆续放开，成品油、天然气、铁路运输等领域价格市场化程度显著提高。2015年，《中共中央国务院关于推进价格机制改革的若干意见》指出，我国要在农产品价格、能源价格、环境服务价格、医疗服务价格、交通运输价格、公用事业和公益性服务价格等方面着力，加快价格改革步伐，深入推进简政放权、放管结合、优化服务，尊重企业自主定价权、消费者自由选择权，促进商品和要素自由流动、公平交易。

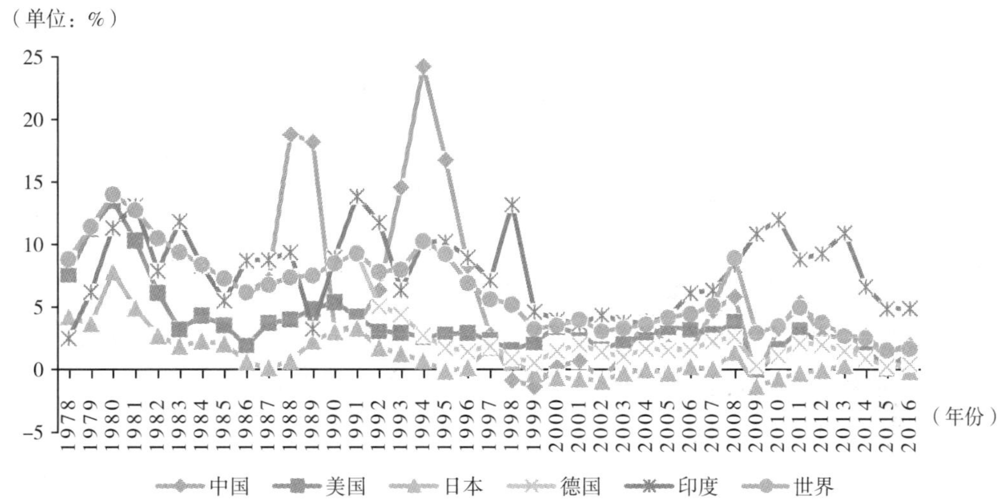

图 1-27　1978—2016年主要国家消费者价格指数

资料来源：世界银行数据库。其中世界1979年平均水平数值缺失，用相邻两年算数平均值替代；中国1978—1986年、德国1978—1991年数值用世界平均水平替代。

2. 政府负债率

我国政府负债率水平处于低位（见图1-28）。纵向来看，我国政府负债率水平不断上升。1995年，我国政府负债率为21.45%，到2017年升高至47.61%，年均以1%的速度增长。横向来看，欧盟对其成员国政府负债率有60%的要求，根据IMF的数据，我国2017年政府负债率为47.61%，远低于这一要求；与新兴经济体相比，我国政府负债率水平较低，同为“金砖”国家，南非2017年政府负债率为52.99%、印度为68.69%、巴西为83.36%，中国除了比俄罗斯的17.35%高，较其他“金砖”国家都要低；与发达国家相比，我国政府负债率水平更低，德国、英国、法国2017年政府负债率分别为65.01%、89.48%、96.34%，美国为108.14%，日本更是破天荒地高达240.3%。

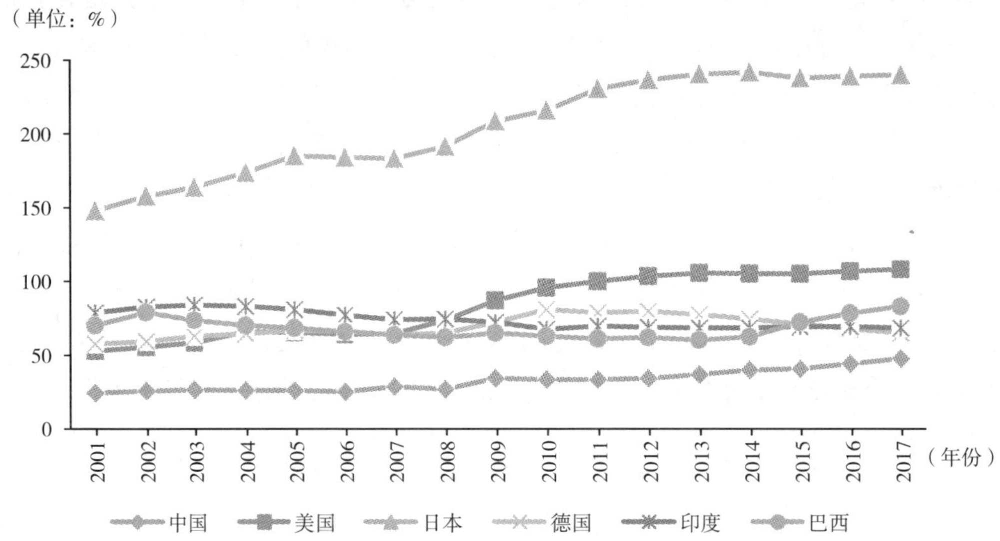

图 1-28　2001—2017 年主要国家政府负债率

资料来源:国际货币基金组织 WEO 数据库。

地方政府债务得到妥善处置。我国政府债务的风险不在中央部门,而在地方。此前地方经济发展以 GDP 为导向,因而通过银行借款、政府融资平台等多种方式举借大量债务,但是通过债务置换、地方试点发债等方式,我国地方政府债务风险总体上得到有效控制。接下来,又将以“结构性去杠杆”为总体思路,分类化解地方政府债务风险。应该说,政府债务的风险完全处于可控范围内。

3. 财政盈余/赤字占 GDP 比重

我国财政赤字率基本处于安全范围内(见图 1-29)。欧盟对其成员国的财政赤字率有不超过 3%的要求。从纵向来看,除了 2016 年和 2017 年财政赤字率超过 3%,达到 3.7%外,其他年份都处于欧盟规定的安全范围内。改革开放起始年份,我国甚至出现过财政盈余的情况。从横向来看,我国财政赤字率低于主要国家。不管是作为发达国家的美国、日本、英国,还是作为新兴经济体的印度、巴西,都曾有过或者正处于财政赤字率过大的时段,美国 2010 年财政赤字率高达 10.93%,英国 2009 年高达 10.1%,日本基本在 4%—10%之间徘徊,巴西最高年份达到 10.27%(2015 年),印度最高年份超过 11%(2003 年)。德国财政纪律较为严厉,只有个别年份财政赤字率超过 3%,其他年份都处于安全范围内,2014 年以来甚至保持一定的财政盈余。

坚持实施积极财政政策。李克强总理在 2018 年政府工作报告中指出,我国将坚持实施积极的财政政策。这种积极表现在三个方面:一是实行减税降费,分步骤全面推开营改增,对小微企业实行税收优惠,清理各种收费;二是强化地方政府债务管理,以债务置换的方式,降低地方政府债务利息负担;三是调整财政支出结构,要盘活现有的存量

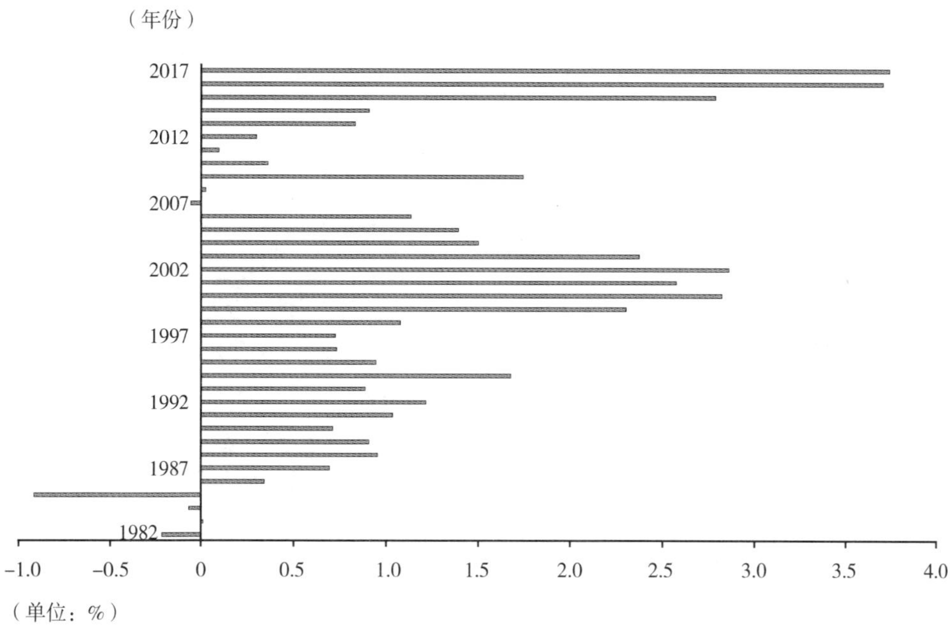

图 1-29　1987—2017 年我国财政赤字率

注：数值为正，表示财政赤字；数值为负，表示财政盈余。
资料来源：国际货币基金组织 WEO 数据库。

沉淀资金，保障基本民生和重点项目。党的十九大提出，要加快建立现代财政制度，建立权责清晰、财力协调、区域均衡的中央和地方财政关系。我国在实施积极财政政策过程中，完全有能力遵守财政纪律，确保宏观经济稳定。

4. 银行不良贷款与贷款总额的比率

我国银行不良贷款与贷款总额的比率处于低位。我国银行不良贷款与贷款总额的比率基本在 1%—2%之间，近两年比率上升较快，2016 年达到 1. 75%，但总体仍低于世界平均水平。与发达国家比，略高于德国、美国、日本，但比 2016 年欧盟的平均水平 4. 44%要低得多，也低于中高等收入国家的 4. 12%。与新兴经济体比，俄罗斯 2016 年银行不良贷款与贷款总额的比率高达 9. 44%，印度高达 9. 19%、巴西为 3. 92%、南非为 2. 86%，中国处于“金砖”国家最低水平。

我国银行业呈健康发展态势。《中国金融稳定报告（2017）》显示，2016 年年末，我国银行业资产负债规模有序增长，银行业金融机构资产总额 232. 25 万亿元，负债总额 214. 82 万亿元；机构体系日趋完善，全国共有城市商业银行 134 家、农村商业银行 1114 家、农村合作银行 40 家、农村信用社 1125 家、村镇银行 1443 家，并有 8 家民营银行；系统重要性银行风控意识较强，工商银行、农业银行、中国银行、建设银行、交通银行商业银行的资本充足率分别为 14. 61%、13. 04%、14. 28%、14. 94%和 14. 02%，不良贷款率

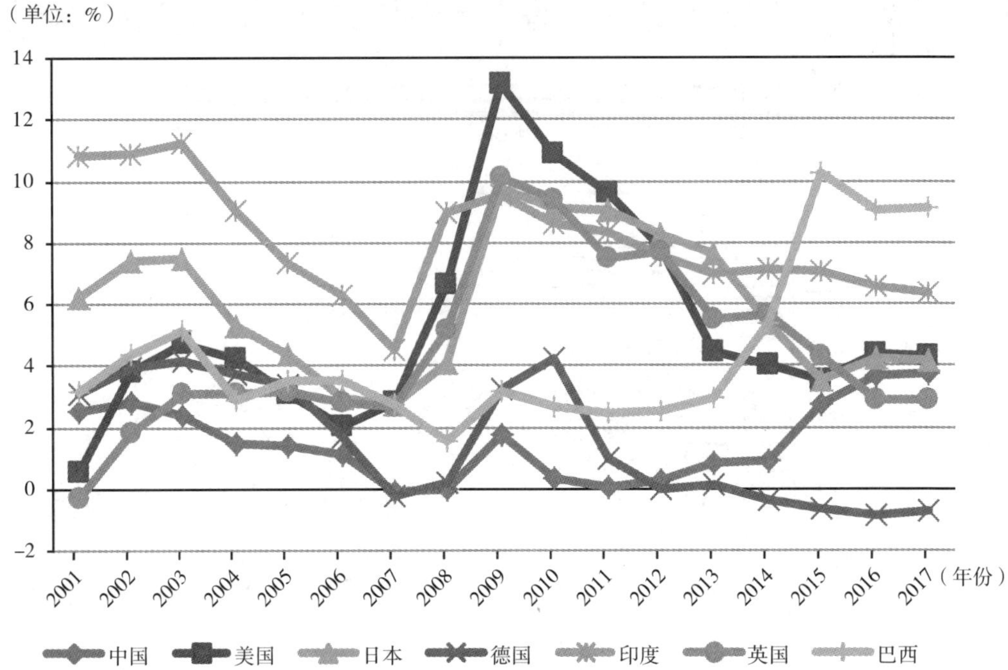

图 1-30　2001—2017 年主要国家财政赤字率

注：数值为正，表示财政赤字；数值为负，表示财政盈余。
资料来源：国际货币基金组织 WEO 数据库。

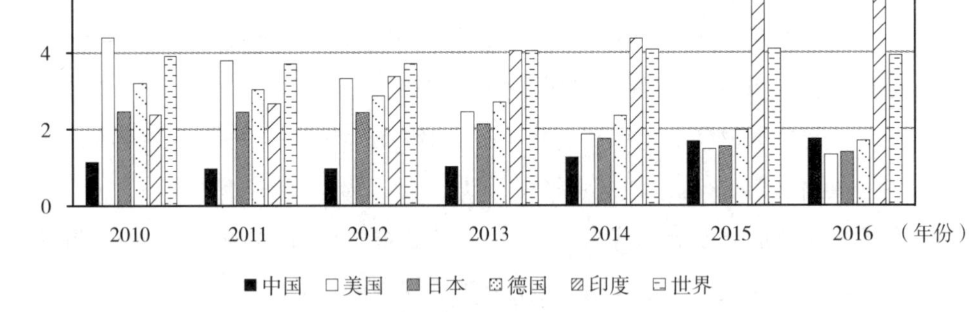

图 1-31　2010—2016 年主要国家银行不良贷款与贷款总额的比率

资料来源：世界银行数据库。

分别为 1.62%、2.37%、1.46%、1.52%和 1.52%。总体而言，我国银行业健康发展，也确保了宏观经济的稳定。

（二）国内比较

1. 通货膨胀趋于平缓，经济发展稳中向好

改革开放 40 年来，我国居民物价消费指数（CPI）呈现较大幅度的波动，最高达到 124. 1，最低仅为 98. 6（见图 1-32）。我国历史上出现了五次较大通货膨胀现象，分别为 1980 年（107. 5）、1985—1989 年（106. 5—118. 8）、1992—1996 年（106. 4—124. 1）、2008 年（105. 9）和 2011 年（105. 4）。从 1978 年至 2000 年，受改革开放的制度改革、体制改革以及国内外经济、政治形势的影响，我国 CPI 指数波动幅度最大，而 2000 年以后，政治、经济改革取得较好的成果，在一定程度上保障了物价波动趋于稳定。1980 年和 1985—1989 年通货膨胀，主要是受改革开放政策的变化，由计划经济向市场经济转变，计划经济中不合理定价方式的调整，以及各种物资紧缺，经常出现抢购风等所引起的。1992—1996 年通货膨胀，虽然经济一直保持良好的增长势头，年平均增速为 12. 06%，但 1994 年通货膨胀达到历史最高点，全国商品零售物价指数涨幅高达 27. 1%，居民消费价格指数涨幅高达 24. 1%，明显高于经济增速。1994 年间，货币投放量尚未超过经济增长之需，但流通货币量同比增长 36. 4%，1993 年增加了 35. 3%，显然高于物价和经济增长上涨幅度之和。另外，受我国价格体制深入改革、税制改革、汇率并轨和国家机关、事业单位的工资改革等因素影响，主要生产要素价格明显上涨，增加了企业的成本负担，最终导致物价上涨。另外，以投资为主的经济高速增长方式，势必导致生产能力过剩，企业亏损严重，财政税收减少，支出增加，导致财政赤字，引发货币

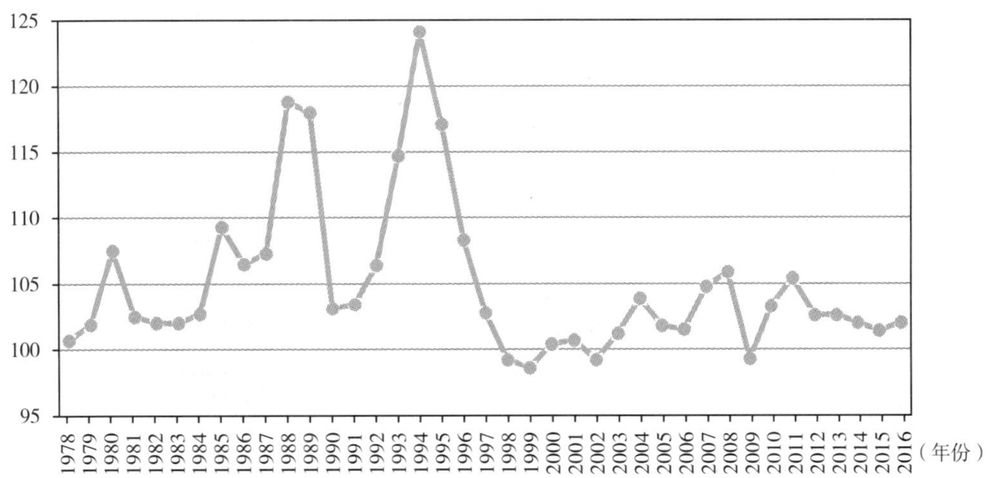

图 1-32　1978—2016 年全国居民物价消费指数（CPI）

注：以上一年=100 作为基数。

资料来源：国家统计局。

发行的通货膨胀。2008 年的通货膨胀主要是受国际金融危机的影响,其次是受国内经济结构性失衡的影响,如政府财政支出过大导致经济过热、价格结构性增长过快、央行相对宽松的货币政策等。2011 年通货膨胀受多方因素的影响,一方面是为应对 2008 年金融危机的 4 万亿元政府投资引发的货币超量供应导致物价上涨,另一方面是经济结构的失衡,尤其是房地产投资过热、农产品价格居高不下、能源成本的推动、社会通胀预期的影响等。

总体来看,各省、自治区、直辖市的居民物价消费指数的变化趋势基本与全国水平保持一致,但在不同阶段波动幅度略有差异(见图 1-33)。1978—1984 年间,东北地区、西南地区和西北地区的通货膨胀相对较高,如 1980 年广西为 112.6、甘肃为 110.5、贵州为 109.9,而上海、北京、天津仅分别为 105.9、106、105.1,东部地区明显低于西部地区;1985—1990 年间,泛珠三角地区、泛长三角地区和泛京津冀地区的通货膨胀相对较高,如 1988 年广东、海南、福建、湖南、江苏、浙江、北京的通胀水平分别为 129.4、128.1、126.5、125.6、121.9、121.5、120.4。1991 年至今,全国各地区的物价变化相差基本不大,保持相对集中。

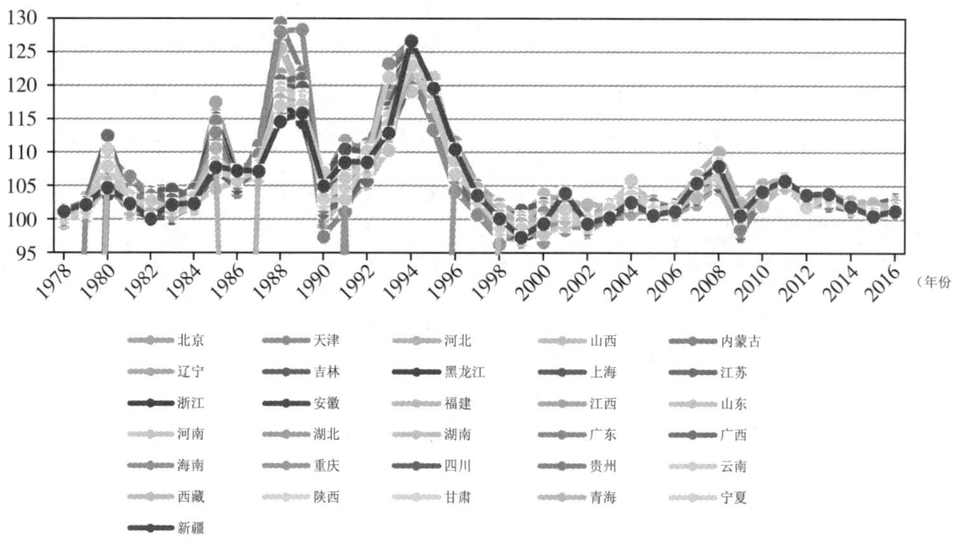

图 1-33　1978—2016 年全国各省(自治区、直辖市)居民物价消费指数(CPI)

注:以上一年 = 100 作为基数。

资料来源:国家统计局。

2. 国家财力不断增强,地区存在一定差异

改革开放 40 年来,国家财政实力不断增强。经济的快速发展和规模的扩大,同时带来了国家财力的增加(见图 1-34)。1978 年国家财政收入仅 1132 亿元,1985 年翻了一番,达到 2005 亿元,1993 年再翻一番,达到 4349 亿元,1999 年跨上 1 万亿元台阶,达

到11444亿元,2003年超过2万亿元,达到21715亿元,2007年,国家财政收入已经超过5万亿元,达到51322亿元,2011年跨越10万亿元,达到103874.43亿元,2015年超过15万亿元,达到152269.23亿元,2016年达到159604.97亿元,较2015年增长4.5%。1978—2016年财政收入增速呈现"W型"波动,年均增长14.477%。自2008年金融危机以来,我国财政收入总量趋于平缓,增速逐年降低。总而言之,改革开放40年来,财力的增加对促进经济发展、加强经济和社会中的薄弱环节、切实改善民生、有效应对各种风险和自然灾害的冲击提供了有力的资金保障。

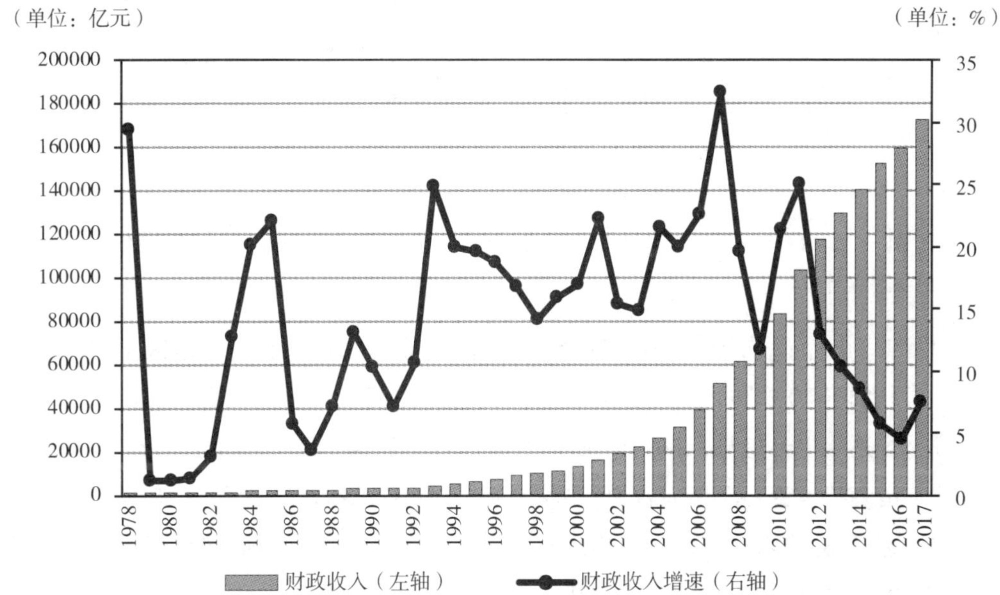

图1-34　1978—2017年全国财政收入水平

资料来源:国家统计局。

地方财政实力也不断提升,但是地区分化差距明显。如图1-35所示,自1978年以来,六大板块地区的一般公共财政预算收入规模均呈现快速的增长与扩张。2016年,泛长三角地区的各省(自治区、直辖市)平均一般公共财政预算收入处于最高,其次是泛珠三角地区、泛京津冀地区,而西北地区处于最低水平,东北地区自2014年后呈现下滑趋势,降至西南地区之下。泛长三角地区、泛珠三角地区、泛京津冀地区、西南地区、东北地区与西北地区依次排名,分别从1978年的57.56亿元、22.29亿元、36.48亿元、13.79亿元、57.42亿元和10.7亿元上升到2016年的4792.94亿元、4017.66亿元、3348.04亿元、1829.28亿元、1537.56亿元和909.22亿元。1978年,地方一般预算收入超过50亿元的省(自治区、直辖市)有6个,分别为上海、辽宁、山东、黑龙江、江苏和北京。2016年,地方一般预算收入超过5000亿元的省(自治区、直辖市)有6个,分别为广东、江苏、上海、山东、浙江和北京。

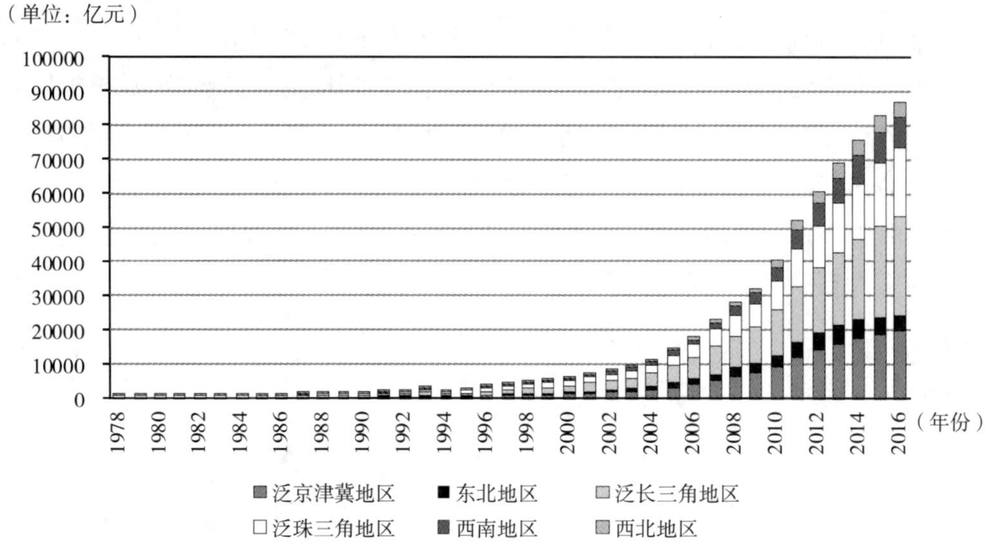

图 1-35　1978—2016 年六大板块各省（自治区、直辖市）平均一般公共预算收入

资料来源：国家统计局。

如图 1-36 所示，自 1993 年至 2016 年，地区一般公共预算收入占地区生产总值比重绝大部分低于 20%，纵向比较来看，主要呈现先下滑后上升的“V 型”趋势，除了北京和西藏呈现逐年上升趋势，吉林、黑龙江、福建、湖南、广西、贵州、西藏、甘肃和青海等省份呈现下滑趋势以外。总体而言，自改革开放以来，各大板块的经济发展“含金量”较高，一般公共预算收入占地区生产总值的比重保持较高水平。横向比较来看，北京、上海、天津、广东、海南等省市的一般公共预算收入占地区生产总值的比重处于较高水平，主要分布于泛京津冀地区、泛珠三角地区和泛长三角地区。

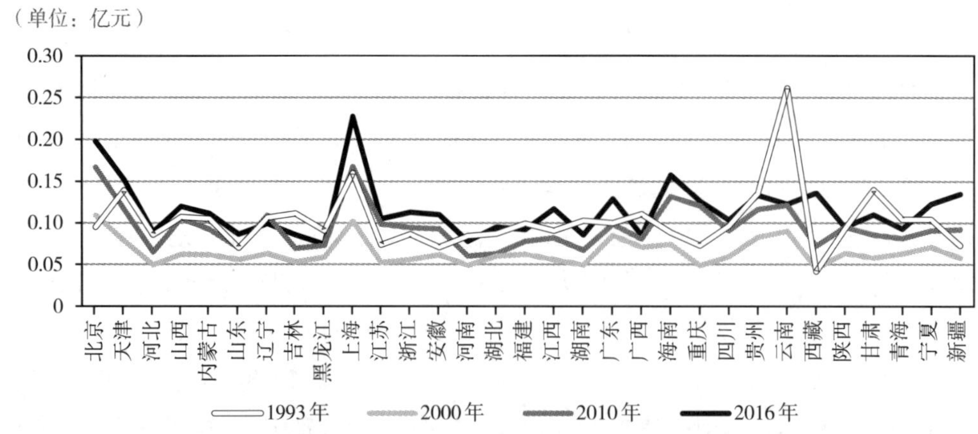

图 1-36　1993—2016 年六大板块各省（自治区、直辖市）平均一般公共预算收入占地区生产总值比重

资料来源：国家统计局。

四、基础设施逐步完善，运载能力稳步增强

反映基础设施的指标主要有铁路里程、航空运输量、货柜码头吞吐量、通电率、安全互联网服务器等。改革开放 40 年来，基础设施建设的快速发展是一个令世人瞩目的成就，无论是建设规模还是技术水平，我国的基础设施领域都已经位于世界领先水平。

（一）国际对比

1. 铁路里程

我国铁路里程①逐年上升（见图 1-37）。1980 年，我国铁路里程为 49940 公里，到 2016 年已有 67092 公里，年均复合增长率为 0.8%。中国铁路里程占世界总量的比重缓慢上升，从 1980 年的 4.99%上升至 2016 年的 6.38%。截至 2017 年年底，全国铁路营业里程达到 12.7 万公里，其中高铁 2.5 万公里，占世界高铁总量的 66.3%，铁路电气化率、复线率分别居世界第一位和第二位。

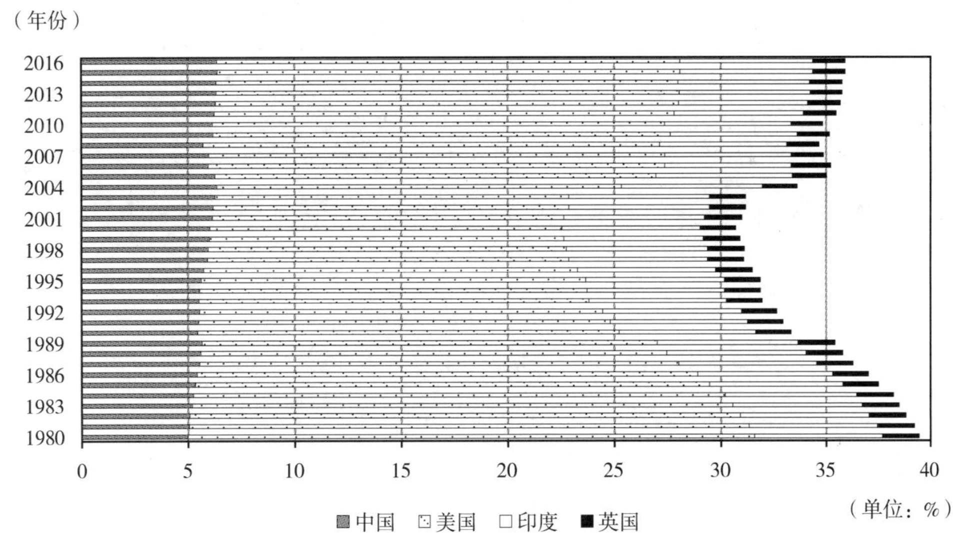

图 1-37　1980—2016 年主要国家铁路里程占世界总量的比重

资料来源：世界银行数据库。

我国高铁建设成就明显。铁路里程排名前五位的分别是美国、俄罗斯、中国、印度和加拿大。美国拥有 22.82 万公里的铁路里程，占世界总里程的 21.7%；俄罗斯拥有 8.54 万公里的铁路里程，占世界总里程的 8.12%；印度拥有 6.6 万公里的铁路里程，占

① 可用于提供铁路服务的铁路总长度，并行的铁路线亦计算在内。

世界总里程的6.28%;加拿大拥有超过5.21万公里的铁路里程,占世界总里程的4.95%。如果按照人均铁路里程计算的话,我国将远远排在这些国家之后。不过,根据党中央、国务院的部署要求,我国铁路建设投入持续加大。2017年,全国铁路行业固定资产投资完成8010亿元,其中7606亿元由国家铁路完成;3038公里新线投产,“四纵四横”高铁网较计划提前建成运营。

2. 航空运输量

我国航空运输量①逐年增长(见图1-38)。1978年,我国航空运输量仅为3.4万,但到2016年已有395.21万,40年不到的时间增长了115倍多,年均复合增长率为13.33%。截至2017年年底,我国境内民用航空(颁证)机场共有229个(不含香港、澳门和台湾地区,下同),其中定期航班通航机场228个,定期航班通航城市224个。根据Skytrax公布的2017年世界最佳航空公司排名,我国海南航空位列第九,南方航空位列第二十三,此外还有东方航空、中国国际航空都排在前100位。

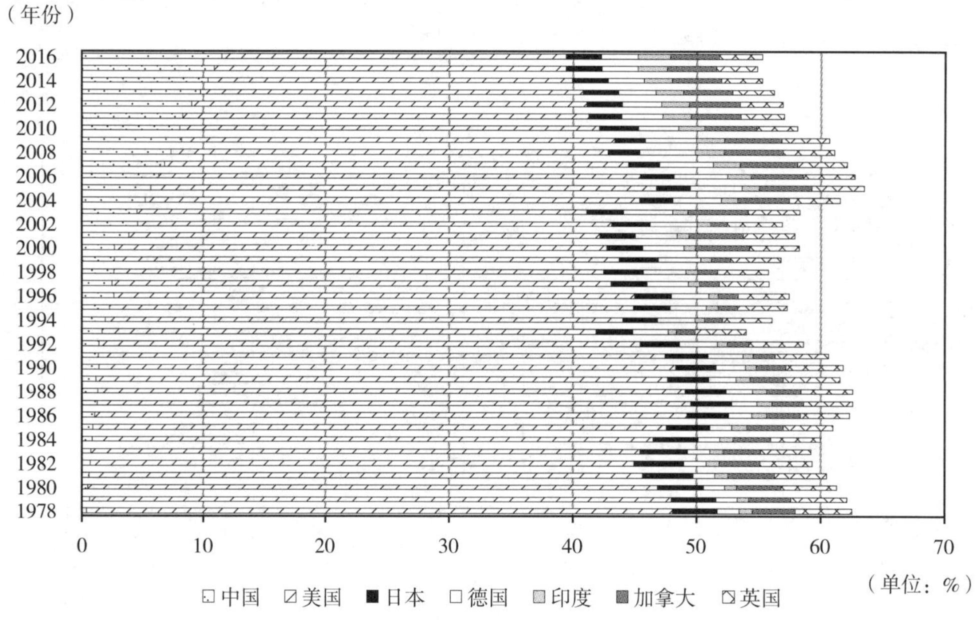

图1-38 1978—2016年主要国家航空运输量占世界总量的比重

资料来源:世界银行数据库。

我国航空运输规模稳居世界第二位。2016年,美国航空运输量为963.18万,稳居世界首位,占世界航空运输总量的比重为27.93%。我国航空运输量占世界总量的比重由1978年的0.33%升高至2016年的11.46%。其他国家,不论是作为发达国家的加拿

① 注册承运人全球出港量为所在国注册承运人的国内起飞次数和国外起飞次数之和。

大、英国、德国、日本，还是作为新兴经济体的印度、俄罗斯，都远低于我国航空运输规模。

3. 货柜码头吞吐量

我国货柜码头吞吐量①位居世界首位（见图1-39）。2000年，我国货柜码头吞吐量为0.41亿，到2016年已经将近2亿，16年间翻了5倍。我国货柜码头吞吐量占世界总量的比重，从2000年的18.24%增长至2016年的28.45%。与其他国家相比，我国货柜码头吞吐量高居世界首位。2016年，美国货柜码头吞吐量占世界总量的比重仅有6.9%，中国是其4倍多；新加坡作为世界重要的航运中转站，占世界总量的比重为4.52%；日本和德国作为贸易大国，占世界总量的比重仅为2.88%、2.77%；印度作为临海大国，占世界总量的比重仅为1.72%。

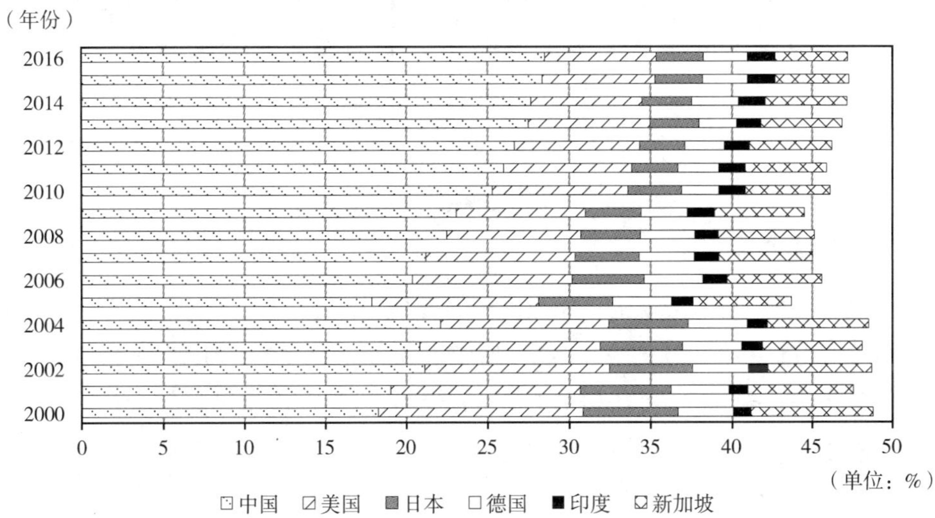

图1-39　2000—2016年主要国家货柜码头吞吐量占世界总量的比重

资料来源：世界银行数据库。

我国港口码头逐步走向智能化。2017年12月10日，上海洋山深水港四期自动化码头开港试生产，这意味着我国建成全球最大的智能集装箱码头。该码头采用自动引导运输车（也称为AGV小车），具备无人驾驶、自动导航、路径优化、主动避障等功能，可实现全天不间断低耗作业。随着技术的发展，我国货柜码头吞吐量也将逐年上升。

4. 通电率

我国通电率②已达100%（见图1-40）。我国于2015年实现100%的通电率，虽然

① 港口集装箱吞吐量衡量的是通过陆运到海运（反之亦然）方式运输的集装箱流量，以20英尺当量单位的标准尺寸集装箱为计算单位。数据指沿海航运和国际航运。转运货物吞吐量是指在中转港的两次货物吊装（一次卸货，然后装货外运），也包括空箱。

② 通电率是指享有通电人口的百分比。

较主要发达国家时间稍晚，但较新兴经济体的印度、南非的发展要更快，2016 年印度通电率为 84.53%，南非为 84.2%，世界平均通电率为 87.35%。

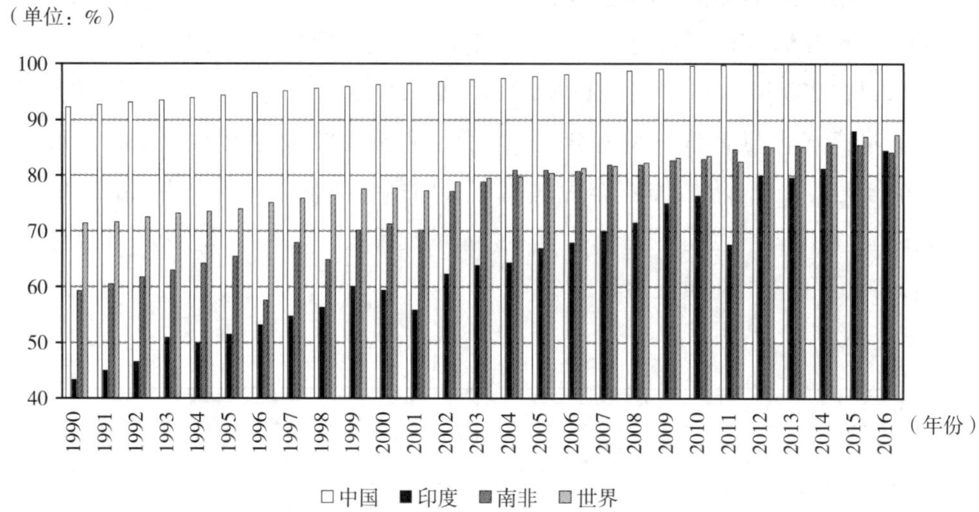

图 1-40　1990—2016 年主要国家通电率

资料来源：世界银行数据库。

我国电力将向更高层次发展。根据《电力发展“十三五”规划》，预期 2020 年全社会用电量 6.8 万亿—7.2 万亿千瓦时，年均增长 3.6%—4.8%，我国将保障供应能力；2020 年，非化石能源发电装机达到 7.7 亿千瓦左右，发电量占比提高至 31%，煤电装机力争控制在 11 亿千瓦以内，占比降至约 55%，发电结构得到改善；合理布局电力输送，建成现代配电网，提高智能化水平等。

5. 安全互联网服务器

我国每百万人拥有的安全互联网服务器①数量增速较快（见图 1-41）。2001 年，我国每百万人拥有的安全互联网服务器数量仅为 0.14 个，但到 2016 年，已达到 20.5 个，15 年间增长了 140 多倍。当然也要看到，我国互联网基础设施与金砖国家及世界平均水平还有一定的差距，2016 年，金砖国家中只有印度每百万人拥有的安全互联网服务器数量比中国低，其他国家都是中国的 4 倍甚至 10 倍以上。中国与发达国家的差距，则更为突出，2016 年美国每百万人拥有的安全互联网服务器数量为 1623.35 个，是中国的 79 倍多。

建设网络强国是建立在互联网基础设施之上的。党的十八大以来，习近平总书记多次强调要推进网络强国建设。而网络强国的基础在于互联网基础设施建设，习近平总书记多次强调要加强“网络基础设施建设”，工信部也明确 2018 年我国正式启动网络强国建设三年行动，围绕城市和农村宽带提速、5G 网络部署、下一代互联网部署等领

① 安全互联网服务器是指在互联网交易过程中使用加密技术的服务器。

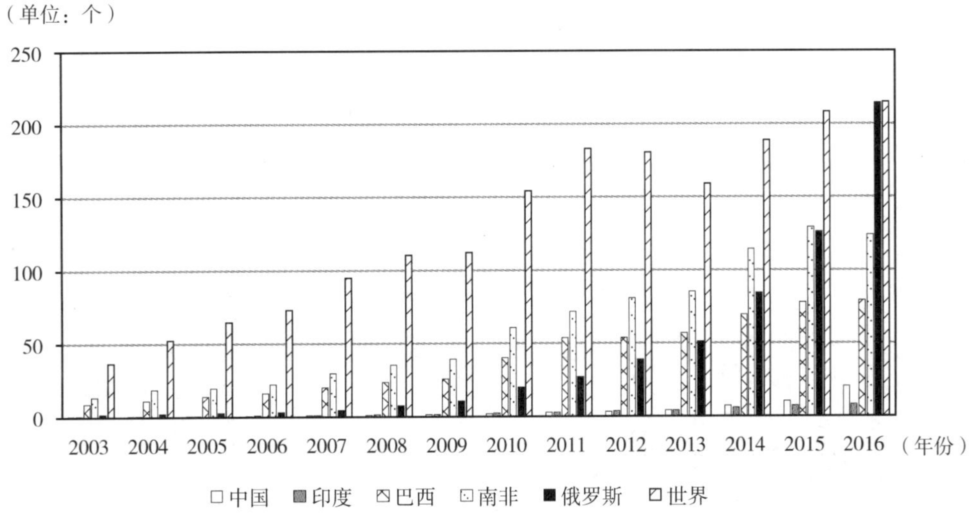

图 1-41　2003—2016 年主要国家每百万人拥有的安全互联网服务器数量

资料来源：世界银行数据库。

域，加大网络基础设施建设。据估计，未来我国网络基础设施建设投资规模将突破3000 亿元。

（二）国内比较

1. 人均年用电量不断提升

改革开放以来，随着我国工业化进程和城镇化建设不断加快，我国全国人均用电量不断提升。全国人均用电量由 2000 年的 1066.9 千瓦/小时增长到 2017 年的 4280.62 千瓦/小时，增长了近 3.01 倍，年平均增速为 8.63%。自 2010 年以来，全国人均用电量增速呈现递减趋势，但随着我国经济企稳、结构调整加快，2017 年全国人均用电量有所回升。

地区人均用电量出现两极分化现象，经济越发达地区，人均用电量越高，而经济欠发达地区的人均用电量水平较低。2016 年，全国有 15 个地区高于全国平均水平，16 个地区低于全国平均水平。东部省份人均用电量多数位于全国中上游水平，中西部地区则呈现两极分化特征。全国有三个地区的用电量水平较高，占据全国人均用电量前十位，分别为宁夏、青海、内蒙古、新疆、浙江、江苏、上海、山东、天津和广东，主要集中于西北地区、泛京津冀地区和泛长三角地区。人均用电量居前四位的西北省份地广人稀、高耗能产业比重较大，因而人均年用电量位居全国前列；其他中西部省份产业发展相对落后，人口基数相对较大，人均年用电量处于下游。而东北三省的人均用电相对较低，均低于全国平均水平；泛珠三角地区也仅广东地区的人均用电量超过全国平均水平。现阶段，我国产业优化升级进展明显，一些新的经济增长点，如计算机、电子信息等产业用

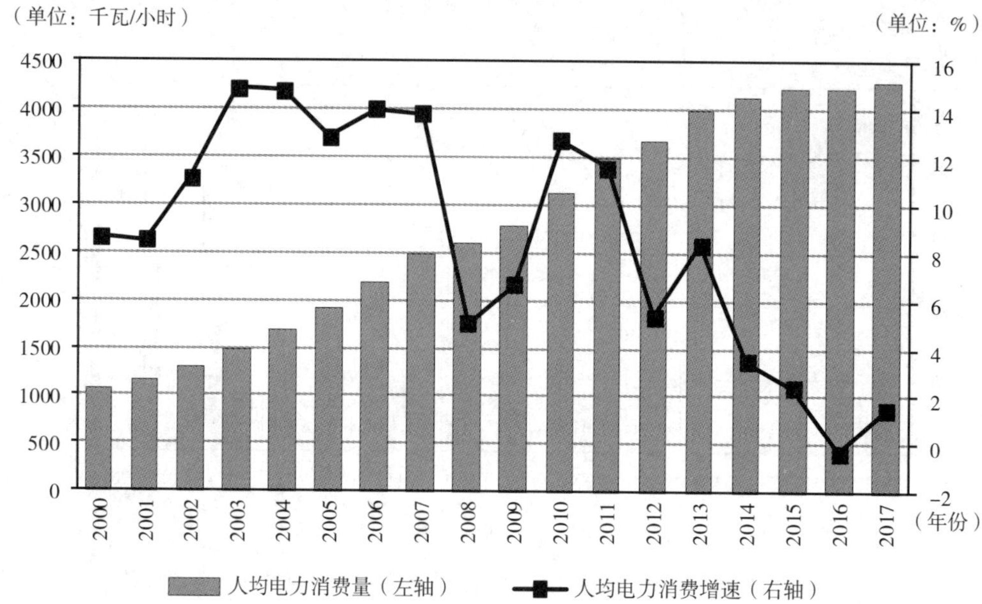

图 1-42　2000—2017 年全国人均年用电量

资料来源:国家统计局。

电量增长较快,对全国用电量起到明显的拉动作用。总体来看,全国各地区人均用电量实现稳步增长,尤其是西北地区、泛京津冀地区和长三角地区的增长幅度较高。

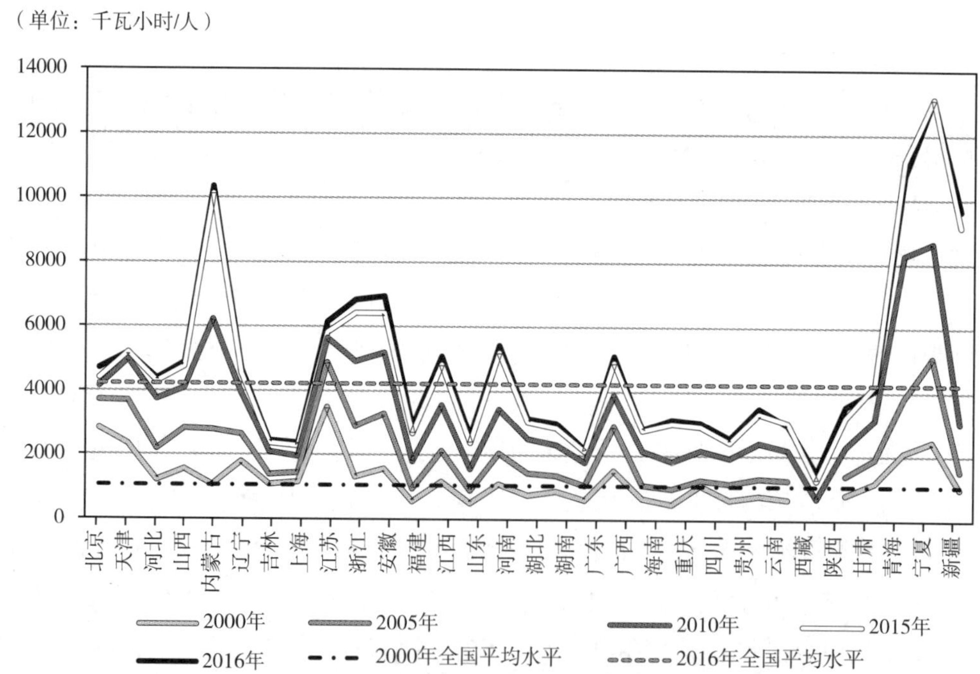

图 1-43　2000—2016 年全国各省(自治区、直辖市)人均年用电量

资料来源:国家统计局。

2. 交通运输建设突飞猛进,网络四通八达

改革开放以来,我国交通运输建设取得了辉煌成就,构建了由铁路、公路、民用航空、水运和管道组成的综合交通运输网络四通八达,有力支撑了经济社会的快速发展。1979 年至 2007 年,我国交通运输业累计完成投资 74246 亿元,年均增长 19.9%,交通运输基础设施水平明显提高。2008 年至 2016 年,我国交通运输、仓储和邮政业累计完成投资 31.49 万亿元,年均增速为 16.72%(见图 1-44)。

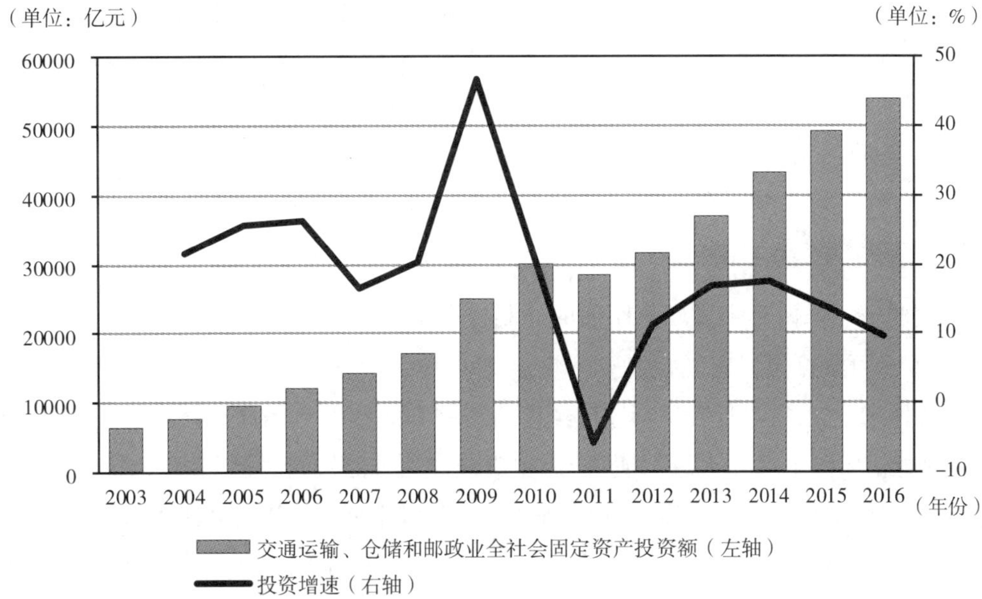

图 1-44　2003—2016 年全国交通运输、仓储和邮政业全社会固定资产投资额及其增速

资料来源:国家统计局。

(1)“五纵七横”公路网已基本形成,公路等级明显提高

2017 年,我国公路里程由 1978 年的 85.56 万公里增至 469.63 万公里,增长了近 4.49 倍,年平均增速为 4.99%,尤其是在 2005 年至 2006 年期间,出现较大跨越,由 187.07 万公里上涨至 334.52 万公里,增速为 78.82%。高速公路由 1988 年的 0.01 万公里增至 2017 年的近 13 万公里,增长了 1300 倍,近五年平均每年高速公路新增里程约 8000—9000 公里,总里程年复合增速达到 9%,2017 年我国将新增高速公路 5000 公里,总里程同比增长 4%(见图 1-45)。

2017 年年末国道公路里程 35.84 万公里,省道公路里程 33.38 万公里。农村公路里程 400.93 万公里,其中县道 55.07 万公里、乡道 115.77 万公里、村道 230.09 万公里。全国通公路的乡(镇)占全国乡(镇)总数的 99.99%,其中通硬化路面的乡(镇)占全国乡(镇)总数的 99.39%,比上年提高 0.38 个百分点;通公路的建制村占全国建制

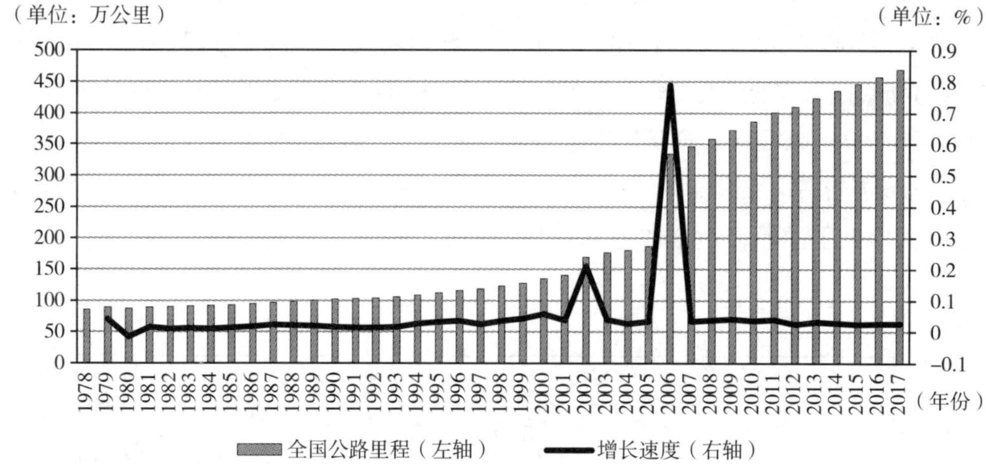

图 1-45　1978—2017 年全国公路总里程及其增长速度

资料来源:国家统计局。

村总数的 99.98%,其中通硬化路面的建制村占全国建制村总数的 98.35%,比上年提高 1.66 个百分点。①

总体来看,我国高速公路行业已经进入发展平稳阶段,新增高速公路里程同比增速有所放缓,趋于稳定。“五纵七横”国道主干线高速公路网建设已基本形成,构筑了我国区域和省际间横连东西、纵贯南北、连接首都的国家公路骨架网络,并与其他国道、省道、县乡公路共同组成了我国目前的公路基础设施网络,为国民经济社会发展提供了坚实的基础和保证。

近年来,我国公路基础设施网络不断完善,能力逐步提升,但地区间在公路网密度、覆盖范围、质量水平等方面还存在较大差距。如图 1-46 所示,比较我国各区域公路网密度,泛长三角地区的公路网密度最大,泛京津冀地区的公路网密度次之,东北地区的公路网密度最小。从增速来看,西南地区公路网密度增长最快,2015 年、2016 年增速分别达到 13.8%、10.4%;西北地区公路网密度发展也十分迅速,2015 年、2016 年增速分别为 9.9%、10%。泛长三角地区和泛京津冀地区高速公路网则已基本进入完善阶段,公路网密度增速为 6%左右。西北地区人均公路网密度及增速远超其他区域。西北地广人稀,人均公路网密度远大于东部地区;西南与华北地区次之,东北、泛长三角地区人均公路网密度最小。从增速来看,由于近年来西部道路建设的推进,西北人均公路网密度以每年接近 17%的速度增长,远超其他区域;泛京津冀地区 2015 年、2016 年同比增长率稳定在 8%左右;泛京津冀地区是人均公路网密度增长最慢的地区,2015 年、2016

① 中商产业研究院:《2017 年中国交通运输运营里程分析》,中商情报网 2018 年 4 月 3 日。

年同比增长率分别仅为 2. 45%、3. 96%。整体来看,东部省份公路网密度仍普遍高于中西部地区,但随着国家不断加大对中西部交通基础设施投资以“补短板”,2016 年中西部多个省份公路交通建设发展迅猛,区域差距正在逐步缩小。海南省全面推进“一桥四路”项目建设,2016 年公路投资比 2015 年翻了一番,公路网密度明显提升,达到每百平方公里 79. 8 公里,较 2015 年增加 3. 8 公里,2017 年公路网密度为 82. 94 公里/百平方公里,较 2016 年增加 3. 54 公里。

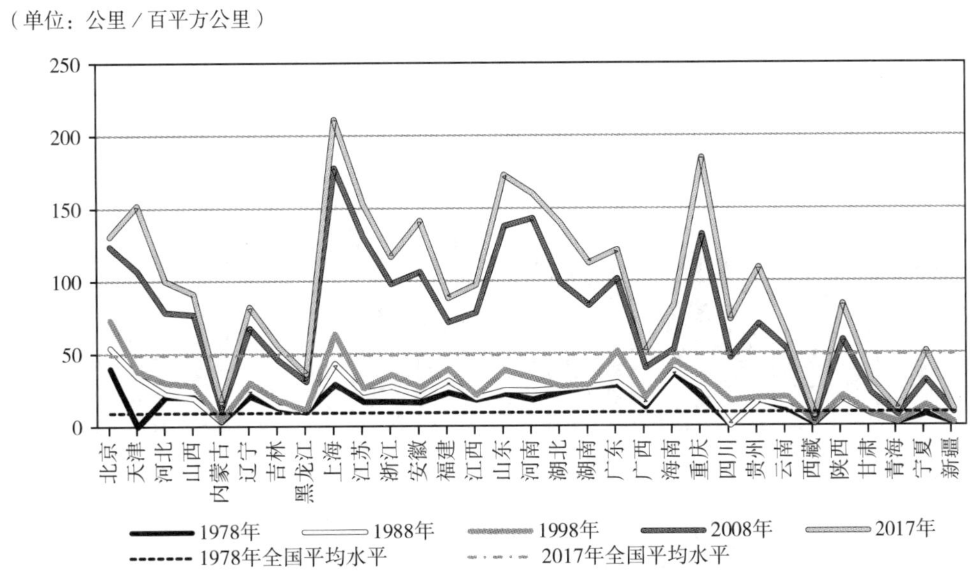

图 1-46　1978—2017 年全国各省(自治区、直辖市)公路网密度(人均)

资料来源:国家统计局。

(2)铁路网络规模扩大、结构优化,现代高铁技术广泛使用

改革开放以来,国家加大了对铁路设施的建设,2017 年我国铁路建设投资达 8010 亿元,是 1978 年的 241. 01 倍,陆续有宝鸡至兰州高速铁路、西安至成都高速铁路、西安至江油段、石家庄至济南高速铁路等项目投产运营,投产里程 3038 公里。如图 1-47 所示,截至 2017 年年底,全国铁路营业里程 12. 7 万公里,其中高铁 2. 5 万公里,占世界高铁总量的 66. 3%,铁路电气化率、复线率分别居世界第一和第二位,较 1978 年的 5. 2 万公里,新增了 7. 5 万公里,增长了近 1. 44 倍,年均增长速度为 2. 36%。这些新增里程大部分是采用先进技术和设备的电气化铁路营业里程。

石家庄至济南高速铁路、九江至景德镇再至衢州铁路等重点铁路项目陆续建成投产。其中,石济高铁的建成通车,标志着我国“四纵四横”高速铁路网中的“四横”完美收官,中国高速铁路网进一步完善。宝兰高铁、西成高铁、石济高铁、九景衢铁路等项目的集中投产运营,对于助力实施乡村振兴战略和区域协调发展战略,促进沿线经济社会发展和民生改善,提升铁路运输能力具有重要意义。①

经过持续大规模的新线建设和既有线改造,中国铁路无论是数量还是装备水平都上了一个新台阶,铁路网规模进一步扩大,路网结构得到优化,运输限制明显减少,主要运输通道能力紧张状况大为缓解,基本打破了长期以来铁路对国民经济发展的"瓶颈"制约,改变了铁路运输生产力严重不适应社会经济发展的状况。

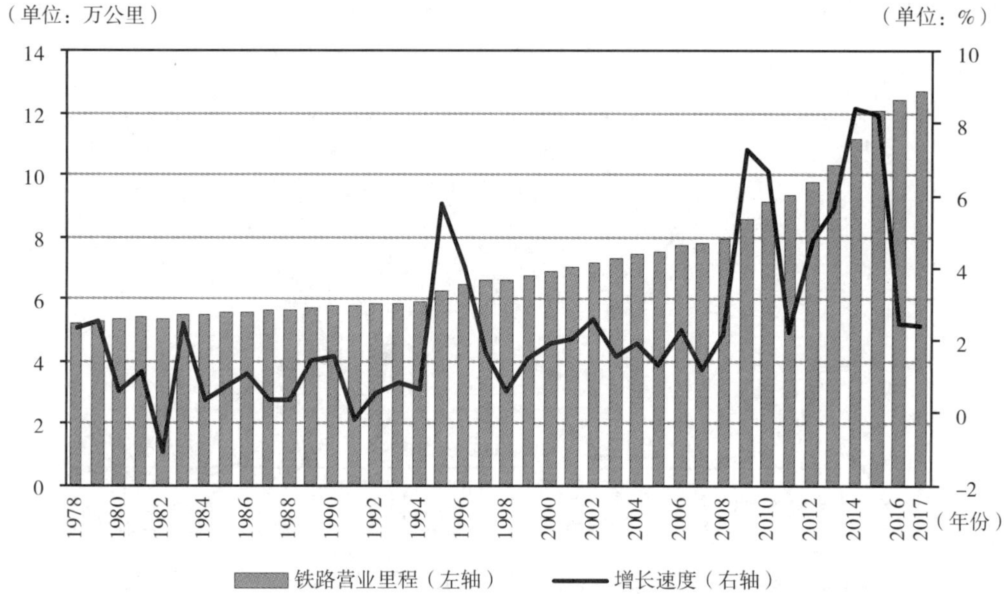

图 1-47　1978—2017 年全国铁路营业里程及其增长速度

资料来源:国家统计局。

近年来,我国铁路设施建设不断完善,能力逐步提升,但地区间在网络密度、覆盖范围、质量水平等方面还存在较大差距。如图 1-48 所示,截至 2017 年年底,虽然中西部地区(含东北三省)铁路营业里程达 9.7 万公里,占比达 76.38%,但全国铁路网密度相对较低。2017 年全国铁路网密度达到 1.29 公里/百平方公里,24 个地区铁路网密度高于全国平均水平,7 个地区低于全国平均水平。天津、上海、北京三市铁路网密度遥遥领先,分别为每百平方公里 9.73 公里、7.94 公里和 7.74 公里。四川、云南、新疆、青海、西藏、甘肃等六省区仍不足 1 公里,分别为每百平方公里 0.99 公里、0.96 公里、0.37 公里、0.33 公里、0.07 公里和 0.91 公里。

(3)民用航空航线网络更加发达,辐射力进一步增强

改革开放 40 年的快速发展,民航业已建成了现代化的空中交通管理系统,建成了

① 参见《截至 2017 年年底全国铁路营业里程达 12.7 万公里》,央视新闻,2018 年 1 月 2 日,http://news.cctv.com/2018/01/02/ARTILzWSCSbJATL5T4nCNTz7180102.shtml。

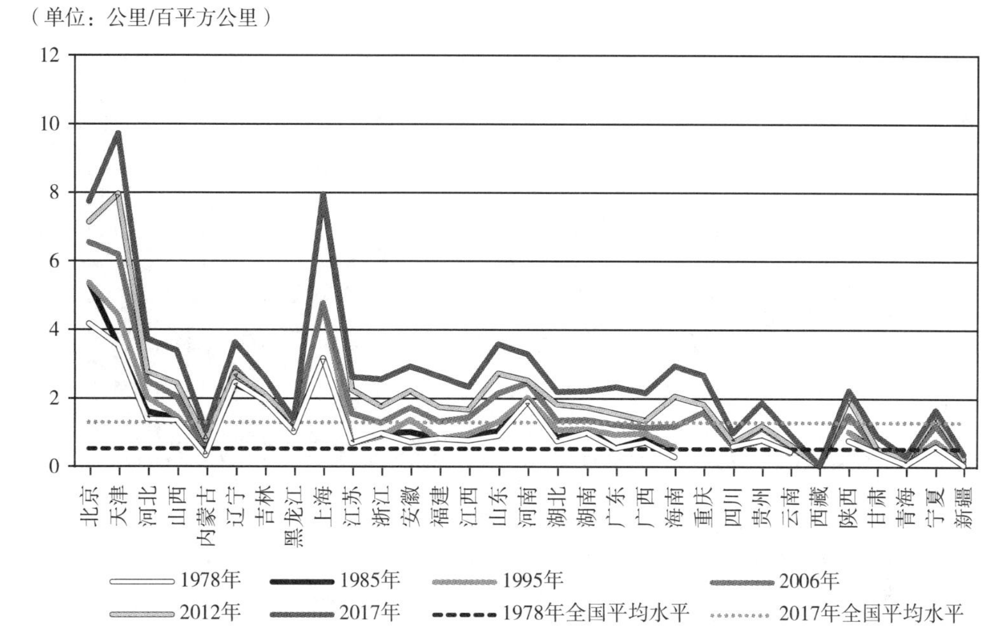

图 1-48 1978—2017 年全国各省（自治区、直辖市）铁路网密度

资料来源：国家统计局。

适应民航可持续发展需要的科技引进、消化、开发和创新体系，建成了多层次、全方位、系统化的人力资源开发体系和完备的法律法规体系，航空安全综合保障能力逐步增强，航空安全水平接近民航发达国家水平。如图 1-49 所示，1978 年改革开放初期，我国民航仅有 162 条短程航线、70 个机场，定期航班航线里程为 14.89 万公里，国际航线里程为 5.53 万公里。经过 40 年的建设，航线网络迅速扩展，航线布局不断优化。省级城市之间的航线，根据市场的热点变化，不断开辟通往旅游城市的航线；为了更好地服务经济建设，民航还加速扩展沿海开放城市间的航线网络，改善老少边穷地区的航空运输。截至 2016 年年底，我国共有定期航班航线 3794 条，比 1978 年增长了 23.42 倍，按不重复距离计算的定期航班航线里程为 634.8 万公里，较 1978 年增长了 42.63 倍，年均增速为 10.87%，国际航线线路长度为 282.8 万公里，较 1978 年增长了 51.14 倍，年均增速为 12.4%。2017 年，我国境内民用航空（颁证）机场共有 229 个，民航的运输飞机为 3177 架，机场主要生产指标继续保持平稳较快增长，全年旅客吞吐量超过 11 亿人次，完成 114786.7 万人次，比上年增长 12.9%。分航线看，国内航线完成 103614.6 万人次，比上年增长 13.4%；国际航线完成 11172.1 万人次，比上年增长 9.2%。目前中国民航已拥有各类型飞机 3177 架，主力运输飞机均为世界上技术先进、经济性能良好的机型，已形成了一个国内四通八达、干线与支线相结合以及联结世界主要国家和地区的航空运输网络。

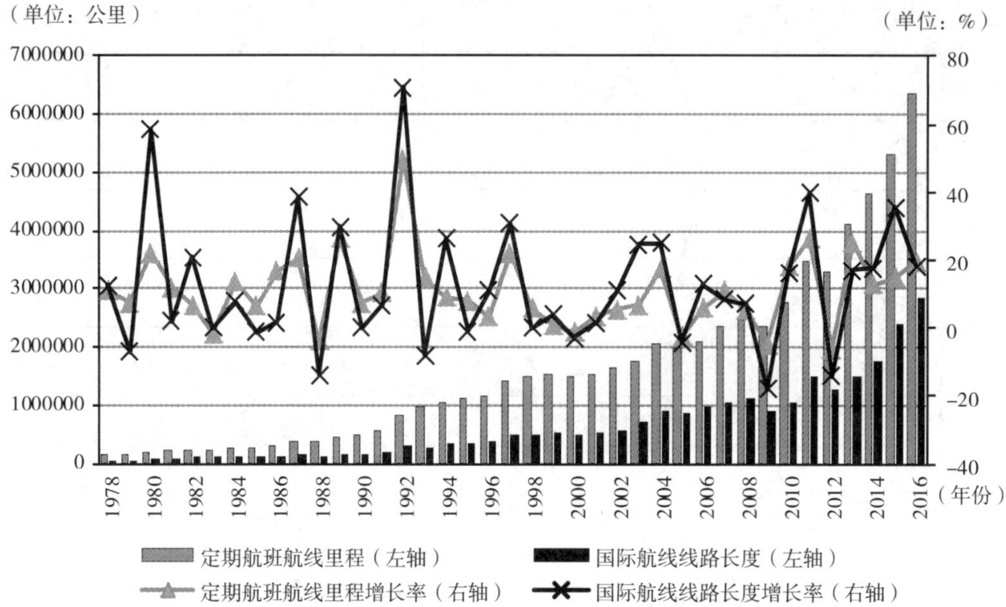

图 1-49　1978—2016 年全国定期及国际航班航线里程

资料来源：国家统计局。

中国民航不断优化调整航线结构，完善航线布局，航线网络更加发达，辐射力进一步增强。如图 1-50 所示，2015 年，全国人均民用航空旅客运输量为 0.32 人，较 2014 年提升 0.03 人。北京、上海、海南三省市人均旅客运输量稳居全国前三，远高于其他地区，分别为 3.52 人、3.30 人和 2.76 人。安徽、河南、河北等地区机场建设仍然相对滞后，人均旅客运输量均在 0.1 人以下。我国航空运输市场保持平稳较快增长，各省（自

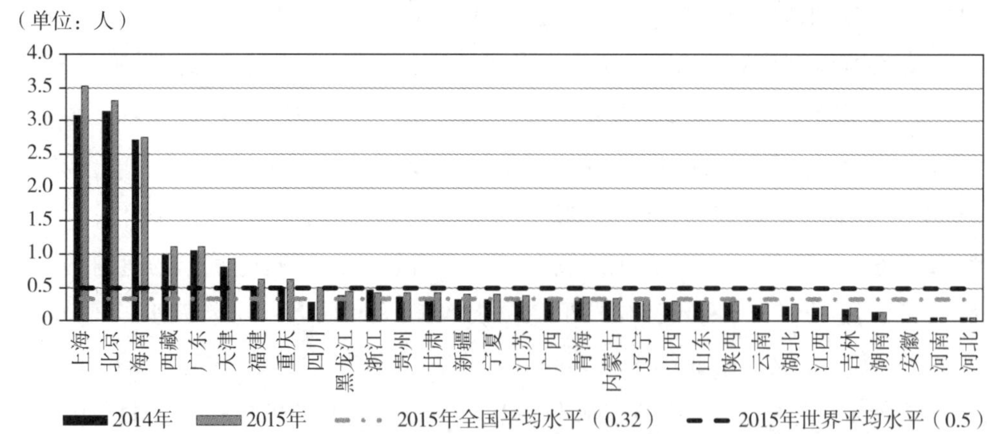

图 1-50　2014、2015 年全国各省（自治区、直辖市）人均民用航空旅客运输量

资料来源：国家统计局、世界银行。

治区、直辖市)特别是中西部地区、中小城市对机场建设有很大需求,加快支线机场建设,加快支线航空运输发展,也是我国民航供给侧结构性改革的重要着力点和抓手。“一带一路”建设也带动了国际航线的快速发展。与2014年相比,上海、北京、西藏、四川、甘肃等五省(自治区、直辖市)人均旅客运输量增幅最大,分别增加了0.45人、0.16人、0.13人、0.24人和0.12人,分别达到3.52人、3.30人、1.12人、0.51人和0.41人。

3. 手机普及率不断攀升,固话保有量逐渐下降

近年来,受及时通话需求的攀升、网络与智能手机的高效联动,移动手机逐渐由可选消费变成必选消费。一方面,起初固定座机数量呈逐年稳步增长,到2006年,固定座机普及率达28.1%左右的巅峰状态,之后由于手机的价格下降和用户对即时通话的需求越来越大,固定电话的保有量开始逐渐下降,而手机的普及率则快速上升,到2017年,中国的手机普及率超过102.5部/百人。另一方面,21世纪以来,中国网民规模增长了近30倍,目前网络的渗透率约为52%。2007年后,智能机时代的来临以及通信技术的不断进步,消费者拥有了更好的即时上网平台以及快速的上网速度,这也直接促使中国手机网民占总网民比大幅攀升,从2007年的24%迅速攀升至2009年的61%,再到目前的90%以上。

2017年,全国电话用户净增8269万户,总数达到16.1亿户,比上年增长5.4%(见图1-51)。其中,移动电话用户净增9555万户,总数达14.2亿户,移动电话用户普及率达102.5部/百人,比上年提高6.9部/百人,全国已有16个省(自治区、直辖市)的移动电话普及率超过100部/百人。固定电话用户总数1.94亿户,比上年减少1286万

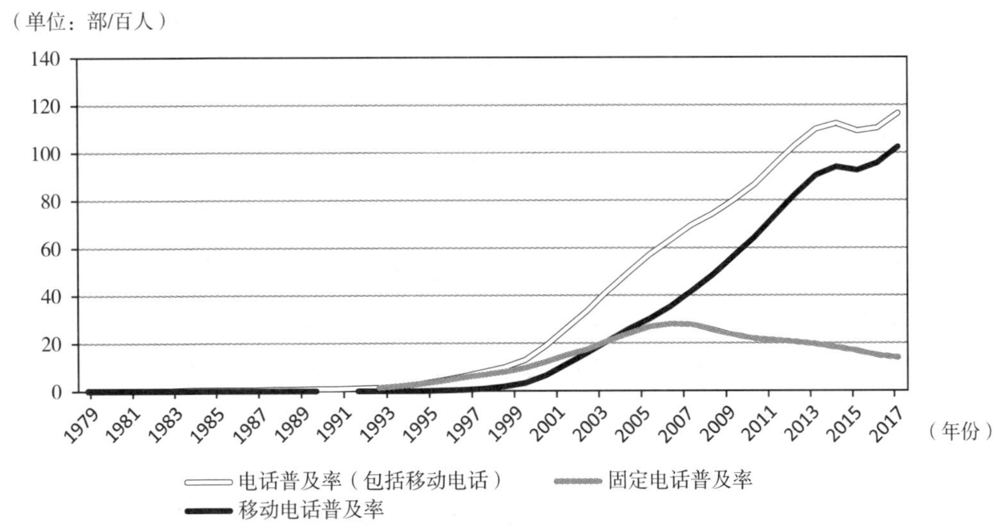

图1-51 1979—2017年全国电话普及率和移动电话普及率、固定电话普及率

资料来源:国家统计局。

户，每百人拥有固定电话数下降至14部。

2017年，全国电话普及率（包括移动电话）每百人为110.6部（见图1-52）。13个地区的电话普及率高于全国平均水平，18个地区低于全国平均水平。北京、上海、广东、浙江等东部发达省（自治区、直辖市）电话普及率最高，西藏、湖北、湖南、安徽、江西等中西部省（自治区、直辖市）电话普及率较低，明显低于全国平均水平。

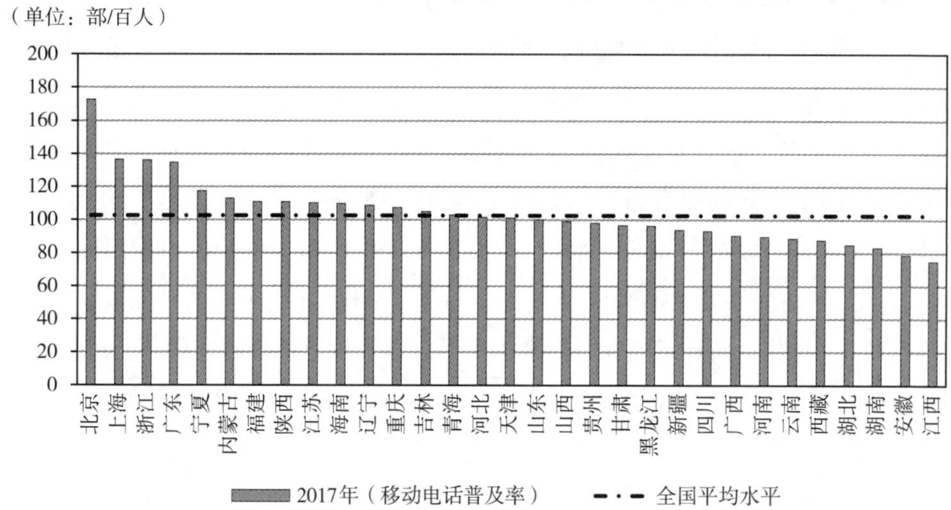

图1-52　2017年全国移动电话普及率

资料来源：国家统计局。

与2013年相比，2016年全国电话普及率每百人增加0.65部（见图1-53）。由于多数东部省（自治区、直辖市）移动电话用户已经接近饱和，同时固定电话受到互联网新技术、移动电话替代加剧等因素冲击。13个省（自治区、直辖市）电话普及率出现下降，其中内蒙古、广东、福建和辽宁四省区下降幅度最大，每百人分别下降14.15部、13.11部、11.67部和10.79部。18个省（自治区、直辖市）电话普及率实现稳步增长，多数为中西部省（自治区、直辖市），其中广西、四川、重庆等省（自治区、直辖市）提升幅度最大，每百人分别增加了12.67部、12.61部和12.55部。

4. 互联网普及率持续增长，行业趋于规范化、智能化

中国互联网虽然起步较晚，但是经过几十年的高速发展，在国民经济和政府体制改革的大环境中，中国互联网产业已经成为世界上"两个半互联网市场"的重要组成部分，显露出巨大的发展潜力，将成为最大的互联网用户群体（见图1-54）。截至2017年12月，我国网民规模达到7.72亿人，普及率达到55.8%，超过全球平均水平（51.7%）4.1个百分点，超过亚洲平均水平（46.7%）9.1个百分点。全年共计新增网民4074万人，增长率为5.6%，我国网民规模继续保持平稳增长。中国网民规模已经相当于欧洲

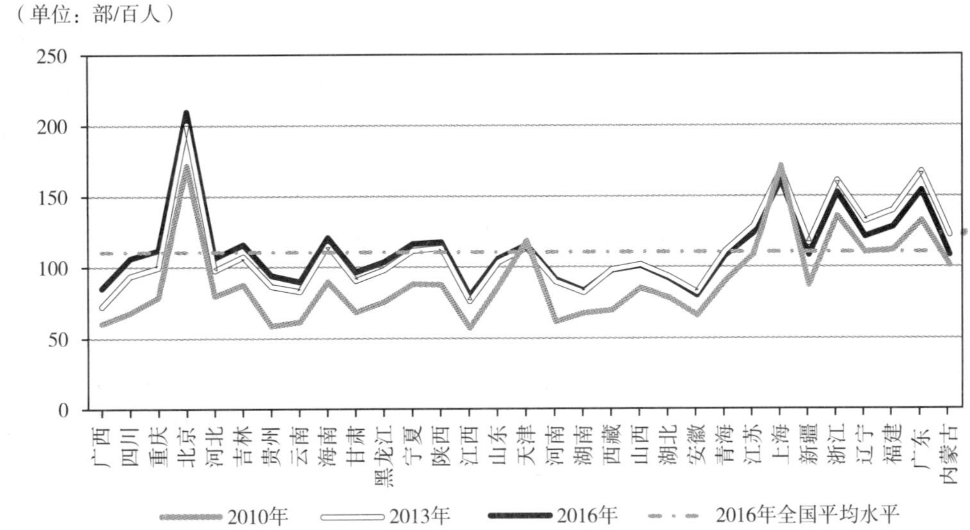

图 1-53 2010、2013、2016 年全国省（自治区、直辖市）的固定电话普及率

资料来源：国家统计局。

人口总量。在中国网民群体中，2016 年农村网民占比 27.4%，规模达到 2.01 亿人，全年增加 526 万人。

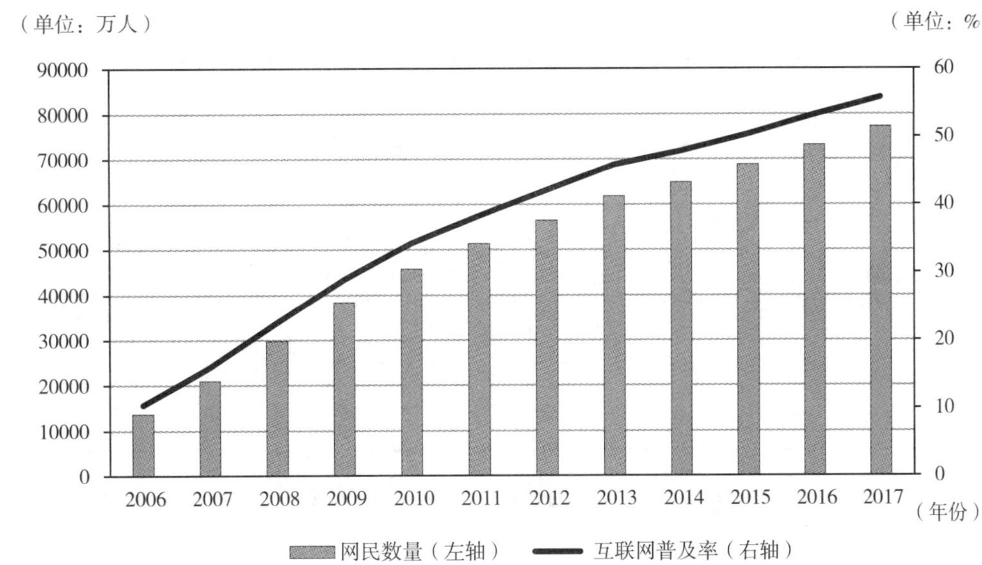

图 1-54 2006—2017 年全国网民数量与互联网普及率

资料来源：国家统计局。

从 2006 年到 2017 年，中国网民规模持续增长，近几年，增长率趋于稳定，中国互联网行业整体向规范化、价值化发展。政府出台多项政策推动和规范互联网各个分领域的健康发展，营造良好的发展环境，除此之外，网民的人均消费水平也逐步提升，网络消费成为国内生产总值增长的重要推动力。移动互联网的发展给人们生活带来极大的便利，为信息共享提供了支持平台，进一步减少了交易成本，方便了沟通交流，提高了整体资源利用效率。2017 年，手机网民规模达 7.53 亿人，网民中使用手机上网人群的占比由 2016 年的 95.1%提升至 97.5%。以手机为中心的智能设备，成为“万物互联”的基础，车联网、智能家电促进“住行”体验升级，促进工作和生活场景向多元化发展，构筑个性化、智能化应用场景，线上线下不断融合，推动不同使用场景细化和服务范围向更深更广扩散。

地区互联网发展有所差异，中西部增速较快。如图 1-55 所示，2010 年，17 个地区互联网普及率低于全国平均水平，14 个地区高于全国平均水平。而 2016 年，12 个地区互联网普及率高于全国平均水平，19 个地区低于全国平均水平。与 2010 年相比，2016 年我国各省（自治区、直辖市）网民规模和互联网普及率都在稳步提升，而泛京津冀地区、泛长三角地区和泛珠三角地区明显发展迅速，西南地区、西北地区和东北地区发展相对落后。东部沿海地区整体走在“互联网+”发展前列，尤其是北上广深等一线城市率先成为我国新经济的引擎和标杆，以互联网为基础的新产业、新业态、新商业模式快速崛起。北京、上海、广东三省市互联网普及率已经超过 70%，分别为 77.8%、74.1%和

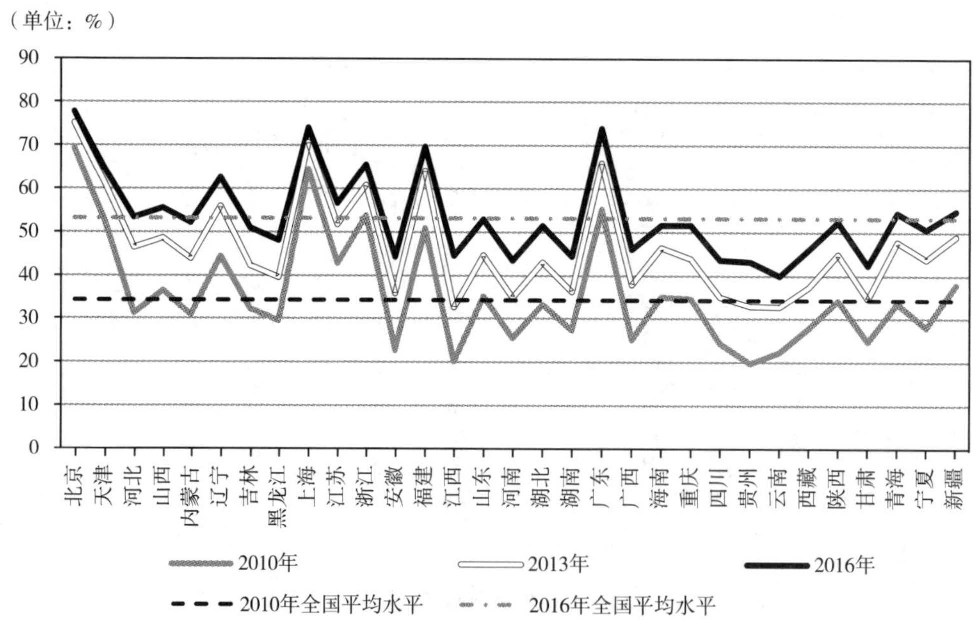

图 1-55　2010、2013、2016 年全国各省（自治区、直辖市）互联网普及率

资料来源：国家统计局。

74.0%。福建、浙江、天津、辽宁等省市也普遍超过 60%，而四川、河南、贵州、甘肃和云

南等中西部省份互联网普及率偏低，分别为43.6%、43.4%、43.2%、42.4%和39.9%。与2010年相比，作为互联网洼地，中西部地区正在表现出强劲的发展势头与潜力，江西、贵州、宁夏、河北、安徽和内蒙古等六省区提升幅度最大，分别提高了24.4个、23.4个、22.7个、22.1个、21.6个、21.4个百分点。

五、基础自然资源丰富，租金总额跃居前列

反映基础自然资源的指标主要有人均耕地面积、森林覆盖率、自然资源租金总额等。

（一）国际对比

1. 人均耕地面积

我国人均耕地①面积较为稳定（见图1–56）。从绝对数值来看，我国人均耕地面积不大，2015年为0.09公顷/人，比人口规模与我国相当的印度要略低，不到世界平均水平的一半，更远远低于美国等发达国家的水平。从数值变化来看，我国人均耕地面积变化较小，自1978年以来，印度、南非、美国等国家人均耕地面积差不多降低了一半，世界平均水平也下降了30.35%，而我国的降幅只有13.95%。

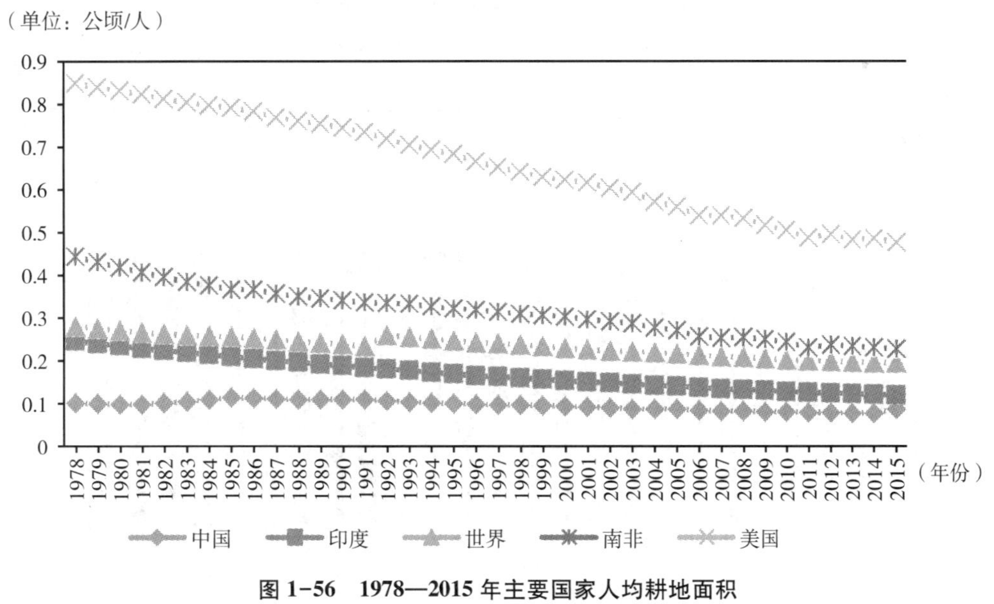

图1–56　1978—2015年主要国家人均耕地面积

资料来源：世界银行数据库。

① 耕地（人均公顷数）包括联合国粮农组织定义为用于种植短期作物（种植双季作物的土地只计算一次）、供割草或放牧的短期草场、供应市场的菜园和自用菜园的土地，以及暂时闲置的土地。因转换耕作方式而休闲的土地不包括在内。

坚守18亿亩耕地红线。我国人口众多，幅员辽阔，但其实可用于耕地的土地并不是很多。为了保障我国粮食自给自足的能力及国家粮食安全，党的十八届三中全会之后召开的中央城镇化工作会议以及中央农村工作会议，再次强调了要严格捍卫“18亿亩耕地红线”不动摇。今后，我国将在提高建设用地效率、控制灾毁耕地和退耕还林、农业产业结构调整等多个方面着力。

2. 森林覆盖率

我国森林覆盖率与世界平均水平差距越来越小（见图1-57）。1990年，我国森林覆盖率只有16.74%，到2015年这一数值已经增长至22.19%。而同期世界平均水平从31.8%略微下降至30.83%。中国森林覆盖率与世界平均水平的差值，从1990年的15.06%下降至2015年的8.64%，两者差值呈逐年下降趋势。

在污染防治攻坚战下提高森林覆盖率。2017年中央经济工作会议提出，污染防治将成为三大攻坚战之一。在此攻坚战下，我国将力争到2020年森林覆盖率达到23.04%，到2035年达到26%，到21世纪中叶达到世界平均水平。根据国家林业和草原局的资料，今后要以维护森林生态安全为主攻方向，着力实施大规模国土绿化行动，努力增加森林资源总量，着力提高森林质量，扩大生态空间和生态容量。要从扩大工程造林规模、实施森林质量精准提升工程、创新国土绿化机制、开展身边增绿等方面着力，同时借助乡村振兴战略中的“生态宜居”要求，共同提高我国森林覆盖率水平。

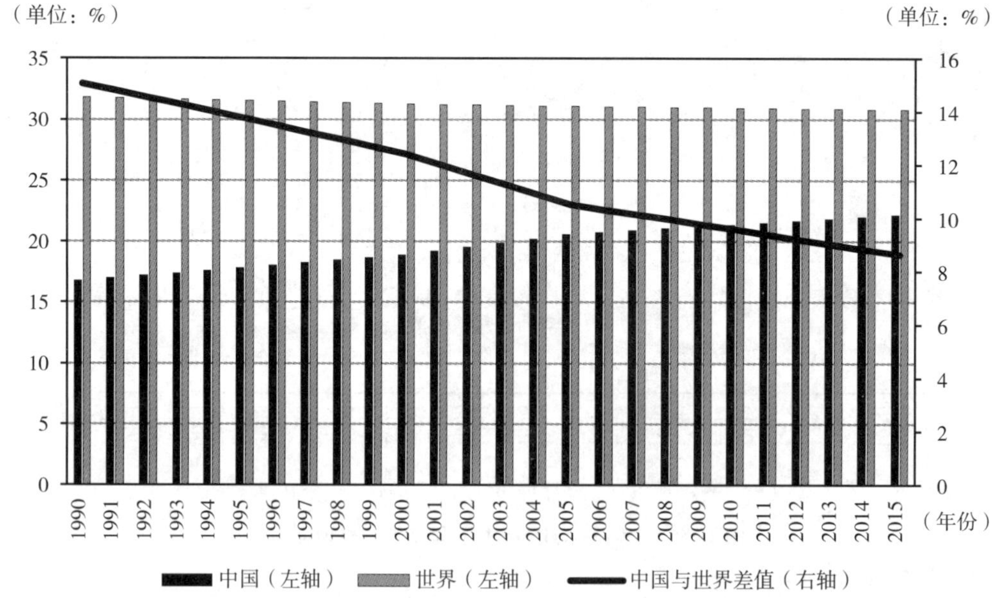

图1-57　1990—2015年中国与世界森林覆盖率及差值

资料来源：世界银行数据库。

3. 自然资源租金总额

我国自然资源租金总额[①]实现了对美国的超越（见图1-58）。1978年，我国自然资源租金总额为155.47亿美元，占世界自然资源租金总额的比重仅为6.23%，同期美国为643.74亿美元，占世界比重为25.78%。2007年，我国自然资源租金总额从数量、占比上都超越了美国。到2016年，我国自然资源租金总额为1265.88亿美元，占世界比重的8.82%，而同期美国为524.23亿美元，占世界比重的3.65%，不管是数量上还是占比上，我国自然资源租金总额都是美国的2倍多。

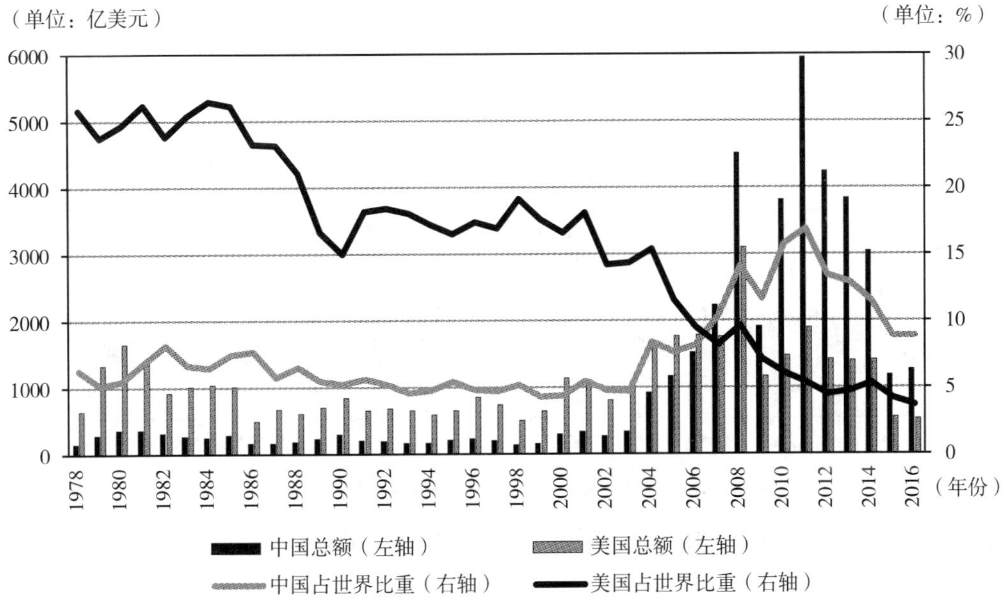

图1-58 1978—2016年中国与美国自然资源租金总额及占世界比重

资料来源：世界银行数据库。

合理开发自然资源以保持资源优势。与澳大利亚、俄罗斯、巴西、南非等资源大国比，我国并不算资源大国。尤其是人均自然资源占有量，更是远远低于世界平均水平。党的十九大提出，要设立国有自然资源资产管理机构，统一行使全民所有自然资源资产所有者职责。十三届全国人大第一次会议批准国务院机构改革方案，专门设立自然资源部，旨在对自然资源开发利用和保护进行监管，建立空间规划体系并监督实施，履行全民所有各类自然资源资产所有者职责，统一调查和确权登记，建立自然资源有偿使用制度，负责测绘和地质勘查行业管理等。通过机构改革，合理开发自然资源，我国将可能保持自然资源租金总额领先诸多国家的相对优势。

---

① 自然资源租金总额是石油租金、天然气租金、煤炭（硬煤和软煤）租金、矿产租金和森林租金之和。

（二）国内比较

1. 森林覆盖率不断提升

森林是陆地生态系统中最重要的组成部分，森林在涵养水源、调节气候、保持水土、保持生物多样性方面都具有极其重要的作用。森林由于其突出的生态作用，被誉为“地球的肺”。对于一个国家来说，森林数量不仅仅代表所处的生态环境，同时也是重要的自然资源。如图 1-59 所示，截至 2016 年 12 月底，我国森林总面积已达到近 20768.73 万公顷，较 2004 年增长了 18.74%，森林蓄积总量近 151.37 亿立方米，较 2004 年增长了 21.52%，森林覆盖率达到 21.63%，较 2004 年增长了 18.85%。

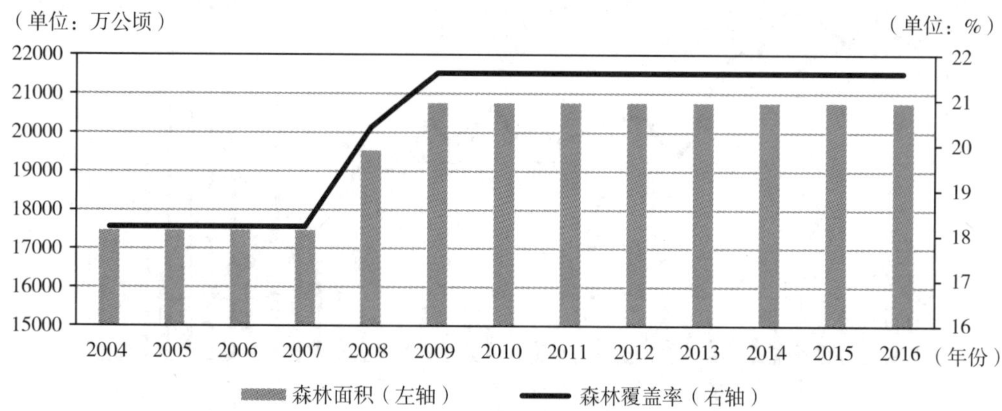

图 1-59　2004—2016 年全国森林面积和森林覆盖率

资料来源：国家统计局。

近年来，各地区逐渐重视森林资源的保护，各地森林覆盖率逐步提升，但总体来看我国各地森林资源分布仍不平衡。自 2009 年以来，我国全国及各地区的森林覆盖率保持稳定。如图 1-60 所示，截至 2016 年，全国森林覆盖率为 21.6%，其中，19 个地区森林覆盖率高于全国平均水平，12 个地区低于全国平均水平。泛珠三角地区、西南地区和东北地区的森林覆盖率处于较高水平，其中福建、江西、浙江、广西、海南、广东、云南等 7 个地区的森林覆盖率超过 50%，分别为 66.0%、60.0%、59.1%、56.5%、55.4%、51.3%和 50.0%。泛京津冀地区和西北地区森林覆盖率处于较低水平，其中天津、青海、新疆等三个地区位列最末，森林覆盖率不到 10%，仅分别为 9.9%、5.6%、4.2%。与第七次全国森林资源清查结果相比，五年间全国森林覆盖率提高了 1.3 个百分点。其中，湖北、贵州、江苏、北京、陕西五个地区提升幅度最大，2016 年森林覆盖率分别达到 38.4%、37.1%、15.8%、35.8%和 41.4%，较第七次清查数据分别提高了 7.3 个、5.5 个、5.3 个、4.1 个和 4.1 个百分点。

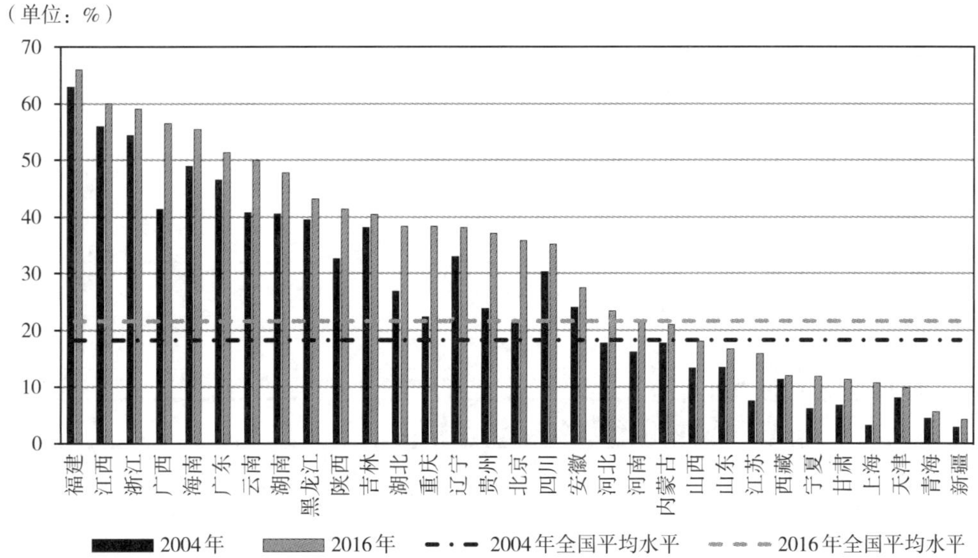

图 1-60　2004 年和 2016 年全国各省(自治区、直辖市)森林覆盖率

资料来源:国家统计局。

2. 人均能源有升有降

能源作为经济社会发展的主要推动力,其丰富程度将直接对经济发展的可持续性产生巨大影响,我国的人均能源储备有升有降。

(1)人均煤炭储量呈现递减趋势

我国人均煤炭储量呈现递减趋势。如图 1-61 所示,2016 年,我国人均煤炭储量为 181. 31 吨/人,较 2003 年的 260. 18 吨/人减少了 78. 87 吨/人,降幅为 30. 31%。地区人均煤炭储备分布不合理和不均衡。2016 年,全国共有 7 个省份高于全国平均水平,23 个省份低于全国平均水平。煤炭储量主要集中于西北地区、西南地区和泛京津冀地区,如山西、内蒙古等两个省区人均煤炭储量最多,显著高于全国其他地区;其次是新疆、宁夏、陕西和贵州;而泛珠三角地区和泛长三角地区的煤炭储量较少,如浙江、广东两省人均煤炭储量最少,分别为 0. 77 吨/人和 0. 21 吨/人。

(2)人均石油储量呈现小幅上涨

我国人均石油储量呈现小幅上涨。如图 1-62 所示,2016 年,全国人均石油储量为 2. 55 吨/人,较 2003 年上涨 0. 66 吨/人,涨幅为 34. 92%。地区人均石油储量分布不合理和不均衡。2016 年,全国各地区人均石油储量有 11 个地区高于全国平均水平,11 个地区低于全国平均水平。西北地区和东北地区人均石油储量较高,如新疆、青海、黑龙江、甘肃、陕西等五省区石油资源最为丰富,人均石油储量分别为 24. 844 吨/人、13. 916 吨/人、11. 231 吨/人、10. 828 吨/人和 10. 064 吨/人。其次是泛京津冀地区。而西南地

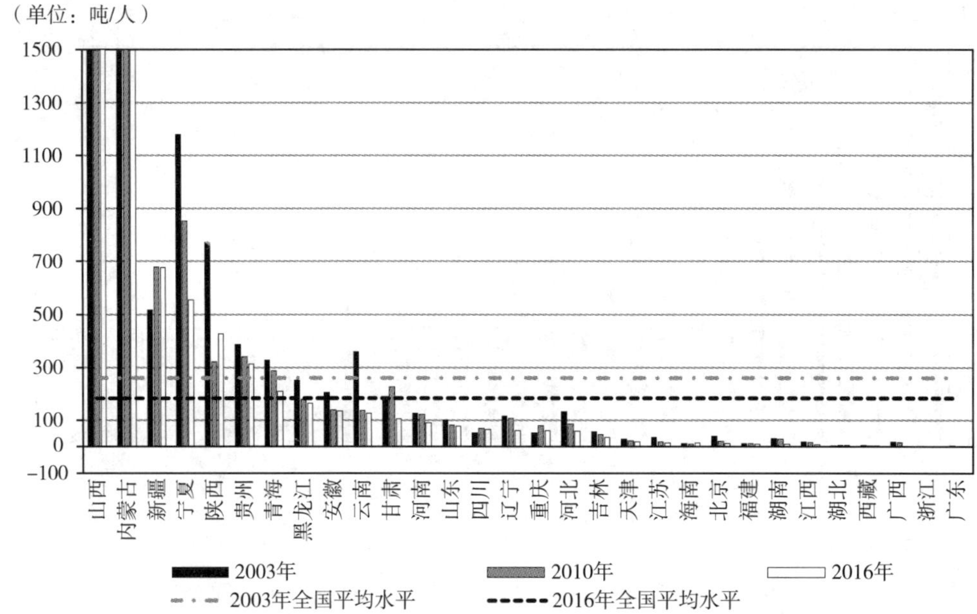

图 1-61　2003、2010、2016 年全国各省(自治区、直辖市)人均煤炭储量

注:为保证图的表现,山西和内蒙古数据为溢出状态。
资料来源:国家统计局。

区、泛长三角地区和泛珠三角地区人均石油储量匮乏,如重庆、四川、安徽、广西、云南、广东等地区人均石油储量最少,分别为 0. 088 吨/人、0. 075 吨/人、0. 038 吨/人、0. 032 吨/人、0. 003 吨/人和 0. 001 吨/人,均低于 0. 1 吨/人。

(3)人均天然气储量呈现大幅上涨

我国人均天然气储量呈现大幅上涨。如图 1-63 所示,2016 年,全国人均天然气储量为 3954. 94 立方米/人,较 2003 年上涨 2219. 77 立方米/人,涨幅为 127. 93%。地区人均天然气储量分布不合理和不均衡。2016 年,全国各省份人均天然气储量有 7 个省份高于全国平均水平,17 个省份低于全国平均水平。西北地区和西南地区及内蒙古地区的人均天然气储量较丰富,如新疆、内蒙古、青海、陕西、四川等西部五省区是我国天然气资源最丰富的地区,人均天然气储量分别为 42751. 4 立方米/人、38216. 2 立方米/人、22840. 5 立方米/人、20462. 9 立方米/人和 15966. 6 立方米/人,均超过 10000 立方米/人。而泛珠三角地区和泛长三角地区的人均天然气储量较为匮乏,如广东、安徽两省人均天然气储量最少,人均天然气储量分别为 0. 5 立方米/人和 0. 4 立方米/人。

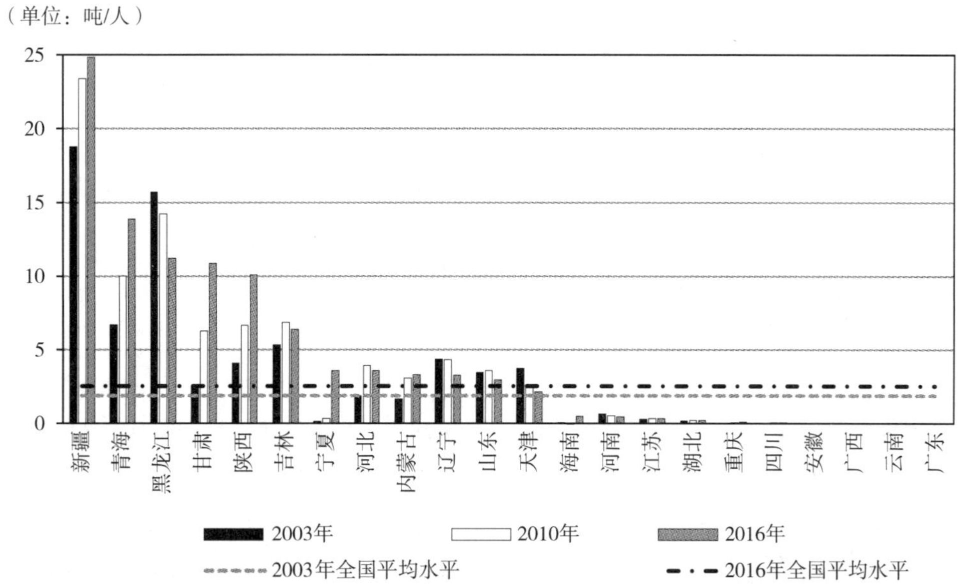

图 1-62　2003、2010、2016 年全国各省（自治区、直辖市）人均石油储量

资料来源：国家统计局。

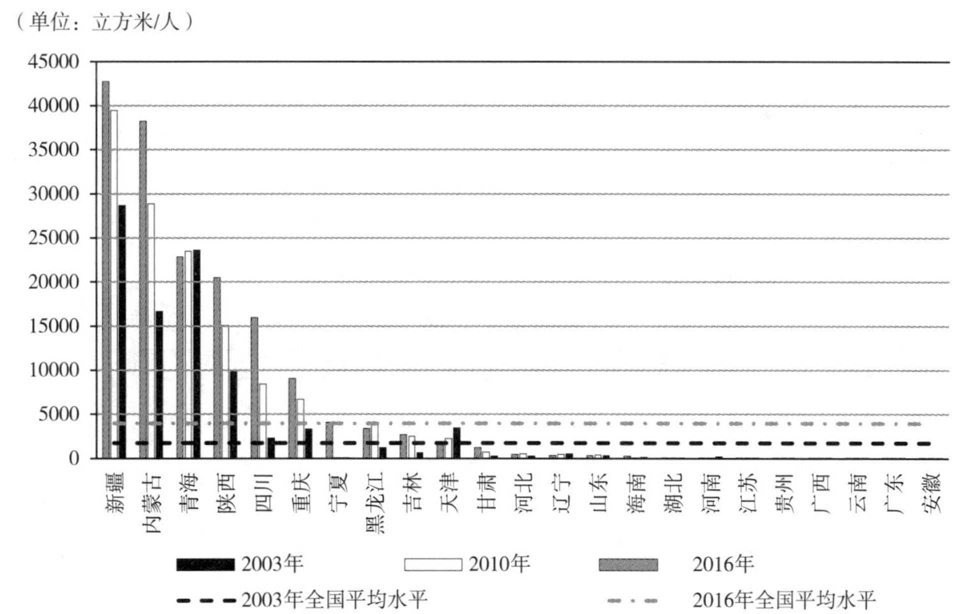

图 1-63　2003、2010、2016 年全国各省（自治区、直辖市）人均天然气储量

资料来源：国家统计局。

六、健康医疗不断提升，教育投入持续提高

反映教育与健康的指标主要有人口增长、预期寿命、医院床位、抚养比、公共教育支出、入学率等。随着经济发展水平的提高，我国人口数量和人口质量都在快速提高，能够享受到的各种福利也在不断增加。

（一）国际对比

1. 人口增长

我国人口增长率逐年降低（见图 1-64）。1978 年，我国人口增长率为 1.34%，到 2016 年只有 0.54%，我国人口增长率一直低于世界平均水平。和世界上 GDP 排名靠前的国家相比，我国人口增长率已经处于低位。2016 年，除了法国人口增长率低于我国，为 0.4%外，其他主要发达国家的人口增长率都高于我国，比如美国人口增长率为 0.69%，英国为 0.71%，德国由负转正为 0.98%，加拿大为 1.2%，澳大利亚更是达到 1.5%。即使和新兴经济体相比，我国人口增长率也处于低位。2016 年巴西人口增长率为 0.82%、印度为 1.15%、南非为 1.3%。

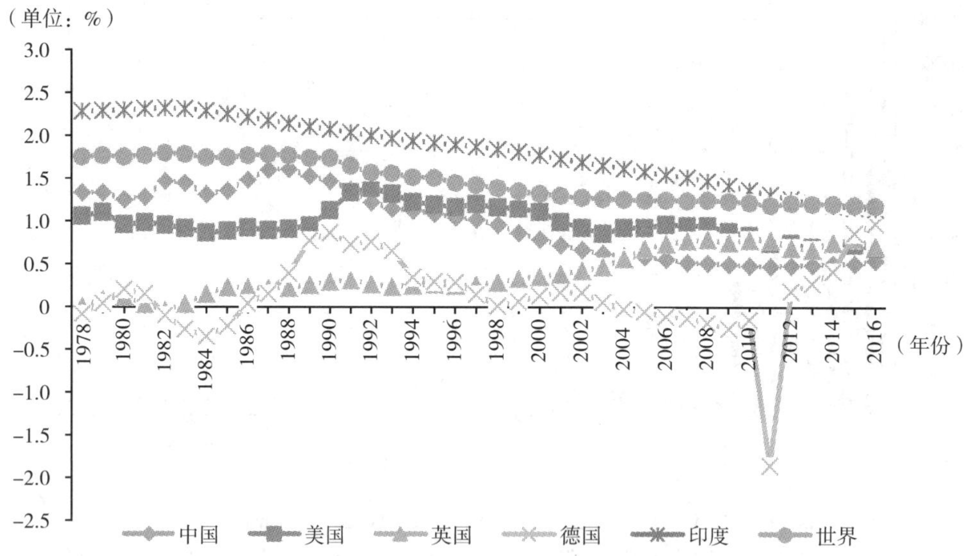

图 1-64　1978—2016 年主要国家人口增长率

资料来源：世界银行数据库。

实施二孩政策助力人力资源优势。我国人口数量居于世界首位，但随着人口老龄化等问题的凸显，我国劳动力方面的压力越发明显。党的十八届五中全会提出，“坚持计划生育基本国策，积极开展应对人口老龄化行动，实施全面二孩政策”。2011 年我国

人口增长率跌至0.48%,全面实施二孩政策后,2016年人口增长率略微回升至0.54%。党的十九大提出要加强人口发展战略研究,比如精准扶贫要做到"扶贫同扶志、扶智相结合"。国务院印发的《国家教育事业发展"十三五"规划》中指出,通过教育,推动我国迈入人力资源强国和人才强国行列。从立德树人、创新驱动、协调推进、协同合作、统筹开放、实现共享等多个维度,着力推进我国教育现代化,努力将我国人口规模优势,转化为人力资源优势,确保我国在国际人力和人才的竞争中保持一定的竞争力。

2. 预期寿命

我国出生时的预期寿命①逐年上升(见图1-65)。1959年,我国出生时的预期寿命仅为43.7岁;1978年,预期寿命有所上升,达到65.86岁;到2016年,我国出生时的预期寿命已经达到76.25岁,一直处于世界平均水平以上。横向对比来看,我国出生时的预期寿命已经接近发达国家。以美国为例,1978年美国出生时的预期寿命比中国高7.5岁,但到2016年只高出2.44岁。中国与德国、日本等国家出生时的预期寿命的差距都在逐渐减小。

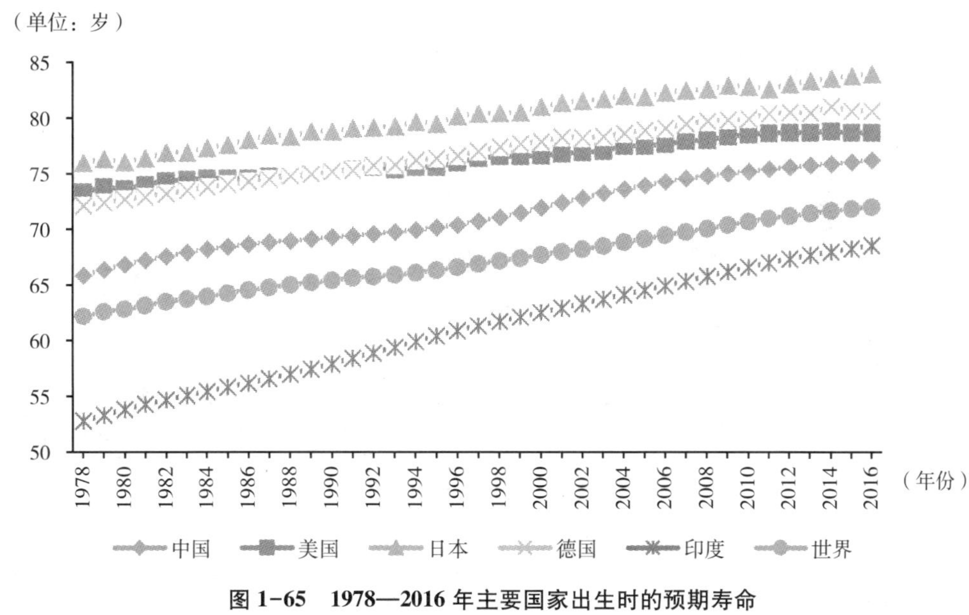

图1-65 1978—2016年主要国家出生时的预期寿命

资料来源:世界银行数据库。

3. 医院床位

我国每千人医院床位②数实现逐步赶超(见图1-66)。1965年,我国每千人医

---

① 出生时的预期寿命是指假定出生时的死亡率模式在一生中保持不变,一名新生儿可能生存的年数。

② 医院床位包括公立医院、私立医院、综合医院、专科医院和康复中心提供的住院床位。在多数情况下,急慢性病床位均包括在内。

院床位只有1.44张，与发达国家无法相比。这种情况到1980年有所好转，每千人医院床位已经可以达到2.23张。2011年，每千人医院床位已经达到3.8张。2009年，我国每千人医院床位数超越了世界平均水平及美国，并且与欧盟的差距越来越小。

“健康中国”助力医疗卫生发展。习近平同志在十九大报告中提出“实施健康中国战略”。要完善国民健康政策，为人民群众提供全方位全周期健康服务。根据《“十三五”卫生与健康规划》和《“健康中国2030”规划纲要》，未来我国将在重大疾病防治、爱国卫生运动与健康促进、妇幼卫生保健和生育服务、老年健康服务、贫困人口等重点人群健康、计划生育政策、医疗服务水平、中医药传承创新发展、综合监督执法与食品药品安全监管、健康产业、卫生计生服务体系等多个方面作出努力，基本建立覆盖城乡居民的基本医疗卫生制度，实现人人享有基本医疗卫生服务，人均预期寿命在2015年基础上提高1岁。

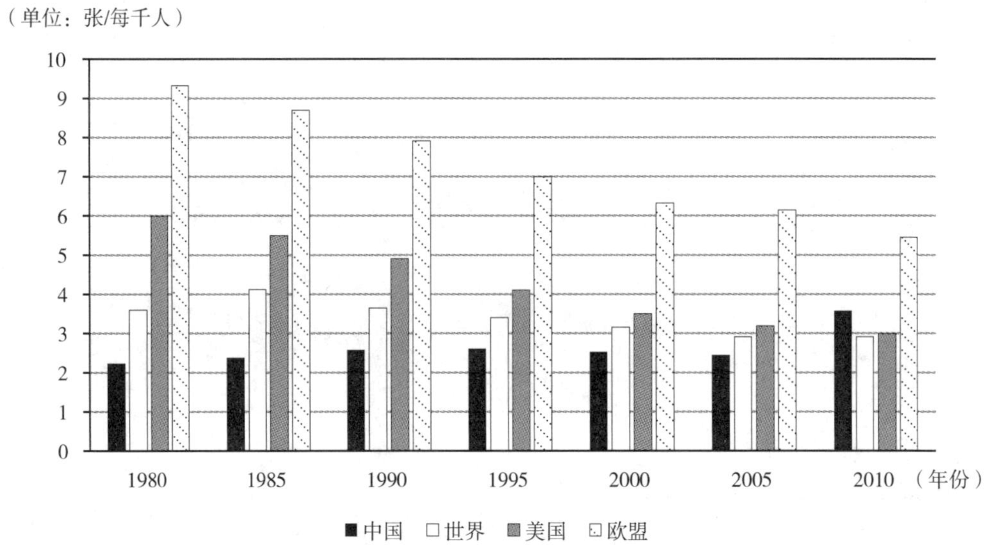

图1-66　1980—2010年主要国家医院床位

资料来源：世界银行数据库。其中世界1995年和2000年平均值由1990年和2005年数值平均递减得到，2010年数值用2005年替代。

4. 抚养比

我国抚养比[①]整体呈下降趋势（见图1-67）。纵向来看，1959年，我国抚养比高达75.41%，即使到1978年，抚养比也有72.68%。随着改革开放的不断推进，大量人口成为劳动力，抚养比呈一路下降趋势，到2016年，我国抚养比只有38.55%。横向来看，我

① 抚养比是被抚养人口（15岁以下或64岁以上人口）与劳动年龄人口（15—64岁人口）之比。数据体现为每百名劳动年龄人口中被抚养人口所占的比例。

国抚养比在 GDP 排名前列的国家中处于最低位。发达国家方面，2016 年美国抚养比为 51. 65%、德国为 52. 34%、欧盟平均为 53. 72%、日本高达 65. 29%；新兴经济体方面，2016 年巴西抚养比为 43. 64%、俄罗斯为 45. 1%、印度为 51. 52%、南非为 52. 41%。

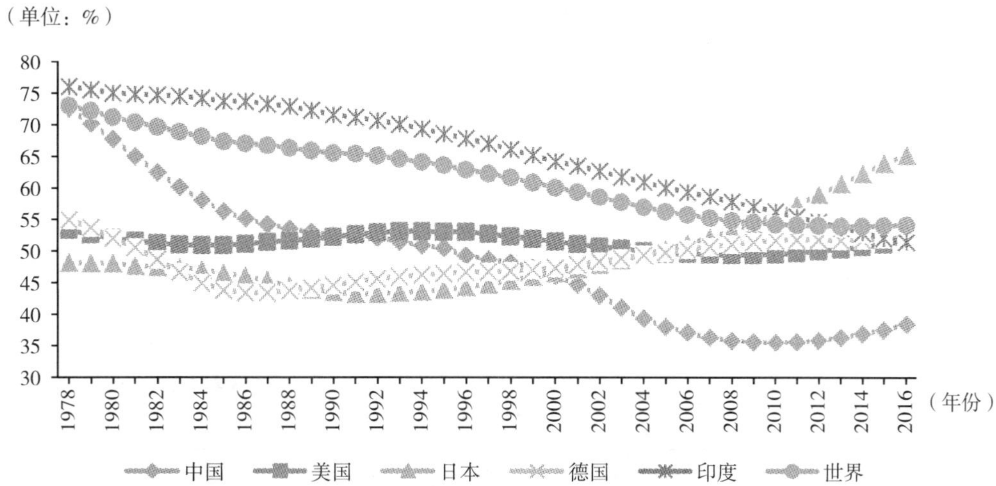

图 1-67　1978—2016 年主要国家抚养比

资料来源：世界银行数据库。

完善我国养老制度。近几年我国抚养比略有上升，主要原因是老龄化问题较为突出。《“十三五”国家老龄事业发展和养老体系建设规划》指出，预计到 2020 年，全国 60 岁以上老年人口将增加到 2. 55 亿人左右，占总人口比重提升到 17. 8%左右；高龄老年人将增加到 2900 万人左右，独居和空巢老年人将增加到 1. 18 亿人左右。为此，要健全完善社会保障体系，比如完善养老保险、医疗保险和长期护理保险等社会保险制度，此外还有社会福利制度、社会救助制度和公益慈善事业；要健全养老服务体系，比如夯实居家社区养老服务基础、推动养老机构提质增效，加强农村养老服务；要健全健康支持体系，比如推进医养结合、加强老年人健康促进和疾病预防、发展老年医疗与康复护理服务、加强老年体育健身；要繁荣老年消费市场，比如丰富养老服务业态、繁荣老年用品市场……通过一系列措施，完善我国的养老制度，使得我国抚养比继续处于相对较低的水平。

5. 公共教育支出

我国教育支出占 GDP 比重逐年增加（见图 1-68）。1971 年，我国教育支出占 GDP 比重只有 1. 39%，到 1978 年改革开放初略有增长，为 1. 96%。2014 年，我国教育支出占 GDP 比重已经达到 5. 09%。和其他国家比，近 20 年来，我国教育支出占 GDP 比重超过日本，并且基本处于世界平均水平以上，有达到欧盟水平的趋势。

推进教育实现现代化。根据《国家教育事业发展“十三五”规划》，目前我国教育总体发展水平进入世界中上行列，城乡和区域教育发展差距进一步缩小，教育公平取得重要进展，教育服务经济社会发展的能力显著增强。未来几年，要推动教育实现现代化，增强教育总体实力和国际影响力。具体目标包括：进一步扩大全民终身学习机会、全面提升教育质量、教育发展成果更公平地惠及全民、明显提升人才供给和高校创新能力、成熟定型教育体系制度等。

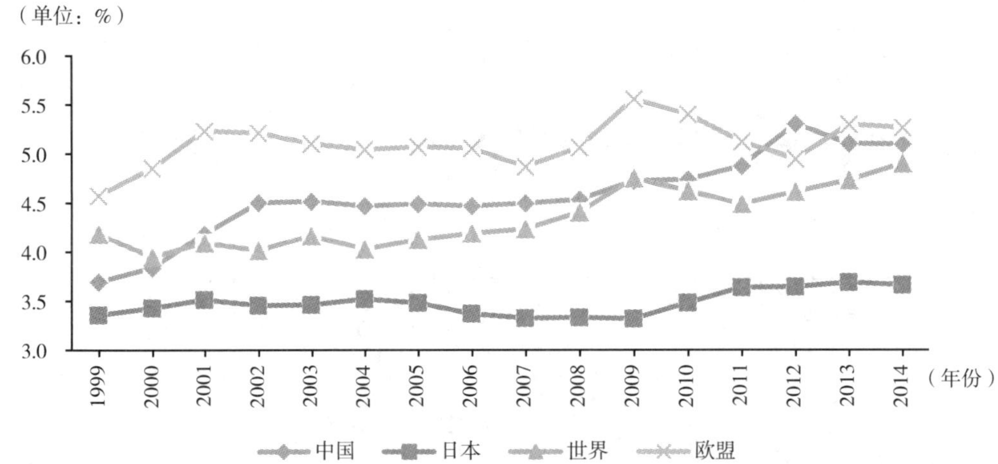

图 1-68　1999—2014 年主要国家和地区教育支出占 GDP 比重

资料来源：世界银行数据库。其中中国数据由国家统计局教育经费与 GDP 计算得到，日本 2010 年数值由相邻两年算数平均数折算得到。

6. 入学率

我国小学入学率处于较高水平（见图 1-69）。1965 年，我国小学入学率仅为 84.7%，这意味着超过 15%的学龄儿童无法获得教育的机会。1980 年，我国小学入学率达到 93%，此后更是一路上升至 99.8%（2014 年）。可以说，目前几乎可以确保所有的适龄儿童都能有学可上。横向对比来看，我国小学入学率较欧盟基本要高出 1.5%—2%，较世界平均水平最多高出 15%，2014 年高出约 10%。分省来看，2014 年我国已有 5 个省市达到 100%入学率，分别是天津、上海、江苏、浙江和江西；甘肃省入学率最低，为 95.75%；除此之外，其他省（自治区、直辖市）小学入学率都达到 99%以上。

不断完善中小学入学制度。《国家教育事业发展“十三五”规划》要求，要合理设置学校或学区，保障入学需求，完善义务教育免试就近入学制度。改进高中阶段学校考试招生方式，逐步建立基于初中学业水平考试成绩、结合综合素质评价的普通高中招生录取机制，合理分配优质普通高中招生名额。进一步完善进城务工人员随迁子女就学和在流入地升学考试的政策措施。

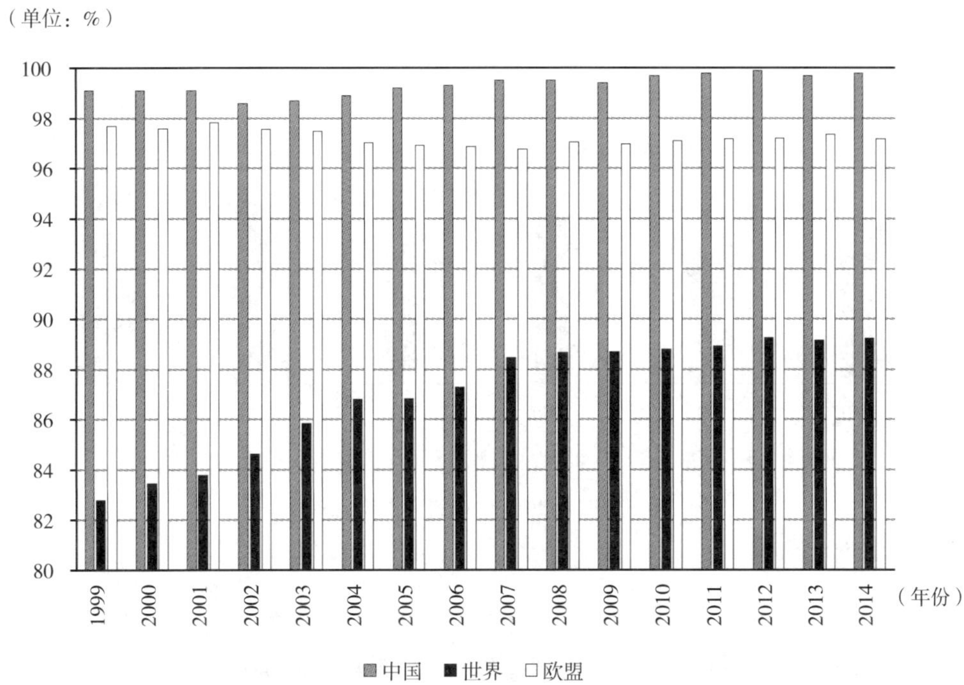

图 1-69　1999—2014 年主要国家和地区小学入学率

资料来源：世界银行数据库。其中中国数据来源于教育部官网。

（二）国内比较

1. 人口预期寿命不断延长

自改革开放以来，随着我国人民生活水平的不断提高、医疗卫生保障体系的逐渐完善和生态环境的改善，我国居民预期寿命不断提升，且女性预期寿命高于男性。如图 1-70 所示，根据全国人口普查数据，我国居民预期寿命由 1981 年的 67. 77 岁上升到 2015 年的 76. 34 岁。

受地区经济发展水平和医疗服务的差异，各地区人口平均预期寿命均不断延长，但地区差异较为明显。如图 1-71 所示，2010 年，全国各省（自治区、直辖市）的人口平均预期寿命有 18 个省（自治区、直辖市）人口预期寿命高于全国平均水平，13 个省（自治区、直辖市）低于全国平均水平。整体来看，经济发达地区的人口预期寿命明显高于欠发达地区。上海、北京两市的预期寿命超过了 80 岁，分别为 80. 3 岁、80. 2 岁。而西北地区和西南地区的新疆、甘肃、贵州、青海、云南、西藏等六个省区人口预期寿命排名靠后，分别为 72. 3 岁、72. 2 岁、71. 1 岁、70. 0 岁、69. 5 岁和 68. 2 岁。与 2000 年人口普查结果相比，2010 年全国人口平均预期寿命提高了 3. 4 岁。其中陕西、江西、新疆、甘肃、贵州等五个中西部省份提升幅度最大，平均预期寿命达到 74. 7 岁、74. 3 岁、72. 3 岁、

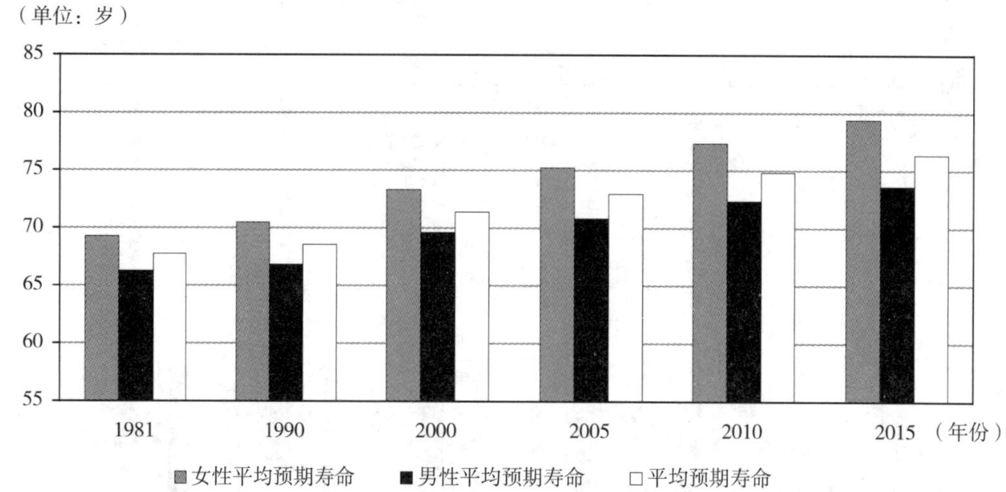

图 1–70　1981—2015 年全国人口平均预期寿命

资料来源：国家统计局。

72. 2 岁和 71. 1 岁，较 2000 年分别提高 4. 6 岁、5. 4 岁、4. 9 岁、4. 8 岁和 5. 1 岁。而上海、浙江、江苏、山东、河北等省市提升幅度较小，较 2000 年分别提高 2. 1 岁、3. 0 岁、2. 7 岁、2. 5 岁和 2. 4 岁，平均预期寿命分别为 80. 3 岁、77. 7 岁、76. 6 岁、76. 5 岁和 75. 0 岁。

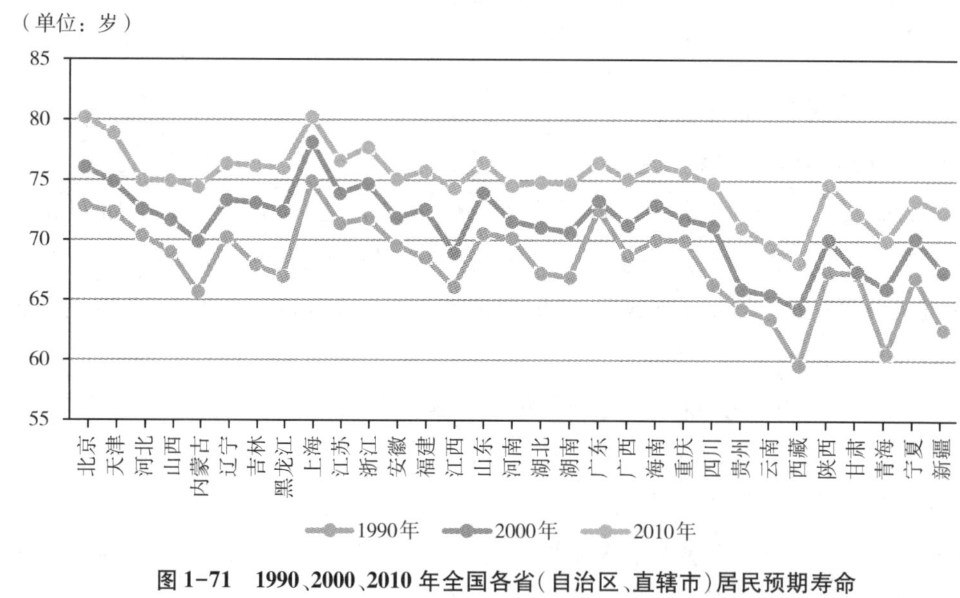

图 1–71　1990、2000、2010 年全国各省（自治区、直辖市）居民预期寿命

资料来源：国家统计局。

2. 万人医师数呈现"V 型"趋势

改革开放以来，我国每万人医师数呈现下降后再上升的"V 型"趋势，总体来看，我国每万人医师数呈上升趋势。据统计，2016 年我国每万人医师数为 23 人，较 1980 年的12人增加了11人,增长了0.92倍,其中2003年每万人医师数为15人,处于"V型"的最低端。我国城市医疗资源明显高于农村,城市每万人医师数基本是农村的2倍左右。2016年,城市每万人医师数为39人,较2003年的21人增加了18人,增速为85.71%;农村每万人医师数为16人,较1980年增加了8人,增速为100%。

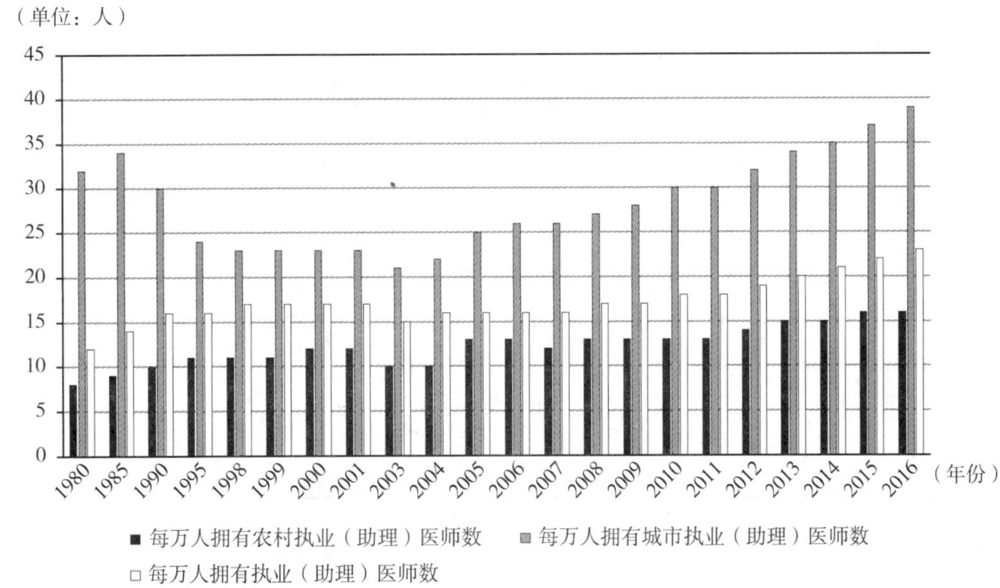

图1-72 1980—2016年全国每万人拥有执业(助理)医师数

注:2002年数据缺失。
资料来源:国家统计局。

我国医疗资源地区分布不均,主要集中于东部发达地区,中西部地区万人医师数相对较低。2016年,全国每万人医师数有15个地区高于全国平均水平,16个地区低于全国平均水平。泛京津冀地区和泛长三角地区的每万人医师数相对较高,如北京、浙江、上海等三省市位列前三位,每万人医师数分别为41.1人、30人、27人。西南地区和西北地区的每万人医师数相对较低,如西藏、贵州、安徽、云南、江西等五省区排在最后,每万人医师数分别为19.8人、19.4人、18.2人、18人和17.2人。

3. 医疗机构硬件设施水平不断改善

2002年以来,我国医疗机构硬件设施水平不断改善,每万人医疗机构床位数呈现上升趋势。2016年,我国每万人医疗机构床位数为53.68张,较2002年增加了28.78张,是其的1.16倍。我国城市医疗机构硬件设施明显优于农村,城市每万人医疗机构床位数是农村的2.26倍左右。2016年,城市每万人医疗机构床位数为84.13张,较2007年增加了35.13张,增速为71.69%;农村每万人医师数为39.09人,较2007年增加了19.08人,增速为95.35%。

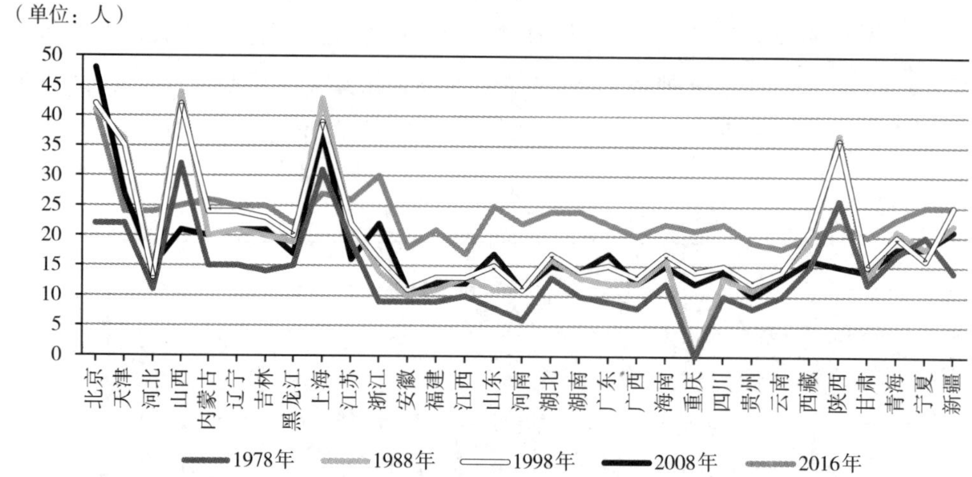

图 1-73　1978—2016 年全国各省（自治区、直辖市）每万人拥有执业（助理）医师数

资料来源：国家统计局。

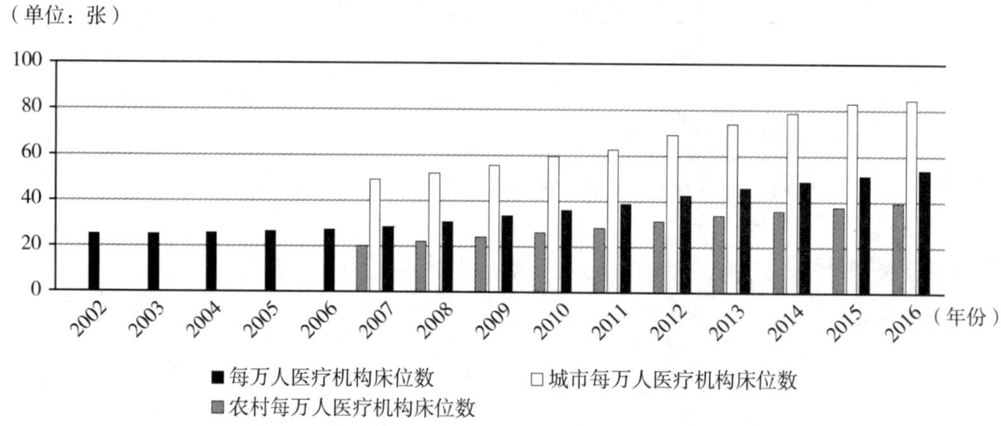

图 1-74　2002—2016 年全国每万人医疗机构床位数

资料来源：国家统计局。

全国医疗机构的硬件设施水平不断改善，中西部和东北地区每万人拥有医院病床数普遍高于东部。2016 年，我国各省（自治区、直辖市）每万人拥有医疗卫生机构床位有 17 个地区高于全国平均水平，14 个地区低于全国平均水平，较 2008 年 15 个高于全国平均水平的地区分布有所改善。高于全国平均水平的省级地区主要集中于东北地区、西南地区和西北地区，如新疆、辽宁、四川、重庆、湖南和湖北等六省（自治区、直辖市）每万人拥有医院病床数超过 60 张，分别为 65.4 张、64.96 张、62.8 张、62.6 张、62.4 张和 61.3 张。海南、西藏、天津和广东等四省（自治区、直辖市）排名最低，每万人拥有医院病床数为 44 张、43.7 张、42.3 张和 42.1 张。

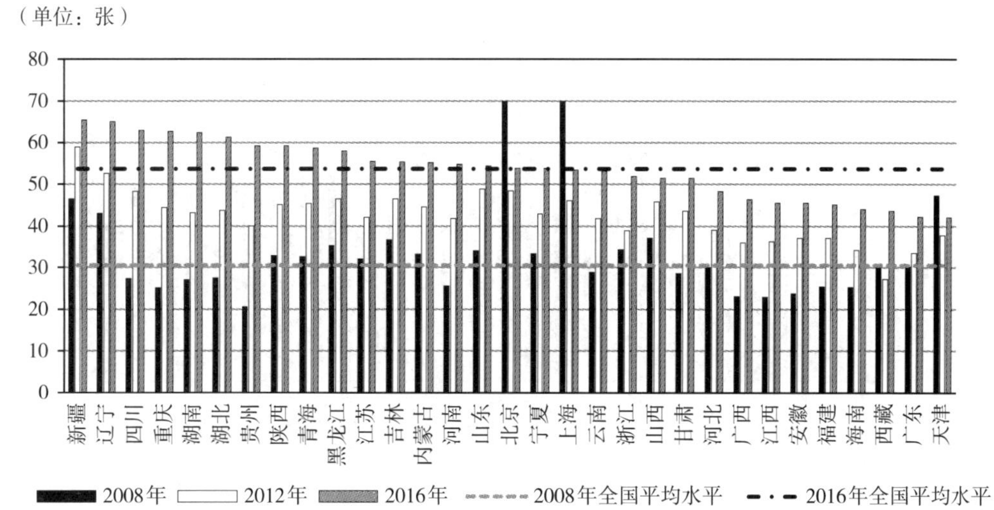

图 1-75　2008、2012、2016 年全国各省（自治区、直辖市）每万人医疗机构床位数

资料来源：国家统计局。

4. 教师配置得到极大改善

近年来，我国教师配置得到极大改善。2016 年，全国各级各类学校共有专任教师 1570 万人，比 2004 年增加了 307 万人；每万人专任教师数也得到极大提升，2016 年，每万人专任教师数为 113.55 人，较 2004 年增加了 16.39 人，其中 18 个地区每万人专任教师数高于全国平均水平，13 个地区低于全国平均水平。西北地区每万人专任教师数最多，如新疆、贵州、西藏、甘肃等西部四省区位列前四，分别为 121.9 人、117.7 人、116.6 人和 113.1 人。而泛长三角地区和东北地区的每万人专任教师数较少，如黑龙江、天津和上海等三省市位列全国后三，分别为 78.7 人、73.7 人和 62.6 人。总体来看，中西部地区每万人专任教师数普遍高于东部地区（见图 1-76）。

5. 基本实现儿童的受教育权利

现阶段，我国基本实现儿童的受教育权利，2016 年，全国小学入学率为 99.92%，较 1978 年的 95.5%提升了 4.42 个百分点。总体来看，东部发达地区的小学入学率明显高于中西部地区。2016 年，全国各地区小学入学率有 13 个地区高于全国平均水平，18 个地区低于全国平均水平。泛京津冀地区、泛长三角地区的小学入学率水平最高，其中北京、天津、上海和江苏的小学入学率达到 100%，位列全国前茅。而西北地区、西南地区和东北地区的小学入学率相对较低，如西藏、广西、海南、黑龙江、贵州、吉林和青海等 7 省区处于全国后七位，小学入学率分别为 99.16%、99.2%、99.4%、99.5%、99.6%、99.7%和 99.8%。

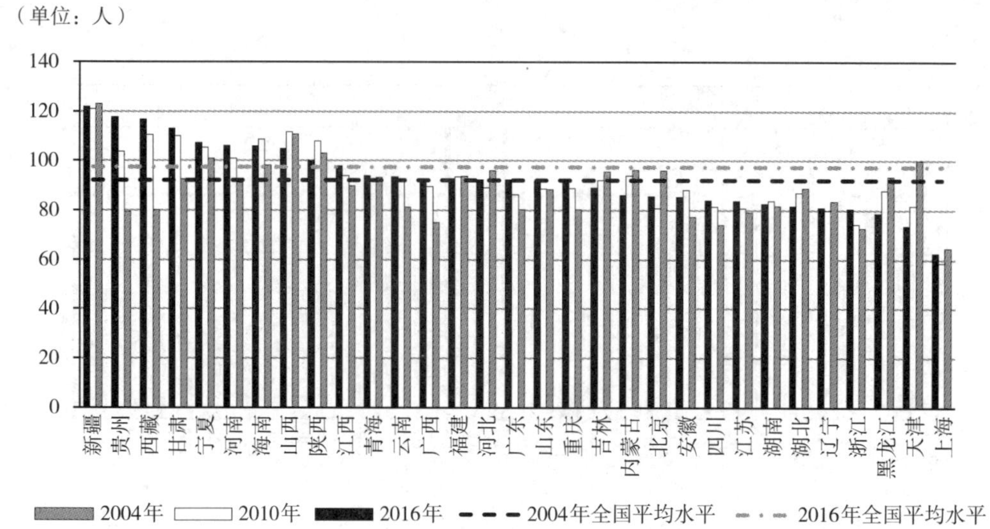

图 1-76　2004、2010、2016 年全国各省（自治区、直辖市）每万人专任教师数

资料来源：国家统计局。

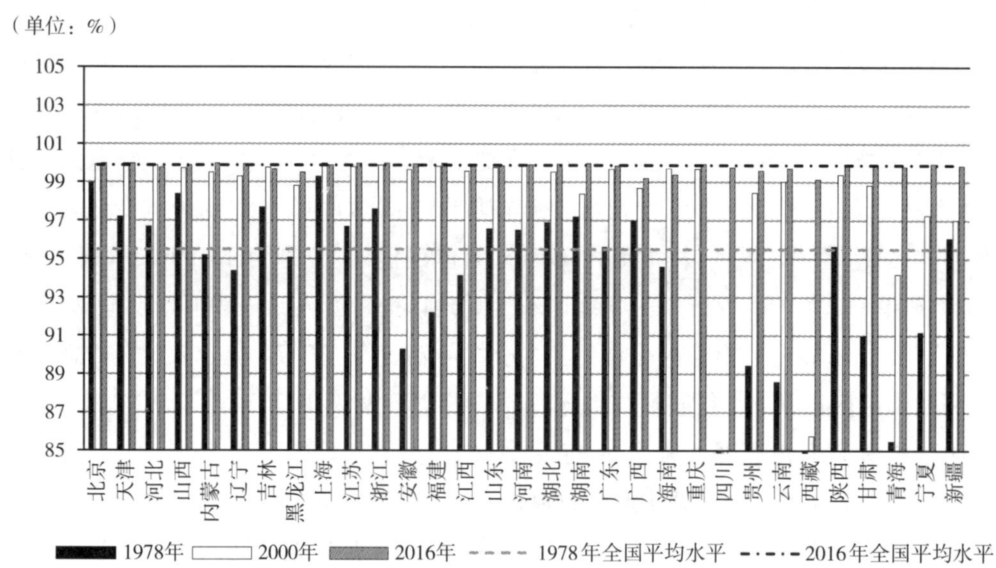

图 1-77　1978、2000、2016 年全国各省（自治区、直辖市）小学入学率

资料来源：国家统计局。

七、贫困现象得到改善，精准扶贫继续施力

反映扶贫脱贫的指标主要是表示相对贫困的基尼系数、表示绝对贫困的贫困人口比例等。

（一）国际对比

1. 基尼系数

基尼系数①“先升后降”是经济发展的必然过程。从纵向来看，我国目前的基尼系数略超国际警戒值（警戒值为 0.4）（见图 1-78）。改革开放初，由于我国经济发展水平较为低下，有学者计算那时候我国的基尼系数不到 0.2，属于过分平均状态。随着改革开放进程的推进，我国基尼系数不断升高，2008 年到达一个高点，为 0.491。之后，便开始逐步回落，到 2016 年为 0.465。从横向来看，以 2015 年我国基尼系数为 0.462 为例，据美国中央情报局（CIA）数据统计，在 145 个样本国家或地区中我国排在第 32 位，属于收入差距较大国家。而主要发达国家，除美国超过 0.4 的警戒值，其他 G7 国家均为 0.4 以下。“金砖”国家中，巴西基尼系数较高，超过 0.5。

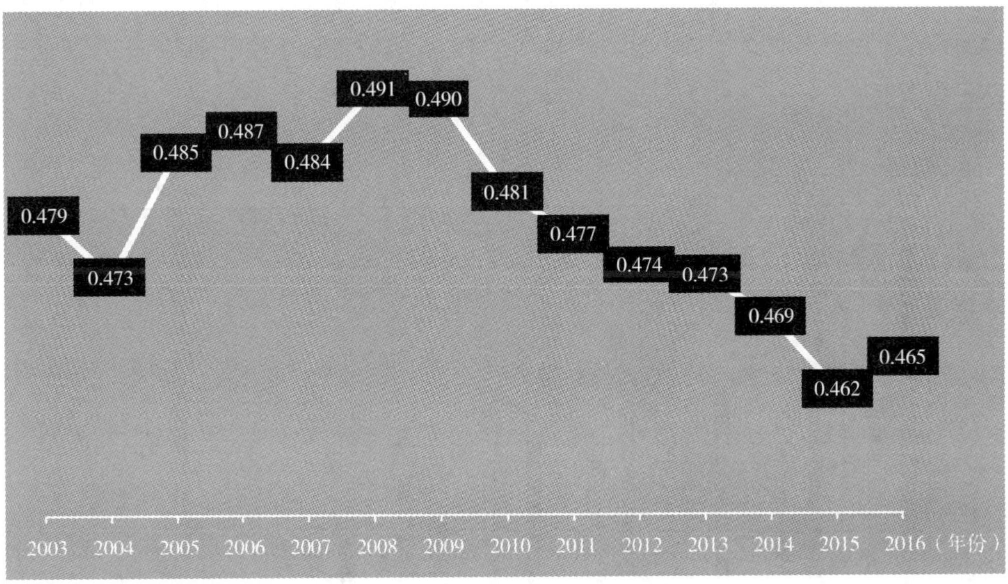

图 1-78　2003—2016 年中国基尼系数变动情况

资料来源：国家统计局。

坚持按劳分配为主，多种分配方式并存的基本分配方式。党的十九大提出，坚持按劳分配原则，这是具有中国特色的收入分配制度基础。同时，要完善按要素分配的体制机制，促进收入分配更加合理有序。鼓励勤劳守法致富，扩大中等收入群体，增加低收

① 基尼系数用于衡量一个经济体中在个人或家庭中的收入分配（在某些情况下是消费支出）偏离完全平均分配的程度。洛伦兹曲线标示出总收入累积百分比与收入获得者累积人数的相对关系，曲线的起点为最贫困的个人或家庭。基尼系数测算洛伦兹曲线与假设的绝对平均线之间的面积，表示为在该线以下最大面积中所占的比例。因此，基尼系数为 0 表示完全平均，100%则表示完全不平均。

入者收入,调节过高收入,取缔非法收入。坚持在经济增长的同时实现居民收入同步增长、在劳动生产率提高的同时实现劳动报酬同步提高。拓宽居民劳动收入和财产性收入渠道。履行好政府再分配调节职能,加快推进基本公共服务均等化,缩小收入分配差距。

2. 贫困人口比例

我国贫困人口比例下降明显(见图 1-79)。如果按每天 1.9 美元衡量,1990 年我国贫困人口比例高达66.6%,也就是2/3 的人口都处于贫困线以下,和同期的世界平均水平比,也要高出一大截,1990 年世界贫困人口比例为 35.5%;和新兴经济体比,同样处于高位,同期巴西的贫困人口比例只有 21.6%。2005 年,我国贫困人口比例为 18.7%,同期世界贫困人口比例为 20.8%,我国已经低于世界平均水平;和新兴经济体比,我国低于南非的 25%,高于巴西的 8.6%;但若按下降速度论,我国 15 年间贫困人口比例从 66.6%下降至 18.7%,降幅为 47.9%,效果更为明显。2014 年,我国贫困人口比例只有 1.4%,不仅远远低于世界平均水平的 10.9%,也低于南非的 18.9%,还低于巴西的 2.8%。

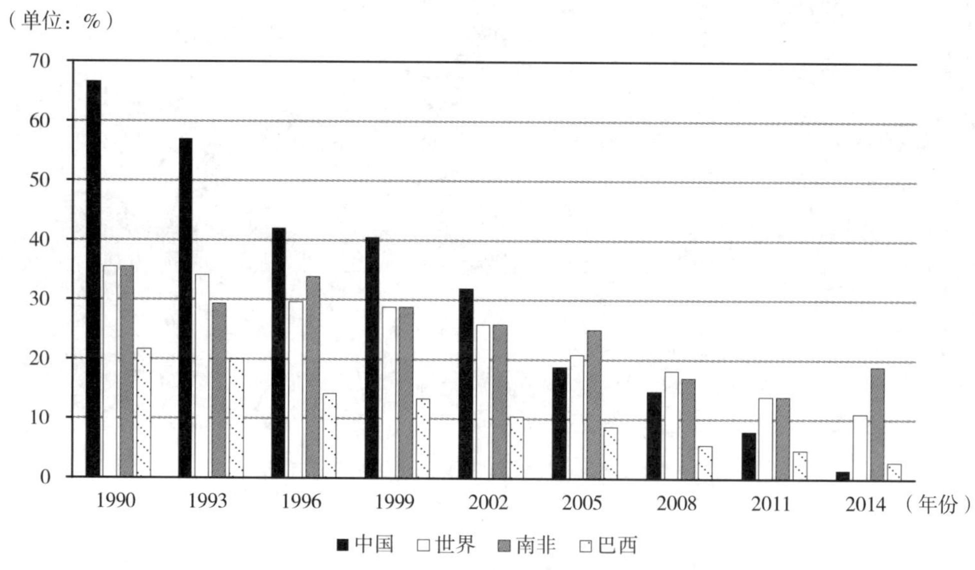

图 1-79　1990—2014 年主要国家按每天 1.9 美元衡量的贫困人口比例

资料来源:世界银行数据库。其中世界 2014 年平均水平用 2013 年数值替代,南非 1990 年、1999 年、2002 年和 2011 年数值用世界平均水平替代。

如果按国家贫困线衡量,我国贫困人口比例下降也非常明显(见图 1-80)。2010 年,我国贫困人口比例尚有 17.2%,这在全世界范围内都算比较高。同期俄罗斯贫困人口比例为 12.5%,印度尼西亚为 13.3%。但到 2017 年,我国贫困人口比例只有 3.1%,而同期俄罗斯贫困人口比例为 13.4%,印度尼西亚为 10.6%。可以说,不管是按每天 1.9 美元衡量，还是按国家贫困线衡量，我国贫困人口比例都在明显下降。

打赢脱贫攻坚战。2013 年 11 月，习近平总书记到湖南湘西考察时，首次作出了“实事求是、因地制宜、分类指导、精准扶贫”的重要指示。此后，“精准扶贫”多次在党和国家重要会议中出现。党的十九大指出，要坚决打赢脱贫攻坚战。改革开放初期，邓小平同志提出“共同富裕”的思想，目前一部分人已经先富起来，让贫困人口和贫困地区同全国一道进入全面小康社会是我们党的庄严承诺。为此，要从以下几个方面着力：一是思想动员，要动员全党全国全社会力量，坚持精准扶贫、精准脱贫；二是行动负责，坚持中央统筹省负总责市县抓落实的工作机制，强化党政一把手负总责的责任制；三是协调推进，坚持大扶贫格局，注重扶贫同扶志、扶智相结合，深入实施东西部扶贫协作，重点攻克深度贫困地区脱贫任务。打赢脱贫攻坚战，就是要确保到 2020 年我国现行标准下农村贫困人口实现脱贫，贫困县全部摘帽，解决区域性整体贫困，做到脱真贫、真脱贫。

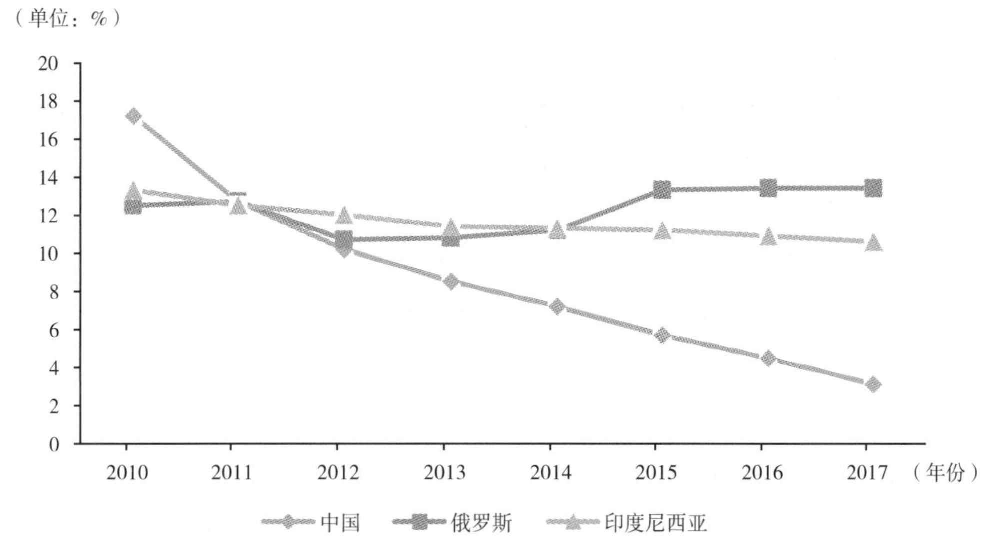

图 1-80　2010—2017 年主要国家按国家贫困线衡量的贫困人口比例

资料来源：世界银行数据库。其中俄罗斯 2017 年平均水平用 2016 年数值替代。

（二）国内比较

贫困人口与贫困发生率实现双降低。改革开放以来，我国扶贫事业取得突出成就。从 1978 年到 2017 年，农村贫困人口减少 7.4 亿人，贫困人口年均减少 1897 万人，贫困发生率下降 94.4 个百分点。2000 年以来中国农村贫困人口下降速度显著加快。2000 年，农村贫困发生率为 49.8%，贫困人口规模为 4.62 亿人。2000 年到 2017 年，农村贫困人口共减少 4.32 亿人，年均减贫人口规模 2541 万人；贫困发生率下降 46.7 个百分点。

根据国家统计局发布的数据显示，分地区看，2017 年中国各省（自治区、直辖市）农村贫困发生率普遍下降至 10%以下。其中，农村贫困发生率降至 3%及以下的省（自治区、直辖市）有 17 个，包括北京、天津、河北、内蒙古、辽宁、吉林、黑龙江、上海、江苏、浙江、安徽、福建、江西、山东、湖北、广东、重庆等。

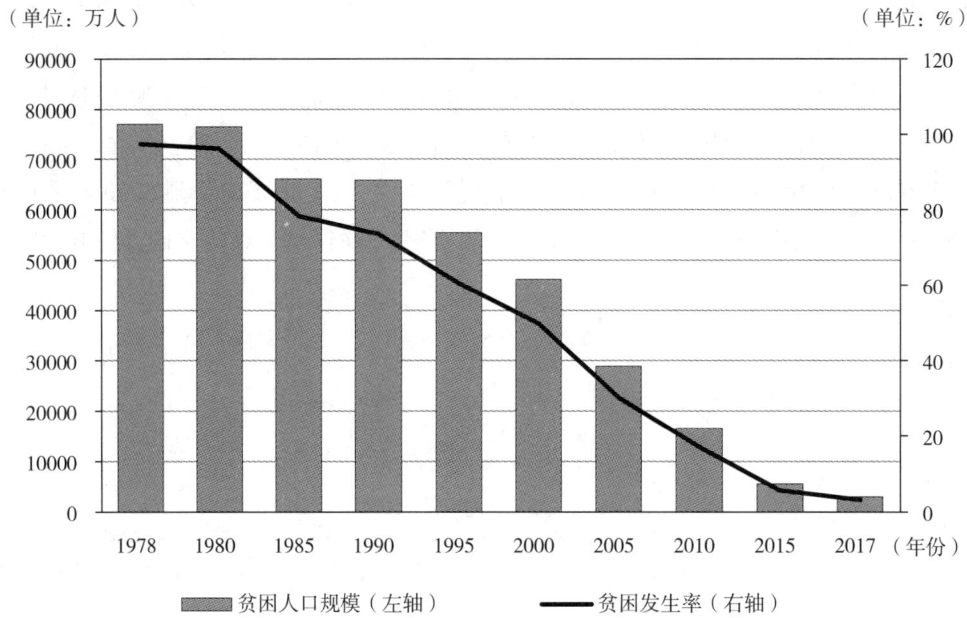

图 1-81　1978—2017 年我国农村贫困情况

资料来源：新华社、国家统计局。

党的十八大以来，全国农村贫困人口累计减少 6853 万人。截至 2017 年年末，全国农村贫困人口从 2012 年年末的 9899 万人减少至 3046 万人，累计减少 6853 万人；贫困发生率从 2012 年年末的 10. 2%下降至 3. 1%，累计下降 7. 1 个百分点。2013 年至 2017 年，贫困地区农村居民人均可支配收入年均名义增长 12. 4%，扣除价格因素，年均实际增长 10. 4%，实际增速比全国农村平均水平高 2. 5 个百分点。2017 年贫困地区农村居民人均可支配收入是全国农村平均水平的 69. 8%，比 2012 年提高 7. 7 个百分点，与全国农村平均水平的差距进一步缩小。2017 年贫困地区农村居民分项收入增速全面快于全国农村居民。贫困地区农村居民人均工资性收入 3210 元，比上年增长 11. 8%，增速比全国农村平均水平高 2. 3 个百分点；人均经营净收入 3723 元，增长 6. 9%，增速比全国农村平均水平高 0. 9 个百分点；人均财产净收入 119 元，增长 11. 9%，增速比全国农村平均水平高 0. 5 个百分点；人均转移净收入 2325 元，增长 14. 8%，增速比全国农村平均水平高 3. 0 个百分点。

八、财政收入逐年上升，税收负担稳步下降

反映财政的指标主要是税收收入占比、收入占比、总税率、军费支出等。财政收支情况能够反映一个国家整体经济发展的健康情况，从整体趋势分析，我国这 40 年的财政情况总体处于平稳状态。

（一）国际对比

1. 税收收入占 GDP 比重

我国税收收入①占 GDP 比重在波动中趋于平稳，高于美国、日本、德国，但低于欧盟（见图 1-82）。从税收收入绝对数值看，我国税收收入多次实现了突破。1978 年，我国税收收入仅为 519 亿元，到 1985 年直接跨过 1000 亿元级别，达到 2041 亿元。1999 年，我国税收收入突破了 1 万亿元大关，2012 年突破 10 万亿元大关。2017 年，实现税收收入高达 14.44 万亿元。

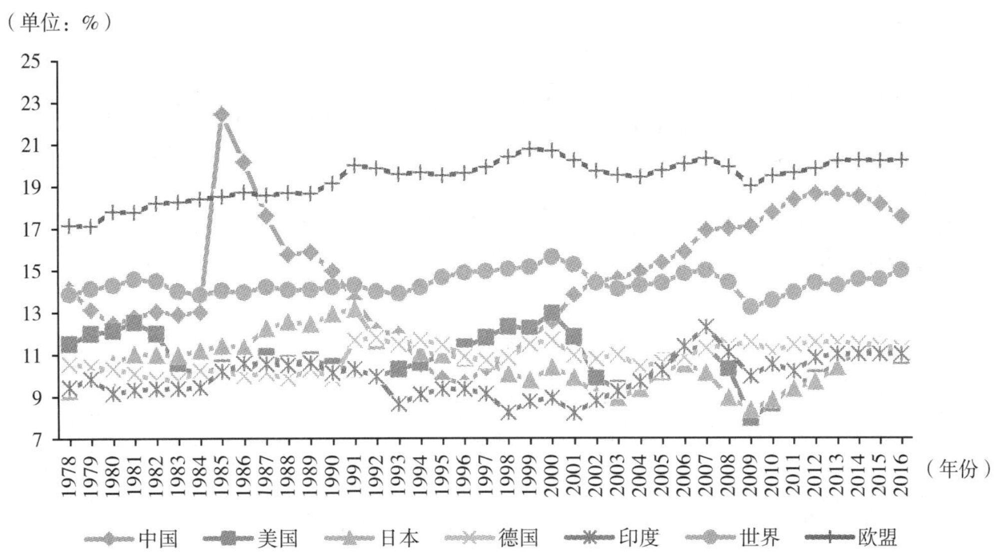

图 1-82　1978—2016 年主要国家税收收入占 GDP 比重

资料来源：世界银行数据库。其中中国数据由国家统计局计算得到，南非 2014—2016 年用 2013 年数值替代。

从税收收入占 GDP 比重来看，主要可分为两个阶段。第一阶段是波动阶段（1978—2001 年），这个阶段我国税收收入占 GDP 比重波动较大，最高占比达到

① 税收指强制转移至中央政府以作公共目的之用的款项。部分强制性款项转移（如罚款、罚金）及大部分社会保障交款不包含在内。退还及更正的不当税收被视为负收入。

22.42%(1985年),最低占比仅为9.62%(1996年)。造成这一波动的原因在于20世纪末20年国际国内环境的剧烈变化,这段时间我国出现了“价格闯关”,国际上出现了1997年亚洲金融危机。第二阶段是平稳阶段(2002年至今),这个阶段我国税收收入占GDP比重相对平稳,基本介于14%—19%之间。这个阶段,随着我国在完善有关税收法律法规、降低宏观经济税负、清理收费等措施下,我国税基越来越稳定,征税越来越规范,因而出现了相对平稳的情况。

2. 收入占GDP比重

我国收入[①]占GDP比重“先降后升”(见图1-83)。1978—1995年为下降阶段,1978年,我国收入占GDP比重高达30.78%,随着改革开放的推进,市场需要释放巨大的活力,因而采取相对宽松的税收政策,给予各类企业以税收优惠,直到1995年收入占比下降至最低,为10.18%。1996年至今为上升阶段,从最低点一直上升至今,2016年收入占比达到21.46%。从国际对比来看,我国收入占比除在最低点附近的年份处于低位,其他年份与美国、世界平均水平相差不大,高于日本,但明显低于德国和欧盟平均水平。

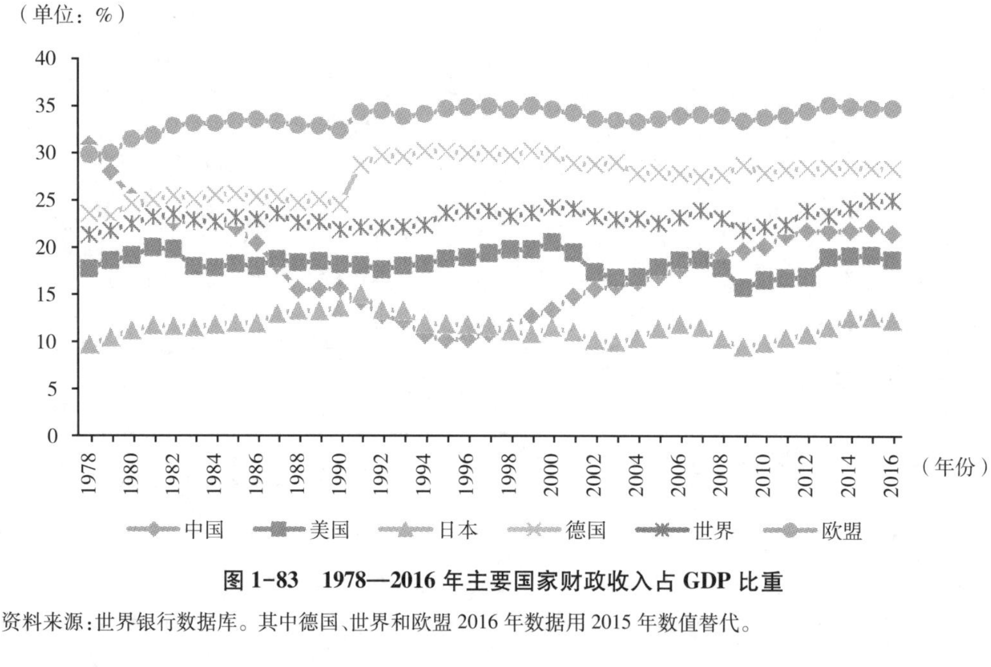

图1-83 1978—2016年主要国家财政收入占GDP比重

资料来源:世界银行数据库。其中德国、世界和欧盟2016年数据用2015年数值替代。

我国非税收入占比逐渐上升(见图1-84)。收入占比与税收收入占比的差值,简单来看可认为是非税收入占比。1978—1984年,我国非税收入占比较高,这是改革开放

① 收入是指来自税收、社会贡献和其他收入(例如罚款、收费、租赁、源自财产或销售的收入)的现金。捐赠也被视作收入,但此处并不包括。

的初始几年,包括税收、非税收入等政策都还没有完全建立起来。在这之后,从绝对数值上看,我国非税收入占比并不是很高,在选定的样本国家里,和日本相差不大,远远低于美国、世界平均、德国和欧盟。但从变化幅度来看,近年来我国非税收入占比有上升的趋势,从原来的1%不到,上升至4%。这也从某种程度上说明,我国非税收入可能在增加,因而在"降费"方面仍有需要不断改进完善的地方。

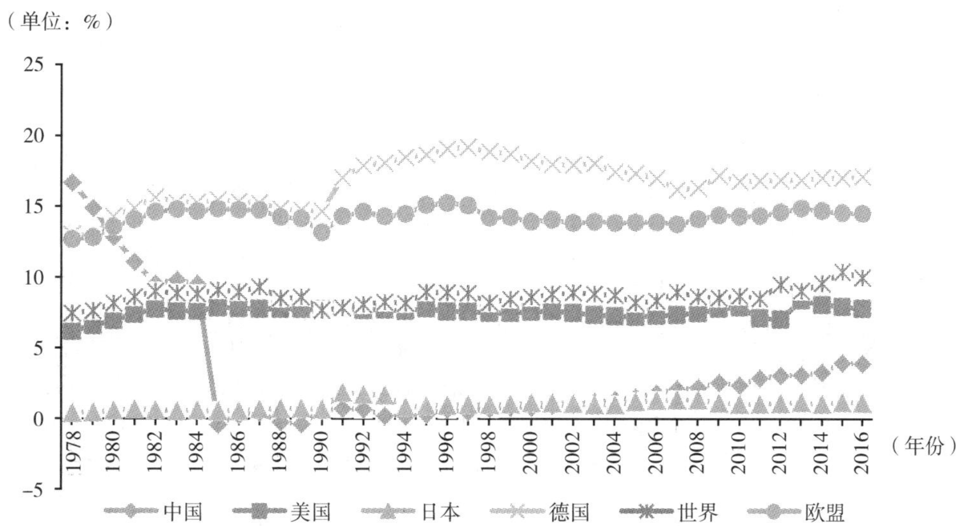

图 1-84 1978—2016 年主要国家非税收入占 GDP 比重

资料来源:世界银行数据库。

3. 总税率

我国总税率①目前较高,但是并不能真实反映我国宏观税负情况。世界银行在度量总税率中,并未将增值税计算在内,而我国企业已经实现"营改增",因而不能完全说明问题。仅就总税率数值而言,我国总税率与巴西差不多,较世界平均水平以及大多数发达国家都要偏高。

我国宏观税负略高于发达国家(见图 1-85)。近十多年来,我国税收收入占 GDP 的比重低于欧盟,但高于世界平均水平,并且远高于美国、日本、德国等发达国家。以中国和美国为例,中美税负水平大体相当。根据不同口径的计算方法,2016 年我国宏观税负水平为:以小口径税收收入计算,我国宏观税负水平为 15.6%;以中口径一般公共预算收入计算,我国宏观税负水平为 21.4%。这两种口径下的宏观税负,较发达经济体的约 25%、发展中经济体的约 20%,均不是很高。参照国际货币基金组织(IMF)数据公布特殊标准(SDDS),以大口径广义财政收入计算,我国宏观税负约为 30%,美国同

① 总税率度量企业在说明准予扣减和减免后的应缴税额和强制性缴费额占商业利润的比例。扣缴税款(如个人所得税)或收缴和汇给税务部门的税款(如增值税、销售税或商品及服务税)不包括在内。

口径下的宏观税负为 26.4%，美国略低于中国。根据中金公司测算的数据表明，我国广义宏观税负为 37%，略高于发达国家 30%—35%的平均水平。总的来说，中美两国宏观税负水平大体相当。

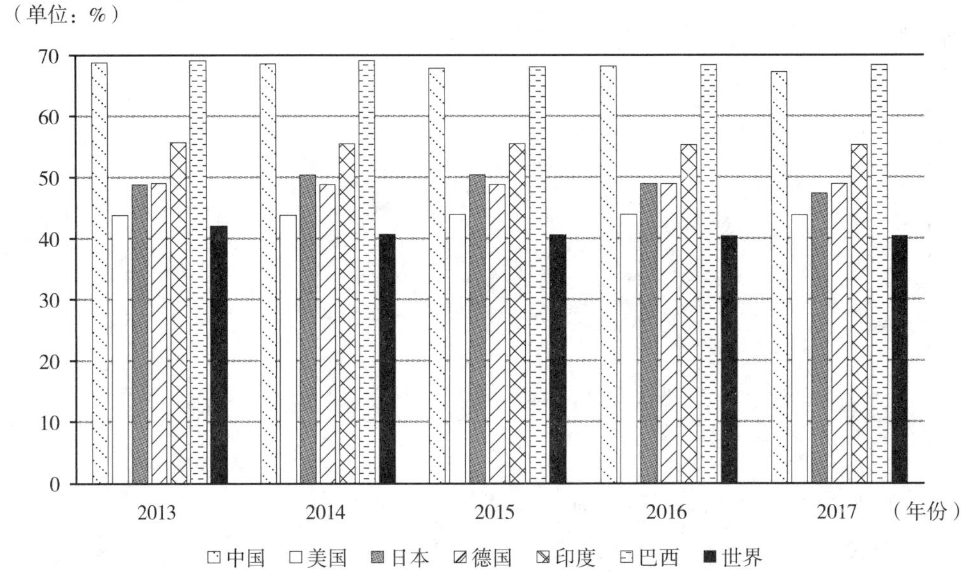

图 1-85　2013—2017 年主要国家总税率

资料来源：世界银行数据库。

中美税负结构存在差异。中国和美国的税负差异，在于税制结构不同——中国以间接税为主，美国以直接税为主。具体表现在：一是中国涉企税目繁多，美国以公司税为主。从税种数量看，中国涉企税种超过 10 个，除了企业所得税、增值税，还有城市维护建设税、教育费附加、城镇土地使用税等等。2016 年中国的增值税、企业所得税、营业税合计占税收总收入比重高达 62.2%，而美国涉企收税基本以公司税为主，占税收总收入比重仅为 16%左右。根据世界银行的数据，中国企业总税率为 68%，经各项抵扣后也有 50%左右，高于德国、美国和英国，这与涉企税目繁多不无关系。二是中国个税设计简单，美国个税内容丰富。中国个税结构较为单一，只征个人所得税，而没有征收资本利得税、遗产税、财产税、赠予税等。美国的个税结构相当丰富，此次税改法案保留了房地产遗产税，并且还有个人所得税、赠予税等多项税种。并且，美国个税的返还力度极大，赡养老人、抚养子女、照顾伤残等均可列为抵扣项目，此外还有一些商业扣除的情况。三是中国非税收入占比高，美国非税收入占比低。尽管中国在清理收费方面付出较大努力，但非税收入占财政收入比重逐年增加，2016 年高达 18.3%，非税收入的范围主要包括专项收入、行政事业性收费、罚没收入和其他收入。美国也存在非税收入，涵盖行政性收费、公共设施使用费等，但在财政收入中占比仅为 5%，且非税收入需按规定纳入预算管理。以社保费为例,中国企业48.8%的商业利润用于缴纳社保费,而美国这一比例仅为9.8%。

4. 军费支出

我国军费支出①占GDP比重,下降中保持相对稳定。纵向来看,我国军费支出占GDP比重从1989年的2.5%左右,下降至目前的2%以内,2016年我国军费支出占GDP比重为1.92%,保持相对稳定。横向来看,我国军费支出高于德国和日本,但是,我国军费支出占GDP比重一直低于世界平均水平,印度的军费支出占GDP比重比我国要高出不少,美国的军费支出占GDP比重更是全球领先,1989年为5.37%,即使到2016年也有3.28%(见图1-86)。

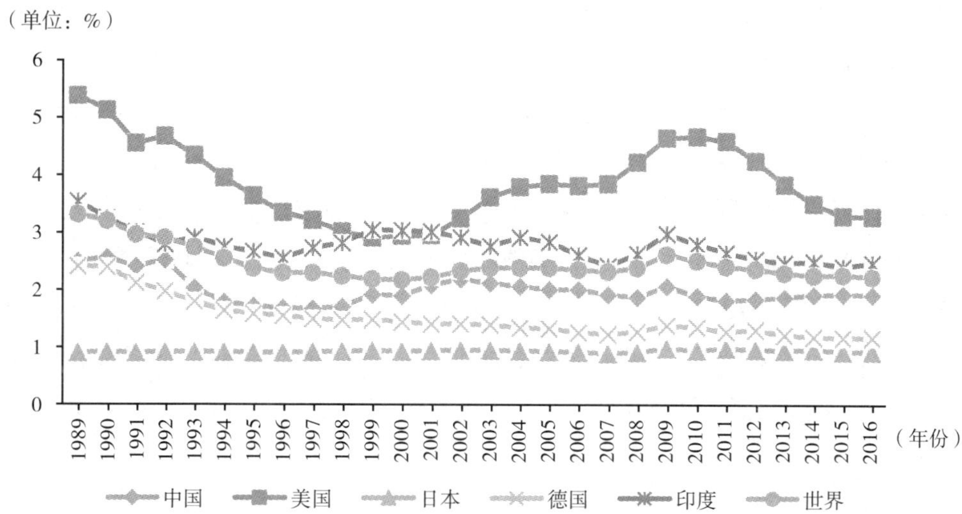

图1-86 1989—2016年主要国家军费支出占GDP比重

资料来源:世界银行数据库。

从军费支出占GDP比重看,所谓"中国威胁论"站不住脚。改革开放以来,中国经济高速发展,科技实力突飞猛进,综合国力日益强大,国际地位不断提高,以美国和日本为首的西方国家,嫉妒和恐惧中国的崛起,因而想方设法采取遏制措施,形形色色的

① 斯德哥尔摩国际和平研究所(SIPRI)的军费支出数据是根据北约(NATO)的定义得出的,其中包括为以下方面提供的所有的经常性支出和资本支出:军队,其中包括维持和平部队;国防部委和其他从事防卫项目的政府机构;准军事部队,如果它们被认为是经过训练的并配备了军事行动装备;以及军用外空活动。此类支出涵盖军队和平民人员,包括军队人员的养老金和人员的社会服务、运营与维护、采购、军事研发,以及军事援助(在捐助国的军费支出中)。不包括在内的有民防和以往军事行动的经常性支出,如退伍军人的福利、复员、转业,以及武器的销毁。然而,这个定义并不适用于所有国家,因为那将需要远比现有信息更为详细的有关军费预算内容和预算外军费支出项目的信息(例如,军费预算可能会或不会覆盖民兵、预备和辅助部队,警察和准军事部队,像军警和民警那样的双重目的部队,实物军事捐赠,军队人员的养老金,以及一个政府部门向另一个政府部门支付的社会保障缴费)。

"中国威胁论"由此产生。仅就美国而言,其军费支出占 GDP 比重远超中国,而且美国 GDP 绝对值本身也比中国高,这样看来美国军费支出的数值要比中国高得多。中国坚持和平发展道路,旨在推动构建人类命运共同体。党的十九大指出,"中国将高举和平、发展、合作、共赢的旗帜,恪守维护世界和平、促进共同发展的外交政策宗旨",不只是过去的 40 年,未来我国也将坚定不移地走和平发展之路。

(二)国内比较

1. 财政运行总体平稳,财政收入规模快速增长

改革开放以来,我国财政运行总体平稳,财政收入规模快速增长,保持较高增长速度。2017 年,我国财政收入为 172567 亿元,较 1978 年的 1132.26 亿元增长近 151.41 倍,年平均增速为 14.3%,其中中央财政收入 81119 亿元,同比增长 7.1%,地方财政本级收入 91448 亿元,同比增长 7.7%,平均占 GDP 的比重为 11.06%。进入新常态以来,我国财政收入增速迈入递减阶段,而 2017 年财政运行总体平稳,财政收入增速有所回升。自 1978 年以来,财政收入占 GDP 的比重呈现先递减后上升的"V 型"趋势,由 1978 年的 30.78%降至 1995 年的 10.17%(处于最低端),此后呈现快速增长阶段,到 2017 年财政收入占 GDP 比重为 20.86%。近年来,有关部门研究出台了一系列措施,持续深入推进减税降费。各级财政部门积极调整优化财政支出结构,各项重点支出得到较好保障。总体上看,我国财政收支的良好情况有力促进了经济平稳健康发展和社会和谐稳定。

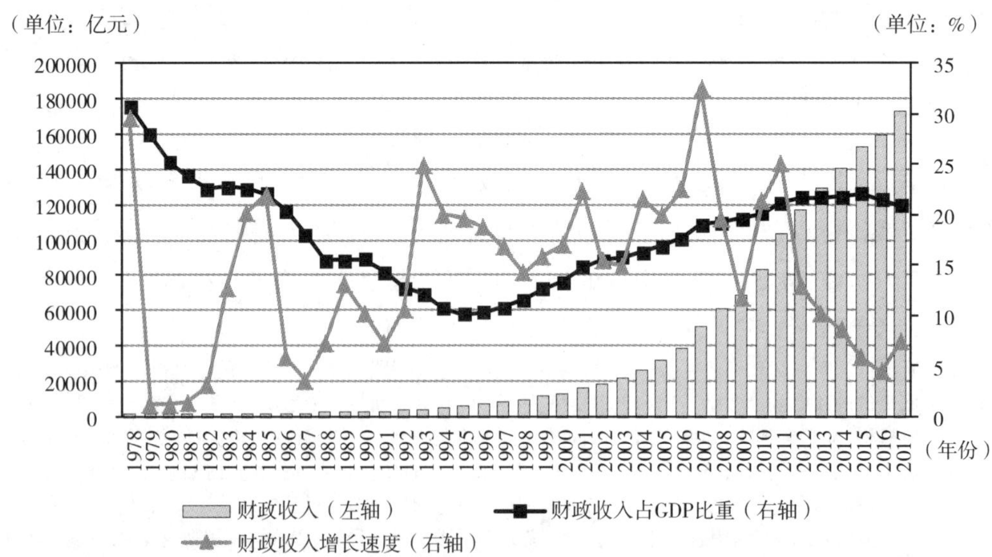

图 1-87 1978—2017 年全国财政收入规模及财政收入占 GDP 比重

资料来源:国家统计局。

截至2017年,全国各地区的财政收入占GDP的比重共有12个省(自治区、直辖市)高于全国平均水平。泛长三角地区和泛京津冀地区的财政收入占GDP比重相对较高,如上海、北京、天津、海南等四省市财政收入占GDP的比重最高,分别为22.4%、19.4%、18.27%、15.11%,均在15%以上。东北地区和泛珠三角地区的财政收入占GDP的比重处于较低水平,除广东和海南超过全国水平以外,河南、黑龙江、广西、吉林、湖南等五省区财政收入占GDP的比重最低,分别为7.55%、7.67%、7.92%、7.92%、7.97%,均低于8%。西北地区和西南地区财政收入占GDP的比重共有7个地区高于全国平均水平,仅有3个地区低于全国平均水平。

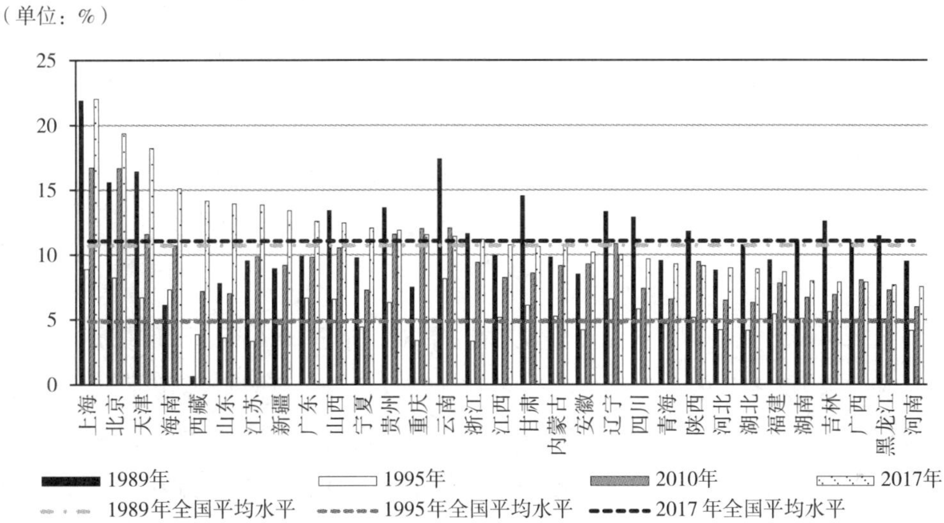

图1-88　1989—2017年全国各省(自治区、直辖市)财政收入占GDP比重

资料来源:国家统计局。

2. 人均税收收入不断提升

改革开放以来,作为财政收入的主要来源,财政税收收入呈现指数型快速增长,由1978年的519.28亿元增长至2016年的130360.73亿元,增加250.04倍;全国人均税收收入也由1978年的53.95元增至2016年的9427.92元,增加173.75倍。各省(自治区、直辖市)人均税收收入(地方口径)2016年为4678.34元,较2007年的1476.46元增加2.17倍。国家财政税收收入的迅速增加,有效地提高了政府的宏观调控能力,社会主义集中力量办大事的优势得到充分发挥,也意味着我国经济发展状况不断得到改善。

地方财政税收状况也得到了极大的改善,税收收入水平不断提升。基于地方口径税收标准观察,2007年,地区人均税收收入仅有8个省(自治区、直辖市)高于全国平均水平,到2016年地区人均税收收入高于全国平均水平增加到10个省(自治区、直辖市),新增的省市为福建、海南和重庆,而辽宁降至全国水平以下。而以全口径税收标准比较,2016年,全国仅上海、北京和天津三个直辖市人均税收收入高于全国平均水平,分别为

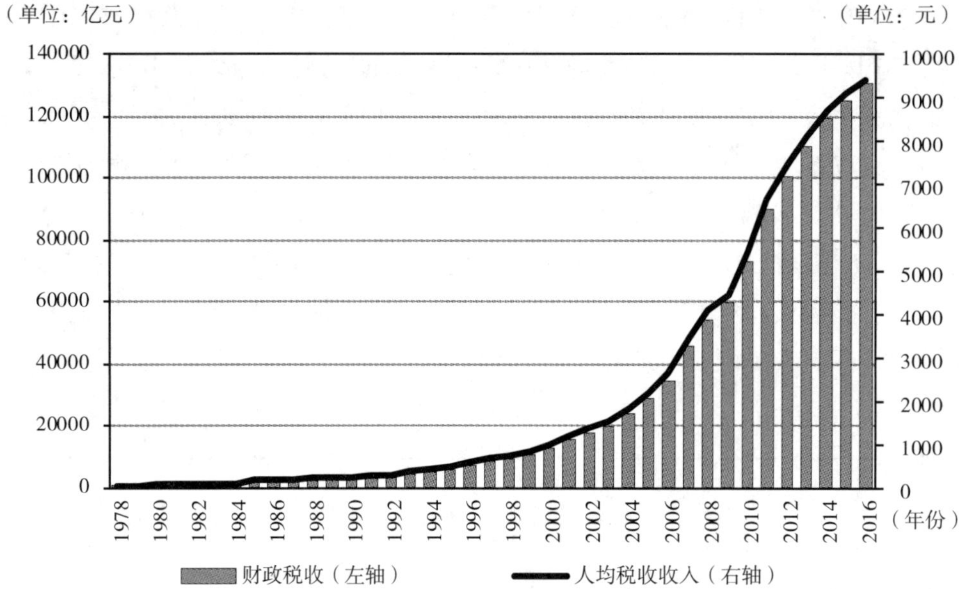

图 1-89　1978—2016 年全国财政税收收入规模及人均税收收入

资料来源：国家统计局。

23247.5 元、20492.3 元、10398.3 元。整体来看，自 2007 年至 2016 年，上海、北京、天津、江苏、浙江和广东等六省市的人均税收收入保持全国前六甲，处于全国人均税收收入的第一梯队；福建、山东、内蒙古、湖北和辽宁处于全国人均税收收入的第二梯队；云南、湖南、河南、黑龙江、广西、甘肃等六省区人均税收收入处于全国最低水平。分地区来看，我国地区人均税收收入的区域差距十分明显，泛京津冀地区和泛长三角地区的人均税收收入普遍较高，东北地区和泛珠三角地区次之，西北地区和西南地区普遍低于全国平均水平，处于较低水平。

3. 财政税收收入趋于平稳

改革开放以来，我国税收收入占 GDP 比重呈现剧增、下降和稳步提升的变化趋势。我国税收收入占 GDP 比重在 1985 年出现快速增长，由 1984 年的 13.02%上升至 1985 年的 22.43%；此后至 1996 年出现大幅降低，仅仅 10 年就下降了近 12.83 个百分点；从 1996—2012 年，保持着稳定的增长趋势，由 1996 年的 9.2%上升至 2012 年的 18.62%；自 2012 年我国进入新常态以来，我国基于供给侧结构性改革，出台了一系列措施，持续深入推进减税降费、去杠杆、去成本等，税收收入占 GDP 比重出现结构性降低，截至 2017 年占比为 17.45%。地方财政税收收入也出现快速增长，占 GDP 比重也由 1994 年的 4.71%上升至 2015 年的 8.7%。

我国税收收入占比区域分布差异较小，如 2016 年绝大部分省（自治区、直辖市）主要分布于 8%左右，除了北京、上海、海南和广东以外。2016 年，全国税收收入占生产总

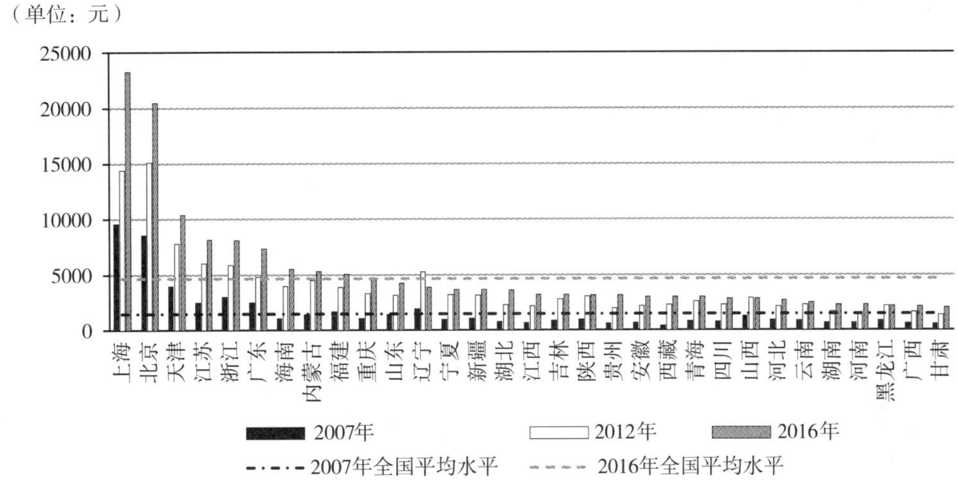

图 1-90 2007、2012、2016 年全国各省（自治区、直辖市）人均税收收入

资料来源：国家统计局。

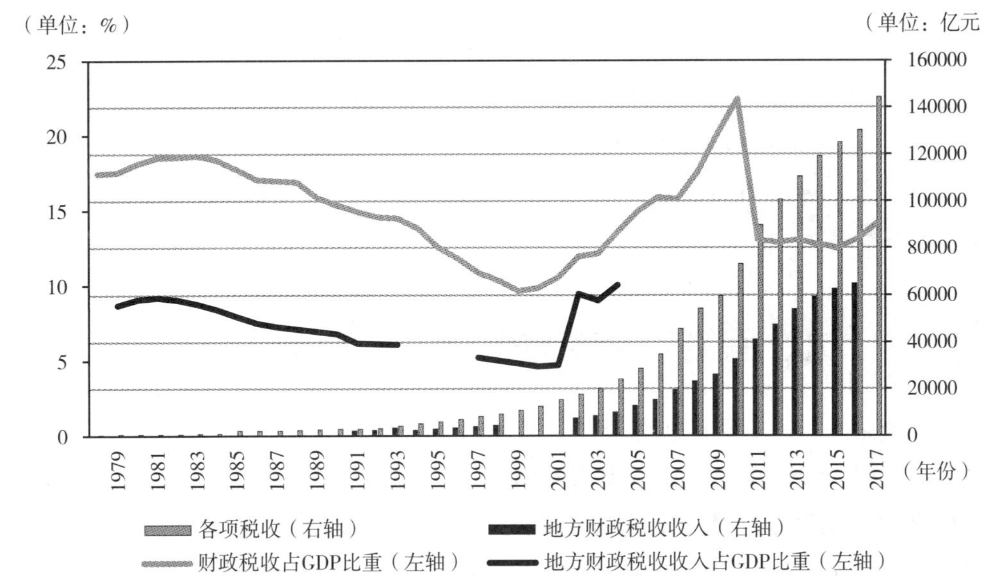

图 1-91 1979—2017 年全国财政税收收入规模及财政税收占 GDP 比重

资料来源：国家统计局。

值的比重（全口径为 17.5%），按照各省（自治区、直辖市）的税收（地方口径）计算，其平均比重为 8.7%。分地区看，全国有 8 个省（自治区、直辖市）高于全国平均水平（地方口径），泛长三角地区、泛京津冀地区和泛珠三角地区的多数省份的税收收入占生产总值比重较高，其中上海、北京、海南、广东等东部四省市位列全国前四，税收比重分别为 20.0%、17.3%、12.5%和 10.0%，2016 年占比前十位的省（自治区、直辖市）中，该三个区域占了 8 个。西南地区、西北地区相差不大，处于中等水平，而东北地区相对处于较低水平,吉林、广西、黑龙江、河南和湖南等五省区税收占比列末五位,分别为5.9%、5.7%、5.4%、5.3%和4.9%。2016年,东部多数省份和西部部分省份的税收收入占生产总值比重较高,东北地区三省税收占比均在8%以下,中部各省占比均处于全国中下游水平。

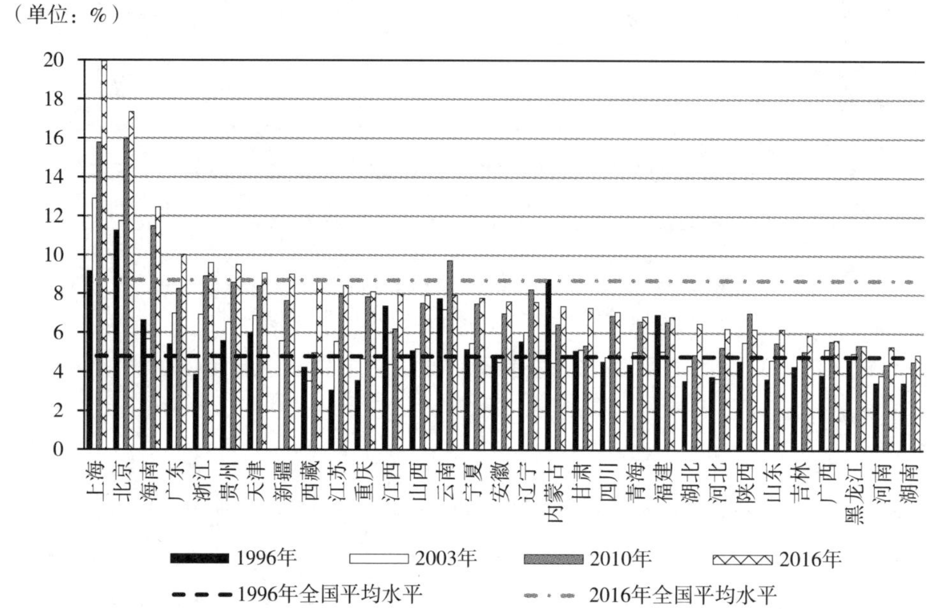

图1-92 1996—2016年全国各省(自治区、直辖市)地方财政税收收入占GDP比重

资料来源:国家统计局。

九、金融实力不断增强,金融市场日趋活跃

反映金融的指标主要有总储备、广义货币占GDP比重、外国直接投资净流入、股票市场、银行资本对资产的比率、自动取款机数量、商业银行分支机构数量等。金融市场作为现代化经济体系的催化剂,对经济体系的可持续运转以及经济规模的增加都具有重要意义。过去40年,我国的金融市场经历了由小到大、由弱到强、由杂到专的演变历程。

(一)国际对比

1. 总储备

我国总储备[①]逐年快速增长(见图1-93)。1980年,我国总储备只有101亿美元,当时国家通过各种方式鼓励企业出口换汇。随着改革开放的不断发展,我国总储备越来越高,增速也越来越快,2006年突破万亿美元,2014年达到最高点3.9万亿美元。截

① 总储备包括持有的货币黄金、特别提款权、IMF持有的IMF成员国的储备,以及在货币当局控制下的外汇资产。这些储备中的黄金成分的价值是根据伦敦年底(12月31日)价格确定的。数据按现价美元计。

至2018年3月,我国总储备为3.24万亿美元,较前几年略有下跌,但仍处于较高水平。从国际对比看,我国是世界上第一大总储备国。1997年我国总储备超过美国,2006年超过日本跃居世界第一。

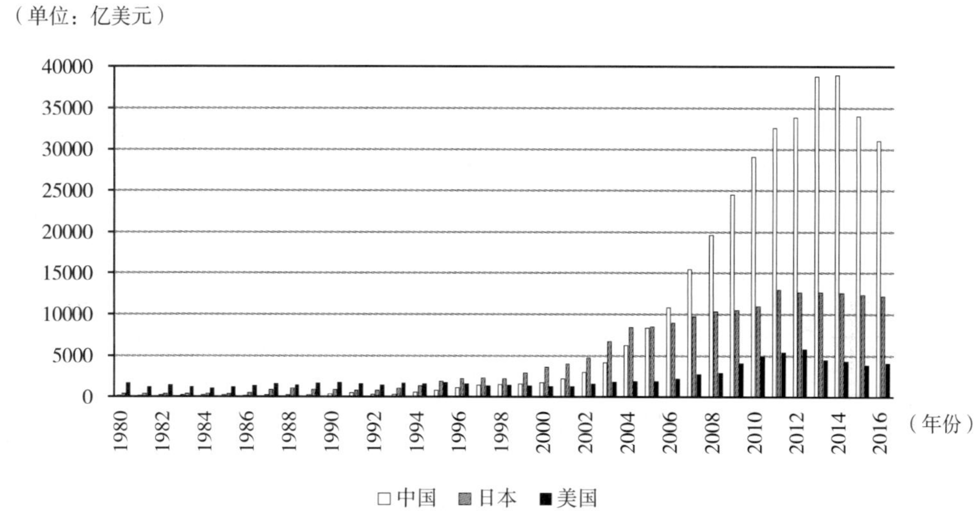

图1-93 1980—2016年主要国家总储备

资料来源:世界银行数据库。

我国总储备构成相对简单。根据国家外汇管理的数据,2018年3月,我国3.24万亿美元的总储备中,外汇储备为31428.2亿美元,占到96.99%,黄金储备为784.19亿美元(5924万盎司),占2.42%。其他剩余储备占比不到1%,包括特别提款权储备112.19亿美元,占0.346%;基金组织储备头寸77.44亿美元,占0.239%;其他储备资产1.4亿美元,占0.004%。与总储备同样较高的日本相比,我国外汇储备占比略高,日本大约为95%。

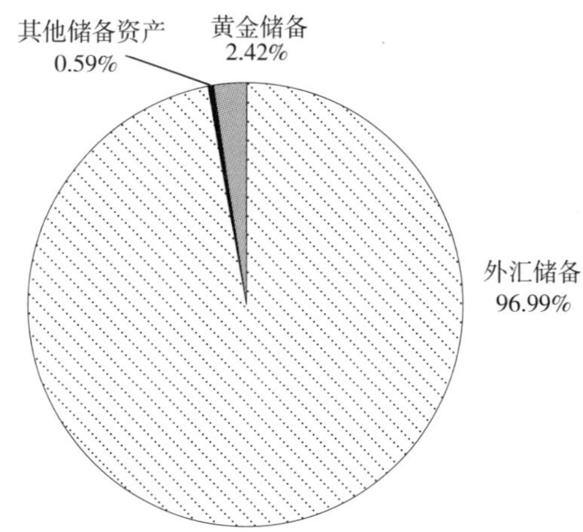

图1-94 我国总储备构成

资料来源:国家外汇管理局。

我国黄金储备占比不高。根据世界黄金协会(WGC)公布的数据,截至2017年12月,我国黄金储备占比在排名靠前的国家中很低。美国、德国、意大利、法国、荷兰等黄金储备都超过60%,俄罗斯的黄金储备也有17.3%,瑞士和日本也比中国高。未来,可适当提高黄金储备占比。

表1-1 2017年年底主要国家(或组织)黄金储备情况

储备排名	国家(或组织)	数量(吨)	占总储备比重(%)
1	美 国	8133.5	74.9
2	德 国	3373.6	68.9
3	IMF	2814.0	—
4	意大利	2451.8	67.3
5	法 国	2435.9	64.9
6	中 国	1842.6	2.3
7	俄罗斯	1801.2	17.3
8	瑞 士	1040.0	5.3
9	日 本	765.2	2.5
10	荷 兰	612.5	66.3

资料来源:世界黄金协会。

2. 广义货币占GDP比重

我国广义货币占GDP比重相对较高。1978年以来,我国广义货币占GDP比重经历了两个阶段。第一个阶段是相对平稳阶段(1978—1995年),这一阶段,我国广义货币占GDP比重与世界平均水平大体相当,和美国、英国、印度等国家也相差不大。第二个阶段是快速增长阶段(1995年至今),这一阶段,我国广义货币增速较快,广义货币占GDP比重逐渐向世界最高的日本靠拢。到2016年,日本广义货币占GDP比重为242.38%,我国为208.31%,已经相差不大。

我国广义货币增速基本呈下降趋势。除了2009年广义货币增速较高外,我国广义货币增速整体呈下降的趋势。2008年爆发了全球金融危机,为了刺激经济,美国等国家推出了经济刺激计划,我国也相应地推出了"四万亿"的刺激计划。因而,2009年我国广义货币增速高达28.5%。党中央和国务院审时度势,果断采取措施,实施"积极财政与稳健货币政策"。到2017年,我国广义货币增速达到个位数,为8.2%,这一增速也是自1991年以来的最低点。

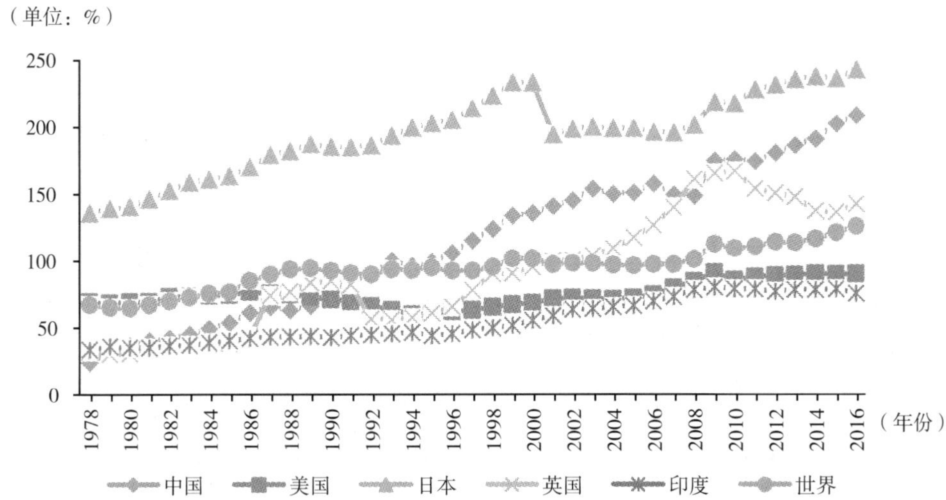

图 1-95 1978—2016 年主要国家广义货币（M_2）占 GDP 比重

资料来源：世界银行数据库。

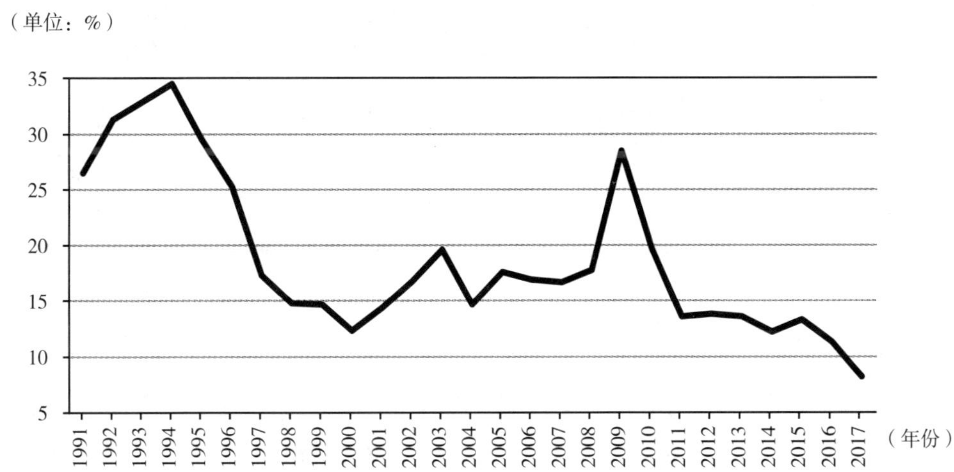

图 1-96 1991—2017 年我国广义货币（M_2）增速

资料来源：国家统计局。

3. 外国直接投资净流入

我国外国直接投资净流入总体呈增加趋势。1982 年，外国直接投资净流入额只有 4.3 亿美元，此后一路上升，2013 年高达 2909.28 亿美元。尽管最近 5 年有所下滑，但也基本可以排在世界第二位。从占比看，欧美等发达国家占据了外国直接投资净流入的大部分，有些年份超过 70%的外国直接投资净流入流向了欧盟和美国。即使到 2016 年，也有 54.78%的外国直接投资净流入流向了欧盟和美国。中国在新兴经济体中，外国直接投资净流入相对较多，印度 2016 年外国直接投资净流入占世界比重仅为

1.85%,而同期中国为7.11%。

当然,如果加上香港地区的外国直接投资净流入,我国的外国直接投资净流入会更高。从1998年开始,如果两者外国直接投资净流入叠加,我国外国直接投资净流入占世界的比重将大幅增加。最高年份可占22.2%(2014年),即使到2016年,两者之和也能占世界的12.67%。

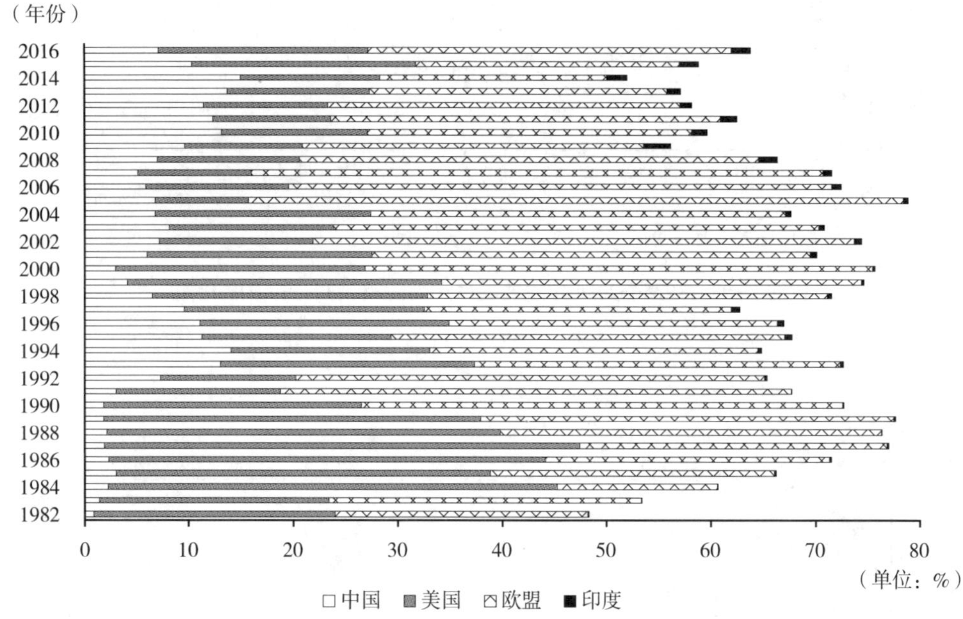

图1-97 1982—2016年主要国家外国直接投资净流入占世界总量的比重

资料来源:世界银行数据库。

4. 股票市场

我国股票市场规模不断扩大。1990年,我国股票市场仅有10家上市公司。此后,上市公司数量不断扩大,到2017年年底,我国已有3485家上市公司,股票总市值达到57万亿元。当然,我国股票市场规模与发达国家相比,仍存在一定差距。日本作为全球第三大经济体,2017年年底上市公司数量为3598家,略多于中国。美国作为全球第一大经济体,2017年年底上市公司数量为4336家,远高于我国。当然,这种规模上的差距在逐渐缩小。

我国股票市场交易相对活跃。以股票交易额占GDP比重来看,我国已与发达国家相当。当然,我国股票市场交易活跃度较美国还有一定的差距,但这也体现了我国股票市场相对稳定的特点。

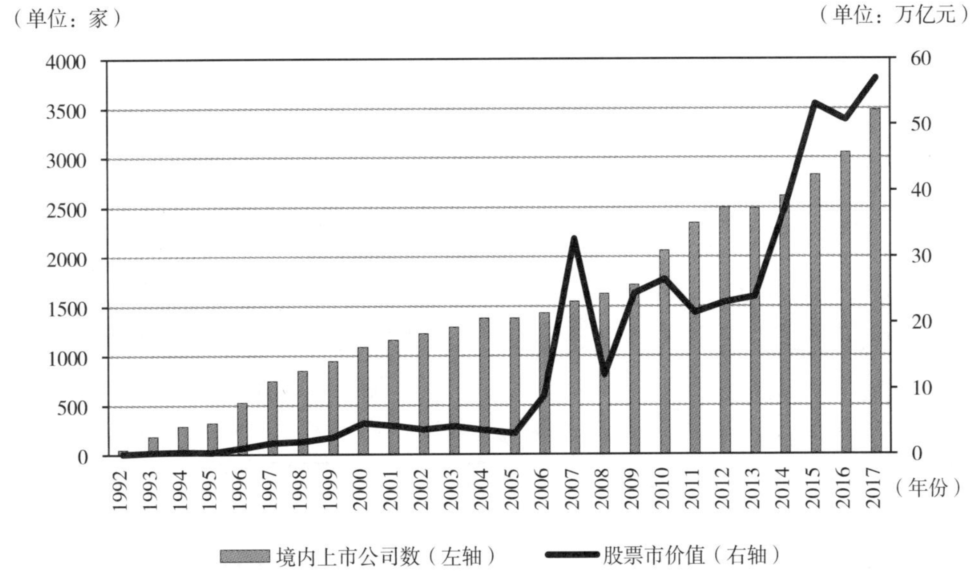

图 1-98　1992—2017 年我国股票市场概况

资料来源：国家统计局。

5. 银行资本对资产的比率

我国银行资本对资产的比率①与发达国家相当。银行资本对资产的比率，反映的是银行自有资本占总资产的比重，从某种程度上来说，可以反映银行承担风险的能力，比重越大，承担风险的能力越强。2014—2016 年，我国银行资本对资产的比率分别为 7.2%、8.44%和 8.1%，这基本与欧盟国家平均水平相当，明显高于日本、德国、英国、法国等。当然，稍微低于美国的银行资本对资产的比率。总体来说，我国银行抗风险能力比较强。

6. 自动取款机

我国每 10 万成年人拥有的自动取款机数逐年增加。2006 年，我国每 10 万成年人拥有的自动取款机数只有 9.57 台，但到 2016 年已经达到 81.45 台，10 年间翻了 8 倍多。与世界平均水平比，我国在 2011 年正式超越世界平均水平，并且在 2015 年正式超过欧盟的平均水平。当然，目前每 10 万成年人拥有的自动取款机数 80 多台的拥有量，和发达国家以及部分新兴经济体比，还存在一定的差距，比如 2016 年日本每 10 万成年人拥有的自动取款机为 127.8 台，英国为 129.49 台，巴西也有 108.82 台，但是随着金

① 银行资本对资产的比率为银行资本与准备金对总资产的比率。资本与准备金包括所有人提供的资金、留存收益、普通准备金和特殊准备金、准备金以及估价调整。资本包括一级资本（实收股本和普通股）和总监管资本，前者是所有国家银行系统的共同特征，后者包括若干指定类型的次级债券，如果其资金是维持最低资本水平所必需则无需偿还（这些包含二级资本和三级资本）。总资产包括所有非金融和金融资产。

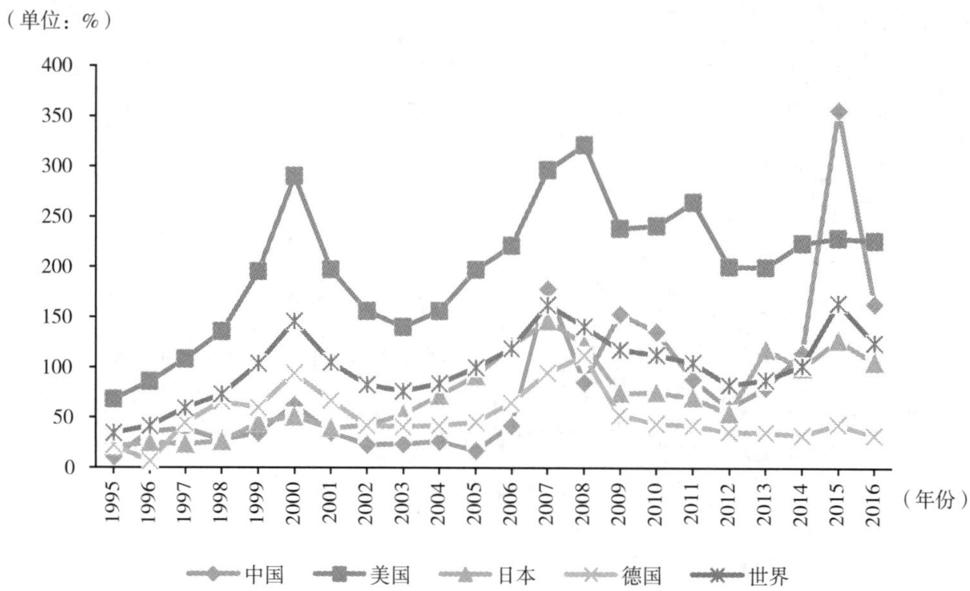

图 1-99　1995—2016 年主要国家股票交易额占 GDP 比重

资料来源:世界银行数据库。

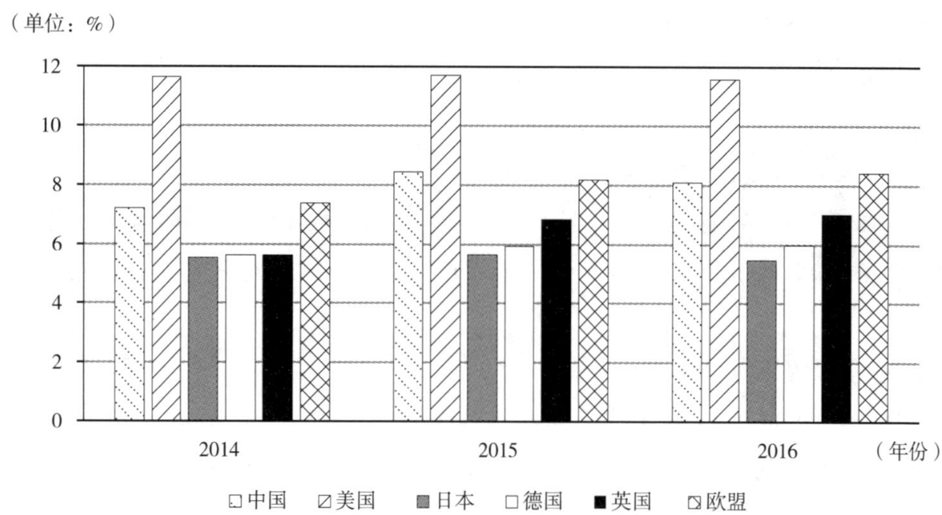

图 1-100　2014—2016 年主要国家银行资本对资产的比率

资料来源:世界银行数据库。

融基础设施的建设,我国每 10 万成年人拥有的自动取款机数将有可能达到并超过发达国家。

7. 商业银行分支机构

我国每 10 万成年人拥有的商业银行分支机构数略低于世界平均水平。2016 年,我国每 10 万成年人拥有的商业银行分支机构为 8.78 个,同期世界平均水平为 12.53

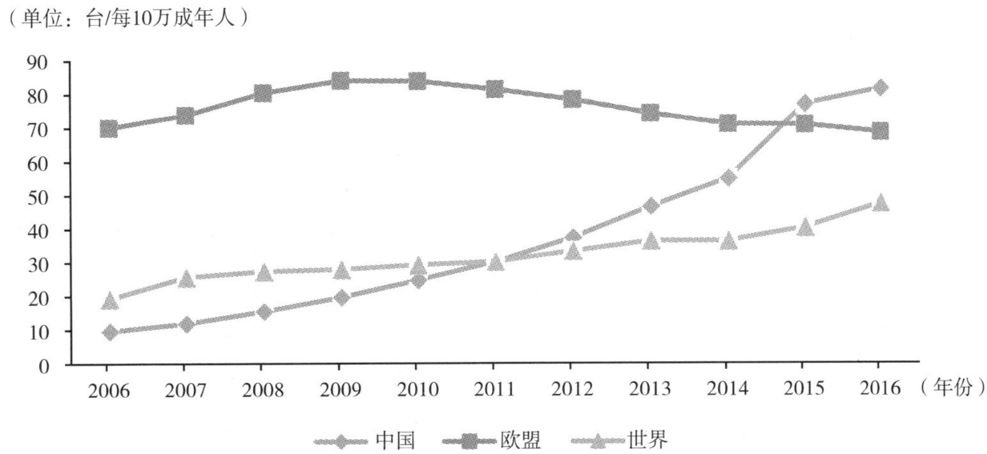

图 1-101　2006—2016 年主要国家（或地区）每 10 万成年人拥有的自动取款机数

资料来源：世界银行数据库。

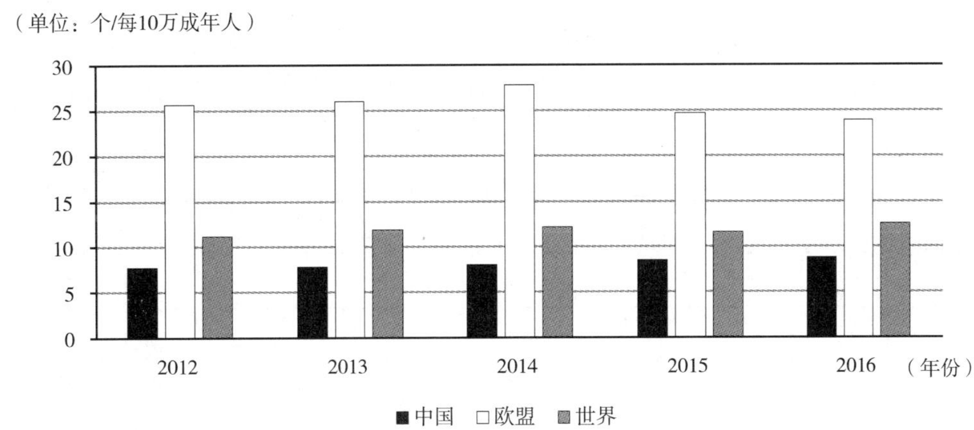

图 1-102　2012—2016 年主要国家（或地区）商业银行分支机构

资料来源：世界银行数据库。

个，欧盟平均水平为 23. 91 个，许多发达国家更是达到 30 个以上。由于我国人口众多，每 10 万成年人拥有的商业银行分支机构数比较少，这种情况较为合理。

我国移动支付快速发展并逐步形成后发优势。我国移动支付起步晚于世界上的许多国家，并且起始阶段发展极慢。但随着我国监管营造的创新土壤，移动支付近几年如雨后春笋般快速发展。从 2013 年的 55. 45 亿笔，到 2016 年的 1228. 6 亿笔，移动支付业务增长迅速。根据艾瑞咨询发布的《第三方支付商业智能变革研究报告》显示，在 2016 年的第三方支付交易规模结构中，移动支付占比高达 54. 8%。截至 2017 年 10 月底，我国移动支付交易规模近 150 万亿元，居全球首位。并且，我国移动支付还走向了世界。伴随中国人走出去的步伐不断加快，2017 年支付宝累计接入 36 个境外国家和地区的数十万商户，支付总笔数较2016年增长了306%。截至2017年7月底，微信支付已登陆20个境外国家和地区，支持13个币种直接结算。国际会计师事务所德勤发布的移动消费者调研报告显示，中国的移动支付引领全球，并已经开始向发达国家或地区输出。

（二）国内比较

1. 金融规模明显扩大，成为国民经济中的重要行业

改革开放以来，我国金融业在改革创新中不断发展壮大，金融机构和从业人员数量大幅增加，金融规模明显扩大，金融业从单一的存贷款功能发展为适应市场经济要求的现代化金融体系，形成了银行、证券、保险等功能比较齐全的金融机构体系。2016年，我国金融业增加值达到61121.7亿元，较1978年的76.5亿元，增长了86.43倍（依据可比价计算），年均增长率为12.83%。金融业增加值占GDP的比重也由1978年的2.1%上升至2016年的8.2%，增加6.1个百分点。总体来看，金融业的不断发展壮大对优化资源配置、支持经济改革、促进经济平稳快速发展和维护社会稳定方面发挥了重要作用，有力地促进了经济增长和就业扩大，成为国民经济中的重要行业之一。

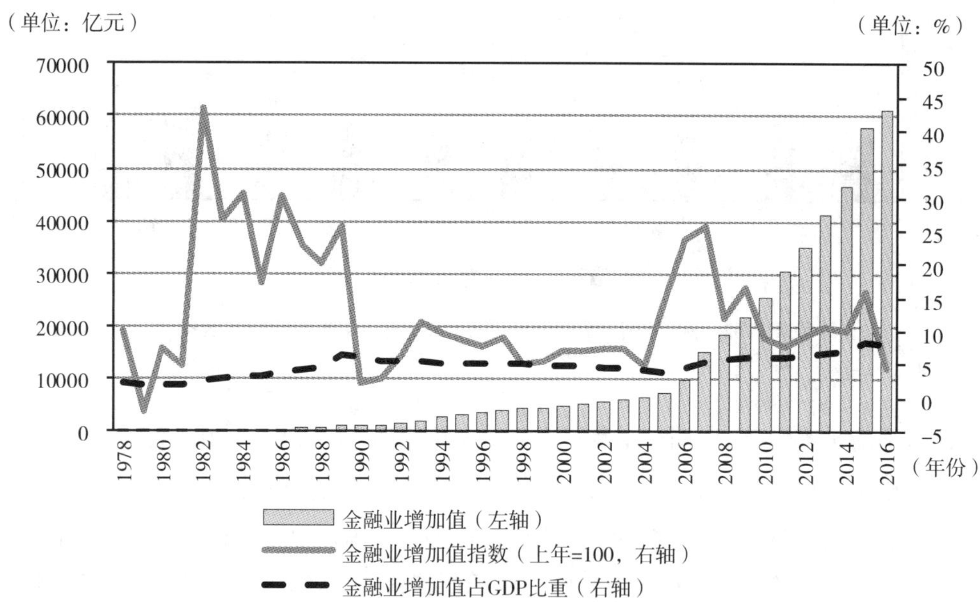

图1-103　1978—2016年全国金融业增加值指数和占GDP比重

资料来源：国家统计局。

2016年，我国金融业增加值为621324亿元，分地区看，东部的广东、江苏、上海、北京、山东和浙江六省市的金融业增加值均超过3000亿元，占全国份额分别为9.9%、9.7%、7.7%、6.9%、5.4%和4.9%，六省市合计占全国金融业增加值的44.4%，形成

“沿海金融高地”。2016年，全国金融业增加值占GDP的比重为8.2%。从区域分布看，东部地区金融业占比普遍较高，中西部地区多数处于中等水平。其中，上海、北京和天津分列全国前三位。湖南、吉林和山东占比处于全国最后三位，分别为4.4%、4.7%和5.3%。与2010年相比，2016年各省（自治区、直辖市）金融业占比平均增幅为2.79个百分点，全国各地区金融业占比整体回升，其中增幅比例处于前六位的为上海市、青海省、辽宁省、甘肃省、四川省、山西省等，增幅均大于4个百分点。泛长三角地区、东北地区和西南地区的增幅较大，排名前15名的地区平均增幅为3.88个百分点；泛珠三角地区、泛京津冀地区和西北地区的增幅较小，后15名地区的平均增幅为1.76个百分点。

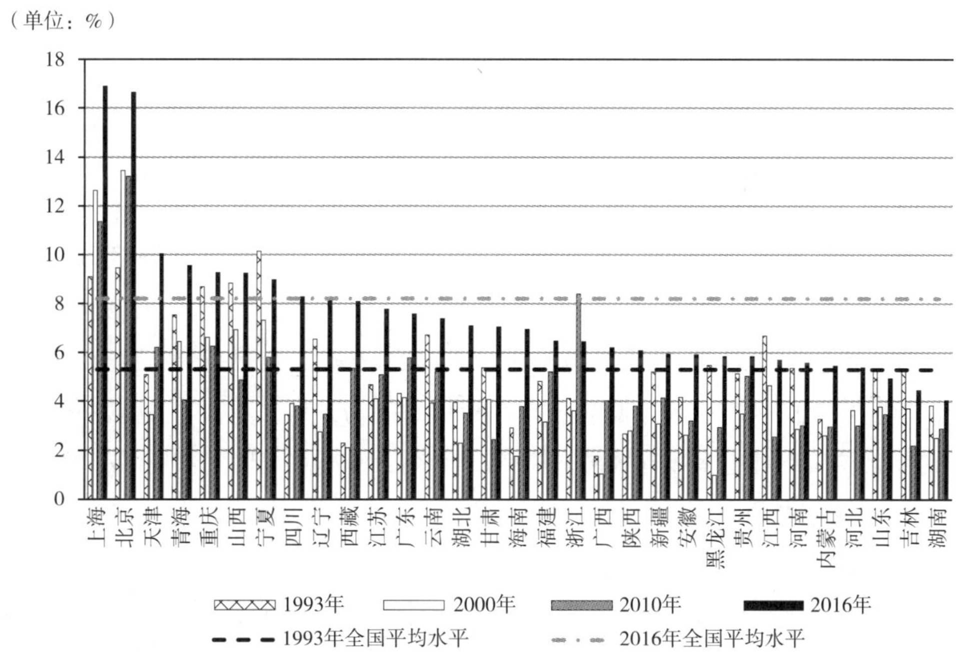

图1-104　1993—2016年全国各省（自治区、直辖市）金融业增加值占GDP比重

资料来源：国家统计局。

2. 金融机构信贷规模呈现快速增长态势

随着经济的快速发展、市场环境的不断改善和金融市场的不断完善，我国金融机构信贷规模呈现快速增长态势。据统计，2017年全国金融机构本外币贷款余额117.64万亿元，较2003年增长了近6.2倍，年均增速为16.35%。从各地金融机构本外币贷款余额总量分布来看，与金融行业增加值格局相似，排名靠前的省（自治区、直辖市）基本分布在东部沿海地区。广东、江苏、浙江、山东、北京、上海6个沿海省市的贷款余额居全国前列，规模比较接近，数额在6万亿元至13万亿元之间，六省市的贷款余额总量为

52.79万亿元，占全国贷款余额的44.87%。西北地区、西南地区和东北地区的贷款余额相对较少，黑龙江、吉林、甘肃、新疆、海南、宁夏、青海和西藏8个省（自治区、直辖市）的贷款余额居全国后列，均低于2万亿元，尤其是全国后四位地区均低于1万亿元。

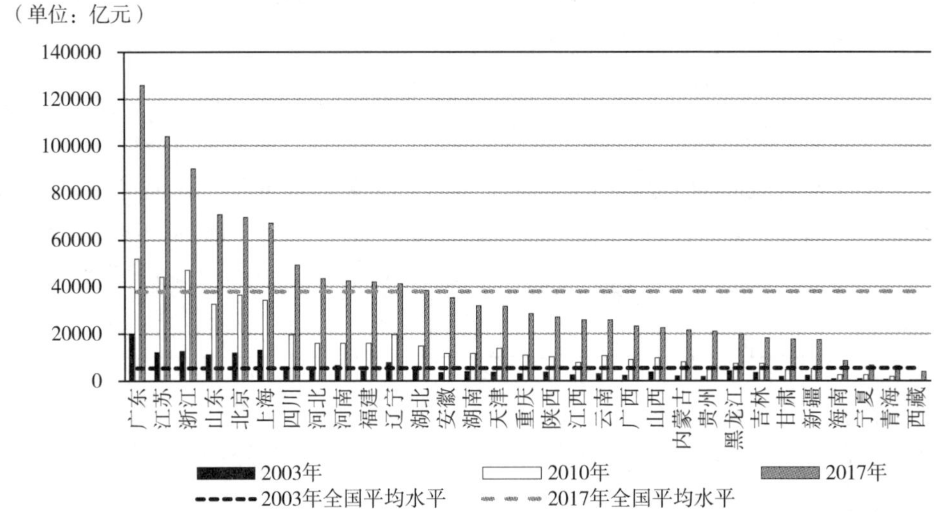

图1-105　2003、2010、2017年全国各省（自治区、直辖市）金融机构本外币贷款余额

资料来源：国家统计局。

2017年全国贷款余额与生产总值的比例为142.23%，其中15个省（自治区、直辖市）高于全国平均水平，16个地区低于全国平均水平。分地区来看，西南地区和西北地区贷款余额占GDP比重多数省份普遍较高，东部地区和东北地区多数地区相对较低。西藏、北京、青海、甘肃和上海5省（自治区、直辖市）的贷款总额与地区生产总值的比例排名全国前5位，组成第一阵营，分别为308.53%、248.41%、240.39%、230.65%和223%；海南、宁夏、浙江、辽宁、天津、新疆、云南和贵州8个省（自治区、直辖市）构成第二阵营，占比处于150%—200%之间。全国有3个省份该项指标低于100%，其中山东、河南和湖南排名后三位，贷款余额与地区生产总值的比例分别为97.52%、94.57%和92.08%。与2010年相比，全国贷款余额与GDP的比例提高了24个百分点。分地区看，大部分地区的该项指标都有不同程度的提高，有18个省（自治区、直辖市）增幅高于全国平均水平，主要集中于中西部和东北地区，其中西藏增幅为249个百分点。

3. 上市公司数量在不断增加

随着经济的快速发展，我国上市公司数量在不断增加，地区分布差异较大，上市公司主要集中于东部经济发达地区，中西部欠发达地区较少。截至2016年，我国各省（自治区、直辖市）的上市公司数量均呈上升趋势。据统计，2016年上市公司数量处于全国前5位的省份分别是广东、浙江、江苏、北京和上海，均处在东部沿海省份，分别为474

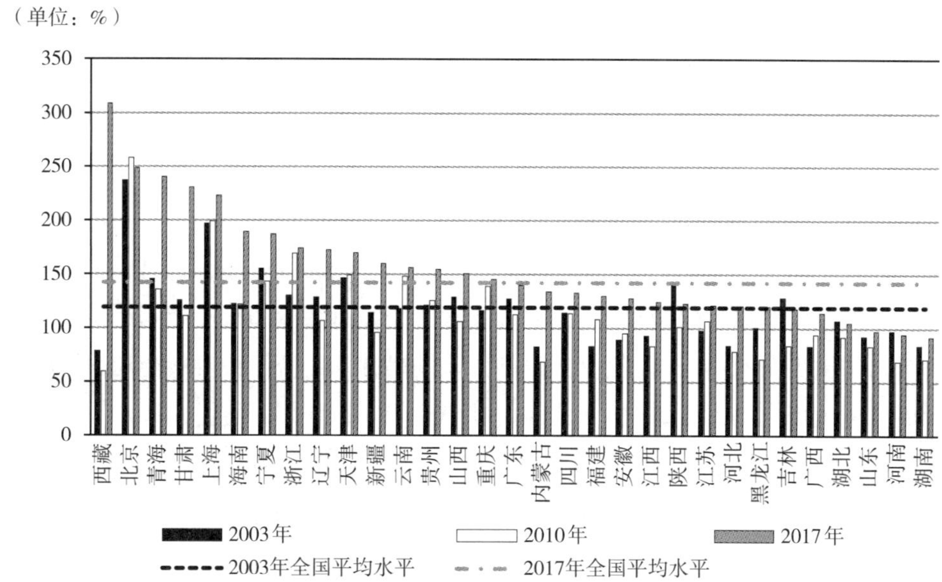

图 1-106 2003、2010、2017 年各省（自治区、直辖市）金融机构本外币贷款余额占 GDP 比重

资料来源：国家统计局。

个、329 个、317 个、281 个和 240 个。西南地区和西北地区的上市公司较少，处于后 5 位的省份为内蒙古、贵州、青海、宁夏和西藏，分别为 26 个、23 个、12 个、12 个和 10 个。这主要是内陆地区受制于交通、环境和资源限制，缺乏引进人才、资本和技术的优势，相对于东部沿海地区具有较高的企业成本。

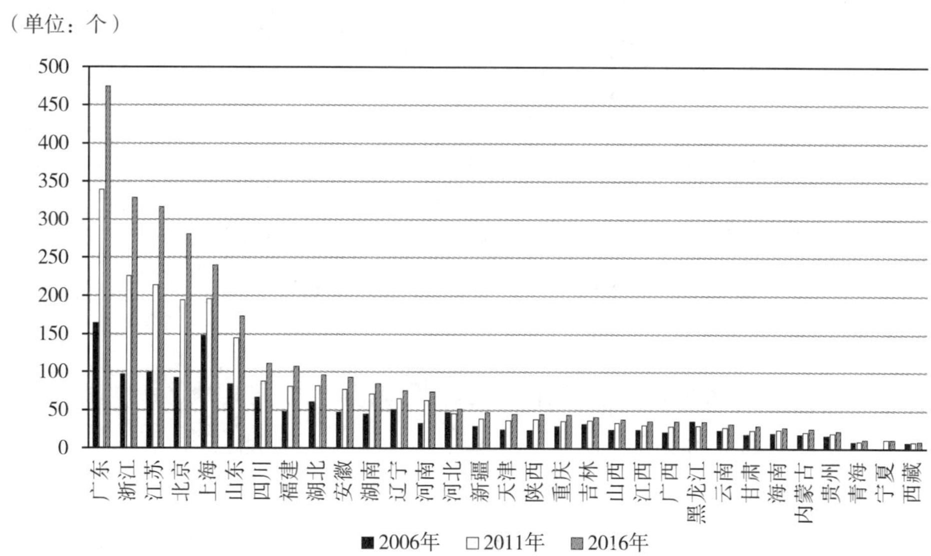

图 1-107 2006、2011、2016 年全国各省（自治区、直辖市）上市公司数量

资料来源：国家统计局。

4. 保险业快速发展，保费收入规模不断扩大

改革开放 40 年，不仅带来了我国经济社会的深刻变化，也为我国保险业的发展注入了新的生机和活力。改革开放之初，我国保险市场只有一家公司经营，全部保费收入只有 4.6 亿元。近年来，我国保险业快速发展，保费收入规模不断扩大。2017 年，保险业业务稳中向好，产品保障功能凸显，全国保险实现原保险保费收入 3.66 万亿元，市场规模增长 7956.52 倍，保险业资产总量 16.75 万亿元，我国已逐步成长为新兴的保险大国。2017 年，全国原保险保费收入占 GDP 比重由 2007 年的 2.6%上升至 4.42%，增幅约 1.82 个百分点。40 年来，保险业自觉将行业发展融入经济社会发展全局，不断增强服务和谐社会建设的能力，逐步成为服务民生、改善民生和保障民生的重要手段，成为支持投资、扩大消费和保障出口的重要因素，成为优化金融结构、提高金融市场资源配置效率的重要力量，成为促进社会管理和公共服务创新、提高政府行政效能的重要方式。

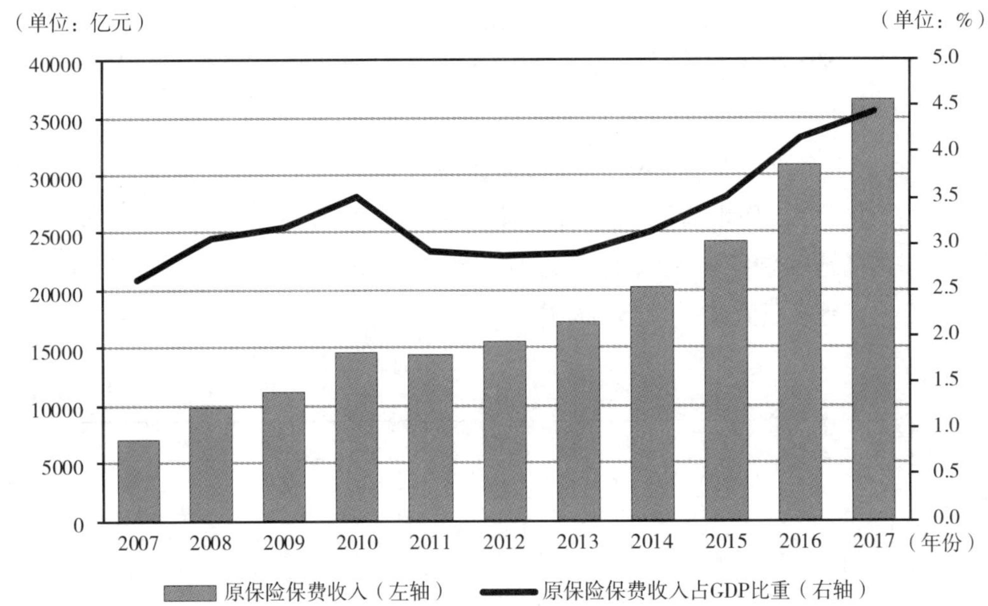

图 1-108　2007—2017 年全国保费收入及占 GDP 比重

资料来源：国家统计局。

保险业的地区集中度较高，东部沿海地区保费规模较大，尤其是泛京津冀经济地区和泛长三角地区。2016 年，排名前 10 位省份有 6 个属于东部地区，其中，广东、江苏和山东排名前三位，保费收入分别为 2982.1 亿元、2679.7 亿元、1963.3 亿元。相比其他金融行业，保费收入占 GDP 的比例并不高，这主要与保费收入在经济社会中流动性低有关。2016 年，全国原保险保费收入与 GDP 的比例仅为 4.16%。分地区看，各省（自治区、直辖市）并未出现严重的区域差异，保费占比分布较为平均。全国各省（自治区、直辖市）中，山西、北京、上海和四川保费占比高于 5%；有 20 个省（自治区、直辖市）分布在 3%至 5%之间;7 个省(自治区、直辖市)分布在 2%—3%之间,其中西藏、广西、福建三省占比排名最后三位,保费占比分别为 1.93%、2.56%和 2.62%。与 2012 年相比,2016 年,全国保费收入占 GDP 的比重提高了 1.29 个百分点。全国各省(自治区、直辖市)都保持稳步增长,东北地区增幅相对较高,其次是西南地区和西北地区,其中山西省、辽宁省、北京市、黑龙江省、吉林省保费占比增加幅度排名前五位,分别增加了 2.17 个、2.15 个、1.98 个、1.94 个和 1.82 个百分点;湖南省、福建省、西藏自治区、贵州省和重庆市增幅处于全国后五位,分别增加了 0.71 个、0.67 个、0.57 个、0.53 个和 0.48 个百分点。

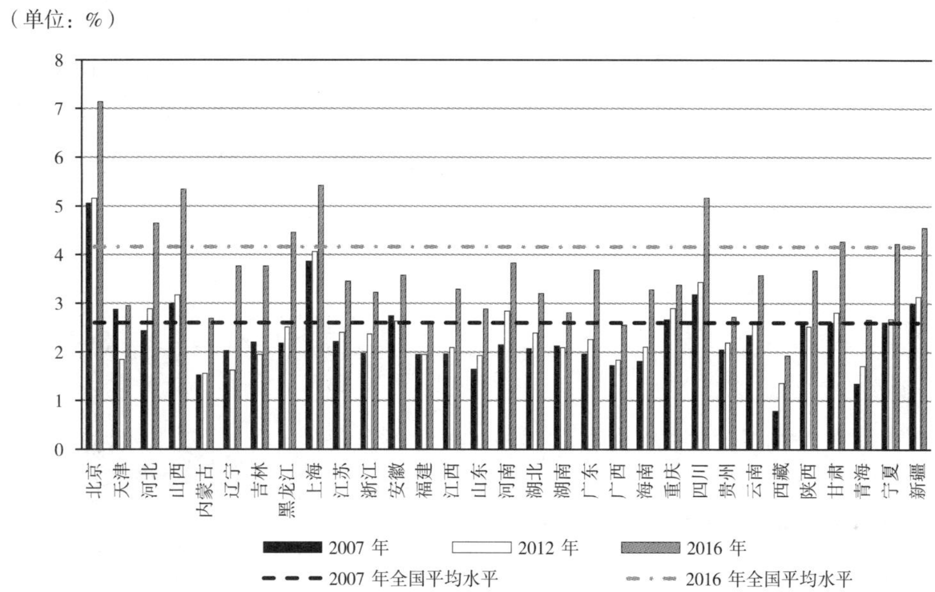

图 1-109　2007、2012、2016 年全国各省(自治区、直辖市)保费收入及占 GDP 比重

资料来源:国家统计局。

十、能源使用效率提高,环境保护得到增强

反映能源与环境的指标主要是 GDP 单位能源消耗、能源使用量、耗电量、二氧化碳排放量、可替代能源和核能等。

(一)国际对比

1. GDP 单位能耗指标

我国 GDP 单位能耗①指标逐年上升。1990 年,我国 1 千克石油当量,只能创造

① GDP 单位能耗是指平均每千克石油当量的能源消耗所产生的按购买力平价计算的 GDP。按 PPP 计算的 GDP 是指采用购买力平价汇率将国内生产总值换算为 2011 年不变价国际元。国际元对 GDP 的购买力相当于美元在美国的购买力。

1.99 美元 GDP。但到 2015 年,1 千克石油当量已经可以创造 5.7 美元 GDP。这说明,我国能源利用效率不断提高。与其他国家比,我国 GDP 单位能耗指标低于德国、日本,和美国、印度及世界平均水平的差距逐渐缩小。

推动绿色发展,提高能源效率。过去,我们采用的是"高投入、高消耗、高污染"的粗放式方式发展经济。这种发展方式在经济起步的时候,发挥了重要的作用。但若从可持续发展来看,粗放式发展方式不具备任何可持续性。因而党的十九大提出要推动绿色发展,包括构建市场导向的绿色技术创新体系,发展绿色金融,壮大节能环保产业、清洁生产产业、清洁能源产业;还包括推进能源生产和消费革命,构建清洁低碳、安全高效的能源体系;同时包括推进资源全面节约和循环利用,实施国家节水行动,降低能耗、物耗,实现生产系统和生活系统循环链接等等。落实这些举措,将有助于提高我国 GDP 单位能耗指标,使我国单位石油当量可创造的 GDP 逐渐向世界平均水平靠拢,甚至向德国、日本等发达国家的水平靠拢。

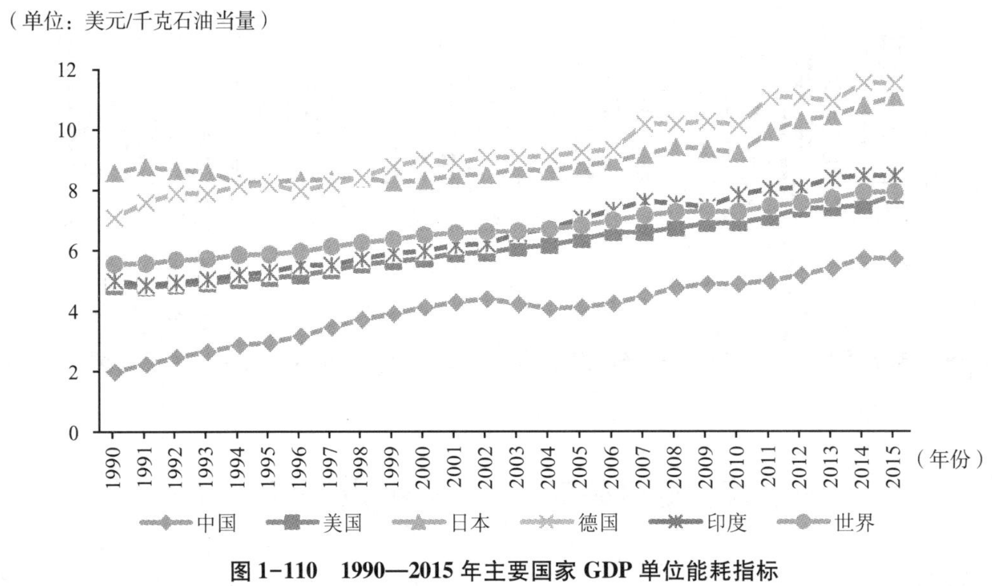

图 1-110　1990—2015 年主要国家 GDP 单位能耗指标

资料来源:世界银行数据库。其中中国、印度和世界 2015 年数值用 2014 年替代。

2. 人均能源使用量

我国人均能源使用量①稳中有升。1978—2001 年,我国人均能源使用量介于 600—1000 千克石油当量之间,增长速度相对平缓。加入世界贸易组织后,我国人均能源使用量较快上升,从 1000 千克石油当量不到,上升至 2014 年的 2237 千克石油当量。

① 能源使用量是指初级能源在转化为其他最终用途的燃料之前的使用量,等于国内产量加上进口量和存量变化,减去出口量和供给从事国际运输的船舶和飞机的燃料用量所得的值。

与其他国家相比，我国人均能源使用量超过印度和巴西，和日本、德国差距越来越小，但和美国的差距还比较大。未来，随着我国人口增速放缓，以及能源使用总量不断上升，人均能源使用量将会进一步增加。

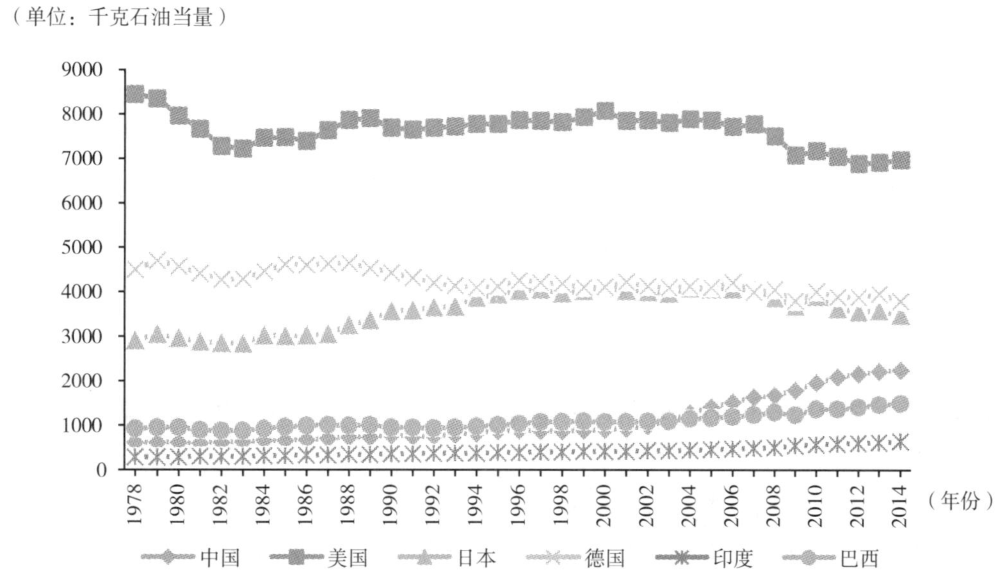

图1-111　1978—2014年主要国家人均能源使用量

资料来源：世界银行数据库。

3. 人均耗电量

我国人均耗电量①稳步上升。与人均能源使用量相一致，加入世界贸易组织之前，我国人均耗电量略高于印度，但距离世界平均水平还有一段差距。自2001年加入世界贸易组织之后，我国人均耗电量开始呈较快增长态势，2011年正式超过世界平均水平。并且，我国人均耗电量与欧盟平均水平的差距越来越小。我国2014年人均耗电量为3927千瓦时，这和同期日本的7820千瓦时、美国的12987千瓦时相比，还有较大的差距。不过，随着经济的不断发展，这一指标也将继续上升，不断缩小和发达国家的差距。

4. 人均二氧化碳排放量

我国人均二氧化碳排放量与欧盟相当。1978年，我国人均二氧化碳排放量只有1.53吨，远低于同期世界平均水平的4.31吨。随着改革开放的不断推进，尤其是加入世界贸易组织后，经济活动较为活跃，二氧化碳排放量有所上升。到2014年，我国人均二氧化碳排放量为7.54吨，而同期世界平均为4.97吨，和欧盟同期的6.38吨差距不大。和美国、日本相比，我国人均二氧化碳排放量并不高。美国2014年人均二氧化碳

① 耗电量用发电厂和热电厂的发电量减去输配电和变电损耗以及热电厂自用电量得出。

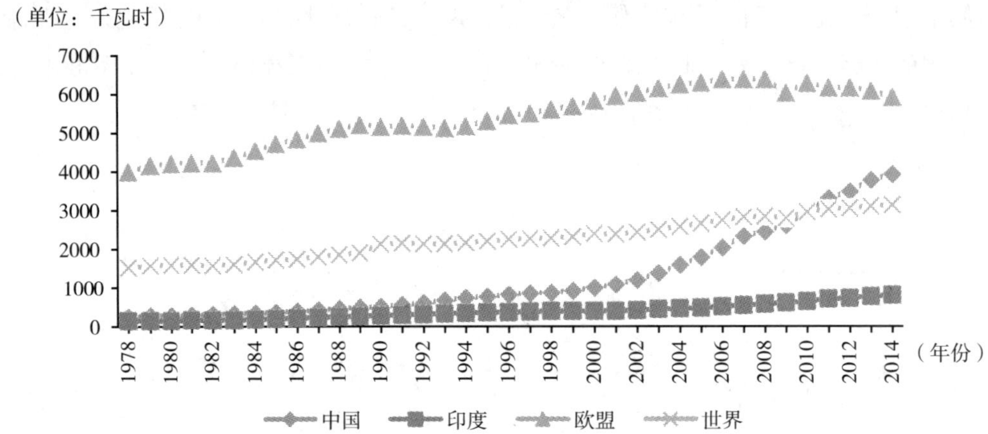

图 1-112　1978—2014 年主要国家人均耗电量

资料来源:世界银行数据库。

排放量是中国的 2 倍多,且一直处于高位。日本也比中国多出 2 个单位,且长期高于欧盟平均水平。

我国将坚持落实《巴黎协定》减排承诺。2017 年 6 月,美国总统特朗普宣布退出《巴黎协定》,给全球减排带来一定阻碍。我国领导人在多个公开场合表示,中国将继续落实协定所作的承诺,坚定不移地推进 2030 年的目标。争取到 2020 年实现碳强度降低 40%—45%的目标,同时中国还将推动“中国气候变化南南合作基金”尽早投入运营,支持其他发展中国家应对气候变化。

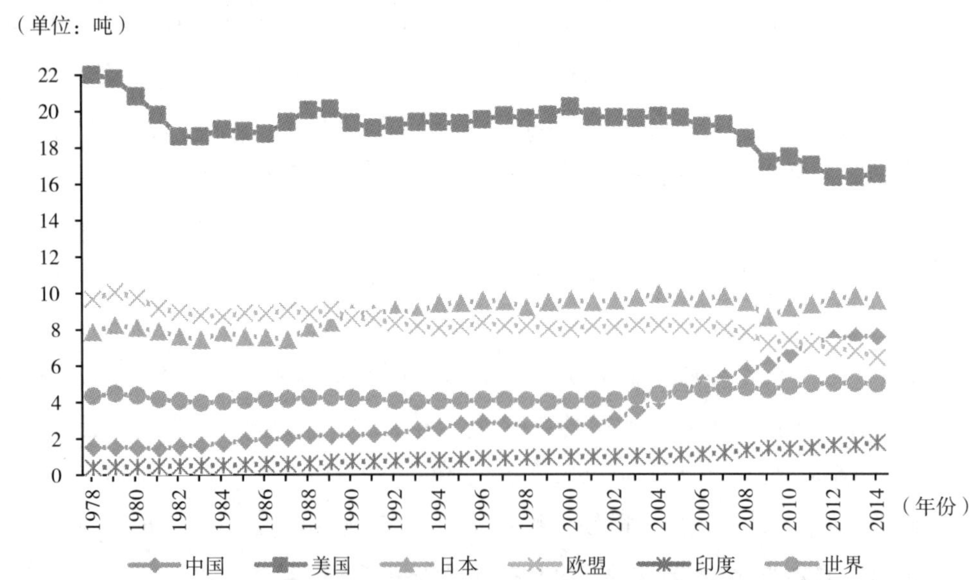

图 1-113　1978—2014 年主要国家人均二氧化碳排放量

资料来源:世界银行数据库。

5. 可替代能源和核能使用占比

我国可替代能源①和核能使用占比稳中有升。1978年，我国可替代能源和核能使用占比不到1%，仅仅为0.65%，而同期印度可替代能源和核能使用占比为2.56%，世界平均水平为4.88%，日本的使用占比更高，为6.6%。到2014年，我国可替代能源和核能使用占比已经达到5.43%，超过印度3.02%的使用比例，与世界平均水平的差距越来越小。虽然较美国的12.11%、德国的19.22%相比，还有较大差距，但随着我国清洁能源使用技术的日趋完善，我国清洁能源的使用占比将有可能进一步提升。

我国能源结构将不断改善。根据《能源发展"十三五"规划》，"十三五"期间，我国非化石能源装机比重将从35%上升至39%，非化石能源发电量比重将从27%上升至31%，非化石能源消费比重将从12%上升至15%，天然气消费比重将从5.9%上升至10%，煤炭消费比重将从64%下降至58%。尤其是要开展煤炭消费减量行动，提升能效环保标准，积极推进钢铁、建材、化工等高耗煤行业节能减排改造。同时，全面实施散煤综合治理，逐步推行天然气、电力、洁净型煤及可再生能源等清洁能源替代。

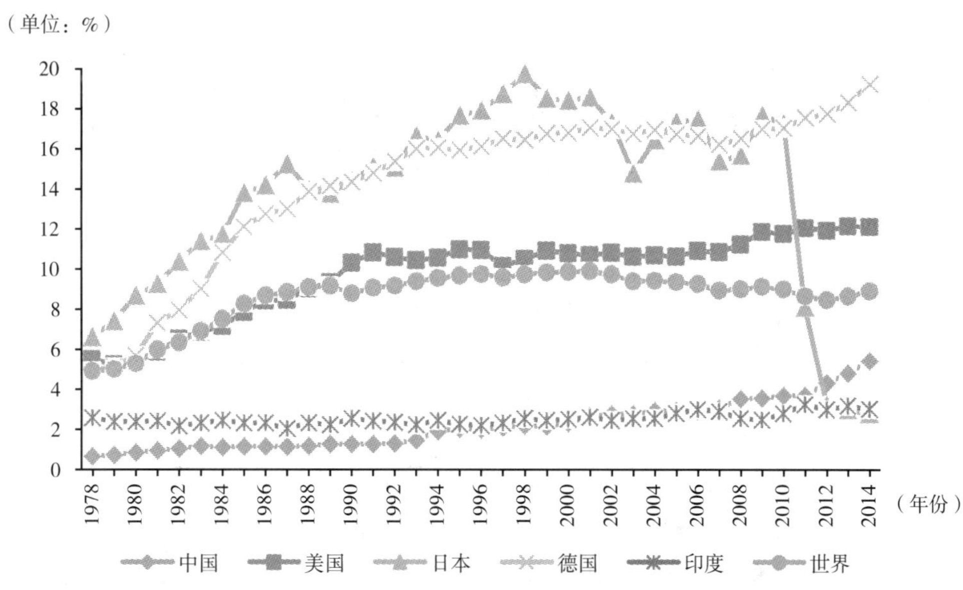

图 1-114 1978—2014年主要国家可替代能源和核能使用占比

资料来源：世界银行数据库。

① 可替代能源属于清洁能源，是在生成过程中不会产生二氧化碳的非碳水化合物能源，包括水能、核能、地热能和太阳能等。

（二）国内比较

1. 单位GDP一般工业固体废物产生量逐渐递减

改革开放以来，随着社会经济的发展，作为主导地位的工业越来越发达，我国工业固体废物排放量呈现快速增长趋势，相应地，工业固体废物的排放带来污染问题也愈来愈引起人们的高度重视。据统计，2016年我国一般工业固体废物产生量为30.92亿吨，较2003年增加了20.88亿吨，增长近2.08倍，年均增速为9.51%。我国单位GDP一般工业固体废物产生量呈现逐步递减趋势。据统计，2016年我国单位GDP一般工业固体废物产生量为0.42吨/万元，较2003年减少0.31吨，降幅为42.47%。我国从国情出发，经过多年的努力，对多数污染严重的老企业特别是大中型企业采取利用资源和能源综合处理、加强污染治理工程的建设，清理整顿、取缔关闭违法企业，采取“区域限批”等措施，从发展源头控制污染，减轻对环境的污染程度，实现达标排放，工业企业固体废物排放治理效率进一步提高。

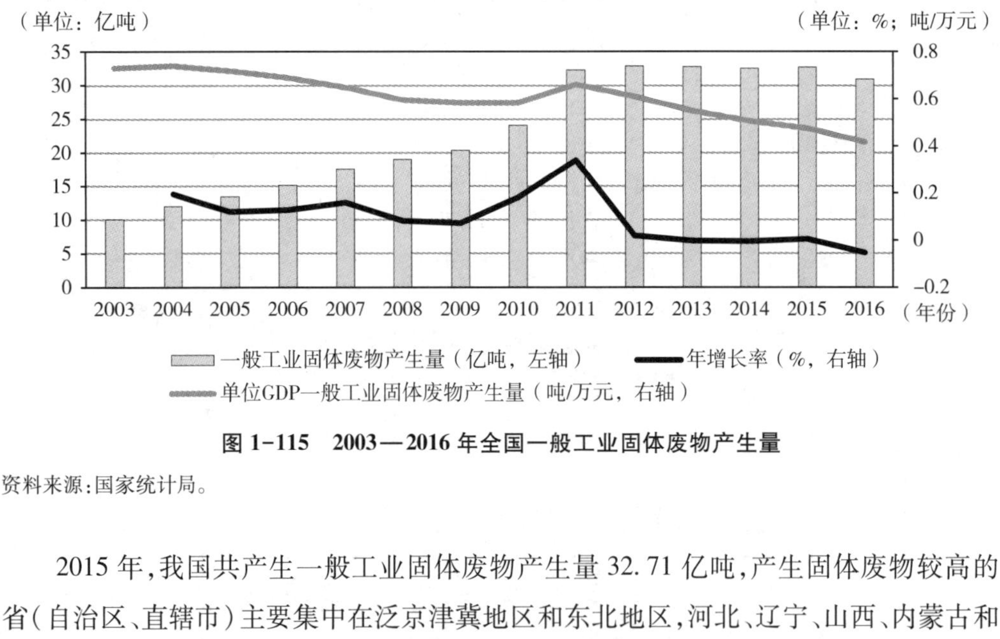

图1-115　2003—2016年全国一般工业固体废物产生量

资料来源：国家统计局。

2015年，我国共产生一般工业固体废物产生量32.71亿吨，产生固体废物较高的省（自治区、直辖市）主要集中在泛京津冀地区和东北地区，河北、辽宁、山西、内蒙古和山东五省区固体废物产生总量合计达到14.61亿吨，占到全国总量的44.67%；北京、海南和西藏的废物产生量最少，仅占全国排放量的0.47%，分别为710.00万吨、422.00万吨和400.00万吨。2015年，全国单位GDP一般工业固体废物产生量为0.72吨/万元，其中9个省（自治区、直辖市）高于全国平均水平，22个地区低于全国平均水平。单位GDP一般工业固体废物产生量主要集中于西北地区和泛京津冀地区，其次是西南地区和东北地区，泛长三角地区和泛珠三角地区占比相对处于较低水平。

2015 年青海省排名第一位,万元 GDP 产生 6.15 吨工业固体废物,远远高于全国其他地区。青海省工业固体废物主要产生于化工、矿产采选、煤炭开采等行业,外加地区生产总值总量较小,导致该项指标值显著偏高;其次是山西、内蒙古、河北、宁夏、辽宁、云南六省区排名第二至第七位,均高于 1 吨/万元,而天津、广东、上海和北京处于最低水平。与 2010 年相比,除了青海、山西、内蒙古、辽宁、新疆和西藏等省份单位 GDP 工业固体废物产生量出现上升外,其他 25 个地区单位固体排放量均出现不同幅度的下降(见图 1-116)。

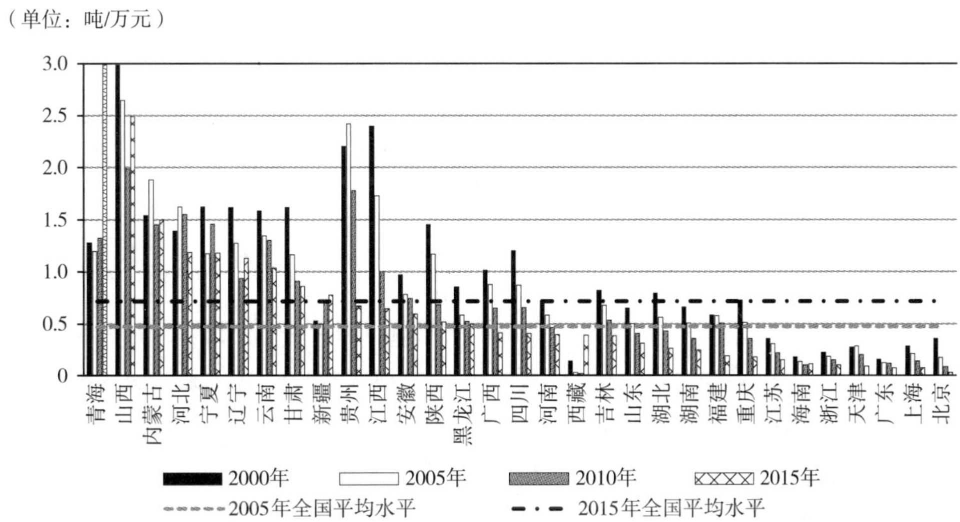

图 1-116　2000—2015 年全国各省(自治区、直辖市)单位 GDP 一般工业固体废物产生量

注:为更好展现图中数据,青海的 2015 年数据为 6.15 吨/万元,山西的 2000 年数据为 4.17 吨/万元。

资料来源:国家统计局。

2. 单位 GDP 能耗逐年降低

改革开放 40 年来,尤其是我国步入经济新常态,我国经济发展逐步从粗放型增长模式向集约型增长模式转变,全国单位国内生产总值能源消耗量逐年降低。2000 年全国单位 GDP 能源消耗量为 1.4655 吨标准煤/万元,2016 年能源消耗量降至 0.5863 吨标准煤/万元,降幅达 59.99%,其中 2000—2006 年降幅较为平缓,为 10.92%,2007—2016 年受国内经济创新驱动的影响,单位 GDP 能源消耗量呈现高效降低,降幅为 49.13%(见图 1-117)。

随着经济步入新常态,为缓解能源压力、应对气候变化、转变发展方式,各地政府和企业积极采取措施降低能源消耗量,单位 GDP 能源消费量逐年降低。2005 年,全国单位 GDP 能源消耗量为 1.3953 吨标准煤/万元,有 16 个省份高于全国平均水平,大多数西北地区、东北地区及少数泛京津冀地区排名靠前,宁夏、贵州、青海、山西和内蒙古名列前五。广东、北京、上海、江苏、浙江该项指标最低。2011 年,全国单位 GDP 能源消

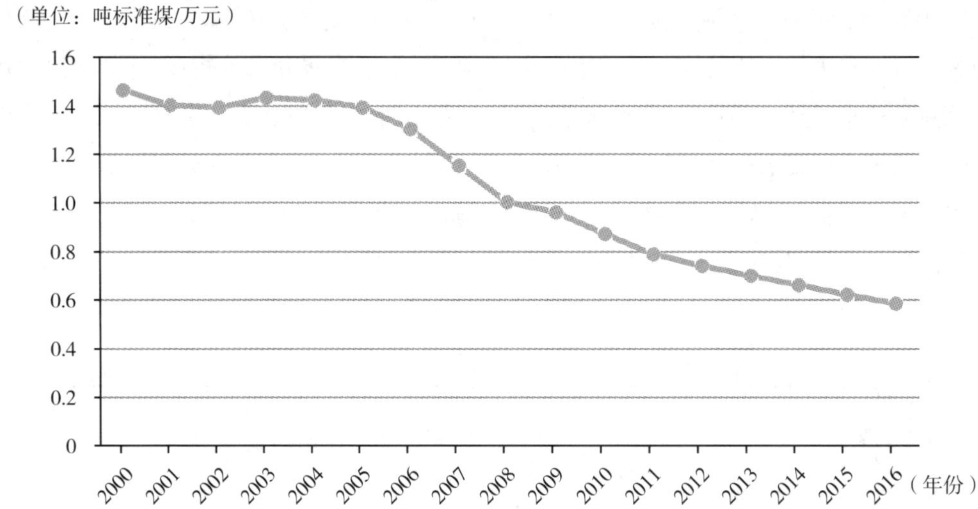

图 1-117　2000—2016 年全国单位国内生产总值能源消耗量

资料来源：国家统计局。

耗量为 0.791 吨标准煤/万元，各省份的能源消耗呈现大幅下降，趋于全国平均水平，其中宁夏、山西和贵州的降幅最高，能源消耗水平较高地区主要处在西北地区和西南地区，仍然以宁夏、甘肃、山西和贵州为主。当前，我国东部地区已进入后工业化阶段，服务业成为经济增长的主导产业，使得单位地区生产总值电力消费量水平较低。但西部地区仍处于工业化中期，经济发展主要依赖高能耗的钢铁、石化能源、电力等重工业的拉动，因此未来将面临更大的能耗和环保压力（见图 1-118）。

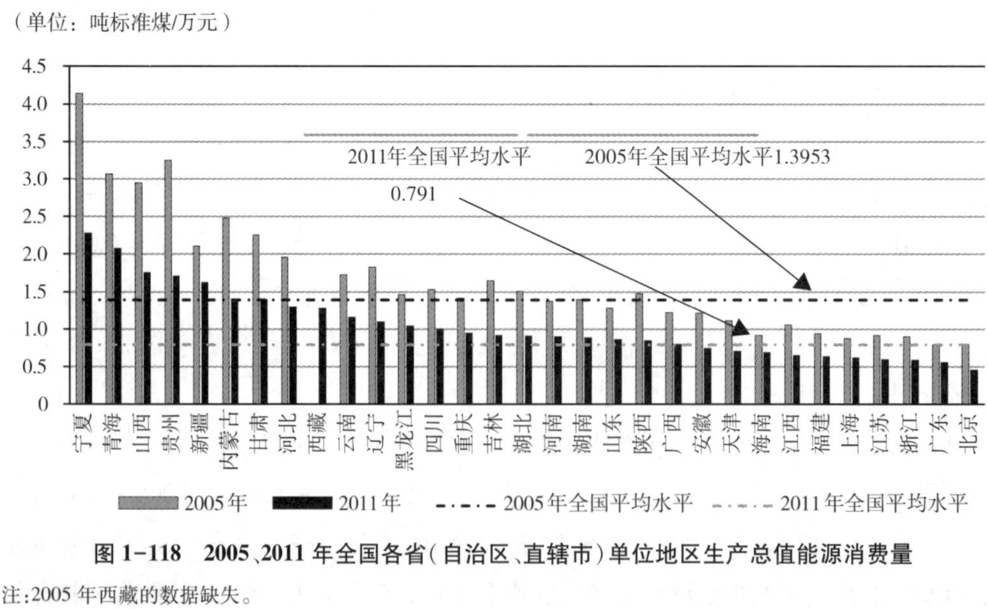

图 1-118　2005、2011 年全国各省（自治区、直辖市）单位地区生产总值能源消费量

注：2005 年西藏的数据缺失。

资料来源：国家统计局。

十一、居民就业情况稳定,国民收入稳步提高

反映就业和收入的指标主要有失业率、劳动力参与率、就业人口的人均GDP、人均国民总收入等。由于人口众多,保障劳动力的充分就业一直是党中央关注的重点问题。从过去40年的实际情况分析,我国的劳动力就业市场运行十分平稳,绝大多数劳动力的就业问题都有所保障。

(一)国际对比

1. 失业率

我国失业率较为平稳,且低于世界主要国家。一方面,我国失业率较为平稳。1991年以来,我国失业率基本处于4%—5%之间。2018年第一季度,我国首次公布调查失业率,1—3月分别为5%、5%、5.1%,调查失业率较此前登记失业率略高。而美国、德国等国家的失业率波动较大,这段时间,美国最高失业率可达9.63%(2010年),德国最高达到11.17%(2005年)。另一方面,我国失业率低于主要新兴经济体。世界平均失业率在5%—6.5%之间,我国失业率明显低于失业平均水平。以2017年我国失业率4.68%为例,俄罗斯失业率为5.17%、阿根廷为8.74%、巴西为12.88%、南非为27.72%。

提高我国的就业质量。保障就业是最大的民生,也是政府实施宏观调控的重要出发点和落脚点。党的十九大对提高我国的就业质量提出了具体要求:一是要坚持就业优先战略和积极就业政策,配合经济高质量发展,同步实现更高质量和更充分就业;二是大规模开展职业技能培训,结构性失业是可以通过合适方式化解的,鼓励以创业带动就业;三是提供全方位公共就业服务,促进高校毕业生等青年群体、农民工多渠道就业创业;四是要破除妨碍劳动力、人才社会性流动的体制机制弊端,使人人都有通过辛勤劳动实现自身发展的机会;五是完善政府、工会、企业共同参与的协商协调机制,构建和谐劳动关系。通过综合施策,保障我国就业市场的稳定和向高质量发展。

2. 劳动力参与率

我国劳动力参与率①呈逐年下降的趋势。1990年,我国劳动力参与率高达79.13%,仅仅比尼泊尔、朝鲜、卢旺达、多哥等经济发展水平不高的几个国家低。此后,我国劳动力参与率一直处于下降趋势,2017年劳动力参与率为68.93%。横向对

① 劳动力参与率是指年龄在15岁及15岁以上的人口中从事经济活动的人口比率。

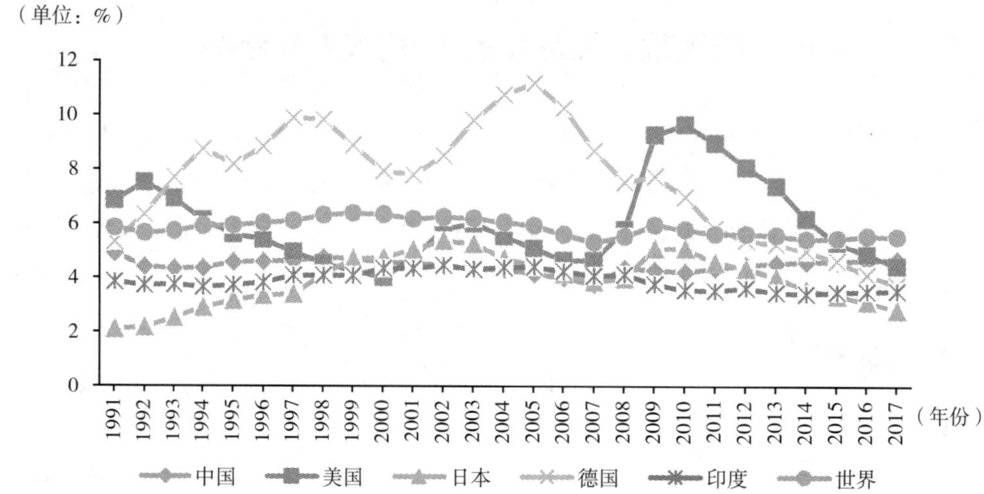

图 1-119　1991—2017 年主要国家失业率

资料来源:世界银行数据库。

比看,虽然比世界平均水平以及美国、日本、欧盟等主要发达国家或地区高,但是之间的差距已经越来越小。分性别看,我国男性劳动力参与率高于女性,女性劳动力参与率与世界平均水平相当,男性劳动力参与率较女性劳动力参与率高出 10—15 个百分点。

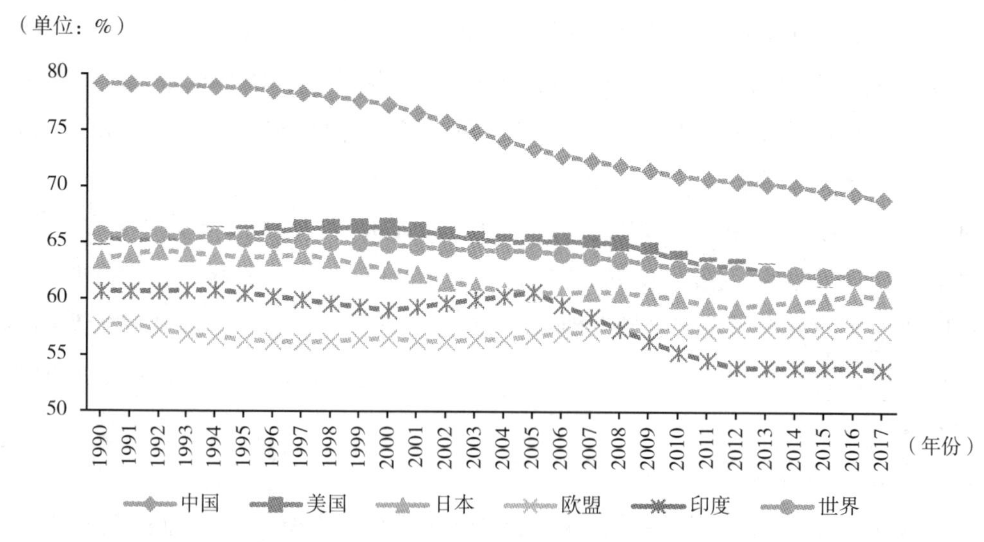

图 1-120　1990—2017 年主要国家劳动力参与率

资料来源:世界银行数据库。

3. 就业人口的人均 GDP

我国就业人口的人均 GDP① 稳中有升。以 2011 年不变价购买力平价计算,我国 1991 年就业人口创造的人均 GDP 只有 0.3 万美元不到。但到 2017 年,这一数值已经达到 2.72 万美元。超过印度,缩小了与世界平均水平的差距。当然,和发达国家或地区比,还有不小差距。2017 年,日本就业人口的人均 GDP 为 7.44 万美元,是中国的 2 倍多;欧盟为 8.18 万美元,是中国的 3 倍多;美国为 11.11 万美元,是中国的 4 倍多。

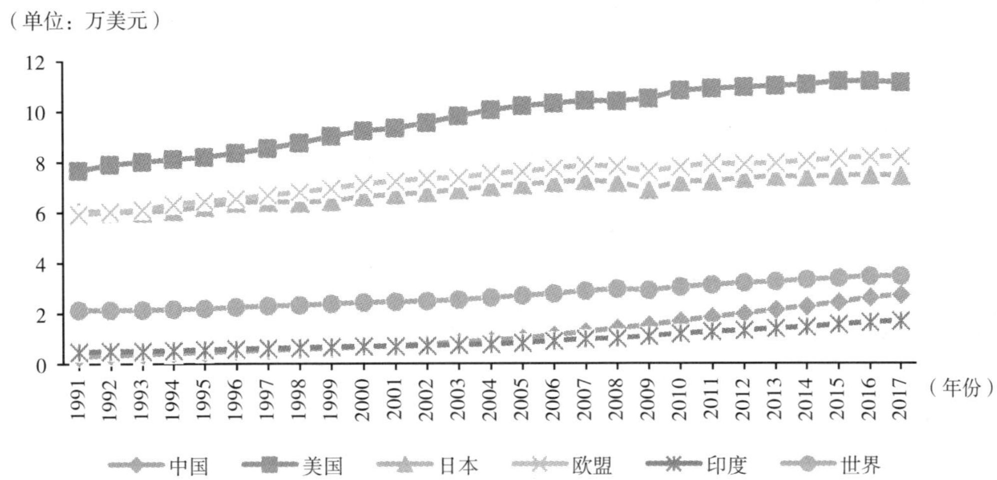

图 1-121 1991—2017 年主要国家就业人口的人均 GDP

资料来源:世界银行数据库。

4. 人均国民总收入

我国的人均国民总收入②增长较快。按购买力平价衡量,1990 年,我国人均国民总收入只有 990 国际元,到 2016 年这一数值已经高达 15470 国际元,增长了近 15 倍。与世界平均水平相比,从不到世界平均水平的 20%,现在已经上升至和世界平均差不多的水平。和"金砖"国家比,目前俄罗斯人均国民总收入增长较快,在"金砖"国家中一枝独秀,中国排在第二位,高于巴西和南非,是印度的 2 倍多。和发达国家比,中国人均国民总收入离美国、日本和欧盟等国家还有一定的差距。随着我国经济实力的不断提

① 就业人口的人均 GDP 是国内生产总值(GDP)除以经济体中的就业人口总数。按购买力平价(PPP)计算的 GDP 是指用购买力平价汇率将 GDP 换算为 1990 年不变价国际元。国际元的购买力与美元在美国的购买力相当。

② 基于购买力平价(PPP)的人均国民总收入(GNI)是指用购买力平价汇率转换为按国际元计算的国民总收入(GNI)。对于 GNI 而言,国际元的购买力与美元在美国的购买力相当。国民总收入(GNI)是指所有居民生产者创造的增加值的总和,加上未统计在估计产值中的任何产品税(减去补贴),再加上境外原始收入的净收益(雇员薪酬和财产收入)。数据以现价国际元计。

高，国家综合实力的不断增强，以及人口增速的放缓，我国人均国民总收入与发达国家的差距势必将越来越小。

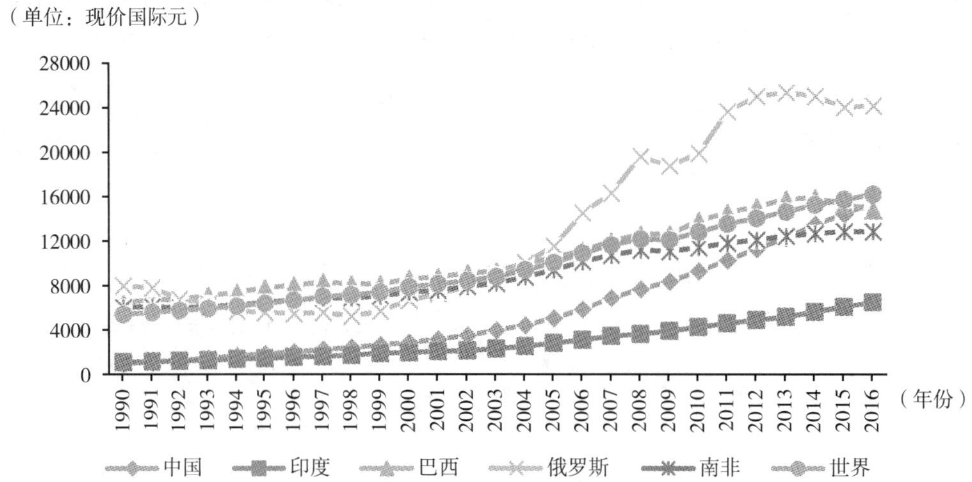

图 1-122　1990—2016 年主要国家人均国民总收入

资料来源：世界银行数据库。

（二）国内比较

1. 就业规模不断增加，失业率呈现“V 型”趋势

改革开放以来，随着积极就业政策的贯彻落实、就业体制的市场化导向、劳动力市场的日臻完善、劳动法制建设步伐的加快、就业服务体系的不断完善，劳动者的合法权益得到进一步保障，就业总量成倍增加，失业率水平呈现先下降后上升的变化趋势。20 世纪 70 年代末，我国国民经济发展缓慢，就业渠道狭窄，知识青年返城达到高峰，城镇劳动力供求矛盾十分尖锐。据统计，1978 年和 1979 年城镇登记失业率分别达到 5. 3% 和 5. 4%，登记失业人数分别达到 530 万人和 568 万人。1980 年中央提出了国家统筹规划下的“三结合”①就业方针，极大地改善了所有制结构和产业结构，城镇就业工作取得了突破性的进展。据统计，1985 年，城镇等级失业率降至 1. 8%，登记失业人员降至 238. 5 万人，创历史新低。随着市场化改革进程的进一步推进，我国失业规模呈现快速增长，失业率水平也有所回升。截至 2017 年，我国城镇等级失业规模为 952. 69 万人，较 1985 年增加了 2. 99 倍，失业率为 3. 9%，较 1985 年增加了 2. 1 个百分点。总体来

① 所谓“三结合”指的是劳动部门介绍就业、志愿组织起来就业和自谋职业相结合的就业方针。“三结合”就业方针不仅解决了当时我国城镇严重的失业问题，也启动了我国劳动就业制度的改革，有力地推动了我国劳动力市场的发育，改变了人们的就业观念，促进了我国集体经济、个体经济和私营经济等多种所有制经济的发展。

看,我国国民经济实现了持续快速增长,1979—2017年,国内生产总值年均增长9.53%;就业体制打破了"统包统配"的僵化模式,建立了市场导向的就业机制,实施了积极就业政策;良好的经济发展环境和积极的就业政策为就业增长提供了有力保障。

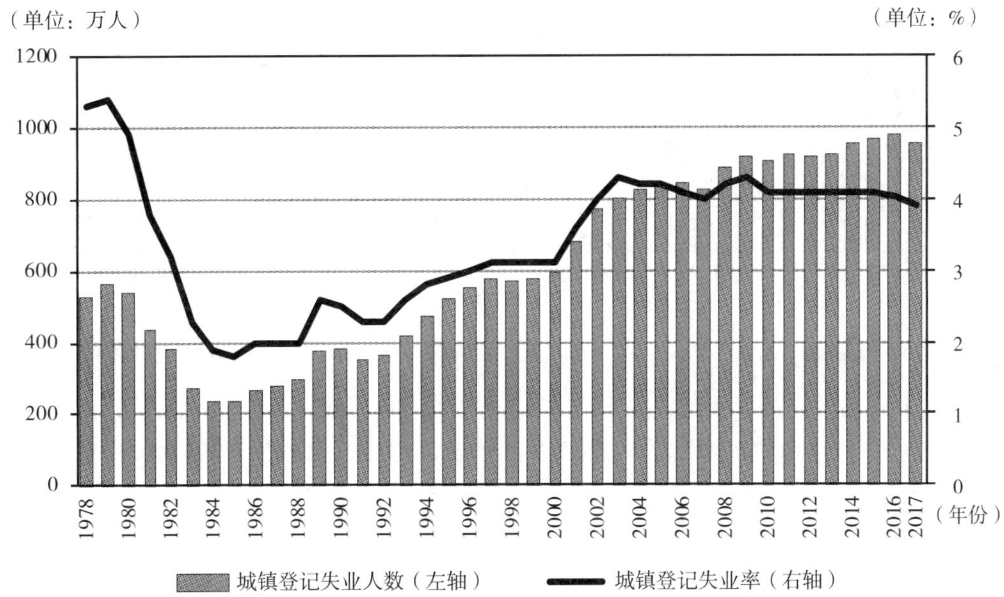

图1-123 1978—2017年全国城镇登记失业人数及失业率水平

资料来源:国家统计局。

城镇登记失业率反映劳动力的就业水平。总体来看,我国就业形势稳中向好,地区就业差异较小,多数地区的失业率水平主要保持在3%—4%之间。2016年全国城镇登记失业率为4.02%。分地区看,泛珠三角地区和西北地区的失业率水平普遍较低。四川、湖南、黑龙江和上海四省市高于全国平均水平,其中四川、湖南和黑龙江三省均为4.2%,上海为4.1%。其余27个地区的城镇登记失业率均低于全国平均水平,其中有18个地区集中在3%—4%之间,另外9个地区在3%以下,北京地区失业率为全国最低水平,为1.4%。2016年我国就业形势稳中向好,城镇登记失业率与2015年持平,继续维持在较低的水平。分地区看,有17个省(自治区、直辖市)比上年有所上升,分别为四川、湖南、福建、辽宁、重庆、河北、山西、山东、新疆、西藏、安徽、海南、甘肃、河南、北京、广东、广西,有9个省(自治区、直辖市)有所下降,分别为云南、黑龙江、湖北、青海、宁夏、陕西、浙江、贵州、吉林,有5个省(自治区、直辖市)与去年持平,分别为天津、内蒙古、上海、江苏、江西。上升的地区中,辽宁省上升了0.4个百分点,排名第一。下降的地区中,云南和黑龙江的降幅明显,分别下降了0.4个和0.3个百分点。

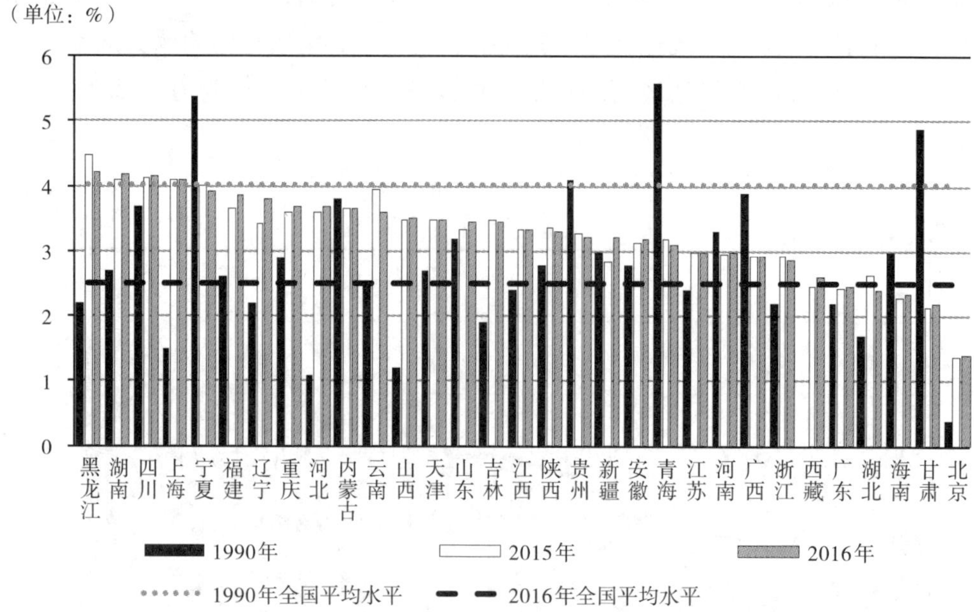

图 1-124 1990、2015、2016 年全国各省(自治区、直辖市)城镇登记失业率水平

资料来源:国家统计局。

2. 适龄劳动力人口比重呈现"倒 V 型"趋势

改革开放 40 年来,我国大量农村闲置劳动力向城市转移,为我国经济快速发展提供了丰富而又相对低廉的劳动力资源。随着经济发展需求和计划生育政策的贯彻执行,我国人口结构、就业结构和适龄劳动力(15—64 岁)人口比重都发生了明显变化。整体来看,我国适龄劳动力人口占总人口比重以 2010 年为分水岭,出现巨大转折。在 2000 年至 2010 年,我国适龄劳动力人口占总人口的比重呈现上升趋势,由 70.2%上升至 74.5%,增加了 4.3 个百分点;在 2010 年至 2016 年,我国适龄劳动力人口占总人口的比重呈现下降趋势,由 74.5%降至 72.5%,下降了 2 个百分点。根据国家统计局公布的数据显示,2012 年我国 15—59 岁适龄劳动力年龄人口在相当长时期里第一次出现了绝对下降,比上年减少 345 万人。这意味着中国人口红利消失的拐点已在 2012 年出现,将对经济增长产生显著影响。

适龄劳动力人口地区分布不均,东部地区普遍较高,中西部地区相对较低。分地区看,2016 年,全国有 26 个省(自治区、直辖市)适龄劳动力人口比重在 70%至 80%之间,东北地区、泛京津冀地区和泛长三角地区的比重普遍较高,其中黑龙江、内蒙古、天津、北京、上海、吉林、辽宁、山西、广东、浙江等居全国前十位,适龄劳动力人口比重均高于 75%;泛珠三角地区多数省份适龄劳动力人口比重普遍较低,其中湖南、江西、河南、广西和贵州处于全国后五位,均低于 70%。与 2011 年相比,2016 年我国适龄劳动力人口

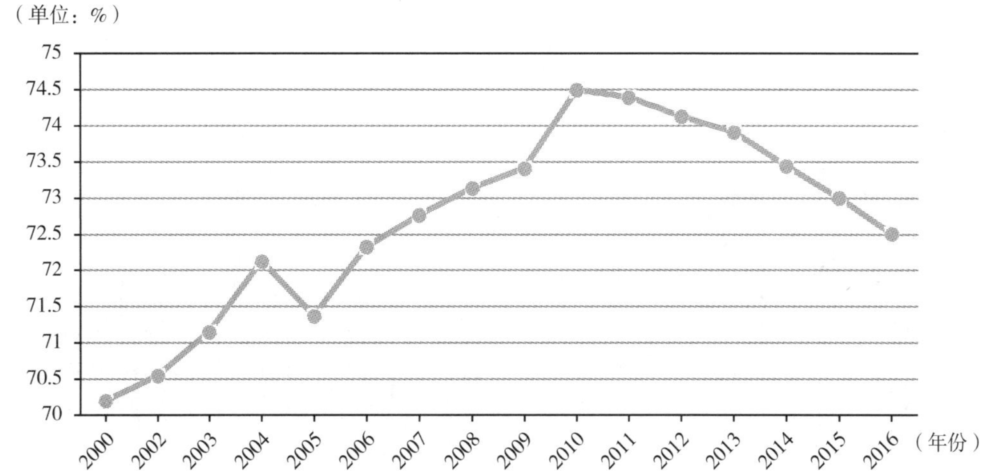

图 1-125　2000—2016 年全国适龄劳动力(15—64 岁)人口占总人口比重

资料来源:国家统计局。

比重下降了 1. 9 个百分点;2016 年全国有 29 个省(自治区、直辖市)适龄劳动力人口比重出现不同程度的下降。东部经济发达地区降幅明显,全国降幅最大的五个省市为上海、北京、福建、河北、江苏,分别下降 6. 48 个、5. 05 个、4. 81 个、3. 60 个和 3. 43 个百分点。从全国大部分地区适龄劳动人口比重持续下降的情况可以看出,现阶段我国劳动力供给已经越过顶峰出现下降趋势,过去拉动经济增长的重要因素人口红利正在消失,未来我国经济发展将会更加依靠资本和技术。

3. 平均工资水平逐年稳步提升

近年来,在经济运行缓中趋稳、稳中向好以及“两个同步增长和提高两个比重”的政策背景下,我国的工资水平逐年提高,全国城镇单位就业人员平均工资继续稳步增长。2016 年,全国城镇单位就业人员工资总额为 120074. 8 亿元,较 2000 年增加了近 10 倍,年均增速为 16. 29%;全国城镇单位就业人员平均工资为 67569 元,较 2000 年增加了 6. 24 倍,年均增速为 13. 21%。

地区平均工资水平相对均衡,除了北上广地区和西藏。2016 年,除了上海、北京和西藏三地平均工资超过 10 万元,分别为 12. 0 万元、12. 0 万元和 10. 3 万元,领先全国其他省(自治区、直辖市);其次是天津、浙江、广东和江苏四省(自治区、直辖市)分列四至七位,分别为 8. 6 万元、7. 3 万元、7. 2 万元和 7. 1 万元;其他地区的平均工资水平主要集中于 5 万至 7 万元左右,其中有 11 个省(自治区、直辖市)分布在 6 万至 7 万元之间,有 12 个省(自治区、直辖市)分布在 5 万至 6 万元之间;仅河南平均工资水平低于 5 万元,为 4. 9 万元。整体来看,经济发达地区的京津冀地区、长三角地区和珠三角地区,平均工资水平明显优于其他地区,如北京和上海作为全国经济最发达地区,平均工资水平

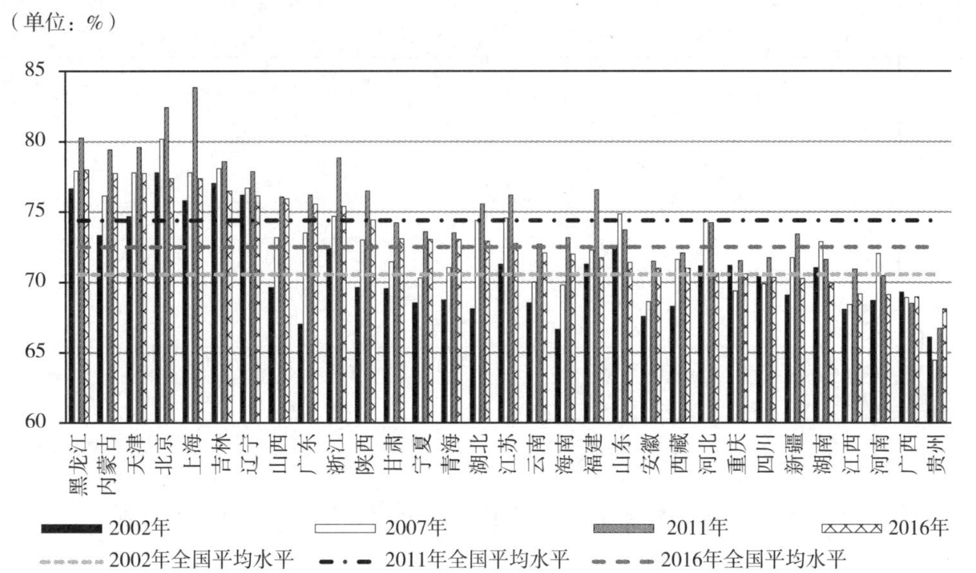

图 1-126　2002—2016 年全国各省（自治区、直辖市）适龄劳动力人口比重

资料来源：国家统计局。

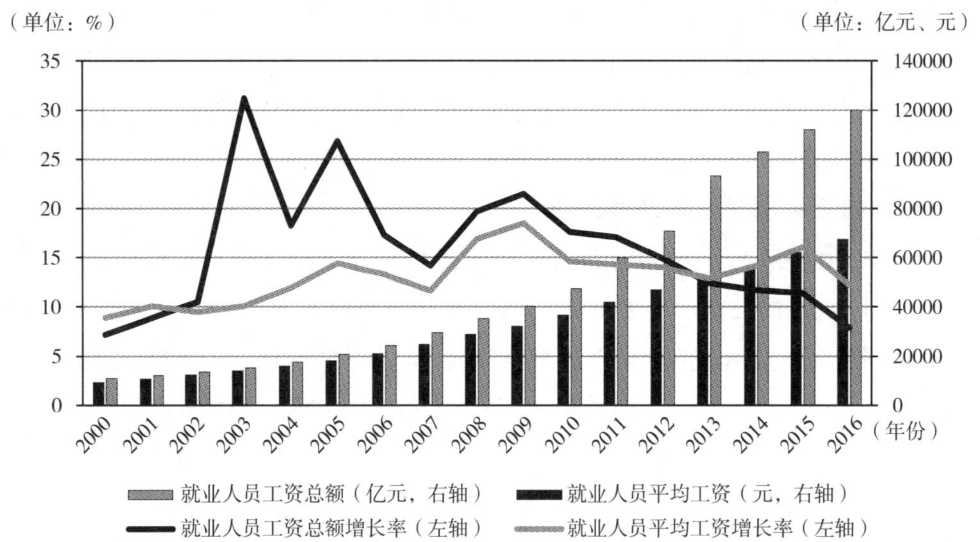

图 1-127　2000—2016 年全国城镇单位就业人员工资总额和平均工资水平及相应增长率

资料来源：国家统计局。

是河南等地区的两倍多，较高的工资待遇成为吸引劳动力向该地区流动的重要原因之一；另外，东北地区的平均工资水平相对较低，分别为辽宁省 5.6 万元、吉林省 5.61 万元和黑龙江省 5.24 万元。与 2011 年相比，2016 年全国平均工资水平提高了 25770 元，涨幅为 61.65%，各地区工资水平也实现了大幅增长，16 个省（自治区、直辖市)的涨幅高于全国平均水平,其中西藏、贵州、甘肃、云南和广西工资水平增速较高,分别为108.7%、83.59%、79.41%、77.77%和75.22%;安徽、内蒙古、河南、辽宁和山西的工资水平增速相对较低,分别为50.19%、48.52%、47.19%、46.81%和36.9%。

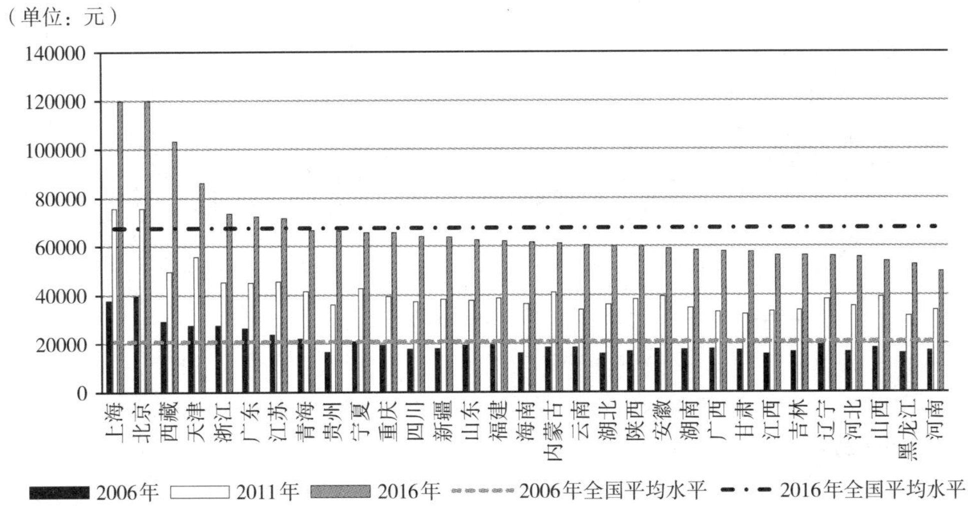

图1-128　2006、2011、2016年全国各省(自治区、直辖市)就业人员平均工资水平

资料来源:国家统计局。

4. 最低工资水平不断提升

最低工资标准是指劳动者在法定工作时间或依法签订的劳动合同约定的工作时间内提供了正常劳动的前提下,用人单位依法应支付的最低劳动报酬。总体来看,全国各省(自治区、直辖市)的最低工资标准均呈现增长态势,截至2017年全国最低工资标准的平均值为1692.42元,较2005年的484.55元,增加了1207.87元,增幅为2.49倍。其中2005年至2011年增加了528.03元,2011年至2017年增加了679.84元,两者相比较,我国工资增长绝对量在不断增加。

最低工资水平的区域分布与平均工资水平基本一致,呈现"东高西低"的总体分布态势。中西部地区由于经济欠发达、生活成本较低,其最低工资水平与东部地区存在较大差距。2017年,全国各省(自治区、直辖市)的最低工资水平有13个地区高于全国平均水平,18个地区低于全国平均水平。泛京津冀地区、泛长三角地区和泛珠三角地区多数省份最低工资水平普遍较高。上海、天津、浙江、北京和广东排名全国前五位,月最低工资分别为2300元、2050元、2010元、2000元和1895元。青海、四川、海南、广西和西藏排名在最后五位,月最低工资分别为1500元、1500元、1430元、1400元和1400元。

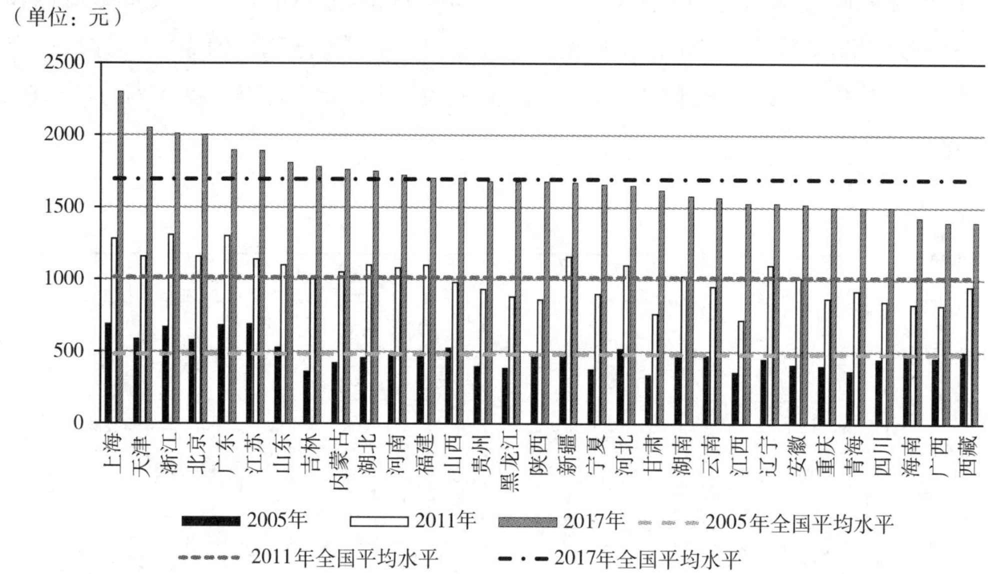

图 1-129　2005、2011 和 2017 年全国各省(自治区、直辖市)就业人员最低工资标准①

资料来源:国家统计局。

十二、研发投入逐年增长,科技创新推陈出新

反映知识与创新的指标主要有研发支出、高科技出口、R&D 研究人员、专利申请量等。改革开放以来,为确保国家科技发展战略和各项科技发展计划的顺利实施,我国对科技事业的投入力度不断增强,科技经费投入大幅增长,科技队伍不断发展壮大,为各项科技活动的蓬勃开展和大批科技成果的涌现创造了良好条件。

(一)国际对比

1. 研发投入

我国研发投入占 GDP 比重呈增长态势。1996 年,我国研发投入占比仅为 0.56%,远远低于世界平均水平的 1.97%,更低于主要的发达国家或地区。到 2016 年,我国研发投入已经超过欧盟平均水平,与世界平均水平相当,和发达国家的差距越变越小。

创新是我国发展的重要理念。党中央提出"创新、协调、绿色、开放、共享"五大发展理念,其中创新排在首位。科学技术是第一生产力,创新是引领发展的第一动力。党

① 本书以省会城市的最低标准第一档作为该省水平。

的十九大指出加快建设创新型国家的举措，包括：一是加强基础研究，实现基础研究、原创成果的重大突破；二是加强应用研究，加强关键核心技术攻关，为建设科技强国、质量强国、航天强国、网络强国、交通强国、数字中国、智慧社会提供有力支撑；三是建设国家创新体系，强化战略科技力量。同时，为创新提供制度保障，比如深化科技体制改革，建立以企业为主体、市场为导向、产学研深度融合的技术创新体系，支持中小企业创新，促进科技成果转化；再比如倡导创新文化，强化知识产权创造、保护、运用，培养造就一大批具有国际水平的战略科技人才、科技领军人才、青年科技人才和高水平创新团队等等。

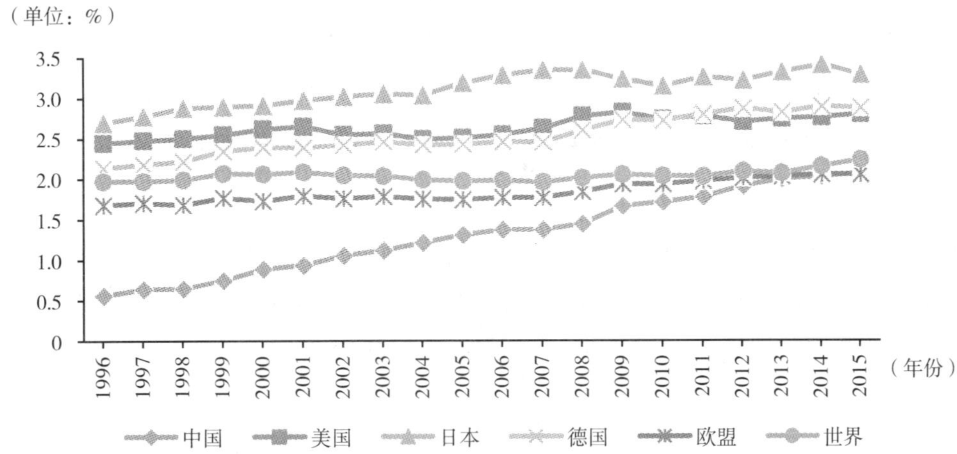

图 1-130　1996—2015 年主要国家研发投入占 GDP 比重

资料来源：世界银行数据库。

2. 高科技出口

我国高科技出口占制成品出口比重①居于世界前列。加入世界贸易组织之前，我国高科技出口占制成品出口比重处于上升态势。加入世界贸易组织后，我国高科技出口占制成品出口比重处于相对稳定的区间，大约是 20%—30%。与其他国家对比，目前我国高科技出口占制成品出口比重高于印度等新兴经济体，也高于世界平均水平，更高于美国、日本、德国等发达国家。

高科技出口含金量有待进一步提升。仅从数据上看，我国目前高科技出口确实处于世界领先的地位。但如果从结构或者产品科技含金量来看，多为加工贸易，自主研发出口的高科技产品不是很多。未来应加强自主研发，迈向全球产业链的中高端。

3. R&D 研究人员

我国每百万人中 R&D 研究人员的数量稳步达到世界平均水平。1996 年，我国每

① 高科技出口产品是指具有高研发强度的产品，例如航空航天、计算机、医药、科学仪器、电气机械。

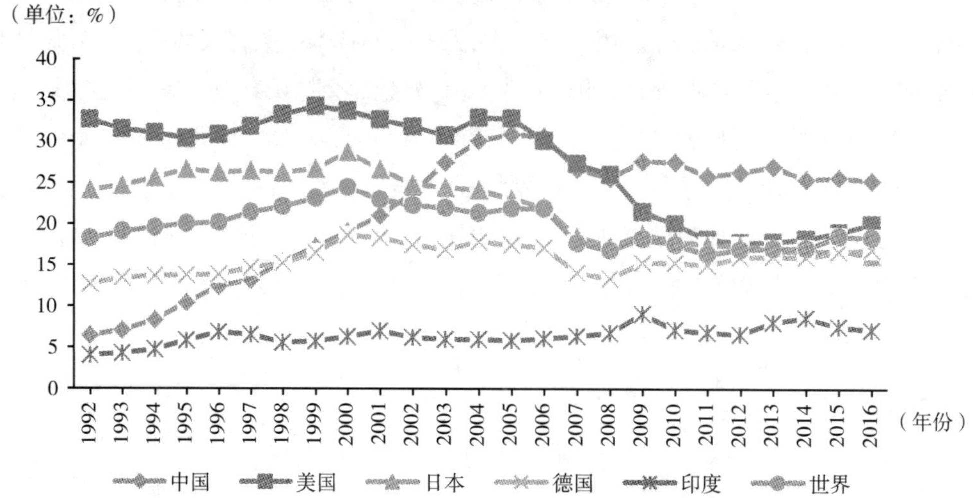

图 1-131　1992—2016 年主要国家高科技出口占制成品出口比重

资料来源：世界银行数据库。

百万人中 R&D 研究人员数量不到世界平均水平的 60%。但到 2015 年，已经超过世界平均水平。和发达国家比，我国每百万人中 R&D 研究人员数量尚有不足，但随着高等教育不断普及，研究生教育不断深化，我国每百万人中 R&D 研究人员数量将逐步向发达国家水平靠拢。

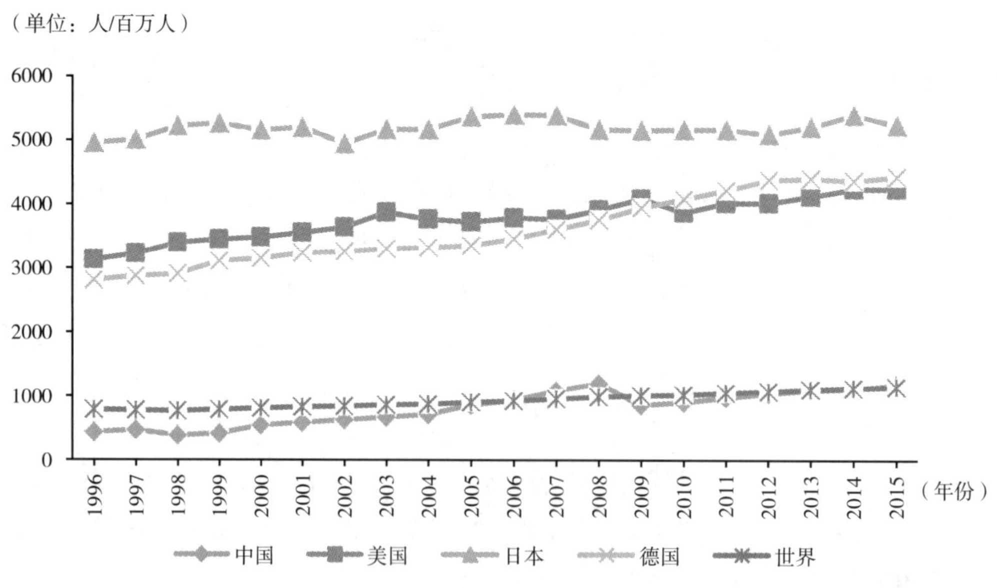

图 1-132　1996—2015 年主要国家 R&D 研究人员数量

资料来源：世界银行数据库。

4. 专利申请量

我国专利申请[①]量（居民）出现“爆炸式”增长。1985年，我国专利申请量仅有4065件，占世界专利申请量比重不到1%。到2016年，我国专利申请量高达120.5万件，占世界比重达到56.58%。三十多年间，专利申请量增长了295倍多。与发达国家比，2016年美国专利申请量占世界比重为13.87%、日本为12.22%、韩国为7.67%、德国为2.28%，中国占据了居民专利申请量的一半多。

完善知识产权制度。党的十九大指出，“经济体制改革必须以完善产权制度和要素市场化配置为重点”，突出了产权制度在经济体制改革中的重要地位。《中共中央国务院关于完善产权保护制度依法保护产权的意见》中指出，要加大知识产权保护力度。具体来说：一是惩罚性措施，包括加大知识产权侵权行为惩治力度，提高知识产权侵权法定赔偿上限，探索建立对专利权、著作权等知识产权侵权惩罚性赔偿制度，对情节严重的恶意侵权行为实施惩罚性赔偿，并由侵权人承担权利人为制止侵权行为所支付的合理开支，提高知识产权侵权成本；二是公示性措施，比如建立收集假冒产品来源地信息工作机制，将故意侵犯知识产权行为情况纳入企业和个人信用记录，进一步推进侵犯知识产权行政处罚案件信息公开；三是执法性措施，完善知识产权审判工作机制，积极发挥知识产权法院作用，推进知识产权民事、刑事、行政案件审判“三审合一”，加强知识产权行政执法与刑事司法的衔接，加大知识产权司法保护力度。当然，还有一些其他相关规定，通过完善知识产权保护，促进我国创新。

（二）国内比较

1. 创新投入力度加大

随着市场化改革进一步深化，创新驱动在经济发展中发挥着更为重要的作用，我国的R&D经费投入力度不断加大。截至2016年，我国R&D经费投入达到15676.75亿元，较1995年的348.69亿元增长了43.96倍，年均增速为20.04%。从测算的结果看，2016年中国创新指数为181.2，比上年增长5.7%，呈现稳步提升态势；四个创新分领域21个指标中，有17个指标比2015年有所提高或持平，其中4个指标增速达到两位数以上。全国R&D经费支出占GDP比重保持快速增长，由1995年的0.57%提升至2016年的2.11%，增加了1.54个百分点。

分地区来看，东部地区的三大经济圈（泛京津冀地区、泛珠三角地区和泛长三角地区）多数省份的规模以上工业企业R&D经费支出普遍较高，东北地区的处于中等水

① 专利申请是指在世界范围通过《专利合作条约》程序或向国家专利部门提交的专利申请，目的是对一项发明（即提供一种新的做事方法或对某个问题提供一种新的技术解决方案的产品或程序）拥有专有权。专利权在有限的期限内为专利所有者的发明提供保护，一般为20年。

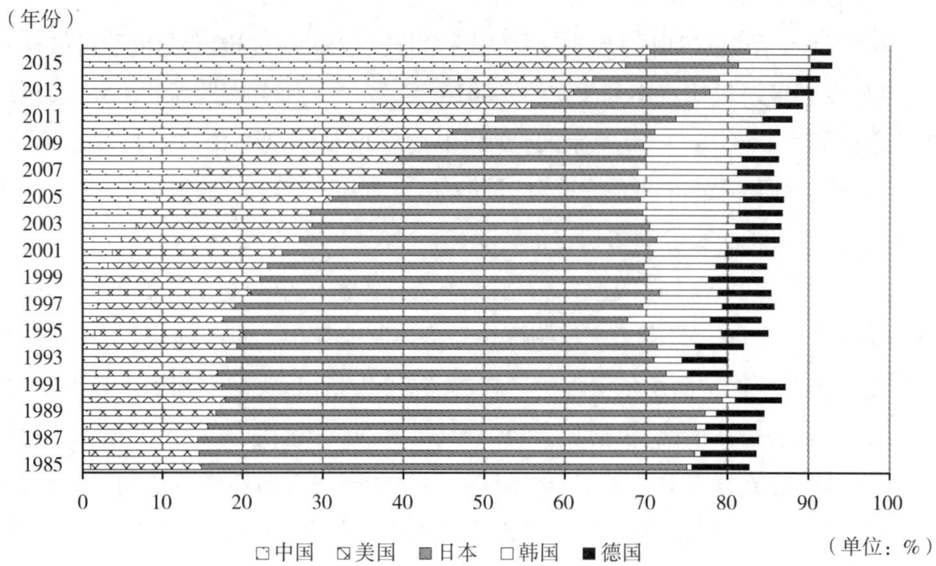

图 1-133　1985—2015 年主要国家居民专利申请量占世界比重

资料来源：世界银行数据库。

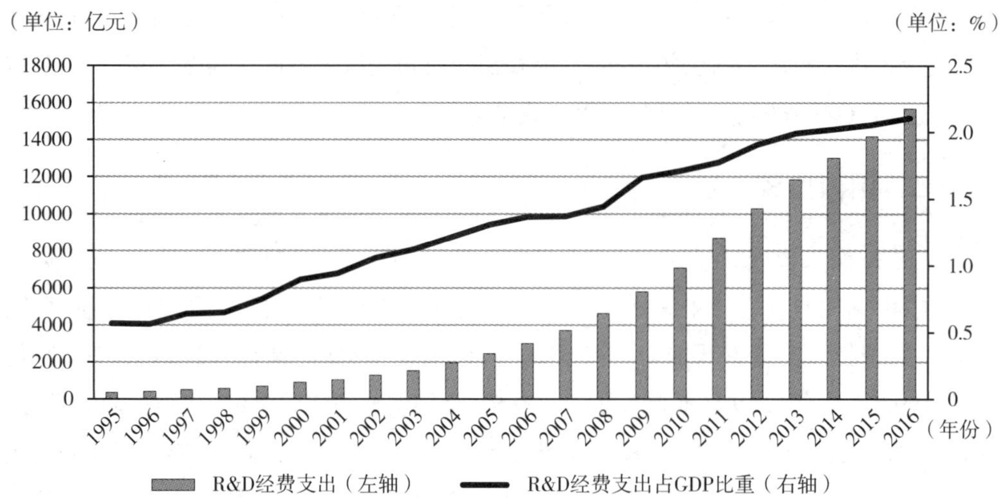

图 1-134　1995—2016 年全国 R&D 经费支出及占 GDP 比重

资料来源：国家统计局。

平，西北地区和西南地区的多数省份规模以上工业企业 R&D 经费支出普遍较低。2016 年，全国各省份的规模以上工业企业 R&D 经费支出有 10 个地区超过全国平均水平，均为东部地区省份，其中广东、江苏、山东和浙江等四个省份位居全国前四名，分别为 1676.27 亿元、1657.54 亿元、1415.0 亿元和 935.79 亿元。2016 年，全国规模以上工业企业 R&D 经费支出占 GDP 比重为 1.03%，较 2008 年增加了 0.33 个百分点。全国规模以上工业企业 R&D 经费支出占 GDP 比重“东高西低”特征明显，全国有 12 个地区高于全国平均水平，19 个地区低于全国平均水平，其中有 11 个省市比重不足 0.5%，除海南和黑龙江外其余全部为西部省市。江苏、山东和广东三省处于全国绝对领先地位，这与该地区的工业发展规模和集中大量高新技术企业、大量高校、科研机构密切相关。

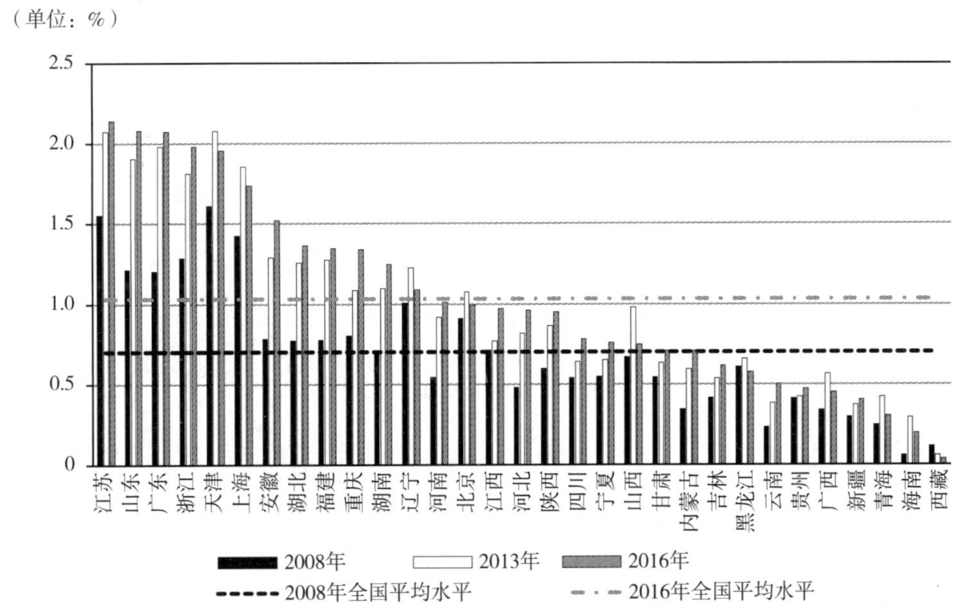

图 1-135　2008、2013、2016 年全国各省（自治区、直辖市）规模以上工业企业 R&D 经费支出占 GDP 比重

资料来源：国家统计局。

2. 创新技术人才不断壮大

我国科技人力投入不断增加，科技研发人员的水平与素质不断提高，逐步形成了一支具有较大规模和较高水平的科技人才队伍。改革开放以来，我国高新技术企业从无到有不断地发展壮大，高新技术企业年末从业人员也呈现快速增长。截至 2016 年，我国高新技术企业年末从业人员为 2360.7 万人，较 1996 年的 214.2 万人增长 10.02 倍，年均增速为 13.44%。创新技术企业从业人员的不断提升，对于创新能力和创新质量稳步提升起到了重要作用，对于落实我国创新驱动发展战略和“大众创业、万众创新”战略打下了坚实的人才保障，继续推进创新体系不断完善和创新型国家的建设。

高新技术企业人员区域分布存在巨大差距。东部地区的经济发达，有充足的科研、技术研发人才，其中广东、江苏、浙江、北京、上海和山东总量较大，形成沿海第一梯队，2016 年高新技术企业从业人员分别为 455.37 万人、293.32 万人、193.78 万人、193.39 万人、142.37 万人和 135.17 万人，6 省总和为 1413.4 万人，占到全国总量的 59.87%；22 个省（自治区、直辖市）高新技术企业从业人员在 5 万至 100 万人之间；3 个省（自治

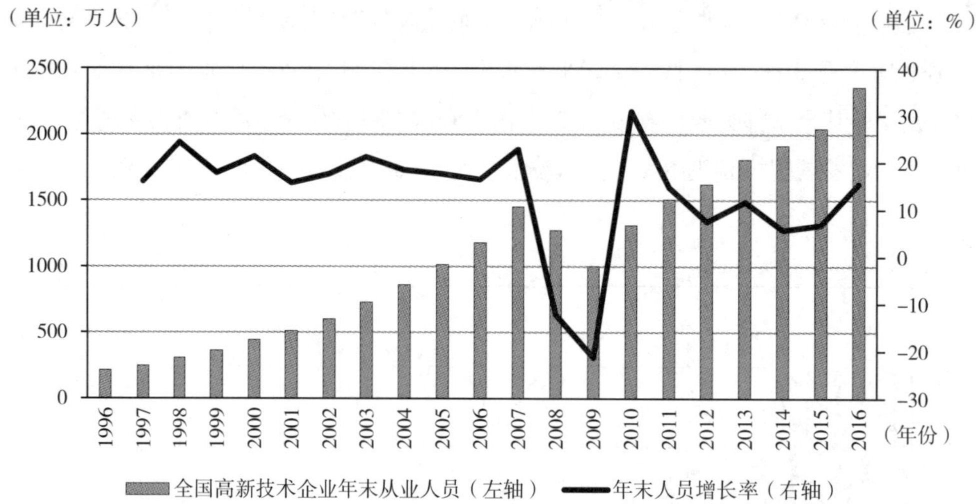

图 1-136　1996—2016 年全国高新技术企业年末从业人员及其增长率

注：为更好体现图的数据，2007 年处于溢出状态，为 14522 万人。

资料来源：WIND，国家统计局。

区、直辖市）低于 5 万人，其中海南、宁夏和西藏排名最后三位，分别为 4.23 万人、3.33 万人和 0.83 万人，占全国比重仅为 0.36%。近年来，全国各地区高新技术企业从业人员增速明显加快。较 2013 年，2016 年全国各省份高新技术企业人员增速中西部地区较快，尤其是西南地区和西北地区，居前三位的是江西、重庆和广东，分别为 75%、74%和 55%。

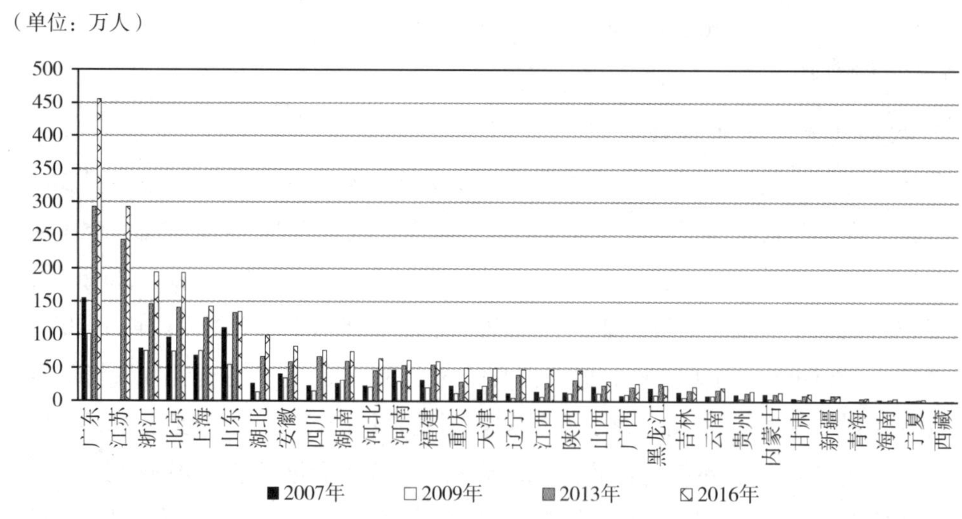

图 1-137　2007—2016 年全国各省（自治区、直辖市）高新技术企业年末从业人员

资料来源：国家统计局、Wind。

3. 创新产出能力稳步提升

专利授权量能够反映一个国家的科技实力。改革开放以来，我国创新产出成果丰硕,专利授权量出现了快速增长,由 1995 年的 45064 项增至 2016 年的 1753763 项,较 1995 年增长了近 38 倍,年均增速为 19.98%(见图 1-138)。我国专利授权量以实用新型专利为主,而发明专利和外观设计专利相对较少。创新质量持续提升,据统计,1995 年发明专利、实用新型专利和外观设计专利占比分别为 7.53%、67.62%和 24.85%,2016 年三者占比分别为 23.05%、51.51%和 25.44%。总体来看,实用新型专利的占比有所降低,而发明专利的占比提升较快,1995 年至 2016 年提升了近 15.52 个百分点,外观设计专利有小幅提升,仅仅增幅 0.59 个百分点。

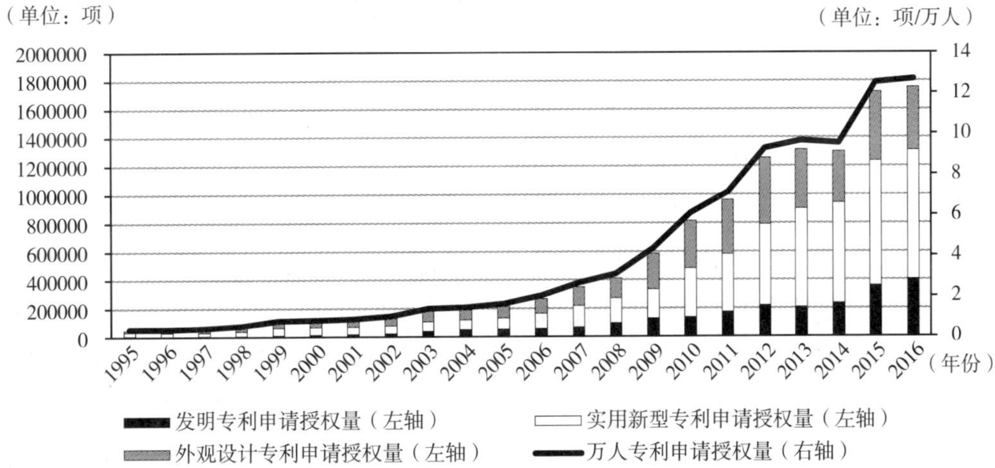

图 1-138　1995—2016 年全国专利申请授权量及万人专利申请授权量

资料来源:国家统计局。

2016 年,我国专利授权量总计为 1629 万项,专利授权量的地区分布格局与 R&D 经费、R&D 人员全时当量基本一致,授权量高的地区主要集中在东部沿海。泛京津冀地区、泛长三角地区和泛珠三角地区多数省份的授权量普遍较高。2016 年,广东、江苏、浙江、北京、山东、福建和上海等省市位列全国前七,其中广东、江苏和浙江三个经济发达地区居全国前三位,分别为 25.9 万项、23.1 万项和 22.1 万项,三省专利总和占到全国专利授权量的 43.7%,显示出强大的研发能力。2016 年我国万人专利授权量为 12.68 项,仅有 8 个地区超过全国平均水平,分别为北京、浙江、江苏、上海、天津、广东、福建和重庆,主要集中于东部地区的泛京津冀地区、泛长三角地区和泛珠三角地区。总体来看,东部地区科研能力明显强于中西部地区,其中北京、浙江和江苏排名前三位,分别为 46.29 项、39.62 项和 28.88 项,而青海、海南和西藏排名最后三位,分别为 2.29 项、2.11 项和 0.74 项。

4. 高新技术产业经营效益进一步提高

在不断完善的体系、优化的功能、促进产业发展的基础上,国家高新技术产业经营

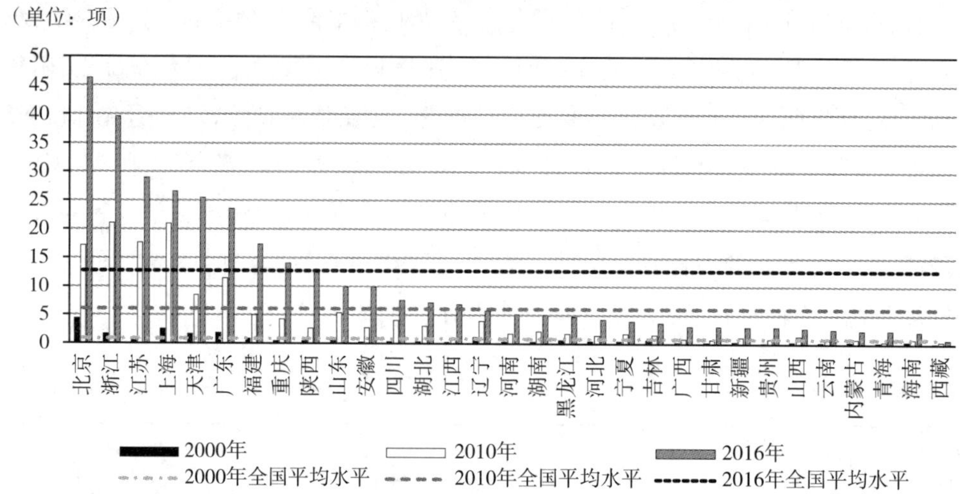

图 1-139　2000、2010、2016 年全国各省（自治区、直辖市）万人专利授权量

资料来源：国家统计局。

效益实现了快速增长，主营业务收入保持较高增速水平。据统计，2016 年我国高新技术产业的主营业务收入为 15.38 万亿元，较 1995 年的 0.39 万亿元，增长了近 38.44 倍，年均增速为 19.05%。全国高新技术产业主营业务收入占 GDP 比重也呈现快速增长。据统计，1995 年全国高新技术产业主营业务收入占 GDP 的比重仅为 2.09%，1995 年至 2008 年出现指数型增长，增长至 17.44%，较 1995 年增加了 15.35 个百分点；此后，全国高新技术产业主营业务收入占 GDP 比重保持较平稳增长，从 2008 年至 2016 年的 8 年间仅增长 3.24 个百分点，据统计，2016 年占比为 20.68%。

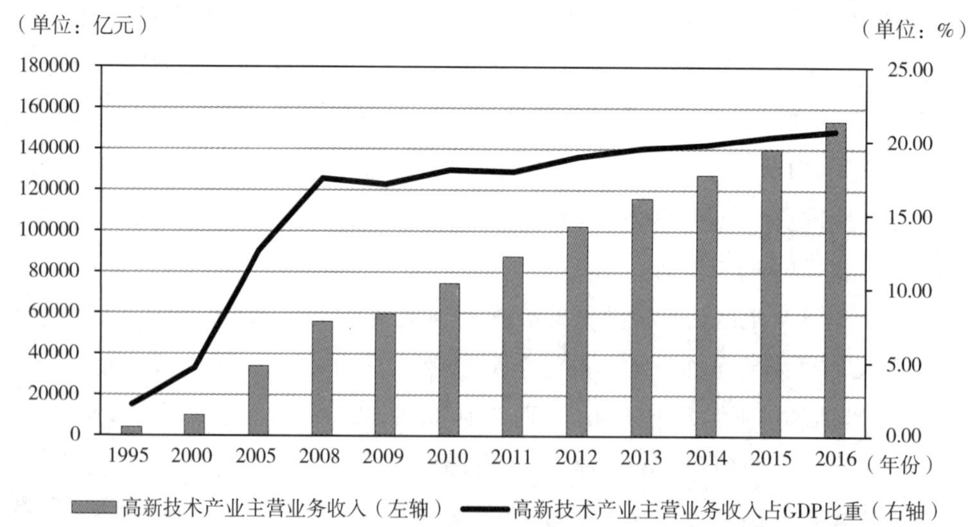

图 1-140　1995—2016 年全国高新技术产业主营业务收入及占 GDP 比重

资料来源：国家统计局。

近年来，随着创新驱动战略的稳步实施，我国高新技术产业规模不断扩大，但区域差异较明显，呈现两极分化现象。2016年，我国高新技术产业主营业务收入达到15.38万亿元。分地区看，广东、江苏位居全国前两位，分别为37765.17亿元和30707.9亿元；山东、河南和上海排第三至第五位。全国前五名地区收入总和达到95148.36亿元，占全国总量的61.87%。高新技术产业需要依托较强的产业基础，在经济发达的地区发展较快，具有很高的区域集中度。

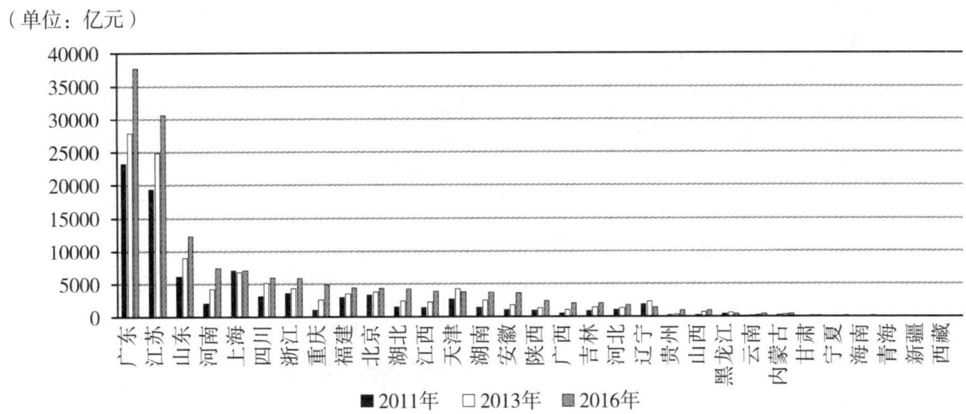

图1-141 2011、2013、2016年全国各省（自治区、直辖市）高新技术产业主营业务收入

资料来源：国家统计局。

2016年全国高新技术产业主营业务收入占GDP的比重为20.68%。全国31个省（自治区、直辖市）明显分化为三个梯队，其中广东、江苏、重庆、上海、江西和天津6个省市高于全国平均水平，分别为46.71%、39.68%、27.60%、24.88%、21.16%和21.04%；共有12个地区分布在10%—20%之间；13个省市低于10%，大多数为西部省（自治区、直辖市）。这主要是由于西部地区正处在工业化中前期、产业基础薄弱，尚不具备发展高新技术产业的条件。与2013年相比，2016年全国高新技术产业主营业务收入占GDP比重提高了1.18个百分点。2015年中西部地区占比显著提高，其中重庆、江西、安徽、河南和宁夏分别提高了7.07个、5.27个、5.17个、4.98个和4.33个百分点。

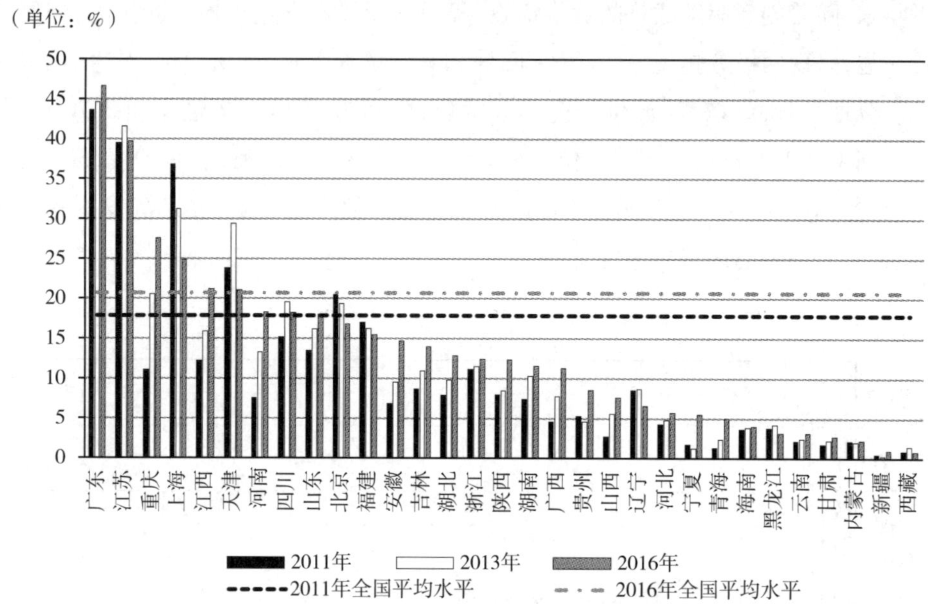

图 1-142 2011、2013、2016 年全国各省（自治区、直辖市）高新技术产业主营业务收入占 GDP 比重

资料来源：国家统计局。

2

目前存在的挑战及对策

改革开放以来，我国经济、社会发展取得了举世瞩目的成就，但是在这个过程中，我国的经济、社会发展也遇到了一些问题。根据习近平总书记在党的十九大报告中所提出的问题，本报告从创新驱动、实体经济、协调发展等在内的九个方面对相关领域的问题进行分析并提出相关的对策建议。

一、实施创新驱动，提高发展模式质量和效益

改革开放40年来，我国经济取得了约10%的高速增长，这一举世瞩目历史性成就的取得主要依托于以要素驱动的中低端产业为主的粗放型经济增长模式。这是由我国的基本国情所决定的。在这一发展阶段，我国经济发展水平相对较低，底子薄、基数小、增长潜力大，并且主要依赖于国外先进技术和经验的引进和借鉴；我国是拥有13亿多人口的大国，具有巨大的潜在需求市场，低成本人力资源；土地与自然资源丰富多元，要素成本较低，生态环境约束较松，提供了巨大的潜在供给优势；稳定的社会政治制度，并不断建立和逐步完善社会主义市场经济体制，发展外向型、开放型经济，有效发挥和利用国际和国内两个市场两种资源优势。上述各种因素的相互协调和共同作用，保障了我国作为世界上最大发展中国家实现经济高速增长的奇迹，但是超常规的经济规模增长与扩张，不可避免地产生了多层次的不协调、非均衡、不可持续的矛盾与问题。

2008年全球金融危机后，我国的内外部环境都发生了变化。外部环境：面对世界经济复苏乏力、地缘政治和局部冲突与动荡频发、逆全球化问题和世界政治格局的重塑；内部环境：国内市场经济增速减缓、发展方式的转变、产业结构的优化升级、资源配置方式的转换和经济福祉的转变。党中央自十八大以来，面对新情况、新形势、新问题，作出了“我国经济发展已步入了新常态”的重大历史定位，并在党的十九大报告中作出

"我国经济已由高速增长阶段转向高质量发展阶段"的重大历史判断，提出"必须坚持质量第一、效益优先"和"加快建设创新型国家"的要求，从而为不断增强我国经济创新力和竞争力、实现"两个一百年"奋斗目标和实现中华民族伟大复兴的中国梦构筑坚实基础。在保持可争取的增长速度的同时，难度主要在如何把加快创新、提高经济增长质量和效益的挑战转换为新的发展机遇。

（一）我国科技水平和创新能力不足

自党的十八大以来，我国政府明确了实施创新驱动发展战略，并采取了一系列改革措施，尤其是党的十八届三中全会《中共中央关于全面深化改革若干重大问题的决定》中，多处强调了创新驱动改革领域。党的十九大报告明确强调，创新是引领发展的第一动力，是建设现代化经济体系的战略支撑。总体而言，经过多年努力，我国科技水平整体处于从数量积累向质量提升的重要跃升期，一些重要领域跻身世界先进行列。但与主要发达国家相比，自主创新能力特别是原始创新能力仍然是中国的"短板"，科技对经济增长的贡献率偏低，重大创新成果较少，制约创新发展的思想观念和深层次体制机制障碍依然存在，创新体系整体效能不高。高层次领军人才和高技能人才严重缺乏，创新型企业家群体亟须发展壮大。①

1. 我国创新驱动的体制机制尚不完善

根据目前实际情况，我国创新驱动的体制机制并不完善，尤其是在如下几个方面还存在很多可以改进的地方。

（1）科研评估、管理模式与培养创新能力不匹配。一方面，当前我国科研评价机制过于注重"量"而非"质"，追求科研论文的发表数量与刊物级别，忽视了对于研究质量的重视。科研机构热衷于"申请课题、开展研究、通过评审、再申请课题"的循环，这种片面地追求"量"与"级别"的学术成就的甄别机制，使得科研人员缺乏创新导向与实用性、产业化的成果转换。据李世闻（2013）的研究显示，2000—2010 年，我国发表于 SCI 收录文章总量位于全球第 4，但篇均被引用次数仅为世界平均水平的一半，这足以证明国内学术成果质量有待提高。另一方面，我国科研管理机制固化，成果转换机制有待改善，创新机制存在瓶颈。王志刚指出："现在创新已经不是科学家自己在'象牙塔'的事情，而是要和经济、社会、民生和国家安全紧密结合的。新发展理念出来以后，科技创新要和国家发展战略结合。"②自党的十八大以来，创新驱动发展战略的实施，使我国在科研领域、科技领域的投入逐渐增加，科研成果颇丰，但科研成果转换不足。这主要是由

① 樊继达：《"央+企+地"创新驱动模式能否持续?》，《国家行政学院学报》2016 年第 5 期。

② 2017 年 10 月 20 日，十九大新闻中心举办主题为"实施创新驱动发展战略"的第四场集体采访，科技部党组书记、副部长王志刚作为十九大代表回答记者提问。

于我国在“基础研究、应用开发、中间试验、商品化、产业化”的科研创新链条存在严重的中间薄弱环节，即“肠梗塞”现象。在科研创新链条上主要存在三大瓶颈[①]：第一，科研成果及应用与市场需求不匹配。现阶段，国内研究机构的科研经费主要来源于财政拨款（30%—40%）和项目研究经费（60%—70%），与市场端企业并无关系，因而研究成果往往与市场需求脱节，不具有应用价值。第二，中间试验环节不足。中间试验环节的投资大、周期长、风险高的特点，导致技术供需方均缺乏投资吸引力。而当前国内科研管理机制的“重科研，轻应用”的现状、科研与产业相脱离的现实，以及产业体系的低端化，导致了中试环节积极性不高，中试投入的高风险以及与研发需求的滞后性。第三，重大技术商品化缺乏吸引力。创新发展是需要企业与科研机构共同协作配合来实现的。据调查发现，无论是科研机构，还是国内企业，均对关键性技术产业化、商品化缺乏积极性。这主要是因为当前关键技术产业化、商品化存在着市场需求不明确、关键技术不成熟、产学研合作不顺畅等风险；与技术商品化相比，科研机构更青睐于申请项目课题，既保障了经费需求，又能够发表新的学术成果。此外，我国国有技术资产的管理制度不利于重大关键技术的商品化。防止国有资产流失是我国当前制度的宗旨，并非出于促进科研技术成果产业化、商品化，如审批多、程序多、周期长，严重影响企业对技术商品化的积极性。

（2）科技金融供给与技术产业化融资需求的不平衡、不充分。改革开放以来，我国企业最初的全球产业链分工主要定位于低端产业，经济发展大而不强，缺乏核心技术，全球价值链受制于人。党的十八大以后，我国经济形势进入新常态，面临着国际市场的挤压。中国企业在低端领域受到东南亚诸国的合力“围堵”，竞争优势逐步丧失；欧美国家纷纷将创新驱动提升到国家战略的核心层面，作为提振本国经济的重要砝码，掀起以重振中高端制造业为宗旨的“再工业化”浪潮，中高端领域面临多国“堵截”。当前，我国国内传统产业产能过剩严重，新兴高科技行业供给不足，亟须通过供给侧结构性改革来突破瓶颈，而产业结构从低端锁定迈向中高端，根本在于转变发展方式，迈向创新驱动。而我国企业却面临着融资贵、融资难的掣肘，想创新却没有实力。另外，由于在管理体制、制度设计和运行模式上存在障碍，中国的科技创新活动往往面临启动资金不足、活力不够、产业发展的后续资金难以持续等困难。具体表现于以下几点[②]：第一，传统金融机构，尤其是银行信贷模式，难以为科技型企业提供融资服务。在传统信贷模式下，银行的贷款标准相对较高，主要针对现金流充足、抵押资产丰富的大中型企业，而多数科技型企业资产主要为轻资产，缺少高质量固定资产和抵押物、放贷成本高、技术风

① 袁东明、马骏、王怀宇：《着力解决我国创新链中的重大瓶颈问题》，《科技日报》2014年5月26日。

② 张明喜：《我国科技创新与金融创新结合问题研究》，《南方金融》2013年第1期。

险较大、投资周期较长、收益相对较低的缺陷。第二，中国创业投资发展仍处于初级阶段，规模有限、专业投资能力不强。据统计，创业十年来的累计投资额尚不足1500亿元，且大多数投资于处于成熟期的、传统产业领域内的企业，仅有约1/3的资金支持种子期和初创期的科技企业。第三，多层次资本市场体系建设尚不完善，支持科技企业发展的潜力远未发挥。目前，中小板、创业板市场实际进入门槛仍然较高、发行审核效率偏低，创业板市场对自主创新企业和战略性科技新兴产业的支持仍显不足。第四，我国科技企业融资担保机制尚不健全。当前，我国担保公司的规模普遍较小，担保公司的发展极不均衡。即使部分科技公司获得担保，但仍无法获得银行贷款。第五，科技保险机制存在缺陷。一是对地方的引导和激励缺乏有效的手段，国家层面针对科技保险的资金支持尚未安排；二是科技企业的保险意识亟待提高；三是部分政策落实不到位，如实施细则不够明确、相关税收政策没落实等；四是相关合作机制不完善，科技保险涉及的部门之间缺乏顺畅的沟通和协作机制。

（3）知识产权保护制度尚不完善。知识产权保护制度，作为国家创新体系的核心要素，对一国的创新发展至关重要，是维护市场秩序、保护知识产权权益的制度保障。现阶段，知识产权保护已经成为世界经济秩序的战略制高点，受到各国政府的高度重视并处于竞争焦点。我国在知识产权保护方面已经采取了积极的应对措施，在宏观角度，我国为知识产权权益保护提供强有力的法律支持及相关制度和实施方法，但是现阶段仍然存在诸多问题①。

一是意识和理念问题。在知识产权权益保护的宏观层面，我国出台、颁布了多项法律法规性文件，逐步与发达国家接轨，尤其是在2008年以后，我国先后出台了《国家知识产权战略纲要》《商标法》《专利法》《技术合同法》《著作权法》和《反不正当竞争法》等法律法规文件，并不断营造尊重知识、尊重技术和尊重权益的市场环境。但是，在国内传统观念的影响下，从企业到群众，对知识产权的保护意识不足，在很大程度上阻碍了知识产权制度的有效贯彻实施和执行，甚至出现集体性、群体性的知识产权侵权现象。知识产权保护的观念和理念问题，会直接影响到科技创新的数量和质量。

二是标准问题和执行问题。标准问题就是解决执行问题的根本依据。现阶段，针对知识产权保护的重视程度不足，缺乏相关核心问题的深入研究，如最有保护强度和如何实现最优等问题。知识产权保护强度是知识产权战略的核心指标。正是核心问题的研究不充分，导致了执法中对于知识产权保护的"松""紧"强度程度把握不合理，进而浪费了大量的人力、物力和财力，甚至会出现反复整治的现象，易陷入高成本低效率的

① 陈凤仙、王琛伟：《破解我国创新型国家建设中的知识产权保护难题》，《中国经贸导刊》2014年第16期。

怪圈。若太“紧”则抑制了对国外先进技术的引进，也抑制了先进技术的模仿和传播；若太“松”则不利于原发性技术创新。不少企业根本上也缺乏对于研究机构的科研成果的吸收与转化，且对于知识产权的保护存在反应的非敏感性和滞后性。针对知识产权保护，无论是高强度还是低强度，均对企业获得利润的多少无较大差异。虽然体制机制已经日趋完善，特别是法律制度正在逐步完备，但是执行力度仍然较弱，执行程度并不充分，有法不依、执法不严的情况普遍存在。

2. 创新主体缺乏市场导向的创新能力

当前，企业和科研机构（科研院所、高等院校）是我国最主要的创新主体。改革开放以来，我国无论是经济规模还是市场主体都取得了快速发展，企业和科研机构数量也有了较快增长。但是这种高速发展主要依赖于粗放式、规模扩张式的发展模式，多数企业缺乏对重视创新路径的依赖。主要体现在以下几点：

一是科研机构与企业需求的脱节。与发达国家相比，我国企业创新比例及质量不足，以 2012 年专利授权量计算，我国还不足 60%，而美国达到 80%以上，日本达到 70%以上。而在研发过程中，科研机构存在“闭门造车”的现象，在一定程度上忽略了市场需求，导致科研成果与企业需求不匹配。产学研合作水平较低，各方信息交流不畅，缺乏统一的信息共享机制和共享平台，导致科研机构的科研成果无法被潜在需求方采纳与转化。这一方面是由于科研机构成果的工程化难度较大，另一方面是中小企业的技术能力的欠缺，对于基础研究成果、产品特征不明显的技术难以深入挖掘与把握。

二是创新人才的缺乏。我国创新人才资源存在结构性矛盾，世界先进科技创新人才紧缺，领军人才和尖子人才不足，工程技术人才培养同生产和创新实践脱节等问题。基于当前我国体制机制等限制因素，科研人才主要聚集在高校和科研院所等机构，少部分从事研发和创新的人才散布在具有较强实力的企业中。而中小型企业，受自身规模、福利待遇、晋升空间和社会地位等因素，无法满足科研人员的生存、发展和提升的需求，并且考虑收益成本的因素，对于创新人才缺乏足够的重视，尚未建立完善的创新人才引进、培养、使用、评价和激励机制，导致中小型企业难以引进和维持创新人才。人力资源的匮乏，限制了企业对于先进技术的创新和转化，相比于其他大型企业，技术升级和创新能力较弱，另外，创新人才的缺乏不仅聚焦在科研创新人才，而且也体现在具体的操作性技能型人才。

三是创新资金投入尚显不足。创新资金的投入不足主要有两方面原因：一方面是企业有充足的资金，却不愿意投资于创新技术；另一方面是企业缺乏资金，并难以在市场中融到资金，导致创新资金的投入不足。创新技术的开发、转化和成品，是一个漫长的过程，投入大、周期长、风险较高，缺乏投资吸引力。而我国企业在改革开放以来，采取的主要是"干中学"，充分发挥比较要素优势，引进国外先进技术提高生产力，带动要素密集型产业快速发展。正是企业对于传统竞争优势的依赖程度较高，并不形成内生的创新优势，甚至有些企业认为创新是"前人栽树，后人乘凉"的举动。有些企业面临着融资贵、融资难的掣肘，想创新却没有实力。一般中小企业的规模较小，资本实力较弱，处于企业发展的起步或发展阶段，经营状况不稳定，资质信用不高等，很难在银行中贷款；资金来源有限，融资渠道较少，无论是发行股票还是发行债券，难度均较大。

（二）我国经济发展质量与发展效益尚且不高

习近平总书记在党的十九大报告中，明确作出了"中国特色社会主义进入了新时代"的新历史定位，并深刻阐述了新时代下我国社会主要矛盾已经转化为"人民日益增长的美好生活需要和不平衡不充分的发展之间的矛盾"的历史性的重大理论判断。经过改革开放40年的发展，我国的国家治理基础条件和经济、社会、生态等发生了巨大的变化，社会生产力水平总体显著提升，人民物质文明极大丰富，生活需求已基本满足。如从恩格尔系数来看，2016年，全国居民恩格尔系数为30.1%，接近联合国划分的20%至30%的富足标准；经济增速保持在年均9.53%的高速增长，取得了举世瞩目的经济奇迹，对世界经济增长的贡献超过30%。但是40年持续的经济高速发展，不可避免地积累了若干结构性问题，总量上的不充分问题和经济发展结构上的不平衡问题，严重阻碍了社会发展质量和效益的改善和提升。在新的历史方位下，我国经济发展质量和效益不高的原因主要有以下几点①：

一是经济结构的重大转变，供给体系质量亟待提升。从世界价值链来看，我国长期处于产业链条的低端部分。我国无论是经济增速"换挡"还是处于世界价值链的低端产业，都主要是由于支撑我国经济发展的供给体系质量存在不足。改革开放以来，我国经济发展主要是依赖于人口红利、全球化红利、生产要素的比较优势等因素，采取粗放型增长模式，注重数量而忽视质量的发展道路，保障了经济的高速增长。现阶段，支撑我国经济增长的因素和条件已经或正在经历着重大的变化。从供给端来看，人口红利拐点出现，劳动力资源数量下降、成本上升，潜在增长率下降；土地等资源价格上升，部分城市房价高企，生态环境压力加大，有些方面接近甚至超过承受底线；随着我国要素成本上升、出口基数增大以及国际市场环境变化，以往出口高速增长将难以为继，必须更多依靠内需；房地产等终端需求和钢铁、煤炭等重要工业品相继出现历史需求峰值，增长速度明显减缓，产能过剩和产品库存过多等问题突出；我国企业在全球产业链条上

---

① 许光建：《完善国家治理，加快解决发展不平衡不充分问题》，《人民日报（海外版）》2018年3月2日。

处于低端产业，缺乏核心技术，全球价值链地位提升受制于人。从需求端来看，全球化红利减退，外需减弱，资本外逃。受2008年金融危机影响，全球贸易保护主义抬头，逆全球化潮流兴起，各国纷纷提出“创新驱动”战略重振本国经济，尤其是制造业回归策略。我国企业在制造业领域，不仅在低端领域受到新兴经济体的合力“围追”，丧失了竞争优势，还在中高端制造业受到以美国等发达国家掀起的以重振制造业为宗旨的“再工业化”浪潮的合力“堵截”。在传统产业，如钢铁、水泥和煤炭等，出现不同程度的产能过剩，库存挤压严重；在新能源和高端制造业，如集成电路和装备制造等，存在供给不足的问题，缺乏充足的创新技术提升生产效率。这些是我国经济发展面临的最为突出的结构失衡矛盾。解决这些发展中的矛盾，只有推进供给侧结构性改革，坚持创新驱动发展战略，提高供给体系质量，适应新需求变化，才能在更高水平上实现供求关系新的动态平衡。另外，我国存在严重的“脱实向虚”失衡问题。金融与实体经济之间、房地产与其他领域之间、实体经济内部出现严重不平衡，部分领域杠杆率过高，金融风险增加，经济增长效率呈现下降态势。伴随着这些变化，我国经济结构出现重大转变，经济增长转向更多地依靠消费、服务业和国内需求，更多地依靠劳动者素质提高、技术进步和全要素生产率改进。相应地，经济发展阶段开始转换，由过去的高速增长阶段转向高质量发展阶段。

二是经济发展与资源、环境生态之间的不平衡。改革开放以来，我国经济发展方式主要是粗放型增长，注重数量而忽视质量，这种增长模式在一定程度上超出了资源、环境和生态的承载力，既加剧了资源的浪费，又造成了环境的污染和生态的破坏，确实付出了过高的资源、生态和环境的成本，是难以持续的发展模式。我国经济发展依赖的粗放式增长模式，主要是依靠生产要素的单纯投入，要素组合和配置低效，资源、能源消耗量大，实际生产率和增长质量提升有限。与发达国家相比，我国每单位GDP增加的废气排放量要高出4倍，单位工业产值产生的固体废弃物要高出10倍以上。作为一个人口众多的发展中大国，我国人均资源拥有量相对短缺，很多重要资源的人均拥有量大大低于世界平均水平。这种高投入、高消耗、高排放和低效率的粗放式扩张的经济增长模式，不仅限制产业结构优化升级和经济增长质量的提升，而且引发环境污染、生态破坏、要素瓶颈等问题。尽管最近这些年，我国生态文明建设和生态保护与修复工程卓有成效，但与主要发达国家相比，我们在空气质量、森林覆盖率、能源资源保护等方面还存在较大差距。人与自然的和谐发展，经济与资源、环境、生态的协调运行，是贯彻我国新时代绿色发展理念的基本要求。

三是经济结构存在不充分、不平衡问题，有待优化和升级。我国一系列改革措施，虽然在产业结构、收入分配和投资消费结构等方面不断的优化和完善，但也存在许多不足。其一，收入分配不平衡、不合理，包括城乡、区域间收入发展不平衡，劳动报酬在初次分配中的比重仍需提高，初次分配中的不合理不合法现象亟待规范；税收等措施对收入再分配的调节力度仍需强化，居民收入和经济增长不同步的压力仍然较大；低收入群体长期存在，中等收入群体仍需扩大，脱贫攻坚任务艰巨，跨越"中等收入陷阱"任重道远。其二，经济发展的内需动力不足，投资占 GDP 的比重依然高达 45%，而我国的消费率依然只有 52%左右的水平——这不仅低于发达国家，甚至低于许多经济发展落后于我国的国家。消费率水平较低与我国可支配收入占比较低且比重不断下降有关。其三，服务业，较于制造业，存在不平衡不充分的问题。在对经济增长的贡献上，服务业已经超过制造业，但是，服务业增加值占 GDP 的比重只有 51%左右，远远低于发达经济体 60%到 70%的水平。在服务业中，尽管信息技术发展较快，但科教文卫等现代服务业受制于体制机制约束，还没有充分发挥潜力，这导致服务业的劳动生产率一直低于制造业。在制造业方面，我国是全世界工业门类最齐全的工业化国家，是全球第一大制造业国家。不过，从制造业总体的技术水平看，与发达国家尚存在较大差距。从社会方面看，主要体现在教育、医疗、社会保障等方面的不平衡和不充分。

（三）坚持"质量第一、效益优先"，加快建设创新型国家

党的十九大报告中，习近平总书记作出了"我国经济已由高速增长阶段转向高质量发展阶段"，明确提出"建设现代化经济体系，必须把发展经济的着力点放在实体经济上"，注重"质量第一、效益优先"的发展原则和创新引领的战略支撑，深化经济发展的"三大变革"，即质量变革、效率变革、动力变革，并建设"实体经济+科技创新+现代金融+人力资源"协同发展的产业体系，解决好发展不平衡不充分的问题。这是在新一轮科技革命和产业革命时期，党中央立足于全局、面向未来作出的重大战略抉择，对于积极适应、把握、引领经济发展新常态，实现质量变革、效率变革、动力变革，满足人民新时代新矛盾的需求，具有重大的实践意义。

1. 坚持创新驱动，加快建设创新型国家

科技和人才是国家创新体系的基础，是国家强盛最重要的战略资源，全要素生产率的提高主要是依靠科技进步和全面创新，而完善的国家创新体系是具备优良的创新市场和文化环境，完善的创新法律体制机制环境和拥有良好的培养创新人才的一批世界一流科研机构、研究型大学和创新型企业。加快创新型国家建设是解决我国新时代社会主义矛盾的必然选择，是我国迈向现代化强国的内在要求，是我国抢抓新科技革命和产业变革历史机遇的战略举措。

第一，深化创新驱动的体制机制的改革。建设创新型国家必须坚持体制机制创新与科技创新双轮驱动，双轮协调运转，才能更好地发动创新驱动的新引擎。党的十九大报告中，明确提出"深化科技体制改革，建立以企业为主体、市场为导向、产学研深度融

合的技术创新体系,加强对中小企业创新的支持,促进科技成果转化”①。因此,加强国家创新体系建设,必先从创新与科技体制机制上落实的力度和方法上着手。深化科研评估机制和管理模式转变,加强科研创新链条中的薄弱环节,实现科研成果与市场需求相匹配。首先,我国科研评价机制应当在注重“量”的基础上更加追求“质”,转变科研人员的“闭门造车”现象,引导科研成果的实用性和产业化转换。其次,完善科研价值链条的管理机制,创新科研管理机制和技术扩散、成果转化机制,推进项目评审、人才评价、机构评估改革,激发科研人员和创新企业的积极性。再者,加大对中试环节的支持力度,促进从研究开发到产业化的有机衔接。另外,以数字化、网络化、智能化为重点,推进工业化和信息化深度融合。充分发挥市场机制在产业发展方向和技术路线选择上的基础性作用,通过政策支持加大对企业主导的新兴产业链的扶持力度,支持创新型骨干企业整合创新资源。加强技术集成、工艺创新和商业模式创新,优化产业布局,促进传统产业优化升级,大力拓展国内外市场。

第二,实施知识产权战略。强化知识产权创造、保护、运用,深化科技成果权益管理改革,完善科技成果转化激励评价机制,强化创新型国家在知识产权等方面的法治保障。首先,提升知识产权创造能力,建立以企业为主体、市场为导向,产学研相结合的自主知识产权创造体系。支持企业通过原始创新、集成创新和引进消化吸收再创新,形成自主知识产权,提高把创新成果转变为知识产权的能力,加快科技成果转化应用。引领企业改进竞争模式,加强技术创新,提高产品质量和服务质量,支持企业知名品牌。其次,加快知识产权法制建设,提高知识产权执法水平,加强知识产权行政管理,发展知识产权中介服务,推进知识产权文化建设,扩大知识产权对外交流合作。再者,鼓励知识产权的转化应用,完善科技创新的产业化、商品化转化机制,缩短产业化周期;鼓励支持市场主体健全技术资料与商业机密管理制度,健全知识产权价值评估、统计和财务核算制度,制定产权信息检索和重大事项预警机制,完善对外合作的知识产权管理制度。鼓励市场主体依法应对涉及知识产权的侵权行为和法律诉讼,提高应对知识产权纠纷的能力。

第三,强化科技资源开放共享平台建设,推进创新体系协调机制发展。首先,营造公平、公正、公开、透明的市场环境,建立符合国际规则的政府采购制度,扩大创新产品和服务的市场空间。其次,建立“产、学、研、企”相结合的合理运行机制,强化科技创新的基础设施的平台建设,加快、健全开放共享的运行服务管理模式和支持方式,制定相应的评价标准和监督奖惩办法。完善国家财政资助科技项目和科技基础设施,加快建

① 习近平:《决胜全面建成小康社会 夺取新时代中国特色社会主义伟大胜利——在中国共产党第十九次全国代表大会上的报告》,人民出版社 2017 年版,第 31 页。

立统一的管理数据库和统一的科技报告制度,并依法向社会开放。再者,构建基础研究、应用研究、成果转化和产业化紧密联系结合的协调发展机制,统筹多元化创新主体和服务体系建设,发挥个性化特色和优势,探索多样化的协调创新模式。完善学科布局,推动多学科交叉融合和均衡发展机制;并加强技术创新基地建设,发挥科研机构的专利效益,提升产业关键性技术攻关能力,促进技术成果工程化、产业化、商品化,尤其是完善军民融合机制,发挥科技社团创新活力,构建全国创新调查机制,强化国家创新体系建设监测评估,培育一批核心技术能力突出、集成创新能力强的创新型领军企业。要全方位提升科技创新的国际化水平,打造"一带一路"协同创新共同体,积极牵头或参与国际化大学计划和工程。

第四,建设高端科技创新人才队伍,实施创新人才发展战略。人才是创新发展的力量源泉,创新驱动本质上就是人才驱动,人才竞争是综合国力和竞争力的根本所在。党的十九大报告中,明确提出"培养造就一大批具有国际水平的战略科技人才、科技领军人才、青年科技人才和高水平创新团队"①,这是抓好抓紧实施创新驱动发展战略,加快建设创新型国家"的优先任务关键所在。一是完善创新人才发展体制机制。完善人才管理体制,创新人才培养开发、评价发现、选拔任用、流动配置、激励保障机制,营造充满活力、富有效率、更加开放的人才制度环境。二是推动创新型科技人才结构战略性调整,充分发挥市场配置人才资源的基础性作用,加强高端科技创新人才建设,突出"高精尖端"导向,突出培养创新型人才、领军人才和高水平创新团队,促进人才结构和经济社会发展相协调。三是瞄准面向世界科技前沿、面向经济主战场、面向国家重大需求,支持培养具有发展潜力的中青年科技创新领军人才,对青年人才开辟特殊支持渠道;继续加大海外高层次人才引进力度,面向全球引进首席科学家等高层次创新人才,尤其是战略性新兴产业人才,实现精准引进。四是推进创新教育,提升全社会创新意识和创新能力,培育一批具有全球战略眼光、创新能力和社会责任感的企业家人才队伍,造就规模宏大、富有创新精神、敢于承担的创新创业人才队伍。

第五,创新金融服务体系的建设。完善资本市场和融资机制是创新发展的重要支撑,也是构建创新型国家的关键环节。金融系统不仅是创新融资的重要渠道,而且是规避、化解创新风险的有效工具和制度安排。一是完善支持企业创新的普惠性政策体系和投融资机制。完善创新发展的信贷政策,进一步加大对创新科技研发、转化、应用和人才培养等方面的金融政策支持力度。二是加强研发费用投入和创新企业税收优惠或财政补贴、固定资产加速折旧等政策的落实力度。三是构建完善多层次资本市场体系

① 习近平:《决胜全面建成小康社会　夺取新时代中国特色社会主义伟大胜利——在中国共产党第十九次全国代表大会上的报告》,人民出版社2017年版,第31—32页。

建设、创新企业融资担保机制和保险资金支持政策。支持金融机构发行创新金融债券，投资于一些周期长、高端创新科技的产业。完善以政策性信用担保为主体，商业担保和户主担保相互支持的多层次担保体系。加快研究设计政府性贷款担保基金办法，加强金融公共服务，解决企业融资过程中的担保难和抵押难问题。四是要发展风险投资和私募股权基金，完善天使投资机制，构建完整的创业投资链，强化创新要素产业的集成，推进产业孵化与培育。五是重视政府资金的引导作用，搭建高效的投融资平台，调动企业、民间资本投入，建立起政府引导、企业主导、民间跟进的投融资体系。

2. 坚持“质量第一、效益优先”，着力形成平衡发展结构

“坚持质量第一、效益优先，以供给侧结构性改革为主线，推动经济发展质量变革、效率变革、动力变革”①是高质量发展阶段的必然要求，是转换发展方式、优化经济结构、转换增长动力的攻关期的重要内容。党的十九大报告中已明确指出，当前我国最突出的问题是发展不平衡不充分，这已经成为满足人民日益增长的美好生活需要的主要制约因素，已经成为我国社会主义建设的新的瓶颈，不平衡主要强调经济发展结构上的问题，不充分则突出总量上的问题。

第一，强化市场机制的决定性作用，深化经济体制改革。党的十九大报告中，习近平总书记在“使市场在资源配置中起决定性作用，更好发挥政府作用”的新实践的基础上，明确指出“经济体制改革必须以完善产权制度和要素市场化配置为重点”。② 需从以下几点入手：一是完善产权制度，实现产权有效激励。现代产权制度是社会主义市场经济体制的基石。完善现代产权制度，必须坚持和完善我国基本经济制度，并着力加强产权保护，构建以公平为核心原则，依法保护各类所有制经济产权和合法利益，依法保护各类所有制经济组织和自然人财产权，尤其是要完善知识产权制度。二是加快完善要素市场化配置，实现要素自由流动。深化劳动力市场、土地市场、资本市场改革，依法保障平等就业，加快建设城乡统一的建设用地市场，促进多层次资本市场健康发展，尤其是深化金融体制改革，全面提升金融服务实体经济的能力和水平。三是加快完善市场价格决定机制，实现价格反应灵活。深化资源型产品、垄断性行业等领域要素价格形成机制改革，强化价格领域反垄断执法，加强事中事后监管。深化利率和汇率市场化改革，稳步推进人民币国家化，提高金融市场国际化水平，有序实现人民币资本项目可兑换。

第二，营造公平竞争市场环境，健全社会主体优胜劣汰机制，优化政府宏观调控。

① 习近平：《决胜全面建成小康社会　夺取新时代中国特色社会主义伟大胜利——在中国共产党第十九次全国代表大会上的报告》，人民出版社2017年版，第30页。

② 习近平：《决胜全面建成小康社会　夺取新时代中国特色社会主义伟大胜利——在中国共产党第十九次全国代表大会上的报告》，人民出版社2017年版，第21、33页。

一是加快完善公平竞争市场环境,实现统一开放、有序竞争。按照统一、规范、效能原则,完善市场法律监管体制,全面实施世界银行准入负面清单制度,深化以商事制度为突破口的"放管服"改革,强化双向开放机制,建立健全全社会信用体系(完善企业及个人的征信系统,建立有效的信用激励和惩戒机制),营造一个公平竞争、诚实守信、统一开放有序的市场环境。二是健全社会主体优胜劣汰机制。深化国有企业改革,稳妥有序地发展混合所有制经济。加快国有经济的战略性调整,完善国有资产的授权经营管理机制和监管制度,优化国有经济布局和结构调整。支持民营经济不断发展壮大,构建亲清型政商关系,激发和保护企业家精神,鼓励建立现代企业制度,提升民营企业经营管理水平。三是优化和创新宏观调控,更好发挥政府作用。构建科学、适度、有效的宏观调控,需遵循经济和社会发展规律,尊重市场作用和企业主体地位,立足"创新、协调、绿色、开放、共享"的新发展理念,进一步深化"放管服"改革和行政体制改革,健全民主、科学的决策机制、社会监督机制、绩效管理机制和经济政策协调机制,实现国家治理体系和治理能力现代化。

第三,优化供给体系,加快增长动力转换,全面提高产品、服务质量和实体经济效益。党的十九大报告中提出"把提高供给体系质量作为主攻方向,显著增强我国经济质量优势"①。一是全面提高产品和服务质量。要继续深化去产能,继续推动传统产业的产能过剩,严格执行绿色环保等法规和标准,有效处置"牛鼻子"僵尸企业;因城施策去库存,坚持分类调控,改善房地产市场供需失衡问题,大力发展房屋租赁市场,建立健全房地产基础性制度和长效机制;加强全面质量管理,强化知识产权保护和管理,提升竞争质量,提高劳动生产率,引导企业发扬工匠精神,加强品牌建设,培育更多"百年老店",增强核心竞争力。二是加快增长动力转换,全面提升实体经济效益,尤其是制造业水平。培育壮大新兴产业,推动重点领域率先突破,尤其是高端制造业,推进智能制造,推动互联网、大数据、人工智能和实体经济深度融合,形成一批新兴产业集群和龙头企业。优化升级传统产业,促进全产业链整体跃升;引入新技术、新模式、新管理,实施军民深度融合发展战略,推进制造业重大技术改造升级工程和绿色工程;提升消费品质量升级;运用市场机制和经济手段推进去产能攻坚战。

第四,形成促进绿色发展的体制机制。强化战略、规划、政策与服务,切实提高绿色发展管理效能。一是推进绿色生产和消费的法治建设,制定相关法律、管理条例,健全监管规章制度,推进执法体系和执法能力的建设,并以法律和政策为导向,建立健全绿色低碳循环发展的经济体系。二是强化生态文明建设和绿色发展的新理念,全面确保

① 习近平:《决胜全面建成小康社会　夺取新时代中国特色社会主义伟大胜利——在中国共产党第十九次全国代表大会上的报告》,人民出版社 2017 年版,第 30 页。

战略理念的落实。强化战略规划政策引导，出台绿色战略理念行动计划，完善重大绿色产业政策，创新项目管理方式。三是绿色发展的“减法+加法”并举。绿色发展是一种新的发展方式，不仅要做减法、治理污染，更重要的是做加法和乘法，形成新的消费升级动能、经济增长动能和创新发展动能。四是促进绿色发展，转变生产、生活方式。促进绿色发展，要注重生态资本核算的研究和实践探索，逐步使绿色发展由政府提供的公共产品、社会导向的团体和个人开展的公益活动，转变为更多的企业和个人参与的日常经济活动。五是发展绿色金融，形成市场导向的绿色技术创新体系，积极探索绿色发展带动欠发达地区脱贫。

第五，切实降低实体经济成本，强化财税金融支持实体经济发展。当前，经济发展中存在严重的“脱实向虚”的失衡现象，企业成本较高，融资难、融资贵等。习近平总书记明确指出“要树立放水养鱼意识，尽一切努力把企业负担降下来”①。一是要全面推进依法行政，深化“放管服”改革，强化企业成本“负面清单”管理，最大限度地降低制度性交易成本和企业税费负担。二是深化生产要素市场化改革和国有企业改革，促进市场竞争，加快发展普惠金融，多举措降低企业的融资成本和物流成本。三是鼓励和引导企业创新管理、改进工艺、节能用材、降低成本。四是实施有利于经济结构转型升级的财政税收政策，建立完善支持企业技术创新的长效机制和政策体系。五是落实金融支持实体经济相关政策，增强金融服务实体经济能力，深化产融合作，鼓励有条件的地方建立信贷风险补偿机制。六是运用大数据、互联网等新型技术改善融资服务，积极发展多层次资本市场，丰富直接融资工具，采取产业投资基金等形式，促进战略性、基础性和先导性产业加快发展。

二、稳固实体经济，推动虚实经济的协调发展

习近平总书记在党的十九大报告中提出：“建设现代化经济体系，必须把发展经济的着力点放在实体经济上。”②实体经济是国民经济的基石，关系到国家的长治久安。近年来，我国围绕实体经济建设的转型升级采取了一系列的措施，并取得了显著的成就。经济增速保持高速增长，已跻身为世界第二大经济体，第一大工业国，国内生产总值已达到 82 万亿元，对世界经济增长贡献率超过 30%。经济结构不断优化升级，数字经济、高新技术产业等新兴产业蓬勃发展，基础设施建设快速推进，创新驱动发展战略积极推进。在新产品新技术方面，取得了较快发展和新的突破，如高铁、北斗导航系统、

① 本书编写组：《党的十九大报告辅导读本》，人民出版社 2017 年版，第 199—200 页。

② 习近平：《决胜全面建成小康社会 夺取新时代中国特色社会主义伟大胜利——在中国共产党第十九次全国代表大会上的报告》，人民出版社 2017 年版，第 30 页。

3D 打印机、天宫、蛟龙、大飞机乃至人工智能等重大高新技术成果相继问世;在商业模式创新方面,取得了诸如共享经济、互联网金融创新(P2P、众筹等)、微商、移动互联、"互联网+"等创新突破。在创新体系建设方面,我国先后提出了"大众创业、万众创新"理念①、《中国制造 2025》、"互联网+"理念、《"互联网+"人工智能三年行动实施方案》等创新战略,明确了激发全民创新创业的活力,明确了制造业强国理念,提出"到 2025 年我们要在整体上进入制造业强国的行列,到 2035 年我国制造业达到中等制造业强国的水平"的发展目标,明确紧跟世界人工智能发展的潮流。在经济改革五大政策方面,依旧体现了实体经济转型升级内在要求:"宏观经济坚持稳中向好",就是要保持经济稳定运行,防止经济增速硬着陆,引发系统性金融风险;"社会政策要拖低",就是要保障低收入群体的基本生活需求以维持社会稳定;而"微观经济要活、产业政策要准、改革政策要强"强调的则是提高政策水平、创造良好外部环境,以为产业升级创造良好的外部条件。②

(一)我国实体经济发展面临的困境

现阶段,我国正处于"三期叠加"③时期,使得经济发展由高速增长向中高速增长转变,同时伴随着经济发展的质量、效益和生态及可持续性向高质量、高端水平的转变。自 2008 年金融危机以来,受全球经济深陷停滞状态、经济增速减缓、高失业、低通胀、高杠杆和虚拟经济泡沫等多重挑战,我国经济就已经迈入结构性减速阶段,经济增速呈现缓慢下滑趋势,进入经济新常态以来,下行趋势尚未减缓,出现了实体经济经营环境恶化、经济下行压力增加、结构性矛盾突出、经济质量与效益不足等问题。当前实体经济主要集中于中低端产业,其内生动力不足、抗风险能力弱、赢利能力下降。

1. 生产要素供给效率与资源配置效率的下降④

人口、资本和技术进步,构成支撑一国经济增长的三大供给要素。在人口供给端,大量闲置、半闲置状态的劳动力转向制造业,长期、大规模地进行这种资源重新配置,带来了劳动生产率的大幅提高。然而,随着劳动力增量与存量的递减,自 2012 年起,我国经济发展已经达到"刘易斯拐点",支撑我国经济长期高速发展的"人口红利"逐渐消失,正式迈入"人口负债"的发展阶段。2015 年,我国劳动力投入的增长率三十余年来首次降为-0.9%。中国制造业占 GDP 比重已近饱和状态,出现严重的产能过剩现象。

① 2014 年,李克强总理在夏季达沃斯论坛上提出了"大众创业、万众创新"的核心理念。

② 张俊伟:《实体经济的发展困境与破解之策》,《中国发展观察》2017 年第 16 期。

③ 三期叠加:1. 增长速度换挡期,是由经济发展的客观规律所决定的。2. 结构调整阵痛期,是加快经济发展方式转变的主动选择。3. 前期刺激政策消化期,是化解多年来积累的深层次矛盾的必经阶段。

④ 李扬:《"金融服务实体经济"辨》,《经济研究》2017 年第 6 期。

在资本投入端,改革开放40年,中国经济在高储蓄率的支撑下资本形成率一直处在较高水平。受传统工业化驱动减弱、人口红利的消失、最终消费率逐渐高涨、资本产出率下降、资本边际收益率下降等因素的影响,固定资产投资增速由40年年均26%降至2017年的7.2%,虚拟资本投资呈上升趋势。现阶段,人口、资本等要素资源已迈入向服务业为主的三次产业的转移。一般来说,服务业的劳动生产率显著低于制造业。而中国服务业多处于低端产业,差距更是明显。据中国社科院经济研究所分析(李扬、张平,2016),2006—2015年,我国第三产业劳动生产率仅为第二产业的70%。在技术进步端,主要是技术进步缓慢,资本创收较低。据统计,2008—2015年,全国劳动生产率水平下降至6.7%;全要素生产率也出现减速,增速由2007年的8.2%下降至2008年的4.1%,2008年至2015年保持相对稳定增速,年均增速高达4%,并且全要素生产率对GDP的贡献率也降至约8%;资本的产出弹性也趋于下降。总而言之,三大供给要素的叠加下滑,导致经济增长率下滑的产生。另外,现阶段,我国土地、劳动力、资本、技术等要素方面的市场化改革不完善,资源合理分配的体制机制尚未理顺,各种门槛和壁垒犹存。

2. 实体经济仍存在高成本、低利润和高杠杆、融资难的困扰

随着工业化迅速推进,支撑我国实体经济40年快速发展的传统要素优势正逐步减弱,要素价格持续上升,实体企业综合生产成本快速上升。突出表现在:能源原材料价格涨幅明显偏高;劳动力成本急剧上升,实体企业出现招人难、用人难、留人难的问题;企业税负重,据测算,企业已缴税金占营业收入的比重达7.8%,其中应缴增值税占营业收入的比重达3.7%;融资成本高,特别是中小企业融资难已成为影响实体经济发展的重要因素。2008年金融危机爆发后,全社会意识到改善中小民营企业的金融支持的重要性,掀起了一波金融服务创新热潮。但是,实体经济的"融资难、融资贵"问题尚未解决,随着运营成本快速上涨,企业经营状况恶化,亏损面不断扩大,实体经济赢利能力大幅下降。2009年,政府为支持实体经济的发展,采取了扩张性财政刺激政策,引发了经济发展"异动",但是这些举措,一方面导致了后期的传统产业产能过剩、高库存的现象;另一方面资金过度超发,引发资金"脱实入虚"的严重现象,纷纷流入股市和房地产市场,较少资金实际支持实体经济的发展。统计资料显示,在房市火热的时候,新增房地产贷款占新增贷款的比例,甚至一度达到3/4左右。另外,互联网金融的异军突起,为缓解中小企业"融资难、融资贵"开创了新的解决方案。但是随着互联网金融的经营风险、法律风险、违约风险和道德风险的频频爆发,政府部门进一步强化监管,随后大量平台转型或倒闭。据不完全统计,P2P网贷平台在2014年仅退出122家,而在2015年退出1302家,2016年仅在前4个月就有270家出现问题,全年达到1000多家。P2P网贷平台的大量倒闭,不仅是对互联网金融产业的声誉的冲击,也是实体经济融资渠道的萎缩。

3. 资源环境约束增强,实体经济内生发展动力不足[①]

改革开放40年以来,我国的经济发展模式主要是粗放式增长模式,显著特点是技术创新水平低、浪费资源、污染环境。随着要素资源成本的增加,大宗商品价格和能源价格的上涨和剧烈波动,以及环境污染和生态破坏等,使得主要依赖资源消耗型的增长模式不可持续,必须转向环境友好型、资源节约型的可持续性增长模式。当我们着手解决环境污染问题时,中国的经济增长函数就会内生地增添了资源环境约束的负要素。在工业化发展阶段,中国科技创新相对较低,主要依赖向国际发达国家学习、引进先进技术,简便快捷地将农业未充分就业的劳动力转移到出口导向型和技术进口型的制造业中,来维持高生产率水平。然而,随着国内"后发优势"的丧失,以及国外先进技术封锁,使得中国无法获得系统性技术来学习,严重阻碍了中国在新时代下的发展。与主要发达国家相比,自主创新能力特别是原始创新能力仍然是中国的"短板",科技对经济增长的贡献率偏低,重大创新成果较少,制约创新发展思想观念和深层次体制机制障碍依然存在,创新体系整体效能不高。当前,我国实体经济在内生发展动力上存在一系列问题:一是创新意愿不强、创新能力不足,缺乏原创性研发技术;二是知识产权保护力度不强;三是高层次领军人才和高技能人才严重缺乏,创新型企业家群体亟须发展壮大[②];四是研发投入较少,核心技术和高端装备受制于人;五是企业经营管理模式等创新有待加强,普遍缺乏新技术、新产业和新商业模式的驱动。

4. 低端过剩、高端不足的结构性矛盾更加突出

产业结构不合理、供需结构不匹配,特别是低端产能过剩与高端产品短缺并存的问题十分尖锐。在传统产业,一方面,如钢铁、水泥和煤炭等传统产业出现不同程度的产能过剩,库存挤压严重;另一方面,近年来,由于地方政府无序竞争,政府鼓励发展的新兴产业如光伏、太阳能等也出现一定程度的过剩现象。在新能源和高端制造业,如集成电路、装备制造等,存在供给不足的问题,缺乏充足的创新技术提升生产效率。这些是我国经济发展面临的最为突出的结构失衡矛盾。近年来,一些新兴产业也有产能过剩的苗头和隐忧。同时,我国产业调整明显滞后于需求结构升级,居民对高品质商品和服务的需求难以得到满足。另外,市场内外部需求明显减弱,外需持续萎缩、内需增势放缓叠加,也是导致实体经济结构性矛盾的重要因素。受2008年金融危机影响,全球贸易保护主义抬头,逆全球化潮流兴起,全球贸易陷入低迷,外部需求逐渐减弱。发达国家纷纷提出"创新驱动"战略和"再工业化"战略,重振本国经济,尤其是制造业回归策

① 李扬:《"金融服务实体经济"辨》,《经济研究》2017年第6期。

② 樊继达:《"央+企+地"创新驱动模式能否持续?》,《国家行政学院学报》2016年第5期。

略，呈现加速向实体经济回归的新趋势。[①] 而新兴经济体则加快工业化进程，推动以低端制造业为主体的劳动密集型产业领域的快速发展。在经济发展进入新常态后，国内市场需求约束明显强化，内需疲软已成为制约我国实体经济发展的关键瓶颈之一。

（二）虚拟经济服务实体经济存在的问题

虚拟经济作为实体经济的重要“伙伴”，应该在促进实体经济发展方面发挥重要作用。然而，目前我国的虚拟经济这一服务功能并没有完全发挥。

1. 金融服务实体经济的有效性不足

在经济新常态下，我国实体经济转型升级过程尚未完成，经济运行仍处在转型过渡期。大部分实体经济尚未找到新的转型目标，进而投资收益不断下滑并导致投资效率下行，使得金融体系的融资功能和资源配置功能丧失依托和载体。换言之，虚拟经济服务实体经济的有效性尚且不足，存在“脱实向虚”失衡问题。金融与实体经济之间、房地产与其他领域之间、实体经济内部出现严重不平衡，部分领域杠杆率过高，金融风险增加，经济增长效率呈现下降态势。这主要是由于虚拟经济与实体经济间的互动机制不健全、传导机制不顺畅，市场流动性与经济发展的需求不匹配等原因造成的。当前信用经济体系下，虚拟经济脱离实体经济的主要表现是流动性过剩，进而带来资产价格虚高，也就是资产泡沫。资金过度超发引发的大量流动性资金在金融市场或金融系统内部流通而脱离实体经济的发展。尤其是近年来，金融过度创新、房地产市场及其他虚拟产业的快速膨胀和过度投机行为，严重扰乱了实体经济赖以生存与发展的市场基础，导致实体企业缺乏资金支持，加剧了实体经济转型升级的困境。由于在虚拟经济投资过程中，投资期限短、回报率较高，吸引大量资本流入金融市场抑或房地产市场，导致实体经济资金供给脱节，实体经济“失血”现象显著。据测算，当前金融市场（如证券业和银行业）平均利润率约在 30%，明显高于工业 6%左右的平均利润率水平。另外，当前实体经济中存在严重的高杠杆水平。据统计，2012 年我国非金融类部门杠杆率水平仅为 106%，到 2015 年已超过 140%；我国总体债务率已从 2015 年的 252%上涨到 2016 年的 261%。过高的杠杆率，引发虚高的利润率水平，极易产生泡沫风险，腐蚀实体经济资本；同时也改变了“债务—投资”增长模式的运行机制，使得企业迈入“借新还旧还息”的财务恶化的困境。[①] 除了金融领域，我国房地产市场的过度炒作与投机行为的无序发展，也严重导致金融难以服务实体经济。由于地方政府竞争型的增长模式过度看重房地产市场对财政收入和 GDP 的贡献作用，甚至视房地产作为支柱产业，给予宽松的

---

① 蔡承荣：《对当前经济形势的看法及相关建议》，引自《中国特色社会主义政治经济学探索》，国家行政学院出版社 2017 年版，第 75—78 页。

政策支持和金融支持，严重扰乱了房地产市场价格机制，导致房地产成为追求高赢利和财富积累的投资渠道，直接增加了实体经济的生产成本，挤压其发展空间，导致实体经济的“空心化”。①

2. 虚拟经济风险加大威胁实体经济的平稳运行

2017 年中央经济工作会议明确部署振兴实体经济的重大任务。现阶段，实体经济正处于转型升级的攻坚期，对金融服务实体经济提出了更高的要求，如创业投资、股票交易、理财服务和资产并购等。当前，我国金融体系尚不完善，金融监管滞后于金融创新，影子银行和互联网金融快速发展带来了更多的金融风险。金融风险加剧主要受国际市场的冲击、国内债务风险加剧、房地产泡沫风险积聚和金融“脱实向虚”风险的加大等方面影响。

国际市场冲击的金融风险：一是全球经济陷入低迷和长期停滞状态，外需持续萎缩，阻碍了国内出口产业发展，威胁国内经济平稳增长。二是全球金融泡沫风险加剧，受美联储 2017 年年底缩减美联储资产负债表中的债务和加息的叠加效应，转变了自 2008 年金融危机以来持续 8 年之久的超低利率政策，使得全球资本流动出现较大逆转，极易导致各国金融泡沫风险。三是人民币的过度贬值和国际资本的外逃风，自 2016 年以来，我国出现了人民币贬值、对外投资大幅增长、外汇储备减值和外资资本抽离等事件。

国内债务风险加剧：一方面，全国杠杆率水平急速上升，我国总体债务率已从 2015 年的 252%上涨到 2016 年的 261%，过高的杠杆率，引发虚高的利润率水平，极易产生泡沫风险，腐蚀实体经济资本；另一方面，债券规模急剧增加，加剧债券泡沫风险，截至 2017 年，全市场共 116 只违约债券，违约债券规模 269. 64 亿元，较 2016 年减少 90. 56 亿元，但超过了 2015 年的 148. 6 亿元；2016 年前 8 个月新增债券规模已超过 2015 年全年发行量，且违约金额是 2015 年全年违约额的两倍多。

房地产市场风险：一是房地产泡沫风险加剧，受 2008 年金融危机后的积极宽松财政货币政策和“因城施策”的偏离，导致大量流动性资金进入房地产市场，推动了房地产杠杆率和房地产成本的上涨，加剧房地产资产泡沫风险。二是房地产市场结构分化风险加剧，现阶段，一二线城市房地产库存得到有效缓解，而三四线城市房地产库存却仍然持续攀升或尚未减少，依据资本收益最大化，这会导致企业调整投资战略，放弃三四线城市市场，转投一二线城市市场。

资金“脱实向虚”风险加剧：一是自 2015 年以来，M_1 与 M_2 增速裂口持续拉大，这表明企业现金流改善与投资活跃度的不匹配，企业活期存款及现金比例较高；二是银行

① 费洪平等：《实体经济发展困境解析及对策》，《经济日报》2017 年 2 月 27 日。

向非银行金融机构的信贷增速高于银行向实体经济的信贷增速，这表明金融系统内部资金转移比例较高，脱离实体经济。资金“脱实向虚”导致金融资源尚未有效服务实体经济，不仅加剧金融市场泡沫风险的进程，而且也会导致实体经济的萎缩，弱化市场的资源配置效率。

（三）推动实体经济转型升级，提升虚拟经济服务实体经济能力

一方面，实体经济与虚拟经济是密不可分的整体，两者缺一不可；另一方面，虚拟经济应该正确发挥其服务功能，为实体经济的健康可持续发展提供动力。具体而言，应该从如下几方面着手推动实体经济与虚拟经济的协调发展。

1. 加快体制机制改革，激发实体经济活力

劳动力、资本和技术进步是构成一国经济增长的三大供给要素。而当前，我国正处于新常态下的经济结构性减速阶段，生产要素供给效率和资源配置效率较低，人口红利消失、实体经济资本投资回报率较低、技术创新不足，这都需要进一步完善市场机制，优化外部环境，充分发挥市场在资源配置中的决定性作用。一是要正确处理政府与市场的关系，推动政府职能转变和产业政策的优化升级，协同推进重点领域和关键环节的改革攻坚，并做好三大转型工作：从基于产业分析向基于价值链/供应链分析转型，从“锦上添花”“层层筛选”向“雪中送炭”“普惠激励”转型，从扶持“战略性新兴产业”向支持研发和平台建设转型。二是加快建立健全公开透明、公平竞争的市场规则，健全信用机制和信用环境、营造良好的营商环境、优化政务服务机制和环境、建立健全法律机制和法制环境，充分发挥市场在资源配置中的决定性作用。三是以要素市场为重点，加快完善市场体系，消除资源自由流动的障碍，打破地域分割和行业垄断，促进生产要素在城乡、地区、行业、企业间自由流动与优化组合，加快形成统一开放、竞争有序的市场体系。四是要完善价格形成机制、理顺比价关系，提高价格灵活性，使其能够灵活反映市场供求关系的变化。五是积极深化金融体制机制改革，促进投资渠道的多元化发展，推动社保和保险资金等投资领域的多样化，建立风险资产管理和资信评估制度；推动民间投资，消除行业的显性和隐性壁垒，鼓励和支持民营企业参与更宽领域的投资。六是要加快国有企业改革和国有资本布局调整。高效的市场经济离不开对价格信号作出灵敏反应的市场参与者。我国是社会主义国家，国有经济在国民经济中占据着主导地位，国有经济的布局、国有（控股）企业的运行机制直接关系到市场机制在多大程度上发挥配置资源的作用。

2. 实施创新驱动发展战略，促进实体经济转型升级

创新是引领实体经济发展的第一驱动力。实施创新驱动发展战略，一方面，要完善创新体系基础条件：一是优化创新环境，提升创新意识，打造创新平台，积聚创新资源，

培育创新人才；二是完善科技与实体对接、创新成果与产业对接机制，构建以企业为主、市场需求为导向、政产学研相协同的技术创新体系，完善融资、研发设计、科技成果检测、咨询等创业创新服务；三是深化知识产权领域改革，加强知识产权的法律保障，维护创新主体权益；四是完善创新人才引进、培养和使用机制，造就一批科技型、创新型和富有全球战略视野的企业家群体，培养一批具有国际水平的战略科技人才、科技领军人才、青年科技人才和高水平创新群体。

另一方面，积极推动产业技术创新平台建设，加快发展众创空间、大学科技园、科技企业孵化器等创业服务平台建设，实现科技成果和创新成果的产业化和商品化转变。一是采用新经济、新技术、新模式促进传统产业的改造与提升，突破实体经济转型升级的困境与瓶颈，如研发设计、品牌培育供应链管理和市场营销等关键环节，促进实体经济价值链升级、载体升级和禀赋升级；二是积极培育壮大战略性新兴产业，重点发展前景好、容量大、效益高的新产业、新技术、新业态、新模式，着力推动产业价值链由低端环节向高端环节深化延伸；三是深化构建“互联网+制造业”“大数据+制造业”“人工智能+制造业”等网络化、智能化、服务化、协同化的多元产业交叉渗透“跨界融合”的产业生态系统，推动基于现代技术的实体经济设计研发、生产、管理、营销和服务模式变革，提升制造业数字化、柔性化、网络化、智能化水平，重构实体经济生态圈，形成多元化、多层次、多形式、多渠道产业融合发展的新模式。

3. 进一步加大降成本力度，重塑实体经济竞争新优势

降低企业成本，提升供给能力，要在减税、降费和降低要素成本上加大工作力度。加强部门内部、各部门间的协调配合，健全完善工作推进机制，降低实体经济成本，要降低各类交易成本尤其是制度性交易成本、税负成本、财务成本、生产要素成本、物流成本、各类中介评估费用等成本“组合拳”，全面降低企业负担。一是优化税制改革，切实推进减税清费。进一步搞好税收顶层设计，加快构建扶持民间投资的财税支持体系，通过财政补贴、税收抵扣、贷款贴息、加速折旧等多种支持方式，提高实体经济投资回报；推进以减税、退税为中心的，大力扶持“三农”产业的发展，对支持“三农”政策发展的企业“少取多予”。二是进一步深化简政放权，剥除多余的监管环节，积极推进专业化、社会化的职业水平评价，加快降低制度性交易成本。三是加大财政体制改革力度，降低政府对土地财政的依赖，实现地方政府财权与事权相匹配，消除因“地王”导致的土地价格攀升。四是进一步深化以降低企业生产要素成本为中心，加快土地、水电气能源、房屋租赁等要素价格的市场化改革。五是以拓宽融资渠道为着力点，推动设立国家产业投资基金，降低企业融资成本，开展涉企收费专项治理整顿活动，建立惩处机制和多种涉企收费维权机制。

4. 加强制度建设与监管，防范经济“脱实向虚”问题

坚持对虚拟经济与实体经济一视同仁、统筹规划，既要充分发挥虚拟经济对实体经济的提升作用，完善虚拟经济市场监管体系和制度建设，有序推进虚拟经济各层次的发展，又要坚决抑制虚拟经济盲目发展，防止虚拟经济脱离实体经济过度膨胀，尤其要防止资本过度流向虚拟经济，造成实体经济“空心化”。

针对金融市场制度建设与监管做好以下几点：一是要加强股市监管，严厉打击黑幕、投机行为，抓紧完善上市公司分红制度、信息披露制度、新股发行和退市制度。二是要规范金融市场行为，建立统一监管机构，对金融衍生品实行集中监管。严格市场准入制度，完善市场交易和清算制度，加强法规与监管体系建设，增强金融衍生品交易的透明度。彻底整顿理财产品市场，打击各种非法金融活动，加强对投资品市场交易的监测和监管，坚决打击过度炒作行为。三是要建立符合国情、适应市场规律的房地产平稳健康发展长效机制，大力推进住房制度和土地制度改革，加快以行政性调控为主到以经济杠杆调控为主的转变，遏制投资投机性购房需求，减少房地产无序发展对实体经济的挤压。

针对房地产市场制度建设与监管做好以下几点：一是完善城市住房市场体系，特别是加快完善城市保障房体系，缓解年轻人的住房焦虑，稳定“刚需”购房预期；二是开征房产税，增加住房持有成本，遏制房地产投机；三是完善地方政府（特别是城市政府）的收入体系，改变其对“土地财政”的依赖，从制度上消除土地出让价格快速上涨的根源；四是引导市场回归理性。当前，一些城市对购买住房采取限购措施，有的甚至对房屋出售也采取了一定的限制措施。在交易火爆、市场沸腾的环境下，推出这些措施，就是要为房地产市场“掺入沙子”，以使市场运转能够减速，买卖双方能够恢复理性。上述措施对于在短期内稳定房地产市场是有好处的。

5. 加快金融服务创新，促进“虚实”协调发展

现阶段实体经济的转型升级对金融服务提出了更高的要求，但由于我国金融体系不健全、金融监管滞后于金融创新，在经济发展中潜藏着很高的金融风险，也导致市场操纵和内幕交易现象频发。自2016年以来，我国政府有关部门纷纷采取了相关措施强化监管，标志着我国金融体制改革已经迈入“着眼于长期可持续发展，在确保有效监管的前提下推进金融自由化（金融创新）”的正确轨道上。为推动金融更好地服务实体经济，须做好以下工作：一是完善金融市场体系，尤其是加快构建多元化、多层次，服务能力更强、服务主体更广的多样化金融服务体系。积极推进金融服务改革创新，实现金融行业更好地满足实体经济需求，提升融资服务能力，促进实体经济的转型升级。二是在保证金融稳定运行的前提下，放松监管尺度，鼓励与支持金融创新，尤其是现代技术与金融产业的融合发展，进一步深化债券、股票、商业票据和融资租赁等市场发展，以提高我国金融市场的运行效率，充分发挥资本市场服务实体经济的功能，引导资本流向那些发展前景较好的优质企业。三是要尽快取消“信贷规模管理”，赋予商业银行在合规框架下的市场化自主决策权，进一步增强信贷供给能力，优化信贷投向结构，更好地满足实体经济发展需要。四是鼓励金融机构加大对中小企业的信贷支持，构建面向中小企业的融资租赁机构和综合服务中心。加强社会信用环境和征信体系建设，建立中小企业贷款风险补偿机制、中小企业信用担保风险补偿机制。

6. 深化对外开放，积极推进国际合作

现阶段，国际贸易的全球生产和全球经营主要是由跨国公司来进行全球布局，中国企业要想成为世界级别的跨国行业巨头，也必须走跨国公司的投资道路。将所有经营业务全部集中于一国市场内，企业固然能够规避政治风险、汇率风险等市场风险的威胁，但在全球产业价值链条下最终产品却丧失国际竞争力。因此，我国企业有必要“走出去”，积极参与国际合作，加快融入国际产业价值链体系。在推动企业“走出去”方面，我国于 2013 年提出了“一带一路”倡议，很快便转化为实际行动。在抢抓“一带一路”发展机遇方面，应关注两方面的问题。一方面，要坚持商业利益为先，防止出现“头脑过热”。以政府为主导的开发性投资与以企业为主导的商业投资紧密结合，以主体工业园区建设来带动企业对外投资，虽然具有起点高、发展快的优势，但极易产生投资过剩、重复投资、产能过剩的缺点。因此，在企业“走出去”的过程中，应避免政治影响、短期政绩的盲目投资，而是坚持商业利益优先、可持续发展的长期投资。另一方面，要积极履行企业社会责任，推动改善当地投资环境。“一带一路”沿线许多国家正处于工业化初期阶段，无论是在软件设施还是硬件设施上，均相对落后，且存在劳动者素质较低、社会问题严重、政府腐败严重等情况。国内企业“走出去”应当建立长远为目标，积极履行企业社会责任，以更多的人力、物力投入，为当地社会事业的发展注入新的活力，并进而带动企业经营“软环境”的改善。

深化对外开放，积极推进国际合作，须做好以下工作：一是要把握经济全球化的新特点，积极探索合作新模式，鼓励外商投资实体经济，加强与世界一流跨国公司的合资合作，尤其要吸引跨国公司在国内设立研发中心、采购中心、管理中心，充分发挥外资企业对促进实体经济发展的重要作用。二是加快建立统筹协调机制，积极引导实体企业“走出去”，推动实体企业在境外开展并购和股权投资、创业投资、联合经营，设立分支机构、研发中心、实验基地，建立全球营销及服务体系。三是鼓励实体企业加快发展国际总承包、总集成，带动包括装备、技术、标准、品牌在内的产业输出，培育“优进优出”新模式，引导国际产能合作向更大规模、更广领域、更高层次发展，拓展市场新空间。

7. 积极探索适合企业自身的转型升级之路

实体经济转型发展需根据企业自身特点选择合理、有效的发展之路。一方面，部分有实力的企业需坚守主业，以百年工匠精神打造精品、提升产品竞争力，从而巩固企业的市场地位，即“凤凰涅槃”；另一方面，部分企业需业务转型、跨界发展，寻找新的产业发展空间，即“腾笼换鸟”。采用“凤凰涅槃”发展路径的企业，应该利用好如下几方面：一是充分发挥产业链上下游企业分工协作机制，共同推动产业链条中最终产品或服务的升级换代。二是充分利用产业平台的经济效益，实现企业的快速发展。一些龙头企业通过搭建“平台”，提供相关基础设施（如广告推送、潜在客户发掘、货款结算、物流配送等），为中小企业聚焦核心业务、实现快速发展提供了机会，如阿里巴巴、腾讯、滴滴打车、携程网、亚马逊、凡客诚品等。三是充分利用产业集群带来的规模经济效应，共享基础设施、共享市场信息、共享地区品牌效应，彼此间密切协作，降低企业经营成本。四是发挥“互联网+实体经济”的潜力，推动两者实现深度整合，充分发掘信息技术的潜力，显著提高企业的应变能力。五是在深入分析市场格局的前提下，找到适合自己的市场定位，深耕细化市场，提高客户忠诚度，为打造“百年老店”奠定基础。采取“腾笼换鸟”发展战略的企业，则应关注如下问题以加快转型升级步伐：一是要选准目标；二是要认真应对企业文化鸿沟；三是要切实树立“以人为本”的理念，调动员工积极性，不断增强企业活力，努力在新的业务领域开创出新的天地；四是通过引入大股东、让渡管理权的方式，或者通过资金变现，参与基金投资或股份投资的方式来进行“被动投资”。通过搭乘企业大股东的“便车”，来分享企业发展的红利。

三、统筹协调发展，加速缩小城乡区域间差距

党的十九大报告中鲜明地提出了中国社会主要矛盾发生了变化，由人民日益增长的物质文化需要同落后的社会生产之间的矛盾，转变为人民日益增长的美好生活需要和不平衡不充分的发展之间的矛盾。社会主要矛盾发生变化这一重大政治判断不仅是十九大报告的一大亮点，是关系全局的历史性变化，也将贯穿今后解决我国经济社会发展的主要任务的始终。不平衡不充分发展的矛盾主要体现在区域协调发展、城乡协调发展、物质文明与精神文明协调发展、经济建设与国防建设融合发展、人与自然协调发展问题等方面。中国已经从“落后的社会生产”变为“不平衡不充分的发展”，生产力的发展已经从“寡”进入到“不均”的阶段，不是总量问题而是分配、结构和协调问题。区域发展不平衡不充分问题是构成中国社会主要矛盾的重要内容，破解区域发展不平衡不充分，实现区域协调发展是全面建成小康社会的必然要求，也是建设社会主义现代化强国的重要前提。

（一）我国区域发展不平衡的具体表现

改革开放 40 年，中国经济快速发展，社会生产力水平大大提高，已经成为世界第二大经济体。但是，发展的不平衡不充分问题比较突出，区域、城乡之间的发展仍存在着诸多不平衡，这些都成为制约当前及未来中国经济社会发展的重要掣肘。

发展不平衡，是指在发展过程中出现的不协调、不匹配和不和谐的关系。它是人类社会发展中一个较为普遍的现象，无论在全球还是在一个国家范围内，发展过程的不平衡性始终广泛存在，只不过在不同阶段表现程度不同而已。目前我国经济在迅猛发展的同时，发展不平衡的问题更加凸显。

1. 地区间差距在缩小但不平衡问题仍突出

经过近些年的不懈努力，我国经济增长“西快东慢”，中西部地区 GDP 占全国的份额在提高，人均收入水平与东部地区的差距明显缩小，总体区域发展差异呈现收敛态势。但是，与发达国家比，我国区域差距仍较大，尤其省区间分化严重，有些省份长期增长乏力，老工业基地衰退严重，消除区域整体性贫困面临攻坚战。我们采用人均 GDP 极差率和泰尔系数两种衡量区域差异程度的指标来判断四大地带间的区域差距变化趋势。从 2003 年开始，区域发展总体差距不断缩小，人均 GDP 极差率从 2003 年的 2. 61 降为 2016 年的 1. 76（见图 2-1），泰尔系数从 2003 年的 0. 059 降为 2016 年的 0. 03（见图 2-2）。对泰尔系数进行一阶分解，测算东部、中部、西部、东北地区内部发展差异和四大板块间的差异。全国区域总体发展差异和四大板块间的发展差异都呈缩小态势，但各板块内部发展却呈现不同趋势。东部地区的泰尔系数从 2000 年起在逐渐缩小，2013 年之后略有上升；西部地区的泰尔系数从 2000 年起呈先上升后下降的态势；中部地区和东北地区的泰尔系数波动整体较小，整体变化不大，东北地区 2016 年的急剧下降也有统计数据调整（主要是辽宁）的因素。这说明，全国整体差异的降低与东部地区内部差异减少存在较大的相关性，而东部地区内部差异逐渐缩小，说明东部地区经济发展从集聚开始转向扩散，但之后略有上升有可能是随着东部产业向中西部的转移和产业结构调整升级，东部不同省份产业结构调整的结果存在差异。西部地区泰尔系数呈先上升后下降的趋势，主要是因为在 2000 年开始实施西部大开发战略后，由于西部资源、地理位置差异较大，西部大开发战略的获益地区集中在某些省份和地区，西部各省的发展速度处于不均衡状态，内部发展差异增大，但随着西部大开发战略的深入开展，西部整体发展水平得到提升，差异逐渐缩小。

2. 与发达国家相比，人均 GDP 差距仍偏大

过去十年间，中国地区间的经济发展不平衡问题得到一定程度的改善。2006 年，以人均 GDP 衡量，人均 GDP 最高的上海为 62041 元，最低的贵州为 7878 元，排名第一

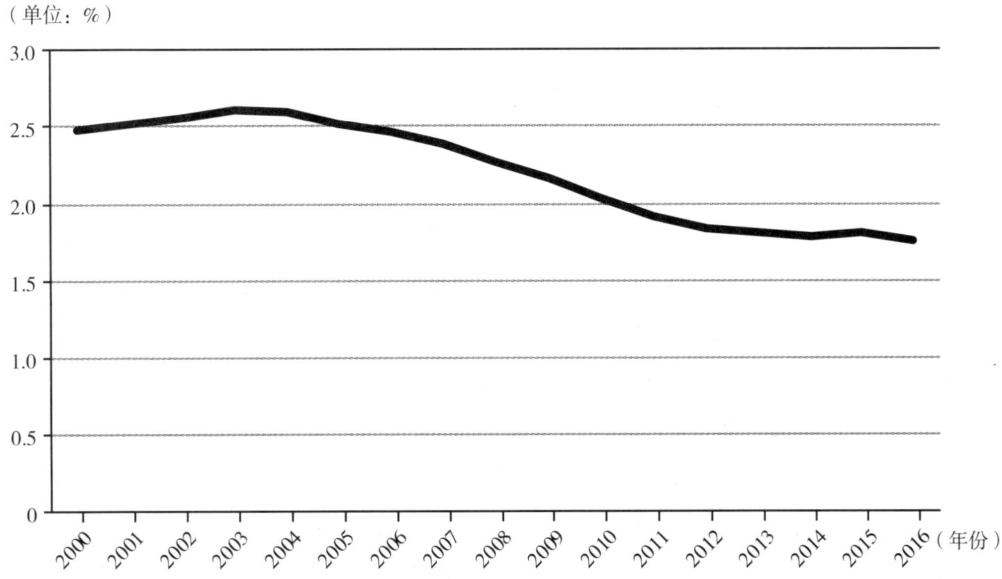

图 2-1 2000—2016 年四大板块人均 GDP 极差率

资料来源:Wind 数据库。

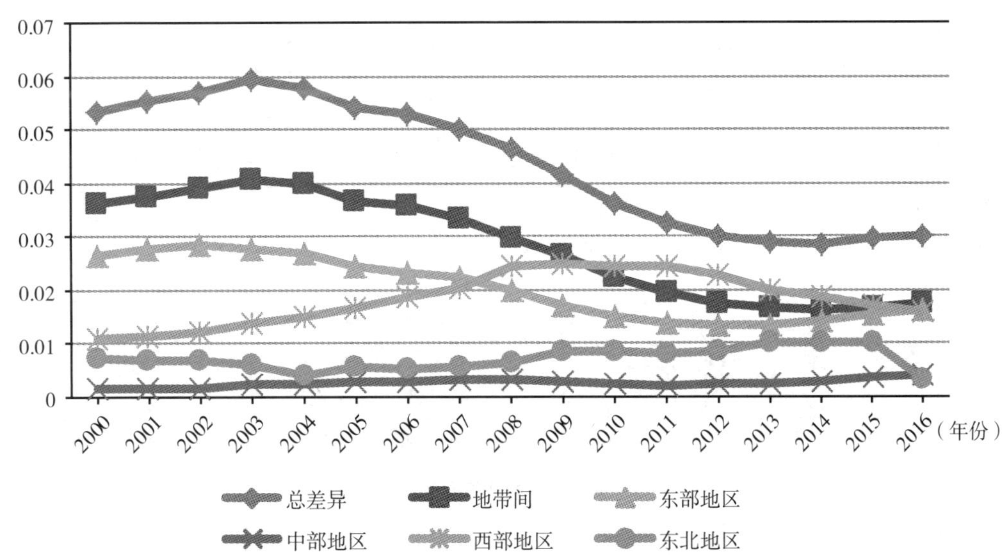

图 2-2 2000—2016 年经济差异的泰尔系数分解结果图

资料来源:Wind 数据库。

的地区(上海)是排名最后的地区(贵州)的 7. 88 倍;2016 年,人均 GDP 最高的是天津为 115053 元,最低的是甘肃为 27458 元,排名第一的地区(天津)是排名最后的地区(甘肃)的 4. 19 倍。这说明总体上,分省份的差距在缩小。与美国比较而言,美国人均 GDP 最高的州(阿拉斯加,排除华盛顿特区)是最低的州(密西西比)的两倍,所以,与发达国家相比,中国经济发展水平的差距仍偏大。

3. 工业化发展进程不均衡

目前我国区域发展的工业化进程是极不平衡的,一些区域工业化水平是发展不充分的,我们遵循梯度发展的战略,产业转移由东部沿海向中西部逐次延伸,当前我国的工业化水平的区域差距非常大。2015 年,上海、北京、天津已经到了后工业化阶段,广东、浙江、江苏、山东已处于工业化后期,大部分的中西部还处于工业化初中期阶段,如山西、内蒙古等 10 个省份处于工业化中期阶段,河南、湖南、贵州等 10 个省份处于工业化初期阶段,西藏尚处于前工业化阶段。

4. 新兴产业空间分布不均衡

当前新科技革命兴起,以德国工业 4.0 为代表,新兴产业不断涌现,不过新兴产业的产业空间分布不均衡。东部沿海地区,如上海、杭州等地区的数字经济、互联网经济发达,但是中西部地区仍然还处在传统和低端产业的发展阶段。根据阿里研究院调查数据表明,2016 年全国 1311 个淘宝村广泛分布在 18 个省(自治区、直辖市),东北地区 5 个淘宝村,占比 0.38%;中西部 25 个淘宝村,占比达到 1.9%;其他 97.72%分布在东部地区(见图 2-3)。

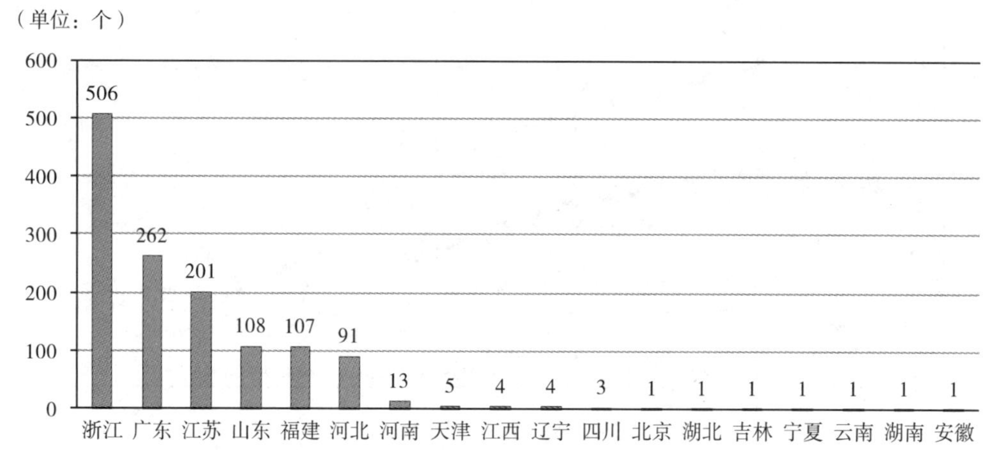

图 2-3　2016 年全国淘宝村分布情况

资料来源:阿里研究院。

(二)我国城乡差距的具体表现

过去十余年来,中国的城镇化稳步推进,按照常住人口测算的城镇化率已经达到 57%。中国政府通过推出一系列的政策,如建设社会主义新农村、建设美丽乡村等改善了农村的生活条件,农村的经济社会发展得到显著提高,农民的收入有显著提高,城乡的相对差距有所缩小,但是城乡收入、消费的绝对差距仍然存在。

1. 城乡居民收入差距倍数缩小，绝对差距仍较偏大

比较2000—2015年城镇居民家庭人均可支配收入与农村居民家庭人均纯收入发现（见图2-4），2000年城镇居民收入是农村居民收入的2.79倍，随后两者的差距有所扩大，到2007年城镇居民收入是农村居民收入的3.33倍，这一比例在2015年下降到2.95倍。与此同时，从近十年的城乡收入相对和绝对差距来看，2005年农村居民家庭人均纯收入为3254元，城镇居民可支配收入为10493元；到了2015年农村居民家庭人均纯收入为10772元，城镇居民可支配收入为31790元。从相对差距来看，从2007年的3.33倍缩小到2015年的2.95倍，但是从绝对差距来看，已经从9645元扩大到了21018元。

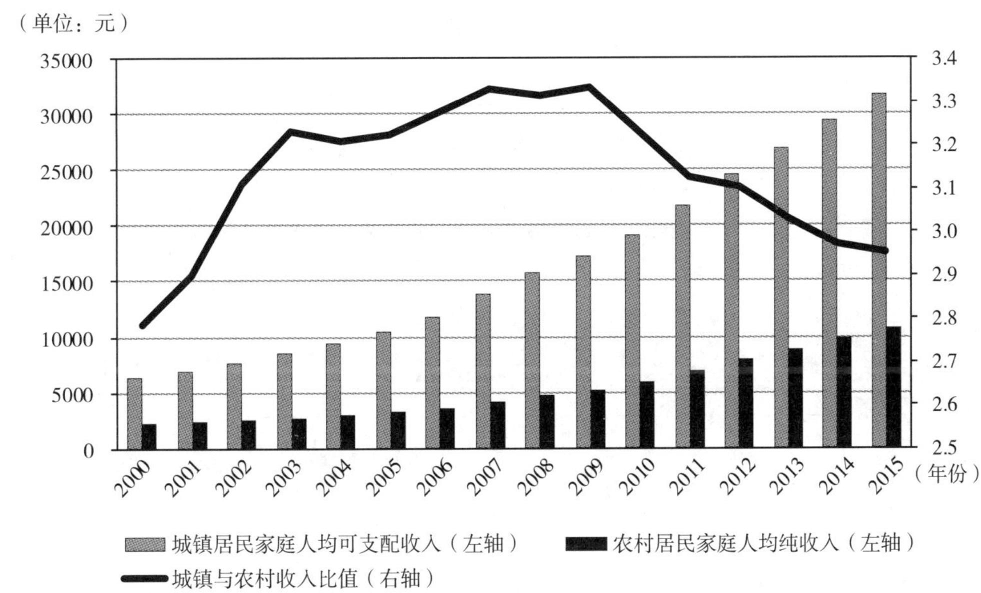

图2-4 2000—2015年城乡居民家庭收入

资料来源：Wind数据库。

从人均收入增速看（见图2-5），2004年后，农村居民收入增速与城镇居民收入增速的缺口大幅收窄，2009年后农村居民收入增速始终高于城镇居民收入增速。

恩格尔系数是食品支出总额占个人消费支出总额的比重，是衡量一个国家经济发展水平的标准，一般而言，经济越发达国家越富裕，食品支出的比重越低，恩格尔系数呈下降趋势。根据2000—2017年中国城乡居民恩格尔系数统计数据（见图2-6），农村居民恩格尔系数从2000年的50%下降到2017年的31%，城镇居民恩格尔系数从2000年的40%下降到2017年的28.6%，农村居民恩格尔系数与城镇居民恩格尔系数的差值从10%收窄到3%。城乡居民消费支出也是衡量城乡居民差距的一个方面，2015年城镇居民人均消费支出为21392元，农村居民人均消费支出为9223元，两者

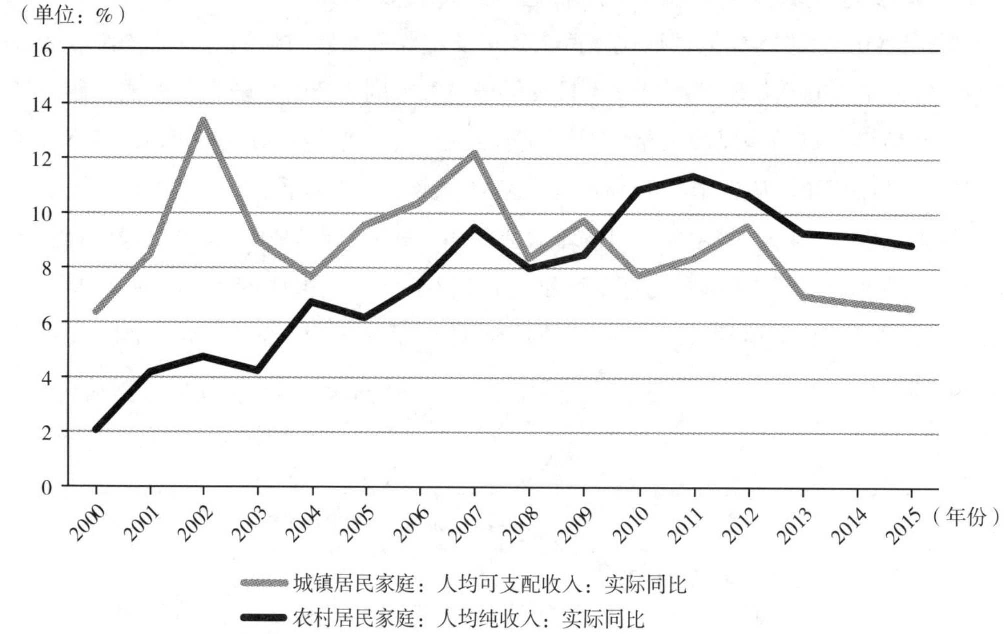

图 2-5　2000—2015 年城乡居民收入增速

资料来源：Wind 数据库。

相差 12169 元。

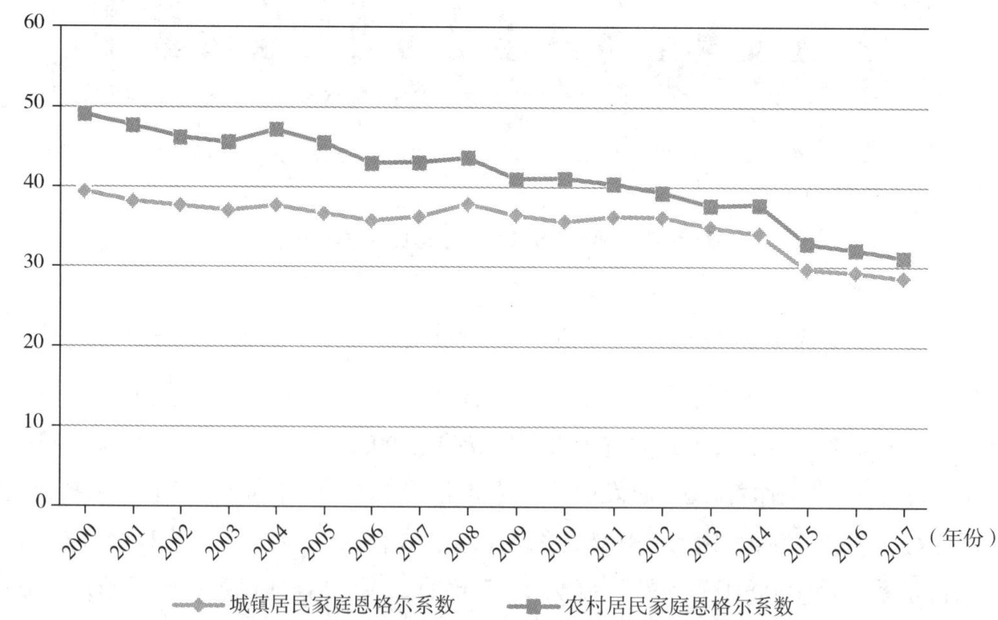

图 2-6　2000—2017 年城乡居民恩格尔系数

资料来源：Wind 数据库。

造成城乡居民可支配收入和消费支出差距的重要原因在于城乡居民收入来源的差异:城镇居民的收入包括了财产性收入、工资收入;农村居民的收入主要以剩余劳动力转移获取的劳动性报酬,财产性收入少。当然,从根本上说这是因为我国资本报酬过高,劳动力报酬偏低造成的。

2. 城乡公共资源配置差距较大

党的十六大以来实施农村综合改革,彻底废除了农村税费制度,确定城乡一体的公共财政制度,加大农村地区的财政转移支付力度,实施了一系列的资源向农村地区倾斜的政策。如,加大对农业生产的直接补贴,强化农村水、电、路、气等基础设施建设,建立农村义务教育经费保障机制,全面建立和完善新型农村合作医疗制度和农村最低生活保障制度,在统筹城乡经济社会发展方面取得了重大的成就。但是,农村公共资源覆盖面的广度与城市差距不小。目前城镇居民和农村居民仍分属不同的社会群体,城乡二元结构问题突出,城镇与农村居民在教育、就业、医疗、社会保障等方面仍遭受着不平等的待遇。大城市凭借强大的产业、人口吸附力集聚了优质的教育、医疗资源,政府又不断强化城市公共资源的投入和供给,进一步提高了城市的吸附能力;而农村空间分布较散,人口集聚不足,公共资源的投入效率低下,政府投入动力不足。由此造成城乡公共资源配置仍存在差距,而农村落后的公共资源是制约其经济社会发展的一块短板。

3. 城乡社会保障制度差距较大

客观上我国城乡分割的二元结构社会,造成了城乡社会保障制度性差异。城乡社会保障制度的差距具体表现为以下几个方面:一是城乡二元经济结构,导致城乡社会保障制度的巨大差异,城镇社会保障制度健全,农村社会保障制度普遍缺失。城镇居民拥有完善的“五险一金”制度,还有低保、特困户基本救助和优抚安置项目,社会保障体系完善;农村地区养老、合作医疗仍未完全建立,社保项目的覆盖面窄,市场化程度低。二是城乡社会保障水平差距大,城乡劳动者的保障待遇水平不一,进城打工的农民工无法享受城市的公共资源,仍受歧视,无法分享城市化红利。三是城乡社保基金筹集方式不公平,农村社会保障基金筹资困难,无法保障农村居民。

4. 人均社会福利支出逐步收敛,但是差距仍然不小

我们将地方政府财政支出中的教育支出、社会保障与就业、医疗卫生与计划生育三项加总,作为政府的社会福利支出,再除以各地区总人口数得到人均社会福利支出。2007 年,人均社会福利支出最高地区(上海)的支出数额是最低地区(广西)的 4. 73 倍,这一比值在 2013 年缩小至 2. 97 倍,但随后又有所上升,2015 年为 3. 32 倍(见图 2-7)。2009 年之前,经济落后地区的人均福利支出较小。此后,西部地区、西北地区的支出上升,西藏、青海等省份排名全国领先,且增长较快;但河北、河南、山东等人口大省的支出增长缓慢,排名相对下滑。

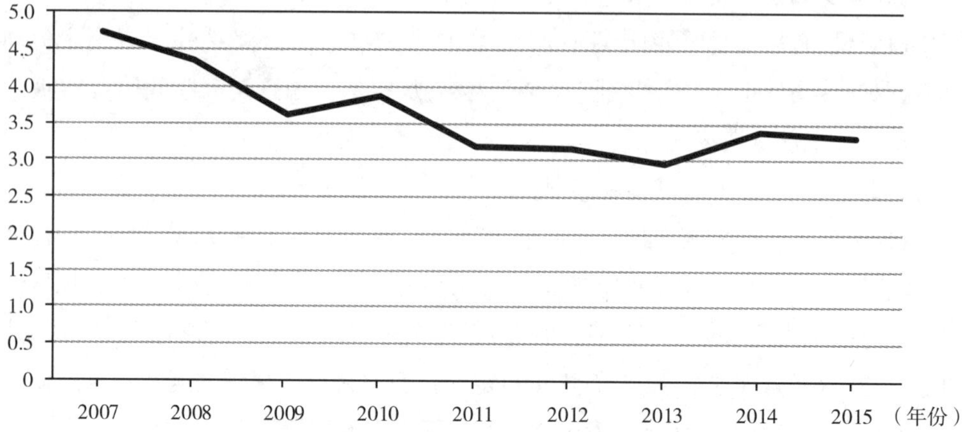

图 2-7　2007—2015 年人均社会福利支出最高值与最低值之比

资料来源:Wind 数据库。

5. 收入差距仍然较大

首先,从收入分配的基尼系数来看,我国大致在 0.5 左右,与欧洲发达国家 0.3 左右的水平相比,仍存在着显著的差距(见图 2-8)。同时,受限于调查高收入群体的样本难度大的问题,收入差距有可能低估。而且在短期内还没有出现一个明显缩小的趋势。从国家统计局的官方数据显示了收入差距缩小趋势主要是指城乡收入占比缩小。但是城市内部的收入差距仍然在扩大,因为城乡之间的收入差距缩小很大程度上受到城市化进程中农民工进城带来农民工工资增加,以及受到惠农政策的影响。财产性收入增长很快,但是财产差距分配急剧扩大,远远超出了收入差距的扩大。根据有关调查研究发现,在过去的十多年中,财产最富的 10%的人群的财产份额在增加,剩下 90%的财产份额都在减少,财产越来越集中在少数人手中,财产差距与收入差距之间呈现明显的正向关系,财产越高,收入越高。

由此可见,从居民收入、消费支出、公共资源配置、城乡社会保障制度等方面来看,城乡之间的差距仍然非常显著,而且差距缩小的速度与经济发展的速度不相匹配。因此,如何在保持我国经济中高速发展的同时,让广大的农村居民享受与城镇居民相平等的福利、待遇,是实现城乡统筹、区域协调发展,化解我国发展不平衡不充分的重要课题。

(三)城乡区域发展不平衡及收入差距问题的成因

造成区域发展不平衡不充分问题有很多原因,区域的要素禀赋是造成区域发展不平衡的根源,这是客观因素,同时,受到人为主观因素的影响,如体制机制、政策等因素也会影响区域的发展问题。

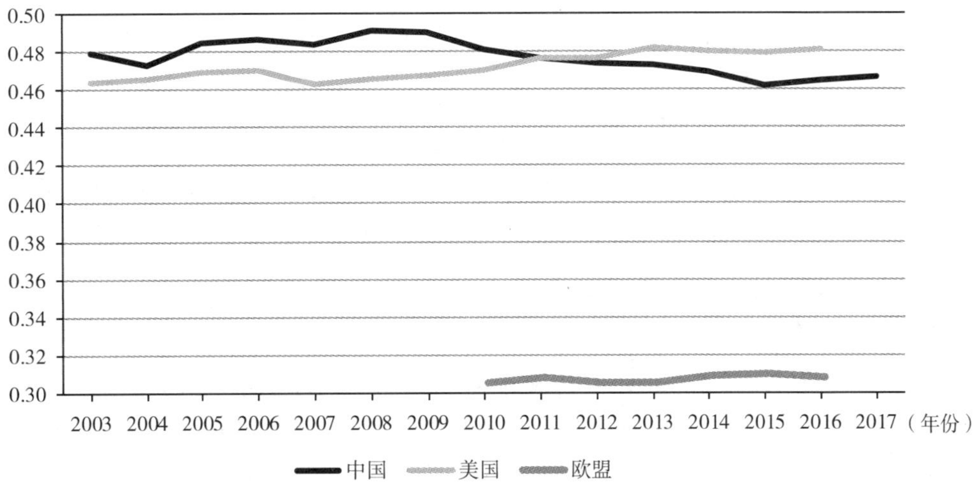

图 2-8　2003—2017 年国际基尼系数比较

资料来源：Wind 数据库。

1. 资源禀赋的差异

以亚当·斯密为代表的古典经济学提出的绝对优势理论表明，各个不同区位之间的资源要素禀赋差异会导致不同的效果。李嘉图在亚当·斯密的基础上进一步发展了绝对优势理论，创立比较优势理论，解释不同区位不同要素导致不同的作用效果。主流经济学将一般均衡理论作为研究基础，把时间作为主要考虑对象，构建静态分析、比较静态分析以及动态分析的理论范式。但是空间变量没有被考虑到主流经济学中去。后来新经济增长理论突破对要素禀赋的认识，认为要素不可完全移动，是导致要素禀赋差异的根源。自然资源、区位、技术、人力资本等资源是造成我国区域发展不平衡不充分的重要因素。东部地区人力资本富集、技术发达，中西部地区自然资源相对丰富，形成了各具特色的产业体系与发展格局。由于资源禀赋的不均质，资源所处于的空间决定了不同区域间的不平衡发展，这种区域间的不平衡发展过程又导致了不同区域间产业发展结果的不平衡，进一步加剧了区域间的不平衡。因此，资源禀赋的差异是区域间发展不平衡的首要原因。

2. 自然规律的客观存在

自然客观存在是造成区域发展不平衡的重要因素。我国于 20 世纪 30 年代提出的有关中国人口西疏东密的地理分界线，被称为有名的“胡焕庸线”。“胡焕庸线”第一次明确了我国人口的空间分布特征，也指明了背后存在的自然条件以及经济活动的空间差异，充分体现了地理学的综合性、区域差异以及空间布局研究的特色。中国西疏东密的人口分布大势受到了某种自然规律制约或资源环境限制；而社会经济发展水平可能只是进一步强化了这种基本地理格局。

3. 区域非平衡发展战略的国家政策取向

国家政策取向是导致区域发展不平衡不充分的重要因素之一。改革开放之初，为了解放和发展生产力，充分调动积极性，提出了先富带动后富的发展策略，国家一系列的产业、财政、税收、金融等优惠政策措施重点向沿海地区倾斜，促使大量的资源、资金、人才向东部地区流动和集聚，中西部地区优质资源大量流出，国家实施非均衡发展战略政策取向，一定程度上加剧了东部沿海与内陆地区的差距。

4. 政策与体制机制造成城乡差距

20世纪50年代，为了迅速建立起独立完整的工业体系，打破国际社会的封锁，我国建立了中央集权的计划经济体制，实行低经济水平下的高积累政策和重工业优先发展战略，投资向城市和重工业倾斜。国家一方面通过工农产品“剪刀差”，压低农产品价格为工业化积累资金；另一方面在城市实行低工资政策，并限制农民进城就业，由此逐渐形成了一整套城乡分割的制度安排。长达几十年的计划经济体制又逐步强化了这种城乡分割的结构状况，劳动力在各地区各部门之间的流动受到严格限制。这种人为的体制机制的设计造成了城乡差距的扩大。

5. 空间与产业的耦合因素

我国区域发展不平衡的变化有空间和产业两个方面的成因，而且，空间与产业间的耦合作用也是导致区域差距的成因。从空间成因看，四大区域间发展不平衡是导致中国区域发展不平衡的最主要原因，四大区域内发展不平衡的作用居于次要地位。从产业成因看，工业对中国区域发展不平衡的贡献最大，其贡献率大于46%，远高于其他产业。其他服务业、批发零售及住宿餐饮业、金融业对中国区域发展不平衡的贡献分别位居第二、第三和第四位。房地产业对中国区域发展不平衡的贡献略有增大，交通运输及邮电业的贡献则不断减小。建筑业和农业对中国区域发展不平衡的贡献小。除了程度上的差异，各产业对于区域间不平衡、区域内不平衡的贡献总体上与其对中国区域发展不平衡的贡献格局相似，而且对区域间不平衡的贡献均大于对区域内不平衡的贡献。从空间成因与产业成因的耦合来看，四大区域之间的产业发展差异是导致中国区域发展不平衡的主要原因，其贡献率超过了61%；四大区域内部的产业发展差异则是次要原因，其贡献率小于39%。这一点与空间成因是相吻合的。就区域内不平衡而言，东部地区的产业发展差异对区域内不平衡的贡献最大。虽然其贡献率比例在下降，但是仍远高于其他三个区域。中部地区、西部地区和东北地区内部的产业发展差异对区域内不平衡的贡献率较小，但均呈现出增大的趋势，尤以西部地区的贡献率增幅最大。

6. 造成收入分配差距的重要原因

一是历史上的城乡分割和城乡二元结构导致了城乡收入的先天性收入差距。二是行业领域造成的收入差距。垄断、金融等高收入行业的报酬过高，造成了不同行业之间的收入差距。三是导致收入分配差距过大的体制性原因。包括腐败和垄断。比如国有企业垄断、国有工商企业垄断、国有银行垄断，以及国有土地造成的两极分化。四是再分配效率低下造成收入差距。尽管我国政府在采用各种收入分配政策，在一定程度上起到了调节收入分配的作用，但是效果不理想。除了转移支付中的养老金对于收入差距有明显的调节作用，其他转移支付，如低保、粮食补贴、医疗保险等对于收入差距的影响力非常小，降低基尼系数的幅度不超过1个百分点。

（四）促进我国城乡区域协调发展的具体对策

我们要在继续推动发展的基础上，着力解决好发展不平衡不充分问题，大力提升发展质量和效益，更好地满足人民在经济、政治、文化、社会、生态等方面的日益增长的需要，更好地推动人的全面发展、社会的全面进步。化解我国社会主要矛盾中的区域发展不平衡不充分问题，必须以五大发展理念为指引，坚持以协调发展为重点，在创新发展中解决问题，以绿色发展促进人与自然的和谐发展，坚持开放发展理念促进区域平衡充分发展，坚持共享发展，让改革发展成果更多更公平惠及人民。

1. 树立协调发展总体观

党的十八大以来，我国经济社会发展取得了巨大的成就，经济体量已经居世界第二位，很多工业产品产量居世界前列，制约经济社会发展的主要矛盾发生了重大变化，不平衡不充分的发展成为矛盾的主要方面，因此，要树立协调发展观。协调发展就是统筹兼顾，是经济社会发展的根本方法。以协调发展为理念，优化经济社会发展的空间布局，推动区域协调发展，形成要素有序自由流动、主体功能约束有效、基本公共服务均等、资源环境可承载的区域协调发展新格局。推动城乡协调发展，坚持工业反哺农业、城市支持农村，健全城乡发展一体化体制机制，推进城乡要素平等交换、合理配置和基本公共服务均等化。

2. 坚持区域发展总体战略，实施精准发展战略

继续深入实施区域协调发展战略，强化举措推进西部大开发形成新格局，深化改革加快东北等老工业基地振兴，发挥优势推动中部地区崛起，创新引领率先实现东部地区优化发展，建立更加有效的区域协调发展新机制。促进各区域协调发展。实施精准化的区域发展战略，支持革命老区、民族地区、边疆地区、贫困地区的发展，在全面建成小康社会的总体任务指导下，坚决打赢扶贫攻坚战，针对这些欠发达地区，要精准扶贫，扶真贫、真扶贫，解决贫困问题。发达地区要以瞄准世界最先进最发达的技术领域，实施创新引领，宏观层面通过构建创新体系和平台支持发达地区发展，中观层面为企业发展提供良好的政策氛围，微观层面要发挥企业家精神，激发创新活力和创造力，激活生产要素。

3. 调整经济空间格局，构建协调发展城镇格局

党的十九大报告中专门提出要以城市群为主体构建大中小城市和小城镇协调发展的城镇格局。突出中心城市带动城市群的发展成为统筹城乡、促进城乡协调发展，进而带动区域协调发展的关键。今后我国要形成以中心城市为引领，以城市群为主体形态的空间载体平台带动城乡融合发展，推动城乡区域协调发展。一是通过城市功能的“加法+减法”，化解城市发展的结构性失衡问题。从国际经验来看，纽约、东京等大城市人口仍然处于不断流入之中，大城市永远是一个国家的经济增长中心。因此，我们要合理地划定大城市的功能，向中小城市转移部分功能。一方面要提高超大城市的空间布局，通过建设新城提高城市的综合承载能力，提高城市经济效率；另一方面通过向周边中小城市疏散非核心功能为大城市发展提供更高生产要素的发展空间，也为促进中小城市发展提供动力源泉，因此，通过城市的“加法+减法”同步促进城市合理、有序、高效发展，推动我国经济的均衡高效发展。二是加快促进中西部地区中小城镇的协调发展。2014 年 11 月，李克强总理在国家博物馆参观人居科学研究展时曾提问：“我国94%的人口居住在东部 43%的土地上，但中西部一样也需要城镇化。我们是多民族、广疆域的国家，我们要研究如何打破这个规律，统筹规划、协调发展，让中西部老百姓在家门口也能分享现代化。”因此，要适度加快西部地区的城镇化发展，有序推进农业转移人口市民化，扶持劳动力密集型产业和服务业发展，引导人口向资源环境承载力好的城市群地区集聚，在城市群内则要促进人口主要向中心城市以外的中小城市分散，根据地方实际情况选择适合自身特点的城镇化发展模式和路径。广大的中西部地区要借助“一带一路”倡议，以及国家扩大西向、沿江、沿边开放力度，打造全方位对外开放格局的政策东风，加快引进东部地区的优质资源向中西部地区自由流动，提高生产效率，促进沿边地区开放，促进边疆、西部地区的经济发展。抓住新科技、新经济发展机遇对中西部落后地区的改造提升作用。充分运用互联网等新科技革命具有突破传统时空界限的优势，大力发展新经济、新模式，如农村电子商务，加快总结先进地区借势超常发展的经验，探索加快缩小地区差距的新路径。尤其是长期落后的地区，借势新经济、新科技、新路径、新模式，在一些方面超越原来落后的产业基础和经济基础，实现新经济的重造或者是新经济的构造，从而追赶现在在某些产业处于相对领先的地区。充分挖掘生态要素对经济发展的带动作用。传统的中西部落后地区和农村地区一般都具有良好的生态，能够将良好的生态环境转化为生产力，可以借助良好的生态资源开发旅游经济、休闲农业等新兴业态，促进欠发达地区或农村地区的发展。

4. 实施乡村振兴战略

乡村振兴战略首次将农村发展提到了更高的位置，很显然，推动城乡协调发展的重点是补农村的短板。因此我们要从以下几个方面做好乡村振兴工作。一是打赢脱贫攻坚战。以全面建成小康社会为目标导向,继续实施精准扶贫政策,扶真贫、真扶贫,减少农村贫困人口。二是全面深化农村改革。破除制约乡村发展的体制机制障碍,激活农村要素资源。积极落实第二轮土地承包到期后再延长30年的政策。探索宅基地所有权、资格权、使用权分置改革。改进耕地占补平衡管理办法,建立新增耕地指标、城乡建设用地增减挂钩节余指标跨省域调剂机制,所得收益全部用于脱贫攻坚和支持乡村振兴。三是科学制定规划,健全城乡融合发展体制机制,依靠改革创新壮大乡村发展新动能。推进农业供给侧结构性改革。促进农林牧渔业和种业创新发展,加快建设现代农业产业园和特色农产品优势区,稳定和优化粮食生产。培育新型经营主体,加强面向小农户的社会化服务。四是充分运用新科技革命的成果发展农业,大力发展"互联网+农业",多渠道增加农民收入,促进农村一二三产业融合发展。五是推动农村各项事业全面发展。改善供水、供电、信息等基础设施,新建改建农村公路20万公里。稳步开展农村人居环境整治三年行动,推进"厕所革命"。促进农村移风易俗。健全自治、法治、德治相结合的乡村治理体系。我们要坚持走中国特色社会主义乡村振兴道路,加快实现农业农村现代化。

5. 深化供给侧结构性改革,推动发展总体均衡

党的十九大报告指出了我国社会主要矛盾已经转化为人民日益增长的美好生活需要和不平衡不充分的发展之间的矛盾。当前不平衡不充分主要包含两个层次:第一个层次是总体上的不均衡,包括需求结构、产业结构、城乡结构;第二个层次是地区间的不平衡,包括经济发展、社会发展、公共服务等。因此,解决总体发展的不平衡要着力推进供给侧结构性改革,提高供给质量,提高消费对GDP的贡献,加快产业转型升级,化解过剩产品,促进企业创新创造,推动经济高质量发展。解决地区间的不平衡重点是要促进地区的经济发展、社会福利在人均意义上的收敛,在加大对落后地区财政转移支付的同时,要推进落后地区体制机制转变,改善地方软环境,提升营商环境,吸引人才,提升区域竞争力。

6. 政府相对均衡地配置公共资源

城乡差距较大还体现在医疗、教育、社会保障等公共服务领域方面。目前城乡差距较大,政府公共资源配置要继续坚持向农村倾斜,依靠增量调整,促进存量相对均衡。城乡公共资源均衡配置只是一种相对均衡而不是绝对均衡。在宏观层面上,政府要提供普遍性服务,实现公共服务均等化、可持续性,提供公平的服务,使得人民具有获得感。当然城乡公共服务的差距不可能收敛到绝对的均衡,要达到相对均衡,最终实现城乡要素资源的双向自由流动及动态均衡。

7. 发挥政府再分配调节职能,缩小收入差距

党的十九大报告中提出当前我国收入分配差距仍然过大,需要加大政府的再分配调节功能。一是从根本上打破城乡二元结构,加快城市化进程,从根本上解决由于城乡结构导致的收入分配差距问题,缩小城乡收入差距问题。二是防止城市内的收入差距问题。要密切注意防止过去城乡分割造成的基尼系数向城市转移。随着城市化进程,农民工进城,原来城乡分割导致的基尼系数很可能由于城市内的高收入阶层与低收入阶层收入差距的扩大而扩大,收入差距进一步恶化。因此,一方面要注意发展小微企业,积极鼓励创业,提高城市就业率,扩大中等收入阶层的数量和人口比例;另一方面,要防止城市内人为分割造成的收入差距扩大。要加强反腐败、反垄断,通过税收手段来调整高收入与低收入之间的关系。

四、补齐民生短板,实现基本公共服务均等化

基本公共服务作为公共服务的重要组成部分,是满足人们享有最低公共资源的基本需要,与人们最基本的生存和发展息息相关。基本公共服务均等化,主要包括保障基本民生需求的教育、就业、社会保障、医疗卫生、住房保障、文化体育等领域的公共服务,广义上还包括与人民生活环境紧密关联的交通、通信、公用设施、环境保护等领域的公共服务,以及保障安全需要的公共安全、消费安全和国防安全等领域的公共服务的均等化。

随着社会不断发展与人民群众需求的不断提高,我国基本公共服务均等化从理论到实践、从规划到实施、从政策到市场都经历了深刻变革。当前立足于我国改革与发展的国情,持续加强和改善基本公共服务均等化建设将是一个长期的动态的过程,最终以实现基本公共服务均等化为目标,促进我国经济社会协调健康可持续的发展,为全面建成小康社会、实现共同富裕、增进人民福祉、增强全体人民在共建共享发展中的获得感、实现中华民族伟大复兴的中国梦,都具有十分重要的意义。

(一)我国基本公共服务均等化的发展历程

改革开放40年,我国财政收入高速增长,带动财政对一般公共预算支出的增长。从1978年的1122.09亿元增长到2017年的203330亿元,增长了180倍。其中,包含在基本公共服务中的教育、医疗卫生、社会保障和就业、文体等支出从1978年的131.57亿元增长到2017年的73038亿元,增长了554倍,支出比例从11.73%上升到35.92%,说明我国在改革开放过程中,注重经济发展的同时,也十分重视对基本公共服务建设的快速推进。

新中国成立以来伴随着改革发展进程,以时间为节点,以政策为依据,大致将我国基本公共服务均等化发展历程划分为三个发展阶段。

1. 城乡二元化背景下，实行“平均覆盖，分别治理”的发展阶段

新中国成立初期，在计划经济体制下，我国基本公共服务资源相对贫乏。基本公共服务作为社会主义制度优越性的体现，力求公平覆盖的价值取向。社会公平主要表现为城乡二元差别基础上城乡兼顾的公平，由政府直接配给在最低程度上满足人民群众的基本公共需求。新中国成立时的基本公共服务属于零起步，1954 年通过的《宪法》，明确了政府具有向公民提供医疗卫生、社会保险、基础教育和社会救助等基本公共服务的义务，使我国基本公共服务在短时间内得到快速发展。“1954 年在国家预算中，用于医疗和文教等社会事业的支出是 1950 年的 4. 9 倍。这部分支出占当时整个财政支出比重从 1950 年的 11. 1%上升为 1954 年的 14. 7%。”①1957 年的在校学生人数，同比 1956 年，高等学院增加 9. 7%，普通中学增加 15%，小学增加 5. 5%。群众办学在 1957 年得到很大的发展，在这方面成绩最多的有四川、江苏、河南、河北等省份。卫生部系统的医院病床数，比 1956 年增加 11. 7%。② 此后十年，受到社会秩序不稳定的影响，经济和社会各方面的发展处于停滞状态，基本公共服务也随之进入停滞建设甚至严重短缺的低水平阶段。

城乡二元结构的户籍制度导致当时基本公共服务产生“二元化”差别，主要表现为内部相对覆盖而外部整体失衡的状态。限于当时经济社会发展条件，基本公共服务投入偏向于城市。对城市的“非农业户口”施行“单位制”公共服务供给模式，即单位对职工提供医疗、教育、社保、住房等基本公共服务，例如当时单位集资建房、单位创办幼儿园等服务作为单位福利面向城市内职工，这在一定程度上保证了城市内部的全面覆盖。而对农村的“农业户口”施行“集体制”公共服务供给模式，即通过村集体对农村居民提供小学教育、合作医疗、集体农保、集体养老等基本公共服务，例如当时的“人民公社”政策，农民以“社员”的身份投入到村集体的生产中去，村集体经济成为农村基本公共服务的主要供给来源。由于村集体经济发展水平和规模不足，导致农村居民享有的基本公共服务和城市职工相比水平较低，服务差距很大。

2. 改革开放后，“效率优先、兼顾公平”的发展阶段

1978 年，党的十一届三中全会开启了我国改革开放发展历程，标志着我国由计划经济向市场经济的转变，市场经济给原有的计划经济体制注入了更多的活力，提高了大部分人的收入水平，当时公共服务均等化主要是“效率优先、兼顾公平”的政策理念。我国是一个人口众多的发展中国家，城乡二元经济结构与区域经济发展不平衡的问题十分突出。各级政府将经济发展和社会建设作为重点工作，尽最大努力，增加城乡人民

---

① 周恩来：《1954 年政府工作报告》，《人民日报》1954 年 9 月 24 日。

② 薄一波：《关于一九五八年度国民经济计划草案的报告》，《人民日报》1958 年 2 月 13 日。

收入,改善广大群众生活。1979 年全民所有制职工年平均工资达到 705 元,比上年增加 61 元。农民从集体分得的收入,每人平均达到 83.4 元(不包括农民家庭副业收入),比 1978 年增加了 9.4 元,而 1965 年到 1976 年 11 年中,农民每人平均从集体分得的收入总共只增加了 10.5 元。恢复高考后,1979 年大专学校在校学生 102 万人,中等专业学校在校学生 120 万人,普通中学在校学生 5905 万人,各种形式的成人高等教育在校学生达到 86 万人,均达到历史最高水平。1979 年全国在城镇安置了 903 万人就业,在基本公共服务建设方面的投入中,提高了职工住宅、科学文教卫生和城市建设的比重,这个比重,1978 年为 17.4%,1979 年达到 27%,1980 年达到 29%。①

在经济体制转型的同时,政府职能与社会政策等相关制度转变落后于经济体制的转型发展,同期基本公共服务等民生领域并没有得到相同水平的改善。“重经济效益轻社会效益”导致城乡二元差距不断扩大,区域经济发展不平衡导致各地区公共服务供给财力的不同,对基本公共服务财政投入不及时不到位,各地区基本公共服务筹资困难也导致公共配置缺乏常态化、规模化的投入,在一段时间内区域之间、城乡之间的基本公共服务配置的非均等化程度不断加剧,尤其偏远落后的农村基本公共服务供给严重不足、城乡严重失衡的状况。1979 年颁布的《农村合作医疗章程》(试行草案)将“农村合作医疗”定义为“人民公社社员依靠集体力量,在自愿互助的基础上建立起来的一种社会主义性质的医疗制度,是社员群众的集体福利事业”,这是我国农村公共医疗卫生服务的雏形,但由于资金来源不足,使绝大多数地区的农村合作医疗体系处于停滞或瘫痪状态。②

20 世纪 80 年代后,市场经济高速增长并没有带动和促进国家财政的同步增长。1980—1990 年 10 年期间,国内生产总值平均增幅为 9.5%,但是,中央财政收入占国内生产总值之比从 1978 年的 31%下降到 1992 年的 14%,中央财政收入的比例不断下降,使原本需要国家财政投入的教育、医疗、社会保障等一系列基本公共服务建设资金严重匮乏。于是 1994 年我国实行分税制改革,中央和地方的财权和事权的分离,把税权下放到地方,从而达到中央与地方的“财权和事权匹配”双赢的目标。分税制改革后,地方政府主要承担基本公共服务供给职责,中央通过“税收返还”和“转移支付”制度反哺地方财政,对于地方政府的基础设施、基本公共服务等建设提供资金支持。1994—2003 年,我国财政收入年均增长 17.4%,其中,中央收入增长 16.1%,地方收入增长 19.3%。10 年间,我国财政实力不断增强,财政收入从分税制改革前的 5000 多亿元增加到如今的 2 万多亿元,全国财政收入占 GDP 的比重也由 1993 年的 12.6%提高到

① 姚依林:《1980 年政府工作报告》,中央政府门户网站,1980 年 8 月 30 日。

② 范逢春:《建国以来基本公共服务均等化政策的回顾与反思:基于文本分析的视角》,《上海行政学院学报》2016 年第 17 卷第 1 期。

2003 年的 18.6%。同时,2003 年中央财政收入占全国财政收入的比重为 54.6%,比 1993 年的 39%提高了 15.6 个百分点。在中央财政资金反哺支持下,地方财政对当地教育、医疗、社会保障和就业、住房等基本公共服务的投入得到大幅度提高,基本占到地方财政支出的 80%左右,这极大促进了我国基本公共服务体系的快速发展。

21 世纪初,在原有基础上逐步加快基本公共服务体系建设。社会保障体系的框架基本确立,建立了城镇职工基本医疗保险制度、国有企业职工基本生活保障制度、失业保险制度、城市居民最低生活保障制度,社保覆盖面和参保人数大幅度提高。同时建立了社会保障基金,截至 2003 年已累计资金 1242 亿元。2003 年国务院召开"全国农村教育工作会议",重点提出教育资源投入要向农村倾斜的政策举措,新增的教育经费主要用于加快普及农村义务教育,全国实现基本普及九年义务教育、基本扫除青壮年文盲的人口地区覆盖率,由 1997 年的 65%提高到 2002 年的 91%,这在很大程度上促进了农村义务教育的推广。高等学校从 1999 年起连续扩大招生规模,高考录取率从 36%提高到 59%,2002 年高等学校在校学生达 1600 万人,是 1997 年的 2.3 倍。[①] 同期还推进了"新型农村合作医疗"制度和"城镇居民基本医疗保险"制度,基本实现了公共医疗保障的城乡全覆盖。

随着改革的推进,社会建设在改革与发展的大背景下,基本公共服务相关政策也发生了转变。各级政府也不断加大基本公共服务的财政投入和供给力度,基本公共服务体系发展表现为:城乡免费义务教育全面实现,全面医疗保险基本实现,公共就业服务体系实现全覆盖,城乡基本养老保险制度全面铺开,加快推进保障房建设,城乡最低生活保障实现了应保尽保,新型社会救助体系基本形成等,逐步形成城乡全覆盖、趋向均等化的特征。2006 年,我国首次提出"基本公共服务均等化"的概念,将基本医疗、社会保障、教育、就业、居住、养老等基本公共服务作为政府的重要职能来推进。2007 年,党的十七大报告突出强调"加快推进以改善民生为重点的社会建设"为切入点,协调经济社会发展、保障和改善民生、促进社会公平正义,公共服务均等化已成为解决民生问题、破解城乡二元结构、促进社会和谐的重要抓手。对于人们最为关注的科教文卫领域,政府支出的数量和比例都在持续增加,2007 年全国财政用于科教文卫支出占一般性财政支出比例提高到了 25%,而社会保障支出的规模和比重也从 1992 年不足 2%的水平基本稳定在 10%的水平。[②] 2007 年颁发的《劳动合同法》和《就业促进法》,对全面规范劳动关系、建立健全全面就业辅助的政府责任作出了法律规定,这对于消除城镇就业体系对流动性人口和农民工的就业歧视、维护他们享有长期稳定的劳动权益具有重大意义。

---

① 朱镕基:《2003 年政府工作报告》,中央政府门户网站,2003 年 3 月 5 日。

② 王丽萍、郭凤林:《中国社会治理的两副面孔——基于公共服务的视角》,《南开学报(哲学社会科学版)》2016 年第 3 期。

3. 现阶段，基本公共服务逐渐纳入国家重点发展战略

现阶段，经济步入新常态，全球信息化引领经济创新和产业转型升级，社会供给和需求都发生了结构性变革，这对基本公共服务均等化建设提出了新的要求。“以人为本、城乡统筹”的发展理念，以国家基本公共服务均等化的规划为引领，与扶贫脱贫联动，进行改革创新，进一步建立健全基本公共服务体系，促进基本公共服务均等发展，力争 2020 年整体实现均等化的目标。

中央政府与地方政府分税制改革出台后，中央财政的转移支付体系也充分支撑地方政府对公共服务体系的支出。2009 年，国家进一步规范财政转移支付制度，将中央对地方的转移支付具体划分为一般性转移支付和专项转移支付两种类型。为缩小地区间财力差距，逐步实现基本公共服务均等化，中央财政设立均衡性转移支付，包含在一般性转移支付中，不规定具体用途，由接受补助的省级政府根据本地实际情况统筹安排。① 数据显示，1994—2012 年间，国内生产总值（GDP）年均增长约为 14. 3%，财政收入年均增长为 22. 5%，2012 年 GDP 是 1994 年 GDP 的 11 倍多，而 2012 年的政府收入为 1994 年的 35 倍多，各级政府财政收入的稳定增长，为基本公共服务均等化提供了最有效的资金支持。

2012 年，国务院制定《国家基本公共服务体系“十二五”规划》，具体明确基本公共教育、劳动就业服务、社会保险、基本社会服务、基本医疗卫生、人口和计划生育、基本住房保障、公共文化体育等 8 个领域和残疾人等弱势群体基本公共服务共 44 类、80 个基本公共服务标准，首次清晰界定了基本公共服务的服务对象、服务范畴、保障标准、覆盖水平和相关的支出职责，从而确立了基本公共服务体系的社会发展政策转变，以农村居民、弱势群体成为更多的政策受益者，对于城乡义务教育、医疗和养老保障和农民工就业保障等突出发展问题，成为政策倾斜的重心。各级政府加大对科技、教育、文化、卫生、体育事业的投入，全国财政支出 2. 82 万亿元。经过 25 年坚持不懈的努力，2012 年我国已全面实现九年制义务教育，建立起完整的家庭经济困难学生资助体系，初步解决农民工随迁子女在城市接受义务教育的问题；基本公共卫生服务均等化取得新进展，各级财政对城镇居民医保和新农合的补助标准由每人每年 120 元提高到 200 元；多渠道开发就业岗位，全力推动以创业带动就业，高校毕业生初次就业率 77. 8%，同比提高 1. 2 个百分点。农民工总量 2. 53 亿人，比上年增长 4. 4%，其中，外出农民工 1. 59 亿人，增长 3. 4%。社会保障覆盖范围继续扩大，全国参加城镇基本养老保险、失业保险、工伤保险和生育保险人数大幅增加。2147 个县（市、区）实施城镇居民社会养老保险试

① 《从怎么看到怎么办·理论热点面对面 2011》，《劳有所得干有所值——怎么解决分配不公》，《人民日报》2011 年 8 月 16 日。

点,1334 万人参保,641 万人领取养老金。2343 个县(市、区)开展新型农村社会养老保险试点,3.58 亿人参保,9880 万人领取养老金,覆盖面扩大到 60%以上;大力推进保障性安居工程建设。出台关于保障性安居工程建设和管理的指导意见,中央财政安排资金 1713 亿元,是 2010 年的 2.2 倍,全年城镇保障性住房基本建成 432 万套,新开工建设 1043 万套。

2014 年,《国家新型城镇化规划(2014—2020 年)》提出以人为本的新型城镇化,稳步推进义务教育、就业服务、基本养老、基本医疗卫生、保障性住房等城镇基本公共服务覆盖全部常住人口,保障随迁子女平等享有受教育权利、完善公共就业创业服务体系、扩大社会保障覆盖面、改善基本医疗卫生条件、拓宽住房保障渠道等一系列举措,推进农业转移人口享有城镇基本公共服务,创新体制机制,建立健全农业转移人口市民化推进机制。按照国家统计局统计标准,在 2010—2014 年 5 年内全国财政支出中,基本公共服务支出数额呈现逐年上升趋势(见表 2-1)。由此可见,推进基本公共服务均等化,在国家战略层面地位得到不断的重视和提升,经过多年的探索实践也验证了基本公共服务均等化在缩小城乡差距、实现经济社会协调发展、构建和谐社会、改善国家治理体系和治理能力现代化等方面都具有重要的战略意义和现实价值。①

表 2-1 2010—2014 年全国财政支出中基本公共服务支出变化统计表

(单位:亿元)

年 份	GDP 总量	财政总收入	财政总支出	教育支出	医疗卫生支出	社保和就业支出	住房支出
2010	397983	83080	89874	12550	4804	9131	2377
2011	471564	103740	108930	16116	6367	11144	3822
2012	519322	117210	125712	21165	7199	12542	4446
2013	568845	129143	139744	21877	8209	14417	4433
2014	636463	140350	151662	22906	10086	15913	4986

资料来源:根据国家统计局、财政部发布数据整理。四舍五入后取整数。

2017 年国务院正式印发的《"十三五"推进基本公共服务均等化规划》中明确,基本公共服务均等化是指全体公民都能公平可及地获得大致均等的基本公共服务,其核心是促进机会均等,重点是保障人民群众得到基本公共服务的机会,而不是简单的平均化,对如何改进基本公共服务均等化建设提出了具体的规划与实施办法。确定了公共教育、劳动就业创业、社会保险、医疗卫生、社会服务、住房保障、公共文化体育、残疾人服务等 8 个领域 81 个基本公共服务项目,作为政府履行职责和公民享有相应权利的范

① 赵俊男:《推进基本公共服务均等化战略的路径选择》,《党政干部学刊》2015 年第 1 期。

畴。党的十九大报告中明确强调民生领域还有不少短板,脱贫攻坚任务艰巨,城乡区域发展和收入分配差距依然较大,群众在就业、教育、医疗、居住、养老等方面面临不少难题必须着力加以解决,这也是为2020年总体实现基本公共服务均等化提出了更高的要求。

国家财政公共预算支出高速增长,推动基本公共服务均等化建设的步伐。2017年全国一般公共预算支出203330亿元,同比2012年增长了10倍。其中,中央一般公共预算本级支出29859亿元,同比增长7.5%;地方一般公共预算支出173471亿元,同比增长7.7%。财政支出重点向经济发展落后和财政困难地区倾斜,增强了其保工资、保运转、保基本民生的能力。从支出领域来看,民生类为支出大头。如教育支出超过3万亿元,增长7.8%;社会保障和就业支出接近2.5万亿元,增长16%;城乡社区支出约2.1万亿元,增长15.6%。各级财政部门按照有保有压、突出重点的原则,积极调整优化财政支出结构,大力压减一般性支出,重点支持推进兜牢的基本民生底线,财政资金投向更加精准高效,各项重点支出得到较好保障。如中央加大对地方转移支付规模,促进区域均衡协调发展。2017年中央财政对地方税收返还和转移支付65218亿元,占中央财政支出的68.6%,其中一般性转移支付35168亿元,占全部转移支付的61.6%,这两项比例均有所提高。此外,中央转移支付资金重点向经济发展落后和财政困难地区倾斜,增强了落后和困难地区保工资、保运转、保基本民生的能力。其中,老少边穷地区转移支付1843亿元,增长19.7%;县级基本财力保障机制的奖补资金2239亿元,增长9.5%,为提高和改善民生水平,重点领域经费得到较好保障。①

(二)现阶段我国基本公共服务均等化发展中存在的主要问题

改革开放40年,国民经济水平高速增长,推动社会需求的改变。经济与社会建设得到跨越式发展的同时,人民群众日益增长的物质文化需求体现在公共服务方面,主要表现为,人民群众对公共服务需求不断升级与其供给总量严重不足、发展不均衡(不平衡)不充分之间存在较大差距。社会主义社会发展的宗旨是公平正义、共享发展,基本公共服务是最基本的民生需求,也是政府公共服务职能的“底线”。推动基本公共服务均等化是实现人人共享社会发展成果、共享改革红利的必然选择,也是体现社会主义社会基本公共服务的价值取向与政府治理的重要职责所在。我国鼓励一部分人先富起来,先富起来的人再带动后富起来的人实现共同富裕。但在一段时间内,由于地区发展差异带来的收入差距,导致区域之间、城乡之间的个体收入差距拉大,这种收入不平衡带来的基本公共服务非均等化问题比较严重。建立健全基本公共服务均等化体系,在

① 李克强:《2017年政府工作报告》,中央人民政府门户网站,2017年3月5日。

平衡地区差距和城乡个体之间差距的同时，也是公平正义、共享发展的社会主义制度优越性的重要体现。

1. 基本公共服务供给总量不足，均等化程度区域差异明显

我国地域广阔，人口众多，不同区域因所处的地理环境、自然条件、人口分布、市场繁荣程度的不同，地方政府在供给基本公共服务的单位成本也存在明显差异，导致基本公共服务供给总量不足，人们所享受到的基本公共服务从数量、质量到可及性方面都存在着较大差异。我国东部沿海地区与内陆地区、东部与中西部地区以及不同省份之间发展差距还在扩大，呈现出东高西低、南高北低的态势。例如区域间义务教育投入差距很大，东部地区普通小学生均公共财政预算教育事业费分别是中部、西部、东北地区的2.46倍、1.66倍、1.33倍（见表2-2）。这种差异在一段时间内还将长期存在，成为推动基本公共服务均等化的主要矛盾，在全国基本公共服务均等化建设的规划设计与政策制定中必须优先考虑地区之间公共服务成本差异的现状。

表2-2 2010年度我国东、中、西部及东北地区生均财政教育经费情况 （单位：元）

地 区	生均公共财政预算教育事业费		生均公共财政预算公用经费	
	普通小学	普通初中	普通小学	普通初中
东部平均	7468.72	9822.34	1849.33	2591.92
中部平均	3032.02	4155.85	817.50	1279.74
西部平均	4499.41	5478.77	1151.71	1736.74
东北地区平均	5626.43	6466.19	1234.74	1788.69

资料来源：教育部、国家统计局、财政部：《全国教育经费执行情况统计公告》（2006—2010年）。

一方面政府在加大"三农"经费支出的扶持发展中，农村的财政收入、发展差距都有所改善；另一方面中央财政转移支付，宏观上相对缓解了各地区间财政收支不平衡状况。分税制重新界定了中央、地方政府之间的财权和事权范围，以增强中央政府的宏观调控能力，明确各级政府的责、权、钱，但分税制初期还不能明确省以下政府之间的财力分配框架。而由于省以下体制改革的深化并未取得明显进展，财权与事权的划分出现了相背离的局面。省以下政府层层向上集中资金，基本事权却有所下移，特别是县、乡两级政府，这在很大程度上加剧了基层政府财政困难。例如我国2009年东部、中部、西部地区农民最低生活标准明显低于各地区城市标准（见表2-3）。中央财政转移中，一般性转移支付，在很大程度上主要是用于中央对地方的财力补助，不指定用途，地方可自主安排支出；而专项转移支付，主要服务于中央的特定政策目标，地方政府应当按照中央政府规定的用途使用资金，重点用于教育、医疗卫生、社会保障、支农等公共服务领域的专项拨款，这些重点项目主要用于中西部地区。但其核定并不规范，加之往往被层层截留和被挤占、挪用，其性质属于非均等化的转移支付。中央财政转移在实施过程中层层分级处理，导致转移支付不精准、效率低，诟病很多，“远水解不了近渴”，实际用于地方发展基本公共服务的财政支持落实不到位的现象很明显。

表 2-3 我国 2009 年不同地区最低生活保障 （单位：元/人·月）

地 区	城 市	农 村
东部地区	319. 78	190. 78
中部地区	240. 54	107. 40
西部地区	228. 96	91. 96
全国平均	267. 48	134. 70

资料来源：《中国民政统计年鉴》。

表 2-4 2010 年地区间每千人口中拥有卫生人员和医院床位

地 区	每千人口卫生技术人员数（人次）		每千人口医院和卫生院床位（张数）	
	城 市	农 村	城 市	农 村
东部地区	6. 85	3. 31	4. 41	2. 00
中部地区	6. 02	2. 84	4. 38	1. 94
西部地区	7. 05	2. 35	5. 43	2. 13
全国平均	6. 67	2. 86	4. 70	2. 02

资料来源：《2010 年中国卫生统计年鉴》，国家卫生健康委员会网。

2. 基本公共服务质量不高，均等化发展机会呈现不均

由于我国人口基数大、总量高，人均 GDP 还处于相对比较低的水平，收入差距导致社会的分化不是社会主义社会的基本要义。目前居民收入分配中最突出的问题，不是收入的结果不公平，而更多的是发展机会的不平等。社会主义市场经济注重机会公平、自由竞争，其本质要求公平竞争。如果贫富差距的形成并非来自机会公平和过程公平，那么社会阶层之间的对立就有可能产生，一定程度还会加大贫富差距。同时，收入差距本质是由于受教育的程度，据统计，2004 年，外出务工的农民中，文盲占 2%，小学文化程度占 16. 4%，初中文化程度占 65. 5%，高中文化程度占 11. 5%，中专以上文化程度仅占 4. 6%，总体上看，外出务工的农民工的文化程度要普遍高于农村劳动力平均水平。2016 年各地区对中等职业学校、普通高等学校的教育经费投入差别很大，尤其辽宁、新疆、西藏等地区出现了负增长（见表 2-5）。因此，无法让受教育不同的人群在城镇中获得机会均等的中等职业教育、继续教育、就业、社会保障等，势必影响收入差距的加大与社会的和谐稳定。

表 2-5 2015—2016 年各级教育生均公共财政预算教育事业费增长情况（单位:元）

地 区	中等职业学校			普通高等学校		
	2015 年	2016 年	增长率(%)	2015 年	2016 年	增长率(%)
全 国	10961.07	12227.70	11.56	18143.57	18747.65	3.33
北京市	34433.36	38661.50	12.28	61343.96	55687.68	-9.22
河北省	12007.54	13524.02	12.63	13828.69	16151.52	16.80
内蒙古自治区	16168.17	16389.99	1.37	18337.39	18298.34	-0.21
辽宁省	11124.75	12005.48	7.92	13202.29	12768.27	-3.29
上海市	25295.30	28302.29	11.89	30081.89	30292.80	0.70
福建省	11828.37	14416.41	21.88	15173.96	16151.67	6.44
山东省	12408.62	13761.07	10.90	12340.97	12892.11	4.47
广东省	9977.89	11598.22	16.24	17823.43	20398.26	14.45
海南省	12424.99	13056.93	5.09	16967.72	16815.30	-0.90
重庆市	9157.31	10441.61	14.02	14109.99	15093.72	6.97
贵州省	6995.93	6425.03	-8.16	15414.17	15586.11	1.12
云南省	9645.03	11220.00	16.33	14711.33	14931.80	1.50
西藏自治区	32957.17	30228.19	-8.28	34219.19	33384.17	-2.44
宁夏回族自治区	9951.04	10561.81	6.14	27782.20	27272.72	-1.83
新疆维吾尔自治区	12440.81	13332.91	7.17	19382.01	18188.38	-6.16

资料来源:《2016 年全国教育事业发展统计公报》,中华人民共和国教育部网,见 http://www.moe.edu.cn/jyb_sjzl/sjzl_fztjgb/201707/t20170710_309042.html。

目前,我国基本公共服务的规模不足,创建公平竞争机会的环境还十分有限,从制度上分析看,由于城乡二元结构的户籍制度,存在不利于人口自由流动的体制和政策障碍,制约了一部分流动性人口享受城镇公共服务的公平;从行业上分析看,行业部门工作岗位对不同人群还不能平等开发,总是带有地方户籍倾斜,无法提供公平竞争的机会,从而不能实现就业机会的公平。社会在允许一部分人先富起来的同时,对所受到教育程度不同的低收入人群的“包容性发展”不足,给予低收入人群在城镇生存空间上无法达到和城镇户籍居民相同待遇的城镇基本公共服务标准,在城镇中,低收入人群可获得的相对发展的空间也十分有限,这是形成基本服务质量不均等的主要原因。

3. 基本公共服务覆盖不全,弱势群体缺乏特别关注

党的十八大提出,全面推进以人为本的新型城镇化和基本公共服务常住人口全覆盖,这充分体现了对非农就业流动人口基本公共服务均等化的重视。据统计,20 世纪 80 年代改革开放初期,由于乡镇企业的迅速发展,吸引 1.4 亿农民从事非农就业。90 年代中后期,农民流动就业已成为中国经济发展中的一个独特现象,每年流动就业农民规模大概在8000万—9000万左右。2005年年底，全国进城务工和在乡镇企业就业的农民工总数超过2亿，其中进城务工人员达到1.2亿左右。[①] 如此规模庞大的从事非农就业的流动性农民群体，由于户籍制度的限制，使大量人口游离在正规就业的边缘地带，虽然在城市里就业居住，但不能享受城市所提供的相应的社会福利、教育、医疗等基本公共服务，成为"半城镇化"人。据统计，80%的流动就业人口没有携带家眷（见表2-6），2016年在全国义务教育阶段在校生中，进城务工人员随迁子女共1394.77万人。其中，在小学就读1036.71万人，在初中就读358.06万人。而城镇人口在统计指标上，将流动人口纳入城镇人口范畴，但涉及公共服务领域，统计中则只统计户籍人口而将流动人口排除在外，这势必增加了流动人口生存与发展的不确定性，会对经济发展和社会稳定造成潜在的风险。[②]

表2-6　2008—2011年我国非农就业流动人口数量　（单位：万人）

	2008年	2009年	2010年	2011年
非农就业流动人口总量	22542	22978	24223	25278
1. 外出农民工	14041	14533	15335	15863
（1）住户中外出农民工	11182	11567	12264	12584
（2）举家外出农民工	2859	2966	3071	3279
2. 本地农民	8501	8445	8888	9415

资料来源：徐老峰：《保险业与城镇化发展的思考》，《保险研究》2013年第6期。

贫困地区基本公共服务与全国平均水平相比差距很大，在推进基本服务均等化建设中已成福利洼地，给当地的社会发展带来巨大的挑战。一些贫困地区将基本公共服务建设视为政府纯粹花钱的领域，还停留在"有钱多投、没钱少投"陈旧的发展理念中。而贫困地区自身的公共财政财力有限，主要还是以上级政府特别是中央财政的转移支付为主体，导致供给主体单一，资源配置缺乏规范，公共管理能力不足，缺乏基本公共服务均等化发展的长效保障体制机制，政府财力资源配置长期处于"缺位""越位"问题，导致基本公共服务覆盖水平还比较低甚至存在着覆盖盲区。

4. 基本公共服务制度缺失，长效保障机制不健全

经研究发现，发达国家普遍以"立法先行"的原则推进基本公共服务的建设，较早地构建和完善法律法规制度，从宪法到基本法再到地方法规，自上而下都形成了完整的

① 《国务院关于解决农民工问题的若干意见》（国发〔2006〕5号），见 http://www.gov.cn/zhuanti/2015-06/13/content_2878968.htm。

② 李铁、范毅等：《中国城镇化进程中的非农就业问题和政府治理结构研究》，中国发展出版社2013年版，第193页。

基本公共服务法律保障体系，这也是工业化国家经历大致相同的公共服务立法与制度建设的道路，通过公共服务的法律体系构建来明确相关的制度和权责。美国20世纪30年代就制定并实施了《社会保障法案》《职业就业法》《就业机会法》，其中明确界定联邦政府在社会保障体系所承担的大部分事权。在保证城乡基本公共服务均等化上，美国先后通过了《土地再开发法》《农村发展法》和《穷人医疗照顾法》等法规。英国也很早就颁布了《济困法》，这是发达国家公共服务和社会保障制度的萌芽，第二次世界大战以后，英国相继制定了一系列推动基本公共服务均等化的法规，例如《国民健康服务法》《国民救助法》等。德国向来重视职业教育，通过立法保障职业教育的发展，如《职业教育法(1969)》《职业教育促进法(1981)》《企业基本法》等。① 加拿大直接将确保公共服务均等化写进了宪法保障的范畴。北欧一些福利国家将公民所享有的社会福利的标准和内容主要体现在所享有的基本公共服务上，例如丹麦通过了《联邦财政均衡法》，确保中央财政资金优先对基本公共服务建设的支出。日本是亚洲法律法规比较健全的国家，早在20世纪60年代就出台了《国民养老法》，而后又颁布了《农民养老基金法》以确保日本养老保障相对均等。

与之相比，我国对基本公共服务均等化相关的法律法规还不够健全和完善，目前，与就业相关的法律有《劳动法》《就业促进法》等，与基础教育相关的法律有《教育法》《义务教育法》《未成年人保护法》等，与社会保障相关的法律有《社会保险法》《妇女权益保障法》等，与医疗卫生相关的法律有《药品管理法》《食品卫生法》等，我国尚还缺乏统一完善翔实的关于基本公共服务均等化的法律体系。

5. 基本公共服务职责缺位，实施与监管不力

改革促进经济快速发展，体现在社会治理方面，改革还代表着现代政府职能效率和水平的提高上。公共服务是考察社会治理和政府职能的一个重要视角，人民群众对公共服务需求的不断增加也伴随着对政府职责期待的不断上升。改革开放使我国构建基本服务均等化的经济环境和社会环境都发生本质改变，例如，在创业就业失业方面、在医疗卫生方面、在可接受的贫富差距方面，传统的公共服务保障已经不能有针对性地解决这些方面的问题，政府作为基本公共服务的供给主体必须跟上改革的步伐与时俱进。但在过去的几十年中，我国对各级政府职能考核优先选择基本是地区经济发展的相关指标，并没有完全将基本公共服务建设纳入政府职能考核和评价中去，这也形成政府不重视甚至忽视基本公共服务体系的建设与发展。政府作为基本公共服务供给主体，其职能对基本公共服务配置产生缺位，不能有效发挥政府的主动作用，对政策的实施和监管不到位，势必不利于基本公共服务均等化的推进和落实。

① 隋心:《发达国家基本公共服务均等化路径探究》,《宏观经济管理》2015年第6期。

通过国际上不同国家对基本公共服务的建设经验来看，不同的国家在所处的不同发展阶段，立足本国国情，政府对基本公共服务均等化建设模式与管理有所区别。以教育经费投入为例，20 世纪以来，美国政府在教育经费管理上，资金主要来源于税收，实行由联邦政府、州政府和学区三级共同承担，三者之间主要通过转移支付来减少学区间教育经费不均等的现象。加拿大政府在基本教育均等化上始终强调公民个人与地区享有平等受教育的机会，通过对低收入地区进行直接转移支付的财政补贴方式保证其教育均等化水平，补贴的标准主要以地方经济发展和人均发展水平来衡量，这也能够促进中央财政资源在地方政府间流动。对比当前发达国家，美国、德国 2015 年公共教育支出占 GDP 比例达到 4. 9%，英国、法国等国均高于 5. 5%，丹麦更是达到了 8. 6%。我国各级政府对基本公共服务财政投入严重不足，财政性教育经费仍处于偏低水平，2015 年教育经费占 GDP 的比重为 4. 2%，还远远低于以上发达国家，我国政府教育资金的投入仍有一定上升空间。

（三）对策与建议

改革开放 40 年来，在国家经济发展与社会建设各方面，我们都取得了辉煌的成绩。如何让每一位社会成员共享改革开放所带来的发展红利，体现在公共服务方面，通过提供内容充实丰富、满足需求不断升级的公共服务资源，使人民群众在经济增长的不同阶段，既能在改革中增加经济收入，又能在发展中共享改革成果。享有基本公共服务是公民的基本权利，保障人人享有基本公共服务是政府的重要职责。要从解决人民最关心最直接最现实的利益问题入手，以普惠性、保基本、均等化、可持续为方向，按照“兜住底线、引导预期，统筹资源、促进均等，政府主责、共享发展，完善制度、改革创新”的基本要求，稳步提高均等化水平，全面建立标准体系，巩固健全保障机制，衔接完善制度规范，力争到 2020 年，基本公共服务体系更加完善，体制机制更加健全，在学有所教、劳有所得、病有所医、老有所养、住有所居等方面持续取得新进展，基本公共服务均等化建设总体全面实现。

1. 结合现实需求，对基本公共服务体系分级处理

按照公共服务产品属性进行分级区分。在满足人民群众基本公共服务需求上，还要认识到，为每一位公民提供机会均等、结果均等的公共服务，是基本公共服务体现的最根本的社会价值。按照公共服务产品属性，可以将基本公共服务分层划为“基本生存型公共服务”与“基本发展型公共服务”。基本生存型公共服务主要涵盖如基本教育、基本医疗、社会低保、基本住房等；基本发展型公共服务主要涵盖如基本就业服务、技能培训教育、促进发展机会均等的其他服务等。基本生存型公共服务保障了人民群众的生存权，而基本发展型公共服务在生存基础上进一步保障了人民群众的发展权。

对于不同分层的基本公共服务，社会和个人的受益对象、受益范围、受益时效都有所差别。

城乡有侧重、有区分的进行基本公共服务精准改善。根据不同分级的基本公共服务科学、合理地进行目标管理，各级政府重点加强基本生存型公共服务建设，保障其财政资金的投入，以持续稳定解决人民群众的生存需求为根本；而市场及社会各界力量共同承担起基本发展型公共服务，在技能培训教育、创业就业等公共服务领域为人民群众创造更多的发展机会。国内外理论与实践证明，政府虽然是基本公共服务的主要供给者，但也不能忽视其他社会机构的参与方式，要立足于长远，因地制宜地对不同层级的基本公共服务有针对性地加以改善和提高，对于基本公共服务覆盖相对薄弱的农村，主要提供基本生存型的公共服务。例如加大对农村基本公共服务设施建设，加快农村基本公共服务建设步伐，在政策支持和制度设计上对农村地区争取更多优惠，在推动基本公共服务全覆盖的同时，结合农村的实际情况，认真区分通过基本公共服务均等化解决当地实际民生问题，坚持基本公共服务的普惠性、保基本，建立农村关于留守儿童和老人的托管关爱服务机构，建立农村低保人群的保障性租赁住房服务机构，通过构建精准基本生存型公共服务体系，从根本上改变基本公共服务供给不足的最短板。对于公共服务相对稳定的城镇，更注重基本发展型公共服务，以提供更多发展机会为核心，提高基本公共服务质量和效益，从而整体提高基本公共服务均等化的水平。

2. 完善制度与法规，建立基本公共服务底线清单

以国家基本公共服务清单制度为核心，明确全国层面最低基本服务底线。明确每个服务项目的具体服务对象、服务指导标准、支出责任、牵头负责单位等，对于项目资金，如果地方困难，中央财政应倾斜和支持，国家必须兜住底线，同时以促进城乡、区域、人群基本公共服务均等化为主线，以各领域重点任务、保障措施为依托，以统筹协调、财力保障、人才建设、多元供给、监督评估五大实施机制为支撑，形成国家保障全民基本生存发展需求的基本公共服务底线清单制度体系。在确立国家基本公共服务清单制度基础上，地方政府要结合各地区实际情况制定推进本地区基本公共服务均等化规划、具体实施计划和基本公共服务清单及相关政策等，分级分层分年足额落实财政投入，切实促进本地区内基本服务均等化，明确办事指南，厘清责任单位，优化服务流程，提高质量效益，保证清单落实到位，可结合经济社会发展状况，按程序进行动态调整，并及时向上级政府和相关部门汇报落实情况。

将流动人口纳入城镇基本公共服务范畴。随着对流动性人口的重视，从中央到地方政府，在解决工资拖欠、取消就业限制、公平对待子女入学、农民工就业培训等建立相关的基本公共服务政策，从降低城镇公共服务门槛、调整指标体系开始，将农民工纳入城镇基本公共服务范畴中，城镇的公共支出预算要求各级政府应该包括对农民工的公共服务的覆盖,制定并出台针对非农就业流动人口在城镇就业的管理和服务的法律制度和有效政策,城镇的基本公共服务和管理要对农民工一视同仁,加快户籍制度改革,为农民工在城市定居甚至落户创造有利条件,逐步实现农民工所得到的基本公共服务水平与城镇居民相一致,从根本上消除户籍限制导致的制度性障碍,切实保护流动人口的基本权益。

加快发展继续教育、职业教育。对于不能得到更多发展机会的流动人口而言,良好的继续教育、职业教育是提升就业技能、增强就业市场竞争力的重要保障。因此城镇基本公共服务要强化职业教育资源建设,包括加快推进职业院校布局结构调整,加强有专业特色并适应市场需求的职业院校建设;推动落实东西部联合招生,加强东西部职教资源对接和对口帮扶。积极引导企业参与职业教育相结合,鼓励职业院校面向建档立卡流动人口家庭开展多种形式的职业教育;保障贫困家庭妇女、残疾人平等享有职业教育资源和机会;支持民族地区职业学校建设。

3. 完善有效供给制度,创新基本公共服务均等化的供给模式

基本公共服务均等化由“静态供给”转向“动态升级”。当前,为改善区域之间、城乡之间、不同主体之间基本公共服务均等化差别较大的现象,基本公共服务均等化供给模式,应该由最初的“静态供给”主体和服务均等化转变为内容丰富、满足需求多样性的“动态升级”的供给能力和服务水平均等化。① 这要求在政府、市场和服务对象三者之间构建有序服务沟通与有效供给机制,以基本公共服务供给方式的创新和需求为导向,以服务体系的内容升级为目标,使我国基本公共服务均等化由“机会均等”转向“结果均等”发展阶段,改善基本公共服务流程,创新服务主体和服务形式。基本公共服务的服务对象是广大人民群众,基本公共服务均等化供给服务要面向全社会开放,广泛扩大全民参与度,实行全民共建机制。大力发展社会志愿服务,创新志愿服务的服务形式,完善志愿者管理的体制机制,将社会志愿服务与基本公共服务优势互补、有效融合。广泛动员社会力量开展救助、互助活动,积极培育慈善组织,充分发挥慈善事业在基本公共服务中的重要作用。② 在创新服务供给方面,要求加快事业单位分类改革、积极引导社会力量参与、鼓励发展志愿和慈善服务、发展“互联网+”益民服务等。使基本公共服务更加适应区域之间、城乡之间、不同主体之间日益增长和扩大的、以需求和服务升级为导向的基本公共服务供给体系。

改革创新基本公共服务供给模式。随着市场经济开放与社会发展要求,引入市场机制对公共服务资源合理配置,推动基本公共服务均等化多元供给模式,建立多元供给

① 高红:《论基本公共服务清单制度:公共价值管理的视角》,《求实》2017 年第 7 期。

② 句华:《以新发展理念引领公共服务改革》,《红旗文稿》2017 年第 6 期。

机制。广泛吸引社会资本、市场资本的参与，改变过去政府直接承办的单一供给的模式，创新多元化资金供给模式，发挥各类社会组织参与公共事业领域的积极性，鼓励和引导多元化资本创办托管服务、医疗康复服务、社区服务等基层机构，健全经费保障和管理相关政策与法规，提质提效，积极推动加快政府购买基本公共服务的步伐。发达国家在公共服务产品供给模式上较早地实现了改革与创新，大都改变了从政府单一供给转变为多主体供给模式。例如美国采用“以市场为主、以政府为辅”的公共服务供给模式。发达国家在公共服务的个别项目中推行供给主体的改革。例如德国只在社会养老保障方面委托市场机构介入，通过招标代理管理，这样既能够扩大养老保障的建设规模，也提高了养老保障的专业运营水平，政府在过程中加强监督管理即可；例如韩国政府在推动公共服务均等化建设中更重视技术的创新，利用政务大厅的电子信息平台可以准确清晰地了解民众的需求和各地区的发展差异，形成公共服务信息大数据的云平台，通过科学的计算处理来安排财政资金的分配，使其公共服务建设更科学更高效。而日本关于基本公共服务均等化的建设更重视监管力度，专门设置了公共服务供应改革委员会，对政府推进的各项公共服务项目或产品进行定时定量的风险测评，将政府难以完成的项目外包给企业或市场机构，最终由改革委员会进行统筹和监管。我国在党的十八届三中全会提出“推广政府购买服务，凡属事务性管理服务，原则上都要引入竞争机制，通过合作、委托等方式面向社会购买”①。也在一定程度上表明，我国已向改革创新基本公共服务供给模式迈进。

完善社会需求表达，改善收入分配制度，建设“橄榄型社会”。针对不同地区、不同人群收入分配差距导致的基本公共服务不均等现状，应从改善收入分配制度着手，提高劳动报酬在收入分配中的比例，调整中央与地方、企业与个人的分配格局，划分政府在收入分配中的任务与权责，逐渐缩小收入分配的差距，建立基本公平合理的分配制度，不断扩大中等收入人群的比重，逐渐使“哑铃型社会”转变为“橄榄型社会”。对于基本公共需求参与方式如投票、退出、需求表达、意愿表达等相对匮乏，导致公众的公共服务真实需求和表达很容易被遮蔽，政府在对基本公共服务何时供应、供应多少以及如何供应等问题缺乏制度化保障而降低供应效率。② 在政府作为基本公共服务供给主体的同时，允许社会机构和社会成员参与表达需求、参与共同建设，建立形成完善的社会需求表达指标体系，及时对公众需求作出回应，主动申报新增服务项目、优化基本公共服务流程等，为政府的宏观规划与微观政策提供依据，使基本公共服务体系由均等化向精准化、标准化迈进。

① 《中共中央关于全面深化改革若干重大问题的决定》，人民出版社 2013 年版，第 18 页。

② 郭小聪：《中国基本公共服务均等化：困境与出路》，《中山大学学报》2010 年第 5 期。

4. 与扶贫脱贫工作联动，补齐基本公共服务均等化最短板

重点向贫困地区倾斜。作为当前三大攻坚战之一，精准扶贫应该以提高基本公共服务均等化为主要内容。在促进基本公共服务的均等共享方面，要力争开展贫困地区脱贫攻坚、重点帮扶特殊困难人群、促进城镇常住人口全覆盖、缩小城乡服务差距、提高区域服务均等化水平、夯实基层基本公共服务的基础。明确贫困地区人口最基本和基础的需求，将边疆地区、革命老区、民族地区、偏远山区作为扶贫脱贫攻坚战的重点，在这些地区，由于地区的经济发展水平不高和所处地域限制，对基本公共服务建设重视度不够，成为基本公共服务均等化发展的短板。以完善基本公共服务体系为抓手，因地制宜对贫困地区的公共基础设施增加投入提高覆盖，及时解决通路、通水、通电、通网络的民生问题，给予一定的财政补贴与倾斜，切实提高贫困地区的基础教育质量和医疗卫生水平，以推进基本公共服务均等化为目标，实现改革开放发展成果惠及贫困地区，实施精准扶贫、精准脱贫，打赢脱贫攻坚战。

坚决杜绝因病致贫情况发生。贫困地区致贫的原因很多，除了地区性整体发展水平低外，由于疾病使家庭陷入贫困也是一个关键因素。联合国全民健康保险（UHC）发展目标之一，就是要所有人在获得和享受基本公共服务之外，不因为生病而影响家庭生计，坚决杜绝因无法负担医疗费用而因病致贫的情况，情况严重会导致“极端贫困”。2017 UHC 全球监测报告中无法负担医疗费用数据表明，全球每年因病致贫人数约为 1. 8 亿人，其中约 1 亿人陷入“极端贫困”。因此我们要坚决杜绝因病致贫情况的发生，对贫困地区的公共卫生医疗服务作为中央财政专项转移支付的重点项目，给予高度重视的同时，给予一定的政策倾斜。

普遍提高贫困地区受教育程度。社会成员收入水平和教育程度正相关，受教育水平越高的人，收入越高；反之，则越低。扶贫脱贫的最主要手段是教育，只有给低收入者提供更多的受教育机会，提高他们的生产能力，他们才能更多地参与市场竞争，分享到更多经济增长的成果，这才是真正有利于缩小贫富差距、精准扶贫脱贫的重要手段。因此，政府应着重推进基本公共教育的机会均等。首先，要在制度上保障人民平等竞争的权利，核心是保证受基础教育机会、职业教育和发展教育的起点公平。其次，要加大教育的投入力度，尽快解决基本公共教育供给的非均衡状况。最后，要考虑对贫困家庭实行教育补贴的政策，以解决贫困家庭孩子无力求学的困境。与国际上其他国家相比，以教育为例，1990 年，“全民教育”的概念首次在世界全民教育大会上提出，突出强调了保障民众享有均等受教育的权利，重点提高基础教育的质量。例如 1982 年起，法国率先在当时经济、教育发展滞后的地区，通过特殊的财政扶持，实行“优先教育区”的政策，在经费保证的前提下，加大师资培养力度，配置更多的教育资源等，这一政策在后来很长一段时期内为教育条件薄弱的贫困地区提供了最大化的公共教育资助，有效提升了处于贫困落后地区的教育质量。关于弱势学生群体，美国和加拿大都实行特殊照养的模式，减免其学杂费或提供助学补贴等。

5. 进行权责监督，建立和完善基本公共服务均等化的指标评估体系

建立和完善基本公共服务均等化的指标评估体系。目前对基本公共服务均等化的指标评估体系建立还在不断研究和探索中，需要建立一套科学客观、完整有序的指标评估体系，针对“均需、均量、均质”的目标要求，厘清指标的内涵，细化指标的权重，对单项指标和综合指标分别进行评估，形成各地区综合性基本公共服务均等化指数，加强可操作性和完成率，作为监督责任落实的参照和依据。同时注重单独的绩效评估，明确了国务院有关部门、各级地方政府的职责分工，将各级政府公共服务支出占 GDP 百分比的绝对水平纳入指标体系，评估基本服务均等化的投入水平，并要求开展统计监测，建立政府主导与社会参与的互动机制，加强绩效监督问责，加大基本公共服务支出在官员政绩考核中的比重，在某些基本服务不均等地区采取一票否决制，使基本公共服务建设由均等化走向标准化的发展路径。

引入第三方评估机制。在对基本公共服务均等化推进中，厘清政府的权力（权利）与责任，全面实现从管制政府向服务政府转变、从有限政府向有效政府转变，健全政府的权责体系，完善政府工作机制，完善政府阶段性任务清单和履责报告，强化工作指导与日常管理，加强检查，及时考察，定期督查，提高效率，对存在和出现的问题要加大问责力度，及时处理解决。引入第三方评估对指标体系进行监督，采用主、客观评价相结合的方式，主观评价依托各政府各地方组织开展自评估，客观评价通过对基本公共服务指标评估、调查问卷等方式开展覆盖企业、科研院所、高校、社会公众的全面调查，通过全面评估，科学调研公众诉求，征集人民群众的意见与建议，深入进行政策选择研究，为各级政府及相关部门制定政策法规和编制社会经济发展计划提供数据支持；同时做到信息公开，科学界定、合理配置政府在社会基本公共服务中的职能权责，将更多的力量和资源放在解决民生等根本需要上，办好政府所承担的基本公共服务事务，以提高地方政府推进基本公共服务均等化的效率。

我国基本公共服务均等化的建设，是直接关系到国民经济可持续发展与社会主义和谐健康的重要因素，完善基本公共服务体系，整体上提高基本公共服务质量与水平，缩小地区之间、城乡之间、不同主体之间的发展差距，是全面实现小康社会和实现共同富裕的重要保障与前提。本书通过回顾我国基本公共服务均等化发展历程，对各阶段基本公共服务的相关政策进行解读，深入揭示了我国城乡基本公共服务均等化的现状与面临的问题，紧紧围绕基本公共服务供给总量不足、质量不高和机会不均等的现状导致均等化程度区域差异明显进行重点分析。

对于供给主体来说,表现为政府为主的供给能力与供给效率的均等;对于服务对象的受体来说,则表现为需求表达与机会均等。因此,在推进我国基本公共服务均等化建设过程中,相对于以往由政府单一的增加投入,更需要对基本公共服务体系进行分级处理,从改革和创新的多元化供给模式着手,建立基本公共服务底线清单制度,健全和完善相关政策和体制机制,与扶贫脱贫工作联动,补齐基本公共服务均等化最短板,建立和完善基本公共服务均等化的指标评价体系,引入第三方评估机制,以提高政府推进基本公共服务均等化效率与水平。

五、防范金融风险,健全金融业安全防护体系

2016 年 12 月,中央经济工作会议要求把防控金融风险放到更加突出的位置。2017 年 4 月,中共中央政治局第四十次集体学习,主题为"维护国家金融安全",会上习近平同志强调"要把防控金融风险放到更加重要的位置,牢牢守住不发生系统性风险底线"。同年 7 月召开的全国金融工作会议上,习近平同志再次强调"防止发生系统性金融风险是金融工作的永恒主题"。金融是经济的血脉,金融出现不安全将直接导致经济产生风险。党的十九大报告再次强调"守住不发生系统性金融风险的底线"。改革开放以来,我国金融体系不断完善,金融安全不断提升,但仍潜存一些风险点。

(一)改革开放以来我国经历的几次风险

"系统性金融风险"一词并非是经济金融领域的专有概念,但早在 20 世纪 80 年代就已融入进来。而现实中,世界经济每隔一定时间就会发生一些危机,中国作为世界经济的参与者,必然不能幸免。

1. 系统性金融风险基本概述

在 1989 年版的《牛津大辞典》中"系统性"一词被解释为"of or pertaining to a system",即系统的,或与系统相关的,而对系统性风险直到 20 世纪 90 年代才开始出现较多的专题研究。鉴于在金融系统性风险影响下,金融体系会产生"多米诺骨牌效应",各国政府和许多国际组织对此愈加关注。英格兰银行(Bank of England)将系统性风险划分为两个来源:一是大型金融机构的相互关联和共同行为引发的风险,即空间维度的网络风险(Network Risk);二是随时间不断积累的失衡引发的风险,即时间维度的总体风险(Aggregate Risk)。

系统性金融风险具有三大特征。第一,系统性金融风险发生的潜在领域可能只是单一领域,但会进一步扩展,由原来的外汇市场、股票市场开始向房地产市场、地方融资

平台、系统重要性金融机构等与实体经济高度关联的领域转移。2007 年美国次贷危机即起源于房地产市场并导致大量金融机构破产倒闭。第二,系统性金融风险表现出更强的扩散性和传染性,2008 年全球金融危机最初就是由美国次级住房抵押贷款大量违约,通过金融市场和实体经济迅速传染到世界各主要经济体而全面爆发的。第三,系统性金融风险的破坏性和影响力更加巨大,比如实行信贷配给会直接影响银行经营和资本集聚,其影响已由原来的某一金融市场扩展到多个金融市场,甚至扩展到全球整个金融市场和实体经济。2008 年全球金融危机全面爆发后,国际金融市场随即发生恐慌,世界经济增长全面放缓。

系统性金融风险根源有两个维度。综合历史经验分析,理论上可以将系统性金融风险的产生根源分为两类:时间维度和空间维度。时间维度(Time Dimension)是指金融风险在时间维度上的演进过程,特别是金融体系和实体经济在经济周期中如何相互作用并放大风险,即金融体系的顺周期性。时间维度主要关注的变量及机制体现在两个方面:一是在金融体系的自我反馈效应中,系统性金融风险是如何随时间变化和放大的;二是系统性风险如何与金融、经济中的周期性变量相互叠加与强化,特别是信用和资产价格的涨跌。

空间维度(Cross-Sectional Dimension)是指在特定时点上,风险是如何在不同部门以及整个金融体系内演进,即跨部门视角,这主要关注具有相似风险暴露的机构及其内在关联性,并关注金融体系的风险如何向其他部门传染。在风险传染的方式上,可以分为三种情况:一是点到面的风险传递,即从单一机构向整个部门的传染;二是面到面的传染,即金融部门向其他部门的传染;三是跨境传染。实际上,跨部门和跨境的风险传递带来的冲击可能更为巨大,因为风险可能不再局限于金融体系而是整个经济体系,可能不限于单一经济体而可能是一个地区甚至全球性的,东亚金融危机以及本轮金融危机都是最好的例证。空间维度的主要关注点在于三个方面:其一,单一机构和单一部门的风险头寸,比如 2008 年金融危机中美国国际集团(AIG)的住房抵押贷款头寸以及投资银行的住房抵押贷款头寸;其二,机构和部门的脆弱性,比如房利美和房地美的杠杆率超过 60 倍,应对风险冲击的能力是极其脆弱的,对冲基金行业的杠杆率也非常之高,可能引发"羊群效应";其三,风险传播的机制,是点到面还是面到面将呈现不同的风险等级与冲击力。

2. 改革开放以来我国面临的几次重大风险

1978 年党的十一届三中全会作出改革开放的重大研判,为我国经济发展提供了新的机遇。然而,风险与机遇并存,改革开放以来,我国总体上经历过三次重大的风险(见图 2-9)。

(1)1988 年"物价闯关"与恶性通胀。价格机制是市场经济的一个重要机制。由

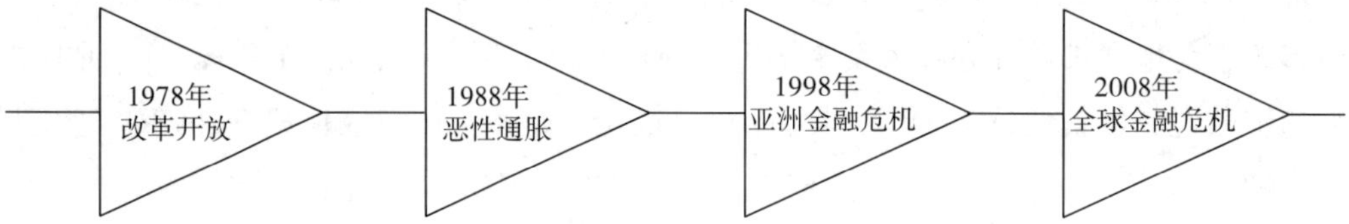

图 2-9　改革开放以来我国面临的几次重大风险

资料来源:根据历史事件绘制而成。

于历史原因,改革开放前我国价格机制很不成熟。① 1979—1984 年,开始尝试进行价格机制改革,主要思路是"调放结合,以调为主",这意味着只有当供求状况得到缓解,才可能对无关紧要的小商品价格进行调整。这段时间主要是尝试,部分领域取得了宝贵的改革经验。1985 年 1 月正式实施生产资料"双轨制"价格机制,取消计划外价格不高于计划内价格 20%的限制。价格"双轨制"在当时有一定的合理性,但同时引发了诸多弊端,最突出的问题莫过于"倒爷"阶层的产生和"寻租"腐败现象的频发。随着问题不断暴露,矛盾不断激化,决策层决定放开价格管制,取消"双轨制"价格,实行"物价闯关"。

政策实行到政策效果显现,往往存在一定偏差。1988 年开始,我国居民消费价格指数(CPI)同比增长 18.8%,而 1987 年 CPI 同比只增长了 7.3%。这一情况维持了两年,在党中央和国务院的努力下,1990 年物价水平已经处于一个合理水平,当年 CPI 同比增长 3.1%。1992 年党的十四大正式确定我国经济体制改革是建立社会主义市场经济体制,同年价格全面放开,加上当年年初邓小平同志的南方谈话,大大激发了市场的建设热情。在过热的背景下,恶性通胀再次来袭,1993 年 CPI 同比增长 14.7%,1994 年更是"破天荒"地达到改革开放后的最高点,为 24.1%,即使到 1995 年,也还高达 17.1%(见图 2-10)。从某种程度上来看,这是"物价闯关"的后续反应。

这段时间,党中央和国务院以巨大的政治勇气和智慧,通过各种配套政策和措施平抑价格剧烈波动,最终使价格机制逐步建立并走向成熟。

(2)1998 年亚洲金融危机。1997 年爆发的亚洲金融危机,源于美元升值。根据对美元指数变化周期的分析(见图 2-11),"强美元周期"(美元指数上升期)一般为 5—6 年,"弱美元周期"(美元指数下降期)一般为 10 年。1997 年恰逢"强美元周期"。亚洲新兴市场国家和地区都实行本国货币与美元挂钩的联系汇率制,对外贸易结算也采用美元,强势美元导致亚洲新兴市场国家和地区的货币对美元呈贬值态势。本国货币贬值又引发国内通货膨胀,生产的商品价格快速上涨,导致产品国际竞争力下降,出现严重的贸易赤字,比如 1994—1996 年,韩国出口增长率从 26.3%下降至 8.4%,泰国从

① 刘伟:《1988 年中国"物价闯关"研究》,中共中央党校 2011 年博士学位论文。

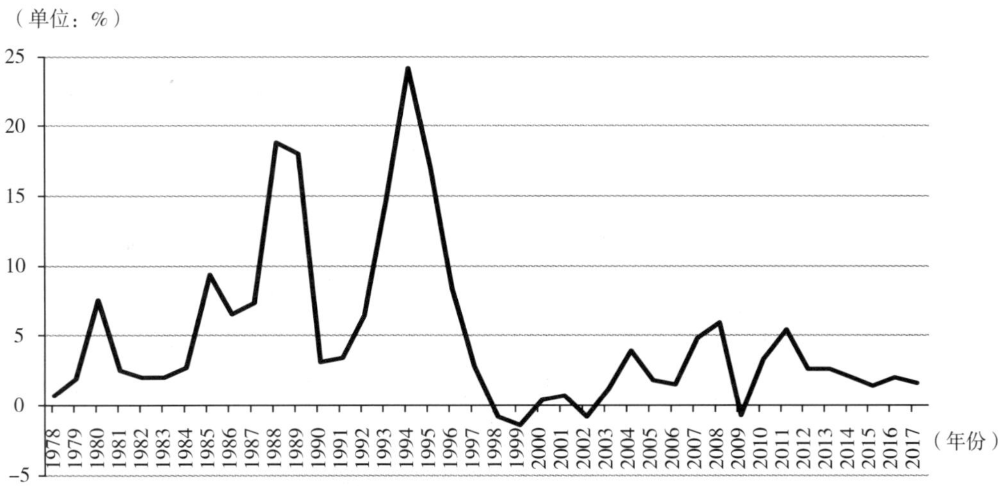

图 2-10　1978—2017 年我国 CPI 变动趋势

资料来源：根据 Wind 数据库绘制而成。

24.2%下降至 3.3%。① 亚洲新兴市场国家和地区的货币相对美元贬值，引发了资本外逃，这也是危机爆发的重要信号。此前流入亚洲新兴国家和地区的外资，多为不满一年的短期资本或有价证券（如股票、债券等）等投机性领域，估计这一比例约占 2/3②，韩国短期外债占总外债比重为 68.2%，泰国、印度尼西亚和马来西亚分别为 66.6%、60.9%、52.2%。

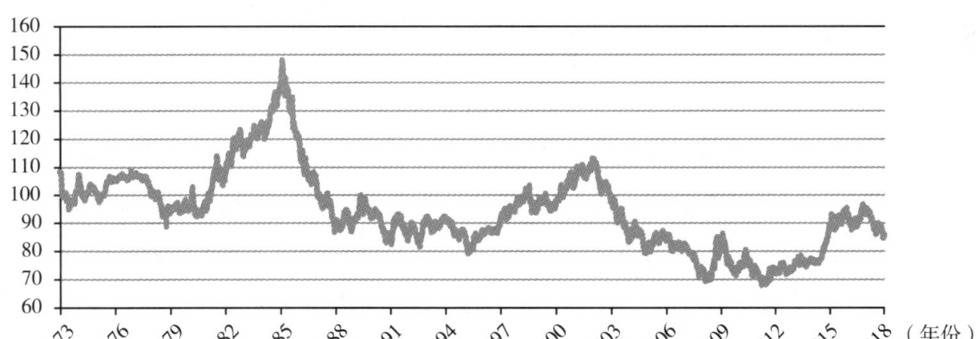

图 2-11　1973—2018 年美元名义指数（对主要货币）

资料来源：Wind 数据库。

在此期间，以索罗斯为首的国际炒家瞄准中国香港，向香港汇市、股市和期市同时发难。在党中央和国务院的大力支持下，香港金融管理局从市场主导转向政府干预，运

① 杨国庆：《从亚洲金融危机看美国金融霸权》，复旦大学 2007 年博士学位论文。

② 杨国庆：《从亚洲金融危机看美国金融霸权》，复旦大学 2007 年博士学位论文。

用香港财政储备和其他各路支持资金，在1998年将汇市稳定为1美元兑7.75港元，并用大量资金购买国际炒家抛售的恒生指数蓝筹股。当年8月28日，国际炒家蜂拥而上企图打压恒生指数，但香港政府不计成本照单全收，当天成交790亿港元，完全稳定住了恒生指数和期货指数。在这场后来被称为“香港金融保卫战”的博弈中，香港政府动用外汇基金1180亿港元，索罗斯在做空香港市场中损失约8亿美元。

党中央和国务院审时度势，在亚洲新兴市场国家和地区普遍陷入困境的时候，承诺人民币不贬值。在亚洲金融危机中，我国果断调整外汇管理政策，从加强经常项目购付汇真实性审核、进一步收紧资本项下的用汇管理、加大对违法违规外汇收支行为的立法和执法力度这三个方面，确保人民币汇率的稳定。并进一步扩大对外开放，积极加入世界贸易组织，平稳度过亚洲金融危机，实现了经济的高速增长。

(3)2008年全球金融危机。与亚洲金融危机不同，2008年全球金融危机发生于“弱美元周期”阶段。这次危机又称为“次贷危机”，是指由美国次级房屋信贷行业违约剧增、信用紧缩而引起的金融危机。一时间，世界两大顶级投行雷曼兄弟和美林相继出现危机，雷曼兄弟申请破产保护，美林则由美国银行收购；美国国际集团也难以维持，由美国政府接管；美国房贷巨头房利美和房地美股价暴跌，美国财政部和美联储被迫接管“两房”……出现如此之大危机，原因有三：一是美国政府过于自信的房地产金融政策，为了帮助美国国民融资买房，“两房”快速扩张隐性担保业务，其直接持有和担保的按揭贷款和以按揭贷款作抵押的证券，从1990年的7400亿美元，爆炸式地增长到2007年年底的4.9万亿美元，增长近6倍。二是金融机构滥用金融衍生品，担保债券凭证(CDO)和信用违约掉期凭证(CDS)在这次金融危机中扮演了重要角色，金融衍生品延长了金融交易的链条，且每一环之间都有数倍杠杆，但凡某个环节出现问题，就会使得整个链条崩溃。三是美国货币政策的推波助澜，2000年左右美国网络泡沫破灭，此后美联储多次下调联邦基金利率(见图2-12)，最低调整至1%以下，这段时间的低利率刺激美国民众举债消费，尤其是在房地产领域。而后联邦基金利率又一路飙升，到危机发生前甚至在5%的高位维持了一年多。直到次级贷款出现违约，引起链式反应，爆发全球金融危机。

我国金融衍生品市场尚不发达，这在某种程度上帮助中国“逃过”这次全球金融危机的直接冲击。当然，我国受到的直接冲击较小原因还有金融机构有政府作为强大的后盾、银行不缺流动性、监管部门比较谨慎等。① 不过，当今世界是一个紧密联系的整体，哪个国家和地区都不能“独善其身”。由美国次级贷款危机，到美国金融系统危机，再到全球金融系统危机，然后引发实体经济危机，这一系列演变，终将影响我国的实体

① 成思危：《全球金融危机与中国的对策》，《马克思主义与现实》2009年第5期。

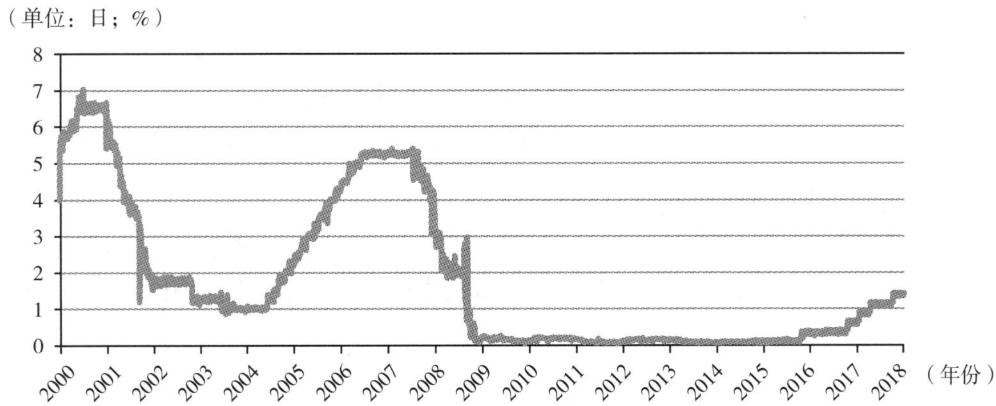

图 2-12　2000—2018 年美国联邦基金目标利率

资料来源：Wind 数据库。

经济。

2008 年 11 月，我国宣布实行扩张的财政政策和适度宽松的货币政策，通过投资铁路、公路、机场等基础设施，以及农村基础设施、安居工程建设、节能减排、文化教育、自主创新、灾后重建等领域，进一步扩大内需，促进经济平稳较快增长，后来被称之为"四万亿计划"。短期的财政金融刺激，确实可以促进经济发展，在当时也是必要的，2010 年我国 GDP 增长率甚至达到 10.6%。但是长期来看，也埋下了一些隐患。这些隐患都可能是系统性金融风险的引爆点，在下文中将重点讨论。

（4）三次危机小结。改革开放以来，我国经历的三次重大风险类型各不相同（见表 2-7），1988 年是以通货膨胀为特点的恶性通胀，1997 年是以汇率制度为特点的金融危机，2008 年则是以金融杠杆为特点的金融危机。事实表明，唯有采取对外开放、不断引进优秀外资的方式，才能更好地度过危机。

表 2-7　改革开放后几次重大风险及解决方案

年　份	危机名称	风险类型	历史称呼	具体解决方案
1978			改革开放	对外开放、引进外资
1988	恶性通胀	通货膨胀	"物价闯关"	对外开放、引进外资
1998	亚洲金融危机	汇率制度	加入世贸组织	对外开放、引进外资
2008	全球金融危机	金融杠杆	"四万亿"	凯恩斯主义、政府投资

资料来源：根据历史事件总结得到。

（二）系统性金融风险潜存领域

习近平总书记强调，"金融安全是国家安全的重要组成部分，准确判断风险隐患是保障金融安全的前提”①。我国金融风险潜存的领域，主要包括个别部门金融杠杆率存在风险、金融机构风险防范意识有待提高、金融监管与金融创新不同步等方面。

1. 金融杠杆率水平总体不高，但个别部门风险较大

根据我国杠杆率与主要国家的比较，可以看出我国总杠杆率水平远低于选定国家的平均值，在所选的几个国家中排在最低水平（见表2-8）。分部门看，家庭部门、政府部门和金融机构部门的杠杆率远低于选定国家的平均水平；非金融企业部门的杠杆率高于选定国家的平均水平，我国非金融企业部门的杠杆率问题，主要集中在国有企业，这在下文中将进一步分析。

表 2-8　主要国家分部门杠杆率比较　（单位:%）

国家＼部门	家庭部门	政府部门	非金融企业部门	金融机构部门	总杠杆率
美　国	77	89	67	46	279
日　本	65	234	101	112	512
英　国	86	92	74	255	507
加拿大	92	70	60	54	276
法　国	56	104	121	65	346
德　国	54	80	54	91	279
意大利	43	139	77	55	314
西班牙	73	132	108	50	363
平　均	68.25	117.5	82.75	91	359.5
中　国	42.74	60.38	127.83	21.96	252.91

资料来源：国际数据参考马建堂等:《中国的杠杆率与系统性金融风险防范》,《财贸经济》2016年第1期。中国数据参考董小君:《我国杠杆率水平、系统性风险与政策体系设计》,《理论探索》2017年第2期。

根据我国杠杆率自身演变的过程来看，个别部门杠杆率增速较快。如图2-13所示，家庭部门杠杆率从1996年的3%增长至2017年的42.7%，增长了13倍多；政府部门杠杆率增速相对平缓，从1996年的21.3%增长至2017年的47.6%②，其中主要是地方政府部门杠杆率的快速增长，这将在以下部分详细阐述；非金融企业部门杠杆率一直处于较高水平，1996—2011年大概在100%左右，但随着“四万亿”经济刺激计划，非金融企业部门杠杆率急剧增加，一度超过130%；金融机构部门杠杆率相对较低，增速也比较平缓，从1996年的4%增长至2017年的22%。

① 本书编写组:《党的十九大报告辅导读本》，人民出版社2017年版，第102页。

② 根据财政部的数据，2017年我国政府负债率为36.2%，为保持数据来源统一，此处政府部门杠杆率的数据采用IMF的WEO数据库的数据。

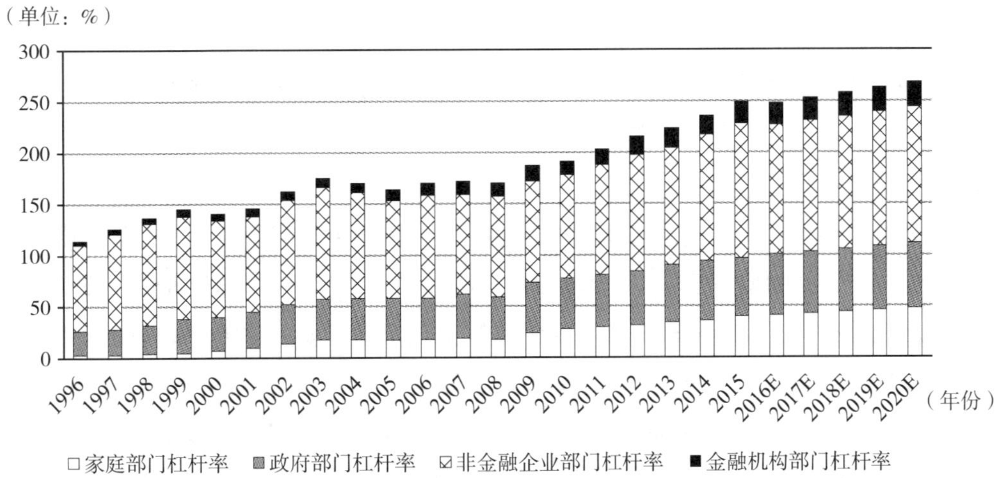

图 2-13　1996—2020 年中国杠杆率

资料来源：参考董小君：《我国杠杆率水平、系统性风险与政策体系设计》，《理论探索》2017 年第 2 期。

总体来说，我国金融杠杆率水平不高，但个别部门绝对水平比较高，个别部门增速较快，给我国金融系统带来一定的风险。

（1）地方政府大肆举债，政府债务违约风险增加。截至 2017 年，我国政府债务余额 29.95 万亿元，其中中央政府债务余额 13.48 万亿元，地方政府债务余额 16.47 万亿元①，地方政府债务余额高于中央政府债务余额。审计署公布的全国政府性债务审计结果（2013 年 12 月 30 日）显示，我国政府性债务风险主要在于地方政府债务。从政府层级看，地方政府债务集中在市县两级，2013 年 6 月底市级政府负有偿还责任债务占地方政府债务 44.5%，县级政府负有偿还责任债务占地方政府债务 36.4%。从举借主体看，融资平台公司、政府部门和机构占大部分，融资平台公司举债占地方政府债务的比例为 37.4%，政府部门和机构举债占地方政府债务的比例为 28.4%。从资金来源看，银行贷款是地方政府债务主要来源，占比高达 50.8%，此外建设—转让模式（BT）和发行债券也是重要来源，二者总和占比为 21.9%。从债务投向看，主要用于基础设施建设和公益性项目，市政建设占 37.5%，土地收储占 16.7%，交通运输设施建设占 13.8%。审计结果进一步发现，地方政府债务存在四个方面的问题：一是负有偿还责任的债务增长较快，从 2010 年到 2017 年，年均增速为 13.7%；二是部分地方和行业债务负担较重，截至 2012 年年底，有 3 个省级、99 个市级、195 个县级、3465 个乡镇政府负有偿还责任债务的债务率高于 100%，尽管债务置换降低了违约风险，但偿付风险仍然存在；三是地方政府性债务对土地出让收入的依赖程度较高，超过 1/3 的地方政府负有

① 此处参考财政部部长肖捷十三届全国人大一次会议答记者问（2018 年 3 月 7 日）。

偿还责任的债务承诺以土地出让收入进行偿还；四是部分地方和单位违规融资、违规使用政府性债务资金。

根据欧盟对其成员国负债率不超60%标准，与我国2016年地方政府负债率均值，可将我国地方政府债务分为高负债率型、中负债率型和低负债率型三类（见图2-14）。第一类是高负债率型，违约风险偏高，地方经济发展可能出现风险。高负债率型，是指负债率超过60%的地方政府，即超过欧盟对其成员国的要求，这一类型的政府债务违约风险偏高。根据财政部2016年全国财政决算和国家统计局的数据，贵州负债率高达74%，属于这一类型。此外，有些省市虽然总体负债率低于60%，但地级市的债务率远超国际货币基金组织90%—150%的安全参考范围，诸如东北三省的盘锦、吉林、双鸭山、伊春、本溪等，这些市级政府债务违约风险相对突出。第二类是中负债率型，违约风险中等，可能引发地方政府财政预警。中负债率型，是指负债率介于我国地方政府负债率均值与60%之间的地方政府，这一类型的地方政府债务违约风险中等，但仍处于可控范围。包括青海、云南、海南、辽宁、宁夏、内蒙古、新疆、陕西、广西、甘肃、四川、安徽、湖南、江西、重庆、黑龙江等16个省（自治区、直辖市），均属于这一类型。第三类是低负债率型，无违约风险，地方政府适量举债可促进经济发展。低负债率型，是指负债率低于我国地方政府负债率均值的地方政府，这一类型的地方政府债务没有违约风险。吉林、浙江、河北、山西、福建、天津、上海、湖北、北京、江苏、山东、河南、广东、西藏等14个省（自治区、直辖市），均属于这一类型。

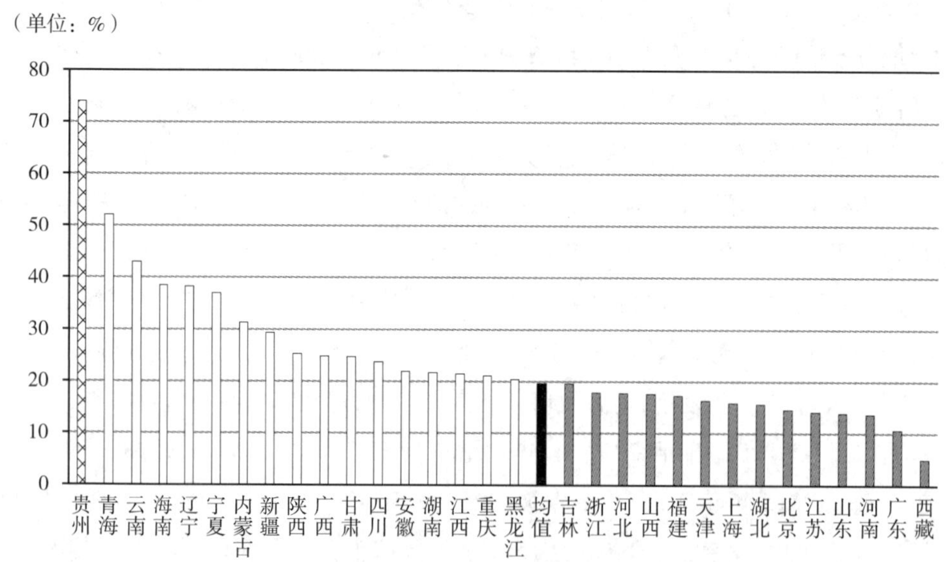

图2-14　地方政府债务负债率

资料来源：计算负债率所需的地方政府债务余额来源于财政部2016年全国财政决算表，其他数据均来自国家统计局。

尽管近年来针对地方政府债务出台了诸多管理办法或规定，但审计署的审计报告显示①，2017年3月底，部分地方政府债务增长较快，有的还违规举债。部分地方政府承诺以财政资金偿还债务，这一余额较2013年6月底增长了87%，其中基层区县和西部地区增长超过1倍；7个省、6个市和5个县本级2015年以来，通过银行贷款、信托融资等形式，违规举借的政府承诺以财政资金偿还债务余额有537.19亿元。同时，有4个省、2个市和2个县尚未成立政府性债务管理领导小组。

(2)国有企业杠杆率高企不下，"僵尸企业"占用大量资源。从2017年各省(自治区、直辖市)国有工业企业与工业企业资产负债率差值看(见图2-15)，有20个省(自治区、直辖市)的国有工业企业资产负债率大于工业企业资产负债率，河南的差值最大，高达27%。意味着这些省(自治区、直辖市)国有工业企业的杠杆负担，较工业企业平均杠杆负担要重。从各省(自治区、直辖市)国有工业企业资产负债率绝对值看，超过一半省市的国有工业企业资产负债率大于60%②，河南的国有工业企业资产负债率最高，高达74.6%，山西次之为74.5%(见图2-15)。东北地区的辽宁、吉林、黑龙江，西南地区的广西、云南，西北地区的青海、新疆、宁夏、陕西，以及京津冀地区的天津与河北，国有工业企业的资产负债率都相对较高。

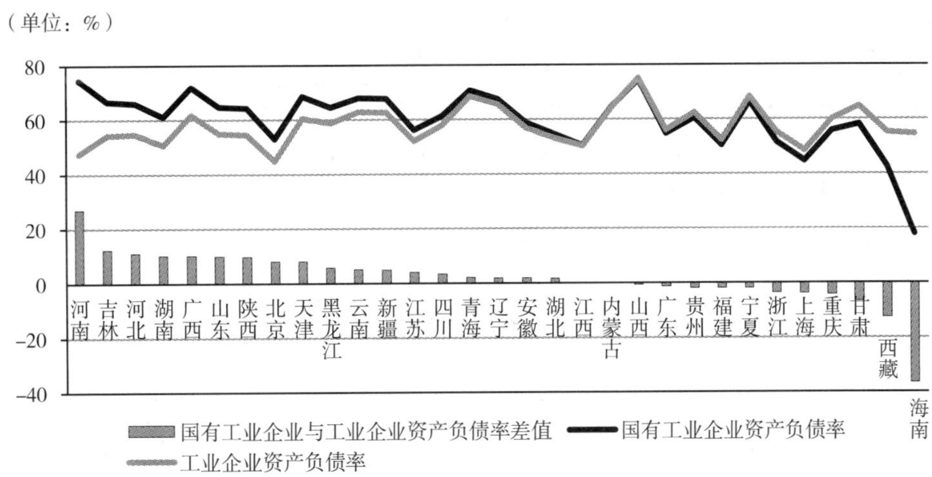

图2-15 2017年国有工业企业资产负债率、工业企业资产负债率及差值

资料来源：Wind数据库。

① 此处参考审计署在十二届全国人大常务委员会第二十八次会议上的报告《国务院关于2016年度中央预算执行和其他财政收支的审计工作报告》，2017年6月23日。

② 不同性质的行业的资产负债率的高低并无绝对划分标准，但在财务习惯中，一般认为40%—60%的资产负债率是相对合理的，高于60%表明举债较多，潜在的财务风险应该引起一定的重视，低于40%说明相对谨慎，不存在太大风险，或者没有充分利用财务杠杆。

从2017年国有工业企业资产负债率大小排名，前11个省（自治区、直辖市）的纵向变化看（见图2-16），国有工业企业资产负债率可分为三种类型：第一种是“由高向低型”，以宁夏为代表，十多年来，宁夏的国有工业企业资产负债率由超过70%下降至60%多；第二种是“高位运行型”，天津、云南、辽宁、吉林与河北等均属于这种类型，其国有工业企业资产负债率一直处于较高水平；第三种是“由低向高型”，河南、山西、广西、青海、新疆等属于这一类型，这些省区的国有工业企业资产负债率都从比较高的水平向更高水平增加。从区域分布看，多分布在东北、西北和西南地区，河南、天津与河北属于泛京津冀地区，经济较为发达的长三角和珠三角地区不存在国有工业企业资产负债率过高的情况。

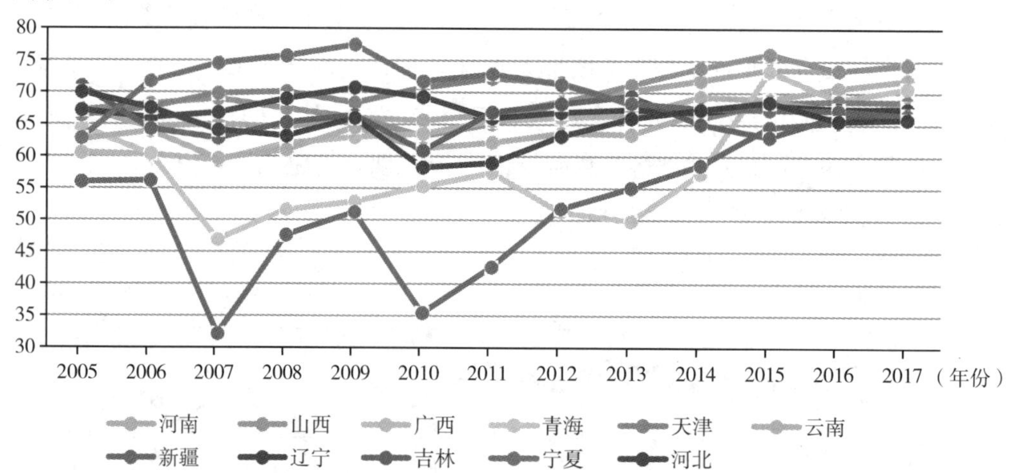

图2-16　2005—2017年代表性省市国有工业企业资产负债率

资料来源：Wind数据库，其中2016年国有企业杠杆率通过GM（1，1）预测得到，预测误差在5%以内。误差超过5%的海南、西藏、青海和新疆，则通过一阶或多阶平均弱化缓冲算子方法折算后预测得到。

“僵尸企业”，指的是可以产生一定的现金流，但是扣除运营成本和固定成本后，最多只能支付贷款利息，而无力偿还贷款本金。① 或者说，这样的企业本该“寿终正寝”退出市场，但由于政府补贴或银行贷款而得到“续命”，勉强存活于市场。我国官方定义的“僵尸企业”为“持续亏损3年以上且不符合结构调整方向的企业”②。人大国发院的研究报告③研究了我国工业部门“僵尸企业”的情况。分年份看，2000年我国工业部门的“僵尸企业”比例最高，达到30%，此后逐步下降并稳定，2005—2013年基本维持

① 此处定义参考“僵尸企业”的维基百科定义。

② 此处参考李克强总理在国务院常务会议上的讲话，2015年12月9日。

③ 此处参考聂辉华等：《中国僵尸企业研究报告——现状、原因和对策》，人大国发院系列报告，2016年7月第9期。

在7.5%。分行业看,“僵尸企业”比例最高的行业包括钢铁(51.4%)、房地产(44.5%)、建筑装饰(31.8%)、商业贸易(28.9%)和综合类(22%),比例最低的包括银行、传媒、非银金融、计算机和休闲服务,最高不超6%(见图2-17)。分地区看,发达省市比例较低,欠发达省市比例较高,云南(35.6%)、陕西(33.7%)、广西(29%)、新疆(27.9%)、宁夏(27.7%)这五个省(自治区)“僵尸企业”占比最高。分所有制看,国有和集体企业“僵尸企业”占比较高,即使在2005年之后,也超过15%,民营企业、港澳台及外资企业占比较低,维持在7%上下。分规模看,大中型企业比例较高,小型企业数量较多。分年龄看,企业年龄越大,“僵尸企业”占比越高,成立5年内的企业,“僵尸企业”占比只有3%,但成立30年以上的企业,“僵尸企业”占比高达23%。

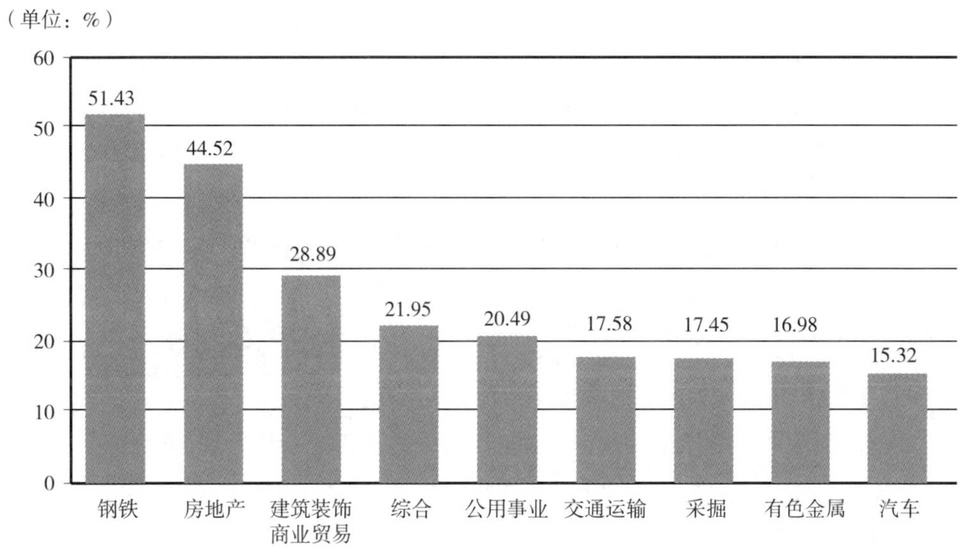

图2-17　分行业“僵尸企业”占比

资料来源:根据人大国发院的研究报告绘制。

(3)家庭部门信贷增长过快,信贷多流向房地产市场。从家庭部门杠杆率绝对水平看,我国家庭部门杠杆率并不高,截至2016年年底,金融机构对家庭部门债权存量达到33万亿元,占当年GDP的比率为45%,预计2017年这一数值可能达到50%。考虑到同期美国和日本等发达经济体国家家庭部门杠杆率都在70%—80%之间,我国家庭部门杠杆率尚有一定的提升空间。但分省市看,在数据可得的21个省市中,有2/3的省市,即14个省市2017年12月的本外币家庭贷款占各项贷款余额比重要比2015年1月的高,这意味着家庭部门信贷增长过快。2017年12月的本外币住户贷款占各项贷款余额比重基本超过20%甚至30%,广东甚至高达43.3%。同样,广东的比重差值也最大,高达11.8%,浙江和江苏次之,也均超过8%。差值越大,表明信贷增长越快(见图2-18)。

家庭部门负债期限结构中,中长期消费贷款占比超过50%,在我国中长期消费贷

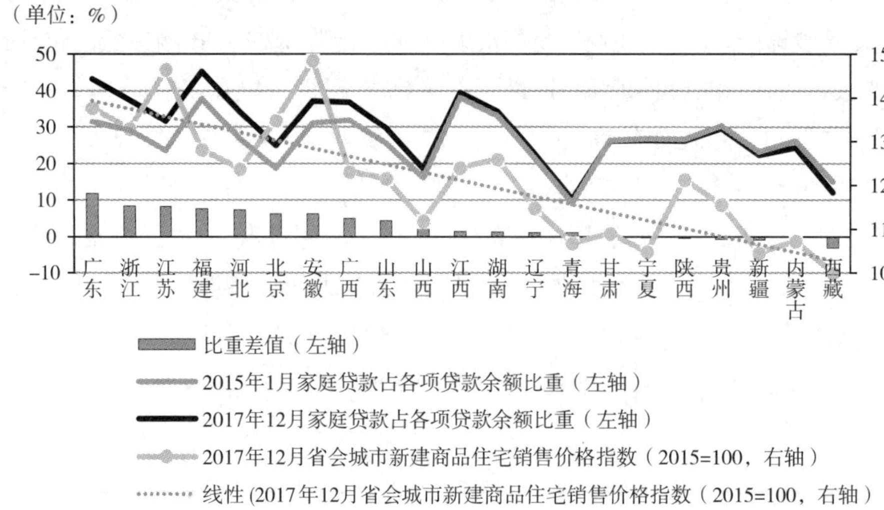

图 2-18　本外币家庭贷款占各项贷款余额比重与房地产价格指数

资料来源：Wind 数据库。其中天津、吉林、黑龙江、海南、重庆、云南、上海、河南、湖北、四川等省（直辖市）本外币家庭贷款和各项贷款余额数据缺失，西藏拉萨市房地产价格指数缺失，以 100 替代。

款主要对应房贷，因而家庭部门杠杆率提高表示住房贷款的增加。从本外币住户贷款占各项贷款余额比重的差值与省会城市新建商品住宅销售价格指数的趋势看，二者呈同趋势变动，即差值越大，信贷增长越快，新建商品住宅销售价格指数越高。这从另一方面表明，家庭部门过快增长的信贷大多流向了房地产市场。

家庭部门面临的最大风险是大幅下跌的房价，这种情况一旦出现，家庭部门资产负债表会急剧恶化，有可能导致大量贷款者破产，并引发其他部门出现链式风险①。根据万科公司的研究，家庭部门利息保障倍数②是预测房价大跌与否的重要指标，一般而言，家庭部门利息保障倍数高于 1.5 倍时，不会出现房价大跌的情况。而一旦低于这一数值，往往会出现大的危机。美国房价第一次大涨达到顶峰时，家庭部门利息保障倍数是 2.14，可是到 2007 年仅有 1.46；日本在 1989 年时，这一指标为 1.49；芬兰在 1989 年时，这一指标仅有 0.73，到 2007 年增加至 1.55；我国香港地区在 1997 年时，这一数值为 1.23，我国台湾地区同期为 3.4。过往国际和国内某些地区的事实表明，家庭部门利息保障倍数低于 1.5 的地方，几乎都出现了较为重大的危机。根据万科的计算，2015 年我国家庭部门利息保障倍数超过 10，即使未来十年房贷复合增长率达到 20%，2025 年我国家庭部门利息保障倍数也不会低于 1.5，因而处于绝对安全的位置。

---

① 2008 年的金融危机，也可称之为“次贷”危机，就是美国大量并无绝对偿付能力的人贷款消费或购买房地产，在无法偿付贷款后，选择违约，并导致一系列金融衍生品出现兑付危机，进而引发全球金融危机。

② 可用居民可支配收入减去其消费，作为居民储蓄，用居民储蓄与其债务利息的商，作为家庭部门的利息保障倍数，用以表示家庭部门偿付能力的一个指标。

其实,我国家庭部门杠杆率提升空间并不如想象中的大。[①] 倘若以家庭部门债务余额与其可支配收入比,2007 年为 46%,可是这一比例在 2015 年高达 77%,尤其在 2010 年后,几乎每两年就提高 10%。按照这一增速,2017 年这一比率为 87%左右。美国和日本目前这一比率约为 100%,我国家庭部门杠杆率提升空间不是很大。更为重要的一个指标是家庭部门贷款与存款的比率[②],已由 2007 年的 25%左右上升至超过 60%,2016 年出现了居民贷款增量大于存款增量的“钱荒”现象。随着三四线城市“去库存”热烈展开,农村居民、三四线城市居民贷款购房热情高涨,其杠杆率水平有向一二线城市靠拢的倾向,这非常值得重视。

2. 金融机构风险意识有待提高,影子银行问题突出

金融机构是金融活动的重要参与者之一。金融机构,尤其是系统重要性金融机构若爆发风险,结果将牵连众多,可能引发系统性金融风险。

(1)系统重要性金融机构审慎性有待提高。顾名思义,系统重要性金融机构(Systemically Important Financial Institutions,SIFIs)指的是在金融体系中扮演重要角色的金融机构。国际货币基金组织、国际清算银行和经济合作与发展组织 2001 年联合发布的《关于金融业的综合报告》中将其界定为“太大而不能倒”(Too Big To Fall)的金融机构。2010 年出台的《多德—弗兰克法案》中将大型关联性金融机构,作为系统重要性金融机构的代表,其倾向于将银行作为系统重要性金融机构的典型。在实践中,金融稳定理事会(Financial Stability Board,FSB)每年都会出具全球系统重要性金融机构,其实这里指的也是银行。2017 年,中国银行、中国建设银行、中国工商银行和中国农业银行这四家银行,都被 FSB 列入全球系统重要性银行。[③]

从资本充足率来看(见图 2-19),我国系统重要性金融机构防风险能力尚足。根据《巴塞尔协议 III》的要求,我国银监会于 2012 年颁布《商业银行资本管理办法(试行)》,要求核心一级资本充足率不低于 5%,一级资本充足率不低于 6%,资本充足率不低于 8%。而我国商业银行的资本充足率,要求最低的核心一级资本充足率都高于 8%,完全不存在问题。

但从不良贷款率来看,个别行业不良贷款率偏高(见图 2-20)。总数上,我国商业银行不良贷款比例在 2008 年以前,处于一个下降态势。这主要得益于 1999 年成立的东方、信达、华融和长城四大资产管理公司,分别负责收购、管理、处置相对应的中国银

① 此处参考张明:《警惕居民杠杆率的过快上升》,《中国外汇》2017 年第 20 期。

② 这里有别于银行视角的存贷比指标,银行视角的存贷款比率越高,说明银行收入越多,资金成本越小。目前监管部门已经取消贷款余额与存款余额比例不得超过 75%的规定,改为流动性监测指标。

③ 具体名单参考 FSB 报告:《2017 年全球系统重要性银行名单》,见 http://www.fsb.org/wp-content/uploads/P211117-1.pdf。

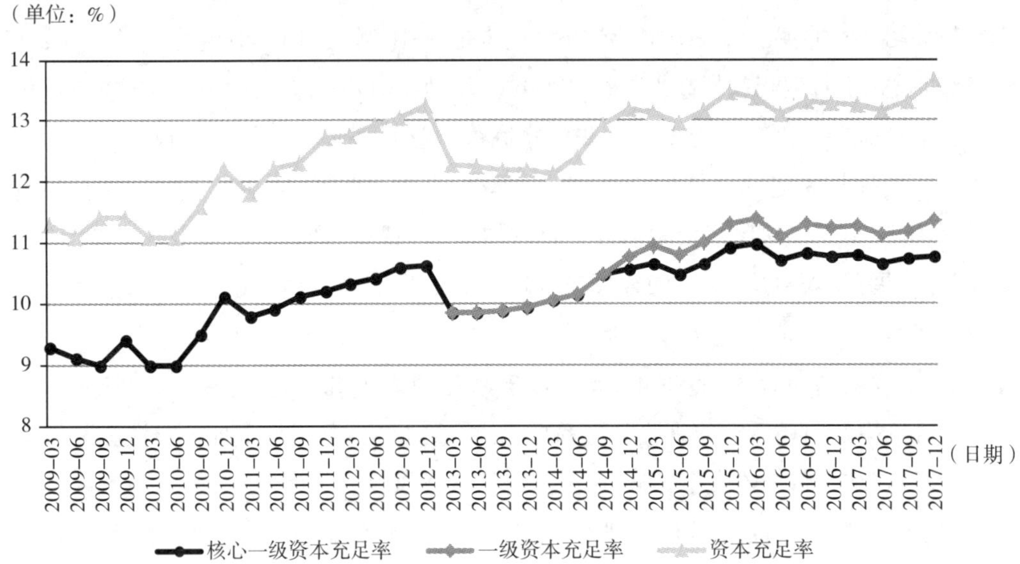

图 2-19　2009—2017 年我国商业银行资本充足率情况

资料来源：Wind 数据库。

行、中国建设银行和国家开发银行、中国工商银行、中国农业银行所剥离的不良资产，迄今为止还发挥着巨大的作用。2008 年以后，我国商业银行不良资产比例处于极低位，一度低于 1%，但近三年又有抬头的趋势。分行业看，农、林、牧、渔业，采矿业，制造业，批发和零售业，住宿和餐饮业，居民服务和其他服务业的不良贷款比例较高，批发和零售业高达 4.68%（见图 2-21）。

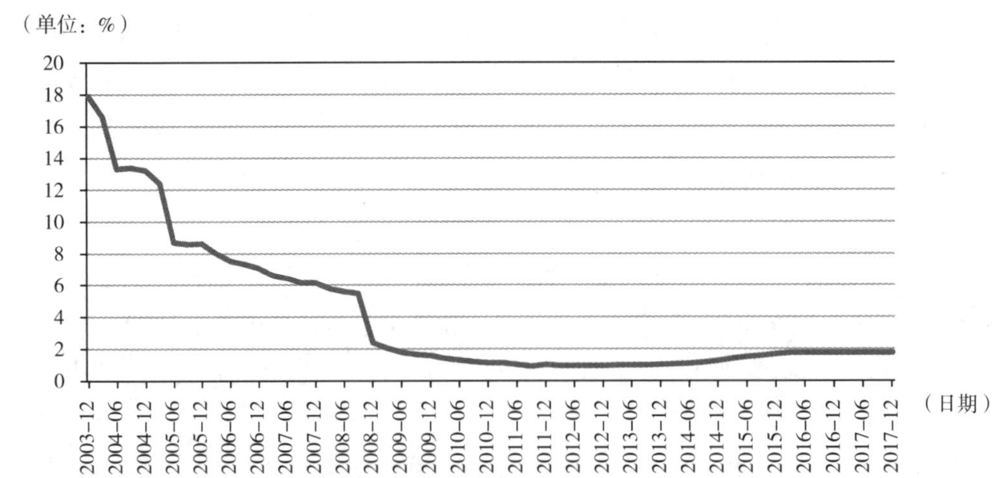

图 2-20　2003—2017 年我国商业银行不良贷款比例（季度）

资料来源：Wind 数据库。

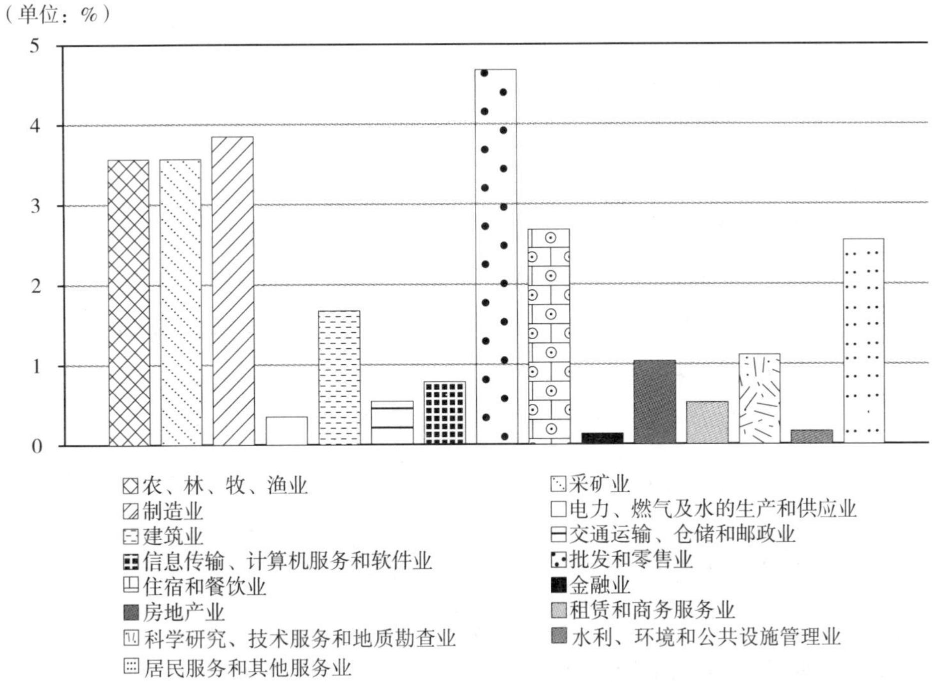

图 2-21　2016 年分行业我国商业银行不良贷款比例

资料来源：Wind 数据库。

当然，我国系统重要性金融机构的风险意识问题还不仅仅在不良贷款比例上，银行表外业务迅速扩张。表外业务作为影子银行最为重要的组成部分之一，不断提高系统重要性金融机构的市场风险和信用风险。具体将在下文详细阐述。

（2）跨市场、跨业态、跨区域的影子银行问题突出。影子银行最早由美国太平洋投资管理公司（PIMCO）提出，后来得到金融稳定理事会的重视。根据金融稳定理事会的定义，广义上的影子银行是（完全或部分）由正规银行体系之外的机构和业务构成的信用中介体系，狭义上的影子银行则是指由非银行机构构成的信用中介体系。前文讲到的商业银行表外业务，就是影子银行的重要范例。根据中国人民银行发布的《中国金融稳定报告（2017）》，2016 年年末，我国银行业金融机构的表外业务（含托管资产表外部分）余额高达 253.52 万亿元，其表外资产规模相当于银行业表内总资产规模的 109.16%。在表外业务中，担保类规模为 19.03 万亿元，承诺类规模为 16.08 万亿元，金融资产服务类规模为 164.63 万亿元。中国人民银行课题组认为，我国商业银行表外业务管理仍薄弱，表内外可能出现“交叉感染”的风险。[①] 国际清算银行的报告估计，

① 此处详见中国人民银行发布的《中国金融稳定报告（2017）》，见 http://www.gov.cn/xinwen/2017-07/06/5208092/files/572fec1a7b41440295c62fe548ad56fd.pdf。

2016 年年底我国未偿还影子储蓄工具规模约占 GDP 的 71%，占银行存款总额的 46%。

国际清算银行 2018 年发布了《中国影子银行图谱：结构与动态》的报告。[①] 该报告认为，中国的影子银行具有五大特征：一是商业银行在影子银行中起主导作用，因而影子银行某种程度上也被称作“银行的影子”；二是影子银行弥补了传统信贷的缺陷，可以提供替代性储蓄工具和私企信用中介；三是影子银行紧密联系了金融系统；四是与美国相比，中国的影子银行复杂性还很有限；五是隐性和实际的刚兑普遍存在。

我国影子银行的资金来源多样、承载工具多元、资金流向集中（见图 2-22）。从资金来源看，按占比大致分为三个梯队：第一梯队为最主要来源，包括地下借贷、信托和公司资本，三者占影子银行资金来源的 65%；第二梯队为重要来源，包括资产（证券）管理公司，理财产品，私募股权基金、保险、共同基金，银行（同业）资本，这几个占影子银行资金来源的 33%；第三梯队为补充来源，小额贷款公司是典型资金来源，其占影子银行资金来源约 2%。从主要工具看，不考虑工具交叉问题，可主要分为银行工具约 42%（含银行承兑汇票和委托贷款）、信托工具约 24%（含融资信托和信托受益权）、其他部分约 34%（除上述外的其他工具形式）。从资金流向看，流向房地产的占比最高，为 44%，近年来房地产市场极其火爆的场面也印证了这一点；流向中小型企业的占比约 36%，说明中小企业通过传统银行借贷方式的融资并不顺畅，只能更多借助于影子银行进行融资；流向地方政府融资平台的占比约 16%，地方政府通过融资平台大量融资，进行地方发展建设，这也造成了近些年来地方政府债务问题突出；流向其他领域的占比约 4%。

3. 互联网金融乱象丛生，金融监管面临挑战

随着科技日新月异，互联网技术与金融相结合，形成了互联网金融，为消费者带来更多选择与更好体验。现阶段互联网金融大致涵盖了第三方支付、P2P 网贷、众筹、互联网理财和互联网金融信息服务等业务范畴。然而在互联网金融蓬勃兴起之时，也出现野蛮发展、乱象丛生的情况，不断挑战目前的金融监管规则。

（1）互联网金融乱象丛生。作为一种金融创新，互联网金融在我国迅速发展。以 P2P 为例，根据第一网贷发布的《2017 年全国 P2P 网贷行业快报》[②]，2017 年全国 P2P 网贷行业，成交额 38952.35 亿元，比上年增长 38.87%，历史累计 8.33 万亿元；平均综合年利率 8.57%，比上年降低 0.49 个百分点；平均期限 8.19 个月，比上年延长 26.39%；日均参与人数 68.21 万人，比上年增长 48.73%。2017 年，全年贷款余额 17214.06 亿元，比上年增长 42.83%。截至 2017 年年底，全国有 1410 家（不含 90 家问题平台）P2P 网贷机构直接与银行对接进行资金存管或签订了存管协议，比上年大幅

① 报告《中国影子银行图谱：结构与动态》，见 https://www.bis.org/publ/work701.pdf。

② 此处参考第一网贷报告《2017 年全国 P2P 网贷行业快报》，详见 http://www.p2p001.com/netloan/shownews/id/16590.html。

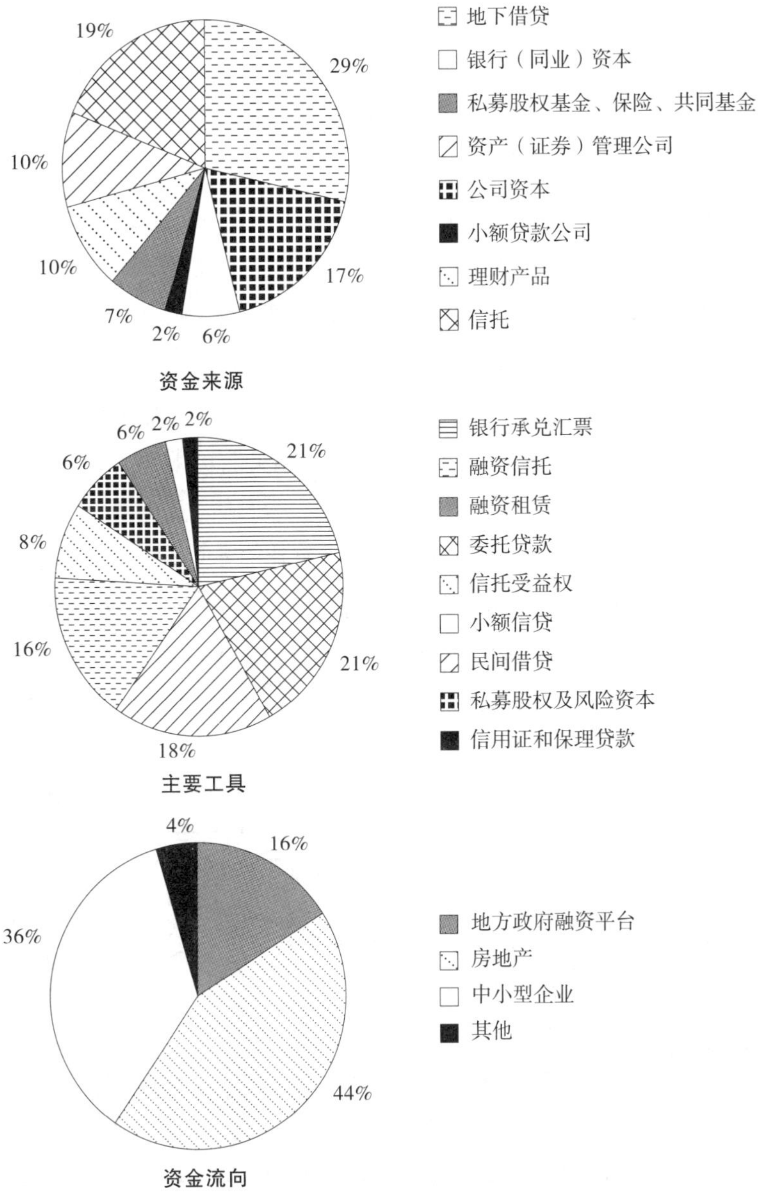

图 2-22　中国影子银行基本概述

资料来源:参考孙博《中国影子银行发展研究》绘制,吉林大学博士学位论文,2016 年。

增长 460%。其中,银行资金存管已经上线的有 834 家,比上年增长 452%;已签订银行存管协议还未上线的有 576 家,比上年增长 470%。全国 712 家(不含 114 家已成为问题平台)网贷机构持有 ICP 经营许可证,或 EDI 证,或同时持有两证,比上年增长 68%。

繁荣背后,藏不住互联网金融的七大乱象。e 租宝、上海“大大”、上海快鹿、中晋系、融宜宝、泛亚等互联网金融事件,波及范围之广、涉及资金之多、产生影响之深,都是互联网金融乱象丛生的生动案例。根据广东财经大学“互联网金融乱象调查”项目组的报告①,我国互联网金融存在七大乱象:一是概念认知混乱,不管是新闻媒体报道,还是学术文献,抑或地方政府政策文件,对互联网金融定义均不一,有些将网络银行与互联网银行、网络金融与互联网金融的概念进行混淆;二是业务范围混乱,以 P2P 网贷为例,有"一对一"的陆金所小贷银行模式,有"一对多"的手机贷众筹模式,还有"多对多"的宜信债权转让模式,这些模式看似创新,实则混乱;三是突破金融监管法规的底线非法运营,比如假借互联网金融进行民间借贷、非法集资、网络洗钱等非法活动;四是互联网金融机构风控机制较差,内部管理缺少对客户信息保护的制度,业务流程缺乏对资金链的管控能力,技术安全缺少独立运作等;五是运营主体既扮演裁判员又充当运动员,如使用资金池模式,违规自融、自我担保或相互担保等,都是平台本身既参与融资又参与运作的方式;六是信息披露混乱,由于没有相关官方规定,互联网金融的信息披露程度较差,且各平台披露的信息标准也不同;七是虚假宣传与过度承诺,互联网金融企业为获取客户资源,大肆进行虚假宣传与过度承诺,以获得不正当的竞争优势。

互联网金融众多形式中,网贷行业的问题仍十分突出。从网络借贷平台停业及问题平台数量看(见图 2-23),累计停业及问题平台高达 3000 多家,停业及问题平台发生率高达 69%,且呈逐月上升的趋势。其中,超过 98.6%的问题出在民营系的平台上,银

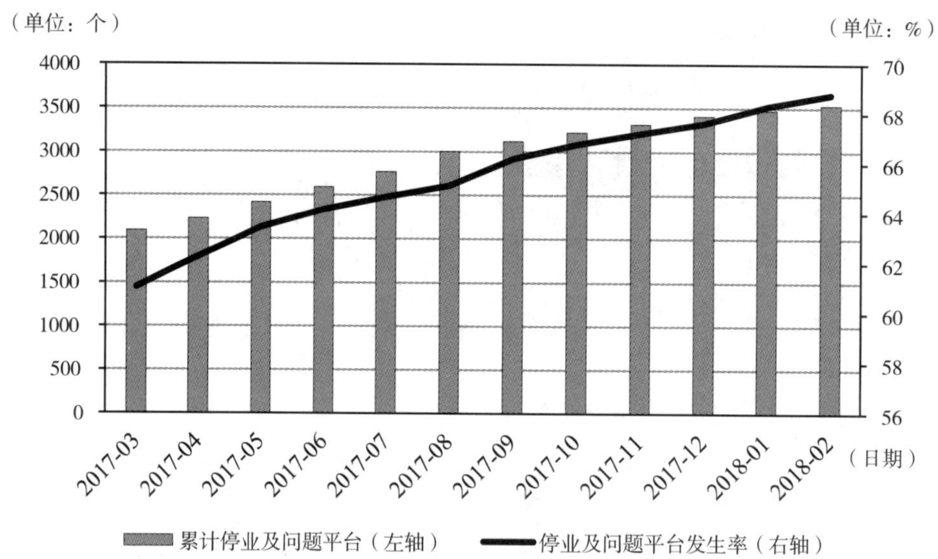

图 2-23 2017—2018 年网络借贷平台停业及问题平台统计

资料来源:根据网贷之家数据绘制而成。

① 此处参考广东财经大学金融电子商务研究中心:《互联网金融乱象调查报告》,《证券时报》2014 年 12 月 4 日。

行系、上市系、国资系和风头系的累计停业及问题平台占比不超过1.4%。从事件类型看(见图2-24),问题平台中,超过一半是停业状态,投资者血本无归;将近30%的公司跑路,投资者索赔无门;约20%出现提现困难,短期内消费者无法提现以规避风险;还有极少部分涉及经济侦查介入。分地区看(见图2-25),问题平台主要集中在广东、山东、上海、浙江、北京和江苏这六个省(直辖市),均为东部相对发达省份,共计占比高达67.05%,其中广东就占了16.2%。

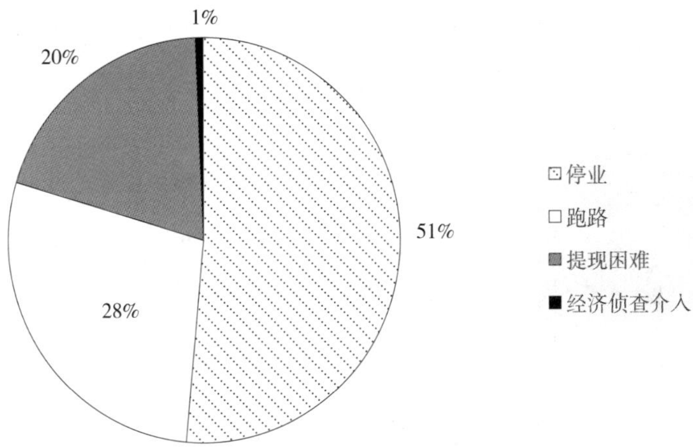

图2-24 网络借贷平台停业及问题平台事件类型

资料来源:根据网贷之家数据绘制而成。

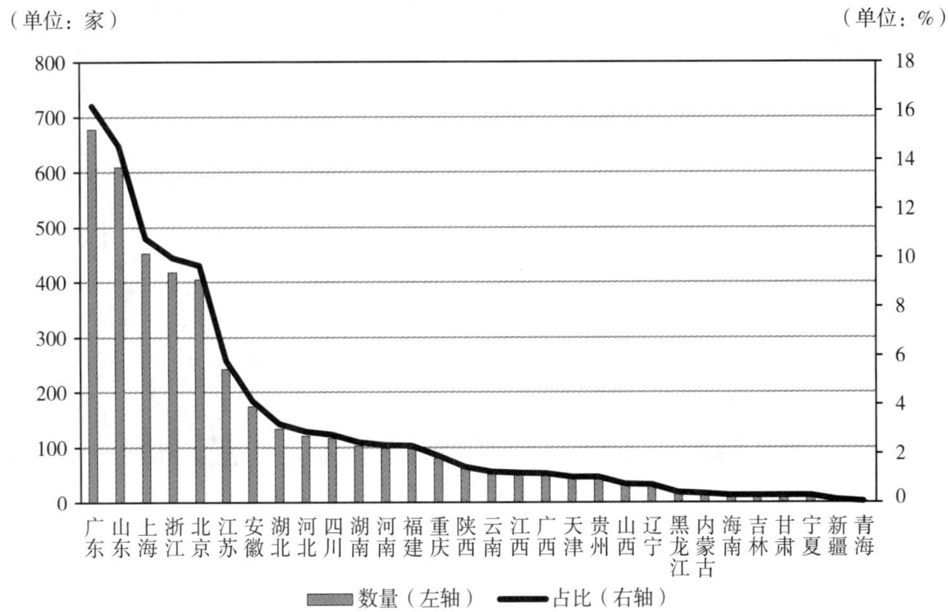

图2-25 分地区网络借贷平台停业及问题平台统计

资料来源:根据网贷之家数据绘制而成。

（2）数字货币挑战监管。数字货币（Digital Currency，DC），指的是自身没有价值但却可以通过一系列技术处理和交易安排，拥有某种交易媒介功能的数字字符。除P2P网络借贷外，众筹和以比特币为代表的区块链，都是金融与互联网技术相结合的互联网金融产品（见图2-26）。

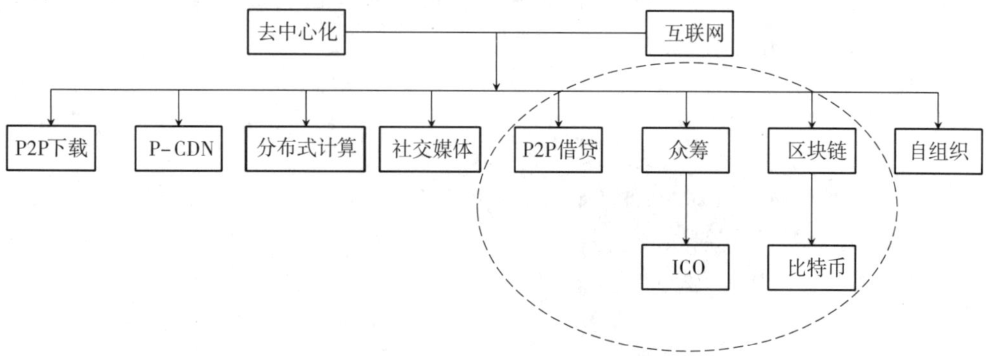

图2-26 互联网金融关系图

资料来源：参考刘润：《大家好，我是"区块链"本人，我儿子叫比特币，我要给你们介绍我的家族……》，《21世纪经济报道》2018年3月11日。

作为数字货币的典型代表，比特币交易市场异常火爆（见图2-27）。从交易数量看，2013年1月6日的成交量仅为453.56个，第二天即跃升至3935.25个，此后一直保持在日均几千上万的成交量，最高一天达到137070.18个。从收盘价看，从2013年至2016年，比特币收盘价一直呈温和上涨趋势，但从2017年开始，收盘价呈爆发式增长态势，从2017年1月1日的997.75美元/个，上涨至2017年12月16日历史最高价

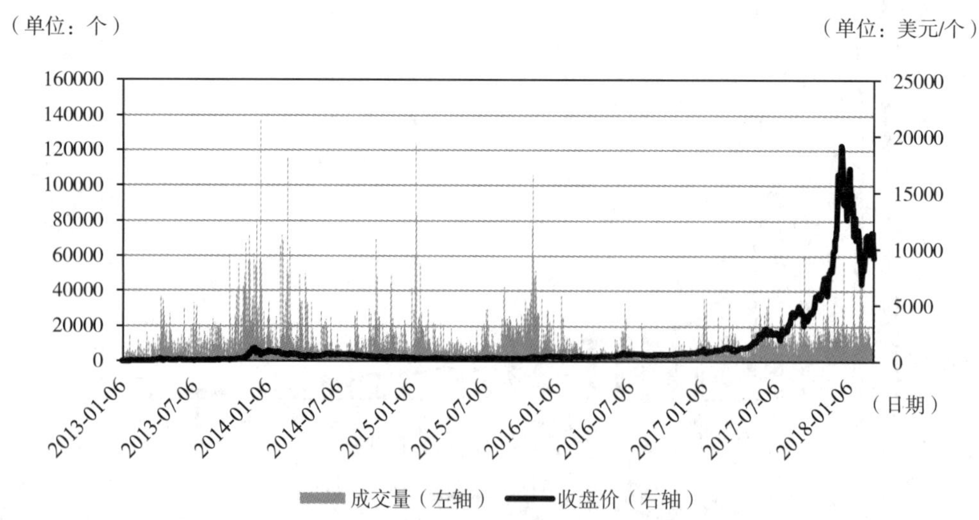

图2-27 2013—2018年比特币成交情况

资料来源：Wind数据库。

19187.78 美元/个,用了不到一年时间收盘价增长了 18 倍多。从总成交金额看,从 2013 年开始日成交额不到 0.6 万美元,到 2017 年年底历史最高日成交额超过 7.7 亿美元,即使达到最高价后快速回落,每日成交额也几乎都以亿美元作为单位。

数字货币潜存的信用风险,给我国监管带来巨大挑战。一方面,去中心化的数字货币,同时去除了中央银行超额发行货币的信用风险。中央银行作为发行货币的银行,本身依靠的是国家信用。诸如比特币等数字货币的"数字化信用"则是基于密码学原理,通过公开、唯一的算法,取得所有参与者的信任,将全体用户连接起来,交易信息完全公开、可以追溯,账户上的余额无法篡改,也不能进行重复支付。整个过程相当于由全体用户进行保证和"背书",只要参与者人数足够多,"数字化信用"的信用水平足以和"国家信用"相媲美。换句话说,数字货币信用超越了国家信用,从监管的层面来说,其风险如何无法估量与控制。另一方面,数字货币本身存在风险。以典型的比特币为例,主要存在三个方面的风险:第一是比特币交易所风险。尽管创始人中本聪将比特币视作一种完全通过点对点技术实现的电子现金系统,使得在线支付能够直接由一方发起并支付给另一方,中间不需要任何金融机构的交易,但在现实交易中,还是需要依托交易所的服务,一旦交易所出现问题或遭受攻击,比特币持有人和交易者将可能遭受巨大的不可挽回的损失。2014 年 2 月 28 日,全球最大规模的比特币交易所运营商"门头沟"(Mt.Gox)宣布,因交易平台的 85 万个比特币被盗,公司已经向日本东京地方法院申请破产保护。第二是比特币变现风险。欧洲央行的研究报告指出,比特币用户如果要变现,就必须有新的比特币需求出现,这很像一个庞氏骗局。投资比特币最大的问题在于信息不对称。它非常复杂,可能导致潜在用户难以理解。一旦用户试图变现而网络流动性不足时,整个系统可能会坍塌。比特币的价值在于其稀缺性,但归结下来,还要看这种虚拟的电子货币能否兑换现金或购买商品,而这也与各国政策息息相关。第三是比特币价格大幅波动风险。由于没有相对成熟的市场经验,各国也没有完全配备相应的监管措施,比特币的价格运作完全是按照市场供需来的,但同时也存在人为操纵导致价格大幅波动的可能。以 2017 年 10 月 17 日至 2018 年 3 月 6 日共计 102 个交易日的波动幅度看(见图 2-28),日涨跌幅度超过 5%的有 38 个交易日,其中最大单日涨幅为 23.7%,最大单日跌幅为 17.4%。

(三)完善金融安全防护体系

金融风险与金融安全是一个相对的概念。改革开放步入新时代,我国要防范化解系统性金融风险,必须完善金融安全防护体系。

1. 降低宏观金融杠杆率水平,化解重点部门风险

应从地方政府债务、国有企业杠杆率尤其是"僵尸企业"问题、家庭部门快速增长

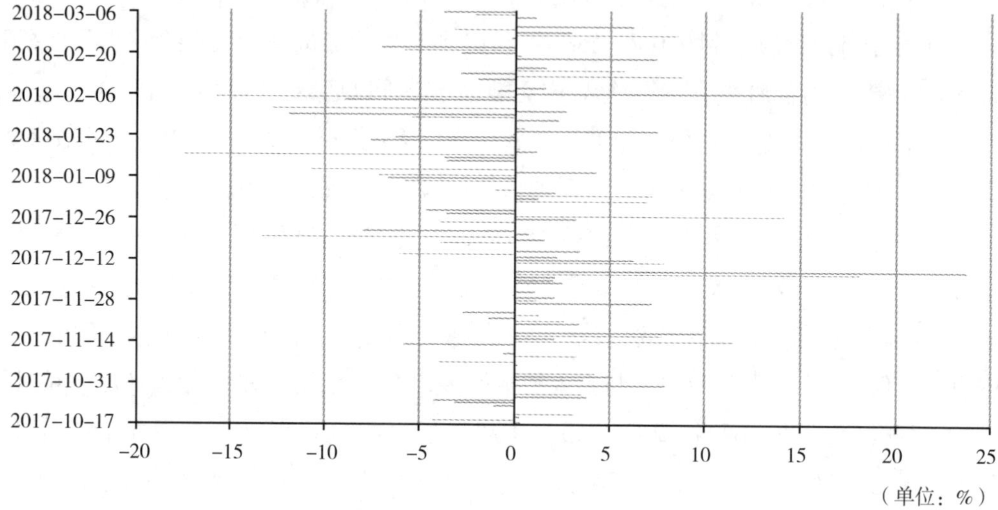

图 2-28　2017—2018 年比特币涨跌情况

资料来源：Wind 数据库。

的杠杆率等三个方面，分部门施策化解金融风险。

（1）分类化解地方政府债务违约风险。根据前文对地方政府负债率三种类型的划分，针对每种类型应采取不同的方式化解风险。①针对高负债率型风险，我国应采取一些特殊措施。一是设立专款专用的“特别贷款”。地方政府可适度“借长还短”，偿还短期债务。此举旨在有条件地优先救助面临极高违约风险的市县级地方政府，管辖权较大的地方政府应主动承担偿还债务的责任。界定特别贷款范围：贷款总额不应超过当年负有偿还责任债务的50%；贷款期限一般不超过 4 年；贷款利率参考一年期定期存款利率，可有一定幅度的上下浮动。控制特别贷款使用：将特别贷款与地方政府考评、年度财政转移支付相挂钩；限制特别贷款在地方政府间的横向调剂；防止地方政府无限度进行特别贷款，增强地方政府对于特别贷款的谨慎性。二是借鉴美国俄亥俄州的做法，组建临时“财政监管委员会”。美国俄亥俄州依靠严密的监测机制，从列入“预警名单”到列入“危机名单”，再到被宣布处于紧急状态，便临时建立“财务筹划与监督委员会”，接管地方政府的财政管理权。我国虽然尚无政府破产的相关规定，但可参考“俄亥俄州模式”，对确实面临高负债率型违约风险的地方政府，实施“财政破产”，由上级相关部门组织、建立临时“财政监管委员会”，全面监督、管理地方政府的财政收支，直至该地方政府的债务违约风险得到有效释放、财政状况出现明显好转。

②化解中负债率型风险，关键在于建立完善的“风险预警指标体系”。我国应建立“借、用、还”全环节的风险预警指标体系。一是借债环节，选取债务负担率、债务依存度、财政赤字率、债务适应率作为风险预警指标。二是用债环节，选择债务项目的投入

产出比、具备自我偿债能力债务占总债务比、GDP 增速与债务增速比、民间投资增速与债务增速比作为风险预警指标。三是偿债环节，根据债务逾期率、债务偿债率、借新还旧占债务总额比、偿债准备金率和违约债务比来设立风险预警指标。针对安全区、轻警区、重警区的具体划分，各级地方政府可根据地区经济发展水平、债务规模与结构等因素，制定略有差异的标准。

③针对低负债率型，建立完善的信用评级机制是发债的关键。建议实施发债"双评级"机制与严管合规制度。一方面，实施发债"双评级"机制。地方政府发债时，可由两个独立的信用评级机构，同时出具两份独立的信用评级报告，防止单一信用评级机构不能准确揭示风险的可能，并供投资者作比较。另一方面，严管信用评级机构的合规性。信用评级机构的合规性体现在遵守独立性与职业操守、规范信用评级流程与评级行为、信息披露三个层面。应从这三个层面，根据违规性质与违规的主客观角度，分类别实施高额罚款、暂停业务等严厉处罚。

(2)以管资本为主强化国企资产负债率管理，加快"僵尸企业"退出市场。应从资产端、负债端和"僵尸企业"三个方面着力。①以管资本为主改善国企资产端。根据 2015 年《中共中央、国务院关于深化国有企业改革的指导意见》，应从以下两方面着手。一方面，改革国有资本授权经营体制。改组组建国有资本投资、运营公司，探索有效的运营模式，通过开展投资融资、产业培育、资本整合，推动产业集聚和转型升级，优化国有资本布局结构；通过股权运作、价值管理、有序进退，促进国有资本合理流动，实现保值增值。另一方面，推动国有资本合理流动优化配置。优化国有资本布局结构，增强国有经济整体功能和效率。紧紧围绕服务国家战略，落实国家产业政策和重点产业布局调整总体要求，优化国有资本重点投资方向和领域，推动国有资本向关系国家安全、国民经济命脉和国计民生的重要行业和关键领域、重点基础设施集中，向前瞻性、战略性产业集中，向具有核心竞争力的优势企业集中。

②以优化债务结构和债转股的方式改善国企负债端。根据 2016 年《国务院关于积极稳妥降低企业杠杆率的意见》，从以下三个方面进行改革。一是推动企业开展债务清理和债务整合。加大清欠力度，减少无效占用，加快资金周转，降低资产负债率。多措并举清理因担保圈、债务链形成的三角债。鼓励充分调动多方力量，在政策允许范围内，统筹运用盘活资产、发行债券和银行信贷等多种手段。二是降低企业财务负担。加快公司信用类债券产品创新，丰富债券品种，推动企业在风险可控的前提下利用债券市场提高直接融资比重，优化企业债务结构。鼓励企业加强资金集中管理，支持符合条件的企业设立财务公司，加强内部资金融通，提高企业资金使用效率。通过大力发展政府支持的担保机构等措施，提高企业信用等级，降低融资成本。三是有序开展市场化银行债转股。以市场化法治化方式开展债转股，以促进优胜劣汰为目的开展市场化债转股。

鼓励多类型实施机构参与开展市场化债转股，鼓励金融资产管理公司、保险资产管理机构、国有资本投资运营公司等多种类型实施机构参与开展市场化债转股；支持银行充分利用现有符合条件的所属机构，或允许申请设立符合规定的新机构开展市场化债转股；鼓励实施机构引入社会资本，发展混合所有制，增强资本实力。

③以兼并重组加快推动“僵尸企业”退出市场。推进企业兼并重组，是推动“僵尸企业”退出市场的重要方式，可从以下三个方面积极推进。一是鼓励跨地区、跨所有制兼并重组。支持通过兼并重组培育优质企业。进一步打破地方保护、区域封锁，鼓励企业跨地区开展兼并重组。推动混合所有制改革，鼓励国有企业通过出让股份、增资扩股、合资合作等方式引入民营资本。二是推动重点行业兼并重组。发挥好产业政策的引导作用，鼓励产能过剩行业企业加大兼并重组力度，加快“僵尸企业”退出，有效化解过剩产能，实现市场出清。加大对产业集中度不高、同质化竞争突出行业或产业的联合重组，加强资源整合，发展规模经济，实施减员增效，提高综合竞争力。三是引导企业业务结构重组。引导企业精益化经营，突出主业，优化产业链布局，克服盲目扩张粗放经营。通过出售转让非主业或低收益业务回收资金、减少债务和支出，降低企业资金低效占用，提高企业运营效率和经营效益。

(3)提高投机性信贷成本，防止信贷资金过多向房地产市场流动。在确保基本消费信贷的基础上，对投机性信贷，要从提高成本和加强检查两个方面着手。①提高投机性信贷成本。短期来看，要继续实行房地产限购、限售、限贷等政策，首先要确保房地产价格不过快上涨，通过“三限”方式，提高投机性信贷的间接成本。同时，还可实行差别利率，即对投机性信贷的利率可单独设置，比如按正常贷款利率往上浮动一定比例，提高投机性信贷的直接成本。长期来看，坚持“房子是用来住的，不是用来炒的”理念，着手建立多主体供应、多渠道保障、租购并举的住房制度。① 要发展住房租赁市场特别是长期租赁，保护租赁利益相关方合法权益，支持专业化、机构化住房租赁企业发展。完善促进房地产市场平稳健康发展的长效机制，保持房地产市场调控政策连续性和稳定性，分清中央和地方事权，实行差别化调控。

②增强信贷部门主体责任。一是要推进信贷由高利向高质转型策略，信贷部门需扭转扩张信贷获取利润的粗放式经营模式，调整优化信贷结构，主动将资金从地方政府融资平台、产能过剩领域、房地产领域等，转向高科技、绿色生态等领域转变。二是要严格管理信贷部门资产负债情况，信贷部门应以流动性管理为首要目标，在保持一定流动性的基础之上，再考虑安全性和收益性等问题，充分开发流动性管理工具，重视发展差异，合理健康地管理资产负债表。三是要完善科学业绩考评机制，许多信贷部门将放贷

① 此处参考2017年中央经济工作会议相关内容，见《光明日报》2017年12月21日。

作为半年度或年度考核，这很可能出现在短时间内集中放贷的情况，对贷前审查严谨性有所放松，从而容易使所贷资金的用途不受严格审核。此外，还要做好贷后检查，发挥反洗钱系统、支付结算系统等监控资金流向，坚决防止信贷资金擅自更改用途，违规流入资本市场、房地产市场等领域。

2. 提高系统重要性金融机构风险意识，合理引导影子银行发展

系统重要性金融机构的重要性不言而喻，应从顶层设计上提高系统重要性金融机构的风险意识。影子银行不仅要监管其所潜藏的风险，更应合理引导，保障其健康发展。

(1)设计我国系统重要性金融机构监管框架。可从识别方法、监管体系和监管机制等三个方面采取措施。①建立识别方法体系。总体要求上，要符合我国金融业特征。金融稳定理事会定期公布全球系统重要性金融机构(银行)的名单，目前我国尚未公布。应考虑我国金融发展的实际情况，将银行业、证券业和保险业都纳入其中。数据要求上，要确保数据集中能力。要与《全球系统重要性银行有效管理信息系统和数据集中的原则》相适应，也要注重我国系统重要性金融机构的数据集中，不断提高数据集中能力。评估结果上，要动态调整、适时披露。根据实践的变化，不断完善用于验证的模型，明确哪些要素(如评估指标、临界值、分组方法)可能需要调整，哪些要素(如最高附加资本要求与各组银行对应的附加资本要求)应相对固定。

②完善行为监管体系。1995 年，英国经济学家迈克尔·泰勒提出的"双峰"监管理论，认为监管有两类核心目标，即审慎监管和行为监管。这一理论在澳大利亚与荷兰得到了实践，澳大利亚政府发布的《瓦里斯报告》(1996 年)，奠定了其"双峰"监管的框架，该报告规定，澳大利亚审慎监管局(APRA)负责审慎监管，证券与投资委员会(ASIC)则负责金融机构行为监管；荷兰随后也引入了"双峰"监管(2002 年)，荷兰中央银行和金融市场监管局(AFM)分别负责审慎监管与所有类型金融机构的行为监管。得益于行为监管，这两个国家在 2008 年全球金融危机中受到的影响相对较小。2017 年，第五次全国金融工作会议首次提出"更加重视行为监管"，这个理念应落到实处。

③加强监管机制协调。此前我国采取分业监管的模式，"一行三会一局"各司其职，这在一定时期内具有合理性。但金融本身就是紧密联系的整体，加上近年来有些号称"金融创新"的产品钻监管空白的漏洞，因而有必要加强监管机制的协调性。第五次全国金融工作会议决定设立国务院金融稳定发展委员会，2018 年"两会"期间又决定合并银监会和证监会，这都是加强监管机制协调的重要举措。接下来，国务院金融稳定发展委员会如何统筹金融改革发展与监管，如何协调货币政策与金融监管相关事项，如何统筹协调金融监管重大事项，如何协调金融政策与相关财政政策、产业政策等，都需要细化落实。

(2)合理引导影子银行发展。影子银行既可以是问题,但同时也可能是机会,关键在于如何合理引导其健康发展。①确立符合我国国情的影子银行监管原则。金融稳定理事会对全球影子银行监管提出了一些建议,包括:当评估影子银行风险时,不应局限于法律或组织形式,而更加注重影子银行的金融功能,提前识别金融创新可能引发的金融风险;充分权衡金融机构的金融功能、所处市场结构和风险大小后,再行选择政策工具;通过共享信息实现跨国政策的一致性,包括机构类型、风险因素和经济功能等。我国在借鉴金融稳定理事会的原则上,还应把握符合自身情况的原则,包括:把控影子银行风险暴露程度,即不要求监管所有风险,而更多需要其关注不合规的金融机构和不完善的金融产品所隐藏的风险;鼓励和容纳金融创新,在具体实践中,对新生金融产品或工具应积极研究和评估,不能因为不了解或不熟悉而矫枉过正,彻底扼杀合理的金融创新。

②建立影子银行监管法律法规体系。具体来说,有三个方面可着力。一是以法治思维监管影子银行。社会主义市场经济的重要原则之一就是法治,一切监管都应有法可依。执法部门应先与立法部门沟通,制定符合我国国情的影子银行监管法律,在广泛征求各方意见的基础上,依法对影子银行的各项事务进行监管。二是划定影子银行行为范围。影子银行问题突出的一个重要原因就在于界定模糊,没有一个相对明确的边界。因而需要对影子银行的模式、资金来源、主要工具和资金流向等作出相对明确的规定,使得影子银行运行相对透明化,规范市场秩序,维护各方权益。三是建立完整的监控指标体系。从静态和动态、短期和长期这两个视角,对影子银行的资产指标、负债指标和所有者权益指标等设立全方位的监控体系,完善影子银行的风险防御机制。

③加强影子银行信用管理。一方面,将影子银行纳入征信体系。对于理财产品、银行同业与票据业务等数据相对充足的影子银行产品,建立数据库用以追踪资金流向,消除暗箱操作现象,使得金融交易信息公开透明。另一方面,完善我国信用评级制度。我国信用评级机构,不管是业务能力还是全球知名度,与国际几大信用评级机构仍存在一定差距,国内各信用评级机构的评级结果变化幅度较大,稳定性不强,应规范评级机构,提高业务能力,提升市场认可度。

3. 治理互联网金融乱象,完善金融监管制度

治理各类互联网金融乱象,关键在于完善金融监管制度。防范金融风险,要把握四大原则①:回归本源、优化结构、强化监管和市场导向。这为我国金融改革奠定了基础。

(1)推动金融机构和市场改革,推进金融市场改革开放。①强化金融机构防范风险主体责任。既要保持金融机构资产负债表的健康,也要促进公司治理、内部风险控制

① 此段内容主要参考周小川:《守住不发生系统性金融风险的底线》,《人民日报》2017年11月22日。

系统和复杂金融工具交易清算的健康。在金融机构市场准入方面,严格把关,对金融机构股东资质进行管理,监管内部交易、利益输送和干预金融机构正常经营等行为。健全金融控股集团的监管规则与制度,非金融企业投资金融机构行为将受到严格限制,从制度上隔离实体与金融。推动金融机构公司治理机制改革,落实风险管理的主体责任。

②推动金融市场改革。互联网金融乱象丛生,背后的重要原因之一就是我国社会融资结构不合理,以银行贷款的间接融资方式为主。加上银行贷款多流向大中型国有企业,中小企业只能另辟蹊径寻求网络借贷等互联网金融新产品。应大力发展股权融资市场,提高直接融资的比重,充分拓展多层次、多元化、互补型股权融资渠道,完善股票发行制度,减少价格干预。应发展债券市场,创新债券品种,扩大债券融资规模,满足企业发债融资需求。同时,推动不同地域、不同领域市场的互联互通,加强金融基础设施建设。

③扩大金融对外开放。经济领域要继续坚持对外开放,金融领域也需坚持更高层次的对外开放。首先是放宽境外机构的市场准入限制,在符合我国发展和维护金融安全的基础上,适当放开境外机构在我国境内开展金融业务的限制,2017 年年底中美领导人会晤后,中国决定从多方面放开外资比例限制,比如将单个或多个外国投资者直接或间接投资证券、基金管理、期货公司的投资比例限制放宽至 51%,上述措施实施三年后,投资比例不受限制;再比如将取消对中资银行和金融资产管理公司的外资单一持股不超过 20%、合计持股不超过 25% 的持股比例限制,实施内外一致的银行业股权投资比例规则;还有三年后将单个或多个外国投资者投资设立经营人身保险业务的保险公司的投资比例放宽至 51%,五年后投资比例不受限制。其次是深化人民币汇率形成机制,从单一的、有管理的浮动汇率制向参考一篮子货币为基础、有管理的浮动汇率制,再向以市场供求为基础的人民币兑美元的中间报价机制,逐步减少人为的汇率干预,不断提高人民币汇率的市场化程度。再次是稳步推进人民币国际化,在现有经常项目可兑换下,稳步有序推进资本项目可兑换;加大人民币在外贸中的结算力度,加强人民币作为国际储备货币的地位。

(2)坚持底线思维,完善金融监管制度。我们的底线就是"确保不发生系统性金融风险",一切有悖于该底线的不合理制度,都应进行完善。①完善中央银行的宏观调控职能,健全货币政策与宏观审慎政策双支柱的调控框架。我国金融体系的杠杆率、复杂性和关联性不断增强,这就要求监管当局需要将币值稳定与金融稳定相结合。货币政策主要考虑整体经济运行情况、经济总量的问题,其重要功能在于保持经济稳定增长、物价基本稳定;宏观审慎政策更强调金融体系,从宏观的视角对经济进行相应调控,旨在减缓因金融体系顺周期而产生的波动,以及跨市场、跨区域、跨业态的风险传染,并进一步导致系统性金融风险的爆发。

②完善金融监管体系，注重监管统筹协调。中国人民银行主要负责货币政策和宏观审慎管理，从宏观视角防范化解系统性金融风险。同时，中国人民银行要统筹系统性金融风险的防控和重要金融机构的监管，尤其是对综合经营的金融控股公司、跨市场跨区域跨业态的金融产品，必须明确监管主体。中国人民银行还需统筹监管重要金融基础设施、金融业综合统计，统筹各项政策力度与节奏，建立功能监管与行为监管框架，综合监管。中国银行保险监督管理委员会、中国证券监督管理委员会、国家外汇管理局，从各自管辖的业务出发，从微观审慎的视角对金融系统进行监管，防止微观领域出现风险，从而引发系统性金融风险。中央和地方金融监管部门各司其职，中央金融监管部门负责制定统一规则，有效监督地方金融监管，地方金融监管部门则需要负责防范处置本地方金融机构风险，维护本地金融稳定。新建立的国务院金融稳定发展委员会，则负责各监管机构的协调工作，确保各监管部门落实监管职责，防范化解系统性金融风险。

六、推进精准扶贫，按期保质打赢脱贫攻坚战

习近平总书记指出，消除贫困、改善民生、实现共同富裕，是社会主义的本质要求。党的十八大以来，以习近平同志为核心的党中央带领十三亿多中国人民决胜全面建成小康社会，是在闯一条前人没有走过的道路，是在办一件没有任何一个国家做到过的大事，前路荆棘，没有可以复制可以照搬的经验，需要运用中国智慧，用中国人自己的力量进行伟大斗争的光荣事业。中华民族的伟大复兴是全体人民的富裕，是满足每一个人民对美好生活的向往，不允许有任何一个民族、一个地区、一个家庭掉队。2020 年全面建成小康社会的宏伟目标必须经得起历史考验，经得起人民考验。“我们不能一边宣布实现了全面建成小康社会目标，另一边还有几千万人口生活在扶贫标准线以下。如果是那样，就既影响人民群众对全面建成小康社会的满意度，也影响国际社会对全面建成小康社会的认可度。”①

（一）脱贫攻坚任务艰巨，精准扶贫有待继续施策

自中国共产党成立以来，一代又一代的共产党人无不是前赴后继为最广大人民的根本利益在奋斗，特别是改革开放 40 年来，中国已有 7 亿多人民摘掉了贫困的帽子，对全球减少和消除贫困的贡献率超过 70%。中国的减贫事业是一项可以载入人类史册的伟大成就。我们的努力有目共睹，我们的成就举世瞩目。自党的十八大吹响脱贫攻

① 中共中央文献研究室编：《习近平关于协调推进“四个全面”战略布局论述摘编》，中央文献出版社 2015 年版，第 47 页。

坚战的号角以来,近5年来,农村贫困人口平均每年减少1000多万人,至今累计已有6000多万人稳步脱贫;贫困发生率也从2012年年底的10.2%降低到2017年年底的4%以下,创造了我国减贫史上最好成绩和世界抗争贫困的新成就。这些令全世界惊叹的数字凝结着党和各级政府打赢脱贫攻坚战的决心和信心。党的十八大以来,为落实党中央对扶贫工作提出的新要求、硬任务,全体党员行动起来,从脱贫攻坚的顶层设计出发,全面贯彻落实精准扶贫、精准脱贫方略,充分发挥集中力量办大事的社会主义制度优势和实事求是艰苦奋斗的优良作风,在党和人民的共同努力下,贫困地区农村居民收入增幅高于全国平均水平,贫困群众生活水平明显提高,贫困地区面貌明显改善,脱贫攻坚战已取得阶段性进展。

我们在面对成绩欢欣鼓舞时,也要实事求是看到工作中的问题,消除贫困的战斗仍未结束。截至2017年年底,我国剩余贫困人口仍有3000万左右,农村的经济发展速度远远落后于城市,城乡二元结构的割裂依然阻碍经济的全面协调发展,老少边穷地区和沿海发达地区人民生活水平的差距越来越大。农村、农业、农民没有充分享受到改革开放带来的巨大红利和祖国富强带来的经济腾飞。而且,随着脱贫工作的进一步深入,全面消除贫困所面临的难度也越来越大,那些尚未脱贫的人口和地区,都是贫中之贫、困中之困、难中之难,存在着地处偏远、条件较差、基础极弱等综合性问题,单一的帮扶政策已经很难达到"真脱贫"的效果。解决贫困问题是全面建成小康社会的底线目标,是实现第一个百年奋斗目标的重中之重。我们对2020年实现脱贫攻坚目标充满信心,到那时,我国将进入一个至少在统计意义上不会存在年纯收入低于2300元(按2010年不变价计算)贫困标准线的贫困群体。但是,数字脱贫不是目标,脱贫攻坚重在精准,难在可持续,关键在于脱贫后会不会返贫,有没有形成收入增长的长效机制,所在地区的经济水平能不能真正得到发展。当扶贫工作全面进入攻坚期、深水区,过去5年扶贫工作中的失误和不足也逐步显现出来。因此,要实现全面建成小康社会的短期目标,并且在此基础上实现"两步走"的长期目标,我们必须以人民为中心的发展思想为逻辑起点,深刻反思并解决扶贫工作中存在的问题,打赢打好脱贫攻坚战。

1. 精准扶贫是脱贫攻坚战的核心难题

瞄准特定贫困群众精准帮扶,向深度贫困地区聚焦发力是如期实现脱贫攻坚的保证,但从实施的过程和结果来看,在贫困人口的精准识别、精准帮扶到精准退出都存在不少困难和挑战。首先,在某些地区,精准扶贫演变成了"精准填表",把脱贫重点放在数字上、表格上,只注重统计形式和总结报告,不注重本质和内容,把数字统计看成扶贫效果,对付上级检查和考核,不真正扑下身子去关心去解决贫困人口的切身利益和殷切期望。脱贫军令状不仅仅是为了表决心,更要谋实干。第二,信息的精准收集、鉴定和处理是扶贫工作的基础,是扶贫对象精准、项目安排精准、资金使用精准、措施到户精准、因村派人精准、脱贫成效精准的前提条件,但农村和贫困户信息不精确和信息不对称严重制约了精准扶贫的效果。如果把“精准”演绎成“刻舟求剑”的话,则严重违背了脱贫攻坚战的最终目的。第三,在党和人民的共同努力下,很多贫困户已经实现了吃饱穿暖的“两不愁”,但是在住房安全、义务教育和基本医疗的“三保障”上还影响着贫困户的生活质量。《中国农村扶贫开发纲要(2011—2020年)》要求认定贫困户脱贫必须以“一达标、两不愁、三保障”综合衡量贫困群众是否真正实现稳定脱贫。实际工作中,我们往往集中比较好考核的“一达标”,也就是按家庭年人均收入略高于世界银行绝对贫困线。在瞄准建档立卡贫困人口实施精准扶贫时,既要看收入,又不能唯收入,数字标准方便监督但不能定性,精准帮扶和精准退出既要解决贫困户无钱可花问题,更要解决有钱不敢花的无奈。

2. 产业扶贫防止只授“鱼”而不授“渔”

产业扶贫手段单一、资金相对欠缺、领头人才匮乏、管理机制落后阻碍了脱贫致富的步伐,贫困地区之所以长期贫困究其深层次原因无外乎没资源挖掘、没能力致富、没能人带领。农村产业振兴是真正解决区域贫困落后的根本。然而,缺少交通区位优势和自然条件相对恶劣给产业扶贫带来了很大的难题。除了难以找到适合贫困户贫困村的产业外,一些扶贫项目在设计之初偏理想化,脱离当地的发展实际,美图美景却实际成效甚微。当帮扶领头人缺乏深入规划和因地制宜的思考时,“光伏发电、菌菇种植、旅游扶贫”就往往成为产业扶贫的“三板斧”。一地的先进经验可以借鉴但不能照抄,天时地利人和都要融入项目的设计和发展中去。不能仅仅因为“光伏发电”有专项补助资金,就不考虑当地的电力上网条件和日照资源而盲目推进村村建设光伏项目,结果只是拉动了投资,美化了报表;菌菇种植的推广培育,有其初期投入少、成效快等特点,比较适合山区种植,扶贫工作队可以通过扶持建菇房和送技术帮助贫困户短期脱贫,但家家户户村村寨寨一股脑地都去搞食用菌的养殖,不考虑市场规律和供求因素,短期内区域产量急剧上升而菌菇的消费水平却相对稳定,这必然会导致市场过剩、价格下降甚至倒挂;旅游项目是绿色扶贫,但大多贫困村地处偏远、交通不便、景点散乱、缺乏高水平的规划设计,用扶贫资金盲目地投资旅游基础设施往往不符合当前贫困村的发展阶段,更没有合理配套的基础设施,不能持续地推动经济发展。产业的发展要尊重市场经济规律,发展质量低、规模效益差的产业不但浪费扶贫资金和资源,更使贫困户雪上加霜,贫困村发展后劲不足,往往一轮一轮的扶贫后,贫困问题依然没有从根本上得到解决,使群众失去对扶贫工作的信心。经过多年的努力,贫困村的硬件条件有了很大的改善,落后的交通、水利、能源、饮水、基本农田等基础设施已有了很大的改善,但是经济的发展、乡村的振兴、产业的兴旺还是要靠人,靠有技术、有思想的能人,我们的帮扶工作在扶智、扶技等软件条件上还有很大的提升空间。

3. 职责分散不利于资金统筹协调

虽然我们不断加大扶贫的资金支持力度，但对于每一个贫困村，仍然存在有限的扶贫资金支持与落后的生产生活条件这一难以调和的矛盾。第一，党和政府各组成部门以及国企的对口扶贫虽然落实了责任主体和考核对象，但不可避免地出现对口扶贫单位将主要资源帮扶自身对口的贫困村和贫困户，往往一个贫困村扶贫效果的好坏与对口扶持单位自身业务有极大的关系，也就是说对口单位有没有职能争取到项目和资金来直接帮扶贫困村。这使得扶贫工作不但限于单兵作战，而且对口单位对扶贫其他政策、资金、资源并不熟悉，更谈不上统筹使用。第二，这几年，中央和地方的各级财政不但加大扶贫开发专项资金力度，同时有能源交通、农林水利等公益性和公共基础设施建设等非专项扶贫资金，这些资金交叉重叠，虽然共同目标都是促进农业增量增效、农民增收、壮大农村集体经济，但是由于管理部门的职能不协调和管理办法的目标差异，难以形成合力。就农业预算内投资资金而言，中央财政每年投入农业开发项目大部分与扶贫开发项目较为相似，但扶贫资金更侧重支持产业的发展外拓，而其他农业资金可能更侧重支持内生潜力的挖掘，因此，条块分割、资金分散、管理不同难以避免出现农业缺口项目和拼凑项目，极大地影响了农业财政投入资金的统筹使用和整体效益的发挥。第三，脱贫攻坚战的要求是不落一户，全面脱贫。中央和地方将集中连片特困地区作为资金投放和项目覆盖的首要目标，配套相应的财政资金集中实施整村推进扶贫开发。从指导思想上来说是集中力量办大事，实现整村脱贫，形成整村致富的氛围，也取得了明显的成效。但整村推进主要的扶贫项目是基础设施建设，有利于乡村整体经济发展，富者更富，对贫困户个体的脱贫"好处"不足，贫困村内的收入差距有不断扩大的趋势。另一方面，对建档立卡重点贫困村资源倾斜，重点贫困村村容村貌得到了极大的改善，相对而言，其他零星贫困乡村和农户不够连片扶贫标准，既无政策支撑，又无具体措施，关注不够、投入不多，当地政府扶贫资金不足客观上制约了这些乡村的脱贫能力和成效。

4. 兜底线长效机制有待提升完善

在脱贫攻坚期内，对于因病致贫返贫的贫困户，地方采取多种措施予以扶持，但脱贫攻坚期结束后，如果不能落实医疗救助，没有扶贫资金、社会救助资金的兜底保障，大病患者家庭可能因病返贫。部分贫困人口不具备劳动能力甚至生活能力，特别是偏远地区医疗条件不足和近亲结婚，有不少是残疾和智障人员，而这种类型的贫困是不能用开发性扶贫政策实现脱贫。低保和社会救助等是稳定解决此类问题的兜底之策。习近平总书记强调，对丧失劳动能力、无法通过产业扶持和就业帮助实现脱贫的贫困人口，要通过社会保障实施政策性兜底扶贫来解决生计问题。我们扶贫工作的最后一条防线能不能做好，直接关系到贫困群众对未来生活的信心和扶贫工作的持久效果。当前，地区发展水平不平衡和财政支付能力的限制使得相当多的地区农村居民最低生活保障标准低于国家扶贫标准，贫困户享受最低生活保障后也不能实现脱贫。这“两根线”的不统一，带来很多的负面影响。因“病”、因“教”返贫和主观不愿意脱贫的人口增多，贫困户担心扶贫是场“运动”，尽可能去争取扶贫政策中“现金”实惠，而对待那些有风险的发展产业、转移就业等其他长远的扶贫措施却表现出谨慎和不信任。更进一步说，这使得贫困户和贫困村不愿意摘帽，想方设法护帽，继续享受扶贫优惠政策。当兜底保障没有长效机制来落实时，脱贫攻坚战集全国之力攻下的堡垒可能依然岌岌可危，贫困户和贫困村就不能以发展的眼光对待扶贫政策，不敢坚定脱贫致富的信念放手去干。

5. 各方联动有待进一步加强

政府各部门各层级的资金、社会、行业资源和群众主观能动性并没有很好地拧成一股绳，共同奋斗、协同推进打赢脱贫攻坚战。在实际扶贫工作开展时，往往是政府自上而下的、单向的主动行为，但作为贫困主体——贫困户的参与限制在被动的、按要求的投工投劳和自筹资金上，主体定位和发展决策权没有得到足够的重视和挖掘。没有主体的内在动力，仅靠外部帮扶，帮扶再多，也不能从根本上解决问题。越俎代庖、包办代替的做法往往会导致贫困户思想变成“要我脱贫”而不是“我要脱贫”，依赖政府而不是自我提升，贫困村、贫困户还存在着“等、靠、要”的思想。由于群众的积极性和主动性不足，扶贫计划的设计、推广缺乏计划实施者和受益者——贫困户的参与，很容易造成扶贫计划的实施结果脱离了群众实际需求，更谈不上群众对政府组织实施的项目责任感和认同感。项目实施管理中缺乏的有效群众监督，项目建成后缺乏群众自主管理和后续维护，难以发挥真正的带动作用。这不但影响了政府努力扶贫的实施效果，也造成了扶贫行为的短见和扶贫资源的浪费。比如发展农村养殖业是产业扶贫最常用的办法，但在缺乏科学合理的规划下，往往贫困村的特色养殖业规模小，受市场和气候变化影响大，抗风险能力弱；而且贫困地区农村基础设施条件较差、物流不畅、资金短缺和技术的状况在短时期内难以根本改变。一旦生产经营遇到困难，脱贫攻坚期内实行的干部结对帮扶等扶贫措施不再延续，“分派、保包”的产销渠道就会断掉，农民家庭就可能因此返贫。深度贫困地区的市场、技术、信息等产业发展要素的制约严重，而解决农技人员少，农业技术缺乏，市场信息不灵，运输成本高等这些具体问题并不是政府的长项，更应借助市场微观主体的力量，发展有市场竞争力而非寄生与扶贫政策上的项目。扶贫项目不是送钱而是要实实在在能带动当地经济发展和贫困人民生活质量提升，经得起市场和时间的检验。政府并不是全能的，要充分激发企业和社会组织的积极性，用其先进的理念、技术和管理将贫困地区和贫困户“扶上马、送一程”，用企业化运作来确保扶贫项目的可持续发展。

6. 作风问题阻碍“真脱贫”和“脱真贫”

作风建设攸关脱贫攻坚成败，党员干部，特别是基层干部是扶贫工作的领头人，其扶贫理念和能力直接决定了贫困群众满意不满意，认可不认可，拥护不拥护，答应不答应。工作作风不扎实严重侵害贫困群众利益，严重损害党和政府形象。一是扶贫理念偏差。如果扶贫为了“政绩”好看随意拔高扶贫标准，不切实际给群众许诺，搞“一次性”工程，急躁冒进，不但给当地财政和政府工作造成负担，最终会因为不能持续而失去群众的信任。同样，扶贫也不能借口各种现实困难任意降低扶贫标准，无视群众的需求，不想办法不谋实事，只在形式上、口头上谈中央提出的扶贫要求，却不拿出正确、管用的办法来落实脱贫要求。扶贫工作的检验标准是群众满意，不能单单追求效率，只注重“量”，却忽略了“质”，要求贫困户尽快脱贫的效果，而不顾地区、群众长期稳定发展的前景。二是扶贫能力不足。我们一些贫困地区的干部对脱贫的规划和方向不清楚，思路和手段不明确，对贫困户如何持续地增收脱贫没有深入思考，偏好立竿见影的扶贫效果，喜欢基础设施的建设投资，不从根本机制上研究出现贫困的真正原因和解决办法。“第一书记”组织慰问、支物支钱，这种“输血式”的扶贫只能解决今天的问题，对真正实现“两不愁、三保障、三基本”扶贫理念的认识还不足，对贫困户脱贫后如何有效防止返贫的思考还不多。易地扶贫搬迁是一项大工程，也是脱贫攻坚的一场硬仗，往往是搬前热闹，搬后苦恼。易地扶贫搬迁不仅仅是搬家了事，生活安顿下来后，还要看各项脱贫措施有没有要跟上，生产有没有搞上去。建档立卡的搬迁户入住后，一些软性指标，比如在安置地区的生活适应状态、社会融合情况、生产就业引导、教育卫生保障，以及迁入、迁出地区生态的可持续发展问题等都需要我们的党员干部规划时系统考虑、实施时落实有力，护航易地搬迁户的顺利转迁和脱贫致富。三是扶贫资金使用不规范。扶贫资金是脱贫攻坚战的物质保障，但扶贫工作中确实还存在着冒领、套取扶贫和涉农资金的问题，有贪污浪费、优亲厚友和挤占挪用的问题，以及失职渎职导致扶贫资金闲置滞留或造成损失。扶贫干部“四个意识”的认识不到位、扶贫政策和资金的透明度不够、社会和群众的公开监督不足、绩效考核的针对性不强等问题是导致扶贫资金管理不规范、使用效率低，甚至造成腐败问题的重要原因，严重损害了贫困人口的利益，消减了脱贫攻坚的成效。

（二）扎实推进脱贫攻坚各项工作

习近平总书记在 2018 年 2 月 12 日成都会议上提出要打好精准脱贫攻坚战，从“打赢”变成“打好”就是要在全面完成脱贫任务上必须提高脱贫质量，能够经得起时间和历史的检验，不但要打赢更要打好。贫困是一个相对概念，在 2020 年打赢了脱贫攻坚战、消除了绝对贫困后，仍然要继续努力做好减少相对贫困的工作，建立一套农村可持续发展的体制机制，提升农村落后地区人民的生活水平，让他们共享改革开放带来的经济发展红利。打好脱贫攻坚战要坚持大扶贫格局，注重扶贫同扶志、扶智相结合；要处理好长期的稳和短期的活；要在政策导向上、在研究上下功夫；要在战略上打好持久战，步步为营，久久为功，把控好节奏和力度要在战术上打好阵地战，打好歼灭战一仗接着一仗打；要把深度贫困地区作为区域攻坚重点，确保在既定时间节点完成脱贫攻坚任务；要把人民生活水平特别是贫困户生活水平的不断提高作为检验扶贫效果的根本标准。

当前，脱贫攻坚进入聚焦发力、重点突破、集中攻坚的关键阶段。要以习近平新时代中国特色社会主义思想为指导，全面贯彻党的十九大精神，牢固树立“四个意识”，认真总结党的十八大以来脱贫攻坚的实践经验，咬定总攻目标，强化责任担当，严格坚持农村贫困人口不愁吃、不愁穿，义务教育、基本医疗和住房安全有保障的脱贫标准，不能擅自拔高标准，也不能降低标准。坚持问题导向，坚持精准施策，狠下绣花功夫，拿出过硬办法，以非常之策，解非常之困，扎实推进精准扶贫、精准脱贫各项工作，确保到2020年我国现行标准下农村贫困人口实现脱贫，贫困县全部摘帽，解决区域性整体贫困，做到脱真贫，真脱贫。

为此，下一阶段，我们要通过发展好产业、推动好就业来解决贫困人口的收入问题，也要通过进一步提供公共服务、完善兜底保障来解决贫困人口的支出问题；要落实党在扶贫工作中的领导责任和主体责任，也要激发贫困户的主观能动性、平衡好各利益主体的关系；要解决好当前的脱贫问题、如期打赢脱贫攻坚战，更要在此基础上形成长效机制推动人民的生活富裕、和谐稳定和乡村的产业兴旺、生态宜居。

1. 精准施策，有效帮扶深度贫困群体

扶贫开发贵在精准，重在精准，成败之举在于精准。习近平总书记在打好精准脱贫攻坚战座谈会上提出：“坚持精准方略、提高脱贫实效，解决好扶持谁、谁来扶、怎么扶、如何退问题，扶贫扶到点上扶到根上。”①脱贫攻坚是一项系统工程，既要懂民情、知民意，又要研判分析贫困原因和贫困类型、科学规划扶贫方案和振兴计划，通过因人因地分类施策，找准“穷”根、对症下药，才能将精准扶贫、精准脱贫的各项政策措施真正落地生效。要因地制宜探索多渠道、多样化的精准扶贫、精准脱贫路径。就发展特色产业脱贫而言，首先要支持贫困群众立足各地资源条件，发展适宜特色产业，宜农则农、宜林则林、宜商则商、宜游则游，更要在扶持贫困地区农产品产销对接上拿出管用措施。就转移就业提高收入而言，要在供需两方面下力气，既要提高技能培训的针对性和有效性，提高贫困群众就业能力，又要拓展贫困地区劳动力外出就业空间，建立和完善输出

① 详见新华网，http://www.xinhuanet.com/politics/2018-02/16/c_1122423578.htm。

地与输入地劳务对接机制和社会保障机制,解决劳务组织化程度低的问题。就实施易地搬迁脱贫而言,要设身处地为搬迁群众着想,选择合理搬迁安置方式,还要着力加强产业配套和就业安置,完善搬迁后续扶持政策,确保搬迁对象有业可就、稳定脱贫,做到搬得出、稳得住、能致富。就兜底扶贫保基本而言,要完善农村最低生活保障制度政策设计,做好农村低保对象的核实排查,对特殊的深度贫困户,因病致贫、返贫,弱智残疾孤寡、无劳力的特困户,社会保障要做好兜底工作,尽快实现农村低保制度和扶贫开发政策的有效衔接和兜底统一,农村低保保障基本生活,扶贫政策推进脱贫致富。

2. 创新方式,推进资源要素向深度贫困地区聚焦

一是脱贫攻坚和生态建设有机结合。深度贫困地区往往是地处偏远、交通落后、土地贫瘠、生态环境承载力较差的山区、林区和沙区,因此,生态保护和扶贫开发要紧密结合起来,进一步解放思想,创新生态扶贫理念,通过生态保护工程、生态补偿资金和发展生态产业不但可以提升贫困人口工资性收入、经营性收入和转移性收入等,更能提升这些地区的宜居和可持续发展。确保生态扶贫产业和生态健康文明互不冲突,相互促进,相互依存。让“绿水青山就是金山银山”的理念深入人心,让深度贫困地区和人民从守护青山绿水中得到实惠,让日子和环境都变得更加美好和令人向往。二是做强集体经济获得资产收益长效扶贫。深度贫困地区的贫困户大多无法实现自我脱贫,因此,集体的带动引领作用显得愈加重要,集体经济要成为激发贫困地区脱贫致富的原动力。创新村集体的经济功能,做大做强集体经济,使之成为扶贫资金和贫困户之间的实体中介,集中资源发展产业化扶贫和公司化运营,促进资本、技术、人才等要素流入,完善企业、合作社、农户和基地的各种合作模式,在农民享有工资收入后还能分享集体资产收益。将集体经济“蛋糕”做大后更有能力在分配时更偏重贫困户,形成扶贫工作的良性循环和可持续发展。

3. 引导自强,用扶志、扶智调动扶贫主体作用

贫困人口既是脱贫攻坚的对象,更是脱贫致富的主体,脱贫致富归根结底得靠贫困户自力更生的斗志和苦干实干的决心,而其中“志”和“智”就是最重要的内力和内因。打好脱贫攻坚战要充分激发贫困户的内在动力和信心希望,要形成勤劳致富、脱贫光荣的良好氛围,帮助消除贫困户的精神贫困和能力贫困。诺贝尔经济学奖获得者埃里克·马斯金在 2018 年中国发展高层论坛上提出:只有给农民“赋能”,让他们获得谋生的“技能和工具”,进入全球的劳动力市场,才能真正解决贫困的问题。扶贫政策的设计上要突出自食其力、诚实守信的好处,避免简单直接的福利政策“养懒汉”问题。对于有劳动能力的贫困户,要更重视智力帮扶,引导转变思想观念,培育和发展其生产、务工、经商的基本技能,力争每个贫困户都有懂技术或劳务输出人员,实现一个上岗,全家脱贫的目标;要更推进科学技术的支撑和要素资源的投资,把技术链、产业链接到每一个贫困户，增强贫困户的自我提升能力；要更有力地实施教育扶贫，让贫困家庭子女都能享有公平和优质的教育，阻断贫困代际传递；要树立脱贫典型，把一些地区和家庭自强自立、脱贫致富的经验进行推广，激发群众的积极性、主动性和创造性，引导大家向上向善。

4. 资源统筹，坚持专项扶贫、行业扶贫、社会扶贫互为补充的“三位一体”大扶贫格局

扶贫济困是中华民族的传统美德，打好脱贫攻坚战要统筹全社会的资源，构建政府、市场、社会协同推进的大扶贫格局，形成多种模式有机结合，多种力量互为支撑，发挥好各自优势的合作共赢模式。脱贫攻坚需要大量的人力和物力支持，拓宽资源投入渠道，提升资源利用效率，提高扶贫工作水平离不开全社会的齐心协力。坚持党和各级政府在脱贫攻坚战中的主导作用，但在脱贫保障的综合体系中，政府不应大包大揽，在提供规划设计、政策制定和兜底保障后，更好发挥市场配置资源的优势和凝聚全社会脱贫攻坚的力量。进一步做好东西部扶贫协作和对口支援工作。增加东部地区向西部地区对口帮扶的财政投入，推动区域协调发展、协同发展、共同发展；完善省际结对关系，实施好“携手奔小康”行动，着力推动县与县精准对接；推进东部产业向西部梯度转移，加大产业带动扶贫工作力度，切实为企业参与西部地区脱贫攻坚扫清障碍。进一步健全行业力量和社会力量的参与机制。尊重经济规律，引导资本下乡，鼓励支持民营企业、社会组织、个人参与扶贫开发；着力打造扶贫公益品牌，表彰对扶贫开发作出杰出贡献的组织和个人，激励社会各界更加关注、支持和参与脱贫攻坚。进一步强化财政资金、行业资源、社会投入等各类资源统筹整合。通过打捆使用资金，协调部门合作，明确政企分工来确保扶贫资源的有效利用和长效效应。

5. 监督有力，进一步发挥中国特色社会主义的制度优势

2018 年是脱贫攻坚作风建设年，要以“四个意识”为指引，紧紧围绕深度贫困地区和特殊贫困人口脱贫，以实事求是的工作作风，集中力量办大事，全心全意为人民服务，彰显中国共产党领导和中国特色社会主义制度的优越性。完善督办机制，精准落实好脱贫责任和工作措施，规范评估项目管理和资金使用，进一步加强一线力量，做好潜在风险防范。组织建设是脱贫攻坚战的制度保障，大力推进乡村组织振兴，充分发挥基层党组织战斗堡垒作用和党员先锋模范作用，不断提高脱贫质量、增强群众获得感，为全面打好精准脱贫攻坚战提供坚强组织保证。加强农村基层党组织带头人和党员队伍建设，壮大村集体，吸引能人返乡，人才进村。完善扶贫项目管理办法，做到事先充分论证、事中及时跟进调整、事后妥善管理。健全资金绩效评价机制，确保资金使用精准和有效，建立健全收益分配机制，确保资产收益及时回馈持股贫困户。创新监督方式，通过大数据的运用强化监督管理，严格落实现行扶贫标准、加强扶贫领域作风建设、做到阳光扶贫和廉洁扶贫。充分发挥民主监督的优势。

习近平总书记强调，要清醒认识把握打赢脱贫攻坚战面临任务的艰巨性，清醒认识把握实践中存在的突出问题和解决这些问题的紧迫性，不放松、不停顿、不懈怠，提高脱贫质量，聚焦深贫地区，扎扎实实把脱贫攻坚战推向前进。把脱贫攻坚同实施乡村振兴战略有机结合起来，如期完成脱贫攻坚任务后，要持之以恒地改善相对落后地区的发展条件，进一步编密织牢民生保障安全网，切实保障城乡困难群众的基本生活，续写人类反贫困事业的新篇章，促进全体人民共享改革发展成果，实现共同富裕。

七、倡导绿色发展，保持生态环境可持续发展

作为新的五大发展理念之一，绿色发展对经济发展模式的环境友好型以及资源节约型提出了较高要求，在经济发展过程中始终坚持绿色发展理念是实现高质量发展的必然要求、是建设现代化经济体系的必然要求，也是建设美丽中国目标的根本途径。绿色发展理念的提出，创造性地继承和发展了中华传统文化中的生态理念与历史智慧，体现了以人民为中心的发展思想，在尊重东西方文明的基础上，丰富和发展了马克思主义生态文明观，是当今马克思主义与中国历史智慧及当前中国实际相结合的理论创新，为我国未来发展指明了方向。然而，从当前的实际情况分析，我国的绿色发展仍然面临艰巨的挑战。

（一）环境污染情况严重

改革开放以来很长一段时期内，经济优先于环境、经济发展优先于环境保护、经济发展速度优先于环境保护力度一直是我国经济发展的典型特征之一，这种粗放型的经济发展模式使得我国的生态环境不断恶化，严重的大气污染、土壤污染、水污染、沙漠化、资源枯竭、生态失衡已经直接影响人们的健康生活，也严重影响社会的可持续发展。党的十八大以来，以习近平同志为核心的党中央高度重视绿色发展，强调建设生态文明是中华民族的千年大计，生态环境恶化趋势有所遏制、生态环境质量有所改善，但是由于环境的污染与治理是一个长期过程，目前我国的环境污染情况仍然比较严重，主要体现在以下三个方面。

1. 污染的普遍性

我国的环境污染不仅仅是某一方面或者某一领域的污染，而是呈现普遍性的污染特征。

从污染类型看，我国目前的污染存在多种不同类型。空气污染方面，根据生态环境部的数据，2016 年全国 338 个地级及以上城市中，只有 84 个城市环境空气质量达标，

占全部城市数的24.9%，其余254个城市环境空气质量超标，占75.1%；水污染方面，2016年在全国地表水1940个评价、考核、排名断面（点位）中，Ⅳ类、Ⅴ类和劣Ⅴ类断面数分别占16.8%、6.9%和8.6%，而地下水质的污染更为严重，在6124个地下水水质监测点中，水质为最后两个等级即较差级和极差级的监测点的比例分别占45.4%和14.7%；土地污染方面，最新数据显示全国耕地平均质量等级为5.11等，其中评价为七等至十等的耕地面积达到3752.96万公顷，占耕地总面积的27.8%。可以发现，我国的环境污染现象比较普遍。

从空间结构看，我国城乡地区都面临比较严重的污染问题。

城市地区，污水排放方面，根据相关报告数据显示，2016年全国污水排放量为700多亿吨，工业废水达200亿吨左右，城镇生活污水排放量约为500亿吨①。工业废水对环境的危害众所周知，政府和居民对于工业废水的危害以及警惕性也在逐渐提高，然而除了工业废水外，生活污水对环境的危害程度实际上在与日俱增。2017年我国城镇化率已经超过58%，大量的城市人口产生了巨大的生活污染排放，很多城市没有及时建设足够的生活污水设施甚至将污水直接排放到湖河中导致我国大量的城市湖泊和河流受到严重污染。除此之外，随着城市用水的紧张，部分缺水城市对地下水的开采规模与程度也越来越大，很多城市的地下水位连年下降，部分城市甚至出现地面下沉塌陷和海水倒灌的问题。机动车尾气排放污染方面，2006—2016年，我国汽车产销量分别从738.49万辆增加至2811.88万辆、从721.60万辆增加至2802.82万辆，年均复合增长率分别为14.34%和14.53%，2017年汽车产销量更是分别达到2901.5万辆和2887.9万辆，已经连续八年成为世界第一大汽车生产国和消费国。近年来国家政府为了控制汽车尾气排放污染，先后出台《重型柴油车、气体燃料车排气污染物车载测量方法及技术要求》（HJ 857—2017）、《在用柴油车排气污染物测量方法及技术要求（遥感检测法）》（HJ 845—2017）、《在用柴油车排放污染治理技术指南》和《非道路柴油机械排放污染治理技术指南》等排放标准并采取了包括全面供应硫含量不大于10ppm的普通柴油、停止国内销售硫含量大于10ppm的普通柴油、在重点区域加快推广使用国Ⅵ标准燃油、供应符合国Ⅵ标准的车用汽柴油、禁止销售普通柴油等措施，这些标准与措施的出台有力地降低了单辆汽车的尾气排放量，但是由于汽车数量的快速上涨，城市尾气排放总量降速较慢，总体排放量仍然较大。2014年，全国机动车排放污染物4547.3万吨，比2013年削减0.5%，其中，氮氧化物（NO_x）627.8万吨，颗粒物（PM）57.4万吨，碳氢化合物（HC）428.4万吨，一氧化碳（CO）3433.7万吨；2016年，全国机动车排放污染物4472.5万吨，比2015年削减1.3%，其中，一氧化碳（CO）3419.3万吨，碳氢化合物

① 国际绿色经济协会（IGEA）：《2016年中国污水处理情况分析》，2016年。

(HC)422.0 万吨，氮氧化物(NO_x)577.8 万吨，颗粒物(PM)53.4 万吨。[①] 固体废弃物污染方面，固体废弃物是指人类在生产、消费、生活和其他活动中产生的固态、半固态废弃物质，习惯上称之为垃圾，与生活污水排放快速增长的原因一样，城市人口的快速增加导致大量的生产生活垃圾排放，很多城市已经面临严峻的“垃圾围城”危机。[②] 其中，生活垃圾是导致城市生态环境污染的关键因素，随着城市建设发展速度的持续加快，生活垃圾所带来的环境污染问题也日益严重。城市生活垃圾方面，根据生态环境部《2017 年全国大、中城市固体废物污染环境防治年报》，我国 214 个大、中城市年生活垃圾产生量达到 18850.5 万吨，处置量 18684.4 万吨，处置率达 99.1%，其中，北上广深四个城市的生活垃圾产量之和已经达到 3000 万吨以上，产量分别是 872.6 万吨、879.9 万吨、688.4 万吨和 572.3 万吨，产生量排名前十的垃圾量占总量的 30%。

与城市相比，农村地区的环境污染具有迥然不同的特征。首先是污染形式不同。在城市的污染中，生活废水、废气、废弃物占据重要比重，但是在农村地区，产业污染是相比于生活污染更为严重的污染类型，由于过去十余年过度鼓励农民发展畜牧养殖业，“小、散、简”的养殖户在全国农村遍地开发，不仅导致鸡鸭猪等家禽产量严重过剩，更为严重的是，由于缺乏足够的资金和技术，绝大部分养殖户都没有安装处理这些动物排泄物的设备而选择将这些废弃物简单排放到沟渠和野外，导致整个农村的环境严重恶化和臭化。其次，相比于城市，农村地区缺乏环境保护的意识和资金。长期以来，中国污染防治的重点在城市，其治理资金投到工业和城市的比重也远远高于农村，农村地区获得财政和专项治理环境费用相当困难，除此之外，由于农村土地等资源产权关系不明晰，农村环境资源的“公共属性”更加明显，农民对保护环境的意识相对淡薄。最后，农村地区环境污染治理模式不够科学。在当前治理城市污染的诸多思路中，末端治理即通过集中收集并无害处理污染物是一种常见的思路，但是这种思路在农村地区可能并不一定合适，这是因为：一方面，农民的居住空间比较分散，其生活生产污染主要呈现面型特征，这种面源污染的收集难度和成本相对于城市集中规模生活生产的成本要高很多，治理资金可能是天文数字；另一方面污染治理设施的建立需要所处理的排放物或者垃圾达到一定规模，而这一点根据农业生产和农民居住方式来看可能都是难以达到的。

2. 污染的复杂性

我国环境污染问题的另外一个特征是复杂性，这种复杂性主要体现于污染源的多样性与不确定性。污染源的多样性方面，在现实世界中，导致环境被污染的成因往往并

① 数据来源于生态环境部 2015 年和 2017 年《中国机动车污染防治年报》。

② “垃圾围城”指的是一个城市的垃圾处理能力小于其垃圾排放量从而导致很多垃圾无法处理而只能堆积在城市周围。

非单一来源，比如在2017年云南洱海蓝藻污染事件中，导致洱海被污染的成因不仅包括生活污染，也包括大规模的农业面源污染；而在2007年江苏太湖蓝藻事件中，工业污染可能是更为直接的污染源。土地的污染源同样呈现多样化特征，过度的化肥施用、过度的重金属废弃物排放、不可降解垃圾的掩埋都是导致土地污染的成因。污染源的不确定性方面，由于经济发展速度过快，各种不同类型的经济活动对环境都会产生影响，这直接导致很多时候我们无法准确确定污染源，比如针对京津冀地区的雾霾污染成因，学术界先后提出包括工业污染、汽车尾气污染、煤炭燃烧污染、地理结构等多种解释雾霾污染的原因，2017年两会上李克强总理甚至提出要动用总理预备费奖励准确找到导致雾霾形成原因并提出治理良策的学者和团队，这充分证明了我国空气污染源的不确定性特征。

3. 污染的变化性

我国环境污染问题还存在一个显著特征即动态变化性，这种动态变化性首先体现为在经济发展的不同阶段出现不同的污染问题，这是由于产业结构和技术水平的不同，产业发展对环境造成的影响机理和途径也不相同，最终使得我国环境出现的污染问题也有所不同，比如空气污染问题肯定是工业水平和工业规模达到一定地步的产物。其次也体现在随着居民收入水平的提高，居民对环境污染问题的关注和重视程度也在不断提高，最终这种动态变化性体现于社会关注环境污染问题的技术和手段也在不断发生变化。在过去的几十年里，我国的环境污染问题类型、不同类型环境污染问题的被重视程度以及社会关注的方式都明显出现了不同的周期性变化，这种变化一方面说明我国的环境污染问题不是一个一成不变的问题，而是不断随着经济发展水平、产业结构水平以及居民收入水平变化而发生变化的问题；另一方面也再一次证明我国环境污染问题的复杂性。

（二）污染治理难度较大

由于具备了普遍性、复杂性与变化性，我国环境污染的治理难度相当大，根据我国过去几十年的发展与环境保护实践，这种难度主要体现于治理的技术、治理的资金以及治理的体制三个维度。

1. 治理污染的技术维度

在治理环境污染过程中，治理主体的意愿和努力程度是影响治理污染成效的重要因素，与此同时，治理技术在某些污染问题上是比这种主观意愿更为重要的影响因素，从国内外环境污染与治理实践看，治理技术的先进与否将直接影响环境污染治理的效率和效果。在治理我国当前的诸多环境污染问题过程中，治理技术不足已经成为一个重要的制约因素。

我国政府高度重视污染治理技术和装备的研发,先后出台了《国家鼓励发展的重大环保技术装备目录(2011 年版)》《国家鼓励发展的重大环保技术装备目录(2014 年版)》《国家鼓励发展的重大环保技术装备目录(2017 年版)》等规划文件鼓励我国环保装备业的发展。然而,从目前的情况看,我国环保装备产业的总体供给水平只能满足治理环境污染的一般需要,环保装备产业的前沿性、先进性、技术性都较国外环保设备低,先进环保技术装备的市场占有率仍在 10%以下,国产装备出口始终处于起步阶段,而且集中在中低端产品,整体国际竞争力不强。反观国外,环保产业发达国家已经完成了技术装备的原始积累,高科技技术与环保产业的融合成为主流趋势,产业发展模式是提供整体解决方案,输出技术,提供核心关键设备和零部件,产业利润率远远高于国内。

以土壤治理为例可以明显发现我国在污染治理技术上仍然存在较大不足。在 2018 年 1 月科技部联合多个部门出台的《土壤污染防治先进技术装备目录》中就明确提出我国土壤治理仍然面临较多的技术装备短缺,需要一大批先进的技术装备,如能够通过加热将污染物从土壤中转移的异位间接热脱附技术装备;油破碎筛分机、药剂存储装置等组成的混合一体化设备;专注地下水原位化学氧化还原的高压旋喷注入装备;检测砷、锑、汞等元素的原子荧光分析仪等。除此之外,在大气污染、水污染等领域同样存在技术装备不足等问题。

2. 治理污染的资金维度

除了治理技术上的难题外,治理资金的来源是当前我国绝大多数执行治理任务的地方政府和其他主体所面临的另一个重大问题。根据《2018 年中央一般公共预算支出预算表》,2017 年中央本级节能环保总支出 354 亿元,污染防治 3. 34 亿元,自然生态保护 3. 31 亿元。在污染防治支出中,大气污染支出 0. 4 亿元、水体污染治理 1 亿元、噪声污染治理 0. 01 亿元、固体废弃物与化学品污染治理 0. 29 亿元、其他污染防治支出 1. 64 亿元;而在自然生态保护资金中,生态保护资金 0. 88 亿元、农村环境保护 1. 3 亿元、自然保护区资金 0. 07 亿元、生物及物种资源保护 0. 98 亿元、其他自然生态保护支出 0. 08 亿元。因此,可以发现,我国每年对生态环境保护与治理的资金是有限的,并不能满足保护与治理生态环境的需要。实际上,从目前我国环境治理所面临的情况看,几乎所有污染问题的治理资金规模远远大于政府能够支付的财政支出规模,如何提供环境污染治理的资金是一个普遍性的难题。

湖泊污染方面,湖泊的污染是水污染中的常见污染类型,2016 年在 112 个重点监测湖泊中,水质在四类及以下的湖泊有 38 个,湖泊污染现象同样非常普遍,其治理与恢复难度极大,所需要的资金量也非常大,湖泊所在地的政府往往无力负担这种支出。以云南滇池为例,从 20 世纪 90 年代开始治理滇池以来,根据历年政府工作报告和五年规划,“九五”到“十二五”期间,中央政府、云南省和昆明市政府已经为治理滇池投入了超过600亿元的资金，而根据滇池流域水环境治理的“十三五”规划(2016—2020)，“十三五”期间继续投资192.68亿元用于滇池保护治理。这些资金的来源主要包括中央财政、云南省财政以及昆明市财政，其支出比例约为3∶3∶14，昆明市承担了大部分治理资金支出，每年治理滇池的资金支出占昆明市财政支出的30%以上。针对这种情况，财政部与生态环境部也出台了《水污染防治专项资金管理办法》予以支持，但是总体上看，资金问题是制约地方政府治理湖泊污染的关键因素之一。

空气污染方面，大气污染治理同样需要大规模资金，根据中国首份《大气污染防治行动计划(2013—2017)实施的投融资需求及影响》研究报告，我国大气污染防治行动计划的直接投资共需1.84万亿元，京津冀和长三角两个重点地区的大气污染防治计划分别需要2490.29亿元、2384.69亿元，其中京津冀地区大气污染治理主要任务是优化能源结构、移动源污染防治、工业企业污染治理，三者的投资需求分别为636.55亿元、769.14亿元和1084.6亿元。[①] 这三个数额中的任何一个都远远超过中央政府2013年至今在大气污染防治上投入的528亿元专项资金。

土壤治理方面，相比于水污染和空气污染治理，土壤污染治理的难度更大，其成本也更高。根据《2014中国国土资源公报》和《全国土壤污染状况调查公报》可知，我国拥有耕地20.27亿亩，点位超标率为19.4%，污染耕地约3.9亿亩，如果使用成本最低的植物修复法，每亩也需要2万元左右，修复所有污染耕地需要资金7.8万亿元；我国城市棕色地块超过30万块，按照每块治理成本4000万元计算，棕色地块治理资金大约需要12万亿元；我国废弃矿山超过150万公顷，按照实施固化抑制污染扩散的做法，每公顷治理成本也高于9万元，需要治理资金1400亿元左右。

3. 治理污染的体制维度

治理环境污染难度大的第三个原因在于发展体制与管理体制约束。发展体制指的是上级政府考核下级政府的GDP制度，将GDP发展作为地方政府官员的KPI予以考核，在这种体制背景下，地方政府往往以追求经济发展，实现GDP的提高从而取得政绩为发展思路，对生态环境保护等其他领域问题往往重视程度不够，这也是为何我国环境污染难以治理的原因之一，地方政府官员一方面不重视生态环境保护问题，另一方面当需要投入精力、人力、财力、物力去治理环境污染问题时，会权衡治理环境与发展经济之间的工作投入比重甚至会消极对待环境污染治理工作从而影响环境污染的治理成效。管理体制指的是我国的环境监督与保护权利较为分散，多个部门共同参与管理生态环境保护与监督工作，“九龙治水”现象较为明显。[②] 在十九大党和国家机构改革方案出

① 中国清洁空气联盟:《大气污染防治行动计划(2013—2017)实施的投融资需求及影响》。

② 张辉、凌军辉、孙生:《水污染治理求解“九龙治水”》,《瞭望》2010年第Z2期。

台后，环境保护监督的部门职责更为清晰，但是在具体的实践防治中是否会完全避免多部门交叉管理现象仍然有待观察。

（三）绿色发展途径尚未形成

在我国推动绿色发展实践中，第三个问题在于绿色发展的途径尚没有完全形成，主要体现在绿色发展理念有待普及、绿色生产技术有待提高、绿色发展模式有待培育。

1. 绿色发展理念有待普及

对普通居民而言，天蓝水清山绿是永恒的期待，绿色发展理念是绝对应该遵循的发展理念，但是在现实经济活动中，在当前的经济发展阶段、技术发展水平约束下，传统企业选择绿色发展理念就意味着提高生产成本和降低利润，很多企业家对此是难以接受的，这也是为何早在2012年党中央就提出了“五位一体”建设、生态环境部开始督促污染性企业升级生产设备和安装废物处理设备后，但是直到2017年开始环保督察的时候，还有数万家企业没有按照这一指示进行升级导致工厂和企业被罚款或者关闭的。很多企业家仍然对绿色发展的意义、必要性以及必然性没有深刻认识。

2. 绿色生产技术有待提高

绿色技术是指在研发、生产到消费的整个过程当中采用无污染且不会破坏生态环境的新型技术，其产品类属于环境友好型产品，其发展的根本是指在本质上能够尽可能避免出现环境污染，同时在一定程度上做到节约自然原材料以及资源，从根本上改进其工艺，从而提高其生产效率，加强整体的规范与合理性，最终实现整体工业的合理发展。① 绿色发展要求绿色企业，而绿色企业则要求绿色生产技术作为支撑，我国目前的绿色技术仍然存在企业进行绿色技术创新动力不足、产学研一体化程度低、创新水平低、研发规模小等缺点，如中国生产的3000多种环保机械中，达到国际水平的只有5%；《中国企业自主创新报告》的数据显示：国内500家创新企业节能环保产业研发投入强度为4.38%，低于国际上5%标准。②

3. 绿色发展模式有待培育

实现绿水青山就是金山银山势必须要一整套绿色发展模式予以支撑，这套绿色发展模式包括自然环境的产权制度、生态补偿制度、绿色生产技术研发、地方政府经济发展制度、绿色企业考核与鼓励等多方面的内容，如何建立以绿色发展为导向的发展模式并且保证这种发展模式的竞争力和效益仍然需要进一步的探索。从我国目前发展模式看，在发展模式的要素层、企业产业层、政府与市场关系层，对于如何培育绿色发展模式

① 胡振亚：《环境规制下企业绿色技术创新与扩散机制研究》，《学术论坛》2016年第8期。

② 郑晖智：《环境规制下的企业绿色技术创新与扩散动力研究》，《科学管理研究》2016年第5期。

都存在短板，在如何运用绿色发展模式将不同维度上的生产结构进行联合同样存在不足。

（四）促进绿色发展的政策建议

基于前文分析以及我国当前所处的发展阶段，我们认为实现绿色发展需要从以下几方面着手。

1. 普及绿色发展理念

绿色发展作为建设美丽中国的根本途径，必须在所有产业、所有行业、所有职业普及。政府层面，需要深刻认识到当前我国所处的发展阶段，对环境污染问题的严重性以及可持续发展的压力有深刻意识，在制定经济发展规划时，要对生态环境属性予以绝对优先考虑，对不符合生态环境保护要求的项目和企业不予通过，牢牢树立生态和环境保护第一的理念。企业层面，要加强对企业的绿色发展理念的普及，在发展规划和政策中明确树立绿色发展优先的地位并确保遵守绿色发展理念的企业不会受到不遵守绿色发展理念企业的不当冲击，坚决利用环保税和环保督察等多种手段遏制不遵守绿色发展理念企业的发展，保证只有合格的企业进入市场、保证合格的企业能够获得满意的市场竞争结果。居民层面，加强对居民绿色生活理念的教育，普及低碳生活，让广大居民接受绿色理念、绿色产品、绿色企业并能够对不符合绿色发展理念的企业与产品予以抵制。

2. 加大治理污染力度

实现绿色发展的一个重要前提是把现在的污染问题予以解决，如果过去的环境污染问题不解决，实现绿色发展目标是不现实的。根据上文分析，解决当前污染问题的难点在于污染治理技术、污染治理资金和污染治理体制。

（1）污染治理技术方面。治理污染技术不仅对国内环境污染治理具有重要意义，还对我国产业升级尤其是高端产业的进步具有重要意义。一方面，国家需要继续制定类似《国家鼓励发展的重大环保技术装备目录（2017 年版）》等规划文件，对符合前沿性、高技术含量的环保装备进行鼓励开发，同时对符合相关要求的环保装备企业予以相关税收政策优惠或者资金扶持等待遇，不断提高企业研发先进环保设备的积极性；另一方面，国家也应该鼓励高校、科研院所与环保企业进行深入的产学研一体化合作，充分利用我国目前在全世界数一数二的科研实力优势，把实验室的先进环保技术与设备和实践需求予以结合，加快我国环保设备技术的研发速度和提高其水平。

（2）污染治理资金方面。面对巨额的污染治理资金需求，应该尽可能地保障治理污染资金的可持续来源。首先，中央政府层面可以继续加大环境污染治理的专项资金的投入力度，对符合要求的地方政府予以专项支持，并对专项资金的使用方向和效果予以严格监督。其次,中央政府可以出台规定要求辖区内环境污染比较严重的地方政府,其每年财政支出或者新增财政收入中的一定比例比如10%或者20%必须用在环境污染治理方面。最后,在有条件的地区与领域,治理环境污染可考虑采取PPP模式引入社会资本,鼓励有实力、有信誉、有责任心的企业因地制宜探索出既能赢利,又能解决环境污染的新发展模式。

(3)污染治理体制方面。在污染治理体制方面,随着生态环境部、自然资源部、农业农村部、发展改革委等不同部门的权限重新划分与确定,管理体制方面对生态环境污染治理的约束越来越小,而在发展体制方面的约束则仍然存在,针对这一点,应该积极探索绿色GDP考核制度或者改良现有的GDP考核制度,前者强调将生态环境价值为生态环境保护成本纳入GDP核算体系中,提高地方政府重视生态环境保护的程度,后者则认为可以继续保留现有GDP考核制度,但是对具有治理环境污染地区官员的考核频率、周期、奖惩办法可以有所区别,比如可以降低对这些地区官员GDP考核频率,将按年甚至按月考核延长至按照五年甚至十年考核,或者可以考虑降低GDP在政绩考核中的权重。

3. 加快绿色发展模式的形成

绿色发展模式除了需要观念层面的转变外,还需要在企业层面、制度层面、社会系统层面予以支撑。

(1)企业层面。企业作为经济发展的主体,企业层面贯彻落实绿色发展理念对于绿色发展模式的最终形成具有显著作用。首先,应该尽快出台政策鼓励企业进行绿色发展,制定绿色企业评价标准,对符合绿色发展要求的企业予以各种政策的优惠和鼓励,引导企业坚持绿色发展;其次,企业经营者自身应树立绿色经营理念,认识到实施绿色战略的必要性和紧迫性,认识到坚持绿色发展不仅仅是政府和转变经济发展方式的要求,同样是企业竞争获胜与获利的要求。

(2)制度层面。建立健全绿色技术创新的外部激励机制,加强政府环境管理的经济刺激手段。首先,完善排污收费制度,提高排污收费标准,实现由超标收费向排污收费转变,使排污费尽快接近处理费或对环境造成的损失费,并将排污收费纳入企业的生产成本,使环境污染破坏的成本内部化,增加环境成本的约束力,使经济手段真正达到防止环境污染,推动企业绿色技术创新与推广的目的。其次,对于有利于节约资源、减少污染的新技术应用企业,加以税收优惠和补贴等,对于环境污染较严重的企业征收类似于西方发达国家用来保障和促进企业绿色技术创新的污染产品税、环境资源税等,使其得不到高额利润而不得不调整产品结构,进行绿色技术创新。

(3)社会系统层面。应该建立企业绿色技术创新服务支持系统,推广应用绿色生产技术并不只是企业层面的事情,国外的实践已经证明,绿色技术的开发与应用很大程度上是整个社会系统共同发力的结果,因此未来加快绿色技术在我国企业层面的广泛推广与应用。一方面,国家应该直接建立面向企业的先进绿色生产技术研发中心和服务中心,对企业在进行的技术研发和引进过程中存在的问题予以解答与帮助;另一方面,政府与环保部门需要在高校、科研院所、企业之间搭建桥梁,推动这些组织之间产学研一体化合作,进行绿色生产先进型技术的攻关并推广使用先进的绿色生产技术。

八、厘清政市关系,发挥政府与市场双重作用

在计划经济转向市场经济的背景下,改革开放以来的40年实际上就是我们不断探索政府与市场关系的40年。从1978年党的十一届三中全会提出改革开放到1982年党的十二大提出"计划经济为主,市场经济为辅",到1987年党的十三大提出"社会主义有计划商品经济的体制,应该是计划与市场内在统一的体制",到1992年党的十四大"就是要使市场在社会主义国家宏观调控下对资源配置起基础性作用",到2013年党的十八届三中全会的"使市场在资源配置中起决定性作用"这一系列论述可以发现,党中央和中央政府在对政府与市场的关系以及对政府与市场如何正确发挥作用的认识也愈发深入。但是,从这40年的演变历程以及当前我国政府与市场关系领域存在的一些问题分析,政府与市场关系仍然没有完全被厘清,具体表现在如下四个问题。

(一)政府与市场的关系在理论与实践上没有完全界定清楚

回顾改革开放40年,市场在我国经济发展过程中的作用经历了"完全不发挥作用—发挥辅助性作用—发挥基础性作用—发挥决定性作用"这一转变。从这个转变历程看,党中央对于市场在资源配置中的作用越来越重视,市场在资源配置过程中的地位也越来越高,这个趋势非常明显且是正确的。然而,在具体经济发展实践下,如何从理论上和实践上发挥市场的正确作用仍然存在模糊之处。

理论层面。政府与市场的关系自古典政治经济学以来就是经济学讨论的重点话题之一,在经过苏联社会主义实践后,政府与市场的关系问题更是成为国内外政界和学术界关注的重大问题之一。从目前的理论研究分析,政府的职能是什么?政府在不同发展阶段、不同类型的产业、不同的社会领域的作用是一致的还是不一致的?政府与市场究竟是"上与下""左与右""前与后"的关系,还是三种关系并存?资源配置究竟包括哪些领域?决定性作用是何含义?市场能否发挥决定性作用?市场如何发挥决定性作用?这些问题看似都是不言而喻的问题,但是实际上这些问题都是在建立习近平新时代中国特色社会主义思想过程中必须回答和解决的重大问题。

实践层面。政府与市场关系没有厘清的实践层面主要体现于国企与政府、国企与民企、民企与政府等三方面的关系上,其中国企与政府的关系直接影响到国企与民企以及民企与政府的关系。从国企与政府关系层面分析,包括央企和地方国企在内的国企作为一种特殊企业类型,是中国特色社会主义的重要物质基础和政治基础,是我们党执政兴国的重要支柱和依靠力量,必须毫不动摇地做强做优做大,然而问题的关键在于什么样的国企需要做强做优做大?依靠什么动力、选择什么途径去做强做优做大?由于与政府有千丝万缕的关系,相比于民营企业,国企在市场经济发展过程中先天性地具有优势,这也导致了国企与民企在很多领域存在不公平竞争,比如在政府的各种招投标项目中,政府往往偏好于与国企进行合作而不是公平公开公正地给予民企机遇,因此,国企的定位与改革是影响我国厘清政府与市场关系的重要因素。

(二)地方政府在配置资源过程中没有正确发挥作用

在当前我国地方政府与市场关系中,政府没有正确发挥作用主要体现在地方政府过度作为、地方政府不作为、地方政府乱作为与地方政府慢作为四个领域。

1. 地方政府过度作为

地方政府的过度作为体现为地方政府过度参与到地方和城市的经济与产业发展过程中,其主要路径和表现有两种。第一种是地方政府主导了地区和城市的经济与产业发展规划,由于绝大部分地方政府在发展经济与产业上的能力与水平相当,很多地方政府制定的经济与产业发展规划往往雷同,这直接导致我国周期性地出现地区间产业冲突和产能过剩,极大地影响了资源要素使用效率和经济发展效率。第二种过度作为体现于行政权力高低对区域与城市的发展具有显著的作用。学术界已经有大量的文献证明,越高行政级别的城市或区域,其经济发展速度越高,如有文献指出,京津冀地区之所以发展失衡,其根本原因是作为首都的北京,其政治属性使得北京具备了河北无可比拟的优势地位,导致大量的要素流入北京,使得河北的发展直接受到限制,最终造成当前的区域发展失衡局面。① 与此同时,也有大量的文献指出,在我国城市发展格局中,高行政级别的城市能够获得更多的资金、政策、土地等各种条件支持从而获得更为快速的发展。② 因此,行政权力和级别对区域与城市的发展具有显著影响,这种影响是非市场行为的,极易扭曲正常的区域经济发展格局的形成。

2. 地方政府不作为

健康市场经济的形成与运行都需要地方政府发挥正确作用,比如提供安全、便捷的

---

① 张可云、蔡之兵:《京津冀协同发展历程、制约因素及未来方向》,《河北学刊》2014 年第 6 期。

② 王垚:《政府偏爱、行政等级与中国城市发展》,对外经济贸易大学 2015 年硕士学位论文;张锐:《行政级别对城市发展的影响研究》,郑州大学 2017 年硕士学位论文。

市场环境、为吸引资金与产业提供前提条件等，这都是需要地方政府有所作为的环节和领域。但是在我国经济发展实践中，随着问责制度逐渐严格，很多官员产生了“不干事、不出事”“干得越多、错得越多”的思想，开始采用不贪腐、不干活、不作为、不办事的工作方式，比如在引进符合地方发展利益的项目和企业的过程中，接待工作做得非常好，但是到需要签订合同或者需要为这些产业项目解决相关问题时就躲得无影无踪，最终导致招商引资工作流产，影响了地区发展利益。地方政府的不作为不仅无助于市场正确发挥作用，同时对地方政府形象也是一种损害，也不利于建设现代化的国家治理体系。

3. 地方政府乱作为

2018 年黑龙江亚布力事件反映了当前很多地方政府法治思维淡薄，不尊重正常市场经济体系运转规律，过多地对市场资源配置功能进行干预导致官民、官商关系紧张。① 实际上，自 2014 年党的十八届四中全会决定后，“对人民法院依法应该受理的案件，做到有案必立、有诉必理，保障当事人诉权”这一制度生效以来，全国各地“民告官”事件数量激增。以山东省为例，根据山东省高级人民法院发布《2017 年全省法院行政案件司法审查报告》，2017 年，山东以市级政府为被告的 2774 件，县（市、区）级政府为被告的 3097 件，乡（镇）政府和街道办事处为被告的 1158 件。各级地方政府作为被告的案件主要涉及土地房屋征收补偿、行政强制、政府信息公开、行政复议、求履行法定职责等，案件涉及的行政主体主要有各级政府、国土、城管执法、公安、人社等部门。上述案件虽然不都是因为地方政府的乱作为导致，但是“民告官”的案件数量如此之多，增加速度如此之快，至少一定程度说明地方政府的行为存在不合法、不尊重市场经济运行规律、不尊重市场企业家主体地位的地方。

4. 地方政府慢作为

地方政府慢作为指的是地方政府部门在贯彻落实中央政府顶层政策文件时速度迟缓，措施不力以及地方政府应对社会经济新技术和新变化的反应能力迟缓。相比于地方政府不作为，地方政府慢作为不是态度问题而是能力问题，部分政府官员在理解、领会、贯彻落实中央政策方面，在适应新时代、新技术、新环境上的能力有所不足。一方面，最近十几年，随着互联网技术、微信技术、通信技术的推广与普及，新型产业类型、新的社会问题、新的处理手段与技术给政府提出了巨大的挑战，政府官员面对这些新情况时，没有足够的能力予以应对，这可能使得很多地方政府丧失了经济发展机会，也带来了很多不可控的风险。另一方面，地方政府在贯彻落实中央政策时，也经常出现落实不

① 中诚信集团董事长、亚布力阳光度假村董事长毛振华“控诉”黑龙江省亚布力滑雪旅游度假区管理委员会（“亚布力管委会”）的视频在微博和朋友圈广为流传。毛振华在视频中称被亚布力管委会“欺负、愚弄”，并指责该管委会政企不分，非法侵占其 23 万平方米土地。

到位、贯彻不彻底的现象，比如国务院多次强调并出台文件要求加大鼓励民间资本投资经营的力度，但是在国务院第三方评估中也显示很多地方政府对贯彻落实这一政策意图存在较大差异，贯彻落实好的地方，民间资本投资相当活跃，而贯彻落实不好的地方，民间资本的投资没有被激发。

（三）市场在资源配置过程中的作用不够

总体上看，市场在我国资源配置过程中的地位是逐渐提高的，由辅助作用提升到决定性的作用，市场在我国经济发展过程中确实在发挥越来越重要和普及的作用，根据国内目前比较权威的市场化指数测算报告，我国市场化平均得分从 2008 年的 5.48 分上升到 2014 年的 6.56 分，提高 1.08 分，其中东部地区进步较快，提高 1.65 分；中部地区提高 1.31 分；东北地区提高 0.83 分；西部地区提高 0.54 分。[①] 可以发现我国四大板块区域的市场化提高程度虽然有所不同，但是总体上都呈现上升趋势，说明市场在我国经济发展过程中正在发挥越来越强的作用。但是，在部分领域，市场配置资源仍然没有发挥决定性的作用。

1. 生态环境补偿领域

生态环境污染是当前我国面临的一个重大问题，从经济学视角分析，生态环境污染的本质也是排放主体的收益成本权衡问题。一方面，由于缺乏市场机制，生态环境资源产权不清晰，生产者损害生态环境无法量化，污染物排放成本过低从而导致环境污染。另一方面，在治理被污染的环境时，同样由于产权制度和市场机制的不完善，往往无法确定污染环境的主体从而也无法确定承担治理污染成本的主体，最终的结果就是不享受污染收益的政府需要承担治理污染的全部成本，这种不对称的环境保护与治理成本收益结构极大地抑制了环境保护与治理。实际上，中国很早就开始生态补偿实践，1983 年云南省就已经出台政策对当地磷矿开采征收覆土植被及其他自然环境破坏恢复费用，这一行为实际上就标志着政府对于如何在保护环境与治理环境中发挥市场机制的作用有所认识，进入 21 世纪后，相关的生态补偿机制实践就更多了，比如 2001 年国家在 11 个省进行生态补偿试点，2004 年正式建立的中央森林生态效益补偿基金、京津冀地区的生态补偿等，2017 年更是由中共中央办公厅和国务院办公厅印发了《生态环境损害赔偿制度改革方案》，该方案提出从 2018 年 1 月 1 日起，在全国要试行生态环境损害赔偿制度，其中明确提出“环境有价，损害担责。体现环境资源生态功能价值，促使赔偿义务人对受损的生态环境进行修复。生态环境损害无法修复的，实施货币赔偿，用

---

① 王小鲁、樊纲、余静文：《中国分省份市场化指数报告（2016）》，社会科学文献出版社 2017 年版，第 1 页。

于替代修复。赔偿义务人因同一生态环境损害行为需承担行政责任或刑事责任的,不影响其依法承担生态环境损害赔偿责任”①。从上述生态补偿实践可知,市场机制在环境保护与治理领域将会得到越来越多的重视并发挥越来越重要的作用。

2. 创新驱动领域

习近平总书记在党的十九大报告中已经指出创新是引领发展的第一动力,是建设现代化经济体系的战略支撑,我们要建设创新型国家。创新是推动和保持国家可持续高水平发展的根本动力,2017 年我国社会研发支出达到 1. 76 万亿元,比 2012 年增长 70. 9%,比 1997 年的 510 亿元增加了 34 倍,全社会研发支出占 GDP 比重为 2. 15%,超过欧盟 15 国 2. 1%的平均水平;2017 年国际科技论文总量比 2012 年增加 70%,国际科技论文被引用量首次超过德国、英国;我国国家创新能力排名从 2012 年的第 20 位上升至 2017 年的第 17 位。从这些数据分析,我国的创新能力在稳步提高,但是从创新的主体分析,我国的创新发展在市场机制上仍然存在两方面的问题。

一方面,政府主导创新驱动较多,市场发挥作用较少。从我国创新发展战略的历程分析,我国的创新能力的提高离不开政府的大力支持,应该说这种政府主导的创新驱动发展战略取得了显著的效果,但是与此同时这种战略也直接导致我国很多的创新与市场需求存在脱节,这种脱节体现在我国与西方发达国家博士培养目标间的差距,我国的博士培养更加注重基础研究而西方发达国家则更加注重应用教育,在美、英、德、法等国家,专业学位研究生教育非常发达,比如美国有 56 种专业博士学位,英国硕士和博士层次也都按研究型和专业型两个导向来培养,而我国专业学位教育仍然比不上研究型学位教育,这导致企业与高校在培养高层次创新人才上有所脱节。除此之外,政府主导型的创新带来的另外一个后果是创新人才尤其是海外高层次人才过度向体制内的高校和科研院所集聚,去往企业的高素质创新人才很少,比如中共中央组织部印发的《国家海外高层次人才引进计划管理办法》《国家高层次人才特殊支持计划管理办法》等文件吸引了大量的海外高层次人才,但是绝大部分人才都流向了体制内机构,海外人才进入企业或者自主创业的较少。

另一方面,市场在创新活动中的缺位使得很多创新难以实现其价值。政府主导下的创新往往对市场重视程度不够最终导致创新的价值难以实现。以专利申请为例,中国专利申请数量激增主要在于国家层面的主导,《全国专利事业发展战略(2011—2020 年)》中甚至直接规定 2015 年每年专利申请量必须达到 200 万件,在这种考核指标压力下,地方政府采取了多项政策鼓励专利申请。比如安徽省政府 2007 年发布了《确保

① 中共中央办公厅、国务院办公厅:《生态环境损害赔偿制度改革方案》,中国政府网,见 http://www.gov.cn/zhengce/2017-12/17/content_5247952.htm。

完成专利申请量的年度任务》通知,将2007年专利申请量总目标,按各市2006年专利申请量增幅30%的比例分解,并在第二年年初对上一年各市的目标任务完成情况进行考评,对完成的单位给予表彰和奖励。这种追求数量的做法不仅导致大量的资源浪费,实际上也引导企业选择短视的发展战略,根据中国社会科学院《法治蓝皮书(2017)》:绝大多数企业不愿花费太长周期从事研发活动。通过对七千多家企业研发项目平均投入的调查发现,企业研发经费投入在100万元以下的占绝大多数(67%),投入500万元以上企业仅占4.1%。而对企业的专利研发周期调查发现,企业研发周期1年及以下的占23.2%,1年到2年的占44.1%,合计占67.3%;而真正愿意在3年以上进行长期研发的仅占6.2%。①

创新应该尊重市场的主体地位,让市场和企业在绝大多数领域的创新发挥主导作用,只有市场和企业才能够真正指明创新的方向,目前我国的创新体系,政府主导力度过强,大量的资金、政策投向了高校与科研院所。实际上,很多高校与科研院所的实验成果在缺乏市场机制的指导下可能都难以发挥实际效果,这也是为何有学者认为我国科研界所发表的论文大部分都是垃圾。②

3. 收入分配领域

完全的市场化会拉大收入差距是毋庸置疑的,但是部分领域市场化程度的不够同样会导致收入差距拉大。我国基尼系数长期超过0.4国际警戒线的水平,其中一个重要因素在于部分领域垄断程度太高,市场化程度不够。在很多自然资源、矿产、石油、国有金融、证券、保险、医疗等行业,政府主导力量过强,国企垄断程度过高,导致这些领域和产业内部的收入与水平高于其他产业。

首先以不同产业从业人员工资为例,我国行业间收入差距极为明显,2016年金融业城镇单位就业人员平均工资超过11万元,达到117418元,是同年农、林、牧、渔业城镇单位就业人员平均工资33612元的3.49倍。除了这种产业间差距外,在同一个产业内部不同性质的单位里面,工资仍然存在差距,2016年国有城镇单位就业人员平均工资72538元,民企城镇单位就业人员平均工资49759元,差距仍然明显。

其次导致居民收入差距的另外一个重要因素在于房产收入差距。居民需要支付大量的收入购买房屋,不断上涨的房价迅速拉大了有房户与无房户的收入差距,也快速提高了居民家庭的负债率,根据中国人民银行每年发布的《城镇储户问卷调查报告》,2017年我国居民家庭的负债率已经超过58%,而2007年这一指标不足20%。

因此,某些特殊领域市场化程度的不足拉大了居民收入差距,这种过大的收入差距

① 李林、田禾:《中国法治发展报告(2017)》,社会科学文献出版社2017年版,第166页。

② 《中国论文数超过美国,施一公:“垃圾文章”太多》,网易科技,见http://tech.163.com/18/0307/12/DC9VOMCL00097U81.html。

不仅仅影响社会稳定，同时也给迫切需要实体经济支撑经济转型的中国带来了极大的转型阻力。

（四）厘清政府与市场关系的政策建议

厘清政府与市场的关系，正确发挥政府与市场的作用是建设现代化治理体系的前提所在，基于前文发现的问题，下一步需要从以下几个方面着手。

1. 加大对重大理论问题的研究力度

由于中国目前所取得经济发展成就是在转型阶段所取得的，政府与市场的关系必将是新时代中国特色社会主义思想体系的重要组成部分，也是这一思想体系与传统经济学理论体系存在差异之处。未来中国在世界的影响力进一步提升，习近平新时代中国特色社会主义思想开始传播的过程中，政府与市场的关系势必会吸引更多的关注。如何正确归纳总结我国政府与市场在经济发展中的经验，如何清楚明白地界定政府与市场的内涵以及发挥作用的途径，如何有效避免政府与市场的不当作用等一系列重大问题都需要在新时代背景下得到解答。因此，必须加大对重大理论问题的研究力度，出台规划政策鼓励有渊源、有理论、有体系、有逻辑、有说服力的研究，尽可能地避免套话、空话、非学术性的研究。

2. 加大政府自身建设力度

国内外的发展实践都已经证明，政府在经济发展过程中的作用是不可或缺的，甚至某种程度上政府的作用比市场的作用更受到重视。因此，如何建设符合现代化发展与治理要求的政府是我们必须解决的问题。

（1）建设法治政府。法治政府是实现依法治国的根本需求，建设法治政府首先需要推进机构、职能、权限、程序、责任法定化，建立权力清单制度，完善行政程序法律制度，加快统一行政程序法的立法工作，保障政府依法行政。其次是健全依法决策机制。坚决按照公众参与、专家论证、风险评估、合法性审查、集体讨论决定等重大行政决策法定程序进行相关决策，这对于防止出现“拍脑袋决策”“一支笔决策”的现象具有重要作用，除此之外，还需要尽快建立决策的成本效益评估、重大行政决策终身追究和责任倒查机制，倒逼政府决策法治化。最后是全面推进政务公开，强化对行政权力的制约和监督。政务公开是保障政府行为合法和合理化的前提，阳光政务体系建设有助于社会和舆论监督并与党内、人大、民主、行政、司法、审计等监督形成合力。

（2）建设学习型政府。学习型政府是指政府能够根据外部环境的变化而不断提升自身的知识水平和管理能力从而更好地应对外界的变化。建设学习型政府是保证政府能够准确发挥作用的关键所在。首先，应该构建政府官员学习与培训的常规制度与激励制度，充分利用各级党校的培训阵地作用，强化学习氛围。其次，进一步完善终身学习教育体系和多层次的学习网络。应形成以素质教育为核心、知识更新为重点,以在职社会教育和工作中学习为主渠道,以组织培训和个人自我学习为主要形式的终身学习教育体系。最后,国家应该充分利用互联网技术,建设访问方便、考核简单的学习体系,供广大的政府官员学习参考。

(3)建设服务型政府。建设服务型政府是理顺政府与市场关系的关键所在,建设服务型政府要求政府首先清晰认识到政府与市场的边界所在、认识到政府自身的职责所在,这可以通过建立"公众参与型"的政策制定程序来完成,保证广大居民对政府决策的知情权,对不合理的决策具有表达反对意见的权利。其次,应该尽可能地优化并公开各个政府部门的工作流程,尤其是经常与公众接触的部门更需要简政放权、优化办事环节、提高办事效率,用"最多跑一次"的目标来开展工作。最后,要强化政府的公共服务职能,过去的政府过于重视经济增长,在建设服务型政府过程中,政府应该将经济增长与保障民生进行有机结合,在保障经济增长的同时促进民生服务水平提高。

3. 完善市场机制,让市场机制更好地发挥决定性作用

让市场在资源配置中发挥决定性作用,就必须让企业、要素等各种类型的市场主体公平地参与市场竞争。

(1)加快税负改革,释放市场活力。由于测算口径不同,关于我国企业税负的测算结果也不相同,我国企业的大口径宏观税负平均为34.2%,而中小口径宏观税负的平均水平分别为21.7%和18.3%,均低于大口径宏观税负10个百分点以上,可见,在全面考虑中国的广义政府收入之后,中国宏观税负的实际水平明显更高,这对我国企业尤其是中小企业的可持续发展形成了一定的阻碍。[①] 这种情况并不利于企业发展,应该尽快采取措施减轻企业负担,激发市场活力。具体而言,需要做到以下三个方面。

第一,进一步降低行政事业性收费和政府性基金等非税收入,减轻企业的隐性负担。党的十八大以来,我国采取了一系列措施降低行政事业性收费和政府性基金收入,如2016年财政部出台《清理规范政府性基金方案》,减轻企业和居民负担约260亿元;2017年4月财政部进一步取消或停征多达41项行政事业性收费。接下来需要继续坚持降低必要性收费的标准、加快推进费改税从而避免重复征收、坚决取消违规设立和征收的收入、加快推进要素市场化改革以及政府简政放权改革从而降低企业程序上的时间成本和手续费用以降低企业的税负感。

第二,应该提高直接税比重并完善直接税征税体系。我国目前流转税比重过高,

① 陈彦斌、陈惟:《中国宏观税负的测算及启示》,《财经问题研究》2017年第9期。

这种结构的税制难以体现税制工具对宏观经济调控的作用，对于税负的公平性也无法保障，实际上，根据西方发达国家的经验以及我国目前所遇到的问题，我们应该考虑降低增值税等流转税的比例而提高企业所得税和个人所得税的比例。与此同时，在征收企业所得税的过程中，应该采取分类征收原则，对大企业应该征收比小微企业更高的税率，而不能让小微企业承担过多的税负；在征收个人所得税方面，应该提高个人起征点，对个人必要的赡养和生活支出进行扣除，降低普通居民的税负。除此之外，对于部分高收入群体尤其是高财产性收入群体应该适当提高税率以体现税负公平。

第三，提高财政民生领域支出的占比，让市场运行没有后顾之忧。过高的税负和过大的生活支出对于激发市场活力都是不利的，我国居民目前在医疗、教育、住房等民生项目上的支出过大，导致整个市场背负重担，活力无法发挥，应该从总量上增加对公共教育的财政支出，加快推进公立医院综合改革，提高居民保险金和政府保障体系建设，让市场没有后顾之忧。

（2）完善价格机制，保障市场作用。价格机制是市场经济的核心，价格市场化程度直接影响并决定市场对资源配置的程度与效果，应该继续按照2015年中央全面深化改革领导小组第十六次会议审议通过的《关于推进价格机制改革的若干意见》来加快价格改革步伐，深入推进简政放权、放管结合、优化服务，尊重企业自主定价权、消费者自由选择权，促进商品和要素自由流动、公平交易。首先需要完善要素市场价格形成机制，消除不同区域要素之间的人为差距，让相同的要素公平地在市场上获得同等的收益。其次应该有效运用价格杠杆，促进绿色发展。围绕结构调整、生态保护重点领域，充分发挥价格杠杆作用，加快完善资源环境价格形成机制，将环境损害成本和修复效益真正纳入价格形成机制，促进绿色发展。最后应该加强价格调控监管，兜住民生底线，对于重要的民生商品进行严格监督，对于不合理的涨价行为进行遏制，保障居民生活成本的平稳。

（3）加快国企改革，营造公平竞争环境。国企在理顺政府与市场关系中处于关键地位，国企的地位不清晰，政府与市场、民企与政府、国企与民企的关系都不可能理顺。在当前背景下，针对国企改革，首先应该尽快界定涉及国计民生的产业与领域，国有企业对国民经济体系的重要性以及对广大居民的重要性应该主要体现在涉及国计民生等重大利益的领域和产业，在这些领域内，国企应该坚定不移地按照习近平总书记的要求去做强做优做大，而对于那些不影响国家安全与经济实力提升的产业或领域，国企参与的程度以及方式应该有所控制，避免形成大规模和大范围的垄断领域，让自由的市场竞争发挥决定性的作用，提高经济发展的效率和活力。其次，应该加快国企产权制度改革，国企的产权归属问题是影响国企发展效率的重要因素，应该在确保公平公正的前提下运用多种方式推动国企改革,不同类型、不同区域、不同产业的国企其产权制度改革可能并不完全一样,只要保证国企改革的路径是沿着追求发展效率的同时保证国企发展的效益能够为广大民众所分享,国企改革就可以因地制宜地进行。最后,应建设包括国企薪酬制度、国企职业经理人制度、国企招聘制度、国企监督制度在内的国企发展制度,对国企发展进行系统化的科学指导,保障国企的可持续运营。

九、深化对外开放,维护国家经济运行的安全

习近平同志在党的十九大报告中说道:“改革开放之初,我们党发出了走自己的路、建设中国特色社会主义的伟大号召。从那时以来,我们党团结带领全国各族人民不懈奋斗,推动我国经济实力、科技实力、国防实力、综合国力进入世界前列,推动我国国际地位实现前所未有的提升,党的面貌、国家的面貌、人民的面貌、军队的面貌、中华民族的面貌发生了前所未有的变化,中华民族正以崭新姿态屹立于世界的东方”①。可以说,改革开放,尤其是对外开放是“中国奇迹”的重要因素之一。

(一)对外开放取得的成就

1978 年党的十一届三中全会以来,我国对外开放取得了举世瞩目的成就。不论是经济领域,还是政治和文化领域,抑或其他领域,都不同程度地与世界对接,碰撞出绚烂的火花。从经济领域来说,对外开放的成就主要有以下四点。

1. 逐步形成具有中国特色的对外开放格局

从初步探索开放,到逐步形成一定的对外开放格局,经历了一个漫长的过程。从党的历次代表大会表述看,可以归纳出我国正逐步形成具有中国特色的对外开放格局(见图 2-29)。

(1)1978—1982 年的初步探索阶段。党的十一届三中全会拉开了我国改革开放的大幕,但当时主要强调对内改革,对外开放的表述只是“积极发展同世界各国平等互利的经济合作,努力采用世界先进技术和先进设备”,这个时期更多想要引进技术与设备,而且特别强调了“在自力更生的基础上”,说明对于对外开放的初步认知停留在国外先进的技术层面。党的十四大提出要“扩大经济技术交流”,同样强调了国外先进技术的因素。人们对新事物的认知有一定的过程,这个时期可以说是我们

① 习近平:《决胜全面建成小康社会 夺取新时代中国特色社会主义伟大胜利——在中国共产党第十九次全国代表大会上的报告》,人民出版社 2017 年版,第 10 页。

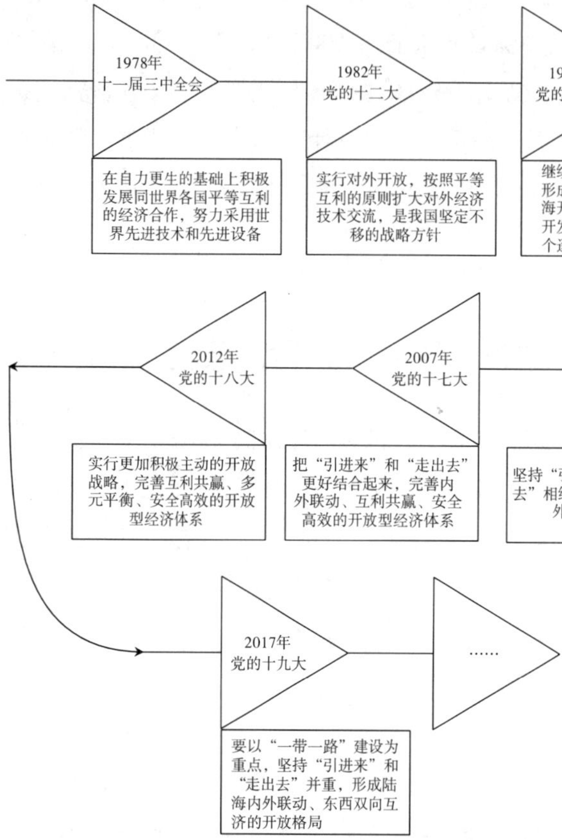

图 2-29　改革开放以来我国对外开放格局的演变

资料来源：根据中国共产党历次全国代表大会数据库整理得到。

党带领全国人民进行对外开放的初步探索阶段，获得的经验要比采取的措施更为重要。

（2）1982—2002 年的逐步形成阶段。从 1980 年设立 4 个经济特区，到 1984 年开放 14 个沿海城市，再到 1985 年开放 51 个沿海经济开放区，随后又在 1988 年建立海南经济特区，在 1990 年开放上海浦东新区，之后相继开发 7 个沿江港口城市以及 13 个陆地边境城市和所有内地省会城市，这 20 年间，我国逐步形成了全方位的对外开放格局。其实，党的十三大就已经勾勒出了"经济特区—沿海开放城市—沿海经济开发区—内地"的对外开放格局，这也是经过后来不断实践，最终形成的格局。党的十四大在此基础上，强调"多层次、多渠道、全方位"，党的十五大又强调"全方位、多层次、宽领域"，这都是对初步形成的格局的拓展完善。

（3）2002—2012 年的逐步完善阶段。如果说 1978—2002 年的对外开放，更多注重的是先进技术和设备、资金等的"引进来"，那么 2002—2012 年的对外开放，则强调"引进来"和"走出去"相结合的互利共赢式的对外开放格局。当然，我国对外开放的"走出去”并非只在这个时期才出现,早在改革开放前,我国就以对外工程承包和劳务输出的形式进行对外援助工作,20 世纪 80 年代少量投资于美国、日本、英国、德国等国家,领域限于贸易、餐饮和海运代理等,此后逐步扩展到 180 多个国家和地区,领域也扩大到工业、工程等领域。这一阶段是对外开放格局完善的阶段,因为除了讲求我国自身的发展,也更加注重互利共赢和多元平衡。

(4)2012 年至今的更高发展阶段。2013 年 9 月和 10 月,习近平主席提出要建设“丝绸之路经济带”和“21 世纪海上丝绸之路”的合作倡议,后来演变为“一带一路”倡议。2017 年 5 月“一带一路”国际合作高峰论坛在北京举行,来自联合国、世界银行和国际货币基金组织的负责人,29 个国家元首和政府首脑以及 130 多个国家嘉宾参加此次会议,取得了丰硕的成果。这是首次由我国独立自主提出的全球合作倡议,具有广泛而深远的影响,也标志着我国对外开放迈入更高的发展阶段,现已形成以“一带一路”建设为重点,坚持“引进来”和“走出去”并重,形成陆海内外联动、东西双向互济的开放新格局。

2. 对外贸易与投资逐年增加

对外开放最直观的成就在于对外贸易与投资,这也是我国改革开放 40 年以来较为显著的成绩。

(1)进出口额逐年增加,进出口份额逐年上升(见图 2-30)。出口方面,1978 年我国商品和服务出口仅有 68 亿美元,到 2016 年我国商品和服务出口额高达 2.2 万亿美元,40 年间增长了 322 倍多。其中,2014 年我国商品和服务出口达到顶峰,当年出口额超过 2.5 万亿美元。进口方面,1978 年我国商品和服务进口为 76 亿美元,但是到 2016 年,这一数值已经高达近 2 万亿美元,涨幅超过 255 倍。份额方面,我国出口份额①在 2015 年达到峰值,为 11.42%,随后虽然略有下降,但也超过 10%;我国进口份额同样在 2015 年达到峰值 9.81%,到 2016 年仍能保持 9.5%以上。份额国际比较方面,中国出口份额与美国出口份额大体相当,均略超 10%,较德国的 7.7%、日本的 3.83%、英国的 3.55%都要高出一截;中国的进口份额排在世界第二位,美国以 13.38%占据首位,但中国较德国的 6.49%、英国的 3.9%和日本的 3.65%,都要高得多。

(2)对外投资逐年增加,净流入份额有所波动,净流出份额逐年上升。净流入方面,我国直接对外投资(Foreign Direct Investment,FDI)净流入量呈逐年增加态势,1982 年净流入只有 4.2 亿美元,2013 年最高净流入 2909 亿美元,虽然此后有所回落,但仍保持较高净流入水平。净流出方面,1982 年我国几乎没有资金净流出,当年净流出仅

① 出口份额指的是某国商品和劳务出口总额占世界商品和劳务总出口的比重;同理,进口份额指的是某国商品和劳务进口总额占世界商品和劳务总进口的比重。

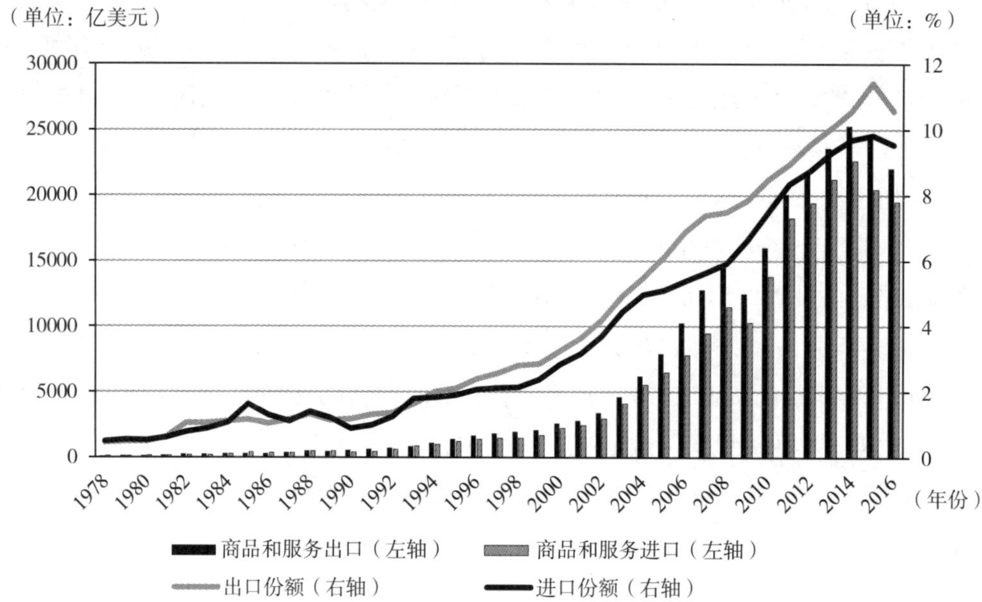

图 2-30　1978—2016 年中国对外贸易情况

资料来源：世界银行数据库。

仅为 0.44 亿美元，但随着中国日益发展壮大，FDI 开始逐渐净流出，到 2016 年净流出为 2172 亿美元（见图 2-31）。份额方面，我国的 FDI 净流入份额不定，最高时能占到 15%（2014 年）、14%（1994 年），但低谷时期也可能只有 2.88%（2000 年）、5.04%（2007 年），处于一个波动的态势；但我国 FDI 净流出份额基本呈逐年上升态势，2007 年以前只在 1%上下波动，从 2008 年开始，我国资本不断向外投资，到 2016 年净流出份额高达 11.4%。国际比较方面，2016 年中国 FDI 流出 1830 亿美元，较美国的 2990 亿美元，排在第二位；2016 年中国 FDI 流入 1340 亿美元，较美国的 3910 亿美元和英国的 2540 亿美元，排在第三位。①

3.“引进来”与“走出去”同步推进

1978 年以来，我国对外开放大致经历了三个阶段：第一阶段是更注重“引进来”，第二阶段是“引进来”与“走出去”并重，第三阶段是更注重“走出去”。

第一阶段（1978—2001 年）：更注重“引进来”。由于我国此前经济建设遭受一定波折，因而在改革开放的起步阶段，我国更加注重“引进来”。从类别上看，主要引进“人、财、物”三类：一是引进外资②，1979 年通过《中外合资经营企业法》，并建立深圳蛇

① 此处数据源于《世界投资报告 2017》，见 http://Unctad.org/en/PublicationsLibrary/Wir2017_en.pdf。

② 此处参考巫云仙：《改革开放以来我国引进和利用外资政策的历史演进》，《中共党史研究》2009 年第 7 期。

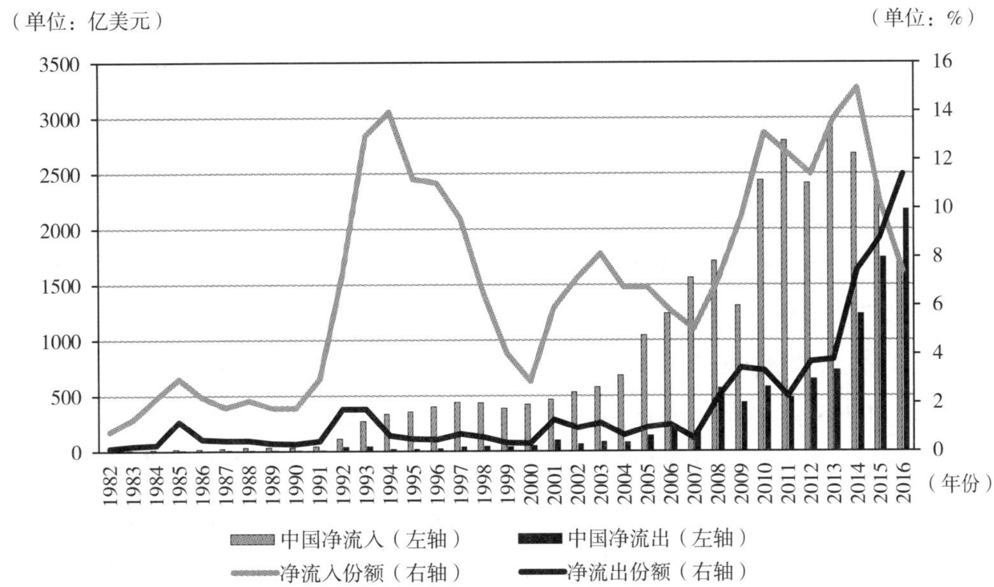

图 2-31　1982—2016 年中国对外投资情况

资料来源：世界银行数据库。

口工业区，这是引进外资的初步尝试；1983 年国务院发布《关于加强利用外资工作的指示》，强调利用外资是我国经济发展的长期方针；1986 年发布《关于鼓励外商投资的规定》，在各方面给予外商投资优惠；此后陆续颁布《外资企业法》《中外合作经营企业法》《外商投资企业和外国企业所得税法》等相关法律法规；1992 年"南方谈话"后，引进外资出现了新变化，比如大胆引进跨国公司，利用国际证券市场、对外商投资企业实行国民待遇等。二是引进技术和设备①，据统计，1975—1990 年，我国共引进 2027 项软技术，包括 1668 项许可证贸易、359 项技术服务咨询，并重点将 3000 项先进技术用于企业改造；20 世纪 90 年代后，我国在能源石化、有色冶金、机械电子、邮电交通、建材轻纺等多个领域，大规模引进技术，并与国际展开全面合作。三是引进管理与人才，伴随外资、技术设备的引进，我国还积极引进先进的管理经验和人才，各种管理新思想、新模式在中国得到了实践，党的十四届三中全会将建立现代企业制度凝练为十六个字，即"产权清晰、权责明确、政企分开、管理科学"，我国逐步建立了现代企业制度。

第二阶段（2001—2013 年）："引进来"与"走出去"并重。2001 年中国加入世贸组织，这进一步扩大了中国的对外开放。在这一阶段，"引进来"实现了重大飞跃，"走出去"也开始逐步探索。进入改革开放新的时期，党和政府不断调整外商直接投资的各

① 此处参考吴奇志、聂文星：《改革开放后的中国技术引进：回顾与前瞻》，《上海市经济学会学术年刊》2009 年 1 月 31 日。

项政策。比如,更加注重引进优秀的外资、更加注重引进高新技术、更加注重引进先进管理模式与高端人才。这是一种观念上的重大转变,从注重引进量到注重引进质。同时,2002 年党的十六大提出坚持“引进来”与“走出去”相结合,开始支持有条件的中国企业按照国际规则对外投资,推动中国企业“走出去”。并且,我国还积极参与经济全球化,主动应对全球金融和经济危机。

第三阶段(2013 年至今):更注重“走出去”。2013 年,习近平主席提出建立“丝绸之路经济带”和“21 世纪海上丝绸之路”,后来合并称为“一带一路”倡议。2017 年在北京召开“一带一路”国际合作高峰论坛,覆盖世界 2/3 的人口、经济规模超过 30%、共计 71 个国家和地区参与的区域合作组织正式成立。2015 年,亚洲基础设施投资银行(AIIB)正式成立,其成员横跨六大洲,共计 84 个。[①] 亚投行的宗旨在于通过在基础设施及其他生产性领域的投资,促进亚洲经济可持续发展、创造财富并改善基础设施互联互通;与其他多边和双边开发机构紧密合作,推进区域合作和伙伴关系,应对发展挑战。在这期间,“金砖五国”合作得到深化,成立了金砖国家新开发银行,旨在构筑一个共同的金融安全网,金砖国家可以借助这个资金池兑换一部分外汇用来应对不确定的风险。此外,中国不断推进双边贸易谈判,目前已经与 23 个国家或地区签订了 15 个自由贸易协定,中国—海合会、中日韩、中国—斯里兰卡、中国—马尔代夫、中国—以色列、中国—挪威等自由贸易协定都在稳步谈判中。可以说,以“一带一路”倡议为总抓手,中国开启了更加注重“走出去”的开放新征程。

4. 积极开展对外援助

虽然中国仍是发展中国家,但秉承人类命运共同体的职责,中国积极开展对外援助,且不附带任何政治条件,不干涉受援国内政,充分尊重受援国自主选择发展道路和模式的权利。具体而言,我国对外援助取得以下几方面成就和经验。

(1)中国对外援助金额逐年增多,援助对象和领域较为广泛。根据援助数据(Aiddata)的统计[②],2000—2014 年的 15 年间,中国对六大洲的 140 多个国家和地区,共计援助 4300 多个项目,合计援助金额达到 3500 多亿美元。中国的对外援助主要分为三种形式:官方发展援助(ODA)、其他官方援助(OOF)和模糊官方援助(Vague OF)。从援助的对象看,表 2-9 展示了中国对外援助前 10 位国家或地区的情况,我国对外援助多为欠发达国家或经历危机的国家。从援助的领域看(见图 2-32),涵盖能源生产与供应业,运输与存储业,工业、矿业和建筑业,通信业,债务减免,农林牧渔业等。

---

① 此处参考亚投行官网介绍“Who We Are”,https://www.aiib.org/en/about-aiib/index.html。

② 以下数据均参考 http://aiddata.org/china。

表 2-9 中国对外援助前 10 位国家或地区 （单位：亿美元）

排名	接受 ODA 最多	金额	接受 OOF 最多	金额
1	古巴	67	俄罗斯	366
2	科特迪瓦	40	巴基斯坦	163
3	埃塞俄比亚	37	安哥拉	134
4	津巴布韦	36	老挝	110
5	喀麦隆	34	委内瑞拉	108
6	尼日利亚	31	土库曼斯坦	101
7	坦桑尼亚	30	厄瓜多尔	97
8	柬埔寨	30	巴西	85
9	斯里兰卡	28	斯里兰卡	82
10	加纳	25	哈萨克斯坦	67

资料来源：http://aiddata.org/china。

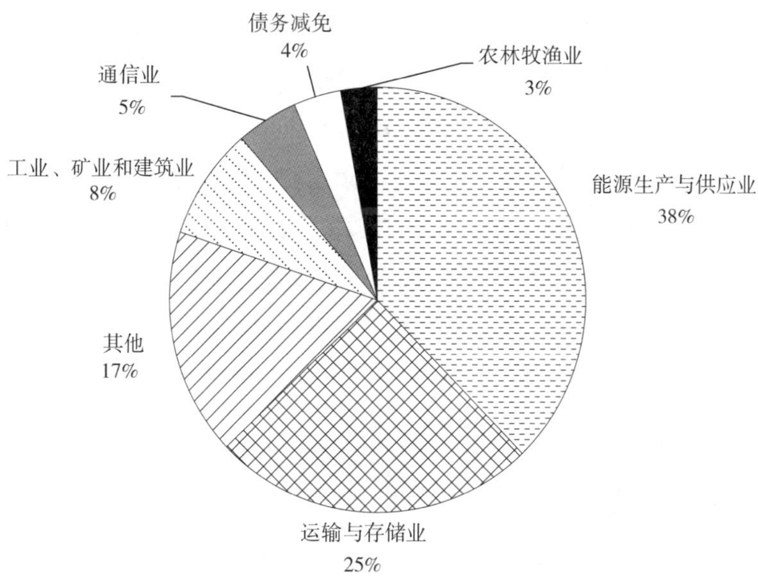

图 2-32 中国对外援助领域分布

资料来源：http://aiddata.org/china。

（2）探索依托区域合作机制推动对外援助的经验。① 中国注重在区域合作的层面，比如中非合作论坛、中国—东盟领导人会议等，与受援国磋商“一揽子”援助举措。针对中非新型战略伙伴关系，中国首先重视与非洲开展农业合作，仅 2010—2012 年，中国便在非洲建成了 14 个农业技术示范中心，另有 8 个技术示范中心进入规划实施阶

① 此处参考《中国的对外援助（2014）》白皮书。

段；派遣了大量农业专家开展技术合作；为非洲国家培训农业技术人员超过5000名。同时还支持非洲基础设施建设、推动医疗卫生合作、开展能力建设和共同应对气候变化等。针对中国与东盟合作关系，中国重点向东盟低收入国家提供经济技术援助，积极支持东盟缩小内部发展差距。2010年以来，中国不断加大“中国—东盟粮食综合生产能力提升行动计划”实施力度，与东盟各国共同建设农作物优良品种试验站20个，示范推广面积达100万公顷；在东盟国家新建3个农业技术示范中心，派出300名农业专家和技术人员赴东盟进行指导；在周边国家建设跨境动植物疫病防控监测站，建立动植物疫病联防联控体系。针对其他地区的发展，依托中国—葡语国家经贸合作论坛（澳门）、中国—加勒比经贸合作论坛、中国—太平洋岛国经济发展合作论坛、中国—阿拉伯国家合作论坛和上海合作组织等合作机制，中国与这些地区开展广泛的合作。

（3）以开放姿态开展国际交流合作。① 中国支持多边发展机构的援助工作，以更加开放的姿态，开展国际交流与合作。中国通过自愿捐款、股权融资等方式，积极支持多边机构发展援助。2010—2012年，中国向联合国开发计划署、粮食计划署、儿童基金会、工业发展组织、粮食及农业组织、人口基金会、教育科学及文化组织、世界银行、国际货币基金组织、世界卫生组织以及全球抗击艾滋病、结核病和疟疾基金等国际机构累计捐款约17.6亿元人民币。截至2012年年底，中国累计向亚洲开发银行的亚洲发展基金捐资1.1亿美元。中国以开放的姿态，与其他国家和多边发展组织在发展援助领域加强对话沟通。中国与英国、澳大利亚、瑞士等国以及经济合作与发展组织举行发展援助研讨或业务交流活动。此外，中国还与联合国开发计划署、联合国人道主义事务协调办公室等组织开展联合培训活动，以研讨和论坛形式，分享发展合作经验，与不同的国际组织和国家开展试点三方合作。

（二）对外开放存在的问题

我国的对外开放取得了诸多成就，这值得全世界的瞩目。但同时也应认识到，当前的对外开放还存在一些问题。

1. 贸易份额接近极限，尚处价值链中低端

经过40年的发展，我国贸易份额逐年上升，但目前经济全球化发展受阻，贸易保护主义抬头，贸易进出口受到较大影响。同时，我国多年来都是处于全球价值链中低端，质量与品牌有待提升。

（1）出口份额几近极限，进口份额尚有提升空间（见图2-33）。出口份额方面，

① 此处参考《中国的对外援助（2014）》白皮书。

1978 年我国的出口份额仅有 0.45%，到 2016 年，我国的出口份额已经达到 10.57%，仅仅排在美国后面，位列世界第二位，在此之前的 2015 年出口份额达到高点，为 11.42%。而同期的主要发达国家，出口份额都在下降，美国从 12.35%下降至 10.64%，与中国相当；英国则从 6.09%下降至 3.55%，几乎下降了一半；德国基本维持在 8%上下浮动，法国、意大利、日本和韩国等目前都没有超过 4%。进口份额方面，1978 年我国的进口份额只有 0.5%，但 2016 年已经达到 9.54%，40 年间增长将近 19 倍，进口份额目前位居世界第二。与同期主要的发达国家相比，美国的进口份额一直处于世界最高，最高年份曾达 18.66%（2000 年），即使到 2016 年也有 13.38%；德国进口份额稳中略降，从 1978 年的 9.43%下降至 2016 年的 6.49%；英国、法国、意大利、日本、韩国等出口份额都呈下降趋势，尤其是日本，较其最高年份几乎下降了一半。

逐年上升的出口份额，并不能掩盖其几乎接近极限的事实。第二次世界大战后欧美繁荣发展的二十多年，美国出口份额在 1960 年达到 17.19%，排名第二位的英国为 9.31%，即使时至今日，中国与英国还有很大发展差距，美国作为世界上唯一的超级大国，此后的出口份额也逐步下降，直到目前与中国出口份额相当。但进口份额方面，我国还有不少提升空间。美国也同样是进口大国，进口份额最高曾达到 18.66%（2000 年），此后虽有下滑，但目前仍超过 13%。中国拥有超过 3 万亿美元的外汇储备，中国仍需从世界进口粮食、石油等大宗商品，以及一些高科技产品，因而我国的进口份额仍有提升空间。

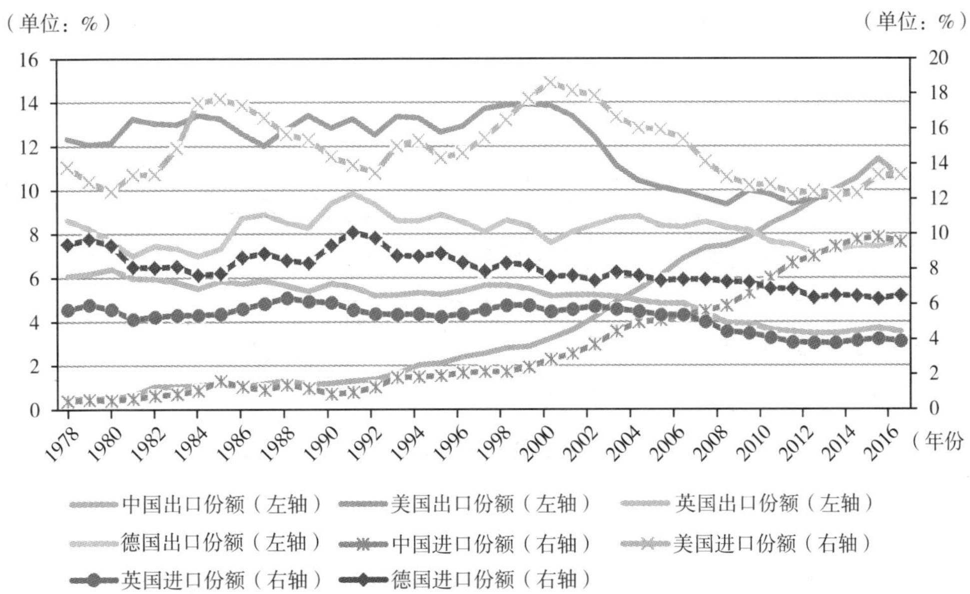

图 2-33　1978—2016 年中国与主要国家进出口份额对比

资料来源：世界银行数据库。

(2)我国尚处于全球价值链中低端。我国有220多种工业品产量位居世界第一,高铁、通信设备、核电、智能手机、新能源汽车等已经闻名世界。但这仍不能掩盖我国在全球制造业价值链中低端的现实。我国高科技出口额大,但多为加工贸易。加入世贸组织之前,我国高科技出口不到500亿美元,而当时美国的高科技出口已近2000亿美元。2001年后,我国高科技出口极速增长,2013年甚至一度超过5600亿美元,金额上远远高于美国、德国、日本等发达国家(见图2-34)。但从贸易形式看,大多是加工贸易,即设计、生产和营销都在国外,组装在中国,成品出口时按总价值计算出口额。以苹果手机为例①,苹果公司每卖出一台iPhone手机,便可拿走利润总额的58.5%,原材料供应商可获得21.9%,中国工人仅可以分得利润的1.8%。韩国的LG和三星公司为苹果提供技术含量较高的显示器和内存芯片,可以拿到利润的4.7%,而欧洲、日本和中国台湾分别只能拿到1.1%、0.5%和0.5%。商务部发布的《关于中美经贸关系的研究报告》显示,2017年中国货物贸易顺差的57%来自外资企业,59%来自加工贸易。② 虽然表面上中国高科技出口额大,但其实是将所有流程的增加值归于中国一个国家,所以这种高科技出口额属于“虚增”。

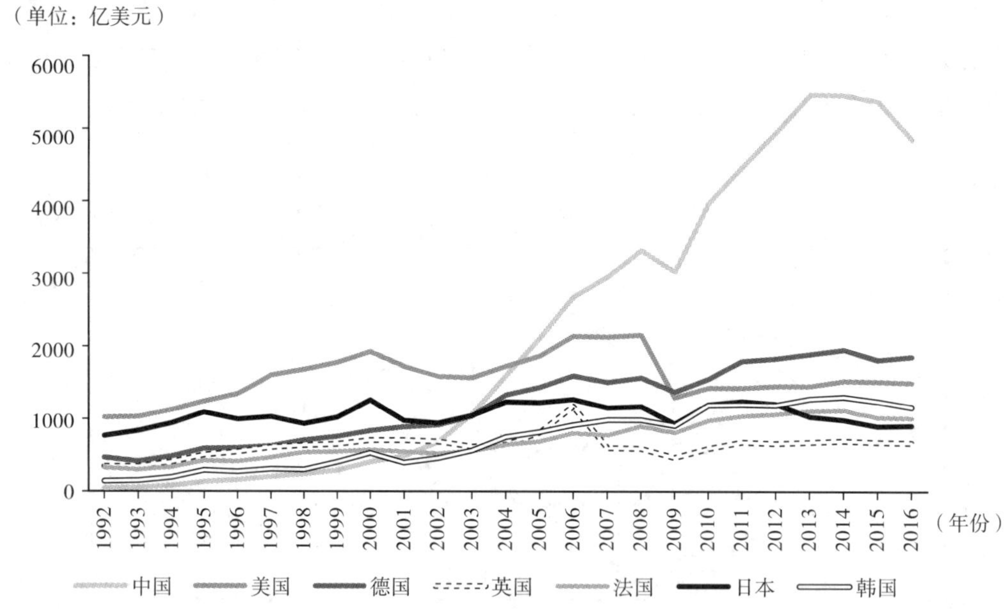

图2-34　1992—2016年中国与世界主要国家高科技出口

资料来源:世界银行数据库。

① 此处参考美国加州大学的林登、克拉莫和美国雪城大学的德瑞克:《抓住苹果全球网络中的价值》研究报告。

② 此处参考商务部:《关于中美经贸关系的研究报告》,见 http://images.mofcom.gov.cn/www/201708/20170822160323414.pdf。

从中美具有代表性的具体产业对比看①:飞机领域,美国波音公司年营业收入超过900亿美元,欧洲空客也是飞机领域领头羊,我国此前只能为这两个企业提供极少部分的零部件,即使我国商飞C919试飞成功,但未来不确定性仍较多。半导体领域,全球半导体企业前13名中,有6家是美国公司,英特尔、高通、博通分列前三名,中国需要从美国进口大量半导体元器件。服装领域,服装是中国一开始贸易的重要产品,但截至目前,全球前10位企业中有7位来自美国,耐克、阿迪达斯等公司依靠设计和品牌,在中国代加工生产,然后销售到全球,中国能够进入全球前10的公司只有申洲国际和安踏体育。除了以上列举的三个产业,中国还有很多产业都处于全球价值链中低端。

从全球知名品牌看②,2018年全球最具价值品牌500强企业,共有66家(2017年为55家)中国企业上榜,其中有22家(2017年为16家)进入了100强。而前10强中美国独占8席,美国共有46家进入前100强,有191家企业上榜。中国进入前100强的企业包括中国工商银行、中国建设银行、中国银行、中国农业银行、平安银行、招商银行、浦发银行等7家金融公司,中国移动和中国电信,国家电网、中国石油、中国建筑、中国石化、恒大集团,茅台、五粮液,真正具有科技含量和竞争力的,只有华为和BATJ等(百度、阿里巴巴、腾讯、京东)少数几家企业。

2."引进来"重量轻质缺规划,"走出去"缺乏总体战略布局

很长一段时间以来,我国各地政府都"唯GDP论",这就使得在"引进来"的过程中,放松了诸多标准,重量轻质。而我国企业"走出去"大多缺乏总体战略思维,非理性收购时常出现。

(1)"引进来"重量轻质缺规划。改革开放初期,以GDP增长作为对地方官员考核的主要指标,对推动当地经济发展发挥了重要的作用。招商引资是各地方政府引进外资的重要方式,地方政府为完成考核指标,在招商引资时,往往通过各类优惠方式吸引外资,主要包括③:①政策招商,给予外资各类优惠的财政和税收优惠;②产业招商,根据本地方政府时任领导选择优先发展的产业进行招商;③服务招商,配套良好的投资环境和优质的服务吸引外资。地方政府给予内外资企业的优惠待遇可能是不一样的,外资企业或外商在税收、土地使用、外汇管理、产品销售与物资供应、劳务费,甚至水电等方面的优惠,都强于内资企业。有了这些极具诱惑的优惠政策,外资企业"扎堆"前往中国各地,我国利用外资规模急剧增加,各地方政府的"GDP业绩"也随之猛增。

---

① 此处参考中金在线:《中美20个产业强弱对比:差距要比想象大得多》,见http://news.cnfol.com/redianzixun/20180326/26193953.shtml。

② 此处参考《2018年全球最具价值品牌500强》,见http://brandfinance.com/images/upload/bf_global2018_500_website_locked_final_spread_02.02.18.pdf。

③ 此处参考黄慧雅:《地方政府招商引资过程中存在的主要问题和对策》,《经济研究导刊》2015年第12期。

但“引进来”的过程中，没有更多注重外资的质量。这里说的质量，指的是“引进来”之后外资企业对当地资源和生态环境的负面影响。很多地方政府为了完成引资目标，放松“引进来”企业的环保标准，甚至有的地方政府“引进来”的就是直接污染环境的企业，比如重化工厂、造纸厂等。短期看，这类“引进来”可以带动当地就业，促进当地经济发展。但长期看，给当地生态环境造成的破坏往往是不可逆的。2003 年 8 月，亚洲最大的造纸企业印尼金光集团在昆明国际交易会上，与云南文山壮族苗族自治州达成协议，由金光集团投资 2.92 亿美元，新建 550 万亩速生丰产原料林基地，主要种植极尾桉和尾叶桉，从造林第四年开始，在当地建设年产 60 万吨至 120 万吨的化学纸浆厂和年产 50 万吨的造纸厂，最终实现林、浆、纸一体化，意向总投资 18 亿美元。很多专家经过研究论证，认为这“危害不亚于怒江建坝！”但地方政府置若罔闻，不考虑生物多样性，不考虑生态破坏，继续推进项目，甚至出现砍伐其他林种改种桉林的现象。① 改革开放 40 年来，类似的例子在全国各地屡见不鲜。

除了不注重“引进来”的质量，地方政府在引进外资时还缺乏规划。很多地方政府不管自身优势和劣势，不顾地方长远规划，一旦某一产业发展良好，几乎都想积极引进，这造成地方政府间的恶性竞争，造成资源、能源浪费。我国多个行业产能过剩就是典型的例证。供给侧结构性改革的五大任务之一便是“去产能”，去的就是扎堆发展的煤炭、钢铁、化工等行业。迄今为止，供给侧结构性改革已经初见成效，“去产能”任务有望稳步实现（见表 2-10）。

表 2-10　2015—2018 年我国产能过剩行业

行　业	细分行业或产品	2015 年	2016 年	2017 年	2018 年(E)
电力、热力生产和供应业	电力生产	正　常	过　剩	过　剩	轻度过剩
煤炭开采和洗选	煤　炭	过　剩	过　剩	轻度过剩	轻度过剩
土木工程建筑业	建筑施工	过　剩	过　剩	过　剩	过　剩
黑色金属冶炼及压延业	钢　铁	过　剩	过　剩	过　剩	过　剩
化学原料及化学制品	三酸两碱、化肥等部分低端品种	过　剩	过　剩	过　剩	过　剩
非金属矿物制品	水泥、平板玻璃	过　剩	过　剩	过　剩	过　剩
有色金属冶炼及压延业	电解铝、精铜	过　剩	轻度过剩	轻度过剩	轻度过剩
汽车制造业	整　车	正　常	正　常	轻度过剩	过　剩
其　他	造　船	过　剩	过　剩	过　剩	过　剩

资料来源：《2017 年产能过剩行业境况梳理及 2018 年展望》，见搜狐财经，http://www.sohu.com/a/213414215_99903716，2017 年 12 月 28 日，其中 2018 年为预测值。

① 此处参考《云南文山：近 3000 万亩桉树，灾难还是奇迹》，《中国青年报》2004 年 7 月 9 日。

(2)“走出去”缺乏总体战略布局。根据 Wind 统计数据①,仅 2010 年以来,我国企业“走出去”并购就高达 1800 多笔,涉及金额超过 4.6 万亿元人民币。2015 年以前,以国有企业“走出去”并购为主体,2016 年民营企业海外并购金额首次超过国企。对国有企业而言,“走出去”尚需考虑国家总体战略布局。一般而言,国有企业海外并购的行业包括航空、多领域控股、农产品、石油天然气勘探与生产、工业机械、多元化银行等,具有一定的国家战略意义。不只是向中国化工这样的中央国有企业并购瑞士农业化学和种子公司,地方国有企业“走出去”也基本符合国家总体战略布局。根据商务部发布的资料,山东企业海外并购速度逐步加快,2016 年国有企业海外并购金额高达 1292.9 亿元人民币,是 2014 年的近 6 倍。国有企业海外并购,也成为地方发展的新亮点。

对民营企业来说,“走出去”大多为非理性并购。总体说来,民营企业海外并购涉及的行业多为电影与娱乐、体育、酒店、多领域控股,或者一些房地产项目。许多项目由于基础工作做得不到位,对并购项目没有充分的谋划和论证,即使可以从资金上完成并购,但在整合的过程中出现大量问题,导致诸多并购项目失利。20 世纪 80 年代,日本大规模海外并购的经验和教训表明,非理性的海外并购一旦出现整合不成功、经营不善,就会导致超出想象的亏损,给企业带来异常沉重的包袱。比如万达集团自 2012 年收购美国院线(AMC)以来,相继收购美国卡麦克、欧洲欧迪恩院线(Odeon & UCI)、北欧院线集团,以及投资许多国家的房地产、酒店、影城、娱乐业、体育俱乐部等产业,但近两年万达遭遇财务危机,一度甩卖海外资产方平稳度过危机。还有复星集团、安邦保险等,也存在非主业、非理性的大额对外投资。像吉利汽车多次在海外理性并成功并购实体汽车业的例子并不是很多。2010 年,吉利斥资 13 亿美元从福特手中收购了沃尔沃轿车全部股权,并于 2013 年完成了对伦敦出租车制造商 LEVC 的收购,吉利海外并购走出第一步;2017 年 5 月,吉利控股同意收购英国跑车品牌莲花的 51%股份,并收购了马来西亚汽车制造商宝腾 49.9%的股份,这是吉利占领东南亚市场的重要举措;2018 年,吉利董事长李书福通过二级市场购买的戴姆勒公司股票总额占到了 9.69%之多,涉及的金额高达 90 亿美元,一举成为戴姆勒公司最大的个人股东,吉利开始迈向欧洲高端汽车市场。

3.“引进来”和“走出去”面临各类不确定风险

经济全球化,给我国带来重大发展机遇,但同时也给我国的经济安全带来影响。当前,我国对外开放以“一带一路”倡议为总抓手,但“走出去”也面临各类不确定的风险。

(1)“引进来”对我国经济安全产生影响。中国的对外开放带来了诸多发展机遇,但同时也应认识到,对外开放也对我国经济安全产生影响。加入世贸组织以来,我国对

① 此处参考《国企借力高端海外并购深化改革》,《经济参考报》2017 年 7 月 6 日。

外开放进程不断加快。从规模以上工业企业的经营情况可以看出,除了内资企业和港澳台投资企业外,外商投资企业的资产占比一度超过17%,近几年有所下滑,到2016年约11.5%;外商投资企业的主营业务收入占比最高超过21%,2016年也占到13%;外商投资企业的利润总额占比曾超过22%,到2016年也有15%;外商投资企业单位数占比最多超过10%,到2016年也有7%左右(见图2-35)。从2016年数据可以看出,外商投资企业用6%的企业单位数,坐拥11.5%的资产,创造13%的主营业务收入,赚取15%的利润总额,外商投资企业在我国经营效率相对较高,从某个方面挤压了内资企业和港澳台投资企业的经营空间,从而有可能影响内资工业企业和港澳台工业企业的发展。

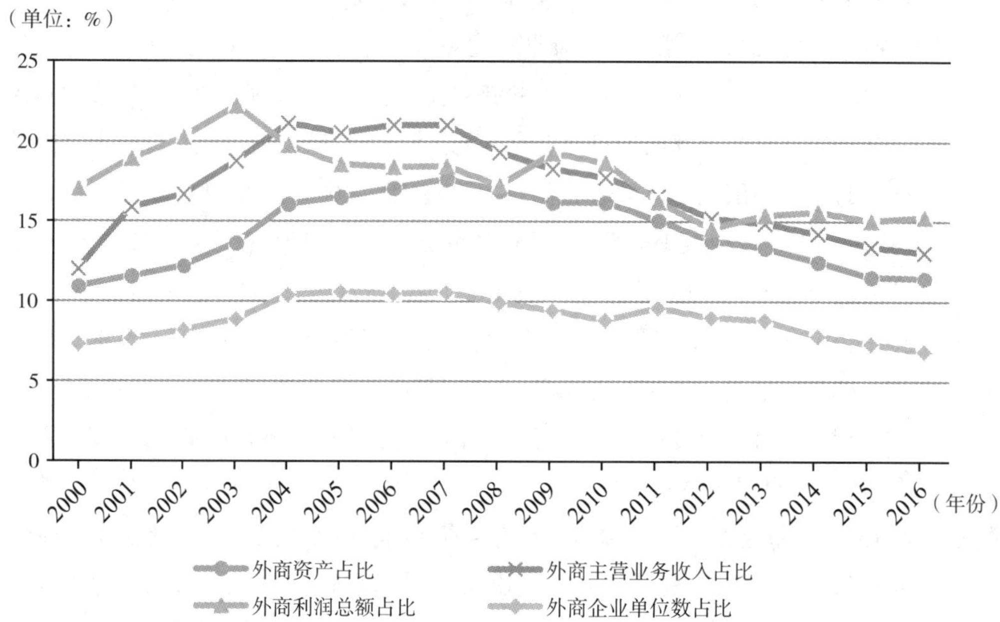

图2-35 2000—2016年规模以上外商工业企业经营情况

资料来源:根据Wind数据库计算得到。

分行业看城镇固定资产投资完成额,外商投资在制造业,信息传输、软件和信息技术服务业,金融业和房地产业的占比相对重要(见图2-36)。在制造业领域,2004年城镇固定资产投资完成额中,有17.9%来源于外商投资,2009年后开始急剧下降,到2016年仅有4.3%。在信息传输、软件和信息技术服务业领域,城镇固定资产投资完成额中,外商投资占比一度将近20%,2012年后占比才明显下降,到2016年只有4.2%。在房地产业领域,外商投资对于城镇固定资产投资的贡献也不小,尤其是2010年之前,外商投资占比一度超过5%,助推了当时我国房地产市场的非理性繁荣。在金融业领域,外商投资占城镇固定资产投资完成额的比重相对较小,最高占比在2015年,为2.63%;外资银行占国内银行金融机构总资产比重约为1.29%,与OECD国家的12%、世界平均水平的13%以及金砖五国的15.5%相比,水平很低;境外金融机构占国内债券总托管量的比例不足2%,而美国国债境外投资者持有比重超过44%;国内合资券商的数量仅剩7家,业务经营水平在行业内均处于中下游的水平,一些外资机构股权已经陆陆续续退出。尽管金融业外商投资各项占比都很小,但随着2017年美国总统特朗普访华期间,与中方达成的金融开放约定①,我国金融业将面临重大挑战,如果处理不善,有可能引发金融机构经营危机,从而导致其他危机的连锁反应。

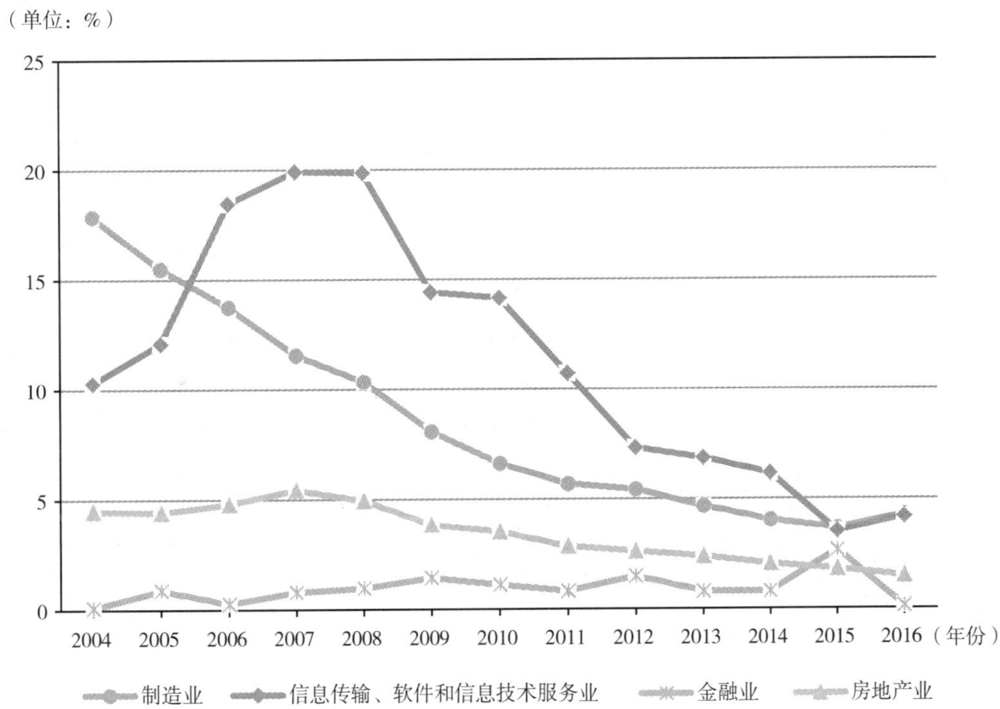

图2-36　2004—2016年分行业城镇固定资产投资完成额的外商投资占比

资料来源:根据Wind数据库计算得到。

(2)"走出去"面临诸多风险。以目前对外开放总抓手的"一带一路"倡议为例,我国企业"走出去"面临四类风险。第一类是政治风险。"一带一路"地区地缘政治关系错综复杂,部分国家政局不稳,根据中信和达信的政治风险评估,"一带一路"沿线约有42.2%的国家具有高度政治风险,全球20个极高风险国家中的4个分布在"一带一路"沿线国家之中。具体表现形式为:一是与现政府的合作项目,有可能因政权更迭受到影

① 这个约定包括:首先,关于证券和基金,中方决定将单个或多个外国投资者直接或间接投资证券、基金管理、期货公司的投资比例限制放宽至51%;第二,将取消对中资银行和金融资产管理公司的外资单一持股不超过20%,合计持股不超过25%的持股比例限制,实施内外一致的银行业股权投资比例规则;第三,三年后将单个或多个外国投资者投资设立经营人身保险业务的保险公司的投资比例放宽至51%,五年后投资比例不受限制。

响。如缅甸、乌克兰等国因政府更迭,往往对政敌资产进行打击。二是涉及国家主权的重大项目极易遭到否决。如高铁建设项目投资巨大、回收期长,且铁路运营涉及国家主权问题,即使所在国政府提供主权担保或资产抵押,也无法保证这些主权担保承诺在多党政治博弈和政党轮替中不发生违约,墨西哥高铁项目中就曾发生过官方宣布中国铁建中标 3 天后,在反对党质疑声中,就被取消了。三是国际超大型区域集团联盟对项目的干扰。"一带一路"建设重要的地理位置和战略价值,是俄罗斯"欧亚联盟"、欧盟"东部伙伴计划"、美国"跨太平洋伙伴关系协议"等大国战略争夺重点。如匈牙利、塞尔维亚等作为欧盟成员国,受欧盟的影响和制约较大,"匈塞铁路"后期建设可能会受到欧盟方面关于环保和标准兼容方面的刁难等。再如"一带一路"部分沿线国家铁路是按照苏联时期"宽轨"制定的,俄罗斯、芬兰、蒙古国等国的"宽轨联盟"会给中国带来很高的运营成本。

第二类是非传统安全威胁风险。"一带一路"沿线涉及全球多个高风险地带,恐怖主义、极端主义势力以及跨境犯罪等非传统安全威胁行为主体,呈"网络化"分散于沿线各国,从国别来看,呈现"中部高、两端低"的特点——中东、南亚和独联体国家较高,东亚和东欧地区较低。具体表现形式为:一是恐怖主义威胁上升。随着"伊斯兰国"的发展壮大,土耳其、伊拉克、巴基斯坦等国面临的恐怖势力上升,其中以"东伊运"为首的恐怖势力不时对我国驻土耳其的机构发出恐怖威胁,策划绑架、劫持中方人员。二是民族宗教等热点问题突出。中东地区民族林立,教派之间关系错综复杂,热点问题层出不穷,地区形势动荡不定。三是战争风险不能完全排除。巴以冲突、乌克兰危机的持续发酵等都有可能引起局部战争。

第三类是法律风险。"一带一路"沿线国家法律风险受地缘关系影响很大,从国别法律风险水平看,呈现"东西低、南北高"的特点,即东南亚、中东欧的国别法律风险较小,南亚、中亚以及独联体国家较高。具体表现形式为:一是大多数国家有关投资、贸易的法律制度相对不完善。除新加坡、马来西亚、波兰、捷克等国外,"一带一路"大部分沿线国家,如塔吉克斯坦、柬埔寨、东帝汶、孟加拉国等国法律体系建设相对落后,制度空白较多。二是司法体系与司法执行效率两极分化较为突出。除新加坡、泰国、波兰、匈牙利、土耳其等国外,大多数国家司法独立性、廉洁度、程序保障等司法执法要素难以保障投资的合法权益,法官灵活判决权大,政治干预司法现象较为严重,政府对合同执行不力,法律执行的效率和最终结果难以达到预期。

第四类是金融风险。"一带一路"沿线发展中国家居多,经济普遍比较落后,资本市场发展落后,产业结构单一,国内经济状况受到国际资源、能源价格波动的严重影响。存在的金融风险包括:一是项目融资中的利率风险。在运用 PPP/BOT 模式进行项目融资过程中,由于利率变动直接或间接地造成项目价值降低或收益受到损失。二是汇率风险。“一带一路”沿线大多数国家属于外汇风险等级偏高国家,币种国际流通性差,汇兑风险大,汇率风险对冲工具缺乏。三是外汇不可获得和不可转移风险。当地货币难以顺利转换成所需外汇并运出国外,用以偿还对外债务和其他的对外支付。四是通货膨胀风险。“一带一路”沿线国家普遍存在通货膨胀问题,如 2017 年 4 月乌克兰、伊朗、土耳其通货膨胀率分别高达 11.5%、11.2%、10.1%,其中乌克兰 2015 年通货膨胀率曾高达 48.72%。

(三)对策建议

我国对外贸易的潜力增长有限,应转向非数量策略。“引进来”要注重质量和前期规划,“走出去”要符合国家总体战略大局。对于外来风险要积极应对,对于“走出去”风险要主动防范。深化对外开放格局,保障国家经济安全,可从以下三个角度制定相关政策。

1. 降低对外贸易数量依赖,转向质量和品牌领域

我国出口份额将近极限,进口份额尚有提升空间,应主动降低对外贸易数量方面的依赖,转而注重进出口质量,提升国际品牌知名度。

(1)以“一带一路”倡议为总抓手,充分发挥各类双边或多边贸易协定的作用。一是对外贸易要以“一带一路”倡议为总抓手,在“一带一路”框架内开展更为深刻与广泛的合作。“一带一路”倡议是我国提出的多边合作框架,其中重要的一个要求就是“贸易畅通”。埃及 2017 年对华出口鲜橙猛增至 10.1 万吨,金额高达 8000 多万美元,成为中国进口鲜橙第三大来源地;2017 年中匈双边贸易额达 101.4 亿美元,同比增长 14.1%,双边贸易额创历史新高,并首次突破 100 亿美元大关;2017 年中越贸易额突破 1000 亿美元……①这都是“一带一路”倡议下取得的丰硕成果。二是应注重其他双边或多边贸易协定的作用。目前,中国已经和澳大利亚、韩国、瑞士等 16 个国家或地区签订自由贸易协定,接下来要推动中国—海合会、中国—以色列等的谈判,并着手研究中国—印度、中国—蒙古国、中国—哥伦比亚等自由贸易协定的可行性。三是推动中国与经济体量较大国家或地区的自由贸易协定。中国已签署的 16 个自由贸易协定中,除了韩国、澳大利亚、新西兰等国家外,其他国家的经济体量,诸如 GDP、贸易、投资等规模普遍较小,我国尚未与世界排名前 10 的国家达成自贸协定。相比之下,韩国达成的 15 个自由贸易协定涉及 52 个伙伴,有 6 个自由贸易协定伙伴位居世界 GDP 前 10 名,有 13 个位居前 20 名。我国应着手研究中国—加拿大、中日韩、区域全面经济伙伴关系协定(RCEP)、中国—德国、中国—英国等国家或地区的自由贸易协定谈判,借助北美自

① 此处参考中国一带一路网,见 https://www.yidaiyilu.gov.cn/info/iList.jsp?.tm_id=96。

由贸易协定的分歧、中日韩的共同利益、中德友好关系和英国脱欧等契机，在美洲、亚洲和欧洲全面开展双边或多边自由贸易。

（2）以高质量贸易为要求，分类推动对外贸易转向高层次。改革开放初期，我国对外贸易更多注重数量，而党的十九大作出“我国经济已由高速增长阶段转向高质量发展阶段”的重要研判。一方面，按国家或地区分，对发达国家或地区采用维持策略，对“一带一路”沿线国家或地区增加进出口。我国尚需从发达国家或地区进口诸如芯片、飞机、汽车等产品，也需要向发达国家或地区出口制造业的各类产品，目前维持对发达国家或地区的进出口，可保持我国对外贸易的相对稳定。如果在此基础上，能够从发达国家增加高新技术产品进口，则效果更佳。“一带一路”沿线国家或地区，大多是发展中或欠发达地区，我国可充分利用这些国家或地区的资源、能源、原材料等，将制成品再出口到这些国家或地区，以换取对外贸易份额的适当增加。另一方面，按产品层次分，从低端产品出口导向转变为高新技术产品进口。改革开放多年来，尽管目前很多低端产业已经向越南等东南亚国家转移，“中国制造”也逐渐迈向“中国创造”，但我国始终摆脱不了“低端出口”的标签。对外贸易迈向中高端的背后，其实是我国产业迈向中高端。要以建设创新型国家为目标，瞄准世界科技前沿，加大基础研究投入，推动互联网、人工智能、大数据和实体经济深度融合，培育中高端消费的增长点。要瞄准国际标准，使“中国制造”不仅适应国内市场需求，还要满足国际市场需要，并在条件成熟的时候，将中国的标准推向世界。

（3）以国际化为策略，鼓励国产品牌走向国际。首先，鼓励企业制定国际化品牌的战略。根据不同的世情和国情，给予有需要的企业以培训，帮助其掌握品牌国际化标准和相关规定，降低国产品牌国际化的营销费用。其次，成立品牌国际化协会。针对同一行业或同类产品，成立品牌国际化协会，协会负责鼓励有条件的企业，采用合作或合资的形式，与国际知名品牌形成统一联盟，从而扩大本国品牌的国际知名度；同时，也鼓励独资经营的企业“走出去”，采用海外投资建厂的方式，在国外当地逐步形成并提高知名度。最后，提供品牌国际化保障。一个企业或产品在国际化过程中，难免受到政治、法律、人文、地理环境等因素影响，可专门设立品牌国际化保障中心，专门处理和应对企业或产品在国际化过程中的问题。

2.“引进来”重质量有规划，“走出去”符合国家总体战略布局

我国“引进来”不能再单以数量为目标，应更注重质量。“走出去”不能再盲目非理性，而应该从多个视角符合国家总体战略布局。

（1）“引进来”注重提高质量与规划。①制定科学的规划。科学合理的产业规划，是提高“引进来”质量的重要前期工作。从产业层面来说，应以《“十三五”国家战略性新兴产业发展规划》《中国制造2025》为纲要，在信息技术产业和网络经济、高端装备与新材料产业、生物产业和生物经济、新能源汽车和新能源以及节能环保产业、数字创意产业、高档数控机床和机器人、航空航天装备等方面加大“引进来”的力度。从区域层面来说①,东北老工业基地要发展现代化大农业、转型资源型产业、发展先进装备制造业;东部沿海发达地区要立足产业升级、引领新兴产业和现代服务业、打造全球先进的制造业基地;中部地区则要承接东部发达地区转移的产业、发展现代农业和先进制造业、推动能源型产业转型、建设战略性新兴产业和高技术产业基地;西部大开发先行地要承接东部发达地区产业转移、发展先进制造业、建设弯道超车型新兴产业、发展旅游和休闲以及大健康等生活性服务业;西部少数民族聚集区则要发展绿色农产品加工、民族和文化以及旅游等特色产业、转型资源型能源型产业。

②完善负面清单制度。外商投资准入负面清单是实行外资准入管理的主要依据,应在我国自贸区发展的基础上,不断完善负面清单制度。② 一要把控对外资的监管权。负面清单的监管模式,是由传统的事前监管,转变为事中和事后监管。采用这种监管模式,可促进投资自由化。倘若国内某些产业并不存在,也未列入负面清单,理论上国外投资者是可以进入该领域的,这将对本国产生无法预估的影响。二要界定范围。负面清单制度并非简单的正、负之分,不是要将禁止类与限制类直接合并,而是需要厘清政府与市场、内资与外资的关系。要缩短负面清单条目,以大类划分,并保留充分的自由裁量权。三要解决政策统一性和规范性。我国对外商投资的准入管理存在诸多问题,比如多头管理、多层立法、区域差异、内容不统一不规范等,应从更高层次上解决政策统一性和规范性,由国家发展改革委、商务部等联合成立负面清单制度委员会,清理此前不统一不规范、存在多头立法和区域差异的负面清单,统一制定并定期完善统一规范有效的负面清单。

(2)“走出去”注重引导企业符合国家总体战略布局。①要符合国家经济转型大局。党的十九大报告指出,我国“正处在转变发展方式、优化经济结构、转换增长动力的攻关期”“必须坚持质量第一、效益优先”,这是新时代党中央对经济转型的最新要求。经济全球化背景下,产业国际转移浪潮也推动我国经济转型。可借助“一带一路”倡议,从三个层面引导企业“走出去”。一是转移我国过剩产能。目前我国电力生产、煤炭、建筑施工、钢铁、三酸两碱和化肥等部分低端品种、水泥和平板玻璃、电解铝和精铜、造船等都是产能过剩行业,可加大对“一带一路”沿线国家或地区的出口与转移,我国的整车制造目前轻度过剩,但未来过剩程度将加大,因而也需未雨绸缪,向这些国家或地区转移整车制造。二是拓展合作新空间。“一带一路”倡议不仅只有贸易畅通,还

---

① 此处参考“十三五”中国区域产业规划图谱,见 http://www.fxfgw.gov.cn/webinfoshow.asp? wid=2367。

② 张茉楠:《需尽快完善负面清单制度》,《经济参考报》2014 年 9 月 22 日。

有政策沟通、设施连通、资金融通和民心相通四个方面，可全面协调推进“五通”发展，构建我国与“一带一路”沿线国家或地区的互联互通，推动我国企业“走出去”。三是出口我国中高端产品。以装备制造业为例，我国已经是制造业大国，通过对外直接投资，整合国内外资源，推动我国装备制造业与“一带一路”沿线国家和地区深入融合。中信重工在“一带一路”沿线1/3以上的国家或地区设立海外公司或办事处，其海外收入占总收入的50%左右，这是借助“一带一路”倡议“走出去”的很好例证。

②要符合维护国家形象大局。维护我国的大国形象，不仅需要国家投入，也需要企业积极响应号召。鼓励企业以项目投资的方式扩大对外援助规模和领域。我国对外援助总规模超过3500亿美元，但和美国超过1万亿美元的对外援助总额相比，仍存在很大差距，仅2017年，美国用于对外援助的开支就高达424亿美元。并且，我国对外援助的领域相对狭窄，超过60%集中在能源生产与供应业、运输与存储业。可鼓励各类企业以项目投资的方式“走出去”，从数量上增加我国对外援助的规模，从领域上扩大我国对外援助的范围。

③要符合特定战略需要大局。我国人口众多、人均资源有限，因而在“走出去”的时候，个别领域或企业也要符合特定战略需要的大局。比如粮食领域，企业不仅仅只是从粮食生产国进口产品，更要参与籽种研发、粮食种植，甚至粮食加工等产业；再比如能源领域，除了收购国外的煤矿、油田，还要延伸至石油提炼、加工等后续流程，积极为我国能源储备提供多样选择；再比如核心技术领域，可借鉴吉利收购戴姆勒公司的方式，在关键技术领域以参股的方式进行投资，并参与经营，以股东身份获取某些领域的核心技术。

3. 积极应对外来风险，主动防范“走出去”风险

针对外来风险，我国不应回避，而应积极应对。针对“走出去”风险，则要主动防范。

(1)积极应对外来风险。①管控涉及国家核心安全的领域。划定涉及国家核心安全的范围，比如金融业、能源、粮食等，针对这些领域，应采取限制措施，确保该领域由国内资本起主导。这种主导主要体现在控制力上，并非数量上的绝对优势，即一旦发生紧急或特殊情况，国家可通过宏观调控，引导国内资本积极抵御可能出现的重大风险。中国此前承诺放开金融业，可采取交叉持股的方式在金融业扩大对外开放。这意味着，逐步放开我国金融业外资持股比例的同时，也要鼓励有条件的国内金融企业对外资金融企业持股，这样可形成双向持股即“你中有我，我中有你”的紧密联系，从这个层面防范外资对我国金融业可能产生的不良影响。

②构建外来风险预警机制。综合采用静态、动态两种方式，在各行业，尤其是涉外行业，构建外来风险预警机制。一是建立系统内部的安全网。以金融领域为例，应根据

《巴塞尔协议 III》的要求，对银行系统的资本充足情况进行硬性要求；根据美国监管新变化，由事后监管向事前监管转变，注重压力测试。二是建立分层次的预警系统。美国的风险预警系统均由独立的主体来承担，我国应在这基础上，构建宏观、中观和微观相结合的预警系统。比如在现有的金融监管体系下，微观层面由中国银行保险监督管理委员会、中国证券监督管理委员会对各行业业务进行监管；中观层面由中国人民银行承担宏观审慎监管，以及部分消费者保护的职责；宏观层面由金融稳定和发展委员会协调中国人民银行、中国银行保险监督管理委员会、中国证券监督管理委员会，以及国家外汇管理局等相关部门的监管。三是开发各类风险评估模型。美国的风险预警大多基于各类风险评估模型，进而对各类风险进行有效、及时的预测和预警。我国应不断完善这项工作，通过金融工程方法、统计分析方法、人工智能、神经网络等技术手段，开发外来风险评估模型，提高风险防范的准确性、科学性和有效性。

（2）主动防范"走出去"风险。①政治风险：以政治保险和共同开发民生项目来解决。防范政治风险，关键是要做好以下三方面工作：一是着眼风险管理，充分使用政治保险工具。一方面对贷款风险较大的项目，选择政治险和商业险都覆盖的买方信贷保险；另一方面承保机构除选择中国信保之外，可探索选择世界银行隶属下的"多边投资担保机构"提供的全面政治保险。二是着眼风险缓释，合理设计运作模式。要摒弃传统的采取性价比优势参加国际市场竞争和低价竞标的模式，在国外客户能按市场价格和国际商业规则购买的条件下合理承担项目建设、运营技术支持等职责，审慎参与项目运营及提供大额长期贷款，避免承担项目运营的商业风险。三是着眼长远发展，通过共同开发民生项目与当地政府进行利益捆绑。可以在经济走廊重要项目周边共同开发旅游市场和民生项目，以获得当地政府与民众支持，通过利益捆绑巩固当地政府执政的民意基础；通过加强民生项目投入和人文交流，加大项目企业本土化和员工属地化等方式，积极回馈当地社会，争取民众支持。

②非传统安全威胁风险：做好安全情报的搜集和研判。非传统安全威胁普遍都有从萌芽、酝酿到激化的矛盾积聚过程，往往在威胁发生前会表现出许多征兆，可通过加强安全情报的搜集和研判来防范此类威胁。一是推动我国安保企业"走出去"。深化情报和安全部门合作，做好安全情报的搜集和研判，通过我国的安保企业，深入开展双边安全合作。探索联合执法机制，联合有关国家共同打击跨国恐怖组织。二是增强信息分析和危机预警能力。通过"大数据"工具对获取的情报进行深入挖掘和关联分析，建立健全危机预警机制，提前预判风险。三是定期向我国企业通报安全风险信息。通过对重大突发事件的预案，指导企业建立和完善安全风险预防和应急处置预案。

③法律风险：探索以政府间合作与特许经营方式来解决。"一带一路"沿线项目多采用项目融资模式，对于准确评估项目的经济效益、全程监控项目的实施，有效管控法

律风险要求更高。有效化解和规避法律风险，关键是要探索政府间合作与特许经营方式：一是在宏观层面推动签订有关政府间协议。推动我国政府与东道国政府就单个项目政府间协议及有利于保障相关方利益的特许权协议的签订，积极争取“一带一路”沿线国家提供主权担保。二是在中观层面推动项目所在国修改法律或颁布新法案。法律有禁止性规定的，或项目进展涉及法律修改的，应推动修改法律条款，把通过针对本项目的新法案作为项目建设先决条件。三是在微观层面根据法律风险情况对具体项目的投资合作模式进行选择。在法律政策比较完善的国家，可考虑采用“公私合营”（PPP）或“基础设施特许权”（BOT）模式，在法律风险大的国家和地区应谨慎选择“设计采购施工”（EPC）等模式，严格按照工程款支付进度开展工程施工。

④金融风险：利用现有成熟的金融工具来防范和化解。充分利用现有成熟的金融工具，防范和化解金融风险。一是防控利率风险。通过固定利率的贷款担保和政府的利率保证等方式抵御利率波动风险，采用多种货币组合的方式进行项目开支或收益的结算，防止利率变动对项目投资的冲击，并运用封顶、利率区间、保底等套期保值技术减小利率变化的影响。二是避免汇率风险。除了在PPP/BOT的特许权协议中规定项目公司和东道国政府对汇率风险各自应承担的责任外，充分利用掉期、远期等金融工具来防范汇率波动的风险。三是冲销外汇不可获得和不可转移风险。通过要求项目所在国政府提供外汇可自由兑换担保，在合同中约定一部分应付款以当地货币结算、另一部分以外国货币结算等措施来降低风险。四是管控通货膨胀风险。在特许权协议中规定相应条款，作为以后对价格进行核查的依据，之后再按公认的通货膨胀率进行调价，或相应增加收费，或延长特许经营期限，并在产品购买协议中规定逐步提高价格的条款，以防范通货膨胀带来的投融资风险。

专题报告

专题一：40 年来经济体制改革研究

新中国成立以来，特别是改革开放 40 年来，中国经济建设等各项事业保持持续快速发展，取得了世界瞩目的成就。[①] 党的十八大以来，以习近平同志为核心的党中央高举全面深化改革的大旗，将改革继续向纵深推进。可以说，改革挽救了中国，改革发展了中国，改革成就了中国。特别是在经济领域，我们持续推动经济体制改革，综合国力不断加强，人民生活水平大幅提高，经济发展的质量和效益持续向好，不但成功实现了自身的发展，还形成了中国模式和中国方案。站在新的历史起点上，我们要回顾过去，总结经验，面向未来，继续改革，奋力开启建设社会主义现代化强国之路。

一、经济体制改革历程回顾

新中国成立后，中国经济体制经历了两次大的转型：第一次发生在中华人民共和国成立之初，从新民主主义经济转变为社会主义计划经济；第二次发生在 1978 年之后，由社会主义计划经济转变为社会主义市场经济。这两段历程，可以划分为五个阶段。

（一）计划经济体制的形成与调整

第一，建立新民主主义经济（1949 年 10 月—1952 年 6 月）。在民主革命取得胜利以前，中国共产党的社会建设纲领是根据毛泽东在 1940 年提出、1945 年党的七大确立的分"两步走"建设社会主义的思想制定的。即在民主革命取得胜利以后，建立"中国各革命阶级联合专政的新民主主义社会"和"新民主主义经济"。所谓新民主主义经济，就是在以国有经济为基础和"节制资本"原则的指导下允许私人资本主义存在的混合经济。[②] 在这样的背景下，中华人民共和国成立之初建立的经济体制不是苏联的计划经济，而是某种政府主导的市场经济。在这期间，1949 年年底，我们没收了两千多个

---

① 本专题由张占斌团队撰写。

② 《毛泽东选集》第二卷，人民出版社 1991 年版，第 662—771 页。

官僚资本主义的工业企业，建立了国营工业，掌握了国民经济命脉。之后，对非公有制的私营工商业实行了调整，使私营企业初步纳入了计划生产的轨道。党的七届三中全会以后，开始在全国范围内创造有计划地进行经济建设的条件，对国民经济各方面开始实行全面的计划管理。

第二，计划经济体制的形成（1952 年 9 月—1956 年 12 月）。1953 年 8 月，过渡时期总路线被正式确立为全党都必须遵循的路线："从中华人民共和国成立，到社会主义改造基本完成，这是一个过渡时期。党在过渡时期的总路线和总任务，是要在一个相当长的时期内，逐步实现国家的社会主义工业化，并逐步实现国家对农业、对手工业相对资本主义工商业的社会主义改造。"①基于当时的环境，用了不到一年时间废除了农民的个体私有制，不到 3 年时间完成了工商业社会主义改造。因此，1955 年以来，国家所有制和准国有的集体所有制成为国民经济的唯一基础，并在这种所有制基础上全面建立了苏联式的集中计划经济体制。在这期间，形成了第一个五年计划草案（初稿）。1954 年制定和颁布了第一部《宪法》，其第十五条规定："国家用经济计划指导国民经济的发展和改造"。这表明，计划经济体制已成为我国法定的经济体制。计划经济体制的确立，意味着新民主主义经济政策的退场。

（二）开启计划经济与市场调节相结合的理论和实践探索

第一，开启对市场与计划调节关系的理论探索。社会主义经济中计划与市场关系问题，是中华人民共和国成立以来思想理论工作者讨论最多、争论最激烈、成果最突出的经济理论问题。我国经济学界关于社会主义制度下计划与市场、商品与价值问题讨论的第一次高潮，是在三大改造基本完成前后的 1956—1957 年。那时，整个社会经济关系正经历重大的变化，社会主义经济逐渐成为整个社会唯一的经济基础。受到现实经济生活的挑战，在经济学者面前出现了商品生产与商品交换同社会主义生产关系是否相容的讨论。这次讨论突破了传统社会主义经济理论和框框，鲜明地提出了被后来实践证明是正确的见解。一是经济学家孙冶方 1956 年提出了把计划放在价值规律基础上的观点，认为社会主义经济发展计划必须以价值规律为基础。② 二是经济学家顾准在 1957 年提出的社会主义经济是通过经济核算调节生产的，价格成为调节生产的主要工具。三是陈云提出的社会主义计划经济中利用市场调节的思想，认为按照市场变化在国家计划许可范围内的自由生产是计划生产的补充。这种自由市场，是在国家领导之下，作为国家市场的补充，因此它是社会主义统一市场的组成部分。

---

① 《毛泽东文集》第六卷，人民出版社 1999 年版，第 316 页。

② 庄三红：《劳动价值论的时代化研究》，兰州大学 2012 年博士学位论文。

第二，开启对市场与计划调节关系的实践探索。经过新中国成立以来对经济体制的一系列探索，国民经济得到恢复和稳定。总的来说，高度集中的计划经济体制发展到后期越来越僵化，以致被推向极端，阻碍和破坏了生产力的发展。1978 年党的十一届三中全会前后，全国工作重心已从阶级斗争转向经济建设，经济领域的改革取得重要突破。一是开启以"家庭联产承包责任制"为核心的农村经营体制改革。1982 年 1 月 1 日，中央关于农村问题的第一个"中央一号文件"问世，首次肯定"包产到户"，并强调尊重群众选择、长期不变。"包产到户"的社会主义性质一经中央认可，便在全国范围内迅速铺开。二是扶持乡镇企业快速发展为城市发展提供重要支撑。农村以开放的政策环境、大量的劳动力市场和强烈的发展需求，迎来了乡镇企业的迅速崛起，并成长为足以与城市工业共同竞争的一支力量。1984 年，"中央一号文件"指出，"鼓励集体和农民本着自愿互利的原则，将资金集中起来，联合兴办各种企业，尤其要支持兴办开发性事业"。这条政策摘掉了扣在乡镇企业头上的各种意识形态的帽子，为乡镇企业在新环境下指明了发展路径。三是财政管理体制实行"分灶吃饭"和包干制以激发地方经济活力。1980 年 2 月，国务院颁布了《关于实行"划分收支、分级包干"财政管理体制的暂行规定》，实行"划分收支、分级包干"的体制，俗称"分灶吃饭"。这一规定打破了中央高度集权、地方"吃大锅饭"的局面，扩大了地方的财权，迅速调动地方的积极性，初步形成了中央、地方各有其收入、各负其责的格局。

（三）开启建设社会主义市场经济的实践

第一，确立经济体制改革目标。1992 年是中国经济体制改革进程中关键性的一年，邓小平同志视察南方并发表重要谈话，一扫改革和思想领域的"沉闷"和"停滞"，引发了一场新的思想解放"浪潮"，从而使中国改革进入了一个全新的历史阶段——向社会主义市场经济转轨。这直接促成了把建立社会主义市场经济体制作为中国经济体制改革的目标模式。在这之前，对于要不要以社会主义市场经济体制作为改革目标，曾有很大争议。随即，1992 年 10 月，党的十四大第一次明确提出改革的目标是：建立社会主义市场经济体制。1993 年 11 月 14 日，党的十四届三中全会作出了《中共中央关于建立社会主义市场经济体制若干问题的决定》，提出了建立社会主义市场经济体制的总体规划和 20 世纪 90 年代经济体制改革的行动纲领。1997 年，党的十五大提出和阐述了邓小平理论，确立我国社会主义基本经济制度。2002 年，党的十六大提出和论述了小康社会建设的历史任务，作出了建设更加具体、更加开放的经济体系的战略部署，这使我国的制度创新达到了一个新的高度。

第二，进行所有制改革。党的十四届三中全会以后，改革进入了一个整体推进和重点攻坚阶段。在经济领域，推动国有经济逐步退出工业、贸易和餐饮业等竞争性领域，努力培育、发展和壮大私营经济。党的十五大报告中提出“调整和完善所有制结构”的论述,这是党中央第一次将经济改革的方向指向传统的公有制,解除了人们多年关于“股份制”姓“公”还是姓“私”问题的顾虑,积极推进和规范企业股份制改造。之后,非公有制经济迅速发展,成为国民经济发展中的一支重要力量。党的十六大提出,“必须毫不动摇地巩固和发展公有制经济”“必须毫不动摇地鼓励、支持和引导非公有制经济发展”。两个“毫不动摇”是总结多年改革开放经验,对公有制经济和非公有制经济的关系按照经济规律所作出的透彻、精辟的阐述,是对马克思所有制结构理论的深化和发展。

第三,推动国有企业改革。1993 年 11 月,《中共中央关于建立社会主义市场经济体制若干问题的决定》颁布,进一步明确了深化国有企业改革的方向在于建立现代企业制度。1993 年 12 月 29 日,《中华人民共和国公司法》由第八届全国人民代表大会常务委员会第五次会议审议通过,这为国有企业的公司化改革提供了法律框架。1999 年 9 月,党的十五届四中全会又审议通过了《中共中央关于国有企业改革和发展若干重大问题的决定》,提出到 2000 年“大多数国有大中型骨干企业初步建立现代企业制度”的目标,这为加快国有经济战略布局调整提供了方向。经过这一轮调整,国有企业减少了约 10 万户。2002 年,党的十六大提出了建设国有资产管理体制的要求,推动中国国有企业改革进入了一个新的阶段。2003 年 3 月,经全国人大十届一次会议批准,国务院成立国有资产监督管理委员会(以下简称“国资委”),负责监管中央所属的 199 个大型国有企业。

第四,实施财税体制改革。自 20 世纪 80 年代中期的两步“利改税”到 1994 年的近十年间,为顺应市场化的改革进程,中国财政管理领域进行了一系列制度变革。然而,这些改革或者受到种种局限而未能取得预期的成效,或者仅仅是财税管理领域某一局部的制度变革,都不足以完成市场化进程中整体财税体制的机制重塑与制度创新。按照社会主义市场经济体制要求,要建立规范的政府与企业、政府与公民、政府之间的财政分配关系,财政体制改革迫在眉睫。1994 年的以“分税制”为主要特征的财税改革,初步构建起了适应社会主义市场经济要求的新的财政体制。一是实行科学的收入分配体制,合理规范国家与企业、中央与地方的分配关系。二是按照市场经济中政府参与资源分配的客观要求,健全国家财政职能,灵活运用财政政策手段,有效地调节宏观经济运行。三是确保中央财政主导地位,适当集中必要的财力,增强中央政府的宏观调控能力。四是在经济持续高速发展和分配关系趋向合理的基础上,实现国家财政的中长期平衡。

第五,探索金融体制改革。1994 年以后,中央已经明确提出了建设社会主义市场经济体制的目标,金融体制也进入改革的关键时期,我国金融业在已有的基础上继续发展，并初步建立起社会主义市场金融体制的基本框架。这一阶段的改革目标是：建立适应社会主义市场经济发展需要的以中央银行为领导、政策性金融和商业性金融相分离、以国有独资商业银行为主体、多种金融机构并存的现代金融体系。在具体实施中，主要是围绕贯彻“分业经营、分业管理”原则推进的。

（四）不断改革完善社会主义市场经济

第一，市场经济体制框架由构建阶段向全面完善阶段转变。党的十六大提出21世纪头20年全面建设小康社会的宏伟目标之一，就是建成完善的社会主义市场经济体制。党的十六届三中全会通过的《中共中央关于完善社会主义市场经济体制若干问题的决定》，对完善社会主义经济体制作出了具体改革内容。一是建立现代产权制度，完善产权保护制度，积极发展混合所有制经济。二是完善市场体系，规范市场秩序。三是继续改善宏观调控，加快转变政府职能。党的十六届三中全会以后，我国提出了完善宏观调控体系的任务和要求，坚持把又好又快发展作为搞好宏观调控的根本要求，把推进结构调整、发展方式转型、实现总量平衡作为搞好宏观调控的重要着力点，较好地保障了我国市场经济良性健康发展。

第二，市场化改革由“点式”或“面式”推进向侧重制度建设和顶层设计转变。我国市场化改革是从“摸着石头过河”开始的。党的十六大以后，我国继续坚持社会主义市场经济的改革方向，但是改革不再偏重充满不确定性的政策变革，而是更加注意结构性反思和理性的系统化制度设计，一些重点领域和关键环节的改革取得新突破。譬如在全国范围内取消农业特产税、牧业税、农业税和屠宰税；成立国资委、银监会，深化财政、金融、税收、外汇、物价和投融资管理体制改革，消除国家宏观调控职能及要素市场的体制性障碍；突破城乡二元结构，消除城乡社会保障体系的体制性障碍等。我国经济法律制度建设取得了突破性进展，《物权法》《合同法》《反不正当竞争法》《消费者权益保护法》等一系列重要经济法颁布实施，我国市场经济的法治基础和法治环境得到了有效提升与改善。

第三，改革从侧重解决经济体制内在问题向关注经济社会整体协调发展转变。经济体制改革，极大地增强了我国经济社会发展的活力，促进了社会财富与综合国力的持续大幅增长。但与此同时，新型经济体制与现有政治、社会、文化等体制不够协调配套的问题也愈益突出。这一时期，改革更注重向关注经济社会整体协调发展转变。一是建立有利于转变经济发展方式，实现经济协调统筹发展的体制机制。二是构建社会主义和谐社会，加快推进以改善民生为重点的社会建设。三是着力协调改革和发展的关系，把改革的力度、发展的速度和社会承受度统一起来，较好地解决了我国当前与长远、局部与整体、个人与集体等方面的利益协调问题。

（五）以经济体制改革为重点将改革推向纵深

中国经济体制改革走过了波澜壮阔的风雨历程，释放了巨大的改革红利，深刻地改变了中国，也深刻地改变了世界。但随着国际国内形势的深刻变化，我国经济发展出现了新老问题的交织，改革进入攻坚期和深水区。党的十八届三中全会作出了全面深化改革的决定，强调以经济体制改革为重点，发挥经济体制改革牵引作用。

第一，确定经济体制改革是全面深化改革的重点。习近平总书记指出："经济体制改革是全面深化改革的重点。"①当前，无论是全面建成小康社会，还是全面实现国家现代化，都要求我们始终以经济建设为中心，把经济体制改革作为改革的重点。一是经济体制改革具有"牵一发而动全身"的作用。生产力决定生产关系，经济基础决定上层建筑。这一社会发展的基本规律决定了我们必须要以经济体制改革为先导，发挥其牵引作用，为全面深化改革创造条件、提供动力。二是发展阶段要求必须以经济建设为中心。从全局来看，我国仍处于并将长期处于社会主义初级阶段的基本国情没有变，我国是世界最大发展中国家的国际地位没有变。这就警示我们必须保持理性头脑，必须通过深化经济体制改革，不断解放和发展社会生产力，提高综合国力和国际竞争力。三是深化经济体制改革有利于全面改革推进。"牵住深化经济体制改革这个'牛鼻子'，可以有力促进其他领域深层次矛盾的化解，促进其他领域改革的协调深化。"②

第二，明确经济体制改革的基本思路。习近平总书记强调："面对新形势新任务，我们必须通过全面深化改革，着力解决我国发展面临的一系列突出矛盾和问题，不断推进中国特色社会主义制度自我完善和发展。"③当前，改革已经步入深水区，进入攻坚阶段，全面深化经济体制改革也有了明确的工作思路。一是创造改革红利与共享改革红利相结合。人民群众是创造改革红利的主体，只有当人民群众的改革积极性高涨时，改革事业才能有序地向前推进。同时，也要让广大人民群众共享改革发展的成果，这是经济改革的出发点和落脚点。二是市场导向与政府推进相结合。在深化经济体制改革的进程中，必须充分发挥市场在资源配置中的决定性作用，最大限度地为不同的经济主体创造公平竞争的市场环境。要更好发挥政府在经济体制改革中的作用，处理好政府和市场的关系。三是顶层设计与发挥基层首创精神相结合。要从全局对改革的整体思路、战略取向进行顶层设计，增强经济体制改革的整体性、系统性和协同性。要尊重人民首创精神，进一步发挥广大人民的积极性、创造性和主动性。四是综合配套与改革试

---

① 《十八大以来重要文献选编》上，中央文献出版社2014年版，第778页。

② 张高丽：《以经济体制改革为重点全面深化改革》，载《〈中共中央关于全面深化改革若干重大问题的决定〉辅导读本》，人民出版社2013年版，第18页。

③ 《十八大以来重要文献选编》上，中央文献出版社2014年版，第494页。

点相结合。深化我国经济体制改革，要着力进行综合配套，促进各个领域的改革共同深化、相互促进、良性发展。对于那些“牵一发而动全身”的重点领域，要加强改革的试点工作，不断积累可复制可推广的经验。

第三，在体制机制的重点领域实现突破。习近平总书记指出：“改革是由问题倒逼而产生，又在不断解决问题中得以深化。”①党的十八大以来，我们聚焦体制机制重点领域打好攻坚战，不断深化所有制、财税、金融、价格、收入分配等重点领域的改革。一是深化所有制改革，坚持和完善基本经济制度。一方面，毫不动摇地巩固和发展公有制经济，坚持公有制主体地位，发挥国有经济主导作用。另一方面，毫不动摇地鼓励、支持和引导非公有制经济的发展，鼓励和支持中小民营企业的发展。二是深化财税体制改革，理顺各项财政权利。进一步健全财力与事权相匹配的财政体制，优化转移支付结构，完善预算管理制度。三是深化金融体制改革，构建稳健的金融体系。一方面，推进现代金融企业制度建设，加快民间金融机构发展，健全金融组织体系，加快发展资本市场，完善分层有序、互为补充的现代金融市场体系，不断提高金融市场化程度。另一方面，切实防范和化解金融风险，维护金融体系的稳健高效运行。四是深化收入分配体制改革，促进改革红利惠及全体人民。一方面，坚持按劳分配为主体、多种分配方式并存，坚持初次分配和再分配调节并重。另一方面，加快健全以税收、社会保障、转移支付为手段的再分配调节机制，努力实现居民收入增长和经济发展同步。五是深化土地、户籍、社会保障等制度改革，增强改革的综合配套性。

二、经济建设的历史性成就与存在问题

中国的经济建设和经济体制改革无疑是成功的。特别是改革开放以来，经济持续高速增长，创造了中国奇迹。但在经济高速发展的同时，也存在一些问题。总结成绩、正视问题，既有助于我们从历史发展中总结经验，也有助于我们继续深化经济体制改革。

（一）经济建设取得的历史性成就

第一，经济建设取得巨大成就。中华人民共和国成立以来，特别是改革开放 40 年来，中国的社会生产力有了快速发展，经济建设取得跨越式发展，综合国力显著增强。40 年间，中国经济平均以 9.75%高速增长。改革开放之初的 1978 年，国内生产总值只有 3600 亿元人民币。1986 年，就上升到 1 万亿元；1991 年上升到 2 万亿元；此后每年

① 《十八大以来重要文献选编》上，中央文献出版社 2014 年版，第 497 页。

以万亿元上升,2007 年上升到了 24.66 万亿元;2012 年增加到 51.9 万亿元,跃升到世界第二位。改革开放 40 年,中国的人均 GDP 也在快速增长。1978 年,人均 GDP 不足 160 美元;1981 年到 1987 年,还在 300 美元以下;1988 年到 1994 年,经过七年的努力,突破了 300 美元;1998 年突破了 800 美元;2001 年上升到 1000 美元以上;2006 年达到 2010 美元;2007 年上升到 2200 美元以上;2012 年达到 6100 美元。党的十八大以来,以习近平同志为核心的党中央在关注经济增长速度的同时,更加关注经济发展的质量,提出要推动经济高质量发展,中国经济实力跃上新台阶,国内生产总值从 54 万亿元增加到 82.7 万亿元,年均增长 7.1%,占世界经济比重从 11.4%提高到 15%左右,对世界经济增长贡献率超过 30%。中国已经成为名副其实的经济大国。当然,与世界大多数国家的人均 GDP 相比,中国的排名还比较靠后,但是,与自身相比这已是巨大的进步,对于中国这个世界人口第一的大国而言,已是了不起的成就,足以令世界各国刮目相看。

第二,社会生产力得到巨大提高。长期以来,在马克思主义经典著作中,一个盛行的观点是,社会主义革命的目的是解放生产力,社会主义建设的根本任务是发展生产力。然而中国经济体制改革实践冲破了这一已经成为经典的理论观点。特别是党的十一届三中全会后,党中央从中国国情出发,进行了农村经济体制改革,家庭联产承包责任制得到全面推进,短短几年的时间,奇迹就在中国广袤的大地发生了,农业生产高速增长,我国基本上解决了温饱问题。农村改革取得巨大成功后,改革向城市推进,先后启动了国有企业、价格、财税、金融、计划等一系列试点试验。1980 年,中央决定兴办深圳、珠海、汕头、厦门四个经济特区,打开了对外开放的窗口,随后审时度势向沿海、沿江乃至内地逐步推进对外开放。方方面面的改革使生产力得到充分解放,创造了中国发展的奇迹。刚刚启动改革开放的 40 年前,我国是全球第三大贫困国家,比撒哈拉以南的非洲国家数据还要低。改革开放充分调动人民群众的积极性和创造性,为经济社会发展注入了源源不断的活力,实现了 40 年年均 9%以上的增长,2017 年我国人均 GDP 达到了 9400 美元,中国的面貌发生了历史性变化。2009 年,我国的经济规模按照市场汇率计算,超过了日本,成为世界第二大经济体。2014 年,按照购买力平价计算,我国的经济规模超过了美国,成为世界第一大经济体。改革开放 40 年,我国有超过 7 亿人摆脱贫困,形成了世界上人口最多的中等收入群体,织就了世界最大的社会保障网。改革开放不仅使中国创造了发展奇迹,更为重要的是,它开创和发展了中国特色社会主义,为社会主义现代化建设提供了强大动力和有力保障。

第三,开放性经济建设取得巨大成功。党的十一届三中全会开启了对外开放的历史新时期,其后引进了大量的国外资金、技术和先进管理经验,使国内商品市场丰富和繁荣起来,市场因素在经济中的比重大幅上升。1992 年邓小平同志视察南方并发表重要谈话后,对外开放步伐进一步扩大,由沿海地区迅速向内陆腹地扩展。加入世界贸易组织，接受全球多边贸易制度安排，是中国改革开放的里程碑。通过融入经济全球化，中国在国际产业分工调整中找准定位，成为向开放型经济转型最成功的发展中国家之一，成功抓住了自身发展的历史性机遇。今天，中国已经成为世界第二大经济体、最大货物出口国、第二大货物进口国、第二大对外直接投资国、最大外汇储备国、最大旅游市场，成为影响世界政治经济版图变化的一个主要因素，国家综合实力和人民生活水平显著提升。主动融入经济全球化，不断扩大对外开放，让中国实现了同世界关系的历史性变化——从红利分享，到红利互动，再到今天中国开始给予世界更多红利。中国深度融入经济全球化的案例已经写入世界历史，其独特经验和思考，成为被越来越多国家所重视的发展经验。党的十八大以来，以习近平同志为核心的党中央高瞻远瞩，带领中国日益走近世界舞台中央，积极应对全球挑战、谋求共同发展，更好地统筹国内国际两个大局，奉行互利共赢的开放战略，鼓励和支持其他国家搭乘我国发展的“顺风车”，帮助广大发展中国家参与并融入全球价值链，促进包容性增长和共享型发展，为构建人类命运共同体作出中国贡献。

第四，政府与市场关系取得巨大突破。处理好政府与市场关系是解决改革过程中产生疑难问题的核心。我国经济体制改革一直围绕着调整政府和市场关系进行，从计划经济到有计划的商品经济，再到社会主义市场经济，市场的力量一步步得到释放，政府和市场关系不断调整。中华人民共和国成立至 1978 年改革开放前，是全能政府时期。我们效仿苏联建立了高度集中的计划经济体制，但是这种经济体制不遵循经济发展的客观规律，直接导致生产滞后于消费，而政府机构却在不断膨胀。从 1978 年改革开放到 1992 年邓小平南方谈话，是有计划的商品经济时期。这一时期，政府的经济职能在缩减，计划性减少，开始注重市场的作用，重视商品经济。从 1992 年至 2012 年 11 月党的十八大，是建立社会主义市场经济体制阶段。1992 年党的十四大提出了我国经济制度改革的目标是建立社会主义市场经济体制。1997 年党的十五大则是更进一步指出，凡是市场能做到的事情，都交给市场去办。这个阶段明确了在处理政府和市场的关系上，要进一步弱化政府经济职能，按市场的规律性办事。此后，围绕转变政府职能，国务院机构改革明显弱化了政府直接监管经济的职能。2008 年党的十七届二中全会进一步强调，“把不该由政府管理的事项转移出去，把该由政府管理的事项切实管好”。至此，我国社会主义市场经济体制基本建立，趋势就是政府越管越少并确定了市场在资源配置中的“合法”地位。党的十八大至今处理好政府和市场的关系成为经济体制改革的核心阶段。党的十八届三中全会深刻指出，“经济体制改革是全面深化改革的重点，核心问题是处理好政府和市场的关系，使市场在资源配置中起决定性作用和更好发挥政府作用”。这一论断将正确处理政府和市场关系上升到核心的高度，是党对处理政府和市场关系的全新探索，推动政府和市场的关系进入新的阶段。

（二）经济建设领域存在的主要问题

中华人民共和国成立以来，我国经济建设取得了举世瞩目的成就，社会生产力得到迅猛发展，人民群众的生活水平明显提升，抵御社会风险的能力越来越强，综合国力显著提升，已稳居世界第二大经济体，成为名副其实的经济大国。但在经济快速发展的同时，存在的问题也很多，实现经济大国走向经济强国还有很长的路要走，还要攻坚克难，努力解决经济发展中的顽疾。

第一，科技创新能力不足，经济发展质量不高。经济体制改革不仅为中国带来了经济增长和繁荣的贸易，也带来了学习借鉴世界发达国家科技成果、先进管理经验的机会，通过拿来技术和产品引进，在较短时间内实现了技术和装备制造整体水平的提升。但长久以来，我们习惯了拿来主义，自身研发投入不足、创新能力不强的问题并没有解决。比如，我国科技人员总量虽居世界第一，但领军人才、尖子人才严重不足。在全球价值链中，我国不少产业处于中低端，核心技术受制于人，经济发展的后劲不足、质量不高、效益不好等问题比较突出。以智能手机为例，芯片、显示屏和操作系统的知识产权基本上处于发达国家手中。创新能力不强是我国发展的“阿喀琉斯之踵”。习近平总书记指出，核心技术受制于人是我们最大的隐患，市场换不来核心技术，有钱也买不来核心技术，必须靠自己研发、自己发展。种种迹象表明，过去依靠技术引进、跨境并购等外生性科技创新发展道路已经走到尽头，必须沉下心来，扎扎实实做功课，提高自身的创新能力。

第二，环境污染加剧，经济发展效益不高。长期以来，我们在实现经济持续高速增长的过程中，消耗太多资源，付出了巨大的环境代价。一是生态环境遭到破坏。中国环境绿皮书指出：中国的生态环境“局部治理，总体恶化”。特别是大江南北，非旱即涝；长城内外，沙暴连连。质量最高的原始林被大量采伐并转化为天然次生林和人工林，而天然次生林又屡遭破坏，大面积人工化和单一化，加之森林总体数量不足，分布不均，无法有效遏制全国生态环境持续恶化、自然灾害愈演愈烈的势头。二是单位产值能耗过大。在过去粗放型的生产方式下，我国每增加1元的生产总值，消耗的能源是世界平均水平的4倍，日本的6倍；生产1吨钢，耗水是国际先进水平的10—40倍；开采1吨原油，耗水是国际先进水平的6—26倍；生产1吨纸，耗水是国际先进水平的3—10倍。三是土壤、水和大气污染严重，中国正在为环境污染付出沉重的代价。预计到2020年，中国仅为治疗燃煤污染导致的疾病，就将付出3900亿美元代价。

第三，发展不协调不平衡问题突出，经济发展仍有很多短板。一是城乡二元结构矛盾突出。我国城乡二元经济结构主要表现为：城市经济以现代化的大工业生产为主，而农村经济以典型的小农经济为主；城市的道路、通信、卫生和教育等基础设施发达，而农村的基础设施落后；城市的人均消费水平远远高于农村。传统的城乡二元结构是长期的历史原因形成的，它在城乡之间筑起了一道道资金、市场、技术、劳动力等壁垒，阻碍了生产要素在城乡之间的流动，不仅制约了农村经济的发展，使得农业生产难以持续增长，农村内需不足，进而影响了工业和城市的发展。二是地区发展不平衡。中华人民共和国成立至 1978 年的 30 年间，我国一直致力于平衡发展战略，各种投资政策和财政支付转移明显地向边远和落后地区倾斜，然而效果不佳，付出的代价非常大。改革开放以后，基于地缘优势，采取了"先富带后富"的非均衡发展战略，政策明显向沿海地区倾斜，使得沿海地区得以迅速发展，拉大了沿海与内地的经济发展差距。三是产业发展不平衡。农业现代化存在明显短板，农业劳动生产率低、农业竞争力不强、农民增收难度大等问题日益凸显。企业市场竞争能力不够强，2017 年度全球 500 强企业的前 20 名中，中国有 3 家，而且全是大型国有企业（国家电网、中石化、中石油）。第三产业发展滞后，2017 年第三产业增加值在 GDP 中所占比重为 51.6%，而绝大多数发达国家的比重都在 60%—80%。

第四，改革发展成果共享不够，经济发展没有很好地惠及所有人。一是贫富差距拉大。从 20 世纪 80 年代初期开始，我国基尼系数从 1982 年最低时不到 0.25 逐步上升并在 1994 年突破收入分配差距过大的警戒线 0.4，2008 年达到最高 0.49，虽然之后 9 年连续下降，但仍超过 0.46。当前，主要发达国家的基尼系数一般都在 0.24 和 0.36 之间。习近平总书记指出："我国经济发展的'蛋糕'不断做大，但分配不公问题比较突出，收入差距、城乡区域公共服务水平差距较大。在共享改革发展成果上，无论是实际情况还是制度设计，都还有不完善的地方。"①二是公共产品供给不足。长期以来，我们在基础设施建设方面成就突出，但是对公共产品和服务的有效供给重视度不够。群众对住房贵、看病难、就学难等问题反应比较强烈，社会保障体系尚不健全，尚有 4000 多万贫困人口未脱贫。三是社会矛盾凸显。特别是改革开放以来，国有企业的改制重组破产所引发的职工下岗失业、农村土地征用所造成的农民失地、城市房屋拆迁所形成的居民失房，都是由于急于抓经济建设而造成的对弱势群体利益保护力度不够，导致党群关系、干群关系的紧张等。此外，还有工程项目移民、农民工无保障处境和不正常劳资关系以及企业军转干部问题等，使得社会矛盾显得更加尖锐和紧张。

三、经济体制改革的宝贵经验教训

纵观几十年的发展进程，我国在国际局势复杂多变、国内发展艰巨繁重的情况下，

① 《习近平谈治国理政》第二卷，外文出版社 2017 年版，第 200 页。

通过实施一系列改革举措，特别是经济体制改革措施，推动经济不断前行，并实现了经济连续增长的世界奇迹，这其中有很多宝贵的经验值得总结。同时，也应看到，在发展的过程中也错失了一些机遇，这同样也为后续改革发展敲响了警钟。

（一）经济体制改革的宝贵经验

第一，坚持把解放思想、实事求是作为经济改革的先导。回顾我国改革开放的历程，思想解放、恢复实事求是的好传统是推进我们行动的先导。长期以来我们受到“左”的思想禁锢，计划经济体制根深蒂固。1978 年关于真理标准问题的大讨论，破除了“两个凡是”的思想禁锢，撬动了改革开放的杠杆。一是思想解放、实事求是带来了人的解放。党的十一届三中全会以后，全社会开始了拨乱反正，大批冤假错案得到了纠正。平反冤假错案和调整各方面政策，使中国共产党和中国人民放下了历史的包袱，轻装前行。全国到处都是一派解放思想、人心向上、欣欣向荣、团结奋进的气氛。二是思想解放、实事求是推动了社会变化。随着思想解放的深入发展，中国社会的各个角落春潮涌动、日新月异，人们的思想意识、民主观念得到前所未有的解放，推动了社会各项事业的进步。三是思想解放、实事求是推动了经济改革。经济改革首先从农村突破，冲突了“左”的思想禁锢的人民，大胆实行农业改革，进行联产承包制。之后，包产到户节节前进，迅速推向全国，中国农村改革获得了突破性的成功。随后城市改革也逐步深入，中国经济发展出现了前所未有的良好势头。与此同时，在解放思想的潮流中，我国政治体制改革开始起步，国家朝着民主化、法治化迈进。

第二，始终把坚持和发展中国特色社会主义作为经济改革的根本遵循。在中国这样一个人口众多、底子薄弱的大国，如何建设社会主义，马克思主义经典作家没有说过，实践中也没有现成模式可供参照。改革开放以来，以邓小平同志为代表的中国共产党人，基于变化了的国际国内形势以及国内外社会主义建设的经验教训，一切从中国实际出发，紧紧抓住“什么是社会主义、怎样建设社会主义”这一首要的基本理论问题，正确认识我国社会主义所处的历史阶段，开辟了一条有中国特色的社会主义道路。但改革并不是要改变我国社会主义制度的性质，而是社会主义制度的自我完善和发展，是在坚持社会主义基本制度的前提下，改变生产关系和上层建筑中不适应生产力发展一系列相互联系的环节，改变束缚我国生产力发展的僵化的旧体制，激活社会主义制度的优越性，促进社会主义健康发展，实现社会主义现代化。特别是党的十八大以来，以习近平同志为核心的党中央将全面深化改革向各领域深入推进，但最基本的一条还是坚持中国特色社会主义道路、制度和理论，坚持社会主义改革方向。应该说，40 年来改革开放不断赋予科学社会主义基本原则以中国特色和时代特征，使我们对社会主义本质的认识更加清晰，对社会主义的发展前景更加充满信心。

第三，始终把坚持符合民心顺应时代作为经济改革的出发点和落脚点。改革开放 40 年不仅取得了巨大的成就，而且积累了极其宝贵的经验。认真总结并结合实践的发展充分运用这些经验，对于把我们的事业继续向前推进具有重大的意义。最根本的是，改革要符合民心、顺应时代潮流，要坚持正确的方向和目标。中国经济体制改革一直是在党和政府的领导下有计划、有步骤、有秩序地进行的，是社会主义制度的自我完善和发展。在进行改革的过程中，我们始终把是否有利于发展社会生产作为检验一切改革得失成败的最主要标准①。党的十八大又进一步指出，提高人民物质文化生活水平，是改革开放和社会主义现代化建设的根本目的。党的十八大以来，以习近平同志为核心的党中央高度重视改革对于提升人民生活水平的决定性作用，明确提出："解决我国发展面临的一系列突出矛盾和问题，实现经济社会持续健康发展，不断改善人民生活，要求全面深化改革。"②由此可见，顺应时代发展，顺应人民需求，始终是我们推行改革的总目标。

第四，始终把坚持以经济建设为中心作为各项改革的核心。我国的改革开放，既注意借鉴国际范围内各国的经验，又不盲目照抄照搬，既坚持社会主义基本经济制度，又不拘泥于传统的计划经济模式，在改革开放的历史进程中，我们始终坚持以经济建设为中心，促进改革开放、经济发展和社会稳定相互统一。坚持把改革开放和转变经济发展方式结合起来，坚持以是否有利于发展社会主义社会的生产力，是否有利于增强社会主义国家的综合国力，是否有利于提高人民的生活水平，作为决定各项改革措施取舍和检验其得失的根本标准。坚持发展是硬道理，紧紧抓住有利时机，深化改革，扩大开放，加快发展，巩固安定团结的政治局面。坚持四项基本原则，坚持两手抓，保持社会政治稳定，有力地保证改革开放和经济发展的顺利推进。在积极发展经济和改革开放的过程中，注意社会的承受能力，避免大的损失和社会震动。

第五，始终把整体推进和局部突破相结合作为经济改革的基本方法。在改革进程中，我们不断转变计划经济的传统观念，提倡积极探索，敢于试验。我国地域辽阔，生产力发展水平、体制基础都不平衡，所以只能在整体规划的前提下，分领域、分部门、分地区、分行业等有重点、有步骤地不平衡推进。改革先从农村起步后向城市拓展，实现城乡改革结合，微观改革与宏观改革相配套，对内搞活与对外开放紧密联系、互相促进；先从经济领域展开经济体制改革，取得进展后逐步展开政治体制、教育体制、文化体制等领域的相互协调改革。重大的改革举措，根据不同情况，有的先制定方案，在经济体制

① 《中共中央关于经济体制改革的决定》（中国共产党第十二届中央委员会第三次全体会议 1984 年 10 月 20 日通过）。

② 中共中央文献研究室编：《习近平关于全面深化改革论述摘编》，中央文献出版社 2014 年版，第 9 页。

的相关方面配套展开；有的先在局部试验，取得经验后再推广。既注意改革的循序渐进，又不失时机地在重要环节取得突破，带动改革全局。实践证明，这种将整体规划与局部推进有机结合的改革方略是符合我国国情的。我们还尊重群众首创精神，重视群众切身利益。及时总结群众创造出来的实践经验，尊重群众意愿，把群众的积极性引导好、保护好、发挥好。

第六，始终把坚持改革发展稳定相统一作为经济改革的基本原则。处理好改革、发展和稳定的关系，是总结新中国成立以来特别是改革开放以来社会主义建设历程的一条基本经验。抓住三者的结合点，适时、适度地推进改革，是确保中国经济实现持续平稳发展的根本保障。一是坚持改革、发展和稳定的平衡点在于人民福祉。把改革、发展和稳定结合起来，关键是要始终把提高人民生活水平作为各项工作的出发点和落脚点。习近平总书记明确指出："改革发展搞得成功不成功，最终的判断标准是人民是不是共同享受到了改革发展成果。"①可见，把提高人民生活水平作为三者的平衡点是我们总结社会主义建设经验的主要结论。二是坚持办好中国的事关键在党。无论改革、发展还是稳定，最后能不能取得三者的平衡，能不能坚持和发展社会主义制度，很大程度上取决于主持这项事业的领导核心是否拥有实权和得力的助手。三是坚持处理好改革力度和发展节奏的关系，实现经济持续平稳增长。关键是坚持底线思维，正如习近平总书记指出的，"必须保持清醒头脑、强化底线思维，有效防范、管理、处理国家安全风险，有力应对、处置、化解社会安定挑战"②。

（二）经济体制改革值得深思的问题

第一，社会主义经济体制必须做到与时俱进。中国经济体制从最初建立的计划经济体制，到社会主义有计划的商品经济体制，再到计划和市场内在统一的经济体制，最后定格到社会主义市场经济体制，充分说明了经济体制应当始终做到与时俱进，才能不断地解放和发展社会生产力，使社会主义经济焕发出应有的勃勃生机与活力。中华人民共和国成立以来的发展证明，凡是中国经济发展比较好的时候，都是经济体制改革与社会生产力和生产关系、与国内国际环境相适应的时候；凡是中国经济发展存在问题的时候，都是经济体制改革与社会生产力和生产关系、与国内国际环境不相适应的时候。新世纪新阶段，新方位新使命，发展要有新思路，改革要有新突破，开放要有新格局。面对新的形势和要求，我们决不能满足，决不能停顿，必须全面深化改革，坚持以改革为动力，真正做到以与时俱进的精神促进经济体制改革的不断深化。

---

① 《中共中央召开党外人士座谈会 征求关于制定"十三五"规划的建议的意见》，新华网，见 http://www.xinhuanet.com，2015 年 10 月 30 日。

② 《习近平谈治国理政》第一卷，外文出版社 2018 年第 2 版，第 202 页。

第二，经济体制的建立与改革要重视把握历史机遇。1956 年党的八大以后，毛泽东同志等中央领导深刻反思苏联模式，开始独立探索适合中国国情的发展道路。之后，由于受“反右”运动等因素的影响，又走上了“大跃进”的歧途。1961—1963 年，在严重饥荒的逼迫下，一些地区的农民群众创造并实行了包产到户的生产责任制，并得到许多领导人的赞同，使中国面临这一个经济改革的历史契机。但由于“文革”的发动，使中国失去了一次最容易为大多数人接受的历史契机。1974 年，邓小平同志的复出，使中国又面临一次历史契机。这次契机，又因以批判所谓的“右倾翻案风”和罢免邓小平同志职务而丧失。值得庆幸的是，党的十一届三中全会以后，我们党和国家成功抓住了新的历史契机，实现了改革与发展的新突破、新进展。

第三，要正确处理经济体制与政治体制之间的关系。经济体制是在社会再生产过程中协调各种利益关系和各种经济活动的总体组织安排。经济体制不是孤立的东西，它只有在一定的社会政治环境中才能发挥作用。而政治体制是社会总机制中最重要的组成部分，它往往决定着其他组成部分的性质和方向。在现实生活中，政治体制的因素和经济体制的因素往往交错在一起，很难对它们作出严格区分。苏联和东欧一些国家在 20 世纪 60 年代先后进行了经济体制改革，从效果看，有的比较成功，但大多数却停步不前，甚至失败，其原因主要还不是在经济方面，而是在政治方面。我国理论界在经济体制与政治体制改革的关系问题上有不同认识。有的坚持先搞经济体制改革，后搞政治体制改革；有的认为政治体制改革可以在经济体制改革内自然而然得到解决。但实际上，两者的关系应该是相互依存的。邓小平同志指出：“政治体制改革同经济体制改革应该相互依赖、相互配合。只搞经济体制改革，不搞政治体制改革，经济体制改革也搞不通，因为首先遇到人的障碍。”①因此，在社会主义经济体制改革的进程中，能够认识和正确处理其与政治体制改革的关系，将直接关系到改革的成败。

第四，正确处理好从国情出发与借鉴别国经验的关系。中国经济体制改革的建立和变革是没有现成答案的艰难探索，既需要从实际出发，走好自己的路，又要重视借鉴别人的经验，少走弯路。中华人民共和国成立以后，我们借鉴苏联模式建立起了高度集中的计划经济体制。针对经济建设中出现的诸多问题，毛泽东同志等中央领导对如何建立符合中国国情的经济体制进行了积极探索。但后来由于受“左”的思想的影响，这种探索没能继续进行下去。党的十一届三中全会以后，我国经济体制改革注重借鉴并吸收西方经济理论以及一切人类优秀文明成果。但必须注意的是，现代西方经济理论和实践有二重性。从西方经济理论来看：一方面，它反映了现代化大生产和市场经济运行的一般规律；另一方面，它具有浓厚的意识形态色彩。从西方经济实践来看：一方面，

① 《邓小平文选》第三卷，人民出版社 1993 年版，第 164 页。

它具有较为先进的管理经验和技术水平;另一方面,它又通过技术壁垒、知识产权保护等手段限制我们使用其成熟技术产品。因此,发展中国经济、推动中国经济改革必须从中国实际出发,科学借鉴外来经验。

四、经济体制改革推向纵深的对策建议

改革开放创造了中国经济发展的奇迹,中国实现了从"站起来"到"富起来"的伟大飞跃。党的十九大开启了建设社会主义现代化强国的新征程,我们又踏上从"富起来"到"强起来"的伟大征途。新时代必须要有新作为,新方位必须要有新魄力,要实现中国经济强国梦,必须继续全面深化改革开放,将经济体制改革推向纵深。

(一)坚持以习近平新时代中国特色社会主义思想指导经济体制改革

习近平新时代中国特色社会主义思想是中国共产党在新的历史时期最大的理论成果,由一系列的理论创新、实践创新和战略创新构成。习近平新时代中国特色社会主义思想坚持问题导向,从历史和现实相贯通、国际和国内相关联、理论和实践相结合的高度,运用战略思维、辩证思维、底线思维和问题思维等充满哲学智慧的思想方法,来认识把握中国和世界的问题,既蕴涵马克思主义立场、观点、方法,又具有充满时代气息和实践创新的特点、理念和品格,是我们做好各项工作,特别是推动经济体制改革必须遵循的原则和指南。它蕴涵发展主题的时代性,新时代开始了"强起来"的伟大斗争,"强起来"就是要为跨越"中等收入陷阱",促进经济从高速增长转向高质量发展,为实现从经济大国转向经济强国的宏伟目标提供理论指导。它凸显发展目的的人民性,坚持以人民为中心的发展思想,牢牢把握社会主要矛盾的变化,把满足"人民日益增长的美好生活需要"作为其出发点和落脚点。它提高发展手段的科学性,注重正确处理政府与市场的关系,注重发挥好两个比较优势,推动党在理论和实践上向前发展。它反映发展理念的创新性,新发展理念丰富和发展了中国特色社会主义现代化的实现路径,特别是创新发展理念,这是推动经济建设、深化经济体制改革所必须遵循的原则。它彰显发展维度的世界性,拓展了发展中国家走向现代化的途径,促进了中国参与国际合作和全球治理的历史进程。习近平新时代中国特色社会主义经济思想是习近平新时代中国特色社会主义思想的重要组成部分,是总结我国经济发展实践的理论结晶,是指导我国经济发展实践的有力武器,更是指导经济体制改革向纵深发展的灯塔。

(二)坚持以建设社会主义现代化经济强国为目标开展经济体制改革

习近平总书记在提出中华民族伟大复兴的中国梦不久,就特别指出要加快建设经

济强国。党的十九大报告又提出要建设“富强民主文明和谐美丽的社会主义现代化强国”，社会主义现代化强国，强就要体现在经济实力强。经济实力强是社会主义现代化强国的显著标志，更是经济体制改革的奋斗目标。强也要体现在物质文明提升和进步上，其最直接的体现就是经济发展。社会主义现代化强国是经济层面上对建成社会主义现代化强国的定位，即要建设社会主义市场经济，保持经济持续发展，全面提升物质文明建设水平，把我国建成经济富强的社会主义现代化强国。从逻辑关系看，建成经济强国即实现国家富强，也是进一步实现中华民族振兴进而真正实现人民幸福的首要条件。根据国际四大会计师事务所之一的普华永道的测算，到建成现代化强国的 2050 年，我国的 GDP 将达到 49.85 万亿美元，大大超过美国的 34.10 万亿美元，届时我们将成为综合国力和国际影响力领先的国家，全体人民共同富裕基本实现，我国人民将享有更加幸福安康的生活，中华民族将以更加昂扬的姿态屹立于世界民族之林。因此，必须坚持以建设社会主义现代化经济强国为目标，推动经济体制改革不断发展。

（三）坚持以人民为中心的发展思想衡量经济体制改革

以人民为中心的发展思想包含深刻的理论内涵和坚定的价值追求，体现了人民是推动发展的根本力量的唯物史观，是中国共产党人始终坚持的价值追求，是当代马克思主义政治经济学的新境界。以人民为中心的发展思想具有鲜明的政治导向，要求我们始终坚持人民主体地位，牢牢把握人民至上的价值取向。以人民为中心的发展理念，也是衡量经济发展和改革成果的重要标尺。党的十八大以来，习近平总书记把以人民为中心的发展思想摆在治国理政的突出位置，强调：“我们任何时候都必须把人民利益放在第一位。”①在当前加快建设社会主义现代化经济强国的关键时期，更要清醒认识并始终坚持以人民为中心的发展理念。以人民为中心的发展理念是贯彻落实全面深化改革的要求，重点是增强经济发展的内生动力，提高经济发展的质量和效益，深化关键领域和重要环节的改革创新，不断释放制度红利，创造经济红利，增加人民福利。只有实现改革发展成果由人民共享，经济体制改革才能得到人民拥护，才是成功的改革典范。

（四）坚持以建设现代经济体系实现高质量发展引领经济体制改革

推动高质量发展是由中国经济所处的新的历史方位决定的。当前，中国经济正处在转变发展方式、优化经济结构、转换增长动力的攻关期。中国经济发展的战略目标就是要在质量变革、效率变革、动力变革的基础上，不断深化经济体制改革，建设现代化经济体系，增强经济创新力和竞争力。推动高质量发展是适应中国社会主要矛盾变化的

---

① 中共中央文献研究室编：《十七大以来重要文献选编》下，中央文献出版社 2013 年版，第 1025 页。

必然要求,在当前中国社会主要矛盾已经转化为人民日益增长的美好生活需要和不平衡不充分的发展之间的矛盾的情况下,必须改变过去那种经济发展模式,把经济发展重心转到提高质量上来。一是要建立与高质量发展相适应的现代化经济体系。坚持质量第一、效益优先,以供给侧结构性改革为主线,提高全要素生产率。要把发展的着力点放在实体经济上,把提高供给体系质量作为主攻方向,显著增强我国经济质量优势。二是要建立与高质量发展相适应的宏观调控体系。当前和今后一个时期,要按照稳中求进工作总基调完善宏观调控,坚决贯彻新发展理念,紧紧围绕加快建设现代化经济体系,不断创新思路、努力推动实现更高质量、更有效率、更加公平、更可持续的发展。三是要建立与高质量发展相适应的政策协同体系。推动高质量发展要统筹各项政策,加强政策协同。同时,加大经济体制改革力度,推进基础性关键领域改革取得新的突破。四是要建立与高质量发展相适应的制度环境体系。重点是要加快形成推动高质量发展的指标体系、政策体系、标准体系、统计体系、绩效评价、政绩考核,创建和完善制度环境,推动我国经济在实现高质量发展上不断取得新进展。

(五)坚持以完善社会主义市场经济体制为方向推动经济体制改革

党的十九大报告强调,坚持社会主义市场经济改革方向,加快完善社会主义市场经济体制,并指出经济体制改革必须以完善产权制度和要素市场化配置为重点,实现产权有效激励、要素自由流动、价格反应灵活、竞争公平有序、企业优胜劣汰。这些重要论述,指明了社会主义市场经济的改革方向,明确了加快完善社会主义市场经济体制的重点任务。一是完善产权制度。现代产权制度是社会主义市场经济体制的基石。以公平为核心原则,依法保护各种所有制经济产权和合法利益,依法保护各种所有制经济组织和自然人财产权。公有制经济财产权不可侵犯,非公有制经济财产权同样不可侵犯。要加强对各类产权的司法保护,依法严肃查处各类侵权行为。只有夯实这个基础,才能实现各种所有制经济依法平等使用生产要素、公平参与市场竞争。二是推进要素市场化配置。加快建设和完善要素市场,是深化经济体制改革的又一个重点。我国现代市场体系建设已取得长足进步,但与商品和服务市场相比,要素市场建设相对滞后,成为制约劳动力、土地、资金、技术、信息等要素自由流动的主要障碍之一。在市场对资源配置起决定性作用的背景下,完善要素的市场化配置,目标是要素自由流动、价格反应灵活、竞争公平有序。

(六)坚持加强和完善党对经济工作的领导为经济体制改革提供保障

办好中国的事情,关键在党的领导。这是中国革命事业和改革开放长期实践得出的一条基本结论。坚持以经济建设为中心,坚持发展是党执政兴国的第一要务。搞好经济建设，推动经济体制改革向纵深发展，关键在党对经济工作的领导。习近平总书记指出："加强党对经济工作的领导，有利于集思广益、凝聚共识，有利于调动各方、形成合力。"①长期以来，中国经济体制不断改革和完善，国家经济社会发展取得巨大成就，根本在于党中央统揽和切实加强对经济工作的领导，在于党中央在对国际国内形势科学判断的基础上，果断推出系列政策措施加强对经济运行调控的结果。特别是党的十八大以来，以习近平同志为核心的党中央在国际国内形势复杂多变的情况下，作出经济发展进入新常态的重大判断，形成以新发展理念为指导、以供给侧结构性改革为主线的政策框架，贯彻稳中求进工作总基调，稳妥推进经济领域改革，引领中国在一系列发展问题上取得了关键性突破，巩固了稳中有进、稳中向好的发展态势，才让中国经济这艘巨轮行稳致远。可以说，党的领导是中国特色社会主义制度的最大优势，是实现经济持续健康发展和将经济体制改革推向纵深的根本政治保证。

① 中共中央研究室编：《习近平关于全面建成小康社会论述摘编》，中央文献出版社 2016 年版，第 193 页。

专题二：40年来国家治理现代化研究

中华人民共和国成立以来，在现代化的道路上经历了不断实践、不断认识、不断再实践、不断再认识的曲折过程。[①] 我国的现代化包含国家现代化建设和国家治理现代化两个方面。国家现代化建设，从国家工业化、"四个现代化"到"小康社会"再到"五位一体"全面展开。国家治理现代化，从中华人民共和国成立后建设现代国家制度，到改革开放不断创新和完善国家制度，到推进国家治理体系和治理能力现代化。这两方面紧密关联、相辅相成，构成了中国特色的现代化道路。

党的十八届三中全会提出"国家治理体系和治理能力现代化"，这并不是我国国家治理现代化的起点，而是改革开放以来不断完善中国特色社会主义制度，在已有成果基础上对发展目标的进一步确定。改革开放以来，我们党开始以全新的角度思考国家治理体系问题，强调领导制度、组织制度更带有根本性、全局性、稳定性和长期性，对国家治理现代化进行了不懈探索和实践。回顾并总结改革开放以来我国国家治理现代化的探索具有重大的理论价值和现实意义。建立健全国家治理体系并增强治理能力是坚持和发展中国特色社会主义的题中之义。

一、邓小平同志为国家治理现代化奠定基础

回顾改革开放历程，尽管邓小平同志没有提出国家治理现代化理念，但他对中国特色社会主义道路、理论和制度的开拓及其取得的巨大成就，为推进国家治理体系和治理能力现代化奠定了历史基础。[②]

（一）推进社会主义民主政治建设

关于党和国家领导制度的改革。改革开放前，我国政治体制的一个重要特征是权

---

① 本专题由黄伟主持，参与写作人员包括黄创、张世贵和陈偲。

② 石仲泉：《邓小平与国家治理现代化的伟大开启》，《毛泽东思想研究》2014年第11期。

力过分集中。1980 年 8 月，邓小平同志在《党和国家领导制度的改革》讲话中指出：“为了适应社会主义现代化建设的需要，为了适应党和国家政治生活民主化的需要，为了兴利除弊，党和国家的领导制度以及其他制度，需要改革的很多……改革党和国家领导制度及其他制度，是为了充分发挥社会主义制度的优越性，加速现代化建设事业的发展。”①“领导制度、组织制度问题更带有根本性、全局性、稳定性和长期性。这种制度问题，关系到党和国家是否改变颜色，必须引起全党的高度重视。”②邓小平同志还提出，为了改革并完善社会主义制度，将吸收我们可以从世界各国吸收的进步因素，成为世界上最好的制度。此后，1980 年和 1985 年对党和国家的领导机构和人事进行了重大调整，在逐步实现领导干部年轻化的同时，建立干部退休制度，设立作为过渡措施的中央和省级的顾问委员会，以保证国家治理的连续性和稳定性。《党和国家领导制度的改革》讲话，既是启动我国政治体制改革的标志性文献，也是党以全新角度思考国家治理现代化的一个历史起点。

关于政治体制改革和推进民主政治建设的总体设想。党的十二大后，随着经济体制改革全面展开，政治体制改革的必要性和紧迫性更加明显。1986 年 9 月至 11 月，邓小平四次谈到政治体制改革。他指出，我国现阶段政治体制改革总的目标是：第一，巩固社会主义制度，始终保持党和国家的活力；第二，克服官僚主义，提高工作效率，发展社会主义社会的生产力；第三，发扬社会主义民主，调动广大人民的积极性。要突破妨碍改革的僵化思想，要党政职能分开。党的主要职责是通过制定总的路线、方针来保证国家的政治、经济发展方向，具体操作由政府负责。改革的目的是要加强而不是削弱共产党的执政地位。1987 年 4 月，邓小平同志明确指出：我们的社会主义制度是有中国特色的社会主义制度。“中国特色社会主义制度”概念肇端于此。在邓小平的推动下，党的十三大确定了政治体制改革的长远目标和近期要求。党的十三大后，政治体制改革展开，健全和完善人民代表大会制度、中国共产党领导的多党合作和政治协商制度、民族区域自治制度和城乡基层群众自治制度。社会主义法制建设全面推进，建设中国特色社会主义法律体系的任务开始实施。

“南方谈话”对中国特色社会主义理论做了全面阐述。1992 年，邓小平同志视察南方并发表谈话，对改革并完善有中国特色的社会主义制度，推进国家治理现代化，提出四个重要思想。一是强调党的基本路线不能变，再过 30 年，即建党百年之际在各方面形成一整套更加成熟、更加定型的制度。二是提出社会主义可以搞市场经济，计划和市场都是经济手段，不是社会主义与资本主义的本质区别。社会主义的本质是解放生产

① 《邓小平文选》第二卷，人民出版社 1994 年版，第 322 页。

② 《邓小平文选》第二卷，人民出版社 1994 年版，第 333 页。

力,发展生产力,消灭剥削,消除两极分化,最终达到共同富裕。社会主义要赢得与资本主义相比较的优势,必须大胆吸收和借鉴人类社会的一切文明成果,包括资本主义发达国家的一切反映现代社会化生产规律的先进经营方式、管理方法。三是要发挥社会主义制度的优势,两手抓,两手都要硬。不仅经济要上去,社会秩序、社会风气也要搞好,两个文明建设都要超过亚洲"四小龙",这才是有中国特色的社会主义。四是认为我国还处在社会主义初级阶段,巩固和发展社会主义制度,还需要几代人、十几代人,甚至几十代人坚持不懈地奋斗。最重要的是选拔德才兼备的人进入领导班子。"中国的事情能不能办好,社会主义和改革开放能不能坚持,经济能不能快一点发展起来,国家能不能长治久安,从一定意义上说,关键在人。"①"南方谈话"是邓小平同志国家治理现代化思想升华到一个新境界的重要标志。

(二)加强社会主义法治建设

法治化是现代国家治理的重要特征,邓小平同志对我国法制的初步建立以及法制原则的确立作出了重要贡献。党的十一届三中全会后党和国家工作重心转移,为社会法制化提供了良好的外部环境。邓小平同志明确指出,以后的经济建设、文化建设都"不能采取过去搞政治运动的办法,而要遵循社会主义法制的原则","按照宪法、法律、法令办事"。② 立法、执法、普法三管齐下,我国的法制化建设不断取得新的进展,法律在国家和社会生活中发挥的作用越来越大,国家治理不断迈向法治化轨道。

修订宪法和制定法律法规。邓小平同志极为重视宪法的修改,屡次表示要修改1975年宪法和1978年宪法中体现的"无产阶级文化大革命"和"大鸣、大放、大字报、大辩论"的原则。邓小平同志指出:"要使我们的宪法更加完备、周密、准确,能够切实保证人民真正享有管理国家各级组织和各项企业事业的权利,享有充分的公民权利。"③为此,第五届全国人大二次会议和三次会议对1978年宪法的个别条款进行了修改,之后又诞生了1982年宪法。针对立法任务艰巨短期内难以完成的情况,邓小平同志指出:法制要在执行中间逐步完备起来,不能等。首先最要紧的就是集中力量制定刑法、民法、诉讼法和其他各种必要的法律。1979年第五届全国人大二次会议通过了刑法、刑事诉讼法、中外合资企业法等七部法律,邓小平同志欣喜地指出:"全国人民都看到了严格实行社会主义法制的希望。这不是一件小事情啊!"④。

执行和落实法律。拥有完备的法律体系之后,法律的执行和落实同样是一个艰巨

① 《邓小平文选》第三卷,人民出版社1993年版,第380页。
② 《邓小平文选》第二卷,人民出版社1994年版,第371页。
③ 《邓小平文选》第二卷,人民出版社1994年版,第339页。
④ 《邓小平文选》第二卷,人民出版社1994年版,第243页。

的任务。1980年，邓小平同志指出："我们要在全国坚决实行这样一些原则：有法必依，执法必严，违法必究，在法律面前人人平等。"①"对各级干部的职权范围和政治、生活待遇，要制定各种条例，最重要的是要有专门的机构进行铁面无私的监督检查。"②"不管谁犯了法，都要由公安机关依法侦查，司法机关依法办理，任何人都不许干扰法律的实施，任何犯了法的人都不能逍遥法外。"③改革开放初期我国面临着政法队伍数量不足、人员素质不高的困境，邓小平同志及时提出要加强政法部门和政法队伍的建设，加强检察机关和司法机关建设，充实执法人员队伍并大力提高这些人员的业务素质和政治素质。

开展全民普法教育。国家治理法治化的实现离不开法治观念在全社会的培养和树立，这能够为法治化的实现提供最深层的社会环境和社会心理的保障机制。邓小平同志指出："加强法制重要的是要进行教育，根本问题是教育人。"④在邓小平同志关于普法教育的思想指导下，我国自1985年开始以5年为一个周期开展了全民普法教育活动，遍及党政机关、学校、军队、企业乃至全体人民，其中党员干部和青少年是普法教育的关键点。

（三）促进多元主体参与国家治理

国家治理现代化强调多元治理主体以协调、互动的方式共同参与国家治理。对深受传统政治经济体制影响的中国而言，这是一个改变党政权力过大、合理分权放权的过程。邓小平同志指出，不在于该不该放权，而在于如何放权，也就是党同政府、经济组织、群众团体等之间如何划分职权范围。分权放权成为我国改革开放后政治经济体制改革的重要内容。通过逐步改革，我国实现了扩大地方自主权、党政分开、政企分开、扩大市场配置资源的作用、发挥基层群众自发性和首创性等重大突破，真正激发了多重治理主体在不同治理领域各自功能的发挥，为国家治理进一步走向现代化奠定了基础。

扩大地方自主权。正确处理中央与地方的关系是我国政治体制改革的重要内容。权力过分集中于中央而形成头重脚轻的权力分布格局，是我国传统政治经济管理体制的特点。因此，邓小平同志指出："权力要下放，解决中央和地方的关系，同时地方各级也都有一个权力下放问题。"⑤党的十一届三中全会之后，在解决中央与地方关系的问题上，改变了过去单纯将权力下放看作是经济管理办法变革的认识，开始从经济体制、

---

① 《邓小平文选》第二卷，人民出版社1994年版，第254页。
② 《邓小平文选》第二卷，人民出版社1994年版，第332页。
③ 《邓小平文选》第二卷，人民出版社1994年版，第332页。
④ 《邓小平文选》第三卷，人民出版社1993年版，第163页。
⑤ 《邓小平文选》第三卷，人民出版社1993年版，第177页。

政治体制、行政管理体制及其相互关系等方面进行多角度、多层次的思考；改变了过去放权的无规则性和随意性，开始把中央与地方的职权划分纳入到制度化、法律化轨道上来。这些尝试都极大激发了地方的积极性，使中央和地方在配合、互动中共同在国家治理中发挥作用。

政企分开。政企分开是权力下放的另一项重要内容。在过度集权的传统体制下，政府的权力越位使企业实际上成为政府机关的附庸。邓小平同志从经济体制、政治体制层面去考察政企分开、企业放权。邓小平同志认为，“企业下放，政企分开，是经济体制改革，也是政治体制改革”①，因为真正实现政企分开离不开政治体制改革成果的保证。邓小平同志表示，要“逐步推广、分别实行工厂管理委员会、公司董事会、经济联合体的联合委员会领导和监督下的厂长负责制、经理负责制”②。在不断完善厂长、经理负责制基础上，我国逐步建立起符合我国国情的企业领导体制、组织管理制度以及决策、执行、监督体系，为企业作为国家治理主体更好发挥作用提供条件。

尊重并发挥人民群众创造力。充分调动并发挥广大人民群众的积极性和创造力，为其提供合理的自主权和自由活动空间，是发挥其作为国家治理主体的作用的必然要求。邓小平同志尊重并发挥群众首创精神，极大激发了人民群众参与国家治理的潜力。1978 年遭遇百年大旱的安徽凤阳群众自发实行“三包到底、责任到人”的制度。解决农村人多地少的矛盾，乡镇企业迅猛发展。这些都充分显露出人民群众的非凡创造力。邓小平同志作为改革开放的总设计师，及时发现并肯定了这些创造并在全国推广，为中国改革开放事业的发展注入了活力。

邓小平同志以后的历届中央领导集体丰富和发展了其相关思想，为提出国家治理体系现代化和国家治理能力现代化奠定了基础。党的十八届三中全会将国家治理体系和治理能力现代化作为深化改革的总目标，是沿着邓小平同志开创的国家治理现代化的初始之路一脉相承地发展的结果。

二、江泽民同志对国家治理现代化的推进

江泽民同志继续推进国家治理现代化。根据“南方谈话”精神，在党的十四大上提出积极推进政治体制改革，使社会主义民主和法治建设有一个较大发展。1996 年第八届全国人大四次会议提出“实行依法治国，建设社会主义法治国家”基本方针。1997 年党的十五大进一步将此方针明确为“党领导人民治理国家的基本方略”。2002 年党的

---

① 《邓小平文选》第三卷，人民出版社 1993 年版，第 192 页。

② 《邓小平文选》第二卷，人民出版社 1994 年版，第 340 页。

十六大又提出建设社会主义政治文明问题。

（一）以社会主义市场经济推进中国经济现代化

1992 年 10 月召开的党的十四大正式确立了我国经济体制的目标是建立社会主义市场经济体制，从而实现了社会主义经济理论的重大突破。江泽民同志指出："实践的发展和认识的深化，要求我们明确提出，我国经济体制改革的目标是建立社会主义市场经济体制，以利于进一步解放和发展生产力。"①随后，党的十四届三中全会又通过了《中共中央关于建立社会主义市场经济体制若干问题的决定》，把党的十四大确定的目标、要求和原则等加以具体化、系统化，勾画了社会主义市场经济的基本框架。党的十五大，江泽民同志再次强调了社会主义市场经济并将其作为建设有中国特色社会主义基本经济纲领的重要内容。

（二）以依法治国方略推进中国政治现代化

1989 年 9 月，在庆祝中华人民共和国成立 40 周年大会上的讲话中，江泽民同志指出，建设高度的社会主义民主和完备的社会主义法制，是我国社会主义现代化建设的任务，是党和人民群众的共同愿望。在党的十四大报告中，江泽民同志把积极推进政治体制改革，使社会主义民主法制有个较大的发展，作为全党必须努力实现的十个方面关系的主要任务之一。在党的十五大报告中，江泽民同志指出，我国经济体制改革的深入和社会主义现代化跨世纪的发展，要求我们在坚持四项基本原则的前提下，积极推进政治体制改革，进一步扩大社会主义民主，健全社会主义法制，依法治国，建设社会主义法治国家。江泽民同志从社会主义现代化的本质要求出发，将依法治国作为党和人民治理国家的基本方略和建设社会主义现代化国家的一个重要目标予以阐述，这进一步发展了邓小平同志关于社会主义民主政治的理论，丰富和深化了社会主义现代化的内容。

（三）以精神文明建设推进中国文化现代化

在庆祝中华人民共和国成立 40 周年大会上，江泽民同志系统论述了建设有中国特色社会主义文化问题。在党的十五大上，他对社会主义初级阶段有中国特色社会主义的文化又做了进一步的阐述，明确提出有中国特色社会主义文化是综合国力的重要标志的论断，强调文化既反映我国社会主义经济和政治的基本特征，又对经济和政治的发展起巨大促进使用。在此基础上，在我国社会经济步入新的发展时期江泽民同志提出了"以德治国"的重要治国方略。"以德治国"就是要建立适应社会主义市场经济发展

① 《江泽民文选》第一卷，人民出版社 2006 年版，第 226 页。

的、与社会主义法律体系相配套的社会主义思想道德体系。这是在深刻总结国内外治国经验的基础上作出的科学论断。

（四）以“西部大开发”战略推进中国全面现代化

西部大开发是江泽民同志第三代中央领导集体根据邓小平同志提出的发展战略，作出的一个重大决策。按照邓小平同志提出的“两个大局”的思想，党的十四届五中全会提出了“加快中西部发展”的战略方针。江泽民同志在论述要正确处理我国社会主义现代化建设中的十二大关系时，已经从处理好改革、发展、稳定的关系这一重大问题出发，提出从“九五”开始，要更加重视支持中国西部地区的发展。江泽民同志在1999年多次发表了关于西部大开发的讲话：“我们正处在世纪之交，应该向全党全国人民明确提出，必须不失时机地加快中西部地区发展，特别是要抓紧研究实施西部地区大开发。今年三月，在‘两会’党员负责同志会议上，我就谈到西部地区大开发的问题。我说，西部地区迟早是要大开发的，不开发，我们怎么实现全国的现代化？中国怎么能成为经济强国？美国当年如果不开发西部，它能发展到今天这个样子？实施西部地区大开发，是全国发展的一个大战略、大思路。对此，全党全国上下要提高和统一认识，同时要精心研究、统筹规划，科学地提出大开发的政策、办法、实施步骤和组织形式等。六月九日，在中央扶贫开发工作会议上，我又讲了这个问题。我说，加快中西部地区发展步伐的条件已经基本具备，时机已经成熟。我们如果看不到这些条件，不抓住这个时机，不把该做的事情努力做好，就会犯历史性错误。”①党的十五届四中全会正式作出了西部大开发的决定，并对西部大开发做了具体的部署。党中央作出西部大开发的决策，从根本上来说，是我国改革和发展的客观要求，是为了实现区域协调发展，推进我国全面实现现代化。

（五）以“三个代表”重要思想为指导推进执政党建设

2000年2月25日，江泽民同志在广东省考察工作时，从全面总结党的历史经验和如何适应新形势新任务的要求出发，首次对“三个代表”重要思想进行了比较全面的阐述：总结我们党七十多年的历史，可以得出一个重要的结论，这就是我们党之所以赢得人民的拥护，是因为我们党在革命、建设、改革的各个历史时期，总是代表着中国先进生产力的发展要求，代表着中国先进文化的前进方向，代表着中国最广大人民的根本利益，并通过制定正确的路线方针政策，为实现国家和人民的根本利益而不懈奋斗。人类又来到一个新的世纪之交和新的千年之交。在新的历史条件下，我们党如何更好地做

---

① 《江泽民文选》第二卷，人民出版社2006年版，第341页。

到“三个代表”，是一个需要全党同志特别是党的高级干部深刻思考的重大课题。江泽民同志准确地把握国内外形势的发展趋势，站在千年更迭、世纪交替的历史制高点，把加强党的建设作为事关大局的重大问题提出，放在首要位置，并反复强调“三个代表”是在新的历史条件下加强党的建设的一个重大的理论和现实问题。“三个代表”重要思想是第三代领导集体在新的历史条件下对党的先进性问题的全面深刻的科学概括，是对新时期党的基本路线和基本纲领的深刻阐发，是解决各种社会矛盾，巩固扩大党的阶级基础和社会基础的有力武器。江泽民同志关于“三个代表”的重要论述是对邓小平同志党的建设思想的丰富和发展。

三、胡锦涛同志对国家治理现代化的发展

胡锦涛同志进一步推进国家治理现代化。在 2003 年党的十六届三中全会提出以人为本的科学发展观。在 2004 年党的十六届四中全会提出构建社会主义和谐社会思想和加强党的执政能力建设。2007 年党的十七大进一步规范了深化政治体制改革、发展社会主义民主政治的内容。2012 年党的十八大报告进一步强调坚持走中国特色社会主义政治发展道路，更加注重改进党的领导方式和执政方式，更加注重健全民主制度、丰富民主形式，更加注重发挥法治在国家治理和社会管理中的重要作用，积极借鉴人类政治文明有益成果，充分发挥我国社会主义政治制度的优越性。

（一）坚持科学发展，实行统筹兼顾

在党的十六届三中全会上，胡锦涛同志阐述了科学发展观的深刻内涵，明确提出：“树立和落实全面发展、协调发展、可持续发展的科学发展观，对于我们更好坚持发展才是硬道理的战略思想具有重大意义。”①更加注重“科学”治国，坚持科学发展，其第一要义就充分体现在实行统筹兼顾上。统筹城乡发展、统筹区域发展、统筹经济社会发展、统筹人与自然和谐发展、统筹国内发展和对外开放，这“五个统筹”实质上已经明确了在全面建设小康社会和实现现代化的进程中，中国共产党应该选择什么样的发展道路、发展模式、发展战略，以求达到如何发展得更好的问题。党的十七大又明确指出了科学发展、统筹兼顾的“重点突破论”：既要总揽全局、统筹规划，又要抓住牵动全局的主要工作、事关群众利益的突出问题，着力推进、重点突破。“科学”治国，这是胡锦涛同志在新时期新阶段从整体的战略高度所透射出的新的治国特点。

---

① 《胡锦涛文选》第二卷，人民出版社 2016 年版，第 104 页。

（二）注重社会和谐，构建社会主义和谐社会

实现社会和谐，是中国共产党不懈追求的美好的社会理想。胡锦涛同志适时地提出构建社会主义和谐社会的战略思想，这是符合人类社会发展规律的现实追求。胡锦涛同志指出“社会和谐是中国特色社会主义的本质属性”①。党的十七大明确指出：要按照民主法治、公平正义、诚信友爱、充满活力、安定有序、人与自然和谐相处的总要求和共同建设、共同享有的原则，着力解决人民最关心、最直接、最现实的利益问题，努力形成全体人民各尽其能、各得其所而又和谐相处的局面，为发展提供良好社会环境。胡锦涛同志顺应历史发展变化，强调“和谐”治国，注重社会和谐，努力构建社会主义和谐社会，是我国处于体制转轨、社会转型这一特殊历史时期经济社会发展的必然要求，是巩固党的治国执政的社会基础的必然要求，也是全面落实科学发展观、实现全面建设小康社会奋斗目标的必然要求。

（三）倡导以人为本，执政为民

坚持以人为本，始终强调靠民治国、治国为民、治国成果人民共享。这是执政为民的生动体现，是对共产党执政规律、社会主义建设规律、人类社会发展规律认识的进一步深化，是党的治国理念的一次重要升华。靠民治国是相信群众、依靠群众思想的具体体现，肯定了广大人民群众在中国特色社会主义建设事业中的治国实践主体地位，这是治国的根本保证和力量源泉。治国为民进一步明确了党的治国的出发点和落脚点在于一切为了人民，切实地解决人民群众最关心、最直接、最现实的利益问题。治国成果人民共享，注重发展成果的普惠性，这是靠民治国、治国为民的最终目的。胡锦涛同志在党的十七大报告中进一步强调：“要始终把实现好、维护好、发展好最广大人民的根本利益作为党和国家一切工作的出发点和落脚点，尊重人民主体地位，发挥人民首创精神，保障人民各项权益，走共同富裕道路，促进人的全面发展，做到发展为了人民、发展依靠人民、发展成果由人民共享。”②

（四）贯彻依法治国，走法治化道路

坚决贯彻落实依法治国基本方略，把建设社会主义法治国家的伟大实践继续推向前进。2004 年在党的十六届四中全会上，胡锦涛同志提出加强党的执政能力建设的思想，强调要采取科学的领导制度和领导方式，动员和组织人民管理国家和社会事务，实

① 《中共中央关于构建社会主义和谐社会若干重大问题的决定》，人民出版社 2006 年版，第 1 页。
② 《胡锦涛文选》第二卷，人民出版社 2016 年版，第 624 页。

现有效的治党治国治军。这一思想可看作是国家治理现代化思想的“前身”。2006 年，胡锦涛同志提出“社会主义法治理念”这一概念。2007 年党的十七大召开，胡锦涛同志在报告中着重阐述了社会主义民主法治，对深化政治体制改革、全面落实依法治国做了系统部署。同年底，胡锦涛同志提出“宪法法律至上”的法治理念。2008 年 2 月，中国政府发布了《中国的法治建设》白皮书，宣告认同“宪法和法律至上”的执政理念，构建了中国共产党法治理论史上完整的理念体系。2010 年年底，中国特色社会主义法律体系基本形成，这是改革开放后我国在立法方面取得的重大成果，预示着在国家治理方面我国已经开辟了相对完善的法治化道路。

四、习近平总书记提出并形成了国家治理现代化思想

党的十八大以来，习近平总书记在治国理政实践中提出并形成了国家治理现代化思想，成为习近平新时代中国特色社会主义思想的重要组成部分。党的十八届三中全会通过的《中共中央关于全面深化改革若干重大问题的决定》提出：全面深化改革的总目标是完善和发展中国特色社会主义制度，推进国家治理体系和治理能力现代化。党的十九大报告提出：到二〇三五年，人民平等参与、平等发展权利得到充分保障，法治国家、法治政府、法治社会基本建成，各方面制度更加完善，国家治理体系和治理能力现代化基本实现；到 21 世纪中叶，我国物质文明、政治文明、精神文明、社会文明、生态文明将全面提升，实现国家治理体系和治理能力现代化。

（一）以问题导向作为国家治理现代化的逻辑起点

中国发展的实践和问题是中国共产党创建国家治理范式的根本依据，是治国理政思维的逻辑出发点。党的十八大以后，虽然我们进入比以往任何时候都更接近民族复兴的重要时期，但同时这也是令人忧虑的矛盾问题凸显期，面临的都是各领域、各方面深层次的、牵一发而动全身的矛盾与问题，它们相互缠绕、彼此渗透，联动放大效应明显，如果不能成功破解，就会陷入“中等收入陷阱”怪圈。是否敢于直面矛盾，勇于解决问题，补齐发展短板，顺利越过“中等收入陷阱”，是国家治理的最大挑战。习近平总书记指出：“中国共产党人干革命、搞建设、抓改革，从来都是为了解决中国的现实问题。”①以习近平同志为核心的党中央，遵循实践和问题思维逻辑，汲取马克思主义哲学智慧，自觉运用辩证唯物主义世界观、方法论，科学总结改革开放以来国家发展和国家治理的实践经验，科学研判国家发展新特征和国家治理新态势，开启了治国理政新征

① 《习近平谈治国理政》第一卷，外文出版社 2018 年第 2 版，第 74 页。

程。面对新形势下中国特色社会主义实践新的迫切需要,及时提出“四个全面”战略布局等治国理政新思想,为中国特色社会主义新的伟大实践提供强大的思想牵引。敢于直面矛盾、认识发现问题只是问题导向逻辑的第一步,在化解矛盾问题中提高国家社会治理能力和实践本领、打开工作新局面才是问题导向逻辑的价值归宿。习近平总书记在中共中央政治局第二十次集体学习时指出:要增强问题意识、坚持问题导向,就是承认矛盾的普遍性、客观性,就是要善于把认识和化解矛盾作为打开工作局面的突破口,在解决矛盾问题中推动工作发展。党的十八大以来,以习近平同志为核心的党中央敢于直面矛盾,勇于破解问题,善于在主动化解各类矛盾问题中开拓工作新局面,解决了许多过去想解决而没有解决的问题。

(二)以人民对美好生活的向往作为国家治理现代化的目标

中国共产党把国家富强、民族振兴、人民幸福作为自己矢志不渝的政治愿景和价值目标,这是我们党的立党之本、执政之基、治国之魂。“人民对美好生活的向往,就是我们的奋斗目标”,习近平总书记的名言高度凝练了我们党鲜明的政治品格和价值情怀。全面建成小康社会、实现中华民族伟大复兴中国梦无疑是当代全体中国人民的最大期盼。“中国梦归根到底是人民的梦”,具体体现人民要有“更好的教育、更稳定的工作、更满意的收入、更可靠的社会保障、更高水平的医疗卫生服务、更舒适的居住条件、更优美的环境。”①习近平总书记道出了人民群众对全面小康社会幸福图景的表达。美国政治学家福山说:“中国发展模式的价值内核是政治对人民负责,体现‘民本主义’,强调当政者对人民负有道义责任,而非西方那样在特权阶层内部进行权力分配,这在现代化进程的各个阶段均体现出积极意义。”②民有所呼,治理就有所应;民有所求,治理就有所为。把人民对美好生活的向往作为国家治理现代化的价值目标,是国家治理现代化不可或缺的重要内容,体现了以习近平同志为核心的党中央对国家治理规律的科学认识,对人民期待、关切、诉求的高度重视,为国家治理现代化强固了根基、厚实了底蕴、塑造了灵魂。

(三)以全面深化改革作为国家治理现代化的强力动能

改革是当代中国最鲜明的特色。中国共产党的壮大、中国社会主义的重生、中国道路的成功,无不与改革相连。坚持改革之心、保持改革常态是中国国家治理的重要逻辑。党的十八大以来,以习近平同志为核心的党中央高举改革大旗,中国特色社会主义

① 《习近平谈治国理政》第一卷,外文出版社2018年第2版,第4页。

② 《福山分析中国发展模式的价值内核——“中国模式”代表集中高效》,《参考消息》2009年8月19日。

伟大事业由此步入崭新境界。党的十八届三中全会通过了《中共中央关于全面深化改革若干重大问题的决定》，阐明了全面深化改革的重大意义和未来走向，提出了全面深化改革的指导思想、目标任务、重大原则，描绘了全面深化改革的新蓝图、新愿景、新目标。党的十八届三中全会后，习近平总书记亲自担任中央全面深化改革领导小组组长，对改革整体布局、重大问题、关键环节作出一系列重要指示，在实践中进一步丰富和发展了改革认识论和方法论，逐步形成内涵丰富、思想深邃、系统完善的科学理论体系。这一理论体系明确了新的历史条件下全面深化改革的关键地位和重要作用，提出改革开放是决定当代中国命运的关键一招，也是决定实现"两个一百年"奋斗目标、实现中华民族伟大复兴的关键一招；坚定了全面深化改革的方向和道路，提出我们的改革是在中国特色社会主义道路上不断前进的改革，既不走封闭僵化的老路，也不走改旗易帜的邪路；确立了全面深化改革的总目标和价值取向，提出要完善和发展中国特色社会主义制度，推进国家治理体系和治理能力现代化，以促进社会公平正义、增进人民福祉为改革出发点和落脚点；谋划了全面深化改革的科学路径和有效方法，形成了改革开放以来最为丰富、全面、系统的改革方法论；厘清了改革发展稳定等重大关系，把抓改革同落实"四个全面"战略布局、落实新发展理念结合起来，同抓经济发展、社会稳定、民生改善、党的建设等工作结合起来，用改革带动和推动各项工作。这一重要思想既是改革实践的重要经验总结，也是改革理论的重大创新，把中国特色社会主义改革理论推进到新的广度和深度，为全面深化改革提供了强大的思想和理论武器。

（四）以"全面依法治国"作为国家治理现代化的保障

实现国家治理现代化，实质上就是要达成国家治理的良政与善治。法律是治国的重器，法治是良政善治的基石。"奉法者强则国强，奉法者弱则国弱。"全面依法治国的路径保障逻辑，就是在国家治理中以法治为治国理政的基本方式，以全面依法治国为国家治理的基本方略。党的十八大以来，以习近平同志为核心的党中央吹响了法治建设的新号角，对依法治国方略进行了全面升华，提出了一系列新思想、新观点、新论断、新要求。党的十八大提出"科学立法、严格执法、公正司法、全民守法"的"新十六字方针"，更加注重发挥法治在国家治理和社会管理中的作用。党的十八届三中全会在结合"新十六字方针"的基础上提出"国家治理体系和治理能力现代化"的战略目标，标志着中国实现了由国家管理到国家治理的重要转折，国家的治理模式正式步入现代化阶段。党的十八届四中全会以"依法治国"为主题，明确提出"全面推进依法治国总目标是建设中国特色社会主义法治体系，建设社会主义法治国家"。这是我们党在新的历史条件下对社会主义法治建设历史经验的深刻总结，是着眼未来全面推进依法治国的重大部署,是指导中国特色社会主义法治建设的纲领性文件。两次会议都紧紧围绕"法治"这一主题,既显示了共产党高扬法治旗帜、开创全面深化改革新格局的坚定信念,也展示了在坚持和发展中国特色社会主义进程中依靠法治为改革保驾护航的坚实步伐。

(五)以"全面从严治党"作为国家治理现代化的政治保证

治国必先治党,政党治理是国家治理的前提。面对"四种考验"和"四种危险",一些党员、干部在政治修养、党性作风、制度执行、勤政廉洁等方面存在着问题。基于对党执政地位、执政根基和领导、调控能力的深层思虑,习近平总书记强调:"办好中国的事情,关键在中国共产党。我们要坚持党要管党、从严治党,增强党自我净化、自我完善、自我革新、自我提高能力,永不动摇信仰,永不脱离群众。凡是影响党的创造力、凝聚力、战斗力的问题都要全力克服,凡是损害党的先进性和纯洁性的病症都要彻底医治,凡是滋生在党的健康肌体上的毒瘤都要坚决祛除,使中国共产党始终同人民心连心、同呼吸、共命运。"①党的十八大以来,以习近平同志为核心的党中央,顺应党心民意,用猛药去疴、重典治乱、刮骨疗毒、壮士断腕的决心和勇气打"虎"拍"蝇",对腐败分子零容忍、全覆盖、无禁区,持续保持高压态势,立"八项规定",行"群众路线",刹"四风",践"三严三实",行"两学一做",营造良好政治生态,全面从严治党,刷新了人们对反腐的认识,赢得了党心、民心。

(六)把国家治理现代化与全球治理相融通

习近平总书记注重统筹国内国际两个大局,自觉将中国共产党的治国理政活动放在全球视域中展开,始终将全球治理融入我们党治国理政的全局工作中,旨在为治国理政创造一个良好的国际环境。关于全球治理的核心理念,习近平总书记进行了深化和拓展,提出共商共建共享的全球治理观。关于全球治理机制变革,习近平总书记全面阐释了以平等为基础、以开放为导向、以合作为动力、以共享为目标的全球经济治理观。关于建立新型大国关系,习近平总书记对新型大国关系的内涵进行丰富和发展,将其概括为:不冲突、不对抗,相互尊重,合作共赢。提出加强对话、增强互信、发展合作、管控分歧的建议。此外,习近平还提出建立以合作共赢为核心的新型国际关系的主张。从全球视野来说,习近平总书记治国理政思想正形成一种强大的世界力量,它把中国方案、中国形象推向世界,增强了中国的国际影响力,也突出了中国对世界的贡献。习近平总书记把中国的发展与世界连接起来,从"人类命运共同体"的思维来看待国

① 习近平:《在庆祝中华人民共和国成立65周年招待会上的讲话》,《人民日报》2014年10月1日。

际关系，看待世界文化的交流互鉴；以和平共处、共享互赢的国家关系理念，来处理国际间的矛盾，推动世界走向新的发展轨道。近年来中国在国际事务中的主张，正是习近平总书记关于国家治理现代化思想在处理国家关系上的诠释，也成为当代国际关系的美谈。

五、改革开放以来国家治理现代化的经验总结

改革开放以来，党和政府通过激发市场和社会活力，健全和完善现代国家治理体系，在自由与秩序、民主与法治、制度的现代化与人的现代化之间维持有效的均衡，为推进国家治理现代化积累了宝贵的历史经验。

（一）危机和问题驱动是我国国家治理现代化的基本背景

一般而言，治理困境根源于治理体系和治理能力与瞬息万变的社会经济政治环境之间的落差。国家治理现代化的过程，是一个不断克服治理危机、不断走出治理困境的过程。在现代化的过程中，治理危机具有内生性和不可避免性。一个社会要想成为现代化的民族国家，必须成功地解决一系列发展危机，具体包括认同危机、合法性危机、贯彻危机、参与危机、整合危机、分配危机六大方面。在我国国家建设的历史进程中，社会经济发展和治理危机是国家治理现代化的基本背景，而治理危机更是诸多重大制度与政策创新产生的主要背景，是国家治理现代化的直接动力。这也是改革开放进程中一再体现的问题导向和底线思维。中国的国家治理创新以问题驱动为主，治理创新举措多是为了应对原有体制和工作方式中的问题而推出。如经济生活领域一系列的深层次问题导致党和政府着力改进经济治理方式，积极推动经济发展方式的转变，构建包容性增长模式，确保人民能够共享改革发展成果。社会生活领域的矛盾和危机则通过加强民主法治建设、推进社会治理现代化以有效应对现代国家建设过程中的参与危机和整合危机。

（二）提升国家治理能力是我国国家治理现代化的不懈追求

提高执政能力、确保党的执政安全是我国国家治理现代化的核心目标。我国国家治理现代化的进程都是在党的领导和主导下进行的，具有现代化取向的国家治理创新举措不仅要符合社会发展的要求，也要实现提高党的执政能力的目的。加强党的执政能力建设是 20 世纪 90 年代后我国国家治理现代化的核心主题，国家建设的重心明显出现趋向“能力建设”的位移。国家治理现代化开始围绕改革和完善党的领导方式和执政方式展开，通过“制定大政方针，提出立法建议，推荐重要干部，进行思想宣传，发

挥党组织和党员的作用,坚持依法执政"六种执政方式,实施党对国家和社会的有效领导,提高党的执政能力。改革开放以来,在市场化改革和社会转型的新背景与新挑战下,党和政府不断寻求有效的国家治理战略,适时调整自己的政策制度体系、组织结构、运行机制和活动方式,不断提高党科学执政、民主执政、依法执政的水平,提高国家机构的履职能力,提高人民群众依法管理国家事务、经济社会文化事务、自身事务的能力,不断提高运用中国特色社会主义制度有效治理国家的能力。能力建设成为国家治理现代化的核心价值目标,成为保障政治稳定、维系公共秩序、激发社会活力和改善治理绩效的基础性工程,治理能力现代化成为改革开放时代中国国家治理现代化的战略议程,通过优化治理体系以提升治理能力成为中国国家建设的基本价值目标。

(三)政府主导和干部驱动是我国国家治理现代化的主体力量

以现代化为取向的中国国家治理创新既不是自上而下的驱动模式,也不是体制外精英"战略构想"指导下的产物。党和政府本身就是治理现代化创新实践的主要发起者。各级领导干部的驱动作用尤为突出。由于领导负责制以及晋升竞争而导致的政绩需求,领导干部对旨在改善政府绩效、提高公众认可度的国家治理创新举措高度敏感。各级党政领导干部所发挥的"领导驱动"作用在治理现代化创新实践的启动和运作环节中占据突出位置。从"中国地方政府创新奖"的获奖项目来看,绝大多数创新项目的启动主体是各级领导,尤其是具体部门中的"一把手"及其决策团队。党政一把手在各种创新实践中更是具有至关重要的作用。有创新意识的各级党政领导干部是国家治理现代化中稀缺的资源,他们是国家治理制度创新的发起者和主要推动者,承受着不小风险。合理地配置这种稀缺资源是全面深化改革和顺利推进社会主义现代化建设的重要任务。

(四)中央倡导与地方主动相结合、政治创新与行政创新相结合、制度创新与技术创新相结合是我国国家治理现代化的路径

有效发挥中央和地方两个积极性一直是中国国家治理的基本原则,中央倡导与地方主动相结合是中国国家治理现代化的战略路径。自20世纪80年代以来,随着财政分权改革以及1994年"分税制"改革的实施,逐步规范了中央与地方的关系,逐步彰显了地方政府的自主性,地方政府主动推动的治理创新成为中国政治发展的一个亮点。政治创新集中体现为民主法治建设,如强化选举制度的竞争性和民主性,在决策和监督过程中引入协商民主等;而行政创新的内容和数量多于政治创新,如改善公共服务质量、行政审批制度改革和政务公开等方面。政治创新为行政创新提供宏观的

制度保障，行政创新则为更有效地发挥制度优势提供具体的体制和机制支撑。随着科学技术的快速发展，众多技术手段作为治理工具在国家治理中得到广泛应用，技术创新成为国家治理现代化的重要推动力量。如通过网络实现行政审批、政府信息公开和扩大公民参与，以及运用企业管理技术规范政府运作环节和流程等。现代信息技术作为国家治理现代化的重要基础设施，技术创新的累积性效应可以逐渐改变一个国家的治理生态，最终为治理模式的转型和更替提供坚实的技术支撑。改革开放以来国家治理现代化的创新实践表明，中央倡导与地方主动相结合、政治创新与行政创新相结合、制度创新与技术创新相结合，共同构成中国国家治理现代化的战略路径。

（五）回应性和非均衡性的增量推进是我国国家治理现代化的有效策略

公民福利、社会秩序和公平正义是国家治理的根本目标，国家治理现代化就是要确保政府积极回应社会需求，主动改善人民的生活质量，有效提升人民的尊严感和幸福感。随着权利意识的觉醒和社会组织的大规模发展，社会组织和人民群众成为推动国家治理创新的重要力量，国家治理现代化从根本意义上讲则是对现代社会成长的积极回应。中国国家治理现代化的核心战略就是在社会成长与国家治理之间构建良性的和谐互动关系，在成长和发育现代政治力量的过程中扩充国家治理资源，不断增强国家治理相对于社会需求的回应性。另外，由于国家规模大，地方层级多，中国政治的多样性和异质性都很强，国家治理体系和治理能力现代化的进程、水平和质量在不同的区域和领域之间具有显著的非均衡性。在区域差异方面，东部发达地区相对于中西部地区的国家治理现代化程度更高，推进速度更快；在不同的治理领域，改善公共服务质量的行政改革相比于增进民主程度的政治改革，显得更为活跃和普遍；在现代国家治理体系的构建方面，政府掌控的治理资源多，而社会的力量尚弱，人民群众主动的参与缺乏；在国家治理功能发挥的有效性程度方面，差异化也十分明显，政治功能、经济功能发挥较好，而文化、社会功能发挥尚有很大改进空间；在国家治理能力方面，资源汲取和社会管控能力较强，而公平分配、利益协调与公共服务能力还不能满足社会需求。① 正是基于国家治理现代化的诸多条件在当下的中国并不完全具备，非均衡的增量推进策略就成为我国国家治理现代化的优选之路。因此，不断增强国家治理体系的回应性，运用非均衡的增量推进策略是实现国家治理现代化的必由之路，也是中国国家治理成功的基本经验。

---

① 唐皇凤：《有效推进我国国家治理现代化的战略路径》，《苏州大学学报（哲学社会科学版）》2016 年第 2 期。

六、当前我国国家治理现代化面临的主要挑战

当代中国，市场化、新型工业化、城镇化、信息化和全球化共时性地作用于经济转轨与社会转型，现代化所引发的治理难题被挤压在一个相对有限的时空中，各种利益关系和社会矛盾错综复杂地交织在一起，社会结构的分化速度快于体制机制建设的整合速度。有学者把我国经历的这种赶超式的现代化称为“压缩的现代化”。① 经济社会转型诱发的大量秩序危机和治理风险，直接威胁社会稳定，对转型社会的国家治理能力提出严峻挑战。

（一）国家治理体系的有效性不高

治理体系的有效性是其能够满足市场主体、社会组织和居民的偏好与需求，最大限度地协调公民、社会群体和政府之间的利益矛盾和冲突，有效输出公共政策和提供公共服务以实现其基本功能的程度。有学者认为我国社会存在四个深层次的“社会结构性紧张”，即利益结构、制度结构、文化结构和价值结构的紧张。② 社会心理结构失衡，民众的焦虑、浮躁、不安全感、不满和怨恨情绪常有发生，幸福感觉不高。在社会监管方面，没有实现监管理念的现代转型，缺乏事中和事后监管经验，国家的监管能力较弱。在政绩型体制、压力型体制、干部任期制和“一票否决”为基础的责任追究机制的综合作用下，地方政府追求经济增长的速度，而选择性忽视公共服务的供给，地方政府公共服务能力较弱。由于互联网思维和信息化技能的缺乏，地方政府在虚拟世界有效治理网络舆情事件能力不够，在现实世界中则难以有效应对群体性事件，应急管理能力不高。

（二）国家治理的民主化、法治化程度不足

伴随经济体制、社会治理体制改革的逐步深入，以及所有制结构和产业结构的深刻调整，我国社会的阶层结构、组织结构、人口结构、收入分配结构、消费结构、思想文化结构均发生了急剧的分化与变迁，社会阶层、利益格局和价值观念的多元化已经成为国家治理的一种新常态。然而，我国国家治理的民主化和法治化程度依然不足，专断性和强制性的权力运行方式具有强烈的路径依赖。在公共决策中仍然存在“拍脑袋”“一言堂”现象，决策的科学性与民主性不高，决策能力不强。在国家治理中，主要的法律法规具备，然而具体的实施细则还不够健全和协调。在执法中，有法不依、执法不严、裁量权过大、选择性执法的情况还时有发生。

---

① 贝克、邓正来、沈国麟：《风险社会与中国——与德国社会学家乌尔里希·贝克的对话》，《社会学研究》2010 年第 5 期。

② 王村村：《竹立家：中国进入风险社会》，《中国民商》2014 年第 3 期。

（三）国家治理能力不均衡

就国家治理主体而言，党和政府的资源动员能力较强，而市场主体、社会自治组织和人民群众的自主治理能力较弱，体现出明显的“强行政、弱治理”的非均衡格局。就国家治理的特定领域而言，政治、经济和党的建设等领域的治理能力较强，而文化、社会和生态等领域的治理能力尚有很大提升空间。就现代国家治理能力的核心要素而言，我国的秩序维系能力、资源汲取能力、社会动员能力较强，而协调监管能力、公共产品与服务的供给能力、危机应对能力、学习创新能力等方面问题较多。就国家治理能力培育而言，党和国家驾驭变革浪潮的能力、构建未来愿景与塑造改革共识的能力、调和价值与利益冲突的能力、设计优良的制度与机制的能力，以及推进治理转型与优化治理结构的能力均有待加强。

（四）国家治理虚拟网络空间能力不够

互联网时代对我国的社会稳定和国家治理提出了严峻挑战。网络社会是一个风险无处不在的社会，既有传统风险（也会在互联网条件下被无限地放大），也有与过去截然不同的非传统风险。一个数量庞大、年轻的网民群体活跃在社会分化、制度转型和矛盾问题多发的发展中大国，深刻地塑造着我国社会发展和国家治理的生态条件。网络社会的虚拟特征在增加违法机会的同时极大地降低了违法成本，近年来高发的网络诈骗、网络传销、信息泄露、金融商业数据窃取等，不仅威胁着社会的和谐稳定，更关乎国家安全，对国家的法治能力和执法水平提出了新挑战。从规模上说，我国已经是世界第一网络大国，但还不是网络强国。互联网的关键基础设施和技术节点，互联网的规则权、话语权还掌握在美国等发达国家手中，我国在互联网空间还缺乏应有的话语权和影响力。基于人们的接受心理和网络传播特点，非权威的、另类的、负面的、批判质疑性的信息更容易在互联网空间传播，正统的、官方的、权威的、主流的、传统的信息和思想文化价值不断受到质疑、恶搞、嘲讽、抨击，传统道德、历史文化、红色经典、主流思想、核心价值持续地被消解、扭曲和颠覆，思想文化和意识形态安全风险剧增，社会稳定和国家治理面临巨大的挑战。

七、我国推进国家治理现代化的基本路径

（一）完善国家治理体系

治理体系是一个合理分工的系统，其中包括“掌舵”和“划桨”的角色分工。在众多

治理主体中,执政党无疑居于核心和中心地位。对于执政党而言,最重要的是提高“掌舵”能力,把握国家治理的总方向、总原则、总目标,同时动员其成员为实现总目标而率先垂范。政府是国家制度的主要执行者,政府的治理能力现代化尤其重要。对于一个现代政府而言,效率要高,成本要低,为政要廉。就这三个方面看,我国政府还有很大的努力空间。我国政府在经济社会发展中居于主导地位,属于积极政府,但长期习惯于包办一切。政府包不了,也包不好所有事务。这就需要强化市场和社会的作用,将政府治理与社会治理连接起来。当然,在建构市场和社会秩序中,执政党和政府不是无所作为,而是要创造条件,发挥引导规范的能动作用。面对复杂多变的社会,需要加强政府的回应能力、整合能力、执行能力。党的十八届三中全会提出,要摒弃单一的行政管控手段,重点培育、优先发展行业协会商会类、科技类、公益慈善类、城乡社区服务类社会组织,让人民群众依法通过社会组织实行自我管理、自我服务和参与社会事务管理。

(二)实现治理法治化、制度化

国家治理法治化是对国家范围内每个组织和每个人的要求,特别是对执政党和政府的要求。宪法和法律要成为国家治理的最高权威。国家治理体系要围绕宪法和法律加以完善,国家治理能力要体现宪法和法律精神。执政党要依法执政,政府要依法行政,政府工作人员要依法办事,公民要依法行使权利。国家治理制度化即要有完备的国家治理制度体系。这一制度体系不仅仅在于解决当下的问题,更重要的是能够推进社会的持续发展,实现长治久安。韦伯将统治分为三种类型:一是传统型,二是个人魅力型,三是法理型。从总体上看,国家治理现代化属于法理型。由于现代社会的复杂性和多变性,没有一个完备的制度体系和执行机制,就无法支撑现代国家治理的有效运转,也无法促成社会的有序发展。我国经过数十年的建设,已形成了基本的制度原则。当前最重要的是通过一系列制度体系建设让这些制度原则能够“落地”和“运转”。如我国提出了人民当家作主的理念原则,超越了历史上经由精英民主再到大众民主的常轨,但如何为人民当家作主、参与国家治理提供条件,创造有效的实现形式则还亟待解决。

(三)提升治理民主化

国家治理体系和治理过程都要体现人民当家作主。国家治理过程中的公共政策和行为方式要从根本上体现人民的意志和人民的主体地位。这是传统治理与现代治理的重要区别。当下更多使用国家治理而不是国家统治和国家管理,不仅体现着人民主权地位的实质,更要求通过一系列体制机制将人民主权落在实处,让人民群众通过不同形式参与治理过程,实实在在地感受和体验到人民主权的存在,不断维护和扩展人民权利。中国历史上长期是“官管民”,民众也习惯于被官管。随着现代国家的建设,国家开始赋权于民。特别是改革开放以来，人们的权利意识迅速萌生，参与国家治理的活动愈来愈多。市场主体和社会主体愈来愈成为国家治理的重要主体。但总体上看，当前十分迫切的是提升人民群众的参与能力。如普通群众在日常生活中并不愿意参与公共治理，一旦利益受到损害，还是习惯于以传统的方式表达自己的诉求，表现为一种"平时冷漠，非常激情"，在自治空间内不能自己管理好自己，最后导致只能由外部力量介入进行"他治"。因此，除了继续赋权于民以外，还要加强赋能于民，在实践中不断提升人民群众参与国家治理的能力。

（四）推进治理高效化

国家治理要积极应对复杂多变的挑战和问题，通过决策科学化和执行的高效率，最大限度地实现社会经济效益，促进社会稳定和推动社会发展。现代国家治理对决策科学化要求愈来愈高，要尽量避免出现具有颠覆性的失误。如从理论上看，社会主义属于更具有先进性的制度，但为什么社会主义命运出现了比较大的曲折，重要原因就是决策的重大失误。有了科学的决策还需要强化执行力，将决策转化为实际行动。随着市场经济发展和利益多样化，如何强化执行力面临新的挑战。在这一过程中，可能出现一些意料之外的现象。经过多年的发展，我们有足够的底气应对各种挑战，同时也要采取更为有效的方式加以处理和化解危机。否则，就可能只有"治"而缺乏"理"。

（五）注重治理协调化

现代国家治理的各个方面和各个层次成为一个有机整体，相互协调，互动共进。现代国家和现代社会处于高度分工和分化状态，各个主体有自己的利益和价值，在这一背景下，国家治理很容易出现"碎片化治理"，每个主体都在用力使劲，但发生的作用力和着力点不一致，力量不仅会相互抵消，还会相互对抗。因此，现代国家治理特别强调系统治理，在多元社会中寻求最大社会公约数，在多元共治中强化核心治理力，以推进治理的协调化。传统国家统治和国家管理比较注重的是稳定性、管控性，国家治理不仅要保持稳定性，更要注重发展性。因为没有发展的稳定最终是不稳定的，发展就要发挥社会的积极性。要加强整合，将发挥创造性、积极性与国家有效治理结合起来。

八、结　　论

实现国家治理现代化是近代以来中国一直面临的重大命题。多种向西方学习的现代化方案先后被提出和尝试，都归于失败。中国共产党在马克思主义的指导下，动员和带领人民，经过艰难困苦，建立了中华人民共和国，开启了中国特色的国家治理现代化道路。

中华人民共和国成立后开始了第一次国家治理现代化的行动:一是实现了国家统一、主权独立,为国家治理提拱了基础条件;二是通过经济社会改造,建立了计划经济体制下的国家—社会关系,国家有效地控制了社会的各个方面;三是建立了包括政党制度、人民代表大会制度、政治协商制度、民族区域自治制度等在内的较为完备的国家制度。其核心是国家对社会的有效动员和控制,最突出的治理效果是国家集中资源推动的工业化和对基本公共品的保障。

改革开放后开始了第二次国家治理现代化的行动:一是允许市场发展并建立了社会主义市场经济体制,从而将国家—社会的二元关系改变为国家—社会—市场的三元关系,市场的发展不仅界定了国家在经济领域的边界,而且为社会的多元化提供了物质条件;二是社会力量不断壮大,不仅对于国家的治理提出更高的要求,而且通过自我管理自我服务,分担了国家在许多方面的责任;三是对外开放的深化历史性地改变了中国与世界的关系,使得国内治理与国际治理,乃至全球治理紧密联系起来。

经过40年的改革开放,中国处于新的起点上。党的十八届三中全会明确提出实现“国家治理体系和治理能力现代化”,从而开始了第三次国家治理现代化。这一次治理现代化与前两次有着很大不同:一是这次现代化既是党和政府有意为之,也是全社会共同期待的,具有较为深厚的共识基础;二是经过中华人民共和国成立后的制度创建、改革开放以来的制度完善,已经形成了一套要素完备、运行较为有效的制度体系;三是随着全球化和社会信息化的深入,一国的治理改革必须保持开放的状态,既能够接受国际社会的评价也能够吸取国际上的经验教训。

中国国家治理的时空境遇正处于百年未有之大变局。经过长达40年的高速经济发展和急剧的社会变迁,中国社会内部积累了大量的治理难题。身处大变革和大转型时代的中国,治理风险类型的多样化、风险主体的多元化和风险关系的复杂化并存。某些传统性因素依然是现代化所要超越和摒弃的对象,而极为突出且紧迫的现代性问题,以及日渐成型的后现代性问题共时性地出现,是造成国家治理困局的主要原因。人类发展的历史经验表明,优良的国家治理是决定一个国家综合实力的关键变量,有序推进国家治理现代化是实现长治久安、经济社会可持续协调发展的战略抉择。面对多种风险考验的中国,面对复合型的国家治理使命,我们既要拥抱现代性以推进国家治理现代化,同时又要深刻洞悉现代性的危机,尽量降低国家治理现代化的成本和代价。我们要坚持和借鉴改革开放以来国家治理现代化的基本经验,通过增强国家治理制度和体制的弹性提升其回应性和调适力,进而确保执政的有效性。我们要以治理主体的多元化和治理结构的网络化为基础,渐进实现治理制度的理性化、治理手段的文明化与治理技术的现代化,最终达成民主、法治而有效的国家治理。

专题三：40年来机构改革研究[①]

改革开放40年来，我国于1982年、1988年、1993年、1998年、2003年、2008年、2013年和2018年先后进行了8次机构改革，取得了显著成效，积累了宝贵经验。回顾机构改革的历程、总结机构改革的经验，有利于加深对改革规律的认识，有利于进一步明确党和国家机构的职能定位，有利于推动党和国家机构设置更加科学合理，进而为推进国家治理体系和治理能力现代化发挥积极作用。

一、40年来机构改革的历程

改革开放40年来进行的8次机构改革，每一次改革所面临的形势和环境不同、目标不同、任务不同、改革重点不同，因而表现出不同的阶段性特点。

（一）第一阶段（1982—1992年）：适应经济转型的要求，推进机构精简和政府职能转变

党的十一届三中全会作出实行改革开放的历史性决定。随着经济体制改革不断深化，计划经济逐步向社会主义市场经济转型，政府组织机构需要按照发展市场经济的要求，精简计划经济条件下的专业经济管理部门，改变机构职能配置，推动政府机构职能转型。因此，这一时期的机构改革呈现以精简为主的特点。

1. 1982年机构改革：撤并机构，裁减人员

党的十一届三中全会以后，党和国家工作重心转移到了经济建设上来，国务院设立了大量的经济管理部门和协调机构，导致机构数量和人员编制大幅增加。在1977—1981年5年中先后恢复和增设了48个工作部门。有些行业为了建立“条条”管理系统，还设立若干总，到1981年年底共设100个工作部门。国务院机构数量和人员编制的大幅增加，增加了行政成本，降低了运行效率。为了有效压缩行政成本、提升运行效

① 本专题由王满传、孙文营、王业文、李媛媛、张红安共同撰写完成。

率,加强中央对经济工作的统一集中指挥,1982 年我国启动了第一次国务院机构改革。

此次机构改革以“撤并机构,裁减人员”为指导原则,以转移工作重心和干部人事制度改革为核心内容,重组了国家经济委员会并扩大其职权和业务范围,设立了国家经济体制改革委员会。明确规定了各级干部的职数、年龄和文化结构,减少了副职,建立了干部离退休制度。根据“重叠的机构撤销、业务相近的机构合并”的原则,撤委并部。经过改革,部委减为 43 个,直属机构减为 15 个,办公机构减为 3 个,国务院部委、直属机构和办公机构由 100 个减少为 61 个,国务院机关人员编制由 5.1 万人精减为 3.8 万人。

此次机构改革,主要是机构数量的增减,改革的成果体现为精减了各级领导班子,提高了行政效率。由于当时实行的是“以计划经济为主,市场条件为辅”的计划经济管理体制,机构改革尚未涉及政府职能转变的层次。

2. 1988 年机构改革:首次提出转变政府职能,进一步理顺政府和市场的关系,精简机构和精减人员

1982 年机构改革后,随着经济体制改革的深入和各项工作的开展,机构数量又进一步增加,政治体制与经济体制改革不相适应的矛盾日益凸显。为了适应进一步深化经济体制改革的需要,1987 年中央成立政治体制改革研讨小组办公室,围绕政治体制改革制订方案。1988 年 4 月,七届人大一次会议通过了国务院机构改革方案。这次机构改革按照党政分开、政企分开和精简、统一、效能的原则,努力转变政府职能、精简机构和精减人员以提高行政效率,克服官僚主义,逐步理顺政府同企事业单位和人民团体之间的关系、政府各部门之间的关系以及中央政府同地方政府之间的关系。改革的重点对象是同经济体制改革关系极为密切的经济管理部门,特别是其中的专业管理部门和综合部门内的专业机构。经过改革,国务院原有机构由 72 个调整为 65 个,国务院人员编制比原来减少了 9700 多人。

这次改革最大的特点是改变了以往就机构论机构的做法,而是按照政治体制改革、经济体制改革进程的要求,以转变政府职能为关键,与政府内部的制度化建设相配套,并结合建立国家公务员制度来进行。通过改革,在一定程度上强化了宏观管理职能,弱化微观管理职能。与以前的精减机构相比,这次机构改革第一次明确提出“以转变政府职能为关键……按政企分开的原则”,使政府对企业由以直接管理为主改为以间接管理为主。按照政企分开的要求,合并裁减专业管理部门和综合部门内设专业机构,撤销或整合涉及的国务院机构,包括计委、经委、机械委、电子部、航天部、航空部、石油部、煤炭部、水电部、核工业部、城建部、劳动人事部 12 个部委。

总的来看,1982 年和 1988 年机构改革,都是在打破计划经济体制的背景下推进,以精兵简政为主,通过机构改革推动政府职能转变。

（二）第二阶段（1993—2012年）：适应社会主义市场经济体制的需要，优化政府组织架构

经过前两次机构改革，与计划经济相关的政府机构已基本上撤销。随着社会主义市场经济体制的逐步发展，全面建设小康社会和科学发展的要求进一步突出，但政府机构中普遍存在职能转变不到位、部门职能交叉、效能不高的问题。1992年党的十四大提出建立社会主义市场经济体制的目标，新一轮机构改革的重点不再是精简，而是以适应社会主义市场经济发展要求为导向，全面履行经济调节、市场监管、社会管理和公共服务职能，建设服务型政府，优化政府组织架构。

1. 1993年机构改革：适应建设社会主义市场经济的需要，政企分开

20世纪90年代初，国务院的工作部门膨胀至86个。1991年年底，全国各级党政机关人员达到920万人，当年全国行政管理费开支达370多亿元，加上事业费共支出1400多亿元，占国家财政支出的37%。随着建立社会主义市场经济体制改革目标的确立，国务院机构日益呈现出诸多与市场经济体制不相适应的环节。党的十四大作出了“下决心进行行政管理体制和机构改革”的决策，明确提出政府的职能“主要是统筹规划、掌握政策、信息引导、组织协调、提供服务和检查监督”，并提出从1993年开始，三年内基本完成机构改革。

本次机构改革第一次提出以适应社会主义市场经济发展作为改革的目标，改革的重点是转变政府职能，转变职能的根本途径是政企分开。围绕重构政府与市场、政府与企业、政府与社会的关系以及中央与地方的关系，按照政企分开和精简、统一、效能的原则，本次机构重在转变政府经济管理职能，强化综合性经济管理部门和经济检查监督机构设置，适当合并和精简专业性管理部门，并将人员精减与实行公务员制度结合起来。经过改革，国务院部委和直属机构、办事机构由86个减为59个。非常设机构经过大幅裁减，由85个减少到30个。原有机关行政编制36700人，改革后核定为29200人，精减达20%。这次改革方案中最突出的有两点：一是综合经济部门中组建了国家经济贸易委员会（以下简称“国家经贸委”），以“加强对国民经济运行中重大问题的协调”；二是专业经济部门的改革被分为3类，其中一类由政府部门改为经济实体，另两类改为行业总会。这次改革还首次提出了“行政管理体制改革”概念，改革思路试图从“机构层面”向“体制层面”拓展，但没有打破计划经济体制下的机构设置框架。

政府机构改革的同时，党中央下决心推进党政机构改革，党中央直属机构改革的主要任务是理顺党政关系和党内部机构之间的关系，调整结构，精简内设机构和精减人员，进一步改善干部结构和提高干部素质，提高工作效率。具体措施是中纪委与国家监察部实行合署办公，一个机构两块牌子。改革后，中央工作部门和办事机构共9个，即

办公厅、组织部、宣传部、统战部、对外联络部、中央政法委员会、政策研究室、台湾工作办公室、对外宣传办公室；派出机构为中直机关工作委员会、中共中央机关工作委员会2个；另有议事性的委员会或领导小组12个。

2. 1998年机构改革：逐步建立有中国特色的行政管理体制，消除政企不分的组织基础

随着我国社会主义市场经济体制的建立和完善，传统的“大政府”“管制型”的管理思维、管理模式与社会主义市场经济越来越不相适应。1998年3月，九届全国人大一次会议通过了国务院机构改革方案。改革的目标是：建立办事高效、运转协调、行为规范的政府行政管理体系，完善国家公务员制度，建设高素质的专业化行政管理队伍，逐步建立适应社会主义市场经济体制的有中国特色的政府行政管理体制。改革按照精简、统一、效能的原则，加大了全面精简的力度，9个工业管理部门被撤销，多项部委职能移交给企业和社会中介机构。经过改革，国务院组成部门由40个精简为29个；部门内设机构减少200多个，精简约1/4；国务院行政编制由原来的3.23万名减至1.67万名，精简了48.3%。与此同时，新组建了国防科学技术工业委员会、信息产业部、劳动和社会保障部、国土资源部4个部委。

这次改革着力于优化政府职能结构。一是调整政府与市场的关系。把市场能够做的事情交给市场，政府的工作重点放在市场不能做和效能差的地方。政府的工作重点应放在宏观调控、制定产业政策、规范市场、基础建设和提供公共服务方面。减少行政审批事项，转变工作方式。通过“三定”重新规定了各部门的职责权限，取消了一大批行政审批事项，把属于企业和社会中介组织的职能交给了企业和社会中介组织。大力发展一批社会中介组织，由中介组织提供社会服务。二是调整政府与企业的关系。核心是实行政企分开，也就是政资分开。在政资分开方面，尝试推行实行股份制并有了新突破。政府不再直接管理企业，企业成为市场主体。这次改革中，工业经济专业管理部门裁并幅度较大，国务院逐步取消专业经济部门，向企业、社会和下级组织下放的职权200多项；省级政府不再保留工业、商业等专业经济管理部门。

这次机构改革涉及面广、改革力度大，在政府职能转变、组成部门设置和编制精简方面，远超之前的三次机构改革，政府职能转变有了重大进展，突出体现在撤销了几乎所有的行业经济部门，这样政企不分的组织基础在很大程度上得以消解。这次改革在理论上提出了“行政管理体制改革”的概念，第一次提出了政府的公共服务职能，直接体现了政府行政价值理念的变化，奠定了我国现有政府职能定位和机构设置的基本框架，为后续国务院机构改革的推进打下了坚实的基础。

为了进一步加强和改善党的领导，进一步巩固党的执政地位和提高党的执政水平，全面加强党的思想、组织和作风建设，中共中央决定进行党中央部门机构改革。1999

年6月5日，中共中央印发了《关于党中央部门机构改革的意见》。这次机构改革，主要是根据形势的变化和党的中心工作的需要，进一步理顺职能关系，精简、调整内设机构和人员编制，优化人员结构，增强机关活力。通过改革，优化了部门内设机构设置，完成了中央下达的人员编制精减20%的任务。同时进一步规范了部门机关党务与干部人事管理机构设置、中央纪委和监察部派驻纪检组等监察机构设置。

3. 2003年机构改革：建立行为规范、运转协调、公正透明、廉政高效的行政管理体制

党的十六大提出了关于深化行政管理体制改革的任务，提出要"完善政府的经济调节、市场监管、社会管理和公共服务的职能"。根据党的十六大精神，2003年国务院机构改革的指导思想是：坚持政企分开，精简、统一、效能和依法行政的原则，进一步转变政府职能，调整和完善政府机构设置，理顺政府部门职能分工，提高政府管理水平。改革的目标是建立与社会主义市场经济相适应，与社会主义民主政治相配套，行为规范、运转协调、公正透明、廉政高效的行政管理体制。明确了政府职能定位是经济调节、市场监管、社会管理、公共服务四个方面；提出了机构改革的重点是紧紧围绕政府职能转变这个主题，深化国有资产管理体制改革，完善宏观调控体系等。

经过调整，国务院组成机构除办公厅外，国务院29个组成部门经过改革调整为28个，根据方案，国家发展计划委员会改组为国家发展和改革委员会；设立国务院国有资产监督管理委员会；设立中国银行业监督管理委员会；不再保留国家经贸委和外经贸部，其职能并入新组建的商务部；国家药品监督管理局重组为国家食品药品监督管理局，原属于国家经贸委管理的国家安全生产监督管理局改为国务院直属机构，同时，将国家计划生育委员会更名为国家人口和计划生育委员会。

这次改革用"优化政府组织结构"替代"精简机构"，标志着机构改革的思路从规模控制型转向结构优化型。这次改革专注于解决政府管理中的权责问题，初现"大部制"的管理思路和对宏观调控有效性的把握。表现出我国机构改革开始由被动适应向主动出击转变。这次改革解决了一些深层次问题，如在构建新的职能体系上取得了实质性进展，使政府职能更加集中化；进一步优化了政府组织结构，协调和规范了政府行为，打破了部门分割的状态，在建立责任政府、效率政府及服务政府上迈出了一大步。

4. 2008年机构改革：探索大部体制改革

2008年机构改革是在党的十七大提出以科学发展观为指导"建设服务型政府""减少政府对微观经济运行的干预"的背景下展开的。2008年2月，党的十七届二中全会通过了《关于深化行政管理体制改革的意见》，确定了到2020年政府职能转变的总体方向："通过改革，实现政府职能向创造良好发展环境、提供优质公共服务、维护社会公平正义的根本转变"，强化宏观调控职能、注重民生、建立大部制的政府机构改革拉开了帷幕。

此次机构改革，以探索实行职能有机统一的大部门体制为核心任务，提出和确立了大部制改革方向并进行了初步的探索。合理配置宏观调控部门职能，形成更加完善的宏观调控体系；加强能源管理机构，组建国家能源局，组建工业和信息化部、住房和城乡建设部、环境保护部；整合人事部、劳动和社会保障部的职责，组建人力资源和社会保障部；整合交通部、中国民用航空总局的职责，组建交通运输部。改革后，除国务院办公厅外，国务院组成部门共27个。虽然在总数量上变化并不大，但是对很多部门都进行了职能的整合。

总体来看，"大部制改革"以加强宏观调控和改善民生为重点，不再把裁减人员、裁减机构作为主要目标，而是把政府的管理能力和其应有的责任联系起来，强调政府公共行政体系的服务职能，是我国行政管理体制改革在新的历史条件下适应市场经济发展的一个新举措，具有历史性的进步。此次机构改革按照建设服务政府、责任政府、法治政府和廉洁政府的要求，着力转变职能、理顺关系、优化结构、提高效能的追求，指引了中国政府的改革走向。

（三）第三阶段（2013—2018年）：适应新时代发展的要求，积极构建现代政府治理体系

在中国特色社会主义进入新时代的背景下，为适应统筹推进"五位一体"总体布局和"四个全面"战略布局与实现国家治理现代化的需要，以习近平同志为核心的党中央下决心推进党和国家机构改革。

1. 2013年机构改革：稳步推进大部制改革，健全部门职责体系

党的十八大报告要求"建设职能科学、结构优化、廉洁高效、人民满意的服务型政府""稳步推进大部制改革，健全部门职责体系"。2013年党的十八届三中全会提出，经济体制改革的核心问题是处理好政府和市场之间的关系，要在发挥市场对资源配置决定性作用的前提下，更好地发挥政府作用。这轮政府机构改革，以职能转变为核心，强调完善制度机制、提高行政效能，为全面建成小康社会提供制度保障。

改革的重点是，紧紧围绕转变职能和理顺职责关系，稳步推进大部制改革具体内容有：一是实行铁路政企分开。将铁道部拟定铁路发展规划和政策的行政职责划入交通运输部；组建国家铁路局，由交通运输部管理，承担铁道部的其他行政职责；组建中国铁路总公司，承担铁道部的企业职责，不再保留铁道部。二是组建国家卫生和计划生育委员会。将国家人口和计划生育委员会的研究拟定人口发展战略、规划及人口政策职责划入国家发展和改革委员会；国家中医药管理局由国家卫生和计划生育委员会管理；不再保留卫生部、国家人口和计划生育委员会。三是组建国家食品药品监督管理总局。

保留国务院食品安全委员会，具体工作由国家食品药品监督管理总局承担；不再保留国家食品药品监督管理局和单设的国务院食品安全委员会办公室。四是组建国家新闻出版广播电影电视总局。不再保留国家广播电影电视总局、国家新闻出版总署。五是重新组建国家海洋局。国家海洋局以中国海警局名义开展海上维权执法，接受公安部业务指导；设立高层次议事协调机构国家海洋委员会，国家海洋委员会的具体工作由国家海洋局承担。六是将国家能源局、国家电力监管委员会的职责整合，重新组建国家能源局，由国家发展和改革委员会管理；不再保留国家电力监管委员会。经过改革，国务院正部级机构减少4个，除国务院办公厅外，国务院组成部门由27个减少为25个。

此次机构改革的突出的特点是：第一，强调转变政府职能。与以往国务院机构改革方案相比，此次方案不仅题目增加了“职能转变”四个字，也明确提出了一系列具体措施。这一次改革将铁道部合并到交通运输部成立一个国家铁路局，同时要让其政企分开，把属于企业的那部分职能分离出来，留给专门成立的中国铁路总公司。在以后的改革中，都要实行“政企分开、政资分开、政事分开、政社分开”。第二，强调简政放权，自我革命。这是机构改革和职能转变的实质。怎么放权？向市场放权，向社会放权，向地方放权。提出了“四个减少”——减少投资项目审批、减少生产经营活动审批事项、减少资质资格许可、减少行政事业性收费，以及改革工商登记制度等举措，充分发挥市场在资源配置中的基础性作用。第三，强调政府公共服务。今后，需要政府管理的还要加强，如食品药品管理、海洋管理等，但不搞“五龙治水”，要理顺关系，更多地转向了公共服务，打造服务型政府。

2. 2018年机构改革：推动国家治理体系和治理能力现代化

适应新时代我国社会主要矛盾变化，为推动高质量发展，建设现代化经济体系，聚焦发展所需、基层所盼、民心所向，针对政府机构设置和职责划分不尽科学、职责缺位和效能不高、政府职能转变不到位等问题，2018年2月，党的十九届三中全会通过了《中共中央关于深化党和国家机构改革的决定》和《深化党和国家机构改革方案》。此次党和国家机构改革的目标是构建系统完备、科学规范、运行高效的党和国家机构职能体系，形成总揽全局、协调各方的党的领导体系，职责明确、依法行政的政府治理体系，中国特色、世界一流的武装力量体系，联系广泛、服务群众的群团工作体系，推动人大、政府、政协、监察机关、审判机关、检察机关、人民团体、企事业单位、社会组织等在党的统一领导下协调行动、增强合力，全面提高国家治理能力和治理水平。

在党中央机构改革方面。首先，设置各类型的中央工作领导小组或委员会，加强党中央对专业领域工作的集中统一领导。为了加强党对反腐败、依法治国、审计、教育等工作的集中统一领导，组建了国家监察委员会、中央全面依法治国委员会、中央审计委员会、中央教育工作领导小组。将中央全面深化改革领导小组、中央网络安全和信息化领导小组、中央财经领导小组、中央外事工作领导小组分别改为中央全面深化改革委员会、中央网络安全和信息化委员会、中央财经委员会、中央外事工作委员会。其次,推进中央部门和国家机构职责相近部门的合并设立或者合署办公。将职责相近的党政部门进行了合并设立或者合署办公,如,将国家公务员局和中组部合并设立,由中组部统一管理中央机构编制委员会办公室;中宣部统一管理新闻出版工作,对外加挂国家新闻出版署(国家版权局)和国家电影局牌子;中央统战部负责宗教、民族、侨务工作,对外保留国家宗教事务局、国家民委、国务院侨办牌子。为推进党政部门职责的协调配合,党中央设置的各类工作委员会或领导小组将办公室或秘书组分别设置在对应的政府部门。例如,将中央教育工作领导小组秘书组设在教育部。

政府机构改革方面。一是优化经济管理部门设置和职权划分,调整和完善经济管理职能,坚决破除制约使市场在资源配置中起决定性作用、更好发挥政府作用的体制机制弊端,围绕推动高质量发展,建设现代化经济体系,加强和完善政府经济调节、市场监管职能。将银行业监管和保险业监管进行合并,组建中国银行保险监督管理委员会,将银监会和保监会承担的拟订银行业、保险业重要法律法规草案和审慎监管基本制度的职责划归央行。为了强化政府对市场监管职能,将工商总局、质检总局和食药监总局合并组建国家市场监管总局。二是优化政府综合执法、公共服务机构设置,突出了政府的综合执法和公共服务职能。组建了国家医疗保障局,统一了医疗保障工作。将卫生和计划生育委员会更名为卫生和健康委员会,突出了关注人民群众健康的职能。探索实行跨领域跨部门综合执法,建立健全综合执法主管部门,整合组建市场监管、生态环境保护、文化市场、交通运输、农业综合执法队伍。三是赋予地方机构改革自主权,改进地方政府运行效能。赋予省级及以下机构更多自主权,突出不同层级职责特点,允许地方根据本地区经济社会发展实际,在规定限额内因地制宜设置机构和配置职能。统筹设置党政群机构,在省市县对职能相近的党政机关探索合并设立或合署办公。

在群团组织机构改革方面,主要任务是解决群团组织"机关化、行政化、贵族化、娱乐化"等问题。促进党政机构和群团组织功能有机衔接,鼓励群团组织承接适合的公共服务职能。在人大机构改革方面,组建了全国人大社会建设专门委员会,将全国人大内务司法委员会更名为全国人大监察和司法委员会,将全国人大法律委员会更名为全国人大宪法和法律委员会。深化全国政协机构改革,新组建全国政协农业和农村委员会。

总之,2018 年机构改革标志着我国机构改革进入了一个新的阶段:改革对象上,从党政扩展到党政军群等国家机构;改革目标上,实现了以配合"经济体制改革""转变政府职能"为主向提高"经济调节、市场监管、社会管理和公共服务"水平,推动国家治理体系和治理能力现代化的转变;改革路径上,实现了从相关领域局部突破、地方试点先行向中央顶层设计、统筹规划的转变。此次改革力度空前，党中央机构涉及20多个，撤并9个，更名4个，新设3个；国务院机构，正部级机构减少8个，副部级减少7个，归口7个。通过改革，既解决了党政部门机构重叠、职责交叉的问题，更强化了党对重大工作的领导权和领导地位，政府机构设置更加符合实际、科学合理、更有效率，为国家治理体系和治理能力现代化打下了坚实的基础，为全面贯彻落实党的十九大部署的各项任务提供了有力的组织保障。

二、40年来我国机构改革的主要经验

40年来的机构改革，使我国基本建立了与市场经济体制相适应的机构体系，有力促进了政府职能转变，有效提升了国家治理能力，也积累了弥足珍贵的经验。

（一）必须坚持党的领导，处理好党政机构改革的关系

加强党中央的集中统一领导是机构改革的前提条件。必须充分发挥党的总揽全局、协调各方的作用，以党的政治优势引领和推进改革，使之贯穿改革的各方面和全过程。我国历次机构改革都是在党的领导下进行的，都是由党中央作出决策部署，明确改革方向和重大举措。坚持党的领导是我国40年机构改革的基本经验，同时也是未来机构改革的基本遵循。坚持党对机构改革的领导，内在要求处理好党政机构改革之间的关系。在我国政治体制中，党政机构都是我们党治国理政的重要力量，在党的领导下协同一致开展工作，因而需要统筹推进党政机构改革，优化资源配置。

（二）必须服务于经济建设这个中心工作，处理好政府与市场的关系

机构设置作为上层建筑的一部分，要以适应社会主义市场经济体制和经济社会发展的需要为改革目标。可以说，推动机构改革的根本动力是市场经济体制的驱动，机构改革又对市场经济体制改革起到了保障作用。1982年进行的机构改革，是认识到在冲破计划经济体制束缚的同时，必须对政府机构设置进行相应调整，因而较大幅度地撤并了经济管理部门。1988年的机构改革主要为解决政府管得过多、过宽、过死的问题，强调政府的经济管理部门要从以直接管理为主转变为以间接管理为主，强化宏观管理职能，弱化微观管理职能。1993年、1998年的机构改革也都是围绕着解决这一问题展开的。随着社会主义市场经济体制基本建成，政府与市场、政府与企业关系不顺问题开始凸显，主要表现是政府越位、缺位、错位问题突出。2003年、2008年、2013年的机构改革主要围绕解决这一问题展开，通过实行大部制改革来理顺政府各部门职责关系。特别是党的十八届三中全会以来，党中央明确提出，要使市场在资源配置中起决定性作

用,同时更好发挥政府作用,把处理好市场和政府关系作为行政改革的重中之重。

(三)必须以转变政府职能为核心,处理好组织结构优化与职能转变的关系

机构改革是一项复杂的系统工程,涉及机构设置、职能转变、人员编制管理等诸多方面,机构的设立、废除或裁并,人员的增加减少均为改革的手段,机构改革的最终目的是转变政府职能。自1988年机构改革首次提出转变政府职能是关键之后,历次政府机构改革都是围绕转变政府职能展开的。无论是精简机构、裁减人员,还是成立宏观调控部门,对相关机构进行整合,都是紧紧围绕加快转变政府职能展开的。

(四)必须整体性、系统性推进,处理好各类机构改革的关系

机构设置是政治体制的重要内容,涉及面广,不仅包括政府机构,还包括人大、政协、军队等多方面国家机构。机构改革作为行政体制改革的核心,其改革目标就是围绕转变政府职能、配合经济体制改革,实现政府治理体系和治理能力现代化。机构改革是一个系统工程,涉及方方面面,需要系统规划、协调推进,使各项改革相互配套、相互促进,才能产生更大效应。从改革实际进程看,过去多次机构改革未能完美达成目标的一个很重要原因就是改革不系统、不配套,各领域改革进展参差不齐、相互不协调的情况。因此,要使政府机构改革与立法、政协、群团、社会组织的机构改革相协调,使机构改革与干部人事制度改革、编制法制化等相结合。

(五)必须积极稳妥、循序渐进,处理好改革与稳定的关系

我国40年的机构改革走的是一条渐进式改革路径。每一次机构改革都是服务于当时的经济发展水平、经济体制状况、社会管理需要。从解决经济建设中的领导体制问题到理顺关系、转变职能;从通过精简机构、精减人员来提高行政效率,到探索实行职能有机统一的大部制,努力建设一个适应发展社会主义市场经济要求的服务型政府。任务逐步深化,改革层层推进。在推进党和国家机构改革过程中一定要继续坚持与经济社会发展水平相适应,改革既不能过于超前,也不能太过滞后,一定要坚持把握好改革力度,综合考虑经济发展速度和社会承受度,从而最大限度地减少改革的阻力和风险,避免引起不稳定。

(六)必须尊重地方探索,处理好维护中央权威与调动地方积极性的关系

我国政府机构改革不仅包括中央层面的机构整合,还包括地方政府机构的重组与

合并。历次机构改革均由中央作出统筹规划和全面部署，明确改革的原则和“规定动作”，按照方案由上到下逐步推进。各地要在党中央领导下，按照中央的决策部署进行机构改革，而不是自行其是、政出多门、各自为政。同时，我国幅员辽阔，各地情况差别很大，不同地域政府机构设置有共性的一面，也有个性的一面，因而在政府机构改革中注重发挥地方积极性，充分考虑地方的差异性，尊重地方首创精神，鼓励地方结合实际积极探索创新，做好“自选动作”。基层是改革的探路者，其改革方案的可行性可以在实践中得到检验，而来自不同地方的不同改革方案可以为全国范围内的改革提供多种可选路径；中央的部署可以使一些改革措施得到迅速推广，有利于改革经验的推广。机构改革必须坚持自下而上的试点探索和自上而下的统筹规划相结合，从而充分发挥基层的首创性和中央的权威性。

（七）必须从实际出发，处理好立足国情与学习借鉴的关系

一个国家的政府机构设置和变革，主要是由本国的政治制度、经济发展水平、历史文化传统等因素决定的，同时也受到国外变革潮流和经验的影响。我国与其他国家的文化背景、政治体制、经济社会发展水平都有着明显的不同，这就要求我们的机构改革必须从我国国情出发，作出符合中国实际的制度安排。如在党政机构设置上，不能像西方那样强调分离，而应突出党的领导这一中国特色社会主义的最本质特征。当然，其他国家的政府机构设置也有有益经验，对我们的机构改革具有重要的启示。在借鉴西方国家经验的同时，一定要结合中国的国情，坚持实事求是，不唯书、不唯洋，科学设计机构改革方案。

三、进一步深化机构改革的思路和方向

新时代中国特色社会主义事业发展，对党和国家机构提出了新的要求。我们要在40年机构改革的基础上，坚持以习近平新时代中国特色社会主义思想为指导，深入贯彻党的十九大和党的十九届二中全会、党的十九届三中全会精神，以更大决心、更强力度、更实举措推进机构改革。

（一）深入学习领会和坚决落实中央机构改革决策部署

“一分部署，九分落实”。各地区各部门要坚决维护以习近平同志为核心的党中央权威和集中统一领导，坚决落实党中央部署的深化机构改革任务。坚持和加强党的全面领导是这次党和国家机构改革必须坚持的重要原则，也是机构改革的首要任务，必须从体制机制上对全面加强党的领导作出制度安排。机构重组，不应只是物理上的重新

拼装,更要在人员融合、职能整合上真正发生"化学反应"。各级党委和政府要履行对深化改革的领导责任,重视改革成效和结果的客观评估、检查验收和经验总结,防止出现虎头蛇尾。要以对党和国家事业高度负责的精神,进一步提高政治站位,切实以习近平总书记重要讲话指导机构改革工作,勇于担当、各负其责、攻坚克难,确保按期完成任务。要深入研究解决机构改革过程中出现的新情况新问题,确保机构职能等按照要求及时调整到位,不能有变通、拖延。

(二)加快构建系统完备、科学规范、运行高效的机构设置和职能配置框架体系

党和国家机构职能体系是中国特色社会主义制度的重要组成部分,是由党和国家管理活动各个环节、各个层面、各个领域的相互关系和内在联系构成的有机整体,既有机构层面的,也有职能层面的。理想的党和国家机构职能体系必须系统完备、科学规范、运行高效。系统完备就是要机构健全、职能配套、机制完善,重点解决党和国家机构职能体系覆盖面问题,确保党的领导全覆盖;科学规范就是设置合理、程序严密、于法周延,重点解决党和国家机构职能体系精准度问题,不断提高制度化规范化程序化水平;运行高效就是运转协调、执行顺畅、监督有力,重点解决党和国家机构职能体系实效性问题,推进党和国家机构职能优化协同高效。要构建适应新时代新任务要求的党和国家机构设置和职能配置基本框架,必须把加强党对各领域各方面工作的领导作为首要任务,通过深化改革,优化党的组织机构,确保党的领导全覆盖,确保党的领导更加坚强有力;要把转变政府职能作为深化党和国家机构改革的重要任务,坚决破除制约使市场在资源配置中起决定性作用、更好发挥政府作用的体制机制弊端,围绕推动高质量发展,建设现代化经济体系,优化政府机构设置和职能配置,全面提高政府效能,建设人民满意的服务型政府;还要加强武装力量体系和群团工作体系建设。在党和国家机构设置和职能配置基本框架中,党总揽全局,人大、政府、政协、监察机关、审判机关、检察机关、人民团体、企事业单位、社会组织等在党的统一领导下,各就其位、各司其职、各尽其责、有序协同,保证中央和地方各级政令统一、运行顺畅、执行高效、充满活力。

(三)以促进制度建设和国家治理体系和治理能力现代化为导向

国家治理体系和治理能力现代化是以国家的制度建设为基础。与建设社会主义现代化强国目标相比,与实现国家治理体系和治理能力现代化的要求相比,目前,我国的制度建设仍不完善。机构改革是健全完善党和国家机构设置和职能配置、构建现代化国家治理体系、提高国家治理能力的重要手段,推进机构改革必须紧密围绕服务于推进国家治理体系和治理能力现代化这一总目标进行系统的制度设计。当前,在第一个百

年奋斗目标即将实现之际，深化党和国家机构改革的最基本的任务是要紧紧围绕决胜全面建成小康社会的目标，针对存在的突出矛盾和主要问题，抓重点、补短板、强弱项、防风险，从党和国家机构职能上为顺利实施党的十九大战略部署、打赢“三大攻坚战”、决胜全面建成小康社会提供坚强保障。深化党和国家机构改革要在立足于第一个百年奋斗目标已经实现、制度设计较为成熟的基础上放眼未来，对实现第二个百年奋斗目标所需要的党和国家组织架构和管理体制进行前瞻性、战略性布局，注重解决事关长远的体制机制问题，努力为形成更加完善的中国特色社会主义制度、构建现代化国家治理体系创造条件，为实现中国特色社会主义现代化提供坚实的制度保障。

（四）运用系统思维统筹部署、协同推进各方面改革

新一轮机构改革部署一改过去“碎片化”的改革模式，要求党委政府机构一起改、中央与地方层级一起改，更加注重统筹兼顾改革涉及的方方面面，体现了整体谋划、系统着力、综合布局、协同推进的科学方法。随着改革进入更深层次，改革涉及的方方面面相互关联，改革触及的矛盾和利益相互交织。因此，必须善于运用系统思维，统筹处理好多方面关系。一是要统筹处理好加强中央权威和扩大地方自主权的关系。切实扩大地方的自主权，是机构改革的需要，但一定不能削弱中央的权威。要在加强中央权威与扩大地方自主权之间寻求一个恰当的平衡点。二是要统筹党政关系。党政关系首先要坚持党的领导，在党的领导下只有党政分工、没有党政分开。三是要统筹政府与市场的关系，科学确定政府与市场的各自运行边界、范围、层面和内容，合理确定政府与市场在不同发展阶段和条件下的功能互补内容和机制以及政府对市场的有效监管机制。四是要统筹机构改革与其他方面改革的关系，将机构改革放到全面深化改革的大局中统筹谋划。五是要统筹统一部署与因地制宜的关系。改革既要加强统一部署、做到全国一盘棋，又要考虑到各地实际情况，鼓励地方大胆探索，制定符合本地实际的改革举措。六是要统筹机构改革与制度建设的关系。制度建设对体制机制改革具有独特价值。要通过机构改革催生新的制度，也要以制度创新引领机构改革。

（五）以法治方式推进改革，加快机构、职能、权限、程序、责任法定化

按照建立法治政府的要求，党和国家机构改革要坚持改革和法治相统一、相促进，既要在法治下推进改革，也要在改革中完善法治。在法治下推进改革，就是要发挥法治引领、规范和保障改革的作用，做到重大改革于法有据，依法依规完善党和国家机构改革；在改革中完善法治，就是不能简单以现行法律没有依据为由迟滞改革，而是要通过改革推进法律制度建设，做到在改革中完善和强化法治。当前，我国机构改革的法律法规还不健全，法治建设滞后于改革实践。我国自 1988 年改革起就提出用法律手段规范

机构设置和编制管理，开始机构“三定”规定工作，此后多次政府机构改革都强调要实现机构编制的法定化、规范化，制定了机构编制管理条例等法律法规，但已有规定过于原则、简约，缺乏实体性和程序性的规定，常常以政策性文件替代法律法规，操作上弹性过大。今后，要加快推进法律法规的立改废释：加快清理与机构改革相关的法律法规，及时废止已经不适应改革要求的法律法规，按照改革要求修改相关的法律法规；将改革成果用法治方式加以固化，将事关职责权限与组织编制的改革成果及时上升为法律规定，推进机构编制法定化，强化机构编制管理刚性约束；加快推进机构、职能、权限、程序、责任法定化，实现党和国家机构改革的规范性、权威性、法治性。

专题四：40 年来行政体制改革研究[①]

行政体制改革是政治体制改革的重要内容，是推动我国上层建筑更好适应经济基础的一项重要制度建设，是建立和完善社会主义市场经济、发展中国特色社会主义政治的客观需要，贯穿我国改革开放和社会主义现代化建设的全过程。从构成要素来看，行政体制改革包括行政权力结构变革、行政组织机构调整、行政管理制度以及行政管理手段方式创新等。[②] 改革开放 40 年来，我国持续推进行政体制改革，初步建成中国特色社会主义行政管理体制。回顾中国行政体制改革历程，总结提炼改革宝贵经验，研究探讨新时代深化行政体制改革的重点任务，对于深刻理解中国改革开放伟大成就，推进国家治理体系和治理能力现代化具有重要意义。

一、40 年来中国行政体制改革的基本历程

改革开放前，我国长期实行适应计划经济要求的、高度集中的行政管理体制。实践证明，这种体制存在官僚主义严重、行政效能低下等诸多弊端，极大地影响生产力发展。1978 年年底召开的党的十一届三中全会，全面开启了我国改革开放和社会主义现代化建设的历史新时期。此后，为适应构建社会主义市场经济体制的要求，按照建设和发展中国特色社会主义的总目标，在进行经济体制改革的同时，积极稳妥地推进行政体制改革，并不断取得新突破和重大进展，初步建立起具有中国特色的社会主义行政管理体制。40 年来，我国先后进行了 8 次大的行政体制改革，分别是 1982 年、1988 年、1993 年、1998 年、2003 年、2008 年、2013 年和 2018 年行政体制改革，这一历程大致可以划分为三个阶段。

（一）冲破高度集中计划经济时期的行政体制改革阶段（1978—1992 年）

从党的十一届三中全会召开到党的十四大之前，在计划经济框架内，我国先后开展

① 本专题由王满传、吴闫、刘非共同撰写完成。

② 魏礼群：《中国行政体制改革的历程和经验》，《全球化》2017 年第 5 期。

了1982年、1988年两次集中的行政体制改革，其主要目的在于冲破高度集中的计划经济体制和行政管理模式，对建立中国特色社会主义行政体制进行探索。

1982年进行的国务院机构改革，重点是在下放经济管理、财政收支、人事管理等权限，同时精简各级机构和编制，并按照实现干部队伍革命化、年轻化、知识化、专业化的要求，改革领导体制和领导方法，提高干部队伍的素质。这次改革历时三年，为中华人民共和国成立以来规模较大的一次行政体制改革，改革范围包括各级党政机关，在废除领导干部职务终身制、精简机构和编制、克服官僚主义、提高政府效能等方面产生了积极影响。

1984年党的十二届三中全会通过了《中共中央关于经济体制改革的决定》，随着经济体制改革的深入，政治体制不适应经济体制改革要求的问题日益突出。1987年党的十三大把政治体制改革作为一项重大改革任务进行全面部署，系统阐明了政治体制改革的紧迫性、目的、对象、原则、长远目标和近期目标等，提出要建立高度民主、法制完备、富有效率、充满活力的社会主义政治体制。在党的十三大政治体制改革思想指导下，1988年我国实施了新一轮行政体制改革，这次改革首次提出"转变政府职能是机构改革的关键"这一命题，其主要内容是理顺关系①、合理配置职能、科学划分职责分工、调整机构设置、精减人员、提高行政效率、完善运行机制和加快行政立法。改革采取了自上而下、分步实施的方式，但由于多方面原因，原定于1989年开展的地方机构改革暂缓进行。

总体来看，这一阶段，通过改革我国初步摆脱了与高度集中的计划经济体制相适应的行政管理模式羁绊，激发了经济社会活力，促进了社会生产力的解放和发展。但这一阶段的改革依然是在计划经济框架内开展的，并没有从根本上触及旧体制，政府职能转变和地方政府机构改革进展缓慢，管理上仍然习惯于沿用过去的依靠行政命令和直接管理的手段。

（二）建立和完善社会主义市场经济时期的行政体制改革阶段（1992—2012年）

从党的十四大召开到党的十八大之前，随着社会主义市场经济逐步建立和完善，行政体制改革主要围绕着"加快转变政府职能"的主线展开，通过落实企业经营自主权、减少行政审批事项、理顺政府部门之间关系、明确中央与地方管理权限以及精简机构编制等，政府的行政效能得到极大提升，也为加快建立社会主义市场经济体制

① 即逐步理顺政府、国有企业、事业单位和人民团体的关系，理顺政府各部门之间的关系和中央政府与地方政府之间的关系。

创造了重要条件。

1992 年党的十四大将建立社会主义市场经济确立为我国经济体制改革的目标模式，为适应社会主义市场经济发展的要求，提出要"按照政企分开和精简、统一、效能的原则，下决心对现行行政管理体制和党政机构进行改革"①。根据党的十四大精神，1993 年的政府机构改革重点就是转变政府职能，并对综合经济部门、专业经济部门、社会管理部门、直属机构、办事机构等分别提出了不同的机构调整方案。同时，地方政府机构改革也全面推开，改革的重点是：以转变政府职能为核心，进一步加强宏观管理职能；加快推进政企分开，落实企业经营自主权；对地方政府机构编制进行核定，精简机构和精减人员。

随着社会主义市场经济改革的深入推进，市场在资源配置中的基础性作用日益增强。在此背景下，党的十五大报告指出，要按照社会主义市场经济的要求，转变政府职能，实现政企分开；根据精简、统一、效能的原则进行机构改革，建立办事高效、运转协调、行为规范的行政管理体系；把综合经济部门改组为宏观调控部门，调整和减少专业经济部门，加强执法监管部门，培育和发展社会中介组织；深化行政体制改革，实现国家机构组织、职能、编制、工作程序的法定化，严格控制机构膨胀，坚决裁减冗员；深化人事制度改革，引入竞争激励机制，完善公务员制度，建设一支高素质的专业化国家行政管理干部队伍。② 1998 年政府机构改革的重点是，调整和撤销那些直接管理经济的专业部门，加强宏观调控和市场监管部门，科学划分部门职责分工，完善运行机制。1999 年 7 月，地方政府机构改革启动，各省（自治区、直辖市）的政府机构按照国务院的精简比例进行精简，市县一级政府机构按照 20%的比例进行了精简。

2002 年 11 月召开的党的十六大提出了进一步深化行政管理体制改革的任务，并将政府职能概括为经济调节、市场监管、社会管理和公共服务四个方面。根据党的十六大精神要求，2003 年启动了改革开放以来第五次大规模的国务院机构改革，重点是深化国有资产管理体制改革，完善宏观调控体系，健全金融监管体制，继续推进流通体制改革，加强食品安全和安全生产监管体制建设。根据方案，国家发展计划委员会改组为国家发展和改革委员会，其任务是研究拟订经济和社会发展政策，进行总量平衡，指导总体经济体制改革；设立国务院国有资产监督管理委员会，以指导推进国有企业改革和重组；设立中国银行业监督管理委员会，以加强金融监管，确保金融机构安全、稳健、高效运行；组建商务部，推进流通体制改革；国家药品监督管理局重组为国家食品药品监督管理局，原属于国家经贸委管理的国家安全生产监督管理局改为国务院直属机构，同

① 中共中央文献研究室编：《十四大以来重要文献选编》上，人民出版社 1996 年版，第 30 页。

② 中共中央文献研究室编：《十五大以来重要文献选编》上，人民出版社 2000 年版，第 28—29 页。

时，将国家计划生育委员会更名为国家人口与计划生育委员会。国务院机构改革完成后，地方政府机构改革也开始积极稳妥推进，主要任务包括：一是深化国有资产管理体制改革，设立省、市（地）两级政府国有资产管理机构；二是除国有资产管理机构设置外，不要求上下完全对口，允许各级地方政府从实际出发，因地制宜地推进机构调整和职能整合；三是严格控制机构和编制总量。

2008 年 2 月，党的十七届二中全会通过的《关于深化行政管理体制改革的意见》指出，深化行政管理体制改革的目标是到 2020 年建立起比较完善的中国特色社会主义行政管理体制。2008 年 3 月，国务院机构改革获批实施，此次改革的主要任务是围绕转变政府职能和理顺部门职责关系，探索实行职能有机统一的大部门体制，合理配置宏观调控部门职能，加强能源环境管理机构，整合完善工业和信息化、交通运输行业管理体制，以改善民生为重点加强与整合社会管理和公共服务部门。同年 9 月，省级政府机构改革全面推进。改革中，各地区都把大部门体制、综合设置机构作为改革重点，并与国务院机构进行衔接；改革后，各省（自治区、直辖市）政府厅局级机构得到较大程度上的精简。此后，各地积极统筹推进市县政府机构改革，并于 2009 年年底前基本完成。

总体来看，这一阶段的改革紧紧围绕建立和完善社会主义市场经济的需要，坚持从促进经济社会更快更好发展出发，着力解决一些长期存在的突出矛盾与问题，在转变政府职能、理顺职责关系、探索职能有机统一的大部门体制等方面迈出重要步伐，取得重要突破和历史进步，为此后的推进国家治理体系与治理能力现代化奠定了坚实的基础。

（三）推进国家治理体系与治理能力现代化时期的行政体制改革阶段（2012—2018 年）

党的十八大以来，以习近平同志为核心的党中央，在总结过去 40 年改革开放经验的基础上，科学把握当今世界和当代中国的发展大势，顺应人民愿望和实践要求，直面行政体制存在的深层矛盾和问题，按照建立中国特色社会主义行政管理体制、推进政府治理现代化的目标要求，紧紧围绕使市场在资源配置中起决定性作用和更好发挥政府作用，加快建设职能科学、结构优化、廉洁高效、人民满意的服务型政府。

一是大力推进简政放权、放管结合、优化服务，推动政府职能向创造良好发展环境、提供优质公共服务、维护社会公平正义转变。按照党中央的统一部署，各级政府以继续深化行政审批制度改革为突破口，持续发力，不断加力，上下接力，积极推进“放管服”改革，并取得明显成效。同时，加强宏观调控职责，着力创新和完善宏观调控；加强社会建设，创新社会治理；加强公共服务，强化环境保护。

二是统筹推进机构改革，健全部门职责体系。围绕构建系统完备、科学规范、运行高效的党和国家机构职能体系，统筹推进党政军群等各类机构改革，调整优化政府机构设置和职能配置。将一些与党的机构职能交叉、需要加强党的领导的职能归口由党的机构集中管理，撤销了一些不符合社会主义市场经济体制要求的机构，整合了一些职责重合或交叉的机构，组建了一些需要强化职能的新机构。

三是优化行政层级和行政区划设置，完善国家行政管理架构。一些有条件的地方探索实行省直接管理县（市）的体制；一些地方实行强县扩权、强镇扩权改革试点；一些地方进行了县改市、县改区；一些地方进行了乡镇合并，推进乡镇行政体制改革；一些地方扩大开发区范围、增加开发区行政管理职能；一些地方打破或弱化行政区划界线，加强跨行政区的协调合作。

四是创新行政管理方式，提高政府公信力和执行力。在宏观调控方面，密切跟踪国内外形势发展变化，科学研判，保持定力，着力实施区间管理、定向调控、精准发力。在市场监管方面，改变大水漫灌式的普查，推行"双随机一公开"，推行信用监管、大数据监管，实行综合执法，提高监管和执法的效率和公平性。加快推进电子政务，推行"互联网+政务服务"，提升行政管理和服务的效率，增强便利性、公开性。通过多种方式和渠道，扩大公众有序参与公共事务管理。

五是推进事业单位分类改革。根据其所承担的职能，将事业单位分为行政性、公益性、经营性等三类，将公益类事业单位分为公益一类和公益二类，明确不同类别事业单位的改革方向，采取不同的改革措施，强化公益性，推进政事分开，提升服务水平和质量。

二、40 年来中国行政体制改革取得的成就

从行政体制改革的总体历程来看，每一次改革既是对以往改革成果和经验的继承，也是根据新形势新任务要求进行的创新和发展。经过 8 次行政体制改革，我国已经基本建立起了适应经济社会发展需要的行政管理体制，政府职能发生了根本性转变，政府组织结构逐步优化，公务员队伍建设取得实质性进展，政府管理方式不断创新，依法行政全面推进，为经济社会发展提供了强有力的体制保障。

（一）政府职能发生根本性转变

政府职能转变是行政管理体制改革的核心。改革开放以前，在高度集中的计划经济体制背景下，政府扮演着几乎"全能者"的角色，对微观经济社会事务进行全面直接的管理。改革开放之后，随着经济体制改革的不断深化，政府职能也持续转变，并取得实质性进展。

1. 市场在资源配置中的作用越来越大，政府发挥的作用越来越好

体现我国政府职能转变的一个重要指标是商品价格的市场化程度。改革开放前，在

计划经济体制下,我国几乎全部产品价格都是政府控制的。随着政府和市场关系的逐步调整,价格市场化程度越来越高,政府定价范围越来越小。据国家发改委测算,到2016年,我国价格市场化程度达到97.01%,政府管理价格的比重为2.99%。其中,中央政府管理价格的比重仅为1.45%。从产业来看,第一产业的价格市场化程度达到100%,第二产业为97.37%,第三产业也达到95.90%。政府定价范围基本集中在网络型自然垄断环节、重要公用事业和公益性服务三个领域,其他领域的商品几乎全部由市场定价。

2. 大量行政审批事项得以取消或下放

2013年至2017年6月,国务院分9批审议通过取消下放行政审批事项618项,超过原有总数的40%;中央层面核准的投资项目数量累计减少90%,外商投资项目95%以上已由核准改为备案管理;分7批审议通过取消的国务院部门职业资格许可和认定事项共434项,占原有总数的70%以上;分3批审议通过清理规范的国务院部门行政审批中介服务事项共323项;工商登记由"先证后照"改为"先照后证",减少前置审批事项197项,压减87%以上;将企业注册资本实缴制改为认缴制,降低企业注册门槛;推行"三证合一""多证合一";对企业实行"一址多照"和"一照多址";中央和省级政府取消、停征和减免收费1100多项,其中,中央设立的涉企行政事业性收费项目减少69%、政府性基金减少30%,累计为企业减轻负担2万亿元。清理规范行政审批事项。2015年,国务院各部门非行政许可审批全部取消。各级地方政府也按照中央的要求,大力推进简政放权,一些省级政府职能部门把行政审批事项减少70%以上。

3. 事前事中事后监管开始成为政府履职的重心

事前监管主要体现为对市场准入标准的重视。自2014年起,国务院有关部门就先后下发了《国务院关于印发深化标准化工作改革方案的通知》《国务院办公厅关于加强节能标准化工作的意见》《国家标准化体系建设发展规划(2016—2020年)》等文件,明确规定了环境、安全、技术等市场准入的标准、实施步骤、执行措施以及实施标准化建设的重点领域和重大工程。事中事后监管是相对事前监管或事前审批而言的,主要体现为对市场主体有关活动的执法上。为此,国家发布了《关于推广随机抽查规范事中事后监管的通知》等文件。在地方上也有类似举措:如针对取消调整事项,广东省有关部门制定或完善监管办法200多项,积极推广随机抽查、智能监管等监管方式,在广州开发区试点建设加强监管标准化体系建设;安徽省出台《安徽省政府权力运行监督管理办法》,推广随机抽查规范事中事后监管意见。中央和地方都很重视社会诚信体系建设,认为其是政府监管的重要基础性工具。围绕强化监管,一些省份积极探索新的改革举措。①

① 包雅钧:《十八大以来政府职能转变改革进展与成效评估》,《新视野》2017年第1期。

（二）政府组织机构不断精简和优化

政府机构是负责行政管理活动的载体，是履行行政职能的主体。政府机构的设置是否合理，直接决定着国家的行政效能。从中华人民共和国成立到改革开放之前，全国进行了 4 次较大规模的精简机构，但基本上没有解决问题。① 改革开放以来，我国政府已经先后开展了 8 次机构改革，每一次改革都根据经济社会发展和政府职能转变的要求，对政府机构进行精简、整合和撤并。总体来看，经过 40 年的努力探索，一个适应发展社会主义市场经济要求的政府机构职能体系正在形成。

1. 建立起与市场经济体制相适应的机构体系

我国政府机构 8 次改革有着一个共同背景就是建立中国特色社会主义市场经济体制。1982 年推进机构改革时主要是以精兵简政的方式较大幅度撤并了经济管理部门；1988 年的改革强调政府开始强化宏观管理，淡化微观管理职能；1993 年的改革成立国家经贸委，以“加强对国民经济运行中重大问题的协调”，将专业经济部门的改革分为不同类别；1998 年的改革逐步取消专业经济部门，向企业、社会和下级组织下放的职权 200 多项；2003 年的改革设立国务院国有资产监督管理委员会、中国银行业监督管理委员会，不再保留国家经贸委和外经贸部，其职能并入新组建的商务部；2008 年的改革组建“大工业”和“大交通”；2013 年的改革实行铁路政企分开，将药监局和食品安全委员会合并为国家食品药品监督管理总局；2018 年改革更是针对当前资源环境等突出的问题对机构进一步整合，例如组建自然资源部和生态环境部等，国务院正部级机构减少 8 个，副部级机构减少 7 个。与 1982 年第一轮机构改革之前相比，经过 8 轮机构改革，国务院组成部门数量减少了一半，其他机构也大幅精简。

2. 有力推动了政府职能转变

1988 年机构改革提出要“按照经济体制和政治体制改革的要求，推动政府各部门特别是经济管理部门，由微观转向宏观管理，由直接转向间接管理，由部门转向全行业管理，由‘管’字当头转向监督和服务”。1988 年机构改革把职能转变的重点放在同经济体制改革关系密切的经济管理部门，特别是其中的专业管理部门和综合管理部门内的专业机构。1993 年的机构改革，先是减少、压缩甚至撤销工业专业经济部门，逐步推动政府经济管理方式的合理化，之后一年又将重点放在政企分开、政社分开上。1998 年机构改革撤销了几乎所有的工业方面的专业性经济部门，打破了政企不分的组织堡垒。2003 年、2008 年、2013 年以及 2018 年的机构改革，转变政府职能的重点是加强和完善政府宏观调控，注重政府的市场监管、社会管理、公共服务和生态环境保护职能，调

① 王勇学：《政府机构改革是一场革命》，《人民日报》1998 年 4 月 2 日。

整优化政府机构职能，全面提高政府效能。

3. 政府治理能力极大提升

中国政府的8次机构改革，通过转变政府职能，理顺权责关系，转变管理方式，实现治理转型，初步建立了办事高效、运转协调、行为规范的行政管理体制，推进了政府治理能力的持续提高。此外，不同于西方国家"三权分立"的政治体制模式，我国政府机构改革本着"决策权、执行权、监督权"这三权既相互制约又相互协调的原则，形成了权界清晰、分工合理、权责一致、运转高效、法治保障的国务院机构职能体系，从而构成了独具中国特色的权力结构及运行机制。①

（三）公务员制度建设取得实质性进展

1949年中华人民共和国成立初期，我国实行"大一统"的干部人事制度，机关、企业、事业单位干部全部按照"国家干部"的身份进行集中统一管理。经过改革开放40年的探索与实践，我国基本实现了由传统的干部人事制度向现代公务员制度的转变。

1. 形成了较为完备的公务员法规体系

1993年国务院正式颁布《国家公务员暂行条例》，对公务员从进机关到退休的各个管理环节，都作出了明确规定，是我国政府机关人事管理逐步走向科学化、法制化的总章程。2005年全国人大常委会通过《中华人民共和国公务员法》，标志着公务员制度已经形成，随后针对各个管理环节制定了多项配套法规：既包括关于公务员制度和公务员管理的基础性规定，如公务员制度的指导思想，基本原则，公务员的范围、条件、义务与权利、职务与级别、主管部门，违反公务员法的法律责任等；也包括公务员管理各环节的具体制度，例如"进口"方面有录用、调任、公开选拔、聘任、选任等方式，"出口"方面有辞职、辞退、退休、调出、解聘、开除等方式，在职管理方面包括职务升降、职务任免、考核、惩戒、交流与回避、奖励、培训、工资福利保险和申诉控告等。至此，我国公务员管理各个环节都被纳入法治化轨道。

2. 我国公务员管理依法依规得到有序开展

随着公务员法的贯彻实施，我国公务员管理日趋规范，特别是在职位分类、考录选拔、考核评价、能力建设与开发、薪酬福利等环节取得了显著成效。其中，公务员队伍"凡进必考"是保障公民平等竞争担任公职、参与国家事务管理的重要途径。1994年至今的20多年，全国共考录公务员200余万人。考试录用在目前公务员管理制度中满意度最高，绝大多数社会公众认为考试录用制度总体上公平，能够选拔

① 刘祺、许耀桐：《改革开放以来政府机构改革的历程和启示》，《海南大学学报（人文社会科学版）》2017年第5期。

到优秀的治国理政人才。

3. 公务员能力素质大幅提升

公务员培训率不断提升，新录用公务员初任培训参训率已经达到 100%，任职培训制度基本落实，基层公务员和全国公务员培训管理者轮训实现全覆盖，公务员对口培训不断加强。根据中央关于从严管理干部的要求，各级党委政府积极开展思想政治理论、推动科学发展、依法行政、职业道德等培训，进一步加强了公务员队伍的思想政治建设，提升了公务员的政治鉴别力和思想道德水平。特别是党的十八大以来，以习近平同志为核心的党中央全面从严治党，采取了一系列整风肃纪的重大举措，广大公务员的"四个意识"显著增强，工作作风明显好转，政治能力、工作能力大幅提升。

（四）依法行政全面推进

依法行政是法治政府的核心要求，是中国治理能力现代化的重要表征。改革开放 40 年，我国已经逐步建立起一套比较完整的法治政府建设制度。

1. 加强和改进政府立法，完善依法行政制度体系

完善行政管理法律法规、提高政府立法质量是建设法治政府的前提。截至 2014 年 9 月，我国已制定现行有效的行政法规 737 件、国务院部门规章 2856 件、地方政府规章 8909 件，以规范经济、政治、文化、社会生活、生态环境以及政府自身活动为主要内容的制度体系逐步健全，政府管理在各个方面总体上实现了有法可依，为法治政府建设奠定了坚实的制度基础。① 在立法过程中，除通过座谈会、论证会等方式征求意见外，普遍采取法规规章草案公开向社会征求意见的方式，充分听取各方面意见，凝聚各方面共识。目前，除依法应当保密的外，已经做到所有行政法规草案都通过报纸、网络等媒体向社会公开征求意见。

2. 及时进行行政法规清理，依法推进政府职能转变

2013 年以来，国务院把深化行政审批制度改革作为全面深化改革的重要抓手和突破口。规范行政权力运行，严格规范公正文明执法。推进政务公开，促进政府工作公开透明。2008 年国务院发布实施《政府信息公开条例》，依法保障社会公众的知情权、参与权、监督权。积极推进权力清单工作，地方各级政府以行政许可、行政处罚等关系群众切身利益的领域为重点，依法清理规范行政权力，公开权力运行流程。发挥行政复议制度功能，妥善化解行政争议。行政复议成为政府层级监督、有效化解行政争议的重要法律渠道。各级行政复议机关认真执行行政复议法，积极发挥职能作用，依法公正裁决案件，及时纠正违法行为，妥善化解矛盾争议，有效维护了公民、法人和其他组织的合法

① 马怀德：《法治政府建设：挑战与任务》，《国家行政学院学报》2014 年第 5 期。

权益，增强了行政复议的公信力、执行力。

3. 政府工作人员依法行政的意识不断提升，依法行政的能力有所增强

一个国家法治成功与否的标准不在于法律数量的多少，关键是要看这个国家的公民特别是公务员的法律意识有没有增强，对法的尊崇、敬畏有没有增加，领导干部是否有比较明确的职权法定的意识，按照法定的权限程序行使权力、履行职责。改革开放以来，我国持续推进依法行政，特别是党的十八大以来，党中央全面推进依法治国，坚持法治国家、法治政府、法治社会一体化建设，各级政府部门和工作人员依法行政的意识和能力大大提高。

（五）政府管理方式持续创新

改革开放以来，为适应国内外形势变化和经济社会发展要求，我国政府管理方式发生了重大变化，逐步从传统的以行政管制为主向以建设服务型政府为核心，综合运用行政、经济、法治、公众参与、信息技术等多种手段的政府管理方式转变。政府坚持以人为本的原则，利用市场机制，应用现代科技成果，简化行政程序，调整管理流程，使行政管理方式更加科学化、人性化、便利化和效能化。①

1. 多元主体共同治理

改革开放 40 年来，我国管理理念发生了巨大变化，随着“治理”概念的提出，政府逐渐放弃过去的“全能思维”和“包办思维”，政府与市场、政府与社会的关系进一步理顺。通过简政放权，着力把生产经营自主权真正交给企业，把市场可以自我调节的交给市场，把社会可自主管理的职能交给依法成立的社会组织，把自治范围内的事情交给群众依法办理，市场在资源配置中的决定性作用和政府作用得以更好地发挥，职能缺位、越位、错位的问题有了较大程度的缓解。与此同时，市场主体、社会组织、人民群众等各类主体参与的平台治理、协同治理、网络治理等多元治理模式创新层出不穷，各类社会主体在党的领导下参与公共事务治理，公共治理主体已实现从“一元”到“多元”的转变。

2. 治理法治化与公开化增强

改革开放 40 年来，我国深入推进依法行政，加快建设法治政府，权责统一、权威高效的依法行政体制日趋健全，职能科学、权责法定、执法严明、公开公正、廉洁高效、守法诚信的法治政府加快建设，法治理念、法治精神、法治原则和法治方法贯穿于政府行政管理的全过程。全面推进政务公开工作取得积极成效，行政权力运行更加规范，政府工作更加公开透明，人民群众知情权、参与权、表达权、监督权日益增强。

---

① 魏礼群：《中国行政体制改革的历程和经验》，《全球化》2017 年第 5 期。

3. 更加重视运用科技手段

广泛运用现代网络技术、计算机技术、智能技术、管理技术，建立“用数据说话、用数据决策、用数据管理、用数据创新”的管理机制，实现基于数据的科学决策，推动互联网与政务服务深度融合，建成覆盖全国的整体联动、部门协同、省级统筹、一网办理的“互联网+政务服务”体系，政府管理与政务服务智能化、精准化水平不断提升，企业和群众办事更方便、更快捷、更有效率。

三、中国行政体制改革 40 年的主要经验

改革开放 40 年来，我国行政管理体制改革不仅取得了显著成效，在实践中也积累了宝贵经验，主要有以下六个方面。

（一）坚持解放思想、实事求是

回顾我国 40 年行政体制改革历程，解放思想、实事求是始终贯穿于改革的全过程和每个环节。正是解放思想使得改革不断突破传统的、僵化的、不合时宜的体制模式，由改革开放初期的在不触动计划经济体制下的权力调整和机构编制精简，逐步转向以政府职能转变为核心的适应社会主义市场经济发展要求的行政体制改革，再到面向国家治理体系和治理能力现代化的行政体制改革，逐步建立起相对完善的、适合中国特色社会主义发展要求的行政体制机制。解放思想并不是无原则的或随意的“解放”，改革始终坚持实事求是的原则，坚持把行政体制改革放在国家发展大局中统筹规划，坚持行政体制改革必须服从并服务于经济社会发展需要，做到与完善社会主义市场经济体制进程相适应，与建设社会主义民主政治和法治国家相协调，以不断转变政府职能为主线，按照发挥市场在经济配置中的决定性作用的原则循序展开。

（二）坚持服务人民、依靠人民

全心全意为人民服务是党和政府的根本宗旨。我国 40 年行政体制改革历程中，始终坚持以人为本原则，把“一切为了人民、一切依靠人民”作为推进行政体制改革的根本出发点和动力所在。改革过程中，始终着眼于不断解放和发展社会生产力，推进经济社会更快更好发展，更好地满足人民群众日益增长的物质文化和精神文化需求，促进人的自由全面发展；始终把维护和保障人民群众的根本利益放在首位，坚持公平正义的改革方向，使全体人民共享改革发展成果；始终尊重人民群众在改革中的主体地位，充分发挥人民群众的积极性与主动性，形成广泛的改革共识。实践证明，行政体制改革只有符合人民群众的根本利益，积极回应人民群众的呼声与诉求，紧紧依靠人民，才能得到

人民群众的拥护和支持，才能真正达到改革的目的和初衷。

（三）坚持顶层设计、基层探索

行政体制改革是一项系统性工程，涉及国家经济、政治、文化和社会各个方面，涉及中央与地方、政府与市场及社会、整体利益与局部利益等一系列重要关系。这就需要坚持顶层设计、统筹规划，按照更好地适应社会主义市场经济发展要求，明确正确的改革方向和路径。我国是一个幅员辽阔、人口众多的国家，各地区间经济社会发展水平存在较大差异。而我国行政体制改革又是一场史无前例的革命，没有现成经验可循，也没有固定模式。这就需要充分发挥地方的主动性与创造性，在基层实践中积极探索、大胆创新，积累并推广成功经验，总结和汲取失败教训。只有把顶层设计与基层探索有机结合起来，更好发挥中央与地方两个积极性，树立和维护中央权威，不断理顺中央和地方权责关系，赋予地方更多自主权，才能使改革始终沿着正确方向前行，才能使改革更加符合各地实际、更加富有成效。

（四）坚持整体推进、重点突破

我国的行政体制改革处于经济体制改革和政治体制改革的中间地带，属于政治体制改革范畴，改革推进过程中必然涉及政治体制、经济体制、文化体制、社会体制等领域的改革，具有显著综合性特征。这就要求必须高度重视改革的系统性、整体性、协同性，统筹谋划改革各个方面、各个层次、各个环节，注重不同时期、不同方面改革的有机衔接和协同配合，注重改革举措的整体效果，防止单兵突进、顾此失彼。同时，行政体制改革的推进涉及众多利益主体的利益结构调整，面临众多阻力和重重困难，这就需要抓住主要矛盾和矛盾的主要方面，抓住重点领域和关键环节进行突破，加快形成推动改革的强大动力。实践充分证明，坚持整体推进和重点突破的内在统一、有机结合，是我国行政体制改革40年历程积累的重要成功经验之一。

（五）坚持积极稳妥、循序渐进

改革开放40年来，我国行政体制改革走过了一条由“外延型”改革逐步转向“内涵型”改革的渐进式改革道路。① 改革先后经历了不同的发展阶段，而在每一个发展阶

---

① 所谓“外延型”改革是指在基本不触动政府组织结构、权力关系和行政体制模式的前提下，注重机构的裁减、合并，人员的精减等量的控制的行政体制改革路径。而“内涵型”改革，则是在重视控制政府规模、人员数量的前提下，聚焦政府组织结构和权力结构的调整以及政府职能的合理配置等方面的行政体制改革路径。（参见汪玉凯等著：《中国行政体制改革30年回顾与展望》，人民出版社2008年版，第30—31页。）

段，我们都始终高度重视主要矛盾与次要矛盾的辩证关系，坚持“运动是绝对的，静止是相对的”基本原理下的动态性调整和渐进式推动的运行路线，围绕着各个不同发展阶段的主要矛盾，根据经济社会发展形势需要进行阶段性的动态调整，将行政体制改革重点放在阶段性的突出问题上来。同时，在改革过程中正确处理改革与发展稳定的关系，充分考虑各方面的承受能力和各种影响因素，把改革力度、发展速度和社会可承受程度统一起来，积极稳妥地推进改革。对涉及全局性和重大利益关系调整的改革，坚持先行试点的改革策略，取得实践经验后再逐步推广。正是这样，我国的行政体制改革才得以有效推进，有效保障党和国家各项事业的协调发展。

（六）坚持立足国情，善于借鉴

西方国家的行政体制改革是在国内社会由现代向后现代化转变的特定发展阶段开展的，以新公共管理、企业家政府、新公共服务、公共选择、新制度经济学等理论为支撑，更多地在管理层面展开，其技术性特征更为明显。[①] 与西方国家不同，我国的行政体制改革始终牢牢把握社会主义初级阶段这个最大国情，坚持以马克思列宁主义、毛泽东思想、邓小平理论、“三个代表”重要思想、科学发展观、习近平新时代中国特色社会主义思想为行动指南，研究借鉴西方行政体制改革的理论和有益经验，不盲目照搬国外模式，同时从中国传统政治文化中汲取养分，从中国国情和中国特色社会主义事业发展的需要出发，坚持学习借鉴与自主创新相结合，形成具有中国特色的社会主义行政管理体制。

四、深化中国行政体制改革的重点任务

2018年的行政体制改革已经拉开帷幕，随着新一届国务院26个组成部门和其他机构的亮相，党和国家机构改革部署正在全面实施。但是，改革只有进行时，没有完成时。要适应新时代中国特色社会主义的要求，满足人民日益增长的美好生活需要，必须继续全面深化行政体制改革。

（一）加快转变政府职能，纵深推进“放管服”改革

党的十九大报告明确提出，“转变政府职能，深化简政放权，创新监管方式，增强政府公信力和执行力，建设人民满意的服务型政府”“赋予省级及以下政府更多自主权”。这对深化“放管服”改革提出了新的要求。一是要继续加大简政放权力度，巩固行政审

① 金太军：《行政体制改革的中国特色》，《行政管理改革》2012年第10期。

批改革和权责清单制度建设成果，在前期改革基础上，进一步精简各类审批、证照等事项，聚焦创新创业关键领域和环节，变部门“端菜”为群众“点菜”，推动精准放权、协同放权。二是要坚持放管结合、放管并举、以管促放，创新监管方式。积极探索新型监管模式，深化以市场监管领域为重点的综合执法改革，推动监管力量向一线倾斜，完善事中事后监管体系。三是围绕营造公平透明、可预期的营商环境，着力解决手续繁杂、证明繁多的顽症痼疾，着力提高部门为民服务的便利化水平。从行政服务供给侧发力、从服务群众末端入手，规范行政行为、优化办事流程、提高办事效率，进一步精简环节和压缩办理时限，加快推进“互联网+政务服务”体系建设，加快行政审批标准化建设，提高政务公开水平。

（二）坚持优化协同高效原则，统筹推进各类机构综合设置

党的十九大报告指出，“统筹考虑各类机构设置，科学配置党政部门及内设机构权力、明确职责”“在省市县对职能相近的党政机关探索合并设立或合署办公”。这是今后深化机构改革的重要遵循。一是构建系统完备、科学规范、运行高效的党和国家机构职能体系。站在国家治理体系现代化的高度，全盘思考党政群职能定位，全面理顺党政群职责关系，强化党委总揽全局、协调各方的宏观领导职能，提高政府执行能力，推动群团组织依章程发挥作用。二是统筹考虑各类机构设置。全面摸清党政群各级各类机构现有职责配置和履职情况，尤其是要把部门与部门之间、部门内设机构之间的职责重叠和交叉、职责履行不到位、协调配合不畅等问题摸实，坚持精简、统一、效能原则，坚持一件事情由一个部门负责，按照大部门制、大处室制的改革方向，统筹党政群机构设置，对涉及领域基本一致、管理对象大体重合、职责相近或密切相关的党政部门或内设机构，加大整合力度，避免多头管理。三是推进不同层级间权责合理配置。赋予省级及以下政府更多自主权，省级主要是强化规划管理、政策法规、标准规范、监督检查等职责，市县级主要是强化执行和执法监管职责，做好直接面向企业和群众的服务与管理。

（三）统筹使用各类编制资源，实现“瘦身”与“健身”相结合

党的十九大报告提出要“统筹使用各类编制资源”。这为加强与创新机构编制管理，有效破解机构编制总量内结构性矛盾，破解严控机构编制总量与满足经济社会发展需要的矛盾提供了全新思路。一是进一步深挖编制潜力。统筹考虑各项改革任务与编制配置之间的内在关联，通过与党和机构改革、事业单位改革、“放管服”改革、人事干部制度改革等相衔接，扭转各方面增编的预期，加大编制挖潜力度。充分把握新技术革命等契机，深入推进“互联网+”，运用云计算、大数据等信息技术提高管理和运行效率，运用互联网思维创新管理思路和方式，节省人力编制资源，以技术换编制。二是创新人

员编制管理，不断优化编制资源配置。完善“动态调整、周转使用”的编制统筹调剂使用制度，形成“需求引领、基数不变、存量整合、动态供给”的编制管理新模式。充分发挥现有编制使用效益，保障关系国计民生的重点领域和关键环节的用编需求。加强机构编制评估工作，提高机构编制受理门槛，用活“减”和“调”的方法，对规模较小和职能弱化的单位及“空壳僵尸”单位进行撤并，对机构设置分散、交叉重复的单位进行合并，对职能弱化的单位进行整合。

（四）深化事业单位改革，建立中国特色公益服务体系

事业单位是政府提供公益服务的主体。要围绕加快建立中国特色公益服务体系的目标，进一步深化事业单位改革，提高公益服务的质量效率和公平性，更好满足人民群众需求。一是要坚持分类施策，针对不同类别事业单位特点，推进政事分开、事企分开、管办分离。高标准完成行政类事业单位改革试点，及时总结经验，适时全面铺开。加大生产经营类事业单位转企改制力度，使其逐步退出事业单位序列，真正成为平等竞争的市场主体，彻底解决事业单位偏离公益目标、与市场争利等问题。逐步理顺公益类事业单位与主管部门的关系，构建新型政事关系。根据公益性事业单位的服务对象，采用不同的管理方式。对于面向社会和群众服务的事业单位，要理顺关系，实行管办分离；对于面向党政机关服务的事业单位，要统筹管理。二是要坚持统筹协调，注重事业单位改革与党和政府机构改革、行业体制改革、综合执法体制改革等相衔接，逐项清理认定职能，该取消的取消、该转移的转移、该下放的下放。三是要积极创新公益类事业单位体制机制，切实强化事业单位公益属性。明确不同类别公益类事业单位的功能定位，在机构编制、人员管理、收入分配、财务管理等方面实行不同办法。公益一类更加严格管理，强化基本公益属性。公益二类坚持公益属性，剥离竞争性经营业务，进一步规范管理，探索推行编制备案制等更加灵活的机构编制管理方式，扩大自主权，增强生机活力。四是要健全公共服务供给体系，优化公共服务资源配置，合理规划布局、推进资源共享。创新公共服务提供方式，加大政府购买服务力度，加快形成鼓励社会力量兴办公益事业的社会环境，放宽准入领域，在设立条件、资质认定、税收政策和政府购买服务等方面公平对待。

（五）广泛运用新技术，创新政府管理方式

要把握经济全球化、新科技革命和产业变革的前沿和趋势，发挥政府信息节点作用，加快健全和完善电子政府建设，以信息化促进国家治理体系和治理能力现代化。一是要结合新一轮党和国家机构改革，深入推进“互联网+政务服务”，实现政务服务的协同化、便捷化和智能化。逐步建立覆盖全国的整体联动、部门协同、省级统筹、一网办理

的“互联网+政务服务”体系，推动服务事项跨地区远程办理、跨层级联动办理、跨部门协同办理。推进实体政务大厅与网上服务平台融合发展，形成线上线下功能互补、相辅相成的政务服务新模式。二是加快推进政府数据共享。完善政务基础信息资源共建共享应用机制，按照国家政务信息资源相关标准进行政务信息资源的采集、存储、交换和共享工作，坚持“一数一源”、多元校核，统筹建设政务信息资源目录体系和共享交换体系。依托政府数据统一共享交换平台，加快推进跨部门、跨层级数据资源共享共用。稳步推进公共数据资源向社会开放。三是推动宏观调控决策科学化。统筹利用政府和社会数据资源，探索建立国家宏观调控决策支持、风险预警和执行监督大数据应用体系，为政府开展运行动态监测、产业安全预测预警以及转变发展方式分析决策提供信息支持，提高宏观调控的科学性、预见性和有效性。四是推动政府治理精准化。在企业监管、质量安全、节能降耗、环境保护、食品安全、安全生产、信用体系建设等领域，推动有关政府部门和企事业单位将市场监管、检验检测、违法失信、企业生产经营、销售物流、投诉举报、消费维权等数据进行汇聚整合和关联分析，统一公示企业信用信息，预警企业不正当行为，提升政府决策和风险防范能力，支持加强事中事后监管和服务，提高监管和服务的针对性、有效性。

（六）进一步加强公务员队伍建设

公务员队伍是政府管理的主体，其素质和能力直接影响政府的执行力和公信力。党的十九大提出了新时代“建设高素质专业化干部队伍”的目标，进一步明确了干部队伍建设的重要地位、重大原则、基本要求和重点工作，回答了选什么人、以什么方式选人、怎么管人的时代性课题，为加强公务员队伍建设提供了根本遵循。一是要毫不动摇地坚持党管干部原则，全面贯彻落实党的干部路线方针政策，确保公务员管理工作的正确政治方向。二是加快推进分类管理，认真落实好专业技术类、行政执法类公务员和聘任制公务员管理规定。三是建立健全考核录用、优胜劣汰、激励保障与监督制约机制。进一步完善公务员考录、遴选、选调等政策，在坚持政治标准的前提下，加大对专业能力、专业精神的测评和考察。建立健全容错纠错机制，改进表彰奖励工作。完善公务员惩戒制度体系，严格规范公务员行为。四是加强和改进教育培训，切实提高教育培训的针对性、精准性、实效性。有序开展交流，保持公务员队伍的朝气和活力。

（七）依法全面履行政府职能，加快建设法治政府

党的十九大对“建设法治政府，推进依法行政，严格规范公正文明执法”作出重要部署，开启了建设法治政府的新征程。一是要加快政府职能转变，保证政府依法全面履行宏观调控、市场监管、社会管理、公共服务、环境保护等职责。二是要加快推进行政组

织和行政职能的规范化、法定化。完善行政组织和行政程序法律法规，推进机构、职能、权限、程序、责任法定化，巩固政府权责清单制度改革成果，推进各级政府事权规范化、法律化。三是要严格规范公正文明执法。不断深化行政执法体制改革，建立权责统一、权威高效的行政执法体制。纵向上，适当减少执法层级，推动执法力量和资源向市、县两级政府下沉。横向上，深入推进综合执法体制改革，整合执法主体、精简执法机构，相对集中行政执法权。推动行政执法和刑事司法相衔接。进一步完善执法程序，改进执法方式，创新执法技术，规范裁量行为，严格责任追究。推广行政执法公示、执法全过程记录、重大执法决定法制审核“三项制度”试点改革经验。

专题五：40 年来市场经济法制建设研究

2018 年是我国改革开放 40 周年。[①] 40 年间，我国建立起较为完善的市场经济法律制度，为市场经济的快速有序发展和经济腾飞提供了法治保障。党的十九大之后，我国社会主义现代化建设也进入新时代。我国领导层坚定改革开放的道路不动摇，宣布将进一步扩大对外开放和全面深化改革。这是针对我国市场经济发展状况和世界经济形势作出的重要判断，也对市场经济法制建设提出了更高标准和要求。2018 年，我国国内生产总值增长到 82.7 万亿元，占世界经济比重提高到 15%左右，对世界经济增长贡献率超过 30%，已成为世界第二大经济体。法律制度的建设是一国国家治理现代化的重要指标，是促进经济发展的有力助推器。在由经济大国走向经济强国的过程中，回顾和总结 40 年来市场经济法制建设的经验并展望未来十分必要。

一、中国市场经济法制建设 40 年的历程

1978 年，党的十一届三中全会拨乱反正，确立了解放思想、实事求是的思想路线，作出全党把工作重点转移到社会主义现代化建设上来、实行改革开放的伟大决策。我国进入了由计划经济体制向市场经济体制逐步过渡的时期。社会主义市场经济必须有与之相适应的法律加以规范、引导、制约和保障。在百废待兴的情形下，国家需要尽快制定一批法律来保障经济秩序。1979 年 3 月，全国人大常委会法制委员会成立，我国市场经济立法随之开始，在较短时间内制定了很多重要的基本经济法律。《中华人民共和国中外合资经营企业法》《民法通则》等一系列基本法律为逐步恢复和发展经济活动提供了法律依据，稳定了社会秩序。20 世纪 80 年代我国制定了一定数量的市场经济法律，计划经济色彩逐步消退，市场经济体制逐步建立。

市场经济体制在曲折发展中经受住了考验。1992 年邓小平同志视察南方并发表重要讲话后，市场经济持续发展繁荣，"市场经济就是法制经济"在全社会形成了广泛

① 本专题由宋志红、李若兰撰写。

共识。市场经济快速发展，推动法制建设进入提速期。党的十四大明确提出我国经济体制改革的目标是建立社会主义市场经济体制。企业自主经营、公平竞争，消费者能够自由选择、自主消费，商品和要素能够自由流动、平等交换，市场主体的各种市场活动都必须以法律的形式得到规范。党的十四届三中全会通过的《中共中央关于建立社会主义市场经济体制若干问题的决定》指出，"遵循宪法规定的原则，加快经济立法，进一步完善民商法律、刑事法律、有关国家机构和行政管理方面的法律，本世纪末初步建立适应社会主义市场经济的法律体系"。这是党首次提出"初步建立适应社会主义市场经济的法律体系"的要求，为大规模市场经济立法指明了方向。党的十五大提出：到2010年形成有中国特色社会主义法律体系。各项经济立法逐步推进和完善。从1992年到2001年间，我国市场经济法律制度持续提速发展，大量民商事法律纷纷出炉。《商业银行法》《反不正当竞争法》《证券法》等一系列法律的制定丰富了市场经济法律体系的内容，为不断出现的新经济现象保驾护航，保证了稳定有序的市场经济秩序。

2001年，我国经过艰苦谈判加入世界贸易组织，这是我国市场经济发展历程上的里程碑事件。我国经济开始融入世界经济体系，为与世界贸易组织规则相协调，我国市场经济法制随之作出了一系列立改废调整。我国废除和修改了大量不符合WTO规则和精神的法律，完善了知识产权法制。《物权法》《反垄断法》《侵权责任法》等一批法律的出台完善了经济立法。及至2010年，我国宣告"中国特色社会主义法律体系建成"，形成了宪法及宪法相关法、民商法、行政法等七大法律部门的法律体系。这也意味着以民商法、经济法为主体，部分宪法、刑法、行政法条款所构成的市场经济法律制度已经形成。市场主体法律制度、产权法律制度等大量的市场经济立法有力地保障了我国经济改革的推进，促进我国经济和社会的快速发展。我国市场经济地位进一步得到国际承认。

党的十八大以来，党和国家高度重视市场经济法制建设。党的十八届四中全会通过的《中共中央关于全面推进依法治国若干重大问题的决定》指出：要使市场在资源配置中起决定性作用和更好发挥政府作用，必须以保护产权、维护契约、统一市场、平等交换、公平竞争、有效监管为基本导向，完善社会主义市场经济法律制度。党的十九大报告提出，"使市场在资源配置中起决定性作用，更好发挥政府作用"，"经济体制改革必须以完善产权制度和要素市场化配置为重点，实现产权有效激励、要素自由流动、价格反应灵活、竞争公平有序、企业优胜劣汰"，"清理废除妨碍统一市场和公平竞争的各种规定和做法"。在2018年博鳌亚洲论坛上，习近平主席宣告"中国人民将继续扩大开放"，"中国开放的大门不会关闭，只会越开越大"①，我国将以更开放的姿态融入全球

① 习近平：《开放共创繁荣　创新引领未来——在博鳌亚洲论坛2018年年会开幕式上的主旨演讲》，新华网2018年4月10日。

经济,这也倒逼形成更为成熟和高水平的市场经济法律制度。

二、中国市场经济法制建设40年取得的成就

40年间,我国建立起市场主体法律制度、产权保护法律制度、市场交易行为法律制度、经济调控法律制度和涉外经济法律制度。以民商事法律、经济法律为主体的法律制度为市场经济健康快速发展奠定了法治基石。

(一)建立起完善的市场主体法律制度

市场主体的多少是衡量市场经济活力的指标。40年来,由最初打击"投机倒把"到当前"大众创业,万众创新"可以管中窥豹,市场主体种类和数量也从有到多。市场经济活力十足与我国已经建立起的完善的市场主体法律制度密不可分。有序的市场经济活动必须明确市场参与主体的法律地位,使其充分享受权利和义务,免于承受法律风险。从法律角度看,市场主体主要包括民事主体和商事主体。民事主体是市场经济主体的组成部分,是民事关系的参与者、民事权利的享有者、民事义务的履行者和民事责任的承担者。在经济发展的不同阶段,我国以《民法通则》《合同法》《公司法》《物权法》等为代表的系列民事立法逐步确认,不同主体的法律地位得到完善,市场主体的范围不断扩展,各主体的法律地位更加明确。2017年3月15日通过的《民法总则》作为我国市场经济法律制度的总纲,顺应我国市场经济发展的新要求,对市场主体制度进行了进一步完善:一方面,该法充分总结了之前立法的经验,进一步完善了民事主体制度,其创新性地将民事主体划分为自然人、法人、非法人组织三种类型,为各类市场主体参与市场活动提供了法律基础。在法人制度方面,《民法总则》遵循《民法通则》关于法人分类的基本思路,适应社会组织改革发展要求,按照法人设立目的和功能等方面的不同,将法人分为营利法人、非营利法人和特别法人三类。非法人组织是不具有法人资格,但能够依法以自己的名义从事民事活动的组织,包括个人独资企业、合伙企业、不具有法人资格的专业服务机构等。这些规定进一步扩展了市场主体的范围,为繁荣市场交易奠定了基础。另一方面,《民法总则》还适应经济社会发展的新要求,对部分主体的权利能力、行为能力、代理、监护等方面的规则作出了适时调整:例如增加保护胎儿利益的规定;将限制民事行为能力的未成年人的年龄下限由《民法通则》的"十周岁"下调为"八周岁";以家庭监护为基础,社会监护为补充,国家监护为兜底,对监护制度做了完善;等等。除了《民法总则》这一基本民事立法之外,《公司法》《合伙企业法》《个人独资企业法》《商业银行法》《证券投资基金法》《农民专业合作社法》等特别立法还专门针对特定类型的商事主体作出了具体规定。这些立法丰富了市场主体的类型,明确

了各市场主体的法律地位、权利能力和行为能力，为各市场主体进入市场、开展各种市场活动、公平参与市场竞争提供了依据和保障。市场主体也如人一样，要经历“生老病死”。各主体竞争力不足时就需要退出市场。为此，我国立法还建立了市场退出法律机制，以《破产法》为代表的市场退出法律规则的建立使市场经济的优胜劣汰机制得以更好发挥作用，有利于提高企业的竞争力，促进资源的优化配置。完善的市场主体法律制度鼓励更多主体积极投身市场活动，极大增强了经济活力。截至2017年年底，中国实有市场主体9814.8万户，其中2017年，中国新设市场主体1924.9万户，同比增长16.6%，比2016年提高5个百分点，平均每天新设5.27万户，市场活力可见一斑。

（二）建立了相对完善的产权保护法律制度

市场是交换关系的总和，交换是不同产权主体之间所有权的让渡和转移，产权明晰和产权保护是市场经济的前提条件。市场经济开展的前提条件之一是明确产权的归属。40年间，我国市场经济法律制度逐步规定了市场主体享有的各项权利。市场主体享有充分的财产权利，包括物权（所有权、用益物权、担保物权）、债权、知识产权等都得到法律的充分保护。各项法律权利制度确认了产权的归属，而《侵权责任法》等法律制度保障市场主体在权利受损时获得救济。

我国宪法明文规定公民的合法的私有财产不受侵犯，国家依照法律规定保护公民的私有财产权和继承权。《物权法》是物权法律制度中最重要、最基本的法律，明确了维护国家基本经济制度，维护社会主义市场经济秩序，明确物的归属，发挥物的效用，保护权利人的物权，规定了用益物权和担保物权。新通过的《民法总则》规定了自然人、法人和非法人组织享有财产的权利。我国制定《担保法》《土地管理法》《城市房地产管理法》《农村土地承包经营法》《企业国有资产法》等法律规定各项产权归属。随着改革开放力度逐步加强和法律认识水平的提高，我国确认和建立起保护无形财产权益的知识产权法律制度。我国颁布实施了《专利法》《商标法》《著作权法》和《计算机软件保护条例》《集成电路布图设计保护条例》《著作权集体管理条例》《信息网络传播权保护条例》《植物新品种保护条例》《知识产权海关保护条例》《特殊标志管理条例》《奥林匹克标志保护条例》等以保护知识产权为主要内容的一大批法律法规。为适应经济发展、满足科技进步和技术创新对知识产权保护的需要，我国不断健全知识产权法律制度，先后多次对《专利法》《商标法》《著作权法》等法律法规进行修改。我国经济在由高速发展向高质量发展阶段迈进，必将进一步通过保护知识产权达到促进创新发展的要求，同时积极与国际知识产权规则接轨。我国保护知识产权取得了良好的效果。以发明专利为例，2017年，我国发明专利申请量为138.2万件，同比增长14.2%。共授权发明专利42.0万件,其中,国内发明专利授权32.7万件,同比增长8.2%。截至2017年年底,我国国内(不含港澳台)发明专利拥有量共计135.6万件,每万人口发明专利拥有量达到9.8件。总体来说,我国知识产权保护事业已经取得了积极成就,已经成为知识产权大国。

(三)建立了比较完善的市场交易行为法律制度

市场经济的活力体现为高频次的交易行为,而这需要法律保障契约的落实和执行。我国制定的《民法总则》对民事商事活动应当遵循的基本规则作出规定,明确了民法的调整对象以及民事主体、民事行为、民事权利和民事责任制度。与此同时,我国出台《合同法》《担保法》《拍卖法》《招标投标法》《广告法》《政府采购法》等法律,织就了严密的法律制度网。这些法律在逐步开放的市场经济活动中得以广泛运用。《合同法》为交易行为提供了基本指针,并培育了我国公民的契约观念。契约自由、意思自治、诚实信用等精神凝萃为民法基本原则,被市场主体广泛遵守。随着市场经济的发展,我国逐步制定了《侵权责任法》,完善了侵权责任制度;制定了《涉外民事关系法律适用法》,健全了涉外民事关系法律适用制度;制定了《公司法》《证券法》《海商法》《票据法》《保险法》等法律,建立健全了商事行为制度,我国的海上贸易、票据、保险、证券等市场经济活动制度逐步建立并迅速发展。

(四)建立了比较规范的经济调控法律制度

市场经济是自由经济,但自由也有法律边界。市场经济不可避免的缺陷需要法律调整。市场主体在法律框架下展开充分竞争。我国充分运用"看得见的手"来调控市场经济秩序。我国通过《预算法》《中国人民银行法》等法律,对经济活动实施宏观调控和管理,运用法律手段实施调节;制定《企业所得税法》《个人所得税法》《车船税法》《税收征收管理法》等法律,以及《增值税暂行条例》《城市维护建设税暂行条例》等行政法规,健全税收制度,通过税收制度调节社会主义分配机制;制定《银行业监督管理法》《反洗钱法》等法律,对金融行业的安全运行实施监督管理。市场失灵使得"看得见的手"必须采取有效的法律规制。在市场经济从无到有、从有到强的过程中必然存在危害市场秩序的行为,我国制定了一系列保障市场主体之间开展公平、有序竞争的法律制度,包括《反不正当竞争法》《反垄断法》《价格法》《产品质量法》《消费者权益保护法》等。《反不正当竞争法》是我国由计划经济向市场经济转轨时期制定的重要法律,我国借鉴国际经验,规定打击仿冒、商业贿赂、虚假宣传、侵犯商业秘密、不正当有奖销售、诋毁竞争对手等不正当竞争行为,维护经营者公平竞争的权益。与此同时,《反垄断法》对垄断协议,滥用市场支配地位,排除、限制竞争的经营者集中等垄断行为做了禁止性规定。《价格法》规定国家实行并逐步完善宏观调控下主要由市场形成价格的机制，大多数商品和服务实行市场调节价，极少数商品和服务实行政府指导价或者政府定价。《产品质量法》和《消费者权益保护法》矫正消费者在市场经济中的不平等地位，保护消费者合法权益，促进企业提高生产水平和产品质量。我国还依法对财税、金融、外汇、投资等体制进行改革，建立了与市场经济相适应的宏观管理法律体系。

（五）建立了涉外经济法律制度

改革开放以来，为扩大国际经济合作和技术交流，我国出台了鼓励发展外资经济的政策，出台了相应涉外法律制度，为拓展外向型经济提供法律保障。早在1979年，我国就创见性地制定了《中外合资经营企业法》，为打开经济困难的局面作出了制度保障。随后，我国在对外贸易、吸引外资和设立外商投资企业、技术转让、涉外税收、金融、保险、涉外经济仲裁等方面制定《对外贸易法》《进出口商品检疫法》《中外合资经营企业法》《外资企业法》《中外合作经营企业法》《技术进出口管理条例》《外商投资企业和外国企业所得税法》《进出口关税条例》《外汇管理暂行条例》《中华人民共和国仲裁法》等法律法规。2001年，我国加入世界贸易组织，这是我国市场经济发展的内在要求，促进我国经济在更高水平上融入全球市场，极大推动经济发展。高水平的经济发展需要高质量的法律制度保障。为履行加入世界贸易组织的承诺，我国对相关法律、法规、规章和规范性文件进行了修改和清理，废除不符合世界贸易组织规则精神的立法。同时，我国加强知识产权法律制度建设以符合《与贸易有关的知识产权协定》规定；完善公司、保险、破产等商事法律；完善服务业法律制度以与《服务贸易总协定》相一致，开放服务业；完善外商投资管理法律法规等。其中《中外合资经营企业法》《外资企业法》《中外合作经营企业法》对外国投资者在中国投资的条件、程序、经营、监督、管理和合法权益的保障等作出规定，确定了外国投资者在中国投资应当尊重中国国家主权的原则，以及中国保护投资者合法权益、平等互利、给予优惠、遵循国际通行规则等原则，为外国投资者在中国进行投资创造了良好的环境。中国多次对这三部法律进行修改完善，充分保障了外国投资者在中国投资、开展经贸活动的合法权益，中国保护外国投资者的法律制度日益完善。2017年，全国新设立外商投资企业35652家，同比增长27.8%；实际使用外资8775.6亿元人民币，同比增长7.9%，实现平稳增长。截至2017年年底，我国全年利用外资规模创历史新高。外资企业以占全国不足3%的数量，创造了近一半的对外贸易、四分之一的规模以上工业企业利润、五分之一的税收收入，促进国内实体经济发展。涉外经济事实上成为我国经济不可或缺的部分，我国政府继续积极鼓励和推动外资经济的发展。

（六）法制建设彰显市场经济精神

物质基础决定上层建筑，上层建筑可以反作用于物质基础。法律制度作为上层建筑对经济发展发挥反作用。40 年的法制建设为市场经济保驾护航，发挥了积极的促进作用。

市场经济是生产力和生产关系的一次革命，是对封建经济、自然经济、计划经济、特权经济的否定，其蕴涵着自由、诚信、平等与民主价值。在市场经济的历史长河中，自由、诚信、平等逐步成为其内在精神气质。法律的制定要符合特定时代的经济发展水平，我国的市场经济法律制度充分彰显了市场经济精神。

经济立法具有前瞻性，制定《中外合资经营企业法》为 20 世纪 80 年代我国经济的恢复发展起了重要作用。《民法通则》等基本民事法律彰显自由平等的精神，高扬人的权利和价值，否定等级特权等一切束缚人的因素；《反不正当竞争法》《反垄断法》等法律矫正市场失灵的行为，通过法律规制手段扫除一切不利于公平竞争的因素。我国法律也顺应并引领自由贸易，三资企业法不断修改以适应不断开放的市场，我国经济逐步与世界融为一体。市场经济同样也是信用经济、诚信经济。诚实信用原则成为民法“帝王原则”，指导民商事活动，其在其他经济立法中也多有体现，充分彰显了市场经济的诚信精神。

三、中国市场经济法律制度建设的经验

改革开放 40 年来，我国经济取得了举世瞩目的成就。中国市场经济法律制度与市场经济体制相伴而生，也是社会主义法律体系的重要组成部分。40 年来，我国市场经济法制取得巨大成就，主要源于以下几个方面。

（一）坚持党的领导

我国建立完善的社会主义市场经济法律制度最大的一条经验就是发挥党的领导作用。我国经济法制在短时期内取得了长足的进步，建立起了比较完善的法律保障体系，用 40 年的时间走完了西方一二百年的历程。这与中国共产党的领导和社会主义制度的优势密不可分。党的领导是中国特色社会主义制度的最大优势，是推动市场经济法制建设的根本政治保证。始终坚持党的领导，依靠党把握法制建设方向。党在不同历史阶段审时度势作出了重要的政治决断，牢牢把握社会主义市场经济的发展方向，奠定了市场经济法律制度的基础。

改革开放 40 年来，中国共产党不断完善市场经济法制工作的领导体制机制。党对

立法工作的领导能力进一步增强，党的决策向立法转化的通道更加畅通，效率进一步提高。一系列重要经济法律的出台与党的周密部署和有效推动密不可分。在起草《物权法》、制定《民法总则》、推动《民法典》编纂等重大政治问题上，党把握政治方向，发挥党在立法工作中的领导作用，将党的意志贯彻到立法程序中去。党的十九大后，更加坚持发挥全国人民代表大会在立法中的主导作用，坚持社会主义市场经济改革方向，维护广大人民群众的根本利益，把握经济法律制度建设的大方向。在未来的法律制度建设中，还要提高党对经济立法工作的领导水平，把握市场经济规律，坚持依法立法、民主立法、科学立法，提高立法质量和水平，以保持市场经济法律制度的法治保障作用。

（二）坚持改革与立法相衔接原则

在 40 年改革开放的进程中，立法与改革始终共生相伴、相向而行。市场经济立法经历了由“立法确认改革成果”到“立法服务改革大局”再到“立法引领改革发展”三个阶段的转变。

1978 年，邓小平同志提出“应该集中力量制定刑法、民法、诉讼法和其他各种必要的法律”[①]。彭真同志在宪法修改草案的报告中指出，“当前我国正在进行经济体制的改革”“今后还要全面、深入地进行下去”“草案有关规定为这种改革确立了原则”。1986 年党作出的《关于第七个五年计划的报告（1986 年）》中提出：“经济体制改革的深入进行和国民经济的进一步发展，越来越要求把更多的经济关系和经济活动的准则用法律的形式固定下来”“加强社会主义法制的一个重要目的，就是要促进改革的顺利进行，保证改革的健康发展，巩固改革的胜利成果”。[②] 这一阶段的立法更多是对已有的改革决策的确认。

1993 年，党的十四届三中全会通过的《中共中央关于建立社会主义市场经济体制若干问题的决定》要求：“社会主义市场经济体制的建立和完善，必须有完备的法制来规范和保障”，“改革决策要与立法决策紧密结合”“立法要体现改革精神，用法律引导、推进和保障改革顺利进行”。在这一精神的指导下，我国开始大规模的经济立法并着重发挥法律对经济的引领和促进作用。在这一阶段，往往是经济改革需要什么法，就立什么法。立法规划的制定和执行围绕国家经济发展需要，立法彰显服务大局。

党的十八届四中全会提出：“实现立法和改革决策相衔接，做到重大改革于法有据、立法主动适应改革和经济社会发展需要。”立法与改革的关系如鸟之两翼、车之两轮。我国各项改革都在立法框架下进行，如全国人大常委会近年来进行了多次立法授

---

① 中共中央文献研究室编：《三中全会以来重要文献选编》上，人民出版社 1982 年版，第 26 页。

② 赵紫阳：《关于第七个五年计划的报告（1986）》，引自中国人大网，http://www.npc.gov.cn，2018 年 10 月 3 日访问。

权,在改革方面先行先试,比如土地制度改革、司法体制改革、股票发行注册制改革、自由贸易区等丰富内容,极大地促进各项改革的展开。党的十九大之后,我国社会主义建设进入新时代,市场经济立法将发挥更大作用,更具主动性和前瞻性,引领和保障持续的改革开放新举措。在未来的立法中,立法者必将更好地衔接立法与改革的关系,做到以良法促进发展,保障善治。

(三)坚持以"人民为中心"的理念

人民立场是中国共产党的根本政治立场。人民是历史发展的动力,是市场经济发展的力量源泉。立法牢固树立以民为本的理念,把全心全意为人民服务作为法制建设的出发点和立足点,切实从保护公民权益角度出发思考法治发展的思路,在此基础上平衡、协调和兼顾社会各方面的利益,达到对社会各方面利益的适当反映和平等保护。

改革开放以来,我国市场经济法制之所以能快速发展,正是得益于认真落实人民立场。在实体法和程序法制定中,人民立场贯彻其中。在市场经济快速发展的过程中,对市场失灵的现象和处于天然弱势的市场主体及时通过立法调整,保障个体权利。如《消费者权益保护法》和《产品质量法》旨在矫正失衡的利益关系,保护公民的权益。在立法程序中坚持以民为本,通过完善立法体制机制和工作程序,努力消除立法在利益调整上可能存在的偏差。加大立法公开程度,人民群众均得以便利地通过各种方式参与立法、建言献策,使得立法都能够较好地反映人民意愿、得到人民拥护。在立法过程中,也通过"民主立法"和"开门立法"的方式,如征集立法意见、建立基层立法联系点等方式,最大限度地反映民意、集中广大人民群众的智慧。比如我国《物权法》的颁布,就是吸收了社会各方面利益群体意见,最大限度体现人民意志,最终取得了较好的法律效果和社会效果。良法才能得到遵守,正是在立法中体现人民立场和人民意志,市场主义经济立法才得到较好贯彻执行,法治经济的观念才逐步深入人心。

(四)坚持立足国情,兼收并蓄

一切知识都是地方性知识,法治也没有固定模式。市场经济法制建设必须牢牢立足本国的历史实践,要符合中国特色社会主义建设伟大实践不断发展的需求。随着我国对外开放程度和参与国际事务程度的不断加深,我国市场经济法律制度采取开放、兼收并蓄的态度,广泛吸收人类法治文明的优秀成果,借鉴世界各国立法有益经验。我国从社会主义初级阶段的基本国情出发,立足中国实际,不搞照抄照搬,循序渐进、积极稳妥地建立中国特色法律体系。以《民法总则》为例,《民法总则》的诸多制度安排顺应了时代发展的要求,吸收了中华优秀传统文化的思想精华,包括讲仁爱、重民本、守诚信、崇正义、尚和合、求大同等核心思想理念;增加了绿色原则,有利于节约资源、保护生态环境。这样的规定传承了天地人和、人与自然和谐共生的我国优秀传统文化理念。《民法总则》在广泛吸收了世界各国的优秀立法经验的基础上继续创新，对于个人信息、数据、网络虚拟财产的规定，已经走在了世界的前列，充分体现了我国民事立法的与时俱进。立足中国国情、博采众长将成为我国市场经济立法长期遵循的重要经验。

四、进一步完善中国市场经济法律制度的主要措施

我国已经成为经济大国，世界第二大经济体，但经济发展过程中仍然存在不少问题。我国市场经济体制不够完善，市场经济秩序不够规范，市场经济运行成本较高，营商环境还不够理想。这些都在一定程度上与市场经济法律制度的不足相关。具体而言，在产权保护方面，随着公有制实现形式的多样化发展，我国对国家所有权、集体所有权、企业法人财产权、土地承包经营权等各类财产所有权的法律保护明显滞后，平等对待公有制经济和非公有制经济还有一定差距。比如国有产权由于所有者和代理人关系不够清晰，存在的内部人控制、关联交易等问题导致国有资产流失；利用公权力侵害私有产权、违法查封扣押冻结民营企业财产等现象时有发生；知识产权保护不力，侵权易发多发，知识产权保护法律不健全，促进科技创新和知识产权的转化机制不顺畅。垄断行为、不正当竞争行为、侵害消费者权利等现象仍然存在，健康有序的市场秩序没有完全建立。鼓励创新创造的法律制度还不够健全，创新促进经济发展的潜力有待挖掘。总的来说，我国的市场经济法律基础与社会主义法治强国要求相比还有一定差距，与新时代经济发展向高质量发展阶段迈进的要求不相适应，急需弥补制度短板。

党的十八届四中全会通过的《中共中央关于全面推进依法治国若干重大问题的决定》明确社会主义市场经济本质上是法治经济。要使市场在资源配置中起决定性作用和更好发挥政府作用，必须以保护产权、维护契约、统一市场、平等交换、公平竞争、有效监管为基本导向，完善社会主义市场经济法律制度。党的十九大报告提出要建设现代化经济体系，加快完善社会主义市场经济体制，这其中市场经济法律制度也是题中之义。在纪念改革开放 40 周年之际，习近平主席在博鳌亚洲论坛宣告“中国将以更大程度推动改革开放”。我国市场经济将迎来新一轮机遇和挑战，在多个领域将扩大开放程度，这必将对监管制度、法律制度提出更高要求。在今后一段时期，我国市场经济法律制度需要重点从以下几个方面着力完善。

（一）以民法典编纂为龙头进一步完善市场经济基本立法

改革开放以来，我国已经形成了以《民法总则》《物权法》《合同法》《侵权责任法》等基本法律为主体的市场经济法律制度。民法是社会生活的百科全书，民法典是民族

精神、时代精神的立法表达。在各单行法已经出台的前提下,制定统一的民法典已经具备了充分条件。编纂民法典不仅是实现国家治理体系和治理能力现代化的重大举措,还是形成完备的社会主义市场经济制度体系的必然要求。统一民法典能弥补体系性和系统性的缺失,整合民事法律制度中的疏漏,完善民事法律秩序,提高法律适用和法律解释的水平。我国已经提出拟到 2020 年出台统一的民法典,作为民法典开篇之作的《民法总则》已经出台,《物权编》《合同编》《人格权编》《婚姻家庭编》《纪录编》《侵权责任编》等分则部分的内容正在编纂完善中。民法典的编纂完成将成为我国市场经济法制建设史上的又一个里程碑事件。

(二)清理完善产权保护立法,消除市场主体平等竞争、平等保护的法律障碍

我国逐步由计划经济走向市场经济需要打破禁锢生产力发展的各种因素。改革开放以来,通过大力推进产权制度改革,我国基本形成了归属清晰、权责明确、保护严格、流转顺畅的现代产权制度和产权保护法律框架。但当前我国产权保护制度仍然存在一些薄弱环节和问题,依法保护、平等保护的目标尚未达成。

2016 年 11 月 4 日,《中共中央　国务院关于完善产权保护制度依法保护产权的意见》提出了保护产权的各项举措。我国是公有制经济占主导的社会主义国家,对非公有制经济的保护经历了不同阶段的发展历程,非公有制经济是社会主义市场经济的重要组成部分。进入新时代,我国要按照平等保护的原则,创新体现公有制多种实现形式的产权保护制度,完善物权、合同、知识产权相关法律制度,清理有违公平的法律法规条款,将平等保护作为规范财产关系的基本原则。健全以企业组织形式和出资人承担责任方式为主的市场主体法律制度,统筹研究清理、废止按照所有制不同类型制定的市场主体法律和行政法规,开展部门规章和规范性文件专项清理,平等保护各类市场主体。加大对非公有财产的刑法保护力度,提高违法成本,加强对非公有制经济产权保护,完善保护私有财产权法律制度,确保个人和非公企业财产权不受侵犯,增强企业家信心,促进非公有制经济健康发展。

同时,还应该加强对国有、集体资产所有权、经营权和各类企业法人财产权的保护,进一步修改和完善《企业国有资产法》,确保国有资产做大做强,发挥国有经济在国民经济中的主导作用。针对农村土地问题,党的十九大报告提出农村土地承包第二轮到期后再延长三十年,确保农村土地承包关系稳定并长久不变。为盘活农村土地资源,增加农民收入,落实乡村振兴战略,我国应在现有政策基础上探索农村集体土地“三权分置”改革,并将改革试点经验及时上升为法律,适时修改《土地管理法》和《农村土地承包法》,以发挥更大效益。

（三）完善公平市场竞争法律制度

随着科技和经济发展速度的加快，新的经济现象不断产生，市场竞争方式等发生了深刻变化。针对新的破坏市场竞争秩序的行为，相关法律法规滞后、具体条文缺失、处罚力度偏弱以及与法律间衔接不够等问题将制约正当竞争秩序的确立。当前部分地方经济仍有保护主义倾向，部分行业企业存在垄断等行为。在我国经济进入新常态，由高速增长朝高质量发展阶段演进，十分有必要修改完善《反垄断法》《反不正当竞争法》《价格法》等法律法规，加大地方保护、行政垄断和不正当竞争的反对力度，扩大法律适用范围，打破地区和行政封锁，维持统一开放的市场。凡是市场主体基于自愿的投资经营和民商事行为，只要不属于法律法规禁止进入的领域，不损害第三方利益、社会公共利益和国家安全，政府不得限制进入，构建良好的营商环境。严肃查处损害竞争、损害消费者权益以及妨碍创新和技术进步的垄断协议、滥用市场支配地位行为；加大经营者集中反垄断审查力度，有效防范通过并购获取垄断地位并损害市场竞争的行为；改革自然垄断行业监管办法，强化垄断环节监管。严厉查处仿冒名牌、虚假宣传、价格欺诈、商业贿赂、违法有奖销售、商业诋毁、销售无合法进口证明商品等不正当竞争行为，塑造清朗的市场竞争环境。此外，还需要加大行政执法与刑事司法的衔接，大力提高违法成本和威慑力，让市场主体不敢、不愿、不想从事违法行为。

（四）加强知识产权和网络信息法律制度建设，提升国际竞争力

知识产权在现代经济竞争中是愈发重要的无形财产，是衡量一国创新能力的重要指标。在当下国际经济竞争合作中，知识产权保护往往成为核心议题。《知识产权法》是鼓励和促进创新的法治保障，这一法律的健全完备关乎知识产权的创造转化和利用。在激烈的全球竞争中，各国都希望发展高科技保持优先地位，习近平总书记更是指出"核心技术是国之重器，必须自力更生，靠化缘是要不来的"。[①] 知识产权法律在新一轮技术竞争中必须发挥引领和保障作用，社会主义现代化强国必须成为知识产权保护大国。我国经济对外开放程度提高，更广泛参与国际贸易也要求提高知识产权保护水平，履行政治承诺。知识产权是科技成果转移转化的前提和基础，我国当前知识产权保护还有待完善。我国当下知识产权数量多但质量不高，水平较低，知识产权转化率不足，企业自主研发创新动力不足，全社会知识产权保护意识不够浓厚，侵犯知识产权的行为时常发生。这就需要通过立法加大知识产权侵权行为惩治力度，提高知识产权侵权法定赔偿上限，探索建立对专利权、著作权等知识产权侵权惩罚性赔偿制度，对情节严重

① 《习近平：核心技术靠化缘是要不来的，只有自力更生》，人民网2015年2月16日。

的恶意侵权行为实施惩罚性赔偿，并由侵权人承担权利人为制止侵权行为所支付的合理开支，提高知识产权侵权成本。大幅提高违法成本才能形成合理威慑。另外，针对企业等主体知识产权热情不高，动力不足，必须在立法目标上促进和形成全社会研发自主创新的氛围，保护知识产权利用知识产权。在国际经济交往中，提高知识产权保护水平，修改相应法律，以适应国家间经济合作规则。对知识产权的保护有助于充分发挥企业家作用，鼓励竞争、反对垄断，形成创新创业的氛围。要推动科技立法，修订《科学技术进步法》《促进科技成果转化法》等法律法规，制定《商业秘密保护法》《职务发明条例》等，促进科技成果转化，为产业赋能。

互联网对人类社会生活产生了全面深刻的影响，推动市场经济更为高效、便捷、辐射更广、节约交易成本。与此同时，网络时代的来临亦对传统法律制度提出了挑战，个人信息保护、网络安全、大数据、虚拟财产等问题都需要法律制度作出及时回应。传统法律无法覆盖的领域，需要制定特别法来规制互联网。党的十八届四中全会要求积极推动加强互联网领域立法，完善网络信息服务、网络安全保护、网络社会管理等方面的法律。我国《民法总则》明确了自然人的个人信息受法律保护，第一百一十一条规定了"任何组织和个人需要获取他人个人信息的，应当依法取得并确保信息安全，不得非法收集、使用、加工、传输他人个人信息，不得非法买卖、提供或者公开他人个人信息"，第一百二十七条对于数据、网络虚拟财产进行了原则性规定。我国还制定了《中华人民共和国网络安全法》（以下简称《网络安全法》）等一系列网络信息法律法规。但部分法律规定失之过宽，原则性强，操作性不足；许多领域立法空白和规制混乱同时存在；法律法规效力层级过低等，不足以应对互联网法律难题。在走向网络强国的过程中，我国要修改和完善现有的《网络安全法》《电子签名法》等法律法规，捍卫国家网络主权和信息安全。同时，我国还应该积极推进《电子商务法》规范互联网商业行为，出台《个人信息保护法》保护公民隐私和数据权益，完善网络信息法律制度，加快制定《电信法》《政府数据开放条例》《电子政务法》《互联网信息内容服务与管理法》等信息化基本法律，应对网络时代的法律风险。

（五）夯实涉外经济法律制度，适应扩大开放要求

涉外经济法律制度涵盖涉外投资、对外贸易和外汇管理等内容，事关一国经济实力的提升和经济主权的完整。40 年的对外开放使得我国得以学习和运用外国资金、技术和管理经验，外资经济已经成为国家经济的组成部分。以开放促改革促发展是 40 年来改革开放的经验和启示。在 2018 年博鳌亚洲论坛上，习近平主席宣布了我国进一步扩大对外开放的重大举措。我国将降低关税，大幅度放宽市场准入，在服务业特别是金融服务业放宽银行、证券、保险行业外资股比限制，同时加快保险行业开放进程，放宽外资

金融机构设立限制，扩大外资金融机构在华业务范围，拓宽中外金融市场合作领域。下一步要尽快放宽制造业外资股比限制特别是汽车行业外资限制，倒逼改革，推动我国成为汽车强国。此举昭示着我国对外开放的步伐进一步加快。这对我国经济发展来说压力与机遇并存。这就要求我国相应修改《中外合资经营企业法》《外资企业法》《中外合作经营企业法》中关于外资占比的相关规定，以适应对外开放的要求。在我国经济继续发展到一定阶段时，应制定出台统一的《外国投资法》，推行负面清单的外资管理方式，调整完善相关外资法律，保障外商合法权益，同时做好《外国投资法》与《公司法》等法律的衔接。推动服务贸易立法，以适应我国服务贸易加快发展的新态势，完善和修改《对外贸易法》。适时动态修改《外汇管理条例》，促进国际收支平衡，促进我国国家经济健康发展。我国经济将在更广范围、更深程度、更高水平上参与国际竞争，立法者更要积极回应改革开放的需求。

改革开放以来，我国市场经济体制已经逐步确定和完善，市场经济法制蓬勃发展，市场经济基本做到有法可依。随着立法水平的提高，市场经济立法由粗放型走向精细化，未来经济立法也将更多发挥对经济改革的引领作用。我国社会主义现代化建设已经步入新时代，社会的主要矛盾已经转化为人民日益增长的美好生活需要和不平衡不充分的发展之间的矛盾，社会主义市场经济立法也须以满足人民对美好生活的需要为着眼点。40 年来，改革开放再出发，市场经济法制也将在新的历史时期更有作为。

表 5-1　1979—2017 年主要市场经济立法一览表

通过时间	法律名称
1979 年 7 月 1 日	《中外合资经营企业法》
1980 年 9 月 10 日	《中外合资经营企业所得税法》
1980 年 9 月 10 日	《个人所得税法》
1981 年 12 月 13 日	《外国企业所得税法》
1981 年 12 月 13 日	《经济合同法》
1982 年 8 月 23 日	《商标法》
1984 年 3 月 12 日	《专利法》
1985 年 3 月 21 日	《涉外经济合同法》
1986 年 4 月 12 日	《民法通则》
1986 年 4 月 12 日	《外资企业法》
1986 年 6 月 25 日	《土地管理法》
1986 年 12 月 2 日	《企业破产法（试行）》
1987 年 6 月 23 日	《技术合同法》
1988 年 4 月 13 日	《全民所有制工业企业法》
1988 年 4 月 13 日	《中外合作经营企业法》

续表

通过时间	法 律 名 称
1990 年 9 月 7 日	《著作权法》
1991 年 4 月 9 日	《外商投资企业和外国企业所得税法》
1992 年 9 月 4 日	《税收征收管理法》
1992 年 11 月 7 日	《海商法》
1993 年 2 月 22 日	《产品质量法》
1993 年 7 月 2 日	《科学技术进步法》
1993 年 9 月 2 日	《反不正当竞争法》
1993 年 10 月 31 日	《消费者权益保护法》
1993 年 12 月 29 日	《公司法》
1994 年 7 月 5 日	《城市房地产管理法》
1994 年 10 月 27 日	《广告法》
1995 年 3 月 18 日	《中国人民银行法》
1995 年 5 月 10 日	《商业银行法》
1995 年 5 月 10 日	《票据法》
1995 年 6 月 30 日	《保险法》
1995 年 6 月 30 日	《担保法》
1996 年 10 月 29 日	《乡镇企业法》
1997 年 2 月 23 日	《合伙企业法》
1997 年 12 月 29 日	《价格法》
1998 年 12 月 29 日	《证券法》
1999 年 3 月 15 日	《合同法》
1999 年 8 月 30 日	《个人独资企业法》
2001 年 4 月 28 日	《信托法》
2002 年 8 月 29 日	《农村土地承包法》
2006 年 8 月 27 日	《企业破产法》
2006 年 10 月 31 日	《银行业监督管理法》
2007 年 3 月 16 日	《物权法》
2007 年 8 月 30 日	《反垄断法》
2008 年 10 月 28 日	《企业国有资产法》
2009 年 12 月 26 日	《侵权责任法》
2017 年 3 月 15 日	《民法总则》

专题六：40年来公共服务均等化研究

基本公共服务，是指“在一定的经济条件下和发展时期内，由政府主导提供，旨在保障全体公民生存和发展基本需求的公共服务”。[①] 一般包括保障基本民生需求的教育、就业、社会保障、医疗卫生、计划生育、住房保障、文化体育等领域的公共服务，广义上还包括与人民生活环境紧密关联的交通、通信、公用设施、环境保护等领域的公共服务，以及保障安全需要的公共安全、消费安全和国防安全等领域的公共服务。

基本公共服务问题事关社会公众的切身利益，直接影响社会公众对于改革开放成果的获得感和心理幸福指数，对于国民经济和社会发展具有重要意义。基本公共服务问题还事关执政党的执政根基，是执政党获取社会公众支持，增强政治合法性的重要渠道。改革开放40年来，我国基本公共服务的均等化发展取得了巨大的成就，与此同时，还存在着一些影响进一步发展的障碍，如发展的动力机制、发展的不均衡以及发展的不匹配等问题。应当通过合理化的发展定位、差异化的发展战略以及精细化的发展策略来解决这些问题，从而真正满足人民群众日益增长的美好生活需要。

一、40年来我国基本公共服务发展取得的重大成就

中华人民共和国成立后，我国政府承担了为社会成员提供基本公共服务的职责。在计划经济时期，受到“国家—单位”模式福利保障体系的影响，城镇职工享受着就业、住房、医疗、教育等各项福利，而农村居民则依托集体经济，建立了集体福利、家庭自我照顾和国家福利救济相结合的社会福利体制。这种制度安排初步解决了社会成员的基本生活保障问题，但农村的基本公共服务水平远低于城镇，农村居民享受基本公共服务的权利没有得到平等保护。

在我国改革开放40年的进程中，基本公共服务的发展和不断完善，始终是执政党高度关注的重要问题，也是保障民生、促进社会公平的重要途径。改革开放以来，伴随

① 本专题由孙晓莉、宋雄伟、雷强和路杰撰写。

着计划经济向社会主义市场经济的转型,乃至后来的社会主义市场经济的不断发展,我国基本公共服务的发展呈现出新的阶段性特点。其发展的脉络与趋势总体上体现为:第一,基本公共服务政策不断优化,供给模式由明显失衡向城乡、区域逐步均衡发展。第二,基本公共服务主体由政府包揽向多元主体共同参与的格局转变,供给方式和提供手段逐步改善。第三,基本公共服务供给绩效由低水平向高效率过渡。应当充分承认,这些年我国公共服务的发展取得了重大成就。

(一)初步形成了具有中国特色的基本公共服务体系

第一,随着对发展认识的不断深化,提高公共服务供给、保障和改善民生在党和国家工作全局中的地位愈发突出。

1945 年,毛泽东同志在党的七大上做了《论联合政府》的政治报告,强调了"全心全意为人民服务"的思想,并把"全心全意为人民服务"作为党的宗旨写进了党章"总纲"和"党员应尽的义务",以后的历次党代会都把"全心全意为人民服务"作为我们党的宗旨写进党章,这标志着中国共产党根本宗旨的最终确立。邓小平同志提出的"三个有利于",江泽民同志提出的"三个代表",胡锦涛同志提出的"以人为本",习近平总书记提出的"以人民为中心"都为"全心全意为人民服务"注入新的时代内容,都丰富和发展了党的宗旨的深刻内涵。

具体体现在基本公共服务领域,就是把享受基本公共服务看作是公民的权利。随着我们党对发展认识的不断深化,着力解决民生问题被放到了更加突出的位置,政府的公共服务和社会管理职能受到高度重视。

2003 年 10 月,党的十六届三中全会通过的《中共中央关于完善社会主义市场经济体制若干问题的决定》中提出:"坚持以人为本,树立全面、协调、可持续的发展观,促进经济社会和人的全面发展。"这是在中央文件中首次提出"以人为本"的原则。2006 年 10 月,党的十六届六中全会通过的《中共中央关于构建社会主义和谐社会若干重大问题的决定》,进一步明确指出"以人为本"是构建社会主义和谐社会的指导原则之一。并且要求,基本公共服务体系要更加完备。党的十七大提出,扩大公共服务,努力使全体人民学有所教、劳有所得、病有所医、老有所养、住有所居。再一次强调了"坚持以人为本,关注民生"的重要性。

党的十八大以来,新一代领导集体秉持"以人民为中心"的理念,提出"中国梦"这一伟大构想。习近平总书记谈"中国梦"的时候不是仅仅停留在国家、民族的层面,而是把宏大叙事和微观生活结合到一起,把"中国梦"与人民群众的生活和梦想紧密联系在一起。这样的定位,对现实当中的公共服务发展起到了很重要的推动作用。党的十八大提出,基本公共服务均等化总体实现,加快形成政府主导、覆盖城乡、可持续的基本公共服务体系。党的十八届五中全会首次提出“创新、协调、绿色、开放、共享”五大发展理念，以保障实现全面建成小康社会的目标。其中，共享发展的理念，对于公共服务问题的关注达到了一个新的高度。《中共中央关于制定国民经济和社会发展第十三个五年规划的建议》将公共服务放在坚持共享发展、着力增进人民福祉的开篇进行集中阐述，作为保障和改善民生的总抓手加以系统部署。

第二，与基本公共服务相关的政策法规逐步建立。

与基本公共服务相关的政策法规逐步建立，初步构建起覆盖全民的基本公共服务制度体系。在单行法律方面，义务教育、劳动就业、社会保障、文化服务等方面均已出台专门法律。在战略规划方面，出台了《“十三五”推进基本公共服务均等化规划》《促进就业规划（2011—2015 年）》以及《社会保障“十二五”规划纲要》等多部总体和专项规划。其中，《“十三五”推进基本公共服务均等化规划》提出，到 2020 年，基本公共服务体系更加完善，体制机制更加健全，在学有所教、劳有所得、病有所医、老有所养、住有所居等方面持续取得新进展，基本公共服务均等化总体实现。《“十三五”推进基本公共服务均等化规划》明确了各级政府应当提供的国家基本公共服务项目和保障标准。包括公共教育、劳动就业创业、社会保险、医疗卫生、社会服务、住房保障、公共文化体育、残疾人服务 8 个领域。同时，《“十三五”推进基本公共服务均等化规划》建立了国家基本公共服务清单制，围绕这 8 个领域列出 81 个基本公共服务项目，每个项目均明确服务对象、服务指导标准、支出责任、牵头负责单位等。在体制机制改革方面，针对义务教育、养老保险、医疗救助等出台了专门的改革政策文件。此外，在基本公共服务的资金保障、供给方式创新、基础设施建设等方面也制定了一系列的制度文件。

实践证明，这些理念、法律制度、政策和方针等，对积极推进基本公共服务体系建设、不断提高基本公共服务水平、解决民生问题等起到了重要推动作用。公共服务体系建设步伐的加快，对于保障人民群众的基本生活，增进国民福利，维护社会稳定，促进经济发展和实现社会公平都发挥了重要作用。目前我国基础教育进入全面普及新阶段，中等职业教育在改革中发展加快，高等教育实现了历史性跨越；医疗服务能力提高，公共卫生和医疗保障体系初步建立；就业再就业成效明显，社会保障体系逐步完善，基本形成了中国特色的公共服务体系。

（二）对基本公共服务的财政投入呈现出不断增加的态势

满足公共需求、提供公共服务，是公共财政的重要特征。我国各级政府在支持经济发展、做大财政收入“蛋糕”的基础上，不断优化中央和地方政府财权事权的划分，调整和优化财政支出结构，确定了“完善公共财政制度，逐步实现基本公共服务均等化”的方针。

第一,中央和地方政府事权和支出责任逐步合理化。

改革开放以来,中央与地方财政关系经历了从高度集中的统收统支到"分灶吃饭"、包干制,再到分税制财政体制的变化,财政事权和支出责任划分逐渐明确,特别是1994年实施的分税制改革,初步构建了中国特色社会主义制度下中央与地方财政事权和支出责任划分的体系框架。

但在新的形势下,财政事权和支出责任划分与国家治理现代化要求相比,与基本公共服务发展的要求相比,越来越不适应。主要表现在:一是政府与市场之间关系不顺,一些本可由市场调节或社会提供的事务,财政包揽过多,同时一些本应由政府承担的基本公共服务,财政承担不够;二是中央与地方财政事权和支出责任划分不尽合理,一些本应由中央直接负责的事务交给地方承担,一些本应由地方负责的事务,中央承担过多;三是不少中央和地方提供基本公共服务的职责交叉重叠,共同承担的事项较多;等等。

随着我国经济社会的发展和财政收入规模的扩大,政府提供基本公共服务的能力和保障水平也不断提高,加上政府职能的加快转变,在这样的背景下,党的十八届三中全会明确了"保持现有中央和地方财力格局总体稳定""建立事权和支出责任相适应的制度",重点是"适度加强中央事权和支出责任"的总体改革思路,并提出了改革中央转移支付制度的要求。

2016年,国务院印发了《国务院关于推进中央与地方财政事权和支出责任划分改革的指导意见》,比较系统地提出了从财政事权和支出责任划分即政府公共权力纵向配置的角度推进财税体制改革,为科学、合理、规范划分各级政府提供基本公共服务职责提供了重要指导。

2018年,国务院办公厅印发的《基本公共服务领域中央与地方共同财政事权和支出责任划分改革方案》,提出要按照建立权责清晰、财力协调、区域均衡的中央和地方财政关系的要求,科学界定中央与地方权责,确定基本公共服务领域共同财政事权范围,加大基本公共服务投入,加快推进基本公共服务均等化。《基本公共服务领域中央与地方共同财政事权和支出责任划分改革方案》明确,一是将由中央与地方共同承担支出责任、涉及人民群众基本生活和发展需要的义务教育、学生资助、基本就业服务等基本公共服务事项,列入中央与地方共同财政事权范围。二是制定基本公共服务保障国家基础标准。参照现行财政保障或中央补助标准,制定义务教育公用经费保障、免费提供教科书、中等职业教育国家助学金、城乡居民基本养老保险补助等9项基本公共服务保障的国家基础标准。三是规范基本公共服务领域中央与地方共同财政事权的支出责任分担方式,主要实行中央与地方按比例分担。四是在一般性转移支付下设立共同财政事权分类分档转移支付,对共同财政事权基本公共服务事项予以优先保障。

第二，财政对基本公共服务的投入呈现出“缺位—补位”的态势。

在经济体制转轨过程中，对基本公共服务的投入出现了一些阶段性的特征：一是随着经济的日益商品化和市场化，计划经济体制下长期存在的基本公共服务网络体系解体，基本公共服务供给出现商品化、市场化的特征，财政用于经济建设的支出远远高于用于基本公共服务的支出；二是随着政府职能侧重于向经济建设的转型，政府从农村基本公共服务领域退出的特点尤其明显，政府财政缺位明显。如在基础教育方面，1986 年通过的《义务教育法》虽然规定农村中小学教育实行“地方负责、分级管理的管理体制，经费保障以县、乡为主”，但在实际操作中，办学经费主要仍由农民负担，主要来自县、乡政府以统筹、摊派等方式向农民征收的行政事业性收费和基金、集资。在医疗卫生保障方面，以农村个体医疗诊所为主的医疗服务是主体，农民的医疗卫生费用基本由自己负担。乡村道路、水利设施等其他农村公共基础设施建设经费大部分也采取向农民集资、摊派的方式，由农村基层政府和集体组织自行解决。

20 世纪 90 年代，国家实行了农村税费改革，在取消农民长期负担的“三提五统”等行政事业性收费和基金、集资后，2006 年又全面取消了农业税，农村公共服务供给开始向政府、农村集体组织和农民个人共同负担转变。国家财政开始全面介入农村公共服务领域，公共财政资金对农村公共服务的支持力度不断加大。

公共财政作为政府管理和服务社会的物质基础、政策手段，在推进基本公共服务均等化中承担着重要职责。这些年来，各级政府一方面逐步减少直至退出对一般竞争性领域的直接投入；另一方面加大了对基本公共服务的投入，无论从中央层面，还是从地方层面，投入总体上都呈现出不断增加的趋势。

2007—2016 年，国家财政投入到教育、社保、卫生和文化体育的经费分别增长了 3.9 倍、4.0 倍、6.6 倍和 3.5 倍。伴随财政支撑力度的不断加大，具有中国特色的基本公共服务体系初步形成。截至 2015 年，九年义务教育巩固率达 93%，全国就业人员达 77451 万人，基本医保参保率超过 95%，广播、电视人口综合覆盖率均达 98%。尤其是近些年，在财政压力非常大的情况下，关于民生这方面的投入不仅没有压缩，反而还在加大，也是整体趋势的一个表现。地方政府大体也是这样。

（三）基本公共服务供给的体制机制持续创新

从 20 世纪 90 年代初期开始，我国不断改革基本公共服务供给体制机制，脱胎于计划经济模式影响下形成的我国基本公共服务政府主导型供给模式，开始向政府与市场、社会合作供给的模式转型。通过市场化和社会化的手段等方式多措并举，基本形成了党委领导、政府负责、市场分担和社会参与的多元主体协同供给格局。

第一，在基本公共服务领域引入市场机制，进行了有益探索。

在一些公共服务部门如电力、电信、铁路、公路、航空等领域，1984 年以来逐步实行政企分开，将原来的部门进行公司化改造，使其走向市场化。

在公共基础设施建设、公用事业、铁路电力、邮电通信等行业，政府在制定方针政策统筹规划、筹集资金、政策扶持等方面继续发挥重要作用，但是在投资方面，采用公共项目融资开发逐步放宽了外商以及国内民营企业直接投资基础项目的限制，进行了 BOX 等项目融资方式的试点和推广等。2002 年，建设部下发了《关于加快市政公用行业市场化进程的意见》，明确规定开放市政公用行业，鼓励社会资金、外国资金参与市政公用设施建设，对供水、供气、供热、公共交通、污水处理、垃圾处理等经营性项目，采取向社会公开招标的形式选择经营单位。

在教育、卫生、环境保护等领域也部分地引进市场机制，如民办学校、街道清扫、环境治理绿化等。

第二，发挥社会组织和社会成员的作用，使其成为基本公共服务的提供者。

2000 年左右，我国便开始全面推进社会组织提供公共服务的工作，但在当时的社会背景下，社会组织存在多方面的局限且重要性尚未显现出来，所以，2002 年我国出台的《中华人民共和国政府采购法》没有把社会组织和公共服务纳入政府采购的范畴中来。一段时间内，我国社会组织参与公共服务的活动都是由地方政府部门结合本地情况通过制定地方性规范性法律文件加以规范。正因如此，我国社会组织提供公共服务的活动在各地发展得既不平衡，也不够规范。

自 2012 年开始，这一情况得到明显改善。2012 年 3 月 19 日，温家宝同志在第十三次全国民政会议中指出，“政府的事务性管理工作、适合通过市场和社会提供的公共服务，可以适当的方式交给社会组织、中介机构、社区等基层组织承担，降低服务成本，提高服务效率和质量”。据此，我国的社会组织将步入新的阶段，在社会生活中发挥愈来愈积极的作用。为承接原本由政府承担的基本公共服务责任奠定了组织基础。

2012 年 11 月，民政部和财政部联合下发了《民政部、财政部关于政府购买社会工作服务的指导意见》，2013 年 9 月，国务院办公厅又下发了《国务院办公厅关于政府向社会力量购买服务的指导意见》。这两项指导意见为我国社会组织提供公共服务给出了较为权威的制度设计。随后，财政部初步确定将农业部、教育部等 19 个中央部门纳入 2014 年度政府购买服务工作计划，涉及艾滋病防治、失能老人养老服务等近 30 个项目。

从目前购买的公共服务来看，具有不同的特点：第一，直接面向社会公众的公共服务，如居家养老、特殊教育等；第二，专业性比较强的服务，如环境监测、法律援助等；第三，区域性比较突出，即地方政府购买公共服务提供给特定辖区内公众享有；第四，部门性比较明显，如医疗卫生系统采购专业设备提供给系统内医院使用；等等。

政府购买公共服务改变的是传统的公共服务生产和提供模式，即政府不再是某些公共服务唯一和直接的生产者和提供者，而是某些公共服务的购买者、委托人和监管者。其本质是把竞争和合作引入到公共服务生产和提供过程中来，即通过公私混合或者公私伙伴关系来为社会公众提供产品和服务，它只是“部分市场化”，因为政府并没有从特定的行政职能中完全退出，而且与之相反的是，政府还必须积极而且持续地介入，当然，这种介入是以制定标准、加强监管等形式体现出来的对政府责任的承担。实际上，政府购买公共服务不仅不意味着政府责任的减少，反而意味着政府责任在某种意义上进一步强化了，只不过这种责任体现在制定标准、加强监管和对公共服务绩效的考核和运用等方面。政府不仅是公共服务产品的购买者，更是标准的制定者和质量的监督者。

（四）基本公共服务的公平问题日益得到广泛关注，基本公共服务均等化取得长足进步

由于我国从中华人民共和国成立之初就推行以工业为主导的非均衡发展模式，形成了城乡分割的二元经济结构及城市偏向型的公共服务非均衡供给制度，导致我国的城乡公共服务水平严重不均等。目前除国防、外交等一般性公共服务具有城乡均等化的意义外，其他的基本公共服务在城乡之间失衡比较明显，使农村居民尤其是农村贫困群体难以获得基本的公共服务，直接限制了农村人口素质的全面提高。

由于发展起点不同，加上资源地理禀赋差异等因素影响，我国各区域间特别是东、中、西地区之间经济增长一直呈现阶梯形的态势。地区经济发展之间的差距也就决定了各地区之间收支规模以及人均财力存在着差距。而政府财政能力的状况很大程度上决定其提供公共服务的能力，因为政府承担公共服务提供的主要责任，这也就造成各地区政府在提供公共服务方面严重失衡。

随着经济的快速增长，社会不同行业之间、同一行业的不同部门之间的收入差距日益扩大，形成收入不同的高收入者、工薪阶层、低保和失业人员等不同群体。由于相当一部分公共服务的享受还需支付一定的成本，如高等教育、医疗卫生等，不同收入群体之间所享受公共服务的水平产生了差距。

基本公共服务的发展并不是搞平均主义，但另一方面，一定要让人民群众共享社会发展的成果，不能让不同城乡、区域和不同社会群体之间所享有的基本公共服务差距太大，让一些社会群体超常规地占有公共服务利益，而另一些社会群体没有享受到相应的社会发展进步成果。在上述背景下，基本公共服务的公平问题凸显，并逐步得到政策层面和实践层面的高度关注。

第一，城乡基本公共服务一体化取得重大进展。

2006年，国家开始启动"社会主义新农村"建设，其目标之一就是要缩小城乡差距，特别是基本公共服务方面的差距。中央政府提出"让公共财政的阳光普照到农村"，财政上加大了对农村公共服务的投入力度。党的十六届五中全会通过的《中共中央关于制定国民经济和社会发展第十一个五年规划的建议》，首次明确提出了"公共服务均等化"的原则要求。党的十六届六中全会作出的《中共中央关于构建社会主义和谐社会若干重大问题的决定》，则进一步强调要逐步实现基本公共服务的均等化。党的十七大提出，配合主体功能区开发探讨实施适当的财政转移支付制度，进一步提出"基本公共服务均等化"。

"基本公共服务均等化"这一战略目标提出以后，国家采取了一系列缩小城乡基本公共服务差距的政策举措，有效地推动了城乡基本公共服务的均衡发展。特别是，有利于农村基本公共服务发展政策的不断出台，使得农村公共教育、医疗卫生、劳动就业、社会保障、公共文化等各项基本公共服务水平得到明显提升。目前城乡免费义务教育全面实施，国民教育体系比较完备；基本医疗保障实现了制度全覆盖，城乡基层医疗卫生服务体系基本建成，免费基本公共卫生服务项目不断增加，国家基本药物制度开始建立；基本实现县县有文化馆图书馆、乡乡有综合文化站，广播电视覆盖全部行政村和20户以上已通电的自然村，公共博物馆、纪念馆、科技馆等公共文化设施逐步向社会免费开放；社会保障制度不断完善，失业、医疗、养老等基本保险覆盖面不断扩大，城乡最低生活保障制度全面建立；公共就业服务和保障性住房供给能力不断增强。

第二，区域基本公共服务一体化进程开始起步。

除了城乡均衡之外，区域的基本公共服务均衡也在战略层面得到反映。如京津冀基本公共服务一体化、珠三角区域基本公共服务一体化，以及长三角区域基本公共服务一体化等等。

2014年3月，国务院总理李克强在做政府工作报告时，提出了京津冀一体化的方案，目的是加强环渤海及京津冀地区经济协作。2014年，习近平总书记在听取京津冀协同发展工作汇报时强调，实现京津冀协同发展是一个重大国家战略。促进基本公共服务均等化是推动京津冀协同发展不可或缺的重要内容。中央高度重视，有关部门采取了一系列举措，推动提升河北公共服务能力。目前，京津冀三省市已在社会保障、医疗卫生、教育合作等方面进行了有益探索实践，积累了一定的经验。比如，京津冀三省市均出台了本地养老保险跨区域转移接续办法实施细则，发行了符合全国统一标准的社会保障卡，为实现区域内社会保障卡一卡通奠定了基础；目前三省市基本实现了城乡居民养老保险制度名称、政策标准、经办服务、信息系统"四统一"；等等。

除了国家层面基本公共服务均等化的努力，各省（自治区、直辖市），也结合自己的区情，制定和实施基本公共服务均等化纲要，在推进区域内部基本公共服务均等化发展方面进行了有益尝试。如，早在 2009 年，珠三角城市群就先后出台了《广东省基本公共服务均等化规划纲要（2009—2020 年）》和《珠江三角洲基本公共服务一体化规划（2009—2020 年）》两大规划，提出从教育、医疗卫生、文化、交通、生活保障、住房保障、就业保障、生态环境和现代服务业等方面，针对资源共享、制度对接、待遇互认、要素趋同、流转顺畅、差距缩小、城乡统一、指挥协调 8 个目标路径逐步推进一体化。浙江省启动了《浙江省基本公共服务均等化行动计划(2008—2012)》。

第三，人群之间基本公共服务均等化问题取得重大突破。

这主要表现在农村贫困人口和流动人口两大群体。2013 年 11 月，习近平首次提出了“精准扶贫”的重要思想。随后，一系列针对性强的“滴灌式”创新举措密集出台。扶贫工作从笼统的政策、资金扶贫到大力发展特色产业脱贫、交通扶贫、电商扶贫等因地制宜扶贫，因人因地施策，因贫困原因施策，因贫困类型施策，精准扶贫不断取得实效。党的十八大以来，平均每年减贫的人数在 1300 万人以上，贫困地区路、水、电、气、房等基础设施建设，以及教育、医疗、卫生、文化等公共服务，都有了明显改善。基本公共服务均等化程度不断提高，形成了世界上人口最多的中等收入群体。

在推进城镇化进程中，在很长一段时期内，国家有关部门对流动人口的管理没有跟上形势发展的需要，如更多地采取强制性的管理措施，而不是通过提供服务来促进管理；管理方式以登记、办证和收费为主；等等。城市流入人口难以享受到与户籍人口同等的计划生育、就业、教育、医疗、住房、社会保障等方面的基本公共服务。

为全面推进流动人口基本公共服务均等化，2010 年，国家人口计生委会同中央综治办、财政部、人力资源和社会保障部等联合下发了《关于创新流动人口服务管理体制推进流动人口计划生育基本公共服务均等化试点工作的指导意见》，并成立了推进流动人口计划生育基本公共服务均等化试点工作协调小组。具体举措包括：实行城乡统一的人口登记管理制度；建立流动人口基本公共服务均等化投入保障机制，使流动人口在现居住地获得与户籍人口同等的计划生育、生殖健康和奖励优待等公共服务；等等。

《国家基本公共服务体系“十二五”规划》中明确提出，以输入地政府管理为主，加快建立农民工等流动人口基本公共服务制度，逐步实现基本公共服务由户籍人口向常住人口扩展。各地也纷纷出台相关政策，针对目前普遍存在的农民工保障少、住房难、子女教育难等问题提出了多项措施，以促进农民工平等享受城镇基本公共服务。

二、基本公共服务发展面临的突出问题

党的十九大报告指出，中国特色社会主义进入新时代，我国社会主要矛盾已经转化

为人民日益增长的美好生活需要和不平衡不充分的发展之间的矛盾。充足、优质的基本公共服务供给是美好生活的重要组成部分，是解决社会主要矛盾的重要途径。经过改革开放40年的努力，目前我国基本公共服务需求基本得到满足，我国基本公共服务已经从总量供不应求转向总体平衡、结构性区域性矛盾更趋突出的新阶段。与满足人民日益增长的美好生活需要相比，目前还存在着影响基本公共服务进一步发展的突出问题。

（一）基本公共服务发展的动力机制需要进一步清晰并强化

基本公共服务的发展以部门政策引导和地方实施落实作为经纬，受到政治意愿、考核机制以及财政保障等方面因素的影响。动力机制可以分为激励因素、约束因素以及保障机制几个方面。

中国共产党一直将“为人民服务”作为政治合法性的重要源泉，基本公共服务发展的定位在这一理念的影响下日趋合理化，被看作是执政党“以人为本”的执政理念在实践中的体现。执政理念的影响和中央层面的关注，对于基本公共服务发展来讲无疑是个有利的影响因素，直接表现就是对基本公共服务的财政投入呈现出不断增加的趋势。在整个“十二五”期间，尽管经济下行压力突出，但中央和地方大幅度压缩了行政开支，增加了与公共服务相关的投入。基本公共服务公平问题也日益被广泛接受，基本公共服务均等化的观念逐步深入人心，《中华人民共和国国民经济和社会发展第十二个五年规划纲要》中提出建立“符合国情、比较完整、覆盖城乡、可持续的基本公共服务体系”，各省跟进制定了本省的基本公共服务均等化纲要，并在实践中采取了一些相应举措。党的十八届五中全会首次提出“创新、协调、绿色、开放、共享”五大发展理念，以保障实现全面建成小康社会的目标。其中，共享发展的理念，对于公共服务尤其是基本公共服务问题的关注达到了一个新的高度。在经济下行的压力下，基本公共服务的发展还被赋予了刺激内需、拉动经济的色彩。这些都构成了基本公共服务发展的动力机制之一。

从地方领导干部的考核和晋升来看，辖区内经济发展状况成为地方主官政治上晋升的重要参考，从而可能造成地方主官重视能尽快产生经济效益的领域，忽视或不那么重视周期长、见效慢的公共服务发展。不仅如此，这种体制还可能导致基本公共服务发展方面的另外两个不足，即与城市基本公共服务相比较而言，农村基本公共服务投资不足；与短期的基本公共服务建设而言，需要长期建设的基本公共服务项目投资不足。也有实证研究指出，地方领导干部需要关注多种目标，既包括经济型目标，也要重视教育、精准扶贫等非经济性公共品的供给。即使某项支出（如教育）对于经济增长并无直接帮助，但如果中央重视该项支出，则地方官员也会增加该项支出。上述两种分析中反映出来的问题在于，无论是重视经济发展，还是考虑到民生促进，其背后主要的动力源都将地方发展对于公共服务发展的偏好与地方领导干部的政治升迁联系在一起。

实践中，随着发展阶段的变更，更重要的是由于发展理念的变化，“不唯 GDP”“不简单地以 GDP 论英雄”“解决好民生问题也是政绩”等思想被吸收到领导干部政绩考核中，一些地方政府探索改善长期以来的片面化考核问题，对于促进地方领导干部发展基本公共服务的内生动力提供了支撑。

上述社会发展理念、政治因素都是有利于基本公共服务发展的正向激励，与此同时，对于基本公共服务而言，“钱不是万能的，但没有钱是万万不能的”。如何从制度和体制上保证基本公共服务的财政投入，用于基本公共服务的支出在整个财政支出结构中的占比，财政收入增量中多少用于基本公共服务投入，如何通过转移支付等体制设计保证发展相对较慢地区的基本公共服务水平等问题，还缺乏明确设计和清晰规定，这些对于基本公共服务的进一步发展起到了阻滞作用。

（二）基本公共服务发展的非均衡问题需要下大气力解决

基本公共服务机会的均等化意味着通过制度保障公民有公平享有基本公共服务的权利。均等化并非意味着无差异化，均等化本身并不追求结果的均等，也不意味着需求的均等，而是更侧重于机会的均等。由于在相当长的一段时间内，“效率优先、兼顾公平”的思想影响着公共政策的制定和实施。为尽快提升国家综合实力，“让一部分人先富起来”“先富带后富，最终实现共同富裕”的梯度发展战略成为现实选择。梯度发展战略与共同富裕目标从本质上来讲并不矛盾，因为任何事物的发展都是一个过程。过程由有机联系的一定阶段组成。但就其现实性而言，在发展的不同阶段上，是有差异的。所以，尽管我国在推进基本公共服务均等化方面作出了很大努力，也取得了不小进展，但是仍然面临比较严重的基本公共服务失衡的问题。这一差异就体现在区域、城乡之间的发展不平衡，以及人群间失衡，即受到社会身份、户籍、职业等多种因素影响而产生的差距拉大的现象。

其一，区域间失衡。例如，由于地方政府承担了相当一部分义务教育、基础医疗以及社会保障等方面的支出责任，地方财政支出压力巨大。东部地区的不少城市由于地方财力相对雄厚，所以在基本公共服务发展上做了很多探索。如将国家规定的 9 年制义务教育，延长到 12 年；最低生活保障的标准不断提高，并进而实现城乡最低生活保障水平的一体化；等等。但是在财力相对较弱的中西部地区，基本公共服务的发展和改善就殊非易事了。再加上一些理论上应当起作用但现实中效果不明显的制度如转移支付制度的影响。因此，基本公共服务方面的区域失衡也是势所必然。

其二，城乡之间失衡。尽管中央和各地方政府都加大了农村公共产品的供给力度，但城市与农村服务水平的差距在短时间内还比较明显，主要体现在以下四个方面：一是社会保障体系的非均等化。当前，我国城市已基本建立相对完善的社保制度，但广大农村居民的参保人数、保障项目和保障水平，都处于起步阶段。二是教育资源分配不均。农村教育事业在校园校舍、教学设施、仪器设备等硬件方面，在师资力量等软件方面，与城市的差距仍然相当明显的。三是医疗卫生服务差距悬殊。城市拥有较为先进的技术设备和医务人员，而在农村，每万人拥有的护士数、病床数、医生数，远低于城市。此外，现行制度还存在一些缺陷，比如报销比例低、小病医疗缺失等问题，还不能从根本上扭转农民因病致贫、因病返贫的状况。四是城乡基础设施建设极不平衡。各城市的固定资产投入持续增长，但在农村地区，由于投资主体单一、投入力度不大、投入机制不健全等多种因素的制约，基础设施建设严重滞后。

其三，人群间失衡。如党的十八大以来，党中央对脱贫攻坚作出新的部署，脱贫攻坚取得显著成绩。2013—2016 年，每年农村贫困人口减少都超过 1000 万人，累计脱贫 5564 万人；贫困发生率从 2012 年年底的 10.2%下降到 2016 年年底的 4.5%，下降 5.7 个百分点；贫困地区农村居民收入增幅高于全国平均水平，贫困群众生活水平明显提高，贫困地区面貌明显改善。但是因为剩下的大都是条件较差、基础较弱、贫困程度较深的地区和群众。所以，越往后脱贫难度越大。

（三）基本公共服务供给和需求之间的不匹配

影响基本公共服务供给状况的决定性因素大体上可以分为趋势性因素、周期性因素与随机性因素三大类。趋势性因素包括社会发展阶段、人均 GDP 水平以及社会发展理念等。周期性因素主要指的是基本公共服务发展与社会经济发展水平有密切关系，但又不完全取决于经济发展水平。经济发展有周期，基本公共服务发展有没有周期？基本公共服务发展与经济发展之间是正相关关系，还是有很多变量影响着基本公共服务的发展水平？历史上一些发达国家建立起全面普适的社会保障体系时，该国的经济并不是处于蒸蒸日上的上行通道；相反，不少国家面临着经济下滑的问题甚至是处于经济危机的期间。这一问题还需要继续深化实证研究。随机性因素包括政策释放出来的信号，配套机制的落实与否，政治经济生活中的重要事件，以及地方的主动创新等，都会对基本公共服务的供给产生影响。如有研究指出，晋升激励较强的官员并未偏好基本建设等经济性支出，而中央对待教育和文化卫生支出的差别使得地方领导重视前者而忽视后者。再如，我国有《民办教育条例》，但在北京办一所民办小学，首先要有一千万元的担保金。这是很高的办学门槛，制约了民间资本真正进入义务教育领域。

受制于上述三大类因素，基本公共服务供给和需求之间的不匹配主要分为以下几种情况。

一是普遍需求与不充分供给之间的矛盾。对于安全放心食品、清洁空气等的需求是社会成员普遍需求，但是供给不充分。在一线大城市以及一些相对发达的“人口倒挂”城市，外来务工人员的社会保障问题和子女义务教育、基础医疗卫生服务等问题没有完全解决。

二是变化了的需求和滞后供给之间的矛盾。如在人口流入地，人口的快速增长带来了大量基础设施和公共服务的需求，而相应的供给却相对不足。特别是在特大城市，现有的基础设施和公共服务供给往往是根据 10 多年前对现在的人口规划来投资的，而实际上的人口增长远远超过了多年前的预测。在人口流出地，大量的基础设施投资、新城和工业园建设已经出现过剩，房地产的库存严重，出现了大面积住房闲置的情况。

三是多样化需求与单一供给之间的矛盾。基本公共服务出现需求细化的情况。同样是基本医疗服务，在城市的工业园区附近，流动人口比较多的区域，年轻人比较多，对医疗卫生的需求一定不同于以老年人聚居为主的城市社区。

四是需求结构升级和供给低水平之间的矛盾。据统计，2001—2014 年，农村居民人均纯收入从 2366 元增长至 9892 元，城镇居民人均纯收入从 6860 元增长至 28844 元。而且居民收入分布结构发生了巨大变化，2004 年城镇最高收入户（前 10%，27506 元）是最低收入户（后 10%，3084 元）的 8.9 倍；2012 年最高收入户人均收入达 69877 元，是最低收入户的 7.6 倍。中低收入群体的收入增速高于高收入群体，按照传统经济学理论，居民的边际消费倾向扩大。社会公众的基本公共服务需求结构已经升级，已经进入从“保基本”到“提质量”的阶段。供给能力和供给方式还远远不能适应迅速变化的社会公众的基本公共服务需求升级，出现供给制约需求实现的特殊矛盾。

三、进一步推进我国基本公共服务发展的对策

正是出于对基本公共服务本质属性的理解，即“为实现社会公众的基本社会权利，满足社会公众的基本生存发展需求，以公共部门为主提供的公益性很强的公共产品”，以及基本公共服务对于我国政治经济的重要意义，所以进一步推进基本公共服务发展，克服上述实践中存在的发展动力机制不足、发展不均衡以及供给需求之间不匹配等问题，就成为势所必然。

（一）合理化的发展定位

合理定位是事物维持平衡状态的关键。首先是基本公共服务的角色定位。应当把基本公共服务作为我国公共服务体系中主要的组成部分以及国家公共服务体系的有机构成。基本公共服务均等化则是决定基本公共服务成效的关键。

其次是时代定位。抓住全面建成小康社会决胜之年的时代契机,以我国基本公共服务发展的经验为借鉴,推进基本公共服务的下一步大发展。

再次是价值定位。充分认识基本公共服务的战略价值,尤其是对于全面建成小康社会的战略作用,对于全面脱贫的重要意义。从政治学的角度看,财政行为是国家行为的最好表征,将财政预算资金用于A行为而非B行为不仅仅是一个预算问题,更是一个重要的政治问题。而从根本而言,政府财政行为的主要目标是提升或巩固公众对执政者的支持与信任,而这一目标实现的关键在于政府的财政支出与公共物品供给能在多大程度上符合公众的预期。所以,才会出现公众的政治信任度会随着更多的财政资源用于社会再分配目的而提高,而让经济发展领域继续吸收大量财政资源将损害公众政治信任的局面。尽管经济增长仍然是政治合法性、政治信任的重要来源,但民生福利和纯公共产品正赶上并超越经济增长,成为向公民提供政治信任的新源泉。从经济学的角度看,基本公共服务的发展是经济发展的新生动力。学界基于对民生财政与居民消费支出之间关系的研究,认为扩张性政府支出会促进私人消费需求的增加。也就是说,如果财政支出中用于教育、卫生医疗、社保及其就业补助支出较多,居民个人用于此方面的消费占比就会下降,居民会用较多的可支配收入于其他消费,并引致和拉动居民潜在消费。换言之,基本公共服务的发展不仅是一个社会问题,具有政治价值,还具有经济意义。

最后是目标定位。通过发展,实现基本公共服务的均衡化,以及基本公共服务的优质化。

(二)实施差异化的基本公共服务发展战略

1. 均等化是实施差异化发展战略的前提

其一,系统性地解决制度障碍是实现基本公共服务均等化的前提。基本公共服务均等化还缺乏明确的法律规制,相关法律制度不健全,目前基本公共服务均等化的实施主要以各种政策、决定以及地方性条规为主体,立法层次低,还没有上升到基本法律规范的高度。应当制定一系列基本公共服务均等化的法律细则或条例,在核心法律规范的统领下,制定一些涉及基本公共服务标准、服务类型、供给模式、准入标准、政府责任、公众参与、监管机制等可行性的法律细则或条例。

其二,建立财政投入的长效保障机制是实现基本公共服务均等化的根本保证。国家层面应进一步调整和优化公共财政支出结构,逐步提高基本公共服务支出所占比重,保证基本公共服务预算支出增长幅度高于财政经常性支出增长幅度。为增强县以下基层政府基本公共服务保障能力,应在合理划分中央和地方财政支出事权的基础上,完善公共服务财政转移支付制度。

2. 差异化发展战略的总体思路是补后发地区，补重点人群

在经济下行压力加大的情况下，在教育、医疗、社保等实现“基本覆盖”后，优化财政支出结构就显得更为重要。应充分考虑区域功能定位、产业发展需求、经济社会发展水平和人口流动等因素，建立健全基本公共服务保障机制。突出公共财政支持重点，立足缩小城乡和区域差距，重点加强公益性和基础性公共服务设施建设，重点扶持农村及边远、贫困、少数民族地区，重点支持生态涵养区、生态保护区的公共财政投入。

其一，大力推动中西部地区的基本公共服务发展水平。加大中央财政转移支付力度，强化升级政府对于省域内基本公共服务薄弱地区的扶持力度，支持经济薄弱的中西部地区增强公共服务能力。同时，适当借鉴德国等发达国家经验，探索先富地区对于后富地区的转移支付制度。尤其是突出发展中西部地区的教育、医疗卫生和社会保障等事业。这对于精准脱贫尤其是区域性脱贫，会产生直接影响。

其二，补低收入群体。我国社会主要矛盾的变化，没有改变我们对我国社会主义所处历史阶段的判断，我国仍处于并将长期处于社会主义初级阶段的基本国情没有变，我国是世界最大发展中国家的国际地位没有变。精准脱贫取得了巨大的成效，但是在城镇和农村仍然存在一部分低收入群体，要鼓励和引导基本公共服务资源向城镇和农村延伸，着力补齐农村和城镇低收入人群在基本公共服务方面尤其是义务教育水平方面的短板，提高低收入群体的公共服务水平。

其三，补流动人群。基于我国仍将在较长一段时间内处于发展中国家的国情，人口流动继续成为一种常态，流动人口的义务教育、基本医疗卫生、社会保障等基本公共服务问题要引起足够的重视。

（三）精细化的发展策略

基本公共服务并不意味着低质量的公共服务。基本公共服务在保证数量的同时，应该更强调质量。在注重基本公共服务供给普惠性的同时，也注重基本公共服务供给的精细化。在注重基本公共服务标准化的同时，更加注重基本公共服务的个性化和人性化。

第一，实现基本公共服务资源可以随着人口流动而携带，促进人口流入地的基本公共服务均等化。如针对劳动力大量跨区域流动的现实，可由中央财政统一划拨各地基础教育经费，加大对人口流出地的教育转移支付力度，实现教育资源可以跨地区携带。通过多种渠道，增加教育资源总量，促进流动人口子女在父母就业地区平等就学。探索医保异地结算的人性化和便捷化等问题。

第二，减少基本公共服务供给矛盾的正确做法是增加供给，改善供给结构，而不是减少需求。在供给方式上，加大政府投入的同时，继续大力放宽社会资本进入基本公共服务领域，降低门槛，制度保障，政策推动，共同发力。以加快事业单位分类改革、大力发展社会组织为重点，加大基本公共服务供给主体的培育，这样公共服务供给方式创新才有基础。以推进政府购买公共服务、鼓励发展志愿和慈善服务、充分利用互联网来开展基本公共服务等为路径，创新基本公共服务供给方式。一句话，让各种资金、各种投资主体提供差别化多层次的服务。

在具体推进过程中，需要解决好政策配套的问题，如现在全国各地推行的政府与社会资本合作提供公共服务模式中，一些具体问题阻碍了这一合作模式的深化，如项目投入周期长、投入资金量大、回报率低，如何引导社会资本积极性，加强相应的监管等问题都需要在政策上破题。

第三，建立起“以人为中心”的基本公共服务需求表达和评价机制。基本公共服务发展的精细化来源于对用户需求的准确把握和对服务的不断提升。制定基本公共服务发展计划要基于服务对象的现实需求。可运用大数据分析技术，结合城乡和地区发展规划、环境要素禀赋等深入分析人口流动变化趋势，建立社情民意数据库，并据此制定基本公共服务均等化推进策略和公共财政投入方案。

改革开放40年来，我国基本公共服务得到长足发展，社会公众的基本公共服务权利得到保障，基本公共服务产品供给质量和效率不断提升，也证明了中国选择了适合自己国情的道路、制度和理论。

进入新时代，人民群众对于美好生活的向往，是推动基本公共服务进一步发展的重要动力。建设质量更好、效率更高的基本公共服务体系是满足人民群众对于未来美好生活向往的迫切要求和战略目标。我国基本公共服务已经由低门槛、广覆盖、重普惠的阶段转向广覆盖、精细化、差异化的发展阶段。

专题七：40 年来社会保障体制改革研究

2018 年是改革开放 40 周年，中国社会保障体制改革也已经进行了 30 多年。[①] 回顾改革开放以来中国社会保障体制的改革历程，总结其间取得的成就、深究其中存在的问题，对于未来进一步深化中国社会保障体制改革具有重要借鉴价值。

一、改革开放以来社会保障体制改革的逻辑起点与历史进程

（一）从内生于计划经济体制的国家—单位保障制而来：改革的逻辑起点

1. 国家—单位保障制的基本构成

计划经济时期发展形成的国家—单位保障制的社会保障体制基本框架由国家保障、城镇单位保障、农村集体保障三大部分组成（见图 7-1）。其中，城镇单位保障因其保障全面且水平较高而成为整个计划经济时期社会保障制度的主体，国家保障与农村集体保障则构成了整个社会保障制度的两翼。

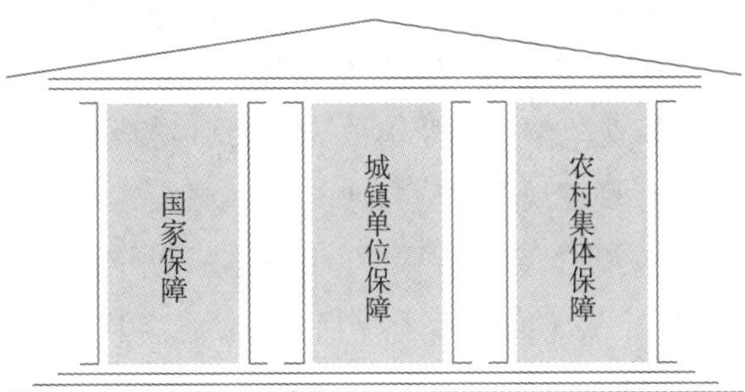

图 7-1　计划经济时期国家—单位保障制的基本框架

① 本专题由李志明、乔庆梅和邢梓琳撰写。

国家保障是政府主管部门(或者借助于机关、事业单位与城乡基层政权)在国家统一政策规范下,以政府财政拨款为基础直接实施的社会保障项目。它主要包括机关事业单位工作人员社会保障、城镇居民价格补贴、军人保障、民政福利、农村救灾救济等保障项目。

城镇单位保障是企业服从于国家统一的政策规范,从其自身经营收益中直接提取经费并自行组织实施的社会保障项目。当企业经营收益不足以支撑单位保障时,国家财政通过补贴的方式来给予最后保证。绝大多数城镇居民主要依靠单位提供的保障,主要包括职工劳动保险、职工集体福利。这一制度由于惠及职工家属从而使得绝大多数城镇居民直接受惠。因此,城镇单位保障事实上一直是中国社会保障制度的主体。

除国家提供有限的救灾救济外,农村地区以社队集体为单位,为农村居民提供有关社会保障。农村集体保障的经费来源于社队集体单位统一核算中的统一提留,主要内容包括合作医疗、五保户供养及其他福利保障。

2. 国家—单位保障制的核心特征

深入考察计划经济时代形成的国家—单位保障制,我们可以发现这种制度安排的特色非常鲜明,其最核心特征概括起来就是国家负责、单位包办。

(1)国家负责。在计划经济时代,社会保障制度属于中国社会主义制度的有机组成部分。在强调国家—单位—个人根本利益一致的前提下,国家扮演着社会保障体制的确立者、担保者的角色;国家(主要是通过政府)和单位共同扮演着社会保障制度的供给者与实施者的角色。在社会保障领域,国家与单位相互依存,承担共同为单位所属的社会成员提供社会保障的责任。国家通过计划经济体制维护着各个单位组织永续运转,并通过财政补贴的方式来直接担保。社会保障制度能否实施、如何实施以及能否持续下去,最终并非取决于单位,归根到底还是取决于国家政策和国家财力。可见,国家—单位保障制的本质特征即是由国家负责的。

(2)单位包办。在国家—单位保障制下,单位在社会保障体制中的作用异乎寻常的重要,国家离开了单位便根本不可能实施社会保障政策。社会成员被分散在各个单位(在城镇是各种机关、事业单位和企业单位),成为名副其实的“单位人”。各单位无一例外地都要听命于国家政策规定并直接承担起组织实施本单位社会保障项目的责任,同时企业单位还需要为职工劳动保险、职工集体福利等制度的实施提供经费。因此,除了接受政府的价格补贴,城镇居民几乎所有生活事务均是通过所在单位来获得保障的。因此,对绝大多数城镇居民而言,国家—单位保障制就是单位包办的社会保障制度。

总之,在计划经济时期,国家(政府)、企业和个人之间形成了“就业—福利—保障”三位一体的制度结构,社会保障、职工福利与劳动就业高度重合,国家实际上承担了所有风险，从而隐含了计划经济体制下国家、城镇企业以及职工之间特有的隐性社会契约[①]：国家通过单位支付给个人低工资，以便积累更多的资金进行统一调配使用，并通过单位为职工提供各项福利保障措施作为补偿；个人获得低工资并将应得的社会保障受益权转化为国有或集体资产的一部分，以此获得无须以缴费作为对价的福利保障待遇；工作单位则变成了一个个“小型福利社会”，例如，城镇企业单位不仅需要为开办职工劳动保险出资，而且还要为职工提供从住房福利到教育福利、从就业安置到贫困救助、从疾病医疗到职工食堂等在内的多种多样的职工集体福利，其自身生存维系则又需从国家接受各种补贴。

（二）向适应于市场经济体制的国家—社会保障制而去：改革的历史进程

1. 社会保障体制改革前的准备阶段（1978—1985 年）

1978 年党的十一届三中全会召开后，中国结束了“文化大革命”带来的十年浩劫，为扭转中国的混乱局面创造了较好的政治、社会条件，并由此进入改革开放新时代。但是，社会保障体制改革却相对滞后于经济体制改革。

在改革开放后的最初几年里，社会保障领域出台的相关政策，从总体上来看，更多的是对“文化大革命”前国家—单位保障体制的恢复和延续，但也确实为社会保障体制后来的改革做了相应的思想准备。在制度建设方面，1978 年 5 月国务院颁布了《国务院关于安置老弱病残干部的暂行办法》《国务院关于工人退休、退职的暂行办法》等法规，对于恢复被“文化大革命”破坏了的退休养老制度和退休秩序起到了重要作用。1980 年 10 月，国务院发布《国务院关于老干部离职休养的暂行规定》，一种给予特殊贡献群体特殊待遇的退休制度——离休制度由此确立。在组织措施方面，1978 年国家重设民政部，主管全国的社会救济、社会福利、优抚安置等事务，迅速结束了这些领域内长期存在的混乱局面；劳动部的工作亦逐渐恢复正常，并开始着手解决原有劳动保险实践中存在的突出问题。

与此同时，农村地区开始将集体土地承包到户，城镇地区也进行了扩大企业经营管理自主权并实施“利改税”改革。由此导致多数农村地区的集体经济逐渐走向瓦解，劳动保险待遇支出与企业能够留存的利润之间也产生了直接冲突，这从根本上触动了传统的国家—单位保障制的经济基础，也动摇着赖以支撑计划经济时期社会保障体制的组织保障。[②] 在这样的背景下，中国农村贫困问题开始凸显，亟待出台新的农村社会保

---

① 李志明：《中国城镇企业职工养老保险制度的历时性研究》，知识产权出版社 2015 年版，第 66 页。

② 李志明：《中国城镇企业职工养老保险制度的历时性研究》，知识产权出版社 2015 年版，第 76—78 页。

障制度来加以化解；部分老国有企业逐渐难以承受职工医疗费用负担与养老负担，而新成立的国有企业在这方面的负担轻松，新老企业之间在收益分配与职工福利方面的差距随之出现。因此，一些国有企业开始尝试让职工分担部分医疗费用，一些地区对某些行业（如纺织业等）的退休费用进行统筹。这些现象揭示了原有的国家—单位保障制由于固有的内在缺陷以及新进行的经济体制改革确实已经难以为继了，需要寻找新的出路。

这一阶段，社会保障体制在整体上仍然维持了国家—单位保障制，所开展的社会保障制度建设主要还是为了解决历史遗留问题以及恢复被“文化大革命”破坏了的退休制度等。尽管个别地区在劳保医疗中让职工自负部分费用、个别地区尝试退休费用行业统筹等自发性改革试验，但这些试验并未触动国家—单位保障制的根本。

2. 社会保障体制改革为国企改革配套阶段（1986—1992年）

中国社会保障体制真正意义上的改革应当是从1986年正式开始的。在这一年中发生的三大标志性事件，表明中国社会保障体制自此进入了变革时期。

一是1986年4月12日第六届全国人民代表大会第四次会议通过的《中华人民共和国国民经济和社会发展第七个五年计划》，首次提出了社会保障概念，并且单独设章阐述了社会保障的改革与社会化问题，社会保障社会化作为计划经济时代国家负责、单位包办保障制的对立物，被正式载入国家发展计划。

二是1986年7月12日由国务院发布《国营企业实行劳动合同制暂行规定》和《国营企业职工待业保险暂行规定》，不仅明确规定国营企业用劳动合同制取代了计划经济时代的“铁饭碗”，规定合同制工人的退休养老实行社会统筹并由企业与个人分担缴纳保险费的义务，而且初步构成了失业保险制度的框架，从而具有了显著的制度创新意义。

三是1986年11月10日由劳动部、人事部颁发的《关于外商投资企业用人自主权和职工工资、保险福利费用的规定》，强调外资企业必须缴纳中方职工退休养老基金和待业保险基金，意味着国家在承认经济结构多元化的条件下对劳动者社会保障权益的维护，并开始消除社会保障单位化的烙印。

在这一时期，中国提出了社会保障社会化原则并通过中央政府的推动取得了进展，国家责任得到了适度控制和调整。改变以往单位包办社会保障事务的做法成了社会保障体制改革的重要内容，个人亦开始承担有象征意义的缴费责任等。这些变化都预示着社会保障社会化开始替代社会保障单位化，个人开始分担社会保障责任，原有的社会保障制度在延续，但新型的社会化保障机制开始生长。

在这个阶段中，中国社会保障体制改革在总体上是为国有企业改革配套和缓解贫困地区的乡村贫困问题，但是，单纯强调为国企改革配套亦使城镇社会保障制度改革目标走向片面化。正是这种片面化造成了社会保障制度改革日益滞后于经济改革与社会发展的需要，因为社会保障制度不可能只为某项改革配套，也不可能只为国有企业和国有企业职工服务。

3. 社会保障体制改革成为市场经济体系支柱阶段（1993—1997 年）

1993 年 11 月 14 日，党的十四届三中全会通过《中共中央关于建立社会主义市场经济体制若干问题的决定》并对社会保障体制改革提出明确要求与原则规范。社会保障社会化自此成为社会保障体制改革追求的主要目标，并越来越多地体现在政策实践中，但原有的社会保障制度亦未明确宣布废除。因此，这一阶段是原有社会保障体制和新型社会保障体制并存但此消彼长的时期。当时，中国社会保障体制改革的时代背景是国家已经确立经济体制改革的目标模式是建立社会主义市场经济体制，社会保障制度被确认为市场经济正常运行的重要维系机制，社会保障亦被称为市场经济体系的五大支柱之一。《中共中央关于建立社会主义市场经济体制若干问题的决定》第二十六条至第二十八条明确要求“建立多层次的社会保障体系”，并确认了“社会保障体系包括社会保险、社会救济、社会福利、优抚安置和社会互助、个人储蓄积累保障”及“城镇职工养老和医疗保险金由单位和个人共同负担，实行社会统筹和个人账户相结合”等重要内容。

1993 年 4 月 12 日，国务院颁布《国有企业职工待业保险规定》，着力解决待业职工的基本生活；1994 年 1 月 23 日，国务院颁布《农村五保供养工作条例》，农村五保供养工作自此走向规范化；1994 年 7 月 18 日，国务院制定并公布了《国务院关于深化城镇住房制度改革的决定》，住房制度改革步入一个新的发展时期。

在这个阶段中，社会保障体制最重大的改革发生在城镇企业职工基本养老保险、城镇企业职工医疗保险以及城市居民最低生活保障三个领域。1994 年 4 月 14 日，经国务院批准，国家体改委、财政部、劳动部、卫生部联合发布《关于职工医疗制度改革的试点意见》，在城市开始推进职工医疗保险制度改革，社会医疗保险开始取代国家—单位保障制中的公费医疗与劳保医疗。1995—1997 年，国务院正式启动了企业职工基本养老保险改革探索，并通过《国务院关于建立统一的企业职工基本养老保险制度的决定》，使新型养老保险制度建设取得重要进展，确立了社会统筹与个人账户相结合的制度框架。1997 年，国务院发布了《国务院关于在全国建立城市居民最低生活保障制度的通知》，促使城镇贫困救济政策走向制度化，初步解除了城市居民的生存危机，也有效缓解了国有企业改革导致大量下岗职工给社会带来的改革阵痛。此外，劳动部、民政部等中央部委还颁布了一系列有关社会保险、最低工资保障、福利彩票管理等方面的部门规章以及规范性文件。

因此，这一阶段的社会保障改革随着市场经济改革步伐的加快而加快，并体现了为市场经济改革服务，以养老保险改革、医疗保险改革和最低生活保障为重点，急剧变革与制度全面转型的特色。既推进了社会保障体制改革，也因效率优先的取向和过分强调个人责任回归，留下了一些严重的后遗症。

4. 社会保障体制改革逐渐回归本源阶段(1998 年至今)

在这一时期，社会保障体制全面走向社会化和去单位化，建立独立于企事业单位之外的社会保障体系，实现筹资渠道多元化、管理服务社会化正式成为改革旧的社会保障制度和建设新型社会保障制度的明确目标。更为重要的是，社会保障体制改革超越了片面为国有企业改革配套和单纯为市场经济服务的观念，开始为经济社会协调发展服务并具有综合改革特点。

1998 年以来，《社会保险法》(2010)、《军人保险法》(2012)、《慈善法》(2016)等社会保障基本法律得以陆续出台，《公益事业捐赠法》(1999)、《妇女权益保障法》(2005)、《残疾人保障法》(2008)、《老年人权益保障法》(2012)、《未成年人保护法》(2012)等一批社会保障相关法律得到颁布、修订或修正，都极大地促进中国社会保障法制化进程。1998 年以来，国务院先后颁布了《关于实行企业职工基本养老保险省级统筹和行业统筹移交地方管理有关问题的通知》(1998)、《关于建立城镇职工基本医疗保险制度的决定》(1998)、《失业保险条例》(1999)、《社会保险费征缴暂行条例》(1999)、《住房公积金管理条例》(1999)、《城市居民最低生活保障条例》(1999)、《工伤保险条例》(2003、2010)、《劳动保障监察条例》(2004)、《农村五保供养工作条例》(2006)、《关于在全国建立农村最低生活保障制度的通知》(2007)、《军人抚恤优待条例》(2011)、《关于进一步加强和改进最低生活保障工作的意见》(2012)、《关于建立统一的城乡居民基本养老保险制度的意见》(2014)、《社会救助暂行办法》(2014)、《关于促进慈善事业健康发展的指导意见》(2014)、《基本养老保险基金投资管理办法》(2015)、《关于机关事业单位工作人员养老保险制度改革的决定》(2015)、《关于进一步健全特困人员救助供养制度的意见》(2016)、《全国社会保障基金条例》(2016)、《关于整合城乡居民基本医疗保险制度的意见》(2016)、《划转部分国有资本充实社保基金实施方案》(2017)等一系列法规或法规性文件。在此期间，劳动和社会保障部(人力资源和社会保障部)、民政部等中央部门亦制定了一批有关社会保险、社会福利、社会救助方面的部门规章和规范性文件，它们共同规范与指导着社会保障体制的全面转型。

在这一阶段，社会保障体制改革取得了全面的实质性进展，不仅确立了公平价值取向，而且法制化建设取得了明显进步，从而实现了从自下而上到自上而下、从自发变革到自觉变革、从被动配套到主动建设、从单项推进到综合推进的转变。① 社会保障制度

① 参见郑功成:《从国家—单位保障制走向国家—社会保障制——近 30 年来中国社会保障改革与制度变迁》,《社会保障研究》2008 年第 2 期。

被作为一项基本的社会制度安排来建设，并成为保障人民生活、调节社会分配的基本制度，包括社会保险、社会救助、社会福利等在内的整个社会保障制度的法制化进程、规范性建设和管理服务社会化等都取得了显著的进展。国家仍然继续主导着社会保障体制改革并承担着直接的、重要的责任，但构成社会的各个方面（如企业、机关事业单位、慈善公益团体等）及社会成员个人共同分担着社会保障责任。

二、改革开放以来社会保障体制改革的成就与问题

（一）取得的成就：为 40 年的改革开放安全护航

40 年来，中国社会保障体制发生了深刻变革，在维系经济体制改革、国民经济持续增长并保证整个社会基本稳定的同时，曾经惠及亿万国民的社会保障体制自身也实现了整体转型，即从内生于计划经济体制的国家—单位保障制变革到适应市场经济体制的国家—社会保障制。

1. 国民社会保障观念取得了根本性进步

在计划经济时代，人们对于生活保障来源普遍存在着"等单位、靠政府"的观念，个人并不直接对社会保障待遇承担义务特别是缴费责任。这种权利义务单向性的制度设计使得政府成了负有无限责任的政府。改革开放以来，一方面是因为整个经济社会转型选择了效率优先的改革取向；另一方面也是因为认识到了计划经济时代国家—单位单方承担全部社会保障责任的做法既不符合该制度本质规定性而且也不可持续，因此，在后来的社会保障体制改革中采取了让个人承担部分责任的做法。这不仅增强了制度责任分担的合理性，也促进了国民权利与义务的紧密结合，促使社会保障制度更加符合平等互助的原则，并且具有相应的激励功能。从改革前没有分担社会保障责任的意识，到改革后认为社会保障需要政府、用人单位和个人三方共同分担责任，体现的是国民社会保障观念的一个巨大的进步。这种观念革新，客观上为社会保障制度走向责任合理分担、实现制度理性发展奠定了良好的思想基础，也为制度变革扫清了观念上的障碍。

2. 实现了新旧体制的整体转型，新型社会保障体系的得以确立

经过改革开放 40 年以来的实践，社会保障体制已经实现从国家—单位保障制转向国家—社会保障制的历史性变革，覆盖全民、城乡统筹、权责清晰、保障适度、社会化、多层次、可持续等建制原则，已经得以确立并在实践中日益得到体现。在社会保障体制改革的价值取向上，已经逐渐由强调效率优先向突出公平导向转化，政府、企业、社会及个人已经事实上不同程度地分担着社会保障责任；社会保障体制改革也已经实现了从配套措施到系统工程转变、由单项改革破局到全面推进转变，新制度的覆盖范围正在持续

快速扩展(见图 7-2)①。

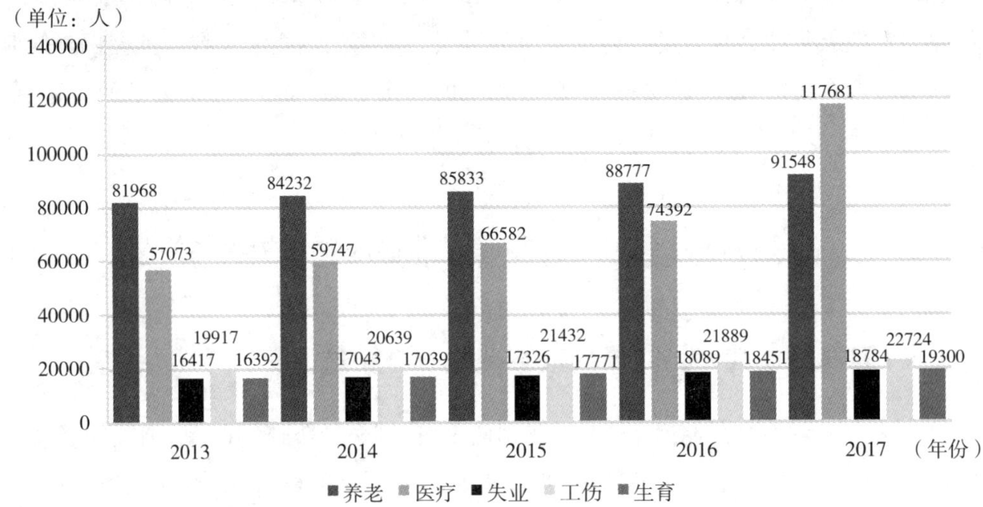

图 7-2 2013—2017 年社会保险参保人数

在实现新旧体制整体转型的同时,新的社会保障体系基本框架已经形成:社会救助、社会保险、社会福利三大支柱构成的基本社会保障体系及慈善事业、商业保险等组成补充保障,再加上军人保障,共同构成了新型社会保障体系的总体框架(见图 7-3)。尽管该体系的发展并不平衡,失业保险、工伤保险、生育保险等社会保险项目的制度覆盖率还比较低,但是以最低生活保障制度、基本养老保险制度、基本医疗保险制度为核心的基本保障体系还是取得了很大的成果,基本实现了制度全覆盖,较好地免除了国民的生存危机和疾病恐惧,解除了养老后顾之忧。

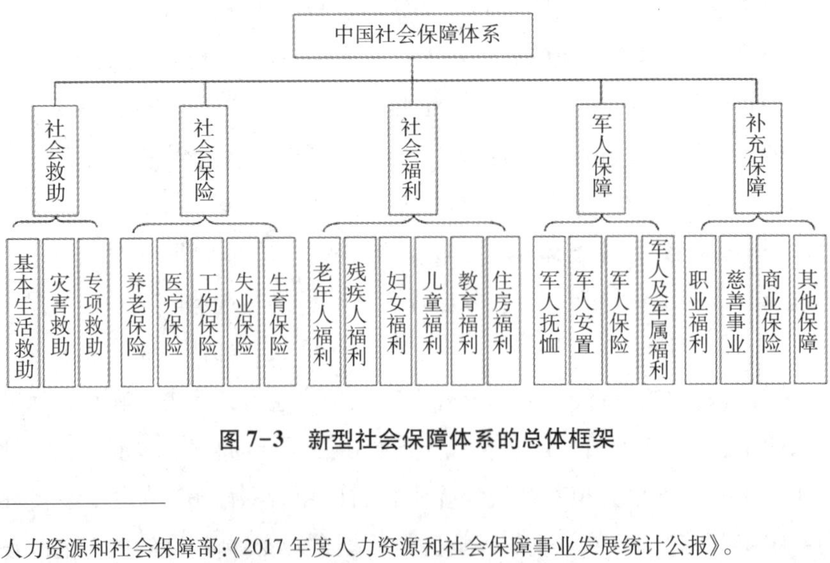

图 7-3 新型社会保障体系的总体框架

① 人力资源和社会保障部:《2017 年度人力资源和社会保障事业发展统计公报》。

3. 将国外经验与具体国情相结合部分实现了制度创新

改革开放 40 年来，中国社会保障体制改革不是“关起门来搞建设”而是在打开国门的状态下进行的，必然会受到国外社会保障改革实践与经验的影响。例如，中国借鉴 20 世纪 80 年代以来智利养老保险私有化改革的经验，在基本养老保险和基本医疗保险制度中引入个人账户机制，建立了社会统筹与个人账户相结合的制度框架；中国借鉴新加坡中央公积金制度，在全国范围内建立起住房公积金制度，很好地契合了中国公共住房政策从计划经济时期的实物分配方式向市场经济条件下住房金融支持政策的历史转变。这些事实均表明了，中国在改革社会保障体制的过程中，重视学习和借鉴了国外的经验，并将其与本国制度实践相结合，进行部分政策创新，也为世界社会保障制度发展提供了新鲜的中国经验。

以基本养老保险制度为例，“统账结合”的制度架构将现收现付制下的收入再分配功能和基金积累制的缴费激励以及能够较好应对人口老龄化的功能融合起来，构建了一种兼具现收现付制与基金积累制优势的新型制度。这种新型制度既考虑了政府责任和社会共济性，又考虑了个人责任和财务可持续性，建立了国家、用人单位和个人对于国民养老责任的分担机制，一定程度上实现了社会互济与自我保障相结合、权利与义务相对应；既吸取了当时西方福利国家出现财务困难的教训，又直接吸收了新加坡中央公积金制度和智利养老保险私营化模式的某些经验。①

4. 社会保障制度化建设取得了巨大进展

计划经济时代的社会保障实践通常是按照部门规章、规范性文件（即“红头文件”）的要求来开展，现在则逐渐上升到法律、法规规范或者部门规章的层次，如国家制定了《社会保险法》《军人保险法》《慈善法》等社会保障领域的基本法律，还制定了《老年人权益保障法》《妇女权益保障法》《残疾人保障法》《未成年人保护法》《公益事业捐赠法》等社会保障相关法律；诸如工伤保险、失业保险、城市居民最低生活保障、农村五保户供养、军人抚恤优待、社会救助等制度均有专门的行政法规规范；即使是各主管部门颁布的规范性文件也普遍采取部门规章形式发布。经过 40 年的发展，中国社会保障法制化建设确实取得了长足的进步。

与法制建设进展同步，社会保障管理与经办体制也同样取得了长足进展。在社会保障管理体制方面，不管是改革开放初期中国恢复民政部，还是 1998 年、2008 年以及 2018 年三次国务院机构改革对社会保障主管部门的调整，都促进社会保障管理体制沿着“权责明确、管办分离”的方向发展，完成了从分散管理到适度集中管理的发展演变。

① 郑秉文、高庆波、于环：《新中国社会保障制度的变迁与发展》，载陈佳贵、王延中主编：《中国社会保障发展报告（2010）No.4——让人人享有公平的社会保障》，社会科学文献出版社 2010 年版，第 52 页。

社会保障经办服务机制方面取得的进展更大,例如,中国将社会保险经办事务从行政部门序列中独立出来交由行政部门下设事业单位来承担,借助商业银行营业网点多的优势实现养老金的社会化发放,还为超过十亿国民制发全国统一的社会保障卡等。[①] 所有这些变革,都标志着社会保障管理体制与经办机制正在走向新阶段。

5. 社会保障体制改革的实践效果明显

一是较好地化解了经济体制改革带来的社会风险,为国有企业改革乃至整个经济改革与发展创造了稳定的社会环境。自改革开放特别是国有企业改革开始以来,中国出现了数以千万计的下岗职工,另有许多离退休人员因单位破产或效益不佳而无法再从单位领取养老金,但是并未爆发大的社会危机,这些都是包括失业保险、下岗职工基本生活保障、最低生活保障以及社会养老保险等在内的新型社会保障政策发挥了巨大作用所致。

二是新型社会保障制度保障了越来越多的城乡居民的基本生活权益。截至 2017 年年底,全国参加城镇职工基本养老保险人数 40293 万人,参加城乡居民基本养老保险人数 51255 万人,参加基本医疗保险人数 117681 万人,参加失业保险人数 18784 万人,参加工伤保险人数 22724 万人,参加生育保险人数 19300 万人。[②] 2017 年年末全国共有 1264 万人享受城市居民最低生活保障,4047 万人享受农村居民最低生活保障,467 万人享受农村特困人员救助供养。[③] 可见,社会保障制度所起的作用越来越大。

三是社会保障水平稳步提高,较好地保障了城乡居民的基本生活。如,2005—2016 年中国已经连续 12 年提高城镇企业退休人员基本养老金,2016 年城镇企业退休人员基本养老金月人均达到 2362 元(见图 7-4);在此期间,城乡居民最低生活保障标准也在持续提高(见表 7-1)。

表 7-1　2005—2016 年城乡居民最低生活保障标准

(单位:元/人·月)

年份	城市低保	农村低保
2005	156.0	—
2006	169.6	—
2007	182.4	70.0
2008	205.3	82.3
2009	227.75	100.84

① 人力资源和社会保障部:《2017 年度人力资源和社会保障事业发展统计公报》。
② 人力资源和社会保障部:《2017 年度人力资源和社会保障事业发展统计公报》。
③ 中华人民共和国国家统计局:《中华人民共和国 2017 年国民经济和社会发展统计公报》。

续表

年份	城市低保	农村低保
2010	251.2	117.0
2011	287.6	143.2
2012	330.1	172.3
2016	494.6	312.0

资料来源：根据历年《社会服务发展统计公报》计算所得。

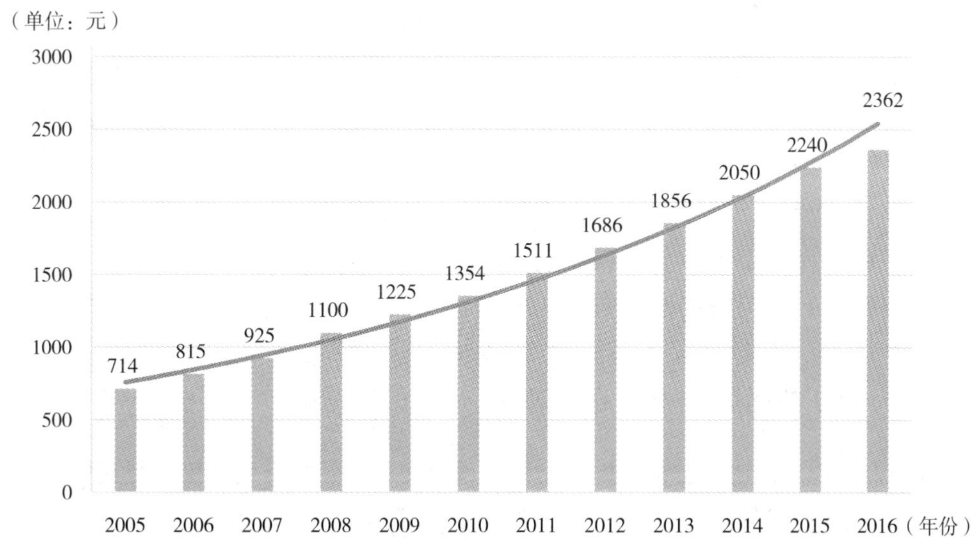

图 7-4　2005—2016 年我国城镇企业退休人员月人均基本养老金

四是社会保险规模不断扩大。到 2017 年年底，五项社会保险基金收入合计 67154 亿元（比 2016 年增加 13591 亿元）、基金支出合计 57145 亿元（比 2016 年增加 10257 亿元），双双超过 5.5 万亿元规模（见图 7-5）。

五是社会保障公共服务体系初步形成。截至 2017 年年底，全国 31 个省份和新疆生产建设兵团已发行全国统一的社会保障卡，实现省份全覆盖。全国实际发卡地市（含省本级、新疆生产建设兵团各师）共 383 个，地市覆盖率达 99.7%。全国社会保障卡持卡人数达到 10.88 亿人，社会保障卡普及率达到 78.7%。①

上述成就表明，中国社会保障体制改革很好地保障和维系了整个经济社会转型以及经济持续增长 40 年的奇迹，起到了为改革开放保驾护航的重要作用。

① 人力资源和社会保障部：《2017 年度人力资源和社会保障事业发展统计公报》。

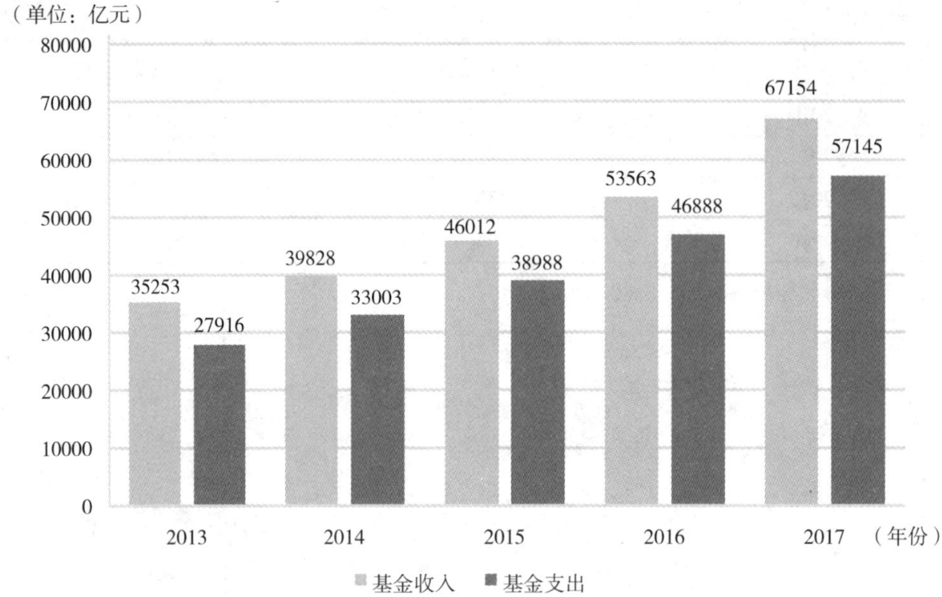

图 7-5　2013—2017 年社会保险基金收支情况

资料来源：历年《人力资源和社会保障事业发展统计公报》。

（二）存在的问题："摸着石头过河"带来的后遗症

改革开放以来的中国社会保障体制改革没有现成的经验可资借鉴。与其他方面的改革一样，都属于"摸着石头过河"的渐进性改革，因此，存在失误与问题在所难免。例如，新型社会保障制度建设依然滞后于经济社会发展的需要，并且群体间、城乡间、区域间社会保障待遇差距过大。这些问题的出现，既有以往改革不到位的原因，也有建制理念不清的因素存在，还有很多制度和项目的出台是由于"头痛医头，脚痛医脚"的应急性政策需求所致。

1. 社会保障体制改革的价值理念方面存在片面性

一方面，从改革开放初期一直到 20 世纪 90 年代，中国社会保障体制改革的目标取向均强调为国有企业改革配套和为市场经济改革服务。不管是 1986 年国家先对劳动合同制工人退休养老实行社会保险制度，还是 1993 年开始着手建立待业保险制度，都是服务于这一目标取向。中国社会保障体制改革从一开始便是跟随国有企业改革特别是国有企业劳动用工制度改革的步伐走，这样就导致它不是统筹推进各项改革措施，而是着眼于解决国有企业改革与经济改革过程中出现的各种社会问题，很难按照社会保障制度本身特有的客观规律得到正常发展。

另一方面，配套和服务于国有企业改革和市场经济改革，难免会受到市场经济体制崇尚的"效率优先"理念以及全面市场化的影响，导致中国社会保障体制改革出现了片面强调“自我负责”的错误倾向。这样不仅造成保障责任过度向个人转移，而且还消解了社会保障制度信用，使得城乡居民对未来生活形成不了稳定的安全预期。这种状况直接造成了消费低迷、内需不旺，对经济发展造成了不利影响。在中国社会保障体制改革中，反对计划经济时期的平均主义走向了过于强调效率优先的极端，连带损害了社会保障体制的公平性；打破计划经济时代“大锅饭”走向过于强调自我负责，连带破坏了社会保障互助共济的本质属性。因此，我们在看到中国社会保障体制改革带来国民社会保障观念进步的同时，也应看到并努力消除上述片面目标取向的副作用，促使社会保障制度回归公平的本质属性。

2. 社会保障体制改革策略选择和改革探索权分配存在较大缺陷

改革开放以来，中国社会保障体制改革采取了“试点先行、逐步推进”的策略，即通过各种改革方案在有限范围内的试验，让旧制度逐渐被摒弃或者逐渐被新制度所替代，而新制度经过试点后逐渐扩展，基本上都经历了一个旧、新制度并存以及此消彼长的转型过程。① 这种渐进改革方式能够避免出现全局性的重大失误，但是也存在着影响改革深化和新制度长期试而难定的缺陷，并形成对“试点先行—逐渐推广—全面实施”的渐进改革模式的路径依赖②，大大增加了改革的难度。

同时，试点先行的改革策略还因为中央政府和地方政府之间以及中央政府不同部门之间在改革探索权分配上的失误而影响了社会保障体制改革的统一性和有序性。在改革开放初期，中央主管部门对于社会保障体制改革试点方案设计基本缺位，只是原则性要求各个地方根据本地实际进行改革实验并自主设计社会保障试点方案。这样做既损害了中央政府的权威性和社会保障体制改革的统一性，也严重影响了地方进行改革探索的积极性。在中央政府不同部门之间，由于缺乏统一明确的职责划分，导致社会保障体制改革探索的主导权错配并进一步造成制度分割和“碎片化”。例如，基本养老保险制度曾经被分散在多个部门管理，城镇居民基本医疗保险和新型农村合作医疗直到2018年国家医疗保障局成立以后才实现统一管理。“碎片化”已经成为制约社会保障制度实现可持续发展的最根本因素。因此，改革探索权分配上的“统放不分”和“分割推进”，直接导致社会保障制度的统一性和社会成员社会保障权益公平性受到损害，给制度的后续整合带来了很大障碍。

3. 新的社会保障体系还存在着覆盖遗漏以及交叉重叠等问题

近年来，虽然中国在全面实施全民参保计划、扩大制度覆盖面方面取得了很大进展③，

① 杨方方：《从缺位到归位——中国转型期社会保险中的政府责任》，商务印书馆2006年版，第4—5页。

② 杨方方：《从缺位到归位——中国转型期社会保险中的政府责任》，商务印书馆2006年版，第6页。

③ 中国在社会保险扩大覆盖面方面取得的成绩得到国际社会的高度认可，2016年11月国际社会保障协会第32届全球大会授予中国政府“社会保障杰出成就奖”。参见人力资源和社会保障部：《2016年度人力资源和社会保障事业发展统计公报》。

基本医疗保险制度更是接近实现全覆盖；但是，新型社会保障体系仍然存在遗漏，部分群体被遗漏在社会保障“安全网”之外。以基本养老保险制度为例，到 2017 年年底全国共有 91548 万人参保①，但是，仍有数千万人未能够参加到基本养老保险制度当中。这些被遗漏的人群主要有三类：灵活就业人员、新业态（互联网业、快递业等）就业人员以及中小企业人员，特别是以农民工为主体的从业人员。此外，诸如失业保险、工伤保险和生育保险等社会保险制度的实际覆盖率较低；许多老年人福利项目和残疾人福利项目在实践中更是只被城镇居民所实际享有，农村居民无法享受到。

除了制度遗漏，诸如基本医疗保险、基本养老保险等社会保障制度中还存在着交叉重叠的问题，部分进城务工人员实际上同时参加了城镇居民基本医疗保险和新型农村合作医疗两项制度，部分被征地农民和被拆迁城镇居民也存在着被纳入一项以上基本养老保险制度的现象。这些现象都表明社会保障体系建设急切需要推进扩大制度覆盖面，并通过建设全国统一的社会保险信息系统规范参保人员基本信息。

4. 保障责任划分不清的问题仍然严重地影响着社会保障体制的深化改革

适应于社会主义市场经济体制的国家—社会保障制是建立在国家、企业、市场、社会和个人等主体责任共担机制之上的。但是，新型社会保障体制中责任划分不清的问题仍然比较严重，主要表现在历史责任与现实责任划分不清，政府责任与企业、市场、社会、个人等其他主体责任不清，以及中央政府与地方政府责任划分不清等。

例如，在城镇企业职工养老保险制度转型过程中，国家（政府）、企业和个人就存在着相互转嫁资金供给责任的问题。② 这主要表现在以下两个方面：一方面，在化解隐性债务和转制成本时存在着国家（政府）向企业和个人转嫁的问题。1998 年以前，国家（政府）事实上回避着对城镇企业职工养老保险制度改革的财政责任，1998 年以后虽然开始承担财政补贴责任，但是迄今为止除了 2017 年开始通过划转部分国有资本弥补因实施视同缴费年限政策形成的城镇企业职工基本养老保险基金缺口，主要还是直接将转制成本向企业和个人转嫁。其中，国家（政府）向企业转嫁资金供给责任，是通过向企业征收超高的基本养老保险费来实现的。国家（政府）向个人转嫁资金供给责任，则突出表现在挪用职工个人账户资金用于基本养老金当期发放，造成个人账户长期“空账”运行。

另一方面，企业和个人在承担资金供给责任时也存在向国家（政府）转嫁的问题。企业向国家（政府）转嫁基本养老保险资金供给责任的情形，主要包括不为职工申请办理社会保险登记，拖欠基本养老保险费以及少缴、漏缴基本养老保险费等。个人向国家

① 人力资源和社会保障部：《2017 年度人力资源和社会保障事业发展统计公报》。

② 杨方方：《中国社会保险中的政府责任》，《中国软科学》2005 年第 12 期。

(政府)转嫁基本养老保险资金供给责任主要表现在违规提前退休和冒领基本养老保险待遇。违规提前退休会减少基本养老保险基金收入而增加基金支出。目前,全国各地存在规模较大的违规提前退休现象①。其中,通过违规办理病退和特殊工种提前退休是主要途径。另外,冒领基本养老保险待遇的情形也较多,在 2013 年通过社会保险基金稽核,全国共查出 3.5 万人冒领待遇 1.27 亿元。②

除了资金供给责任的相互转嫁,国家(政府)、企业和个人在城镇企业职工养老保险制度责任分配中还存在边界模糊的问题。这主要表现在:一是行政机关和立法机关在城镇企业职工养老保险制度建设方面存在责任混乱现象,本应由立法机关制定法律来规范的制度建设事项却由行政机关(特别是国务院)通过不属于行政法规的规范性文件来确定。二是国家(政府)对养老保险的财政补贴规模持续扩大(见表 7-2),但是却没有法定化、比例化,国家(政府)在这方面的责任无边界。三是不同层级政府之间责任划分还未能够真正理顺。例如,中央政府承担了主要的财政补贴责任,但基本养老保险却一直处于地方统筹层次,造成中央政府和地方政府之间事权和支出责任不相适应。四是政府职能部门之间责任划分不明晰导致"越位"与"缺位"并存。例如,20 世纪 80 年代中国人民保险公司就曾介入城镇集体企业养老保险,国家体改委也曾和劳动部争夺城镇企业职工养老保险制度改革主导权。另外,这些部门却没有切实加强对城镇企业职工养老保险制度运行的监管,导致贪污、挪用养老保险基金的违法行为在一段时间内普遍存在。五是部分地区职工个人在缴纳基本养老保险费时存在不规范的现象,名义缴费工资与实际工资存在较大差别,遵缴率(缴费人员占参保人员的比例)也逐年下降,导致所负责任不尽相同。③

表 7-2　2002—2017 年各级财政补贴基本养老保险金额

(单位:亿元)

年　份	2002	2004	2006	2008	2010	2012	2014	2016	2017
补贴金额	408.2	614	971	1437	1954	2648	3548	6511	8004

资料来源:历年《劳动和社会保障事业发展统计公报》和《人力资源和社会保障事业发展统计公报》,其中 2002 年数据为中央财政补贴金额。

5. 新型社会保障体制的有效性还有待提高

在这方面,主要体现在:一是社会保障管理体制亟待优化、经办能力有待提高。不

① 谭敏:《违规提前退休与社会公平背道而驰》,《广州日报》2014 年 1 月 15 日。

② 人社部社会保险事业管理中心:《2013 年全国社会保险情况》,《中国劳动保障报》2014 年 6 月 25 日。

③ 郑功成:《中国社会保障改革与发展战略——理念、目标与行动方案》,人民出版社 2008 年版,第 117 页。

仅中央社会保障事务主管部门之间管理职能缺乏有效协调，不同地区间社会保障管理体制也存在很大差异，特别是农村社会保障经办服务基础设施薄弱、人员配备不足、能力建设滞后的问题突出，基层劳动保障站所力量不足以进行社会保险基金征缴稽核和对违法企业进行处罚。二是社会保险统筹层次不高，不仅不利于分散风险，而且造成地区间缴费负担不公平、损害公平竞争的市场环境和统一劳动力市场的形成。三是城乡不同社会保障制度缺乏衔接机制，致使国民在转换就业身份、跨统筹区域流动时面临着诸多不便并容易造成社会保障权益损失。四是部分制度设计功能未能完全实现，例如，在城镇企业职工基本医疗保险制度中设置个人账户，直接降低了该制度的风险分散功能与整体资金使用效率；失业保险和工伤保险制度还无法实现预防失业和促进工伤预防和康复。

三、新时代社会保障体制改革的未来展望

2017 年 10 月召开的中国共产党第十九次全国代表大会宣告，中国特色社会主义进入了新时代。进入新时代后，中国社会主要矛盾已经转化为人民日益增长的美好生活需要和不平衡不充分的发展之间的矛盾。面对新时代社会主要矛盾的变化，党的十九大报告明确了中国社会保障体制改革与发展的目标与方向就是不断增进人民福祉，全面建成覆盖全民、城乡统筹、权责清晰、保障适度、可持续的多层次社会保障体系，以满足人民日益增长的美好生活需要。

未来，中国必将按照党的十九大的战略部署，紧紧围绕“全面建成覆盖全民、城乡统筹、权责清晰、保障适度、可持续的多层次社会保障体系”的基本要求和奋斗目标，坚持“人人尽责、人人享有”的共建共享原则，扎实推进社会保障体制改革，不断提升保障对象的获得感、幸福感、安全感。

（一）全面实施全民参保计划

党的十九大指出，保障和改善民生要坚持“人人尽责、人人享有”。全面实施全民参保计划，就是实现覆盖全民、促进人人享有基本社会保障最重要的举措。下一步，扩大社会保障覆盖范围的重点仍在于社会保险制度，具体是鼓励和引导中小微企业和广大农民工、灵活就业人员、新就业形态人员、未参保城乡居民等群体积极参与基本养老保险等社会保险项目，并提高正规就业人员中参加失业保险、工伤保险和生育保险的比例，尽快实现社会保险项目的法定人群全覆盖。①

---

① 尹蔚民：《全面建成多层次社会保障体系》，《人民日报》2018 年 1 月 9 日。

（二）完善职工和城乡居民基本养老保险制度

为积极应对人口老龄化，中国必须全面深化养老保险制度改革。当前，养老保险制度改革顶层设计方案中已有部分改革举措陆续出台并实施，例如，全民参保计划顺利实施，基本养老保险基金投资运营正在稳步推进，划转部分国有资本充实社保基金方案已经出台、完善个人账户制度开始有了新举措①，《企业年金办法》《关于加快发展商业养老保险的若干意见》和《关于开展个人税收递延型商业养老保险试点的通知》也实质性推动了多层次养老保险体系的建设。但是，养老保险全国统筹方案以及渐进式延迟退休年龄政策仍有待不久的将来实际推进。

这其中，实现养老保险全国统筹既相当重要又非常紧迫。根据目前的形势发展来看，最有可能的步骤是在进一步巩固和完善省级统筹制度的基础上，先行建立职工基本养老保险基金的中央调剂金制度；然后在完善省级统筹加中央调剂金制度、理顺基金管理体制的基础上，再行推进实现养老保险全国统筹。为避免对社会经济造成重大冲击，渐进式延迟退休年龄宜采取"女先男后、小步渐进，辅之以激励式弹性退休政策"。具体来说，就是坚持每年只延迟几个月，经过相当长一个时期逐步达到目标年龄；不是对所有社会群体同时实行延迟退休，而是先从退休年龄相对偏低的女职工开始逐步实施退休年龄延迟。在此基础上，允许职工基于个体情况申请在法定退休年龄前后的一定范围内（例如，至多提前2年，至多延迟5年）申请弹性退休。可以借鉴德国养老金计发办法的经验，每提前1个月退休都要扣减一定比例的基础养老金，而每延迟1个月退休则可多领取一定比例的基础养老金。②

（三）完善统一的城乡居民基本医疗保险制度和大病保险制度

目前，中国已经推进了城镇居民基本医疗保险和新型农村合作医疗两项制度的整合；但是，还没有在全国范围内建立起统一的城乡居民基本医疗保险制度。制度和经办整合只是其中的第一步，下一步还必须继续深化基本医疗保险制度改革，全面统一城乡居民基本医疗保险制度及其管理体制，实现经办服务一体化。在这方面，在新一轮国务院机构改革中设立的国家医疗保障局为实现上述目标提供了良好的组织保障。

全面实施城乡居民大病保险制度，对于扩展基本医疗保险的制度功能、放大保障效应，夯实医疗保险托底保障和健康扶贫意义重大。在全面实施城乡居民大病保险的同

① 2017年4月13日，人力资源和社会保障部、财政部联合发布《统一和规范职工养老保险个人账户记账利率办法》，对科学确定"机关事业单位和企业职工基本养老保险个人账户记账利率"以及"职业年金个人账户记账利率"的规则和水平作出了规定。

② 李志明：《调整关键变量增强基本养老保险制度可持续性》，《中国经济时报》2016年9月9日。

时,还应做好大病保险制度与基本医疗保险制度以及医疗救助制度等之间的衔接配合,实施综合保障,提升保障效果。

(四)完善失业保险和工伤保险制度

关于完善失业保险制度,下一步应当借助修订《失业保险条例》的有利时机,通过科学调整失业保险基金支出范围,进一步强化失业保险制度在稳定就业、预防失业、促进就业等方面的主动作为。同时,还应建立健全失业保险费率和待遇标准调整机制,使之能够顺应经济社会发展形势,起到熨平经济波动、缓解经济周期性变化对于社会稳定冲击的作用。

对于完善工伤保险制度,则应抓紧推进工伤保险基金省级统筹,运用差别费率、浮动费率等机制以及调整基金支出范围强化其工伤预防功能,并进一步突出和做好工伤康复工作。

(五)建立全国统一的社会保险公共服务平台

推进社会保险治理现代化,必须着力建设各项社会保险制度全国统一的公共服务平台。具体来说,就是要以全国统一的社会保险经办服务体系和信息系统为基本依托,以全国通用的社会保障卡为主要载体,通过开办和使用实体经办服务窗口、网上经办服务平台、电话咨询、自助查询等多种服务手段①,为参加社会保险的单位和个人提供 7×24 小时“全天候、全网式、全流程”的经办服务,提高社会保险经办服务水平。

(六)进一步完善社会救助、社会福利、慈善事业、优抚安置等制度

党的十九大报告提出,统筹城乡社会救助体系,完善最低生活保障制度,完善社会救助、社会福利、慈善事业、优抚安置等制度。未来,应以此为根本遵循,从尽快将现有的综合性社会救助行政法规——《社会救助暂行办法》上升到《社会救助法》,推进社会救助法治化和经办服务能力现代化入手,着力构建现代社会救助体系;着力完善面向老年人、残疾人以及妇女儿童等重点群体的福利津贴、实物供给和社会服务制度;通过切实的鼓励政策推动慈善事业发展,补充主体社会保障制度的功能不足与缺失;以新时代党的强军思想为指导,进一步完善优待、抚恤、安置等基本制度。

① 尹蔚民:《全面建成多层次社会保障体系》,《人民日报》2018 年 1 月 9 日。

专题八：40 年来突发事件应急管理创新研究[1]

改革开放 40 年来，我国各类灾害和突发事件的应急管理，全面总结继承了我国传统灾害管理理论和实践经验。同时，根据各历史阶段的灾害和突发事件发生、发展和蔓延的特点，结合不同区域的实际，进行不断的改革创新、制度变迁。通过全面加强应急管理，提升了全社会的公共安全水平，为新时代的应急管理创新奠定了坚实的理论和实践基础。

一、灾害与突发事件应急管理创新

安全是人类生存的基本需求，免受灾害对自身安全的威胁，是人类历史的永恒主题，灾害管理则是提高安全水平的基本手段。安全威胁本身是个不断发展变化的过程，相应的灾害突发事件治理创新构成我国历史的重要内容。这些创新主要表现在突发事件表现形式、原因认知、治理目标、治理主体、治理过程和灾后重建等创新模式、体制、背后动因等重要方面。

（一）灾害与突发事件类型演变

传统中国社会是个农业社会，长期以来农业居于中国经济的主导地位，农村占据中国地域的主要部分，农民构成中国人口的主体，气象灾害对农业、农村、农民影响最大。特殊的地理环境、气象条件，又使中国成为自然灾害频发区域。春秋战国时期，已经形成了完整的“灾”的字义，除包含气象灾害的意义外，还泛指生物性灾害。[2] 据统计，我国古代从殷商时期到 20 世纪 30 年代将近四千年间，各种灾害共计发生 5258 次，其中水灾 1058 次、旱灾 1074 次、地震 705 次。[3] 清末以来的百余年间，虽然近代化曾对古老中国带来巨大的冲击，但是危害整个社会安全的灾害却变化不大，这与中国农业、农村、

---

① 本专题由李明团队撰写。

② 卜风贤：《中国古代的灾荒理念》，《史学理论研究》2005 年第 3 期。

③ 张介明：《我国古代对冲自然灾害风险的“荒政”探析》，《学术研究》2009 年第 7 期。

农民主导的社会构成状况有着非常密切的关系。

新中国成立前，直到改革开放的很长一段时间内，我国灾害类型依然以自然灾害和传染病疫情为主。伴随后来近代工业化进程，中国城市化步伐加快，人口集中度增加，人们的生产方式、生活方式、居住模式也发生了巨大改变。2011 年，中国城镇人口比重达 51.27%，在历史上首次超过了农村人口。除了自然灾害、传染病疫情等事件外，事故灾难、社会安全类事件也开始频繁发生，与城市相关的燃气爆燃、管道破裂、地铁事故、人员踩踏、恐怖袭击等突发事件频发。当代社会各类突发事件的相互关联性增强，呈现次生、衍生事件频发的场景。进入 21 世纪以后，应急处置对象的名称，也逐步由原来的“灾害”转为涵盖面更广、更具有概括性和包容性的“突发公共事件”或“突发事件”概念，对事件的应急管理也由此产生。

（二）灾害与突发事件规律认识

对于灾害或突发事件自身发生、发展规律的研究和认识，反映了各个不同历史时期的认识问题的水平和解决问题的能力。在古代几千年突发事件治理过程中，我国建立的一套独特的应对灾害、救济饥荒的定义、制度、措施等被称为荒政的“话语体系”，所涉及的灾害主要指形成饥荒后果的自然灾害和瘟疫事件。春秋战国时期是我国古代灾害观发育的重要阶段，人们用当时兴起的“阴阳五行”理论解释灾害性质和发生规律，并常常以“天谴论”“灾异说”等解释灾害成因。① 在早期社会中，人们将灾害称为“灾异”，基于客观唯心主义的解释，对其发生原因归结为上天意志，鬼神作用。当然，这种解释在特定历史时期也具有一些特殊功能，将一些灾变解释为天象示警，警示统治集团的做法激怒上苍，导致天怒人怨，对于现实中的统治集团具有一定的约束作用。

近代以后，随着唯物主义彻底战胜了唯心主义，“阴阳五行”“天谴论”“灾异说”也丧失存在基础，人们开始相信人类能够战胜自然、掌握灾害规律，“人定胜天”和“与天斗、与地斗、与人斗其乐无穷”的信念主宰着一个个时代。随着现代科学理念日益深入人心，技术创新成为工业社会进步的推动力，科学技术作为“第一生产力”的作用也为人们所逐渐认同。与科学技术相联系的现代化工业生产，成为经济增长的主导力量。一方面，生产安全类事件与工业生产相伴而生，成为事故灾难事件的主体，一些国家甚至将生产安全事故的发生原因归结为技术漏洞造成，将事故灾难称为“技术失败”（Technical Failure）；另一方面，工业生产对自然和社会环境带来的影响，使得一些极端天气、环境污染事件等日益增多，突发事件发生发展日益呈现复杂局面。大的突发事件，往往通过次生、衍生灾害链条进行传导，突发事件的自然或人为的单一原因，日益难

① 卜风贤：《中国古代的灾荒理念》，《史学理论研究》2005 年第 3 期。

以解释突发事件的复杂性。

（三）灾害与突发事件治理目的

我国早期的灾害与突发事件治理目的，多是为了维护社会稳定，保持基本的统治秩序，服务于统治需要。作为中国古代社会的灾害治理措施被称为“荒政”，“荒政”的直接目的是“救荒活民”，所以又常常被称为“救荒活民术”。① 古代“荒政”的各项措施主要是为了维护受灾居民最基本的生产、生活需求，以保持基本的人口和劳动力数量。因为人口数量直接关系劳动力人口、服徭役人口乃至赋税数量多少，这些都构成了统治者维护其统治的物质基础。

人身、财产等损失是灾害与突发事件的重要特征和基本要素，早期人们更多地关注财产损失，这与社会上长期以来的物质短缺有很大关系，但从根本上与权力来源有关。随着世界范围内经济发展水平的普遍提高，物质生活的日益改善，加上人本主义思潮的兴起，人身价值的重要性日益凸显；根本上的权力来源从“受命于天”“君权神授”转换到“社会契约”，直至权力来源于人民等观念。越来越多的国家开始保护公众的生命财产安全，提出了“生命至上”的治理原则，并日益成为灾害与突发事件管理的基本目标。

（四）灾害与突发事件治理体制

灾害与突发事件治理体制是各主体的职责范畴，以及各主体之间的权利义务关系。完备高效的应急管理体制是保障灾害治理各项制度、措施落实的关键。中国传统的灾害救助作为重大公共行政事务，由政府中负责钱粮的户部、负责工程的工部主办，地方官员具体承办，在历朝历代都是高度一致的。同时，各级官员进行捐廉助赈，地方绅商进行捐输等非官方渠道捐助，也曾经发挥了巨大的补充作用。在晚清北方五省严重旱灾“丁戊奇荒”的救济过程中，政府、商户、慈善组织、教会、普通民众等的加入，使得灾害治理主体日渐多元化。1894—1895 年中日甲午战争后，中国加快了近代化转型，“荒政”也开始了近代化特色，政府专司赈济机构开始建立，财政预算中引入救灾准备金，等等。

新中国成立初期，中央人民政府政务院成立中央救灾委员会，确立中央主导、地方配合、部门参加、动员民众的政治动员型的灾害救助模式。各级政府的民政、水利、农业、地震、气象、卫生防疫、劳动安全等灾害管理和救助机构全面建立，为各类灾害处置

① 谢亮：《传统荒政的公共性与行政国家成长的再审视——基于“官僚制实践困境”命题中的行政伦理》，《浙江社会科学》2011 年第 10 期。

工作奠定了基础。洪涝灾害是我国历史上频率最高、损失最大的灾害类型,国家层面上还先后成立了黄河、长江、淮河、海河、太湖、松辽委员会等跨流域专司机构。随着社会进步与发展,越来越多的公共事务交给市场和社会去承担,政府的工作重心越来越多地投入到灾害与突发事件等非常态事务处理。从20世纪80年代以来的行政改革趋势看,世界各国政府管理改革的一个基本趋势是从一元走向多元、从单向走向互动,强调社会各类主体对公共事务的参与,管理概念日益变为治理观念。在各级政府之间的事权划分上,逐渐由中央主导,到中央和地方各级政府、政府各部门机构分工协作治理。政府之外的企业、非政府组织、社会组织、公众、志愿者、国际力量的广泛参与,改变了灾害和突发事件治理结构。突发事件的应急管理中的公众参与日益增多。尤其是在救援领域中的救援行动主体,由非组织化、非专业救援,到专业救援、志愿服务和自救互救相结合。

(五)灾害突发事件的治理机制

灾害突发事件的治理机制是指各个相关要素间的结构关系、灾害治理措施运行方式等的总称。古代中国社会的治理机制贯穿灾害治理的多个环节,包括报灾、勘灾、赈济、禳弭、以工代赈、移粟就民、移民就粟、籴粜、镯免、安辑、劝分与捐输、仓储等,但重在灾荒后救助。[①] 报灾是地方官员对灾害范围、程度等信息的报送机制;勘灾是户部对上报灾害的查证、核实机制;赈济是国家向灾民无偿发放钱物的机制;禳弭是通过对超自然力量的祈求仪式,以求预防或消除灾害的机制;[②]以工代赈是灾民参与公益事业获得救济的机制;移粟就民是调运粮食支援灾区的机制;移民就粟是转移灾民到粮食丰富地区;籴粜是控制粮食买进卖出的机制;镯免是赋税减免机制;安辑是灾民安置机制;劝分与捐输是动员民间力量参与赈济的机制;仓储是粮食储备机制。有些防灾减灾工程技术,及其形成的治理机制至今仍然在发挥作用。[③] 比如,粮食储备,疏通导流、分(蓄)洪技术,都江堰、赣州防洪工程等都是灾害防御机制的组成部分。

随着灾害治理体系的日益完善,治理机制逐渐成熟,由早期灾害治理过程中对于灾民进行简单的生存性救济,转换为在生存救济基础上,实施灾后的"恢复生产、重建家园"的发展性救助。在当代,世界各国逐步发展出全流程、全领域、全方位的应急管理与突发事件治理体系,从事前、事发、事中、事后等突发事件流程中,逐步发展风险评估、预防准备、监测预警、紧急救援、恢复重建、心理恢复等应急管理机制。

① 李向军:《试论中国古代荒政的产生与发展历程》,《中国社会经济史研究》1994年第2期。
② 李军:《自然灾害的政治应对——论唐代的禳弭制度》,《唐史论丛》2014年第1期。
③ 赫治清:《我国古代的荒政(上)》,《中国减灾》2009年第2期。

（六）灾害突发事件治理的制度

制度是对于减少不确定性的一种控制，本质上是为了增强确定性、减少风险的一种设计，灾害突发事件治理的制度体系在这方面的作用更为明显。它是指与灾害、突发事件及其引发的非常规状态相关的法律、法规、规范性文件等方面制度规范的总称。传统中国这方面的制度规范被称为“荒政”，它是政府救济饥荒的法令、制度与政府措施。人类的救荒活动自古就有，但是作为一种制度规范体系的“荒政”出现得则稍晚一些。① 早期灾害治理的制度规范体系主要集中在粮食储备、灾情勘验、灾后救助等救灾的方式、技术、流程等方面规定的综合。如，清代荒政是中国古代几千年间“荒政”的集大成者，荒政措施以律令、则例等形式规范为积贮、报灾、勘灾、审户、发赈等基本程序，以及抚恤、平粜、蠲缓、截漕、赈济、借贷等具体规定。② 这一法律体系可以按照不同标准、方式进行划分，作为预防、处置突发事件的基本法律工具，是一个国家或地区在非常规状态下的法治基础。

随着社会发展和进步，灾害突发事件治理从集中于灾后救济逐步转换为应急规划、灾前预警、预防准备、灾害救援、灾后救济、恢复重建等全流程、全领域的治理，相应的制度体系建设成为重要内容。现代灾害突发事件更是通过原生、衍生、次生等机制，形成日益复杂的灾害链，个体、孤立的组织甚至某个地区的力量难以应对，必须通过政府、企业、社会组织、志愿者、公众等组织起来的方式，并动用多样化的资源，处置应对这些事件。这就要求必须落实相关的法律体系外，还需制定大量的应急预案作为将这些人力、物力组织起来的行动方案。为了保证这些行动方案的有效性，需要设定的情景，进行经常性、有针对性的演练。预案和演练及其相关的制度体系的规定，构成现代应急管理的一项重要特征和主要内容。

（七）灾害与突发事件的灾后重建

早期的灾后恢复重建主要是个体行为，其中政府有少量的对恢复生产的赋税减免、生产资料的借贷等行为。这些主要是指“荒政”中的“蠲免”措施，即在一定期限内减免灾区的赋税、罚款和徭役，进行实物借贷以恢复农业生产等措施，以帮助受灾的地方民众恢复生产生活。

在新中国成立后的很长一段时间内，我国实行“一大二公”的经济体制，限制私有财产和私有经济的发展，国营经济、集体经济占据主体地位。各级政权机构的灾后重建

① 李向军：《试论中国古代荒政的产生与发展历程》，《中国社会经济史研究》1994年第2期。

② 闫娜轲：《捐廉助赈与清代荒政施赈主体多元化的发展——以〈抚豫恤灾录〉为中心的考察》，《青海社会科学》2016年第3期。

职责没有严格划分,灾后恢复重建主要依靠的是国家、单位的力量。随着经济体制改革实施和深入,个人、政府、社会、市场等各自的责任范围日益明晰,先是各级政权组织之间,实行了分灶吃饭的财政体制。通过1993年的分税制财政体制改革,明确了各级财政的支出责任。随着社会主义市场经济体系的进一步完善,我国越来越多地综合运用社会、市场的手段进行灾后重建。

二、1978—1993年的灾害突发事件应急管理创新萌芽

1978—1993年,我国处于改革开放到市场经济体制之前的历史时期。1978年党的十一届三中全会确立了改革开放政策后,1982年首先开始了农村改革,实行家庭联产承包责任制;1986年随后开始了全民所有制企业改革,企业劳动制度也进行了全面调整。在整体改革进程中,灾害治理模式也进行了不断的调整、变迁。

(一)灾害突发事件治理思想的形成

改革开放初期,面临的是十年"文化大革命"以后的经济发展滞后,政府财力有限,灾害治理中的自力更生、生产自救的定位,构成新时期灾害应急体系的思想基础。生产经营中的政企不分,体现在生产安全上同样是政企不分。企业及负责生产安全的同时,也负责生产安全的监管。但总的来看,这个时期的生产安全类事件相对较少,自然灾害类事件多发。原有的"一大二公"制度体系面临重构,而新的制度体系尚待建立,加上1980年中央结束了持续25年的知识青年上山下乡运动,大批知青回城,加剧了就业形势,社会安全类事件频发。

20世纪80年代,灾害预防强调了科学化、防灾减灾、国际合作理念,改变了以往的强调人的主观能动性,无视客观规律的一些做法。1989年,我国"国际减灾十年"委员会成立,防灾减灾科技与国际合作首次进入治理范畴。1993年,时任国务院总理李鹏在政府工作报告中指出,要认真做好防灾减灾工作。江泽民在1993年6月25日致中国灾害管理国际会议的贺信中强调,我国要实现20世纪90年代经济和社会发展的宏伟目标,不能不更加重视减灾工作,我们将继续坚持经济建设同减灾一起抓的指导思想。把减灾纳入国民经济和社会发展的总体规划中去;继续贯彻以防为主,防抗救相结合的基本方针,增加投入,加强防灾建设。如,1979年"渤海二号"事故的反思中,就提到了"事故的发生与石油部领导夸大主观能动性,只强调革命加拼命,不尊重客观规律,有着密切的关系"。提高抵御自然灾害的能力,党和政府更加注意救灾中人的因素,国家对灾民的救助资金也在不断提高。

（二）灾害突发事件管理体制

党的十一届三中全会以后，我国开始了经济体制改革、对外开放。这个时期先后启动1982年、1988年两次政府机构改革，以适应经济体制发展需要。1982年的改革要点是废除领导干部职务终身制、精简各级领导班子、实现干部队伍年轻化，以经济改革为主，重点在农村，较少涉及灾害治理职能。1988年改革首次提出“转变政府职能”命题，经济管理职能从直接管理转变为间接管理，强化宏观管理，淡化微观管理，部分行业管理部门被撤销，使得政府有更多的资源与能力关注灾害管理实务。珠江水利委员会（1979）、海河水利委员会（1980）、松辽水利委员会（1982）、太湖流域管理局（1984）等，都是在这一时期成立（见表8-1）。全国地震管理体系也在1983年进行了改革，形成地方地震局由当时的国家地震局与地方政府双重领导，以国家地震局为主的管理体制。

表8-1 全国主要流域管理机构概况

序号	机构名称	成立时间	驻地	人数	范　围
1	长江水利委员会	1950	武汉	1.5万	长江流域和澜沧江以西（含澜沧江）区域
2	黄河水利委员会	1946	郑州	4万	黄河流域和新疆、青海、甘肃、内蒙古内陆河区域
3	淮河水利委员会	1929	蚌埠	1710	淮河流域和山东半岛区域
4	海河水利委员会	1980	天津	3400	海河流域8省
5	珠江水利委员会	1979	广州	1360	珠江、韩江流域，澜沧江以东国际河流（不含澜沧江）、粤桂沿海诸河和海南省
6	松辽水利委员会	1982	长春	2860	松花江、辽河流域和东北地区国际界河（湖）及独流入海河流区域
7	太湖流域管理局	1984	上海	330	太湖流域、钱塘江流域和浙江省、福建省（韩江流域除外）范围

灾害管理体制中的一项核心内容就是灾害救助资金的管理体制。1994年之前，由于受到长期以来的计划经济体制的影响，灾害救助资金及资源实行统收统支的管理体制，地方政府缺乏财权甚至物资的调配权。同时，虽然在这一时期的灾害管理过程中，强调了灾害发生后的地方和居民“自力更生、生产自救”的原则，但是由于责任不清、权利不明，地方政府、单位、个人在灾害管理中，依然存在“等靠要”的思想，积极性、主动性弱化。1994年后，在分税制的背景下，第十次全国民政会议上提出了救灾工作分级管理、救灾资金分级负担的政策，改变了以往救灾靠政府、地方靠中央的局面，将中央与地方、政府与社会组织都纳入救灾工作中。

（三）灾害突发事件治理机制创新

这一时期的灾害救助模式延续了以往的传统措施，实行“政府主导、分级管理、社会互助、生产自救”的方针。在具体组织形式上以政治动员、人民战争方式实行群防群治，实施群众性的监测、预报、防灾、抗灾、救灾、物资运输、重建和经费管理等举措。在一些大灾发生时，加强紧急赈济，实行以工代赈，发动社会互济，加紧医疗防疫等措施，并适时向灾区派出中央视察组，中央慰问团去了解灾情、检查抗灾救灾。1988 年的上海甲肝事件发生后，全国人大在 1989 年 2 月出台了《中华人民共和国传染病防治法》，建立了一系列的传染病应对处置机制。

这一时期的一些重大突发事件，也强化了这一时期灾害突发事件的治理机制。如，1987 年 5 月 6 日—6 月 2 日，黑龙江省大兴安岭地区发生特大火灾，是新中国成立以来最严重的一次森林火灾，我国境内 1800 万英亩、苏联境内的 1200 万英亩的森林受到损害，死亡 211 人，烧伤 266 人。这场火灾暴露了防火措施、灭火装备、防火管理等方面存在的一系列问题，推动了后续的森林防火机制上的创新。1988 年上海市甲型肝炎流行，共计有 29 万人患病。上海甲肝事件充分暴露了卫生习惯、传染病疫情防控体系等方面存在的弊端，也推动了法定传染病疫情管理机制上的创新。

在灾害突发事件治理中，国家强调治理的有效性，在强化相关责任人的责任机制上开始创新。在这一时期发生的 1979 年“渤海二号”石油钻井平台沉没事故中，正式开启了改革开放后安全生产问责先河，对时任国务院副总理康世恩给予行政记大过处分，时任石油部部长宋振明被撤销职务，这也是迄今为止突发事件被问责人员级别最高的一次。在 1987 年大兴安岭特大森林火灾事故中，林业部部长杨钟被撤销职务。1988 年连续发生系列铁路事故，造成巨大人员和财产损失。如，1 月份，在湖南境内发生的列车火灾事件，造成 34 人死亡、30 人受伤；在黑龙江境内的客货列车相撞，造成 18 人死亡、62 人受伤；在云南境内发生特快列车脱轨事件，造成 90 人死亡、66 人受伤；2 月份，在黑龙江境内的货车与公交车相撞，造成 10 人死亡、11 人受伤。在这一系列事故发生后，时任铁道部部长丁关根 3 月份引咎辞职。这些事件都带来了责任机制的强化和逐步完善。

（四）军队应急管理职能加强

在这一时期，中国军队开始大规模、成建制地参与灾害突发事件治理行动。军队作为其中的救灾突击力量，以其反应快速、纪律严明、组织严密、动员有力等特点，成为重特大灾害救助中急难险重任务的主要承担者。在改革开放以后的新形势下，军队参与处置应对灾害突发事件的形势也在发生变化。除了中国人民解放军之外，经过改革改制以后的武警部队成为灾害和突发事件处置中的中坚力量。尤其是武警部队中的消防、森林、水电等专业化力量，以其强大的专业能力，成为历次重大灾害和突发事件处置的专业性骨干。

在这一时期的军队、武警改革中，中国人民解放军担负内卫执勤任务的部队于1982 年同义务兵役制的武装、边防、消防警察统一组建为“中国人民武装警察部队”。当时确立了“一统二分”的领导体制，即由国务院、中央军委统一领导，各地公安机关分级管理、指挥，并以“两分”为主。原属基建工程兵的水电、交通、黄金部队于 1985 年列入武警部队序列，并在武警总部设立了水电、交通、黄金指挥部。同时，全国边防武警和消防武警两支力量从武警序列中划出，归各级公安部门领导。在 1987 年的大兴安岭森林大火事件后，为强化森林防火的管理，改变条块分割、力量分散、缺乏统一的状况，开始了森林消防力量的改革。在 1988 年，森林警察全部实行现役制，并列入武警部队序列，在林业部设立森林警察办公室。20 世纪 80 年代的武警部队改革，加强了武装部队专业处置力量，为更好地处置突发事件奠定了基础。

三、1993—2002 年的灾害突发事件应急管理创新发展

1993—2002 年，市场经济开始逐步深入探索，市场与社会之间的一些矛盾和紧张关系开始凸显。基于对这些矛盾冲突的充分认知和解决，灾害应急管理上出现了一些做法创新。在 2003 年的“非典”事件中，政府、市场和社会的功能关系亟待理顺，也是全面社会建设的开始萌芽阶段。

（一）灾害突发事件治理思想变迁

经过 20 世纪 80 年代的改革后，计划经济体制得到了全面改革，市场在经济和社会发展中的作用越来越明显。1992 年邓小平同志南方谈话提出建设社会主义市场经济后，江泽民同志在中央党校的讲话中，首次肯定了“社会主义市场经济体制”的提法。同年，党的十四大报告正式提出“我国经济体制改革的目标是建立社会主义市场经济体制”。1993 年召开党的十四届三中全会，通过了《中共中央关于建立社会主义市场经济体制若干问题的决定》，经济领域中的市场化为重点的体制改革开始全面展开。

这一系列改革措施都是围绕着经济建设这个中心进行的，作为社会管理重要内容的灾害突发事件管理职能，没有被放到改革的重要位置。但伴随市场经济的法制观念在这个时期深入人心，应急管理的法制思想是这个时期一个重大特色。一是在突发事件的思想认识上，也已经有了全新的转变，即使对某些带有一定政治性的突发事件，也越来越强调在法律的框架内进行解决。二是防灾减灾开始逐步制度化、机制化、规范化。1998 年 4 月 29 日，国务院批转《中华人民共和国减灾规划（1998—2010 年）》，这是我国第一部有关减灾工作的规划。三是灾害突发事件的信息公开、透明的指导思想

开始萌芽。2000 年安监部门规定，今后对于矿难允许公开报道，此后我国矿难报道呈井喷式增长，给人感觉是中国生产领域突然间危机四伏，但实际上这很大程度上是因制度变迁所带来的。① 四是对相关责任人的责任追究也日益制度化、规范化。2001 年，国务院颁布了《国务院关于特大安全事故行政责任追究的规定》，对于生产安全事故的责任追究有了相对统一、规范的标准，不再可有可无。

（二）市场经济改革中灾害突发事件管理

中央作出建立社会主义市场经济的决定以后，1993 年、1998 年两次政府机构改革都围绕着建立市场经济体制的目标进行。1993 年改革内容是转变政府职能，撤销部分生产行业部门，精减政府工作人员等；1998 年改革目标是结束专业经济部门直接管理企业的体制，撤销全部的行业管理部门。政府剥离了行业部门管理生产经营的职能，但是生产安全职能仍然是政府应当提供的公共服务的一部分。1999 年，成立国家煤矿安全监察局，作为国家经贸委管理的负责煤矿安全监察职能的机构；2001 年，组建国家安全生产监督管理局，与国家煤矿安全监察局是同一个机构、两块牌子；2003 年改为国务院直属机构。

1994 年第十次全国民政会议提出，救灾工作实行分级管理，救灾资金分级负担的要求。这一政策使救灾资金来源渠道增多，各方面救灾投入比例趋向合理。初步改变了救灾靠政府，地方靠中央的局面，将中央与地方、政府与社会组织都纳入救灾工作中来。截至 2001 年，全国省级和绝大多数地级、县级财政预算科目中都列支了自然灾害救济事业费，部分乡镇也列支了救灾款。地方各级财政列支的救灾预算总额，超过中央救灾预算的一半。

（三）完善灾害突发事件管理制度

针对我国灾害突发事件的现状，制定相关法律、法规和制度，完善灾害管理的制度体系，是这一时期的一项重要工作。其中，洪涝则是我国历史上发生频率最高、每年损失最大的灾害，地震则是我国历史上破坏力最严重的自然灾害，生产安全事故，则伴随经济发展呈现增长趋势，这三个方面成为灾害管理制度建设的重点。

从法律的角度，1998 年实施的《中华人民共和国防洪法》是我国第一部关于防治洪灾的基本法律文件，其内容涵盖了基础设施建设、洪涝灾害预防、灾后保障措施、法律责任等重要问题；同年实施的《中华人民共和国防震减灾法》，地震防灾救灾法律体系初

① 任学丽、蒋盛云：《改革开放以来我国政府处置重大突发事件与提高执政能力的经验与启示》，《重庆理工大学学报（社会科学版）》2015 年第 7 期。

步形成。从法规、规章建设的角度，1994 年、1995 年相继颁行了《地震监测设施和地震观测环境保护条例》和《破坏性地震应急条例》，首次对抗震救灾工作以法律形式规范，提高地震灾害应急处置能力。防汛方面先后颁布了《中华人民共和国防汛条例》《中华人民共和国河道管理条例》和《蓄滞洪区安全与建设指导纲要》等一系列法规、规章。灾害救助方面先后颁布了《春荒、冬令灾民生活救助工作规程》《灾害应急救助工作规程》和《灾区民房恢复重建管理工作规程》等规范救灾工作的重要文件。

（四）完善了灾害突发事件治理机制

基于制度建设基础上，灾害应急救援响应机制基本形成，中央资金到位、救灾物资到位速度提高，灾害多发地区普遍建立了救灾物资仓储设施。为提高各项救灾措施的效率，中央政府还制定了“六有”目标，即“有饭吃、有衣穿、有干净水喝、有临时住所、有病能医、学生有学上”。

这一时期的治理机制中，在投入机制、设计规范、管理制度等方面进行了创新。1998 年，长江、嫩江、松花江等从南到北，发生了历史上少见的全流域洪水灾害。其中的长江洪水是 20 世纪的三次全流域型特大洪水之一；嫩江、松花江洪水是 150 年来最严重的全流域特大洪水。受灾最重的是江西、湖南、湖北、黑龙江四省，全国共有 29 个省（自治区、直辖市）遭受洪涝灾害，受灾面积 3. 18 亿亩、成灾面积 1. 96 亿亩，受灾人口 2. 23 亿人，死亡 4150 人，倒塌房屋 685 万间，直接经济损失达 1660 亿元。洪水之后，国家投入巨资用于大江大河的治理，建筑施工管理部门对堤防设计施工、水库洪水调度等设计规范进行了全面修改。

四、2003—2013 年的灾害突发事件应急管理创新深化

进入 21 世纪后，我国经济持续高速增长，2003 年人均 GDP 首次突破 1000 美元，进入工业化快速发展时期。对比其他国家的发展经验表明，这一时期也恰恰是突发事件的多发期。我国 2003 年的“非典”事件后，南方冰冻雨雪灾害、汶川特大地震、瓮安事件、玉树地震、舟曲泥石流、雅安地震等重特大突发事件接踵而至。这些重特大灾害事件的发生，一方面暴露了我国灾害治理体系中存在的问题；另一方面也直接推动了突发事件应急管理体系的全面建立。

（一）应急管理体系重构

20 世纪末的风险社会形成，各国纷纷建立应急管理体系。如美国 1979 年三里岛

核事故以后建立了应急管理署,“9·11”事件后又推动了美国国土安全体系的建立,应对国内安全事件及防止恐怖活动。俄罗斯在1994建立“俄罗斯民防、紧急情况和消除自然灾害后果部”(以下简称“紧急情况部”),最初职能仅定位于自然灾害与重大生产事故救援,后来职能不断扩大。世界各国也纷纷建立应急管理机构,以各类突发事件紧急情况处置为核心,以事后应急救援为重点,旨在保护社会公众的生命、财产安全,实现维护公共秩序的目的。

在2003年的“非典”事件中,凸显了我国在经历了20多年以经济建设为中心的改革后,相对弱化了社会管理方面的建设,在应急管理体系建设方面的短板。政府通过完善应急管理制度,改进应急管理流程,建立各级应急管理机构,在增强事件信息透明度、回应公众要求等方面,开始了应急管理体系全面建设。在这一时期,形成了以“一案三制”为标志的中国模式应急管理体系,即2006年颁布的《国家突发公共事件总体应急预案》统领下的全国应急预案体系(见图8-1);2005年以国务院应急办成立为标志,各级各部门建立应急管理机构的体制框架;应急预案及各地实践中发展出来的应急管理机制;2007年以《中华人民共和国突发事件应对法》的颁布为标志建立的突发事件法律法规体系。

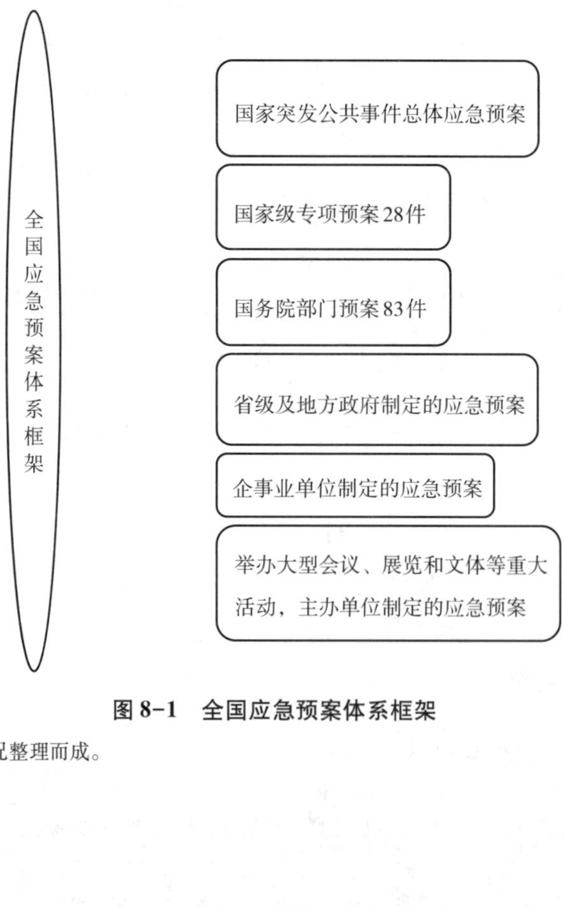

图8-1 全国应急预案体系框架

注:根据全国预案体系情况整理而成。

（二）应急管理体制创新

我国各级政府在这一历史时期的体制建设方面按照“统一领导、综合协调、分类管理、分级负责、属地管理为主”的要求，建立了涵盖中央与地方两个层面，上下统一、层级分明、职责明确的应急管理体制，承担突发公共事件应急管理统一组织、协调、指挥等领导职能。

这一时期的体制建设具体来说，各级政府应急管理机构设置从纵向上划分为5个层次：一是全国一级的应急管理领导机构，国务院是应急管理工作的最高行政领导机关；二是全国一级的应急管理办事机构，国务院办公厅内设国务院应急管理办公室，履行值守应急、信息汇总和综合协调职责，发挥运转枢纽作用；三是国务院各个部门的工作机构，国务院有关部门负责全国范围内相关类别突发事件的应急管理工作；四是应急管理的地方领导机构及其办事机构，地方各级人民政府是本行政区域应急管理领导机构，各级政府应急办是其办事机构；五是各级政府应急管理专家组，国务院及其部门、各级政府及其部门应急管理机构建立了各类专业人才库，为应急管理提供决策建议，必要时参加突发公共事件的应急处置工作。

在这个时期，按照有关法律法规将突发事件划分为自然灾害、事故灾难、公共卫生、社会安全四大类，相应的四大类应急管理体系在这个时期全部建立。除了自然灾害类应急管理机构外，在“非典”事件后的2004年，全国各地开始建立突发公共卫生事件应急处置体系，全面提高突发公共卫生事件的监测、反应、救治、监督和指挥决策能力。2005年，国务院将国家安全生产监督管理局调整为国家安全生产监督管理总局，作为国务院直属机构，也是国务院安全生产委员会的办事机构，并单设国家煤矿安全监察局（副部级），由安监总局管理。

（三）应急管理机制创新

在这个时期，科学、高效、标准化的应急管理机制得到了空前的完善。这些应急管理机制是以相关法律法规和部门规章为基础，在突发事件事前、事发、事中、事后全过程中，形成的各种制度化、程序化的应急管理方法、流程与措施（见图8-2）。这一时期我国开展了应急管理机制建设，主要侧重以下几个方面：培训演练、预防准备、监测预警、先期处置、信息报告、应急响应、指挥决策、处置救援、调查评估、恢复重建、危机沟通、应急保障等。

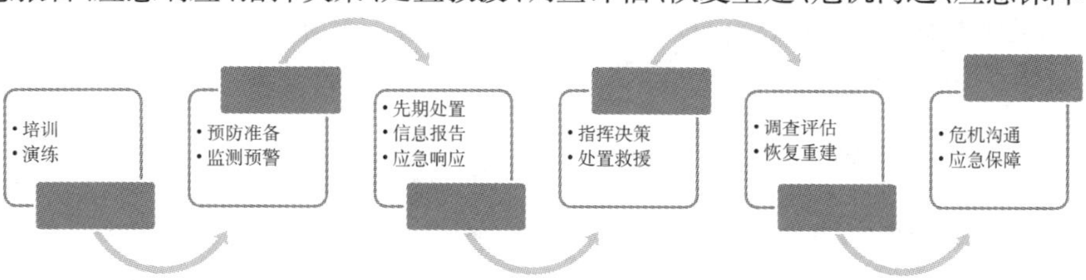

图8-2　应急管理机制

注：笔者依据《突发事件应对法》相关规定整理而成。

对口支援成为中国特色的救灾模式，“一方有难，八方支援”是这一特色的经典表述，也是中国救灾模式的重要经验。在1976年的唐山地震灾害救援过程中，党中央、国务院动员全国各地，进行定向支援唐山抗震救灾、重建家园的工作，可以说是对口支援政策的萌芽。到了20世纪70年代末，湖北省在抗击旱灾过程中，创造性地再用省内不同地区、行业和部门对口支援灾区的办法，通过《人民日报》在全国范围内宣传，成为一项创新性机制正式提出。在2008年的汶川地震的灾后重建中，中央确定沿海相关省份，制定《汶川地震灾后恢复重建对口支援方案》，对四川等省的相关灾区，按照省对市级的办法，进行对口支援。①

各地方政府在应急管理改革创新中，也建立了一些具有特色的应急管理机制，比如珠三角应急协作机制、京津冀安全生产应急联动机制、深圳市“第一响应人”应急培训机制、上海闵行区军地应急建用衔接机制、北京市海淀区平战一体融合机制等。突发事件应急管理是一个过程，各个环节相互衔接，互为影响，突发事件应对工作实行预防为主、预防与应急相结合的原则，应急运行机制涵盖突发事件的日常、事前、事发、事后各环节。现有的突发事件应急管理机制包括风险评估、预防与应急准备、监测预警、信息报告、应急处置、应急救援、恢复重建、危机沟通等全过程的机制逐步形成。

（四）应急管理法制体系建立

我国政府对于应急管理法制体系建设的推动始于2004年。② 经过几年的探索努力，应急管理法制体系建设取得长足进步。应急管理法制体系的构成大致可分为三个层次：从广义上讲，应急管理法制体系作为非常态法制，是以各类突发事件紧急情况应对为调整对象，由各层次法律规范构成的类群，包括宪法及有关规定，战争状态、戒严状态、紧急状态和一般突发事件应对状态的法律③，以及各项灾害、事故、事件的单行应急管理法律，国务院及其各部门以及地方人大和政府制定的应急管理法规、规章。

狭义上的应急管理法制体系是指除战争状态、戒严状态以外的突发事件应对的法律、法规和规章。它包含一般事态应对的法律和重大事态（即紧急状态）应对的法律，及其配套法规、规章。如《中华人民共和国突发事件应对法》《中华人民共和国防震减

① 钟开斌：《对口支援灾区：起源与形成》，《经济社会体制比较》2011年第6期。

② 2004年，国务院在《关于全面加强应急管理工作的意见》（国发〔2006〕24号）中明确了构建“应急管理法律体系”的任务。

③ 该种分类法主要是基于我国《宪法》和有关法律的规定而作出的一种学理划分。根据《宪法》的规定，我国将战争状态与紧急状态并列；《中华人民共和国突发事件应对法》又将“突发事件”与“紧急状态”进行了切割，所称“突发事件”是指大量发生、影响和危害不是特别巨大、不足以宣布进入“紧急状态”的社会管理类突发事件。《戒严法》又将戒严状态定义为一种特殊的紧急状态。可见，我国现行立法中，战争状态、戒严状态、紧急状态和一般突发事件应对状态并列存在，其严重程度依次递减。其他国家的立法则不尽相同，有的采取并列法，有的则采取包含法。

灾法》《中华人民共和国消防法》《中华人民共和国传染病防治法》《军队参加抢险救灾条例》《森林防火条例》等。仅2006年，就出台涉及突发事件应急管理的法律35件、行政法规36件、部门规章55件，党中央、国务院及部门文件113件。①

更为狭义的应急管理法制体系是指，一般突发事件应对法及其配套法律规范，在我国则主要指《中华人民共和国突发事件应对法》这部法律本身及相关配套法律规范。也包括地方制定的相关实施条例或细则，《北京市实施〈中华人民共和国突发事件应对法〉办法》《青岛市突发事件应对条例》等。

（五）社会参与制度创新

公众和社会组织具有决策简单、熟悉情况、响应及时、成本更低的特点，通过公众灾害教育，发展应急志愿服务，加强培训演练，推进了重特大突发事件应急管理的政府、企业、社会组织、国际组织、群众个人等各类主体共同参与。在这一历史时期社会组织得到了充分的发展，在灾害救援过程中也发挥了巨大的作用。

在2008年四川汶川地震中，社会组织和应急志愿者作为社会力量参与救灾活动，第一次大规模地登上历史舞台，标志着中国志愿服务发展到新阶段。四川汶川地震之前，我国非政府组织缺乏灾害救助的参与，汶川地震的发生使社会组织释放了强大的行动能力，一些民间组织及志愿者以前所未有的态势登场，成为“民间力量的第一次集体亮相”。据不完全统计，奔赴四川地震一线直接参与抗震救灾的民间社会组织有300多家，介入的志愿者更是达到300万人左右。② 汶川地震灾害救助中，社会组织的数量之多，志愿者人数之大、作用之广，可以说在中国灾害救助历史上是首次，也凸显了社会组织是政府灾害救助的合作伙伴和重要补充作用。

但这个时期，也发现了我国社会组织的灾害应急救援公共服务存在一些问题：一是政府与社会组织之间，在日常缺乏有效的互动沟通联系机制，在灾害发生时候无法进行有效的组织协调；二是社会组织的灾害救助是一种非制度化、非持续性的参与，带有分散性，不可持续性；三是社会组织与政府机构、当地社区之间，在阶段性的任务集中分配、联合行动上都存在严重不足；四是社会组织在获得较大的社会认同的同时，公众对政府依然有较强的依赖性，对社会组织的信任感不强。

（六）应急管理信息公开透明

2000年的事故灾难信息的公开，为突发事件信息公开工作奠定了基础。在2003

① 张维平：《完善中国突发公共事件应急法律制度体系》，《党政研究》2006年第2期。

② 林闽钢、战建华：《灾害救助中的NGO参与及其管理——以汶川地震和台湾9·21大地震为例》，《中国行政管理》2010年第3期。

年发生的“非典”事件中，疫情波及全国，影响人们的生产生活，初期一些地方信息的封闭状态，带来了疫情应对的不力。但也有一些地方借此机会，全面推进了信息公开，如第一部信息公开法规《广州市政府信息公开规定》，广州市“越级”举办了全国首场“非典”疫情新闻发布会。2003 年 4 月，因瞒报、漏报疫情及应对“非典”疫情不力，时任卫生部部长张文康与北京市长孟学农被免职，“非典”疫情给中国政坛带来了“官员问责”风暴。

在这个阶段，社会舆论的普遍压力下，倒逼各级政府实行信息公开制度，建立新闻发言人等信息公开渠道。在“非典”事件后，2004 年规定自然灾害信息全部进行公开，并逐步总结各地经验将信息公开制度化。2007 年颁布了《中华人民共和国政府信息公开条例》，包含将突发事件信息进行公开的规定。随着网络全媒体时代的到来，网络和智能手机普及，尤其是微博、微信公众号、博客、网络直播等自媒体的发展，普通社会公众在信息传播中的作用越来越大。由于公众距离突发事件现场更近，更具灾害信息优势，逐步从灾害信息的被动接收者，变为主动生产者。政府信息公开由突发事件应急管理领域，扩展到政府管理各领域，政府信息“公开是常态，不公开是例外”已成为社会各界共识。

（七）应急管理全方位国际合作

突发事件从涉及人员、影响范围等方面，往往具有跨越国家边界，需要共同应对的特点。应急管理也较少受政治和利益因素干扰，是最容易取得各国共识的国际合作领域。但在新中国成立以后的很长一段时间内，强调“自力更生”“生产自救”，基本上不接受来自国外的各种援助。即使在唐山大地震带来巨大人员伤亡和财产损失的情况下，我国依然拒绝了来自国外的大量援助。虽然在 1980 年我国改革开放早期，我国接受来自联合国救灾署对当时南方洪水援助，但这个时期之前的灾害救助的国际援助依然很少。

从 2003 年“非典”事件开始，我国开始与国际组织、各国政府开展应急管理国际合作，汶川地震的灾害救助、灾后重建的国际合作规模空前。进入 21 世纪以来，我国在灾害应急管理主动接纳国际援助的同时，也积极参与国际社会的灾害救助行动。在这一时期国际上的几次重大灾难，如 2004 年印度洋海啸、2005 年美国卡特里娜飓风、2008 年缅甸热带风暴以及 2010 年的海地地震和巴基斯坦洪灾中，我国都积极进行国际救助。如，向印度洋海啸灾区提供 5.2 亿元人民币救灾款项和 2000 万美元捐助，对巴基斯坦洪灾提供 2.5 亿美元无偿援助，创我国国际灾害外援史上的纪录。

五、党的十八大后灾害突发事件应急管理创新探索及初步成型

这一时期，我国开始全面调整经济结构，转变增长方式，GDP 和财政收入增长速度下降，经济发展开始进入新常态。党的十八大以后，安全被放到了党委政府工作的突出重要位置，党的十八大报告中提及安全的频率远远高于以往，政治局会议和集体学习，以及中央深改组会议中，专门讨论安全议题越来越多。在这一历史性的转折过程中，应急管理的指导思想、总体国家安全内涵、灾害治理模式及其发展框架等方面进行了创新和探索。

（一）总体国家安全观的形成及其指导作用

总体国家安全观是以习近平同志为核心的党中央治国理政的新理念新思想新战略的重要组成部分，对做好国内的公共安全、灾害应急管理有着巨大的指导作用。2013年11月，中国共产党第十八届中央委员会第三次全体会议决定，成立中央国家安全委员会，作为中共中央关于国家安全工作的决策和议事协调机构，统筹协调涉及国家安全和外交领域的重大事项和工作。2014年4月，习近平总书记在主持召开中央国家安全委员会第一次会议时提出，坚持总体国家安全观，走出一条中国特色国家安全道路。

总体国家安全观的正式提出，对灾害应急管理具有很强的指导意义，其内涵也比就应急论应急的做法，更加丰富和完善。2015年5月，习近平总书记在中央政治局第二十三次集体学习时进一步强调，要牢固树立切实落实安全发展理念，确保广大人民群众生命财产安全。这就在提出总体国家安全观的基础上，阐述了总体国家安全观的人民中心的价值观。2016年7月，习近平总书记在唐山抗震救灾和新唐山建设40年之际，到唐山市进行调研考察时强调，要“落实责任、完善体系、整合资源、统筹力量，提高全民防灾、抗灾意识，全面提高国家综合防灾减灾救灾能力”。2016年10月，第十八届中央深改组第二十八次会议中，提出了全面提高国家综合防灾减灾救灾能力，正确处理安全和发展的关系的要求。

按照习近平总书记“7·26”讲话中强调的“抓住重点带动面上工作”的方法论要求，突出问题导向，重点反思防灾减灾救灾、安全生产等应急管理领域中存在的问题，坚持以总体国家安全观为指导，完善制度创新，积极推动公共安全和应急管理领域改革的全面深化。

（二）总体国家安全的内涵和外延

在这个时期，我国经济和社会发展进入了全新阶段，国际形势处在新的转折点上，

国际国内形势复杂多变。我国国家安全的内涵和外延比历史上任何时期都要丰富，跨越的时空领域比历史上任何时期都要宽广，所涉及的内外安全因素比历史上任何时期都要复杂。

在这种形势下，中央首次提出总体国家安全观，既是我国传统安全战略的传承，也是对新中国尤其是改革开放以来国家安全战略思想的发展和深化。总体国家安全观系统地阐述了“11 种安全”及其作用，即要构建集政治安全、国土安全、军事安全、经济安全、文化安全、社会安全、科技安全、信息安全、生态安全、资源安全、核安全于一体的国家安全体系。

各类安全之间的辩证关系是：以人民安全为宗旨，以政治安全为根本，以经济安全为基础，以军事、文化、社会安全为保障，以促进国际安全为依托，维护各领域国家安全，构建国家安全体系，走中国特色国家安全道路。贯彻落实总体国家安全观，必须既重视外部安全，又重视内部安全，对内求发展、求变革、求稳定，建设平安中国，对外求和平、求合作、求共赢，建设和谐世界；既重视国土安全，又重视国民安全，坚持以民为本、以人为本，坚持国家安全一切为了人民、一切依靠人民，真正夯实国家安全的群众基础；既重视传统安全，又重视非传统安全；既重视发展问题，又重视安全问题，发展是安全的基础，安全是发展的条件，富国才能强兵，强兵才能卫国；既重视自身安全，又重视共同安全，打造命运共同体，推动各方朝着互利互惠、共同安全的目标相向而行。

（三）巨灾应对的新模式探索与实践

在新的历史时期，应急管理工作目标开始向安全目标转型，政府间的事权划分、财政关系也开始了全新调整。2013 年，四川发生了“4・20”芦山地震后，中央全面总结了以往巨灾应对，尤其是四川汶川地震灾后重建经验和存在问题。习近平总书记强调，要“探索出一条中央统筹指导、地方作为主体、灾区群众广泛参与的恢复重建新路子”。

与以往“自力更生”“生产自救”等原则要求不同的是，这是首次明确灾后重建“地方作为主体”的新机制，为灾后恢复重建工作指明了方向。在灾后重建过程中，也没有停留在口号上，而是切实按照这个新机制运行。首先，发挥“中央统筹指导”的作用，国务院组织制定了《芦山地震灾后恢复重建总体规划》，特别是在经济下行压力、财政收支矛盾、各方经费压缩的情况下，中央安排了 460 亿元中央财政重建资金。其次，“地方作为主体”，全部的灾后重建资金，包括中央财政安排补助资金、企业个人的税收减免政策、省级财政筹集的资金，全部测算分配到市县，实行“总额包干”使用。再次，“灾区群众广泛参与”，恢复重建的新村聚居点普遍建立“自建委”，群众代表组成业主委员会，从选定房址到谈判价格，从资金投入到质量监督，从收集建议到处理纠纷等重建事项，全部由群众自己做主，“自建委”在重建完成后向“自管委”过渡转型，继续发挥群众自治作用。新模式不仅适用于灾后重建工作，也为新的历史条件下各类灾害治理工作，探索出一条新的道路。

（四）新模式的总体框架性意见

在第十八届中央深改组第二十八次会议讨论通过后，中共中央、国务院于 2016 年 12 月正式发布《关于推进防灾减灾救灾体制机制改革的意见》《关于推进安全生产领域改革发展的意见》两个重要文件，形成了关于自然灾害、安全生产两个领域中的体制机制改革的总体框架。

关于防灾减灾救灾体制机制改革的基本要求，要牢固树立灾害风险管理和综合减灾理念，坚持以防为主、防抗救相结合，坚持常态减灾和非常态救灾相统一，努力实现从注重灾后救助向注重灾前预防转变，从减少灾害损失向减轻灾害风险转变，从应对单一灾种向综合减灾转变。要强化灾害风险防范措施，加强灾害风险隐患排查和治理，健全统筹协调体制，落实责任、完善体系、整合资源、统筹力量，提高全民防灾、抗灾意识，全面提高国家综合防灾减灾救灾能力。

关于安全生产领域改革发展问题，要作出制度性安排，依靠严密的责任体系、严格的法治措施、有效的体制机制、有力的基础保障和完善的系统治理，解决好安全生产领域的突出问题，确保人民群众生命财产安全。各级党委和政府特别是领导干部要牢固树立安全生产的观念，正确处理安全和发展的关系，坚持发展决不能以牺牲安全为代价这条红线。

六、新时代灾害突发事件应急管理发展与改革

党的十九大报告中，所提出的新时代中国特色社会主义思想和基本方略中，更加明确了坚持新发展理念、坚持总体国家安全观，作为 14 个坚持的两项重要内容。党的十九大为应急管理体制的创新奠定了坚实的基础，尤其是发展和安全的关系，需要认真研究作为改革发展的方向。

（一）党的十九大报告是发展与改革的行动指南

党的十九大报告确立了总体国家安全观是新时代中国特色社会主义思想的重要组成部分，是应急管理发展与改革的行动指南；还就新时代公共安全、生产安全、防灾减灾救灾等改革进行了具体部署。

党的十九大报告是立足于理论和实践探索基础上，将总体国家安全观概括为“统筹发展和安全，增强忧患意识，做到居安思危，是我们党治国理政的一个重大原则。必

须坚持国家利益至上，以人民安全为宗旨，以政治安全为根本，统筹外部安全和内部安全、国土安全和国民安全、传统安全和非传统安全、自身安全和共同安全，完善国家安全制度体系，加强国家安全能力建设，坚决维护国家主权、安全、发展利益”。应急管理工作是实现人民安全的重要手段，是实现各类安全的基础性工作，要在总体国家安全的指导下不断改革发展，适应新时代的需要。

党的十九大报告在确立总体国家安全观的基础上，进一步指出“统筹发展和安全，增强忧患意识，做到居安思危，是我们党治国理政的一个重大原则”。报告还强调要使人民获得感、幸福感、安全感更加充实、更有保障、更可持续。报告还具体指出“树立安全发展理念，弘扬生命至上、安全第一的思想，健全公共安全体系，完善安全生产责任制，坚决遏制重特大安全事故，提升防灾减灾救灾能力”。这些重要论述，为新时代公共安全与应急管理提供了行动指南。

（二）新体系要处理好安全和发展间的辩证关系

安全是应急管理所要达到的根本目标，应急管理则是实现安全的重要手段。安全是个全面、综合的概念，安全事务也是需要统筹的工作。只有实现了各项安全目标，建立了安全的环境，才能使得经济和社会发展有了基本保障。

一方面，发展是安全的基础。对于发展所能够发挥的作用，党的十九大报告认为“发展是解决我国一切问题的基础和关键”，这些问题当然也包括安全问题。只有在经济和社会各方面得到充分发展的前提下，才能为安全奠定坚实的物质基础和社会保障。另一方面，安全是发展的保障。维护安全不仅仅是政府的责任，更是安全部门的事情；安全不仅仅限于个体生命健康免于外在威胁的内涵，也不仅仅是个人、国家财产免受损失的情形。安全是发展的基础，发展是安全的保障，安全与发展是一个辩证统一的整体，不是一个可以割裂开来的概念。

（三）各类安全间的关系与实现路径

统筹发展和安全，增强忧患意识，做到居安思危，是我们党治国理政的一个重大原则。必须坚持国家利益至上，以人民安全为宗旨，以政治安全为根本，统筹外部安全和内部安全、国土安全和国民安全、传统安全和非传统安全、自身安全和共同安全，完善国家安全制度体系，加强国家安全能力建设，坚决维护国家主权、安全、发展利益。

确立了公共安全、生产安全、防灾减灾救灾的实现路径，要求树立安全发展理念，弘扬生命至上、安全第一的思想，健全公共安全体系，完善安全生产责任制，坚决遏制重特大安全事故，提升防灾减灾救灾能力。党和国家机构改革调整和创新研究加强、优化、统筹国家应急能力建设，构建统一领导、权责一致、权威高效的国家应急能力体系，提高保障生产安全、维护公共安全、防灾减灾救灾等方面的能力，确保人民生命财产安全和社会稳定。

习近平总书记强调，推进防灾减灾救灾工作，要着力从加强组织领导、健全体制、完善法律法规、推进重大防灾减灾工程建设、加强灾害监测预警和风险防范能力建设、提高城市建筑和基础设施抗灾能力、提高农村住房设防水平和抗灾能力、加大灾害管理培训力度、建立防灾减灾救灾宣传教育长效机制、引导社会力量有序参与等方面进行努力。

（四）应急管理体制改革与调整

2018 年 3 月，中共中央印发《深化党和国家机构改革方案》，提出改革应急管理体制，建立应急管理部。应急管理体制改革是我党治国理政的一项重大任务，改革的根本目的是提高国家应急管理能力和水平，提高防灾减灾救灾能力，确保人民群众生命财产安全和社会稳定。改革的具体目标是，防范化解重特大安全风险，健全公共安全体系，整合优化应急力量和资源，推动形成“统一指挥、专常兼备、反应灵敏、上下联动、平战结合”的中国特色应急管理体制。

为实现上述目标，国家对原有的应急管理相关职能进行了全面整合，具体整合范围是：将国家安监总局的职责，国务院办公厅的应急管理职责，公安部的消防管理职责，民政部的救灾职责，国土资源部的地质灾害防治、水利部的水旱灾害防治、农业部的草原防火、国家林业局的森林防火相关职责，中国地震局的震灾应急救援职责以及国家防汛抗旱总指挥部、国家减灾委员会、国务院抗震救灾指挥部、国家森林防火指挥部的职责整合，组建应急管理部，作为国务院组成部门。中国地震局、煤矿安全监察局作为应急管理部管理。

改革后的应急管理部日常主要职责是，组织编制国家应急总体预案和规划，指导各地区各部门应对突发事件工作，推动应急预案体系建设和预案演练；建立灾情报告系统并统一发布灾情，统筹应急力量建设和物资储备并在救灾时统一调度，组织灾害救助体系建设，指导安全生产类、自然灾害类应急救援，承担国家应对特别重大灾害指挥部工作；指导火灾、水旱灾害、地质灾害等防治；负责安全生产综合监督管理和工矿商贸行业安全生产监督管理等。公安消防部队、武警森林部队转制后，与安全生产等应急救援队伍一并作为综合性常备应急骨干力量，由应急管理部管理，实行专门管理和政策保障，采取符合其自身特点的职务职级序列和管理办法，提高职业荣誉感，保持有生力量和战斗力。应急管理部要处理好防灾和救灾的关系，明确与相关部门和地方的各自职责分工，建立协调配合机制。

专题九：40 年来乡村治理改革研究[①]

自 1978 年改革开放以来，我国乡村治理改革也走过了 40 年历程。40 年来，我国乡村社会从人民公社解体到村民自治再到现在的乡村共治，顺应了农村经济社会发展，为我国乡村社会发展提供了坚强有力的保障。新时代乡村振兴战略的实施，为乡村治理改革提供了机遇，同时也面临挑战。

一、乡村治理改革的演进

党的十一届三中全会后，人民公社原有的体制在农村经济体制改革中逐步改变。1983 年 10 月 12 日，中共中央、国务院根据《中华人民共和国宪法》中设立乡政府的规定，发出《中共中央　国务院关于实行政社分开建立乡政府的通知》，人民公社开始纷纷退出历史舞台，到 1984 年年底，全国 99%以上的农村人民公社完成党、政、经分开，撤销人民公社，建立起乡(镇)人民政府。随着家庭联产承包责任制的推进，包产到户的实行给延续了二十多年的人民公社体制以巨大冲击，并最终导致了这一体制的瓦解，从而使村民自治这一新型的农村基层民主形式得以出现。

(一)村民自治的兴起

以包产到户为主要内容的家庭联产承包责任制在农村普遍推行后，极大地调动了广大农民的生产积极性，粮食和其他农产品产量及农民收入大幅度增加。据中共中央书记处农村政策研究室组织的典型调查，在被调查的县中，1984 年和 1978 年相比，粮食总产量增长了 31.8%，棉花总产量增长了 1.7 倍，油料总产量增长了 1.5 倍，糖料总产量增长了 96%，生猪饲养量增长了 17.4%。平均每个劳动力创造的农业总产值比 1978 年增长了 57%，农民纯收入从 1978 年的 134 元增长到 1984 年的 399 元，增长了近

① 本专题由袁金辉和汤蕤蔓撰写。

2 倍。[①] 但是，由于我国农村经济社会正处于转型时期，原有的公社、大队、生产队体制由于包产到户的推行受到巨大冲击，而新的基层组织正在酝酿之中，这就难免在社会管理方面出现一些问题。

首先，农村出现了比较严重的党不管党的现象。“党的基层组织很少有人过问，思想、组织建设无人抓，致使一些党支部的活动基本处于停顿状态，失去了团结带领群众前进的战斗堡垒作用。”基层行政领导班子，也有一些处于瘫痪或半瘫痪状态。他们往往是只拿补贴，不做工作。群众说：“有人要钱，无人做事。”[②]

其次，许多农村工作处于无人过问的状态。一些地方，虽然党、政、企已经分设，但党支部包揽一切的情况依然存在，村干部的大部分精力用于应付上级部门布置的行政事务，而本村的许多问题得不到解决。河北省农村经济社会调查小组抽查了 10 个村的 100 户，发现有 50%的农户缺技术，46%的农户浇水难，44%的农户卖农产品难，但是村里无人出面提供帮助。[③] 有些农村在实行包产到户之后，账目不公开，集体的财产无人保管，损坏严重。

再次，农村封建迷信、赌博等活动重新抬头，农村社会治安有所恶化。特别是在一些比较偏远的农村地区，每到冬天农闲季节，赌博就成了一些村民的主要娱乐方式。俗话说，奸出人命赌出贼。赌博与盗窃是孪生兄弟。赌输了就去偷，偷了又去赌，赌博不息，偷盗不止。这样导致好多农村地区治安恶化。同时，农村封建迷信活动开始复苏，严重影响了农村经济社会的发展。上述这些现象当然不是包产到户的必然产物，但是包产到户后的一段时间内，由于一些地方原有的生产大队和生产队组织已经瓦解，而新的农村基层组织尚未建立健全，致使部分农村出现公共事务无人管理的状态。

正是在这样的背景下，一种新型的群众性自治形式在农村萌生。1980 年 2 月，广西河池地区（今河池市）宜山县（今县级宜州市）的果作村选举产生了第一个村委会，并随后讨论通过了村规民约和封山公约。村委会和村规民约很快就收到了实效，一度盛行的赌博风被刹住了，偷盗事件大为减少，村民又过上了安宁的生活。同时，村委会还为群众办了不少实事，比如 1980 年，其他村庄乱砍滥伐日益严重，果作村却开展了造林大会战。接下来修建码头和机耕路。在解决村民照明用电问题时，由于村里没有足够的资金，村委会就与群众商量，根据群众意见，按人均 12 元钱集资，解决了资金紧张问题，村民终于用上了盼望已久的电。由于资金都来自村民，村干部用钱时十分谨慎，会计出纳账目清楚，定期向村民张榜公布，从而取得了村民的充分信任。村干部办事更加

① 罗平汉：《村民自治史》，福建人民出版社 2006 年版，第 21 页。

② 中共中央书记处农村政策研究室资料室：《中国农村社会经济典型调查（1985 年）》，中国社会科学出版社 1987 年版，第 38 页。

③ 袁金辉：《冲突与参与：中国乡村治理改革 30 年》，郑州大学出版社 2008 年版，第 84 页。

注意与群众协商，干群关系十分融洽。① 果作村村民委员会的成立产生了示范效应，当地其他村庄也开始自发组织各种类型、名称不一的自治组织。有的叫“村管委会”或“村民委员会”，有的叫“村治安领导小组”。这些自治组织一成立就在解决乱占耕地、维护社会治安、维护农村水利设施等方面发挥了重要的作用，引起了当地党委、政府的高度重视。罗城和宜山两县的县委和县政府都充分肯定了这些自治组织的作用，并在1981 年春天将这些自治组织的名称统一为“村民委员会”。

村民委员会的诞生引起了中央的高度重视，1981 年下半年，中央和全国人大就派出调查组对广西宜山和罗城一带出现的村民委员会进行调查研究后给予肯定。1982 年 12 月，第五届全国人民代表大会第五次会议通过的新宪法，总结了各地的实践经验，确认了村民委员会的法律地位，明确规定村民委员会是我国农村社会的群众性自治组织。《宪法》第一百一十一条规定：“城市和农村按居民居住地区设立的居民委员会或者村民委员会是基层群众性自治组织。居民委员会、村民委员会的主任、副主任和委员由居民选举。居民委员会、村民委员会同基层政权的相互关系由法律规定。居民委员会、村民委员会设人民调解、治安保卫、公共卫生等委员会，办理本居住地区的公共事务和公益事业，调解民间纠纷，协助维护社会治安，并且向人民政府反映群众的意见、要求和提出建议。”这就为村民委员会的普遍建立提供了根本的法律依据。不久，全国各地根据宪法要求，展开了建立村民委员会的试点。1983 年 10 月，《中共中央　国务院关于实行政社分开建立乡政府的通知》，对建立村民委员会的工作提出了具体要求。此后，村民委员会的建立进入了普遍的、具体的实施阶段。到 1985 年年底，全国共建立村民委员会 948618 个。到 1987 年《村民委员会组织法》颁布之前，除个别省外，全国绝大多数农村地区普遍建立了村民委员会。②

在总结各地实践经验的基础上，1987 年 11 月，第六届全国人大常委会第二十三次会议审议通过了《中华人民共和国村民委员会组织法（试行）》，尽管这部法律是试行法，但由于其立法原则和基本精神具有前瞻性，符合农村改革和发展的需要，受到广大农民的热烈欢迎，得到了有效的贯彻实施。《中华人民共和国村民委员会组织法（试行）》依据《宪法》第一百一十一条的规定，对村民委员会的性质、地位、职责、产生方式、组织结构和工作方式以及村民委员会的权利和组织形式等做了全面的规定，从而使村民自治作为一项新型的群众自治制度和直接民主制度得以以法律的形式确定下来。从此，以村民委员会直接选举为标志的村民自治制度在全国逐步展开，并获得了实质性的

① 徐勇：《最早的村委会诞生追记——探访村民自治的发源地：广西宜州合寨村》，《炎黄春秋》2000 年第 9 期。

② 袁金辉：《冲突与参与：中国乡村治理改革 30 年》，郑州大学出版社 2008 年版，第 93—94 页。

进展。从 1987 年到 1997 年，全国有 25 个省、自治区、直辖市的人大常委员会先后制定并颁布实施了《中华人民共和国村民委员会组织法（试行）》的地方法规。1998 年 11 月，第九届全国人大常委会第五次会议修订通过了《中华人民共和国村民委员会组织法》（以下简称《组织法》）。按照《组织法》的规定，村委会的性质是基层群众性自治组织，农民通过村委会实现自我管理、自我教育、自我服务。修改后的《组织法》总结吸收了十年来全国各地村民自治的经验，修订、补充了村委会直接选举程序、村民代表议事制度、实行村务公开等条款，健全了农村民主选举、民主决策、民主管理、民主监督等规定和程序，明确了中国共产党在农村的基层组织要按党章进行工作，充分发挥其领导核心作用。《组织法》的贯彻和实施，标志着我国农村以村民自治为主要内容的社会主义民主政治建设进入了一个新的阶段。从村民自治的产生，到村民自治法律地位的确立；从村委会组织法的试行，到村委会组织法的进一步完善，村民自治在社会需要中应运而生，在探索中发展，在前进中完善。在实践、认识、再实践的反复过程中，开辟了一条党领导下的建设有中国特色农村社会主义民主政治的成功之路，就其影响的深度和广度而言，是一场革命。虽然这场革命还没有结束，但是它的价值将会随着时间的推移日益凸现、弥足珍贵。

（二）乡政村治的发展

所谓乡政村治，是指国家在乡村一级设立乡村基层政权，依法对乡村进行行政管理，乡镇以下的村实行村民自治。以落实农户土地经营权为核心的家庭联产承包责任制，揭开了农村经济体制和政治体制改革的序幕，出现了乡镇一级设立的基层政权依法对乡村进行行政管理与乡镇以下的村实行村民自治的乡政村治的治理格局。乡政村治的兴起，是继公社体制后乡村治理模式变化的重要内容。实行有利于国家政权的巩固和农村社会稳定的乡政村治的治理并非一帆风顺。面对人民公社的解体和农村组织所处的瘫痪状态，加强基层政权，维护国家权威和农村社会的稳定已成共识。但是，当初对于基层政权的建设出现了两种不同的意见：一种意见认为在乡政府建立的同时，村应设立乡政府的派出组织村公所来负责国家权力对乡村社会的管理；另一种意见来自国家民政部和全国人大常委会，认为在乡政府建立的同时，应把国家权力上收至乡一级，在村实现村民自治。由于当时的村民已拥有了土地经营和部分处置权、收益权，已经具备了农民自主的经济基础，且已出现了村民自治的实践，当然应让村民依法自治。最终，村民自治在中国农村得以推行和实施。从此，中国农村出现了乡政村治的治理格局。乡政村治作为治理乡村过程中形成的一种新的政治模式，是我国社会主义的上层建筑活动并同为社会主义经济基础服务。乡政以国家强制力为后盾，具有高度的行政性和一定的集权性；村治则以村规民约、村民舆论为后盾，具有高度的自治性和民主性。

乡政村治是在围绕土地经营权下放、农民民主权利回归的农村改革中悄然兴起。实践证明，这一治理模式是符合当时中国农村经济、政治、社会发展方向的。它不仅促进了中国农村经济社会的发展，而且进一步巩固了我国基层民主政治建设成果，对于革新人民公社体制、促进农村基层政社分开起了决定性作用。但是乡政村治体制也存在着一些发展困境，主要表现在“乡政”与“村治”之间发展不协调，“乡政”压倒了“村治”，村委会成为乡镇政府和部门的“腿”，越俎代庖办理政务，无法真正履行村民自治的作用和功能。从这个意义上说，正如其他政治制度的发展一样，乡政村治必须经历一个不断完善的过程。一方面，适当收缩乡镇行政权力。随着国家在农村社区治理目标的改变，如计划生育政策的缓和，税费制度的彻底变革，乡镇政府行政权力应适当收缩，一些职能应相应地转变，其中一些职能可由其自治组织村委会行使，另一些职能可以交由村民自己处理，还有一些事务可由一些民间组织、中介组织来受理。比如可以将一些服务性、技术性和社会中介性质的机构，彻底从乡镇政府机关分离出来，政府应更多以权威者的身份起到仲裁作用，这样一来能避免国家和社会的冲突，同时也可以降低治理成本。另一方面，加强村民委员会自身建设。其重要任务是保障村民依法选举村委会，并依法建立保障其向村民负责的机制，确保村民自治权的落实。村委会在接受国家指导或不与国家法律制度相违的前提下，要最大限度维护村民利益，这样才能取得制度设计和村民认同两方面的合法性基础。村委会是村民自我管理、自我服务、自我教育的自治组织，其目标之一便是获得公共秩序，其活动也大多围绕此目标来开展，它不必像乡绅治理那样，通过对社会公共事务的贡献来保持合法性地位；也不必像政治社会的管理组织那样，仅依赖官方身份行动来维护乡村秩序。

总之，在乡政村治背景下，乡镇政府只在村际之间和涉及全乡镇的公共事务、公益事业和公共过程中发挥组织和协助作用，村委会一方面协助乡镇政府推行国家在农村的各项政策；另一方面，统领各种民间组织和非体制精英，自主开展村民自治活动。乡政和村治两者在法律规定的限度内建立一种平等互动的民主合作关系，使乡政村治成为良性的互动体，达到“善治”，成为体现良好的国家和社会互动关系的范式。①

（三）乡村共治的形成

这些年来，应该说村民自治取得了重大发展，但由于各方面原因，村民自治也面临着许多发展困境。这主要体现在：一是村委会选举过程中受到的干扰因素较多，在部分地区，民主选举或受到宗族势力的干扰，或受到基层政府行政意图的干涉，或受到贿选、不正当拉票的冲击，影响了民主选举的合法进行。二是“四个民主”发展不平衡，重选

① 许宏刚：《乡政村治：农村社区管理的新模式》，《党政干部论坛》2004年第8期。

举，轻民主决策、管理和监督，比如在一些地区，村务公开只是走走过场。三是乡村关系没有理顺，村委会在很大程度上成为乡镇政府及部门的办事机构；村两委内部矛盾也很突出，争权夺利，内耗不断；村委会的行政化、官僚化倾向严重，工作浮在表面。为解决上述问题，2004 年中央出台了在农村全面实行村务公开和民主管理的措施，后来又部署在村两委主要负责人之间实行交叉任职。但效果并不是非常理想。问题的根本原因是，在国家与农民关系这个大格局没有根本改变之前，头痛医头、脚痛医脚的枝节性的制度安排难以起到真正作用。税费改革和乡镇综合配套改革意味着国家与农民关系有了根本变化，为理顺乡村关系、化解两委矛盾、提高村委会民主和服务意识提供了可能。村委会是村民自治制度的核心，也是所有矛盾的焦点。虽然责任不能完全归咎于村委会，但是村委会未能完全代表村民和服务村民，与村民群众脱节是村民自治制度创新效益递减的主要原因。

2006 年，党的十六届六中全会提出要进行农村社区建设，作为推进新农村建设的有效举措。随后，在试点的基础上，全国各地大规模开展农村社区建设工作。农村社区建设是继村民自治制度后，我国农村基层治理体制的又一次制度变迁创举，它对于弥补村民自治的现实缺陷具有重要意义。建设新型农村社区管理体制，要求在外部促进乡镇政府转变职能，建设服务型政府，避免过多的行政干涉；在村庄内部，深入发展直接民主，用群众和民主的力量促进村民自治。可以说，农村社区建设为弥补村民自治的缺陷提供了重要契机，主要作用体现在三个方面：一是农村社区建设的开展使村委会工作方式和内容更多倾向于为村民服务。在农业税时代，村委会更多扮演的是向群众索取的角色，这使他们之间的矛盾不可避免；而社区建设是雪中送炭和锦上添花的好事，更能赢得群众的拥护。税费改革后，乡村两级组织与农民直接的经济利益联系有所减弱，在部分农村，群众参与村民自治和民主的意愿有所下降，许多乡村干部也反映无事可做。新农村建设和农村社区建设展开后，村委会的公共服务职能大大加强，工作重点发生重大改变，管治性、汲取性任务下降，服务性、组织性任务增强，拉近了与村民群众的关系。二是农村社区建设的推行使乡镇政府和村委会工作产生合力，即都是落实党和上级政府的工作部署，共同推进农村社会发展。这种事业具有惠农、利农性质，有利于乡村发展，能够使二者在共同的事业中形成良性互动的工作关系，改变以往单向的隶属关系。三是乡村合力能推动乡村治理体系和治理能力建设，能促进农村社区直接民主力量的不断发展，既能形成对村委会的监督，也能壮大直接民主力量。农村社区建设属于公益性事业，提供的是公共产品，受益者覆盖全体社区成员，引发的内部矛盾和冲突较少。通过开展公共事务和公益事业，在许多地区，村庄内部的民主组织得到很大程度的发展，群众的民主意识和民主力量大大增强，对村委会的权力形成良性制衡，促进了村委会的民主自律，使村民自治更加健康地发展。显然，农村社区建设使村民自治得到了新生的机会,能使其回归服务群众的本来面目,让群众掌握自治的主动权,使村民自治走出村民被治和村委会自治的怪圈,改变了村级民主的形式化缺陷。

随着农村社区建设的深入开展,我国农村形势也发生了巨大变化,这要求农村公共管理的内容和方式也要发生相应的改变,需要新的管理体制加以承接。在新的管理体制中,行政力量与社区自治力量应该是互动与共存的和谐关系。随着乡镇综合配套改革的实施,乡镇管理发生着显著变化。首先,在管理主体上,农村社区村(居)委会不再被动地参与公共治理,而是乡村治理的多元主体之一。社区及其代表成为治理的主体之一,获得独立的地位;同时政府和社区之间也不是上下级关系,而是权利相关人关系。社区中的非政府组织和普通居民也将参与治理。其次,在管理内容上,村委会在履行村民自治功能的同时,也承担部分公共管理职能,但应该“有所为、有所不为”。村委会与乡镇政府在管理中的权责关系应合理划分。对于征税、行政执法等有严格按照法律程序要求的公共管理事务,村委会不可能也没有资格承担;村委会所承担的应是与广大农村社区居民生活密切相关且又是软性约束的社会管理,如社会治安协管、社会保障、公共服务、宅基地审批、社会救助、环境保护等。再次,在管理结构上,由纵列式向扁平化、条块式方向发展。乡政村治是与传统的乡、村单向纵列的结构序列相对应的,乡镇占据核心位置。而乡村共治将会突出农村社区这个单元在农村基层的作用,这意味着乡村共治是与扁平化管理结构相对应的,乡镇政府通过改革管理,让渡部分权力和管理重心下移到社区。

农村社区建设将对传统的乡政村治治理结构产生巨大的冲击,引发乡村共治公共管理格局的不断生长。新中国成立以来,我国乡以下农村的组织结构经历了村落制、社队制到村组制的转变,随着农村社区建设的开展,农村组织结构将由村组制变为社区制,在改革开放以后形成的乡政村治的农村管理体制和格局将会逐渐被乡村(乡镇政府与农村社区)共同治理的新型管理格局所替代。新形势的变化使“村治”和“乡政”都遭遇到了巨大挑战。不但村治(村民自治)面临着新的发展瓶颈,随着后农业税时代的到来,“乡政”体制也面临着极大的挑战。国家—农民关系的转变,公共服务和社会建设向农村的下沉,乡镇综合配套体制改革和服务型乡镇政府的建立等新变化、新形势要求传统的“乡政”管理必须由管治性、汲取性思路向服务性、治理性思路转变。农村基层管理无法再沿用原有的思路,即将行政管理和公共管理权集中在乡镇政府及部门身上,再由村民自治组织作为代理人延伸到乡村社会,这种单向度、一元化的管理方式不再适应农村的客观形势,新的管理应该由行政管理向公共管理转变,由管理向治理转变。新的乡村共治框架体现了治理理论的思维视角。治理理论强调公共权力的公共服务职能,这与传统权力观过于关注公共权力的统治和行政管理职能有所区别。治理理论认为,除了国家权力外,在公共权力的体系内还应包括社会自治权。在公共权力的配置与运作上，治理理论更多地强调民主的参与和多元的分权，强调权力主体的多元化，强调权力的双向互动运行。①

二、乡村治理改革的现实困境

改革开放40年来，我国乡村治理取得了巨大成就，乡村治理主体不断从一元走向多元，乡村治理内容不断丰富，乡村治理形式不断创新，但从全国不同地域的乡村治理来看，也还存在一些需要重视的问题。

（一）乡村治理多元主体参与不够

乡村治理需要多元主体共治，但长期以来我国乡村社会各类治理主体的积极性、自主性等没有得到很好的发挥。

一是乡镇政府职能转变不到位，一些地方乡镇政府职能越位、缺位和错位。实事求是地说，基层乡镇政府经济调节和市场监管的职责应该不多，主要职责是为农村社会经济协调发展提供相应的公共服务产品和维护社会稳定和谐。但实际情况是，当前乡镇政府组织承担了过多的管理职能，同时由于乡镇政府财力的原因，导致教育、医疗卫生、环境维护等公共服务产品供给不足，不能满足振兴的需要。在过去的乡镇改革中，乡镇职能转变取得了显著成效。但是政企不分、效率低下等通病与职能越位、错位和缺位依然不同程度存在，乡镇政府依然保存着一些计划经济体制下原有的职能，这与当前经济社会发展需要和人民群众的需求还有较大差距。

二是村党组织和村民委员会作为乡村振兴的关键发挥作用有待增强。在我国乡村，村级组织是乡村治理最直接的主体。村党支部是政治领导机构，村民委员会是村民自治组织，应该说，它们在乡村振兴方面肩负着重要的组织领导作用。但从当下乡村治理的实际情况来看，有的农村基层党组织涣散，领导核心作用发挥不够，有的村委会形同虚设，自治作用发挥不到位，个别地方党组织和自治组织都未能发挥应有作用。同时，农村党组织和村委会两个组织之间由于制度设计上的模糊，管理事务重叠，在工作中难免会出现交叉、冲突的地方。可以说，两委关系紧张的内因从村委会诞生的那一天起就存在了，只是由于各种具体的原因，刚开始的时候两委一直相安无事，即使个别地方出现问题也能够及时得到解决。

三是农村社会组织发育比较滞后、组织化程度比较低。随着经济的发展和社会的

① 胡宗山：《农村社区建设："三农"协调发展与乡村共治的生长》，《当代世界与社会主义》2008年第1期。

进步，农村的一个重要变化是各种社会组织大量出现，在农村经济社会生活中发挥着越来越重要的作用。由于各类社会组织非常贴近基层，最了解基层广大农民群众的愿望和要求，因此它们在向基层党组织和基层政府反映农民群众诉求方面具有天然优势，发挥着重要作用。近些年来，我国农村社会组织发展较快，据统计，目前中国有农村各类社会组织200多万个，主要包括各类专业经济协会、老年协会、灯会、用水者协会以及环境保护协会等，它们在我国农村经济社会发展中发挥了较大的沟通、协调和组织村民的作用。但就总体上讲，我国农民组织化水平还不能适应新时代乡村治理的需要，组织活力尚未激活，农民组织化参与乡村振兴的积极性和主动性还需要进一步调动起来。

四是乡村干部参与治理的素质和能力还有待提高。火车跑得快，全靠车头带。农村干部是乡村振兴战略的实施者和组织者，但从总体情况来看，当前农村干部队伍建设不能完全满足乡村振兴的要求。乡村是我们党执政大厦的地基，乡村干部是地基中的钢筋，位子不高但责任很大。农村干部队伍的现状与新时代乡村振兴的任务要求与新时期广大农民群众的期盼相比，还存在一些差距，主要表现为：整体素质不高、工作能力不适应、工作方法比较简单甚至粗暴，同时农村干部的待遇也比较低、干部尤其是后备干部培养比较滞后。

五是新型农民作为社会治理主体参与不足。农民是农村建设的真正实践者和受益者，农民科技文化素质的高低直接关系到农村经济社会的发展，并最终决定乡村振兴的成败，因此必须大力培养有文化、懂技术、会经营的新型职业农民。2015年“中央一号文件”明确提出要“大力培养新型职业农民”，但新型农民培育任重道远，作为乡村治理最大主体的农民参与乡村振兴的积极性和主动性需要增强。同时，现在乡村教师、医生等专业技术人才不能满足农村对教育卫生服务的需求；虽然这些年通过实施“三支一扶”、特岗教师计划等项目，为边远贫困地区、边疆民族地区和革命老区撒下了人才的种子，但仍是杯水车薪。

（二）乡村治理内容亟待进一步明确规范

改革开放初期，发展农村生产力、解决农民温饱是乡村治理优先考虑的问题，因此，20世纪80年代连续五个“中央一号文件”的主题都是强调发展经济。虽然对农村其他方面的发展有所涉及，但很显然不是这一时期农村社会治理关注的重点。进入21世纪后，我国农村社会治理内容发生了重大转向，由过去以经济发展为主转向促进农村经济社会全面协调发展。从2004年以来，每年的“中央一号文件”都强调各地区和有关部门要切实把发展农村社会事业作为工作重点，千方百计筹措资金、增加投入，加强农村基础设施建设，发展农村文化教育、医疗卫生、社会保障等社会事业，以促进农村全面发展。可以说，现在乡村治理内容已经由农村经济向政治、社会、文化、生态等多领域转变，我们在乡村治理方面的价值取向也由改革开放初期的实现农民富裕转向保障新时期的社会公平与和谐发展。

随着党的十九大乡村振兴战略的提出，我国乡村治理的内容不断扩展，但同时也导致乡村关系错综复杂，需要对乡村治理的内容进一步明确规范。一方面，乡村治理的内涵更加丰富，范围更加广泛。在我国农村税费改革和新的生育政策出台之后，农村基层组织不再有税费收缴等职能，貌似农村村支两委的权力有些削弱。但在新的历史条件下，农村基层党组织和村民委员会等除了完成党和政府的政策宣传与贯彻落实外，还必须参与乡村的政治、经济、文化、社会等多个方面的建设与发展，从这个意义上说当下我国乡村治理的任务更加繁重。另一方面，乡村治理内容变化引起的乡村治理关系更加复杂。在过去的乡村社会，乡村治理内容相对单一，主要集中于各类税费收缴，执行计划生育政策，维护乡村秩序等。在新的历史时期，随着乡镇政府职能转变、乡村社会结构的变化以及互联网特别是移动互联网的发展，基层政府不仅要向乡村社会提供公共产品和服务，还要注意协调和处理不同利益主体之间的关系。也就是说，基层政府既要妥善处理乡村各治理主体之间的政治、经济、文化和社会等方面的利益关系，还需要处理好与农村基层党组织、村民委员会、村民、黑恶势力以及其他主体之间的关系。就以乡村关系为例，“乡政”就是突出“政”，强调乡镇政府对乡村事务的行政管理。“村治”是重在一个“治”字，主要是指通过村民自治组织对村庄事务的自我管理和自我服务。虽然《村民委员会组织法》第四条阐明了乡镇政府与村民委员会的关系，但在实际乡村关系中，情况错综复杂。一部分村庄能够按照相关规定，各自履行其职责，乡镇政府的指导作用和村民委员会的自治作用发挥得比较好。但也有一部分村庄，要么是乡镇政府直接指挥甚至是干预乡村事务，要么是村民委员会独立性过高，不服从乡镇政府的指导，甚至是在有关工作安排中进行抵制或对抗。总之，这种乡村治理内容上的增加导致乡村治理更加复杂的局面，对乡村治理的能力提出了新的更高的要求。

当前，市场化和国家现代化战略的深入推进促使农村社区向开放性、流动性、异质性、变化性等方向转变。一方面，传统社会亲密无间、相互信任、守望相助、休戚与共的生活共同体的整合功能正在逐渐消退；另一方面，农村在人口结构、文化结构、职业结构、阶层结构方面与城市相比仍处于相对落后的地位，创新乡村治理体系成为时代发展的紧迫任务。与城市社区仅是单纯的生活共同体不同，农村社区不仅是人们居于其间的生活场域，也是人们生产的场域，天然地具有发展经济、改善生活、提供服务的多层内涵。这就使得农村社区建设同时具有多重任务，既要加强管理、推动生产生活的改善发展，又要完善服务、实现社区文明繁荣发展。

（三）乡村治理体制机制需要不断创新

乡村治理离不开制度，国家、市场、社会三元互动需要制度化，治理体制机制需要制度化。乡村治理的制度包括正式制度和非正式制度，且二者之间关系微妙。就我国而言，乡村治理的正式制度是村民自治制度，这是乡村治理的核心内容，要确保制度发挥推进治理的作用，需要一方面按照正式制度的规范严格地执行相关的程序，切实树立正式制度的权威。但这些年来，我国乡村治理的正式制度仍然存在一些问题。毋庸置疑，40 年来，我国村民自治成效显著；同时各地发展的不平衡依然存在。对我国农村的状况必须分类评估，不能一概而论。沿海不同于内地，平原不同于山区，少数民族地区更有其特点。现在我们国家村民自治搞得比较好的还是少数，还有不少地区挂的是村民委员会的牌子，实际上还是用传统的老方法进行管理，像人民公社时期那样，连称呼都没有改变，有的甚至是家族族长和头人在那里管事。

自人民公社解体以后，乡政村治在实践中就逐渐成为我国乡村社会占统治地位的治理形式，但从目前来看，这种治理形式还存在着结构失衡的现象，在运作过程中还显现出不少需要改进的问题。一方面，乡政政治和管理职能过强。尽管相对于人民公社时期的大一统、一元化管理而言，乡政治理在制度设计上已经形成乡政村治的模式。但由于传统的工作方法和行为习惯的影响，“国家”与乡村社会界限仍然模糊，以至于乡镇政权对下扩张有余，在对村委会进行指导时，也更多的是将其当作下级政府机构使用，治理仍然局限于自上而下的“行政支配型”运行机制。另一方面，村民自治组织能力过弱。村委会作为村民正式的、系统的自治组织，理应在村民自治中发挥直接的作用，但由于村委会合法性的来源并非是村民对权力的“让渡”，而是国家权力的“延伸”，因其双重角色，使之不能很好地发挥自治功能，尤其是不能有效地代表和维护村民的利益。在乡村，除了村委会外，体制内不再有其他自治性组织，民间组织的缺乏，非体制精英的不足，以及村民政治能力的低下，使得村民自组织能力长期弱小。目前村民自治中除了“民主选举”落实得比较好之外，“民主决策、民主管理、民主监督”在相当程度上还没有落实。村务公开作为民主监督的一项重要内容，由于公开中的种种不真实性而使村民失去热情，目前不少地方的农村几乎连村民大会也无法召开。在上述影响下，极有可能导致乡村两级关系紧张。《村民委员会组织法》第五条规定，乡、民族乡、镇的人民政府对村民委员会的工作给予指导、支持和帮助，但是不得干预依法属于村民自治范围内的事项。村民委员会协助乡、民族乡、镇的人民政府开展工作。但在实践中，乡镇政府总是不自觉地把自己摆在领导的位置上，村委会在很大程度上成为乡镇政府及部门的办事机构，有的地方村两委内部矛盾也很突出，争权夺利，内耗严重。

就非正式制度的乡村治理模式来看，精英治理作为近些年来我国乡村治理的一种重要形式，该模式的缺陷也比较突出。综合一些典型村庄的治理经验不难发现，目前绝大多数村庄的发展都是与村庄中的“能人”分不开的，他们很大程度上决定着村庄的发展方向和发展模式，使乡村治理在一定程度上成为一种“精英治理”。不可否认，部分乡村精英依靠自身所掌握的资源给乡村发展注入了一定的活力，但是在村庄行政权威弱化、公共权威缺失、基层权力空置的状态下，目前乡村的精英治理模式还缺少有效的制度监管和权力约束，只能寄希望于个人的道德素质和自律意识，这显然不符合现代民主法治的管理理念；而且，很多乡村精英身兼村干部、乡企负责人或合作社理事长等职务，其多重身份使之在涉及乡村事务的管理过程中难免会带有一定的趋利性，倾向于更有利于某一团体利益的选择，尤其在面对外来资源的输入时，乡村精英自然而然地成为资源的首先承接者，在缺少有效监管的背景下，这就很容易造成乡村内部的“精英俘获”问题，进而使公共利益受到侵蚀。此外，农村的精英治理模式还面临的一个重要问题是发展的延续性，精英治理从根本上说还是一种“人治”，如果不能形成一套稳定的制度体系和发展模式，一旦精英离开，其所开创的发展局面很快就会陷入无序和困顿状态。

三、乡村共治的展望

乡村多元主体共治格局的形成，要求我们重新建构乡村治理格局，完善乡村治理内容，构建乡村治理良性运行的体制机制，不断加强乡村振兴的队伍建设。

（一）重构乡村多元共治新格局

“乡政村治”作为过去三十多年我国农村治理模式，对于维护我国乡村社会稳定和有序健康发展发挥了重要作用。但随着形势任务的发展，特别是乡村振兴战略的实施，我国乡村组织结构必然要跟着发生变化。

一是要切实转变乡镇政府职能。乡镇政府是我国最基础的政权组织，是我国真正的执政之基。因此，要加快转变乡镇政府职能，增强基层政府的公共服务能力，为农村社会提供系统性、制度性以及可持续的公共服务。特别是要建立以农民需求为导向的公共服务决策和供给体系，逐步基本实现城乡公共服务均等化，以更好满足农民群众对日益美好生活的向往和需要。这就要求政府进一步简政放权，向市场、社会让渡更多的权力，激发市场、社会参与社会治理的动力，使社会治理资源配置更加合理有效，乡村社会治理效果更加明显。

二是要加强农村党组织建设。农村基层党组织是我国农村社会的领导核心，他们作用发挥如何，对于我国乡村治理和农村建设具有十分重要的作用。为此，必须以实施乡村振兴战略为契机，发展和壮大农村党组织，充分发挥其在乡村振兴中的核心作用。

三是要完善群众自治组织。在我国农村，由村民直接选举产生的村民委员会是农民群众自我管理、自我教育、自我服务的自治组织。截至2016年年底，全国共有村民委员会55.9万个，它们在乡村有效治理中发挥了重要作用。面对新形势新任务，要抓住乡村振兴这个大好机遇，加大村民自治创新的力度和步伐，充分发挥各类自治主体特别是村民委员会、村民代表大会等在乡村治理中的作用。

四是要鼓励乡村社会组织不断发展。各类农村社会组织作为农民利益的代言人，能将组织化程度低、力量分散的单个农民组织起来，为单个农民参与乡村振兴、利益表达提供相应的渠道和途径。比如合作社不仅能促进农村经济和产业的发展，还对乡村治理和农村社会政治发展起到积极的作用。为此，要通过多种方式把农民组织起来，比如鼓励农民自愿结合组成各种社会组织和农业合作社，使这些社会组织成为乡村振兴过程中农民群众的代言人和组织者。

总之，乡村内部各种力量与外部力量，共同构成了今日乡村治理中的客观现实。村支两委有合法性，合作社有资金有组织优势，宗族组织有人有号召力，庙会组织有文化，外部社会组织有理念有资源，各有所长，但缺乏合作机制使他们通过功能互补共同实现对于乡村的有效治理。为此，要明确乡村多元治理主体的各自职责，构建以乡镇党委领导、乡镇政府主导，农村基层党组织和村民委员会为基础，农民群众为治理主体，合作社等社会组织和新型家庭农场等经济组织为重要组成部分的乡村多元治理格局。同时，要注意建构以关系网络为载体，以多元主体之间信任、互惠和合作为特征的社会资本，从而为乡村振兴营造良好的社会基础。此外，还要建立多元主体参与乡村治理的体制机制，比如完善村民大会制度、村民代表大会制度、村务监督委员会工作制度，建立健全村民主恳谈会制度、乡村重大事项协商制度、乡贤参政制度等，为多元主体参与乡村治理提供制度化平台。

（二）健全自治、法治、德治相结合的治理体系

党的十九大明确提出，要“加强农村基层基础工作，健全自治、法治、德治相结合的乡村治理体系”。[①] 首次提出了自治、法治与德治相结合的乡村治理新思想，把乡村治理作为国家治理体系的重要组成部分，以期实现从民主管理农村到有效治理乡村的新飞跃。自治是实行社会主义民主的基本要求，法治是建设社会主义现代化的基本要求，德治是传承中华传统文化的基本要求，将三者结合起来构建中国特色社会主义的乡村

① 习近平：《决胜全面建成小康社会　夺取新时代中国特色社会主义伟大胜利——在中国共产党第十九次全国代表大会上的报告》，人民出版社2017年版，第32页。

治理道路，是完善整个国家治理体系和提高治理能力的必然选择。

一是要完善现有村民自治制度。基层群众自治制度是我国的一项基本政治制度。1982年我国修订颁布的《宪法》第一百一十一条规定："村民委员会是基层群众性自治组织。"1994年，民政部下发的《关于在全国农村开展村民自治示范活动的通知》提出了村民自治的核心内容，即"四个民主"——民主选举、民主决策、民主管理、民主监督。因此可以说，村民自治就是广大农民群众直接行使民主权利，依法实行自我管理、自我教育、自我服务的一项基本政治制度。几十年来，村民自治已成为实现、维护和发展我国广大农民根本利益的重要保障，是基层民主政治建设和农村改革的重要内容，是乡村治理的主要方式与关键手段。要按照村民委员会组织法和村民委员会选举法的要求，进一步完善村庄民主选举制度；要以村规民约等作为农民参与民主管理的重要依托，保证村务的民主管理；要进一步完善村务公开、村民评议制度等，通过创新民主监督的方式，将农民享有的各项权利落到实处。同时，还可以在村民自治的基础上，借鉴国外相关经验，尝试扩大自治范围。比如，法国不仅有着悠久的农业文明，还有基层自治的传统。在法国的城市和农村都实行市镇制，其市镇的人口和规模大体相当于我国的行政村或自然村，其中85%的是农村市镇。在法国，市镇是自治性质的基层政权，其主要职责是发展公益事业、提供公共服务产品以及为当地经济社会发展提供良好的环境等。为增强市镇的自治活力，法国在20世纪80年代初期就通过《有关市镇、省和大区的权利和自由法案》，其核心内容就是层层下放权力，扩大基层自治的范围和权限。①

二是要加强乡村"法治"的顶层设计。法律作为具有普遍约束力的特殊行为规范，在人情关系复杂的乡村，最具说服力和公信力。2014年，习近平总书记提出了"四个全面"战略布局。随着全面依法治国战略的实施，我国的乡村治理法治化进程逐步加快，农民法律意识明显提高，基层干部依法办事、依法管理的能力持续增强。然而，由于农村法治基础薄弱，仍然难以满足农业农村现代化的需要，与科学立法、严格执法、公正司法、全民守法的目标尚存较大差距。要通过"法治"构建农村社会治理主体多元结构，通过乡村社会传统的乡村精英、村级组织、村民等主体互动、协商、对话等方式为乡村社会提供公共服务。要大力加强农村法治建设，引导广大群众学法知法守法，正确维持自身权益。要建立健全农村执法监督体制机制，通过实施村务公开、绩效管理和民主评议，实现乡村治理的决策权、执行权、监督权的有效制衡。要强化农村执法队伍建设，加大对农产品安全、国土资源管理、生态治理等领域的执法力度，对精准扶贫中的腐败现象实行"零容忍"，依法查处侵犯农民利益的"微腐败"，为农业发展、农村和谐、农民致富保驾护航。要充分利用手机短信、网络、微信等载体，创新普法教育方式方法，定期组

---

① 陈杨：《国外城镇化进程中的乡村治理与我国的创新思路》，《求知》2017年第12期。

织“送法下乡”活动，深入开展法律援助，引导信访维稳与依法维权相结合，培养农民自觉守法、办事依法、遇事找法、解决问题用法、化解矛盾靠法的法治意识，营造良好的法治氛围“法治”要求各乡村治理主体在法律法规框架内开展活动，各种治理行为和治理方式都要求符合相关法律规范。而“自治”则要求尊重各类治理主体的自主性，以便它们能按照乡村社会的内在要求和治理形势的复杂性采取不同的治理方式。因此，在乡村治理中要将二者有机结合起来。

三是要大力加强农村文化建设，培育良好家风、文明乡风和淳朴民风，充分发挥德治在乡村治理中的重要作用。“国无德不兴，人无德不立”。单纯依靠法治，构建乡村治理的整体性、稳定性、确定性，困难重重。新时代的乡村治理，决不能忽视德治，德治在乡村治理体系中起到升华的作用。乡村治理不但要依赖于乡村自治这个基础，依赖于法治这个保障，还要将德治作为升华。不但要使德治成为政府工作的好帮手，村民利益的代言人，更要使之成为和谐乡村的润滑剂。党的十八大以来，党中央就建设美丽乡村、加强农村精神文明建设提出了一系列富有创见的新思想、新观点、新要求。这些论断，饱含着党中央对亿万农民群众的深情关怀，是新时代乡村德治的根本遵循。一方面，要通过发挥乡村精英的榜样作用来加强德治。比如可以通过催生新型乡贤文化，激活传统乡村文化中的活性因子。另一方面，要发挥乡村伦理、村规民约、风俗习俗等在乡村治理中的独特作用。它们既是乡村治理的重要载体和主要内容，同时也是乡村文化建设的重要手段。比如村规民约，作为村民参与民主管理的一种重要途径，能够增强乡村治理参与主体尤其是村民的主体意识和责任意识，使其成为新时代解决乡村矛盾的有效手段，在乡村治理中具有汇集民意、凝聚民智、化解民忧、维护民利的独特作用。

总之，乡村治理是国家治理的重要基石，一定要注重现代治理理念、手段和传统治理资源相结合，以自治消化矛盾，以法治定分止争，以德治春风化雨，让农民安居乐业、农村和谐稳定。自治、法治、德治三个方面，既相对独立又密不可分、互为促进，三者共同构成了现代乡村治理体系的逻辑向度。自治、法治、德治“三治合一”，要求以自治为主体、以法治和德治为两翼，在村民自治的基础上实现法治、践行德治，以法治保障自治、规范德治，用德治支撑法治、滋养自治，最终达至乡村善治。

（三）加强乡村治理的人才队伍建设

乡村振兴，人人有责。党的十九大明确提出，要“培养造就一支懂农业、爱农村、爱农民的‘三农’工作队伍”。[①] 乡村振兴需要人来实施，这些人员素质能力如何将直接

① 习近平：《决胜全面建成小康社会 夺取新时代中国特色社会主义伟大胜利——在中国共产党第十九次全国代表大会上的报告》，人民出版社 2017 年版，第 32 页。

影响乡村振兴战略实施的效果。要采取各种超常规措施，动员一切可以动员的力量，积极参与乡村振兴战略。

第一，加大新型职业农民培育的力度。新型农民有文化、有技术、会经营、懂管理，他们是我国乡村治理和乡村振兴最重要的力量。韩国20世纪70年代以来的新村运动就非常注重农民的精神启蒙，以培育农民"勤勉、自助、协同"精神为新村运动的价值导向，调动农民参加乡村治理的积极性和主动性。美国和日本将职业农民视为与工匠、商人同等的职业，两国以较少的职业农民人口实现了全国的农产品供给。解决了全国人民的食品需求，并且还是世界上农产品出口较大的国家。① 因此，我国需要树立职业农民认同感，深刻认识农民是一份职业，从而培育出一代与新时代乡村振兴相适应的新型农民。新型职业农民不是传统意义上的农村劳动者，而是有理念、有抱负、懂农业、爱农村的职业化农民，他们是加快农业农村发展，解决"谁来种地、怎样种好地"问题的有生力量。一是要立足本村居民培养新型职业农民。要采取切实措施留住爱农村、懂农业的青壮年农民扎根农村，建设家乡；同时要吸引农民工返乡创业就业，利用他们有资金、懂管理、有资源等优势带领村民致富。二是要规范新型农民职业培训。政府要进一步加大对农民职业教育培训的投资力度，建立农民职业教育培训的专项资金，并由专门部门组织实施，同时广泛发动社会的力量，采取政府、用人单位、农民和社会共同承担培训经费的投入机制，并采用"农业企业+农民专业合作社+新型职业农民"等培养模式创新新型农民职业培训的方式方法，以满足新型职业农民多样化的培训需求。江苏扬州市最近几年采用定向培养基层农业农村人才的创新举措，较好解决了当地农村"谁来种田""谁来服务"等问题。三是要为新型职业农民培养提供良好的制度环境。一方面，要在全社会营造职业农民光荣的氛围；另一方面，要不断完善农民职业教育培训的相关法规，规范和发展农民职业教育培训事业。

第二，多渠道培养和引进乡村专业技术人才。没有农村专业技术人才，实施乡村振兴战略将成为空谈。一是要挖掘培养农村本土人才。建议将农村高中（含中职）学历以上人员进行摸底，只要愿意在农村进行生产生活的都可以进行培养，可通过短期培训、中长期进修等方式，把他们培养成乡村需要的实用性人才，以满足农技农机、乡村旅游管理、农村合作社经营等需要。二是要实施新时代知识青年下乡行动。利用乡村振兴战略实施契机，连续五年每年面向全社会招募未就业或未充分就业的大学生100万人，让他们到农村工作3年左右时间，这样一方面缓解农村专业技术人员不足的问题；另一方面也解决大学生就业难问题。大学生在农村工作期间，国家给予相当于当地同类公职人员的薪酬，并在服务期满后参加公务员和事业单位招录优先录用，参加研究生

① 付倩、胡建勇：《美国和日本农民教育对我国新型农民培育的启示》，《现代化农业》2017年第2期。

入学考试享受加分并优先录取。三是要采取一定的措施有序安排市县两级教师、医生、农技农机、水利环保等专业技术人员到所属辖区乡村挂职或帮助工作，并在原则上将有2年以上乡村工作经历作为其晋级晋升的必要条件。此外，还要加大对现有农村专业技术人员的培养使用和工资待遇力度。一方面，要通过培训让他们提高专业技能；另一方面，要通过提高薪酬待遇让他们安心扎根农村工作。

第三，加强乡村干部队伍建设。乡村干部尤其是村组干部，是我国农村社会的管理者和乡村活动的组织者，在我国农村经济发展和社会建设中发挥着重要作用。如果说乡村是我们党执政大厦的地基，乡村干部就是地基中的钢筋，位子不高但责任重大。首先是要加强农村两委班子尤其是党组织负责人的培养和使用。农村富不富，关键看支部；支部强不强，关键看支书。注重从致富能人、农村合作社负责人、优秀退伍军人等群体中选拔村党组织书记。可推动村党组织书记通过选举担任村委会主任，同时为便于加强农村党的领导，鼓励一些农村地区村两委成员交叉任职。其次是要加强对驻村干部、大学生村干部等人员的培养和管理，采取切实政策措施鼓励他们在广阔农村实现人生价值。再次是要加强农村后备干部培养。乡村振兴是一个较长时期的历史过程，需要一代人甚至几代人的持续努力，要发展农村大学生、新型职业农民、退伍军人等加入党组织，培养农村后备干部。同时，要建立乡镇与村干部“双向流通互动”工作机制。一方面，要采取相关措施选派乡镇干部尤其是年轻干部兼任贫困村、后进村、美丽乡村的第一书记或者到村里挂职和实践锻炼，没有相关工作经历的不得提拔使用或调任上级机关，真正建立一支爱农业、爱农村、爱农民的“三农”乡村干部；另一方面，要加快建立健全从优秀村干部中选拔乡镇干部、考录县乡机关公务员、招聘县乡事业编制人员制度，完善村干部队伍的向上流动机制，这样便于激励各类人才在农村广阔天地施展才华。

第四，充分发挥农村乡贤和乡村精英在乡村振兴中的积极作用。农村乡贤和乡村精英身上具有一般农民所不具有的特殊品质和能力，这种品质和能力使他们有可能成为农村有号召力和影响力的人，甚至成为村民中的核心人物和领袖人物，因此要充分发挥他们在乡村振兴中的独特作用。首先是弘扬乡贤文化，发挥新乡贤在乡村振兴中的示范作用。一方面，要立足本地乡贤人熟、地熟、事熟、村情熟等优势，发挥他们在化解农村纠纷、维护农村社会稳定、关爱青少年成长和留守儿童等方面的作用；另一方面，要通过发展农村乡贤组织，吸引流向城市的本村贤人能人反哺家乡、造福桑梓。如广东云安县通过发展“镇、村、组”三级乡贤理事会，变村闲为乡贤，为乡村振兴增添新动能。其次是发挥乡村教师、医生、退伍军人以及其他专业技术人员等农村精英在乡村振兴中的带头作用。再次是引导农村致富能手、种粮大户、合作社等农村组织牵头人等农村能人积极参与乡村振兴。例如四川省内江市通过“农村家庭能人”培养计划，探索农村人才供给侧结构性改革,以适应当前农村发展需要。

第五,动员社会各界人士积极参与乡村振兴战略。首先是发挥城里退休知识分子余热。针对有些农村缺少教师、卫生人才等现状,可以通过制度化措施,鼓励城市退休教师、医生等专业技术人员携家属到农村定居并从事相关专业技术工作。其次是建立有效激励机制,以乡情乡愁为纽带,吸引支持企业家、党政干部、规划师、建筑师、律师、技能人才等,通过下乡担任志愿者、投资兴业、包村包项目、捐资捐物、法律服务等方式服务乡村振兴事业。再次是支持地方高等学校、职业院校综合利用教育培训资源,灵活设置专业方向,创新人才培养模式,为乡村振兴培养专业化人才,扶持培养一批农业职业经理人、经纪人、乡村工匠、文化能人、非遗传承人等。此外,还要注重发挥工会、共青团、妇联、科协等群团组织以及其他社会组织的优势和力量,动员一切可以动员的力量参与乡村振兴战略。

总之,乡村振兴关键看人气。实施乡村振兴战略,要防止农村人口过度流失,处理好"走出去、留下来和引回来"的关系,让农村的产业、环境留住人,让农村的机会和美丽吸引人。乡村振兴,既要留住绿水青山,也要留住青年人才。解决人的问题,就要有一套合理的制度安排,既要让想进城谋生的农民,在城里安居乐业;也要让城里想为乡村振兴出钱出力的人,在农村有所作为,成就一番事业;还要让那些想为家乡做贡献的各界人士,找到参与乡村振兴的渠道和途径。

四、结　论

改革开放40年来,我国乡村治理经历了人民公社解体、村民自治兴起、乡政村治发展、乡村共治格局形成等多个阶段,不断创新乡村治理新模式、新举措,推动我国乡村治理不断向前发展,取得了举世瞩目的成就。特别是党的十八大以来,以习近平同志为核心的党中央坚持把解决好"三农"问题作为全党工作重中之重,勇于推动"三农"工作理论创新、实践创新、制度创新,农业农村发展取得了历史性成就,发生了历史性变革。党的十九大报告中提出实施乡村振兴战略,必须始终把解决好"三农"问题作为全党工作重中之重。要坚持农业农村优先发展,按照产业兴旺、生态宜居、乡风文明、治理有效、生活富裕的总要求,建立健全城乡融合发展体制机制和政策体系,加快推进农业农村现代化。为此,我们必须进一步创新和完善乡村治理机制,加强乡镇服务型政府建设,发挥好基层党组织在农村各类经济、社会组织中的领导核心作用,完善村民自治组织民主制度,形成规范有序、充满活力的乡村治理机制,依法开展村民自治实践,探索村党组织领导的村民自治有效实现形式,深化农村社区建设试点工作,不断完善多元共治的农村社区治理结构。

在治理主体上，要充分吸收各方力量，实现多元治理主体齐抓共管。首先，必须继续发挥党委政府在乡村治理中的主导作用。办好农村的事情，实现乡村振兴，关键在党，必须加强和改善党对“三农”工作的领导，确保党始终总揽全局、协调各方，提高新时代党领导农村工作的能力和水平。其次，要在继续完善村民自治制度的基础上，高度重视农村社会组织的培育和发展。事实上，农村社会组织的存在，有助于农村村民相互之间养成自助—互助精神，也有助于农村资源的有效整合，激发村民自力更生解决自身问题、实现自我发展。最后，必须大力加强乡村振兴的队伍建设，调动各类人员参与乡村治理的积极性和创造性。同时，要大力培育新型农村村民的参与意识。因为农村社区治理要求国家与社会及群众之间保持良好的互动与合作，乡村治理是一个上下互动、双向运行的管理过程，既要发挥政府自上而下的主导作用，也要有农村居民自下而上的参与。

在治理内容上，要全面理解治理目标，实现乡村治理内容协同推进。农村社区建设必须坚持走协同治理的道路。党的十九大报告明确了“打造共建共治共享的社会治理格局”的要求，进一步丰富了加强和创新社会治理工作的内容。要按照党的十九大报告精神，“完善党委领导、政府负责、社会协同、公众参与、法治保障的社会治理体制，提高社会治理社会化、法治化、智能化、专业化水平”。努力做到乡村社会法律规制和道德约束协同发力，依法治国与以德治国的治理方略进一步贯彻落实；基层群众的自治基础和乡村社会精英的引领优势相互补充、相互促进、相得益彰，共同推进乡村社会治理体系和治理能力现代化。

在治理机制上，要不断创新乡村治理形式，探索乡村有效共治的长效机制。健全自治、法治、德治相结合的乡村治理体系，要继续完善村民自治制度，不断探索村民自治的新路径；要求不断强化农村法治建设，提高乡村干部的依法办事能力和村民法律素养；要求传承传统文化，培育道德模范和乡贤文化，形成乡村治理的强大合力。治理机制协同融合是“多中心协同治理”的核心和精髓，要注重将现代治理理念、手段、模式与传统资源相结合，着力构建自治为基、法治为本、德治为先的多维协同融合治理机制。需要特别说明的是，确保多元主体协同机制有效运行的前提是将坚持党的领导始终作为一切农村工作的前提。在乡村治理中，党的作用体现在乡镇党委和村党组织身上，乡镇党委及村党组织是党的基层代表，也是党在农村全部工作和战斗力的基础，把握、引导、指挥着乡村治理各项事务。

专题十：40年来农村土地制度改革研究[①]

土地制度既是国家的基础性制度，也是“三农”问题的根本之所在。土地制度改革牵一发而动全身，事关国计民生与社会稳定大局。农村制度环境的改变，总是与农村微观经济主体的改造相伴而生。我国农业用地制度改革的演进逻辑，总是服从于不同的历史条件和社会发展背景，并试图暂时性绕过一时难以彻底解决的体制机制障碍，并在各利益相关方的横向博弈及纵向推动中缓慢前进。事实上，从我国改革开放后的实际发展来看，农业用地的改革经历了以单纯增产为导向的“多元维系”，到多元主体间的流转互动所倒逼的制度规则调整优化，最后实现农业不同功能主体竞争力提升的“供给侧”配对。

一、我国农业用地制度改革的回顾

（一）家庭联产承包责任制：土地所有权与使用权的“两权分离”

20世纪50年代，农地制度从“农民的所有制”转向了“人民公社制”，这种所有权和经营权都高度统一的农村集体土地制度客观上抑制了土地产出效率，造成了严重的粮食危机和农村贫困，但是在1961年中央试行的“分田到户”和“农民自留地”政策开启了农民在“私地”和“公田”间的有限选择，也让部分农民感受到了“私地”耕种的积极性和生产甜头。然而，很快开始的“文化大革命”让这一制度探索迅速成为绝大多数农民心底的回忆，而重新回归到“公田”的制度设计。

1978年12月，党的十一届三中全会作为我国改革开放的发端，事实上并未实现农业领域的破冰，“不许包产到户”“不许分田单干”依然紧紧束缚着农村向前发展，作为新中国成立后三十年所追求的“集体制度”形成的路径依赖，长期以来公有制等于社会主义的简单思维定式让“包产到户”成为禁区。

① 本专题由王文团队撰写。

在这种历史背景下，党中央和基层农户都开始了各自的探索过程，并寻求稳中前进的方式，设定了三个底线：一是不提放弃人民公社，而是在人民公社中实现家庭联产承包生产责任制；二是明确包干、包产、包工、到组、到劳、到户等都是责任制里的多种形式，不是一刀切，给了农民以选择的机会；三是从大家最赞成的地方开始，在1961年，安徽已经开始尝试过“分田到户”和“农民自留地”，且在1979年旱灾中最早开始试验包产到户。尽管华国锋在7省3县座谈会上主张坚持“集体方向”，但中央转发的国家农委党组“关于农村工作问题座谈会纪要”主张的“边远山区单门独户允许搞包产到户”以及“不是单门独户的地方有人包产到户的也不必禁止、不批不斗”为口子的扩大提供了依据。

1980年，以邓小平公开表态支持和肯定小岗村“大包干”做法为标志①，农村土地制度改革势在必行。1982年1月，党的历史上第一个关于农村工作的“中央一号文件”《全国农村工作会议纪要》正式颁布，标志着来源于农村基层创新的家庭联产承包责任制政策在全国逐步开始施行，实现了土地所有权与使用权的“两权分离”，改革开放后的农村土地制度迎来第一次大变革。

改革开放后确立的家庭联产承包责任制，从本质上来看就是要提高土地的产出效率，因此必然要求农地经营出现明显的正向反馈结果。在这种“提产增效目的导向”的改革推动下，出现了三大正向经济激励：一是农业总产值大幅增长。从1978—1984年，农产品产值以不变价格计算增长了42.2%②，在农业增长的要素贡献中，土地制度的变革贡献率高达46.9%，相当于同期土地投入、化肥、资本和劳动力的总效应（45.8%）③。二是有效提高了粮食供给。从1978—1984年，我国粮食产量由3.04亿吨增加到了4.07亿吨，年增长率高达4.9%；而人均粮也从31.6千克增加到39.3千克，年均提高了3.3%。三是带动了乡镇企业的发展。承包制促进了农业的分工，导致了农业剩余劳动力转向第二产业。从1978年到1989年，乡镇企业数量从152万个剧增到1868万个，乡镇企业就业人数从2827万人增长到9265万人，占农村劳动力比重从9.5%提高到了22.1%④。乡镇企业容纳了50%的农村剩余劳动力，其异军突起成为“完全没有预料到的最大的收获”⑤。

（二）“流转规则”的确立：土地流转与适度规模经营

通过推行家庭联产承包责任制，我国实现了农地生产率大幅提高。但与此同时，家

① 《邓小平文选》第二卷，人民出版社1994年版，第315页。

② 国家统计局：《中国统计年鉴（1983）》，中国统计出版社1984年版。

③ 林毅夫：《再论制度、技术与中国农业发展》，北京大学出版社2000年版，第84页。

④ 林绍珍：《改革开放以来农村劳动力非农就业的变迁及启示》，《教育与教学研究》2007年第1期。

⑤ 《邓小平文选》第三卷，人民出版社1993年版，第252页。

庭联产承包责任制这一总体"顶层设计"亟待畅通及保障个体与个体之间的联系，为点与点之间连接成线所需的"制度规则"完善成为改革的现实紧迫需求。在推进家庭联产承包责任制过程中，有两大问题制约了农地的物尽其用。

第一，家庭经营的土地规模过小，难以形成规模经济收益。20 世纪 80 年代中期，我国户均土地面积为 8.4 亩，而到 20 世纪 90 年代中期则下降到 6 亩，且户均承包土地高达 9—10 块，全国 30%左右的省份人均耕地不足 1 亩，户均耕地总量也只有 2 亩左右①。细小且分散的田地结构，使得农民耕作经营十分不便，农户也无法进行大规模的投入，农业机械化和农业技术进步的实现非常困难。

第二，农民从事小农生产的机会成本太大。在城乡被严格分割，劳动力在农业与第二、第三产业之间流动受到束缚的改革开放初期，家庭联产承包责任制将土地的经营权和农业剩余的索取权授权给了农户，这种激励机制在很大程度上降低了人民公社时期劳动要素投入的道德风险，从而提高了农业生产效率。然而，伴随着改革开放的深入，农村剩余劳动力能够向工业、服务业部门自由流动时，农业生产的机会成本则较为显著地呈现开来，并极大影响了农民的就业决策。为了使农地物尽其用，有必要从顶层设计上确立"农村土地承包经营权流转"的合法性。

1998 年，党中央文件中第一次出现了"土地流转"和"适度规模经营"的提法，而到 2004 年《中华人民共和国土地管理法》则明确了农民承包的土地在不改变用途的情况下可以流转。农地流转合法性的"规则"确立以后，农地流转速度加快，规模加大。2007 年全国家庭承包耕地流转面积约为 6372 万亩，仅占家庭承包耕地总面积的 5.2%②，而到 2015 年年底，全国家庭承包耕地流转面积达到 4.47 亿亩，占家庭承包经营耕地总面积的 33.3%，年均新增流转面积 4800 万亩，涉及数以百万计的承包农户③。研究发现，抑制农地流转最主要的因素是农地承包的"有限期限"问题，《土地承包法》第二十条规定"耕地的承包期为 30 年"，即土地流转权的设定从法律上来说不得超过 30 年的上限，随着第二轮承包期限的到期，无论是土地流入方还是流出方，主观上继续流转的意愿都会越来越弱。

（三）土地产权的明晰：农地确权和"三权分置"改革

农地改革必须建立在农地属性、面积清楚的前提之上，因此推进农村土地承包经营

① 石传刚：《中国农业产业化经营与家庭联产承包责任制》，《中共贵州省委党校学报》2007 年第 2 期，第 39—41 页。

② 中国社会科学院金融研究所、特华博士后科研工作站：《土地市场蓝皮书：中国农村土地市场发展报告（2015—2016）》，社会科学文献出版社 2016 年版。

③ 张红宇：《解读：农村土地经营权流转》，见 http://country.cnr.cn/gundong/20160713/t20160713_522670266.shtml。

权确权登记颁证以明晰土地产权作为对农地最基础性的“规则确立”，是农地制度进一步改革能否顺利实施的前提。

2008 年，党的十七届三中全会明确提出“要赋予农民更加充分而有保障的土地承包经营权，稳定并保持现有土地承包关系长久不变”。截至 2016 年 3 月，全国范围内已有 2423 个县、2. 4 万个乡镇、38. 5 万个村开展了农村土地承包经营权确权登记颁证试点工作，实测承包耕地面积近 7 亿亩。中央按照 10 元/亩的标准，安排了 181. 4 亿元专项补助①。中央给出的时间表是 5 年时间内结束确权登记颁证工作，但研究发现，确权进展与基层政府意愿密切挂钩。农地确权及统一登记发证无疑会给农民带来更好的产权保障，但是可能给地方政府工作尤其是征地方面的工作造成影响。实际上，在农业用地的改革逻辑中，从“多点增产”实现自我生计维系，到解决温饱后最大限度发挥农业用地的价值，让农地的承包经营权人获得作为集体成员的土地收益，让土地经营者能够最大限度实现土地规模经营并进一步提高农地产出率，迈出了从农户多点独立到点线联结的重要一步。

如果说“多点独立—多点增产”的改革设计是在改革开放初期根据当时城乡经济社会发展特征进行的必要探索，以满足农地经营效率提高的客观要求，“多点流转互动联系”的改革探索是在家庭联产承包责任制框架下对基础性规则的制定和补充，是在深化农业农村改革进程中对农地制度的主动完善，那么，在“功能主体竞争力提升”阶段下的农地改革逻辑就上升到了以农业产业化为核心，推动农业实现现代化的视域范畴。

在很长时间内，“农村承包经营权”都作为“土地使用权”的表征而被整体使用，然而从 1998 年开始日益加快的“流转”的真正对象是“承包土地的经营权”，而非“承包权”，因此将“承包权”“经营权”分开并与“所有权”并列，不仅有助于从法律上明晰土地利益对象，也有助于从实践层面推进土地经营权有序流转，真正“落实集体所有权、稳定农户承包权、放活土地经营权”。“三权分置”后，农民专业合作社等新型农业经营主体放心流转农地经营权，而向拥有“占有权”的农民支付流转费。以课题组在成都崇州的调研为例，当地水稻专合社每亩每年付给农民等价于 500 斤黄谷的租金，专合社因“使用权”获得 500 元每亩每年的适度规模补贴；农民因“承包权”获得每亩每年 360 元的耕保基金和 93. 4 元的粮食直补②。

对如何看待“三权分置”及实现“分置”的路径，各地在具体实践中存在着两种不同的认知，且差异较为明显：

① 陈晓华：《农业部副部长在全国农村经营管理暨土地承包经营权确权工作会议上的讲话》（2016 年 2 月 25 日），中央政府门户站网，见 http://www.gov.cn/xinwen/2016-03/04/content_5048948.htm。

② 数据来源于笔者在成都崇州市的实地调查。

第一，认为“经营权”是由原“承包经营权”派生，“三权分置”主要有利于工商资本。部分农业经营主体负责人认为“三权分置”就是在坚持原农民集体所有权不变的前提下，将土地承包经营权分离为农户承包权和土地经营权，“三权分置”是在为工商资本进一步大规模下乡铺路，主要理由是：现实中，小规模的农业经营主体是不太需要大量资金的，也没有融资需要；但是像大规模的农业企业、家庭农场希望流转的土地能够作为抵押物进行贷款，因此把经营权从承包经营权中单独分离出来，允许抵押担保，更多是利于工商资本。这种认知情况下，农业经营主体更多将集体与自身的关系视为引导与被引导、监督与被监督的关系，认为只要支付足了农民的土地租金后，集体不应再干涉自身的农业经营活动，且让集体分享的经营分红并非是规定的义务。

第二，认为“经营权”就是原有的“承包经营权”，继承了其全部法律属性，而“承包权”可以视为“集体成员权”，“三权分置”主要有利于承包农户。这种观点认为，农民相比城市居民来说，缺少完整的社保来为民生兜底，土地是其维持生计的最后保障，因此，不管农民是否流转了土地，都应享有土地的收益分配权，并且认为目前“经营权”在法律上就是原有的“承包经营权”，而“承包权”事实上指的是“集体成员权”。此外，只有“经营权”是用益物权。这种认知情况下，“稳定承包权”被置于首要位置，也让农户在与工商资本谈判中更有底气，但也为基地、业主等流转者进一步扩大经营埋下了隐患。

二、我国农地改革的基本经验

回望20世纪80年代，从安徽小岗村土地分包到户开始，中国实行了土地家庭承包经营制度，较好地解决了人民公社体制下一些农村集体劳动监督和激励不足等问题，解放了当时的农村劳动力。尤其凭借集体化时期的公共积累和农田水利设施，以及杂交水稻等一系列新技术同时发力，中国农村出现了农业丰收、农民增收的好形势。但是土地分包到户经营制度的红利很快就消失殆尽，农业生产从20世纪90年代初至2003年出现了波动增长到陷入快速下滑局面。中央因此连发了12个关于“三农”的“中央一号文件”，出台了一系列支农惠农政策措施，在国家投入大量资金支撑下，粮食生产恢复连年丰收。然而“三农”问题并没有根本好转，出现了许多不容忽视的新问题。但这些新问题的出现并不能否定之前农村土地制度改革的成绩。总体来看，我国农地制度在改革逻辑中一直秉持三条基本准则，这些准则也成为我国农地制度进一步改革的重要经验。

（一）在农地制度改革进程中始终秉持统筹兼顾农户、国家、集体、经营者利益的准则

农地问题既是保障农民生存权的核心问题，也关系到经营者、集体、国家的利益，因

此平衡好四方利益，形成“最大公约数”，才能在“稳”的基础上推进农村各项改革事业。

第一，体现出与时俱进的公平性。改革开放初期，家庭联产承包责任制激发了农民生产积极性，通过“三提一统”保障集体利益，通过农业税保障国家利益。在进入21世纪后，城市工商资本开始密集涌入农业，通过“三权分置”加快放活土地经营权的同时，强化了承包权的用益物权，保障了农民的权益，通过与农地改革协同的农村集体资产股份权能改革强化集体作为农地所有权人所享有的土地权益，通过“18亿亩耕地红线”、严格的土地规划、永久基本农田制度等保障了国家的粮食安全。因此，从不同时期来看，尽管具体的农地政策和实践探索存在差异，但兼顾农民、国家、集体、经营者利益的准则在农地制度改革中一以贯之，成为改革取得巨大成就、发挥出农村社会稳定器作用的重要经验。

第二，保障农民在不同时期的发展需要。从党的十一届三中全会提出“在经济上保障农民的物质利益，在政治上尊重农民的民主权利”开始，我国就开始高度重视农民的利益问题，在处理农地制度改革具体事项时，也坚决秉持“保障农民的经济利益，尊重农民的民主权利”，这点从1978年以后党中央关于农业农村的5次全会、20个“中央一号文件”，以及12份以中共中央名义发出、规格和地位与“中央一号文件”相同的专项文件中都清晰地呈现出来。例如，对于过去农村剩余劳动力进城，主要采用“农转非”的制度设计，让其成为“吃公粮的非农人员”，过上具有完善社会保障的城镇人生活。而新时期，在工作选择自由度高、非农行业收益率高的环境下，对于失地农民、主动放弃农村土地承包经营权的农民，普遍做法是解决社保来保障其生存权，并帮助其在城镇中落实发展权。

第三，实现较为平等的农村集体土地权能。依据土地权益相关者的“身份”差异，分别清晰设立土地占有、使用、经营、收益、处分等权能，保障不同利益主体对土地权利“有法可依、有法可循”，最大限度维护不同主体自身法定权利。针对土地经营者所拥有的土地只有资源属性，缺乏资产和资本属性的问题，创新出台了“两权抵押”机制，扩展了土地财产权的实现形式。

（二）在农地制度改革进程中采用由易到难、循序渐进的方式推进农地规模经营

农业机械化、现代化是提高农地产出率的必然选择，而农地机械化经营的前提是实现土地的规模化经营。从改革开放40年的历程来看，与农地规模化经营相关的土地政策的改革进程坚持由易到难、循序渐进的方式。

第一，在家庭联产承包责任制初期，一般根据土地好坏、远近而采用“混搭”的方式来分配，造成农地零散化严重。为了解决这一难题，在土地承包规定范围内，鼓励农户

通过“互换”的方式实现“连片耕种”，但总体上来看，土地零散化程度依然较高，户均耕地仍高达5.7块。

第二，在“连户连片耕种”进入瓶颈期，单靠农户的互换实现不了规模化经营时，开始推行“土地股权化、资产股份化”的方式，“确权确股不确地”，由集体统一经营或统一流转给新型经营主体。相比于“互换”来说，这种边界虚化的流转方式从操作上来说更难，但也更利于规模化经营。

第三，在土地转包、出租等流转基础上，发展股份合作、托管等方式，进一步解决了土地租金高企的难题，也避免了农户人为抬高地租的现象，有利于降低新型经营主体的农业生产经营资金压力。

第四，通过在法律层面明晰“三权分置”，依法保护农户承包权和集体所有权的前提下，平等保护新型经营主体的土地经营权，在“鼓励”和“规范”的前提下，采用农业公司、家庭农场和农民合作社的运作方式，促使经营主体放心地对土地进行长期投资，推动承包户利益维护与经营者通过规模经营提高收益兼顾。

过去39年采用的这一循序渐进的农业经营规模化机制设计，实现了农村社会的极大稳定，也在“摸着石头过河”的过程中重点突破，成为农地制度改革取得巨大成就的坚实基础。

（三）在农地制度改革进程中跳出“农地”看“农地”，多要素联动协同配套

农地制度改革绝不单纯是土地制度自身的问题，因此中央和国务院一直将农地改革置于相关涉农改革联动推进的大背景中统筹谋划。从改革开放40年的历程来看，对于农地制度改革的设计一贯是与四大方面捆绑在一起的，形成“1+4”的农村大改革框架、大改革设计。

第一，将农地制度改革与农村集体资产确权到户、股份合作制改革结合。通过建立严格的监管审查制度，让农民民主参与到集体清产核资的过程中，将以土地资产为主的农村集体资产确权落到经济组织成员手中，让农民在农地制度改革中有更多的获得感。

第二，将农地制度改革与新型经营主体培育结合。对接农地流转后承包者与经营者分离的现实趋势，鼓励培育各类别经营主体，让农民以企业家、职业农民、农业工人、乡村匠人等多种身份融入农业经营体系之中，有更多的参与感。

第三，将农地制度改革与供销合作社改革结合起来。对接“三位一体”供销社改革，解决供销社自身社企不分、政企不分的问题，将供销社打造成为助力农民生产生活的新平台，成为更有活力的服务体系，让农民有更多的被服务感。

第四，将农地制度改革与农业支持保护体制改革结合起来。在农业支持保护不断

加强、涉农形势不断变化的过程中，始终“灵活+规范”地调整农业支持保护体制机制，“把钱花在刀刃上”，让从事农地经营的农民有更多的受尊重感。

跳出“农地”看“农地”，将农地制度改革与事关农村深化改革的其他重要改革紧密结合，把控“全局”、掌握“整体”，成为顺利推进农地制度改革的重要经验。

三、当前我国农村土地制度改革的“三项试点”

为提高农村建设用地节约集约利用水平，丰富集体土地所有权实现形式，增强农民集体和农民群众的获得感，促进农村经济一二三产业融合发展，2014 年 12 月 31 日，中共中央办公厅、国务院办公厅印发《关于农村土地征收、集体经营性建设用地入市、宅基地制度改革试点工作的意见》，决定在全国选取 30 个左右县（市）行政区域进行农村土地制度改革三项试点，对农村土地征收、集体经营性建设用地入市、宅基地制度改革开展试点工作。全国人大常委会 2015 年 2 月 27 日经表决，决定授权国务院在北京市大兴区等 33 个试点县（市、区）行政区域，暂时调整实施土地管理法、城市房地产管理法关于农村土地征收、集体经营性建设用地入市、宅基地制度的有关规定。

所谓“农地入市”，全称为“农村集体经营性建设用地入市”，是指在符合规划和用途管制的前提下，农村集体经营性建设用地可以以出让、租赁、入股等方式参与市场交易。“宅基地制度改革”，是指在保障农民宅基地用益物权、引导农民自愿有偿退出闲置宅基地、规范宅基地管理和利用、改善村庄环境等方面进行试点改革。“土地征收制度改革”，是指围绕缩小征地范围、规范征收程序和完善对被征地农民合理、规范、多元的保障机制进行有益探索。按照要求，农村土地三项改革试点工作要确保在 2017 年年底前完成试点任务。

（一）农地改革“三项试点”的进展情况

自我国农村土地制度改革“三项试点”启动，尤其是 2016 年 9 月进一步统筹协调推进“三项试点”以来，各试点地区积极谋划并统筹推进农村土地征收、集体经营性建设用地入市、宅基地制度改革，目前改革综合效益日益显现。从统筹推进“三项试点”与其他改革看，目前，33 个试点已全部纳入新型城镇化综合试点，14 个纳入农村改革试验区，15 个宅基地制度改革试点全部列入农民住房财产权抵押贷款试点，还有不少试点地区纳入了农村集体产权制度改革试点，几类试点共同推进、相互配合，取得了很好的改革联动效应。与此同时，随着“三项试点”的开展，相关部门还稳步有序推进《中华人民共和国土地管理法》修改，也将积极推进土地管理法配套法规规章的研究起草。

试点工作开展以来，根据党中央、国务院统一部署，有关部门认真落实中央精神以及《决定》要求，在地方各级党委政府的密切配合下，积极开展农村土地制度三项改革试点，各项工作平稳有序推进。截至2017年年底，试点工作取得重要阶段性成效：一是农村集体经营性建设用地入市改革效果初显，已形成相对成熟的规则体系；二是宅基地制度改革在保障农民取得宅基地、自愿有偿退出宅基地和完善宅基地制度等方面做了积极探索；三是农村土地征收制度改革中一些重点、难点、热点问题开始破题。

在农村土地制度改革“三项试点”工作稳步有序推进的同时，也存在一些需要通过进一步深化试点解决的问题。为了进一步深入推进改革试点、更好总结试点经验，为法律修改打好基础，原国土资源部经过慎重考虑起草了延长试点授权期限的请示，报请国务院审议。原国务院法制办收件后，征求了原中央改革办、中央农办、农业部、住房和城乡建设部等有关单位和全国人大常委会有关工作机构的意见，各单位均表示赞成。在此基础上，原国务院法制办会同原国土资源部对有关文件做了研究、修改，形成了草案，经国务院同意后，提请全国人大常委会审议。2017年11月4日，第十二届全国人大常委会第三十次会议通过了关于延期的决定。试点延期主要出于以下三点考量：

一是农村土地制度改革关系重大，需要在试点中进一步统一思想、凝聚共识。土地制度是国家的基础性制度，事关经济社会发展和国家长治久安。从试点情况看，社会各界对农村土地制度改革的大方向是认同的，有关部门和试点地区积极落实中央确定的改革方案，效果也比较显著。但同时，试点也反映出一些新问题，例如如何更好地协调农村土地制度改革与农村土地有效利用的关系，如何有效保障地方政府财政收入和项目建设效率等。延长试点期限，有利于在实践中进一步统一思想，设计出更为科学的改革操作方案。

二是试点工作仍处于不断探索、逐步完善的阶段，改革的整体性、系统性、协同性和综合效益显化尚需时间。土地制度改革与单纯的行政审批制度等改革不同，试点地区从制度设计、工作布置、实践操作到效果反馈周期较长。由于2015年启动三项改革试点时是分开部署的，各试点地区分别开展、统筹推进是从2016年下半年才全面铺开，特别是土地征收制度改革前期试点数量偏少。延长试点期限，有利于推动三项改革深度融合，为全面评估试点得失、系统总结试点经验打好基础。

三是《土地管理法》修改工作正在推进，一些试点地区的政府、集体和农民存在观望甚至顾虑心理，需要进一步稳定有关方面的改革预期。自2015年启动以来，三项改革试点受到广泛关注。同时，原国土资源部在总结试点经验、广泛征求意见的基础上，已经起草形成《土地管理法修正案（草案）》，原国务院法制办已于2017年9月征求了各部门和地方政府意见，下一步还将加快推进立法审议工作。改革试点需要与法律修改同步对接,做到改革决策与立法决策相统一。延长试点期限,有利于推动试点地区继续深化改革,为《土地管理法》修改工作创造良好的社会氛围。

(二)试点中出现的新问题

我国推进农村土地制度改革"三项试点"以来,经过三年的努力,取得了实质性进展。其中,集体经营性建设用地入市改革正向纵深推进,通过对部分试点县(市、区)的调研发现,试点探索成效显著,初步实现了土地增效、农民增收、集体经济壮大等多重目标。近期,我们按照党的十九大精神特别是实施乡村振兴战略的部署,深入试点地区调研。我们认为,要理性看待三年改革试点中出现的新问题、新挑战,适时调整改革策略,在全面评估试点得失基础上,审慎推进最后一年的改革试点工作。

第一,入市土地监管利用不到位。一是入市土地监管机制不健全。调研发现,多数土地入市交易合同都没有明确条款规定受让方的项目建设进程和完工时间等要件,对土地闲置、违规开发等情况也没有作出相应的惩戒规定。国土、规划等业务主管部门尚未建立监管制度和程序,不能有效发挥入市宗地的建设开竣工时间、项目验收后经营用途等监管职能。"制度真空"容易导致入市宗地因市场、企业经营等因素长时间闲置。二是入市土地利用方式单一。集体经营性建设用地入市的产业选择容易陷入区域发展的"路径依赖",试点地区入市宗地大多发展传统商业或者乡村旅游、旅游地产等产业形态,存在单一化、同质化倾向,新产业新业态发展滞后。如某试点地区 30 块入市宗地中,有 17 块宗地规划用途为商业服务业设施用地,其中,其业态选择又大部分为乡村旅游和酒店餐饮。三是入市土地存在违规开发风险。部分土地受让业主为了追求高回报,私自改变土地规划用途,甚至通过建设"特色小镇""有机小镇"等打"擦边球"的方式,进行房地产开发。

第二,二级土地市场开放程度较低。一是入市土地产权分割滞后影响二次流转。部分试点地区出于改革风险可控性考虑,对入市土地的产权分割持审慎态度,未及时满足业主进一步将入市土地使用权分割到更小地块的要求,对集体经营性建设用地使用权的二次流转造成不利影响。基于贷款违约后抵押物处置难度较大的考虑,金融机构对集体经营性建设用地使用权抵押融资积极性也不高。二是二级土地市场配套政策不完善。集体建设用地入市二级市场转让的标准设定、税费缴纳、平台建设等方面尚需进一步探索细化,与国有建设用地二级市场的统筹协调标准有待进一步统一。三是二级市场用地信息不对称。二级市场涉及国土、工商、规划、税务等多个部门,部门联动机制不健全,尤其是农村集体建设用地二级市场缺乏统一的信息汇总与发布渠道,导致交易信息不对称,政府调控难度大。

第三,入市改革统筹力度不够。一是可入市土地的"存量"与"增量"统筹不够。虽然甘肃省陇西县、成都市郫都区等试点地区通过将宅基地转变用途或整理调整后纳入了入市范围，但对集体经营性建设用地范围是否应该包括宅基地、废弃公益性用地等非农建设土地还存在争议。农村集体经营性建设用地入市与宅基地制度改革试点缺乏衔接，仅靠数量有限、分布零碎的农村集体经营性建设用地，无法为城乡统一建设用地市场的构建提供足够的规模支撑。二是集体建设用地入市与征地制度改革统筹不够。与集体经营性建设用地入市相关的征地目录制定、程序优化、收益分配等方面改革有待落地，涉及的深层次的财税体制改革有待加快推进。缩小征地范围与集体经营性建设用地入市呈平行推进，导致部分试点地区在决定某一地块采取"入市"还是"征用"时，对集体和农民的意愿主动考虑不足，存在比较明显的利益驱动倾向。三是不同属性和区域的入市地块统筹不够。集体经营性建设用地入市交易导致供地主体的多元化，可能打乱国有建设用地年度计划安排对供地位置与节奏的把握，造成集体经营性建设用地和国有建设用地之间的协调性不足。在城镇规划圈以外的土地，由于缺少村庄发展规划及详细控制规划，用途不明，导致试点地区各乡镇、各村社之间出现横向统筹不足，项目安排缺乏总体谋划，布局的科学性不强。

第四，利益分配机制有待进一步完善。一是土地增值收益调节金收取存在争议。对土地增值收益调节金收取缺乏理论基础和法律依据，调节金收取标准各地不一致，在诸如土地自主开发入市是否缴纳土地增值金的问题上也存在"梗阻"。部分试点地区农民反映调节金按入市地块交易总价款收取标准过高，相反，政府却觉得相对征地收入，调节金收取标准过低。目前尚难兼顾国家、集体与个人的利益。我们的调研发现，某试点地区县城规划区内商服类入市土地的增值收益调节金缴纳比例高达48%，导致农民获得感不足。二是国家和集体的权责关系尚未理顺。国家已明确了农村集体经营性建设用地"与国有土地同等入市、同权同价"，各地在试点中也保证了农村集体在土地增值中的收益份额。但大部分试点地区对于农村集体在基础设施维护、公共服务供给、社区管理等方面的责任未予以明确规定，或履责不到位，使得农村集体的权利和责任不对等。

四、对未来农地制度改革的进一步思考

（一）农村土地制度改革的着力点

抓住土地制度改革重点，突破土地制度改革难点，务求创新土地制度改革试点取得预期效果，务必要在土地制度改革着力点上下功夫。

第一，要从思想僵化中解放出来。逾越现实障碍推进农村土地制度改革要破除与

现实需求不相适应的思想藩篱。实行土地家庭联产承包责任制度以后,由于媒体对土地家庭联产承包经营的历史地位和作用做了过高评价和宣传,好像土地分包到户经营打响了改革开放第一枪,拯救了中国农民乃至整个民族的命运。更令人担忧的是,似乎否定分包到户经营就是否定农村改革,以至于家庭联产承包经营弊端暴露无遗时,家庭承包制度的政策法律地位却在逐步强化,人们也陷入这是唯一正确选择的迷思,难得有人敢于对它的普遍适应性提出质疑。事实上分包到户与解放初期土改后的分田到户,在生产组织结构上并没有本质的区别。但当下中国农村现实生产力水平与解放初期相比已经发生质的变化。按照生产力与生产关系矛盾运动规律,改革家庭承包经营制度应是必然选择这个浅显的道理,如今却被弄得模糊不堪。因此,进一步解放思想不仅非常必要,而且迫在眉睫。

第二,要走群众路线维护农民主体地位。在土地制度改革试点及以后进入试点经验推广阶段,都要把如何贯彻习近平总书记关于“三条底线”与“不能把土地集体所有制改没了”的指示交给群众去讨论,坚持“从群众中来,到群众中去”的群众路线,坚持“少数服从多数”的基本原则,引导农民在民主集中制前提下,自主选择土地经营模式。同时要注重正确处理国家、集体和个人三者关系,用社会主义理想信念、集体主义观念占领农村思想文化阵地,切实加强政治思想工作,用充分说理方法开展积极的思想斗争,着力构建农村社会主义思想意识形态,为土地制度改革试点工作提供强有力的思想保证。

第三,要适应土地规模化集约化生产客观要求。建构与农村自然条件与生产力发展水平相适应的土地制度,要吸取改革开放前后两个 30 年,“一刀切”“归大堆”和“一刀切”“分到户”的经验教训。通过试点为农村与农民提供多种可选择模式。根据群众意愿,可选择统分结合双层经营体制;可恢复和保留自留菜地制度;特别要大力提倡与推广由土地所有者集体,向实际务农的种田能手又具有经营能力的“领头雁”直接发包土地。但无论采用哪种经营方式,都要明确集体所有者与承包经营者的权利义务,都要有利于增强农村基层组织建设,才能让国家支农政策、支农资金与制度安排综合发力,把中国农村建设成为人类最文明最美好的生活乐园。

第四,要有利于发展壮大集体经济。贯彻落实《关于农村土地征收、集体经营性建设用地入市、宅基地制度改革试点工作的意见》,务必要注重发展壮大集体经济。要根据我国人均耕地很少,必须十分珍惜保护的实际,引导农民制止借土地经营制度改革之机,过多扩大集体经营性建设用地与宅基地规模。在集体经营性建设用地入市这一关键制度安排上,不能急功近利简单地选择一卖了之这一做法,要着眼于集体经济的长远发展壮大,积极探索以地生财的新路径新方法,巩固和发展以集体经济为支撑的生产关系,为中国农民实现共同富裕开辟道路。

（二）我国农地制度改革的可能路径

我国的农地制度改革沿着纵向增产到横向联结、实现竞争力最大化的思路迈进，而在这一进程中，必须要考虑农业产业化进一步发展、新型农业经营主体的培育、农产品品牌化的培育等客观要素，从这个角度来讲，未来农地改革的发展将在“功能主体竞争力提升”层次进一步细化，可能的路径有三条：

第一，要实现农业产业化，进一步挖掘农业在产业链各阶段的增加值，其首要前提是厘清目前农地“所有权、承包权、经营权”的内涵和外延，其关键是尽快确定土地经营权的“实体性物权属性”。将土地经营权定性为物权抑或定性为债权，法律效果迥异：如果将土地经营权定性为债权，则土地经营权对原承包农户存在高度依赖性和权利的短期性与不稳定性，租赁期限的设定必须遵守《合同法》的强制性规定，不得超过 20 年；流转双方的权利义务安排上租赁不得突破债权相对性规则，土地经营权人仅具有承租人地位但不享有转让、抵押租赁物的权利，如要转租，需经出租人同意。反之，如果将土地经营权定性为物权，则流转合同不受有关租赁合同的强制性规定的限制，期限设定可以超过 20 年；土地经营权作为一种物权，属于绝对权和对世权，具有相对独立的地位。因此，从当前大力推动土地经营权抵押来看，必须尽快赋予土地经营权物权地位。

第二，要培育新型农业经营主体，绝不能忽视农民对土地利益的分享，要制定配套制度来实现对农地承包权的“实体性保护”，对承包户土地利益保障“生存权”扩展至“发展权”。目前改革中有一种倾向是以“三权分置”改革的名义，把重心都放到经营权上，以单纯推动土地流转、做大规模经营主体，忽视了农地承包农户的利益保护。从农地承包权得以切实保护的角度来看，应该在四个方面着力强化：一是确定承包权是集体经济组织的成员权，只有集体经济组织成员可以凭身份无偿获得，集体经济组织之外的人即便有再多钱也不行；成员承包权是财产权，受物权法保护。二是锁定成员权。成员权是有时点的，在确定某个时点之后，这之后的人就此切断。成员权不锁定，一直保持动态调整，集体所有制就是无解的，承包权就无法成为有稳定预期的财产权。三是必须要对现行《农村土地承包法》的承包经营权加以扩权。农户获得的承包权应该是一个完整的承包权，除了已有的使用权、收益权和流转权以外，也应该赋予抵押、继承、转让权等。四是在承包权与经营权分置时，承包农户获得的地租是私权，是农民的财产收益；与经营者的合约主体是农民，真正体现承包权作为财产权的性质。

第三，要培育特色农产品品牌，除了重视政府、企业、集体作用的发挥，还需要在重视赋予农民“实体性权利”的基础上，进一步完善农民的“实体性责任”。事实上，在农村特色农产品品牌培育过程中，目前对农户使用地方“三品一标”有具体的规定，但是没有对农民在一定范围内须承担的责任或义务做明确的规定，因此也出现了农民外地批发购入、本地贴牌出售的“搭便车”行为。此外,未来农地改革在重视制度“实体性”的同时也应更规范制度的“程序性”。在制度设计中,要从目前强调如何保障农民和基层地方政府的利益均衡,转向兼顾“公布信息”“遵守公约”“违背约定后的惩罚标准”“纠纷调解”等环节的程序性,使得相关制度可行、可信、有持续操作性。

(三)对农地改革“三项试点”工作的对策建议

农村土地制度改革试点时间紧、任务重、要求高、责任大。综合考虑“三项改革”试点期限延长一年以及试点地区的实际工作情况,可在四个方面进一步推进改革:

第一,完善入市土地利用监管机制。一是建立健全供地监管机制。加强供前约定和供后监督,参照国有建设用地管理办法,在供地合同中明确规定在土地出让金逾期未交、土地逾期闲置等情形下的具体处置办法,倒逼土地精拿细用。明确国土、规划等主管部门在入市宗地后续监管中的具体职责,将入市地块纳入常态化土地监督执法的责任清单之中。二是对接新产业新业态用地需求。结合土地利用总体规划、城乡建设规划、产业发展规划等上位规划,科学编制村庄建设规划,明确入市宗地用途,精选入驻项目,优先为高新技术农业、“双创小镇”、产业小镇等新业态新模式供地。三是严格入市土地用途监管。各试点地区应出台集体经营性建设用地用途负面清单,明确土地禁止开发的用途,原则上宜严控单纯的住宅地产项目,并由国土部门牵头、规划部门参与,对入市地块建成项目进行评估验收。

第二,进一步开放二级市场。一是出台明确的土地二级市场建设办法。根据前期试点探索经验,出台农村集体经营性建设用地二级市场交易管理办法,明确二级市场的交易规则、登记管理、税费征收、租金和地价体系等方面的内容。二是加快构建土地交易市场体系。建立农村集体建设用地二级市场交易平台,整合和统一发布各类信息,强化政府的服务监管。三是构建二级土地市场建设的部门联动机制。加强涉及土地二级市场的国土、规划、工商、农业、税务等部门的统筹联动,理顺各部门的权责范围,建立入市土地二次交易的并联审批制度。

第三,联动推进“三项改革”。一是打通农村宅基地有偿退出改革。允许试点地区在符合“四条底线”和“符合规划、用途管制、依法取得”的基本前提下,将农村闲置宅基地、废弃地纳入入市交易范畴,扩大可入市土地存量。允许远郊地区将农村闲置宅基地、废弃地复垦并经验收合格以后,形成的建设用地指标移至具有入市价值的城郊地带农地上。完善农村集体建设用地调整入市方式,明确政府职责,厘清不同农村集体经济组织的产权关系和利益分配关系。二是协调推进征地制度改革。根据前期试点探索,形成全国性《土地征用目录》,明确公益性用地范围界定,逐步缩小征地范围和数量。探索优化征地程序,完善征地过程中的民主协商机制,征地决策和补偿标准要体现人民群众的意愿。研究征地制度与财税体制改革协同推进方案，建立地方政府多元化的财政收入模式。三是构建土地异地调整入市机制。各试点地区要加快探索跨乡镇、村组的建设用地指标交易机制，重点处理好指标转出和转入地集体及农民的合理利益诉求，在更大范围内统筹推进集体经营性建设用地入市。

第四，构建新型利益分配关系。一是明确土地增值收益调节金的属性界定和收取标准。注重与税法的对接，以法律法规的形式确立土地增值收益调节金收取的合法性。根据各试点地区前期经验，系统研究土地增值收益调节金的构成因子与权重，准确测算土地增值收益收取标准，确保土地增值收益调节金收取金额与国有土地出让收入大体均衡。二是明确农村集体在公共服务供给中的职责。明确政府和农村集体经济组织在基础设施配套、公共服务供给中各自的边界范围与权利责任，确保政府不大包大揽，农村集体经济组织也不推诿卸责。

专题十一：40 年来信息化发展研究[①]

信息化称作改变的过程，是指信息或信息技术成为引导经济、政治、社会和文化发展的主导力量，信息的生产与分配都以前所未有的速度、数量和普及度进行增长。党中央、国务院高度重视信息化事业的发展，我国信息化的发展伴随着改革开放的步伐不断被赋予新的使命，取得了巨大的成就。1984 年 9 月，邓小平同志高瞻远瞩，为《经济参考》题词："开发信息资源，服务四化建设"，成为改革开放以来建设和发展我国信息事业的指路明灯；1991 年，江泽民同志从全局的高度进一步明确指出："四个现代化，哪一化也离不开信息化"；2007 年，胡锦涛同志在党的十七大报告中指出："全面认识工业化、信息化、城镇化、市场化、国际化深入发展的新形势任务"；党的十八大进一步提出促进工业化、信息化、城镇化、农业现代化同步发展；习近平总书记在 2016 年 10 月 9 日中央政治局第三十六次集体学习时说道："世界经济加速向以网络信息技术产业为重要内容的经济活动转变。我们要把握这一历史契机，以信息化培育新动能，用新动能推动新发展。"党的十九大报告也指出："要推动互联网、大数据、人工智能和实体经济深度融合，培育新增长点，形成新动能。"信息化是利用信息技术提高经济增长质量，带动和促进经济社会转型与发展的过程，迅猛发展的信息化不仅引领着科技进步，而且对工业化、城镇化、农业现代化具有渗透、覆盖和拉动作用。加快推进信息化，成为"新四化"同步发展的关键。可以清晰地看到：在经济社会发展的新的历史进程中，信息化要充分发挥引领作用。因此，研究改革开放以来我国信息化的发展成就，放眼世界、展望未来分析我国信息化发展的机遇与挑战，具有重要的现实意义。

① 本专题由王益民团队撰写。

一、改革开放以来信息化发展环境

（一）国家信息化战略引领信息化发展

1.《2006—2020年国家信息化发展战略》

信息化是当今世界发展的大趋势，是推动经济社会变革的重要力量。大力推进信息化，是覆盖我国现代化建设全局的战略举措，是贯彻落实科学发展观、全面建成小康社会、构建社会主义和谐社会和建设创新型国家的迫切需要和必然选择。

党中央、国务院一直高度重视信息化工作。20世纪90年代，相继启动了以金关、金卡和金税为代表的重大信息化应用工程；1997年，召开了全国信息化工作会议；党的十五届五中全会把信息化提到了国家战略的高度；党的十六大进一步作出了以信息化带动工业化、以工业化促进信息化、走新型工业化道路的战略部署；党的十六届五中全会再一次强调，推进国民经济和社会信息化，加快转变经济增长方式。“十五”期间，国家信息化领导小组对信息化发展重点进行了全面部署，作出了推行电子政务、振兴软件产业、加强信息安全保障、加强信息资源开发利用、加快发展电子商务等一系列重要决策。

经过多年的发展，我国信息化发展已具备了一定基础，进入了全方位、多层次推进的新阶段。抓住机遇，迎接挑战，适应转变经济增长方式、全面建成小康社会的需要，更新发展理念，破解发展难题，创新发展模式，大力推进信息化发展，已成为我国经济社会发展新阶段重要而紧迫的战略任务。因此，2006年5月8日，中共中央办公厅、国务院办公厅印发了《2006—2020年国家信息化发展战略》（以下简称《战略》），并发出通知要求各地区各部门结合实际，认真贯彻落实。该战略是国家信息化发展过程中的重要性文件，分析了全球信息化发展的基本趋势，对我国信息化发展的基本形势进行了剖析，并提出了我国信息化发展的指导思想和战略目标，厘清了我国信息化发展的战略重点，制定了我国信息化发展的战略行动、保障措施，对我国现阶段的信息化发展起着重要的指导作用。

《战略》指出，我国信息化发展的指导思想是，以邓小平理论和“三个代表”重要思想为指导，贯彻落实科学发展观，坚持以信息化带动工业化、以工业化促进信息化，坚持以改革开放和科技创新为动力，大力推进信息化，充分发挥信息化在促进经济、政治、文化、社会和军事等领域发展的重要作用，不断提高国家信息化水平，走中国特色的信息化道路，促进我国经济社会又快又好地发展。我国信息化发展的战略方针是，统筹规划、资源共享，深化应用、务求实效，面向市场、立足创新，军民结合、安全可靠。要以科学发展观为统领，以改革开放为动力，努力实现网络、应用、技术和产业的良性互动，促进网络融合，实现资源优化配置和信息共享。要以需求为主导，充分发挥市场机制配置资源的基础性作用，探索成本低、实效好的信息化发展模式。要以人为本，惠及全民，创造广大群众用得上、用得起、用得好的信息化发展环境。要把制度创新与技术创新放在同等重要的位置，完善体制机制，推动原始创新，加强集成创新，增强引进消化吸收再创新能力。要推动军民结合，协调发展。要高度重视信息安全，正确处理安全与发展之间的关系，以安全保发展，在发展中求安全。

此外，《战略》也提出了信息化发展的战略目标，到2020年，我国信息化发展的战略目标是：综合信息基础设施基本普及，信息技术自主创新能力显著增强，信息产业结构全面优化，国家信息安全保障水平大幅提高，国民经济和社会信息化取得明显成效，新型工业化发展模式初步确立，国家信息化发展的制度环境和政策体系基本完善，国民信息技术应用能力显著提高，为迈向信息社会奠定坚实基础。

2.《国家信息化发展战略纲要》

进入21世纪特别是党的十八大以来，我国信息化取得长足进展，但与全面建成小康社会、加快推进社会主义现代化的目标相比还有差距，坚持走中国特色信息化发展道路，以信息化驱动现代化，建设网络强国，迫在眉睫、刻不容缓。目前，我国网民数量、网络零售交易额、电子信息产品制造规模已居全球第一，一批信息技术企业和互联网企业进入世界前列，形成了较为完善的信息产业体系。同时，我国信息化发展也存在比较突出的问题，主要是：核心技术和设备受制于人，信息资源开发利用不够，信息基础设施普及程度不高，区域和城乡差距比较明显，网络安全面临严峻挑战，网络空间法治建设亟待加强，信息化在促进经济社会发展、服务国家整体战略布局中的潜能还没有充分释放。

随着世界多极化、经济全球化、文化多样化、社会信息化深入发展，全球治理体系深刻变革，谁在信息化上占据制高点，谁就能够掌握先机、赢得优势、赢得安全、赢得未来。发达国家持续推动信息技术创新，不断加快经济社会数字化进程，全力巩固领先优势。发展中国家抢抓产业链重组和调整机遇，以信息化促转型发展，积极谋求掌握发展主动权。世界各国加快网络空间战略布局，围绕关键资源获取、国际规则制定的博弈日趋尖锐复杂。加快信息化发展，建设数字国家已经成为全球共识。为了跟上时代的步伐，适应发展的需要，2016年7月，中共中央办公厅、国务院办公厅印发了《国家信息化发展战略纲要》。本战略纲要是根据新形势对《战略》的调整和发展，是规范和指导未来10年国家信息化发展的纲领性文件，是国家战略体系的重要组成部分，是信息化领域规划、政策制定的重要依据。

3. 国家信息化规划

2016 年是“十三五”规划的开局之年,“十三五”时期(2016—2020 年)是全面建成小康社会的关键时期,经济发展全面进入“新常态”,各项改革事业进入“攻坚期”。随着 2016 年 7 月《国家信息化发展战略纲要》的推出,12 月,国务院又印发《“十三五”国家信息化规划》,旨在贯彻落实“十三五”规划纲要和《国家信息化发展战略纲要》。该规划是“十三五”国家规划体系的重要组成部分,是指导“十三五”期间各地区、各部门信息化工作的行动指南。这是改革开放以来第一个专门针对“国家信息化”的发展规划,可以说是将信息化的发展提到了前所未有的战略高度。

此前,信息产业部编制了《信息产业“十五”计划纲要》,是“十五”期间指导我国信息产业发展的宏观性、战略性、政策性文件。“十一五”期间,根据“十一五”规划的总体部署,信息产业部又编制了《信息产业“十一五”规划》,作为“十一五”我国信息产业发展的指导性文件和加强行业管理、组织实施重大工程的依据。“十二五”期间,工业和信息化部发布《软件和信息技术服务业“十二五”发展规划》《电子信息制造业“十二五”发展规划》等规划,旨在促进相关信息产业的发展。“十五”“十一五”“十二五”的发展重点都放在了技术上,从“十三五”开始,国务院印发《“十三五”国家信息化规划》,从“国家信息化”的角度出发,更加宏观全面地布局信息化的发展,将信息化的发展上升到整个国家的高度。

“十三五”时期,全球信息化发展面临的环境、条件和内涵正发生深刻变化。从国际看,世界经济在深度调整中曲折复苏、增长乏力,全球贸易持续低迷,劳动人口数量增长放缓,资源环境约束日益趋紧,局部地区地缘博弈更加激烈,全球性问题和挑战不断增加,人类社会对信息化发展的迫切需求达到前所未有的程度。同时,全球信息化进入全面渗透、跨界融合、加速创新、引领发展的新阶段。信息技术创新代际周期大幅缩短,创新活力、集聚效应和应用潜能裂变式释放,更快速度、更广范围、更深程度地引发新一轮科技革命和产业变革。物联网、云计算、大数据、人工智能、机器深度学习、区块链、生物基因工程等新技术驱动网络空间从人人互联向万物互联演进,数字化、网络化、智能化服务将无处不在。现实世界和数字世界日益交汇融合,全球治理体系面临深刻变革。全球经济体普遍把加快信息技术创新、最大限度释放数字红利,作为应对“后金融危机”时代增长不稳定性和不确定性、深化结构性改革和推动可持续发展的关键引擎。

从国内看,我国经济发展进入新常态,正处于速度换挡、结构优化、动力转换的关键节点,面临传统要素优势减弱和国际竞争加剧双重压力,面临稳增长、促改革、调结构、惠民生、防风险等多重挑战,面临全球新一轮科技产业革命与我国经济转型、产业升级的历史交汇,亟须发挥信息化覆盖面广、渗透性强、带动作用明显的优势,推进供给侧结构性改革,培育发展新动能,构筑国际竞争新优势。从供给侧看,推动信息化与实体经济深度融合，有利于提高全要素生产率，提高供给质量和效率，更好地满足人民群众日益增长、不断升级和个性化的需求；从需求侧看，推动互联网与经济社会深度融合，创新数据驱动型的生产和消费模式，有利于促进消费者深度参与，不断激发新的需求。

因此，“十三五”时期是信息化引领全面创新、构筑国家竞争新优势的重要战略机遇期，是我国从网络大国迈向网络强国、成长为全球互联网引领者的关键窗口期，是信息技术从跟跑并跑到并跑领跑、抢占战略制高点的激烈竞逐期，也是信息化与经济社会深度融合、新旧动能充分释放的协同迸发期。必须认清形势，树立全球视野，保持战略定力，增强忧患意识，加强统筹谋划，着力补齐短板，主动顺应和引领新一轮信息革命浪潮，务求在未来五年到十年取得重大突破、重大进展和重大成果，在新的历史起点上开创信息化发展新局面。

（二）信息化发展逐渐成熟

1. 政府信息化

我国的政府信息化建设是沿着机关内部办公自动化——管理部门的电子化工程（如金关工程、金税工程等“金”字工程）——“全面的政府上网工程”，这一条线展开的。总的说来，我国的政府信息化进程共经历了四个阶段，即起步阶段、推进阶段、发展阶段、高速发展阶段。

（1）起步阶段（20世纪80年代初—20世纪90年代初）

中央和地方党政机关所开展的办公自动化（OA）工程，建立了各种纵向和横向的内部信息办公网络。1992年，为了推进政府机关的自动化程度，在政府机关普及推广计算机的使用，国务院办公厅下发文件《国务院办公厅关于建设全国政府行政首脑机关办公决策服务系统的通知》。该文件下发以后，在国务院办公厅统一指导下，经过各地区、各部门近十年的积极努力，全国政府系统信息化建设取得了长足的发展。

（2）推进阶段（20世纪90年代初—20世纪90年代末）

1993年年底，为适应全球建设信息高速公路的潮流，我国正式启动了国民经济信息化的起步工程——“三金工程”，即金桥工程、金关工程和金卡工程。“三金工程”是我国中央政府主导的以政府信息化为特征的系统工程，是我国政府信息化的雏形。在部分“金”字工程推动下，部分政府部门的网络建设，电子化的深度都得到了一定的发展，并积累了一定的经验。

（3）发展阶段（1999—2001年）

1999年1月，40多个部委的信息主管部门共同倡议发起了“政府上网工程”，其目标是在1999年实现60%以上的部委和各级政府部门上网，在2000年实现80%以上的部委和各级政府部门上网。通过启动“政府上网工程”及相关的一系列工程，实现我国迈入“网络社会”，提供政府信息资源共享和应用项目，达到政府站点与政府的办公自动化连通，与政府各部门的职能紧密结合，使政府站点演变为便民服务的窗口，实现人们足不出户完成与政府部门的办事程序。利用政府职能启动行业用户上网工程，如“企业上网工程”“家庭上网工程”等，实现各行各业、千家万户联入网络，通过网络实现信息共享、多种社会功能，形成“网络社会”。

（4）高速发展阶段（2002 年至今）

国家不断培育政府信息化发展的宏观环境。2002 年是政府信息化逐渐由“由概念变成现实，由争论转入实施，由含混转为清晰”的一年。从“割据”向“统一”发展。2001 年 12 月 26 日，国家信息化领导小组第一次会议作出了“我国建设信息化要政府先行”的重要决策。2002 年 7 月 3 日，在国家信息化领导小组第二次会议上，国务院组织了上百位专家对国家电子政务进行研究，在所发布的 17 号文件中，明确了“十五”期间我国电子政务的目标以及发展战略框架，将政府信息化建设纳入一个全新的整体规划、整体发展阶段。①

历经几十余年的发展，目前我国政府信息化相对成熟，《“十三五”国家信息化规划》提到，电子政务应用进一步深化，网络互联、信息互通、业务协同稳步推进。统一完整的国家电子政务网络基本形成，基础信息资源共享体系初步建立，电子政务服务不断向基层政府延伸，政务公开、网上办事和政民互动水平显著提高，有效促进政府管理创新。据统计，2015 年中央部委和省级政务部门主要业务信息化覆盖率达 90.8%，地市级政务部门主要业务信息化覆盖率达 70.8%。

2. 企业信息化

我国企业的信息化历程可以分为 4 个阶段：财会电算化、数字化企业、信息化企业和智慧化企业。具体内容如下：

财会电算化阶段：时间跨度为 20 世纪 80 年代到 90 年代初。1981 年，财政部推动并提出“会计电算化”概念，国内企业开始开展企业信息化应用，计算机应用主要集中在财务电算化和档案数字化等个别领域。

数字化企业阶段：“数字地球”是 20 世纪 90 年代由美国首先提出来的，数字地球理论的建立、数字地球核心技术的发展以及集团企业业务与管理的需要成为信息技术发展的催化剂。这一阶段企业信息化应用的特点是部门级应用，实现文档电子化、办公自动化、业务流程化，支持内部流程整合。

信息化企业阶段：2000 年以来，我国企业信息化进入了快速发展阶段。该阶段的应用特点为以 ERP 套装软件为集成应用的企业级应用，加强信息资源利用，集成和整

① 资料来源：中国网，见 http://www.china.com.cn/chinese/zhuanti/283258.htm。

合信息流、价值流、业务流，支持企业管控模式，全面提升企业决策能力。

智慧化企业阶段：2008 年 11 月，IBM 提出“智慧地球”。2009 年 8 月，我国开始提出“感知中国”的理念。企业开始积极尝试采用物联网、云计算等新兴信息技术步入智慧的阶段，其特点为信息化和管理提升充分结合，充分支持企业模式创新和产业转型升级。①

目前，伴随企业进入智慧化阶段，企业信息化呈现出多样化的发展趋势。《“十三五”国家信息化规划》指出，网络经济异军突起，基于互联网的新业态新模式竞相涌现。2015 年，电子商务交易额达到 21.79 万亿元，跃居全球第一。“互联网+”蓬勃发展，信息消费大幅增长，产业互联网快速兴起，从零售、物流等领域逐步向一二三产业全面渗透。网络预约出租汽车、大规模在线开放课程（慕课）等新业态新商业模式层出不穷。

3. 社会信息化

从 20 世纪 90 年代末到 21 世纪初，经过 20 余年的发展，社会信息化也走过了启动、起步、发展、稳定 4 个阶段。

第一阶段（1995—1997 年 6 月）为试点启动阶段。确定试点项目，进行统筹协调；重点工程的试点取得初步成果；重点地区的信息化示范工程启动；加强信息化标准、规范和有关信息法规的各项前期工作；全国省会城市以上的增值信息网络的服务平台开始试运转；完善国家信息化管理的领导机构和组织体制。

第二阶段（1997 年 7 月—2000 年）为初步信息化阶段。国民经济信息化工程初具规模；重点科研单位、高等院校实现国内外网络联结；重点地区的信息化示范工程取得初步成果；初步建成全国省会以上城市和 50 多个中心城市的信息网络服务平台；全国 22 条光纤骨干网全部建成，天体一体的卫星通信网络骨架初步形成；电子信息产业有较大的发展，并对国民经济信息化改造作出更大贡献，信息产业占 GDP 的比重显著提高。

第三阶段（2001—2010 年）为基本信息化阶段。全国规模的覆盖国民经济主要行业的国家级信息网络初步形成；我国与国际信息网络的信息流量已达到一定规模；部分大中型企业建成 CIMS 系统；沿海和内地的一些发达地区建立起电子图书、远程教育和远程医疗、电子购物等信息服务网络，人民的生活、工作、学习方式发生明显变化；全国 1/4 的中小学普及多媒体计算机教育，电子计算机进入家庭的普及率全国平均达到 20%；全国初步建立起比较完善的信息标准、规范法规体系，以及规模经营和灵活经营的信息市场体系；国民经济和社会信息化程度显著提高，信息产业成为国民经济重要支

① 资料来源：中国发展网，见 http://www.chinadevelopment.com.cn/zj/2015/06/911442.shtml。

柱产业，占 GDP 的比重接近或超过一半。①

第四阶段（2010 年至今）社会信息化稳步提升。2010 年之后，社会信息化方面依旧保持良好的发展态势。《“十三五”国家信息化规划》指出，社会信息化水平持续提升，网络富民、信息惠民、服务便民深入发展。信息进村入户工程取得积极成效，互联网助推脱贫攻坚作用明显。大中小学各级教育机构初步实现网络覆盖。国家、省、市、县四级人口健康信息平台建设加快推进，电子病历普及率大幅提升，远程会诊系统初具规模。医保、社保即时结算和跨区统筹取得新进展，截至 2015 年年底，社会保障卡持卡人数达到 8.84 亿人。

二、我国信息化取得的主要成效

（一）基础发展

1. 核心技术

全球信息革命风起云涌，我国信息化发展的主题也正从人口红利转向数字红利，步入精耕细作的阶段。在转型的关键期，自主知识产权与安全可控将成为主导我国信息化发展的关键词，信息产业的四大核心技术，包括 5G 技术、集成电路芯片、量子通信技术、北斗卫星导航系统，带有显著的国产标签，有望持续获得政策力挺，成为继高铁之后我国的“新名片”。

（1）5G 技术

从 2G 跟随、3G/4G 突破，我国通信业在 5G 技术上保持了与世界同步乃至领先的水平。2013 年，MT-2020（5G）推进组成立，我国与国际同步启动了 5G 的研发。目前，我国政府在 5G 技术上的决心已经带动我国厂商的研发热情。国内企业研发出多个全球领先的 5G 原型样机，华为、大唐、中兴等企业都研制出了大规模天线样机以及大规模预商用天线。此外，华为和中兴还是 5G 全球标准研究的主要参与者和贡献者。②

（2）集成电路芯片

集成电路芯片是信息时代的核心基石，长期以来，我国集成电路产业一直受到西方在先进制造装备、材料和工艺引进等方面的种种限制，高端芯片主要依赖进口。我国集成电路产品连续多年进口额超过 2000 亿美元，超过石油成为最大宗进口产品。为实现自主创新发展，2008 年国务院批准实施集成电路专项。2017 年 5 月 23 日，科技部会同

① 《国民经济和社会信息化的 3 个阶段》，《情报理论与实践》1995 年第 6 期。

② 资料来源：见 http://www.sohu.com/a/109214699_119709。

北京市和上海市人民政府组织召开了国家科技重大专项“极大规模集成电路制造装备及成套工艺”（以下简称“集成电路专项”）成果发布会。据悉，自2008年集成电路专项实施以来，目前已取得了显著的阶段性成效，主要包括以下五个方面：

①高端装备和材料从无到有，填补产业链空白，形成良性发展的产业生态

专项实施前，我国集成电路高端装备和材料基本处于空白状态，完全依赖进口，产业链严重缺失。经过9年的艰苦攻关，研制成功14纳米刻蚀机、薄膜沉积等30多种高端装备和靶材、抛光液等上百种材料产品，性能达到国际先进水平，通过了大生产线的严格考核，开始批量应用并出口到海外，从而实现了从无到有的突破，建立起了完整的产业链，使我国集成电路制造技术体系和产业生态得以建立和完善。据统计，到现在为止，专项研制的高端装备已累计销售了300多台。国内主要配套零部件配套体系初步形成，国产零部件销售已经超过了3500多台（套）。

②制造工艺与封装集成由弱渐强，技术水平实现跨越，国际竞争力大幅提升

2008年前，国内集成电路制造最先进的量产工艺为130纳米，研发工艺水平为90纳米。专项实施至今，主流工艺水平提升了5代，55、40、28纳米三代成套工艺研发成功并实现量产，22、14纳米先导技术研发取得突破，形成了自主知识产权；封装企业从低端进入高端，三维高密度集成技术达到了国际先进水平。这些工艺制造的智能手机、通信设备、智能卡等芯片产品大批量进入市场，提高了我国信息产业的竞争力。

③创新发明不断涌现，形成自主知识产权体系，支撑企业参与国际竞争

缺乏自主知识产权一直是制约我国集成电路企业自主创新发展的瓶颈问题，集成电路专项高度重视创新技术研发，提出了“专利导向下的研发战略”，从战略高度布局核心技术的知识产权。实施9年来，一共申请了2.3万余项国内发明专利和2000多项国际发明专利，形成了自主知识产权体系，极大提升了我国集成电路技术自主创新能力，促使我国集成电路制造技术发展模式从“引进消化吸收再创新”转变为“自主研发为主+国际合作”的新模式。

④建立技术创新的协同机制，培育出一批具有国际竞争力的企业

集成电路专项以培育世界级企业为目标，建立了一套有效的组织方法，成为机制体制创新的亮点。在专项支持下，一批龙头企业进入世界前列，一批骨干企业进入国际市场，一批优秀企业成功上市。根据现在统计，“国家集成电路产业投资基金”成立以来所投资项目的60%以上是我们这个专项前期支持和培育的企业。

⑤从点到面突破，成果辐射应用助推泛半导体产业发展

作为基础产业的集成电路制造装备业，其成果辐射的带动面很广。利用集成电路技术取得的装备核心技术，使我们国家LED照明、传感器、光伏等泛半导体制造领域的装备国产化率大幅提升。尤其是LED照明、光伏等领域已实现关键装备成套国产化，

国产装备成为市场主流。据不完全统计，国产装备在泛半导体产业已经销售6590台。这些装备的国产化，使我国在LED照明、光伏等领域投资成本显著降低，持续推动我国相关产业整体竞争力大幅提升，我国在LED照明、光伏等产业规模跃居世界第一，技术水平也实现了国际领先。①

（3）量子通信技术

信息网络是国家战略性公共基础设施，云计算、大数据、物联网、三网融合等新型业务模式的快速发展和下一代信息网络技术的演进，对信息传输的质量与安全要求越来越高。在以微电子技术为基础的信息技术即将达到物理极限的背景下，基于量子力学原理的量子通信技术能够即时发现窃听，实现高效安全的加密通信服务，成为主要发达国家在信息领域的战略发展重点。

2016年8月，我国成功发射全球首颗量子科学实验卫星“墨子号”，并完成多项科学实验目标；2016年12月，量子保密通信骨干网“京沪干线”全线贯通，试运行期间，实现了全长2000余公里、32节点的量子密钥中继分发，在世界上首次实现基于可信中继方案的远距离量子安全密钥分发；2017年6月，在我国通信标准化协会成立了量子通信与信息技术特设任务组，启动了国家标准的研究工作；2017年9月29日，世界首条量子保密通信干线——“京沪干线”正式开通，结合“京沪干线”与“墨子号”的天地链路，我国科学家成功实现了洲际量子保密通信。②

（4）北斗卫星导航系统

北斗卫星导航系统是我国着眼于国家安全和经济社会发展需要，自主建设、独立运行的卫星导航系统，是为全球用户提供全天候、全天时、高精度的定位、导航和授时服务的国家重要空间基础设施。20世纪后期，我国开始探索适合国情的卫星导航系统发展道路，逐步形成了“三步走”发展战略：

第一步，1994年，启动“北斗一号”系统工程建设；2000年年底该系统建成后，开始向我国用户提供服务。

第二步，2004年，启动“北斗二号”系统工程建设；到2012年年底，完成了14颗卫星发射组网。“北斗二号”系统在兼容“北斗一号”技术体制基础上，增加无源定位体制，为亚太地区用户提供定位、测速、授时、广域差分和短报文通信服务。

第三步，2018年，面向“一带一路”沿线及周边国家提供基本服务；2020年前后，完成35颗卫星发射组网，为全球用户提供服务。

北斗卫星导航系统作为我国自主研发、独立运行的卫星导航系统，与美国的GPS、

① 资料来源：见 http://www.jneic.gov.cn/art/2017/6/22/art_5704_256970.html。

② 资料来源：见 http://news.hexun.com/2017-10-16/191230288.html。

俄罗斯的格洛纳斯、欧盟的伽利略系统并称全球四大卫星导航系统。①

2. 信息化基础设施

信息化的发展离不开核心技术，更离不开信息基础设施。互联网在我国的发展也是由最初的起步阶段，一步一步发展至今，日益成熟。

（1）互联网在我国的发展阶段

党的十一届三中全会开启了我国改革开放的大门，科技教育界思想活跃，对互联网在世界上的发展有了清楚的了解，对接入互联网有巨大的需求、热烈的期盼。对互联网进入我国起直接驱动作用的是科学研究及其国际合作交流的需要。从第一封电子邮件的发出到全面接入互联网，互联网在我国的发展经历了从羊肠小道到应用多元化的繁荣，互联网基础资源不断提升和完善，网络普及率大幅提升，逐步形成互联网产业链，并不断呈现新的特点和趋势。

1994 年 4 月 20 日，我国以全功能链接接入了互联网。这件事在 1994 年年底被列为当年的十大科技成就之一。随后，1994 年晚些时候，在德国卡厄斯鲁尔大学网络信息中心主任维尔纳·措恩（Werner Zorn）教授的帮助下，我国顶级域名“.cn”服务器被移回国内，并得到政府授权，设置在中国科学院，正式组建了中国网络信息中心 CNNIC。2001 年 5 月互联网界民间社团“中国互联网协会”成立。二十年多来，互联网在中国发展迅速，特别是近年来向传统经济领域的渗透日益深化，在我国的经济、社会进步中发挥越来越重要的作用。

参照我国互联网发展的轨迹②，我国互联网发展可被划分为四个阶段。

①从第一封电子邮件的发出到 Internet 全功能连接（1987—1994 年）

1987 年 9 月 14 日，中国兵器工业计算机应用技术研究所一栋小楼里，13 位中、德科学家围在一台西门子 7760 大型计算机旁，进行了电子邮件的实验发送。接下来的 5 年时间里，我国科研人员开始了互联网的技术探索。中国科学院高能物理研究所采用 X. 25 协议使该单位的 DECnet 成为西欧中心 DECnet 的延伸，实现了计算机国际远程联网以及与欧洲和北美地区的电子邮件通信；中关村地区教育与科研示范网络（以下简称 NCFC）正式启动，由中国科学院主持，联合北京大学、清华大学共同实施；清华大学校园网（TUNET）建成并投入使用，是我国第一个采用 TCP/IP 体系结构的校园网。

我国联入国际互联网是一段奋争的历程。从 1992 年 6 月开始，中国科学院就与美国国家科学基金会国际联网部正式讨论我国连入 Internet 的问题，直到 1994 年 4 月 20 日，NCFC 工程连入 Internet 的 64K 国际专线开通，实现了与 Internet 的全功能连接。从

① 资料来源：见 http://finance.sina.com.cn/roll/2017-01-10/doc-ifxzkssy1665697.shtml。

② 资料来源：中国互联网历史长廊，见 http://tech.sina.com.cn/i/2005-07-19/1129666996.shtml。

此我国被国际上正式承认为真正拥有全功能 Internet 的第 77 个国家。

同时，我国的顶级域名 CN 也于 1990 年注册登记，从此我国的网络有了自己的身份标识。1994 年 5 月 21 日，中国科学院计算机网络信息中心完成了我国国家顶级域名（CN）服务器的设置，改变了我国的 CN 顶级域名服务器一直放在国外的历史。

②从四大主干网相继建设到互联互通（1994—1997 年）

一是中国科技网。中国科技网是中国科学院领导下的学术性、非营利的科研计算机网络。1993 年 11 月，NCFC 主干网网络开通并投入运行；1994 年 4 月 NCFC 网络与美国 Internet 互联成功；1996 年 2 月，中国科学院正式将以 NCFC 为基础发展起来的中国科学院院网（CASNET）命名为“中国科技网（CSTNET）”。

如今，中国科技网（CSTNET）已成为中国互联网行业快速发展的一支重要力量，为广大用户提供互联网接入、小区宽带、科研数据中心（IDC）、网络安全管理等基础性服务，以及视频会议系统、邮件系统、桌面会议系统、会议服务平台、团队文档库、组织通信录、科研主页、科信、中国科技网通行证等应用服务。此外，还提供网络前沿技术研究与创新试验环境服务，为国家科学技术的创新发展提供基础性的信息化支撑与保障。

二是中国教育和科研计算机网。1994 年 7 月初，由清华大学等六所高校建设的“中国教育和科研计算机网”试验网开通，并通过 NCFC 的国际出口与 Internet 互联。1994 年 8 月，由国家计委投资，国家教委主持的中国教育和科研计算机网（CERNET）正式立项。1995 年 12 月，“中国教育和科研计算机网（CERNET）示范工程”建设完成。中国教育和科研计算机网是由中国政府资助的第一个全国范围的学术性计算机网络，由原国家教委主持，清华大学等 10 所高校承担建设。

三是中国金桥信息网。1993 年 12 月，国务院批准成立了国家经济信息化联席会议，副总理邹家华任主席，正式部署了以“金桥”“金关”“金卡”工程（以下简称“三金工程”）为代表的重大系统工程，并列入国家中长期发展规划。

1994 年 6 月，国务院办公厅向部委、各省市明传发电《国务院办公厅关于“三金工程”有关问题的通知》，“三金工程”前期建设全面展开。“三金工程”采取分步实施，逐步完善，建成国家公用信息基干网“中速国道”，实现各个专业网互联互通，信息资源共享。“金桥”工程是以卫星综合数字网为基础，以光纤、微波、无线移动等方式，形成空地一体的网络结构，是一个连接国务院、各部委专用网，与各省市、大中型企业以及国家重点工程连接的国家公用经济信息通信网，可传输数据、语音、图像等，以电子邮件、电子数据交换（EDI）为信息交换平台，为各类信息的流通提供物理通道。

四是中国公用计算机互联网（CHINANET）。1994 年 9 月，邮电部电信总局与美国商务部签订中美双方关于国际互联网的协议，中国公用计算机互联网（CHINANET）的建设开始启动。1995 年 1 月，邮电部电信总局分别在北京、上海开通 64K 专线，开始向社会提供 Internet 接入服务,中国互联网进入商用化阶段。CHINANET 是目前在全国各地最普遍的一个用户网,由各地的邮电部门负责。用户要加入 CHINANET 只需到当地的邮电部门办理入网手续。提供独立的 E-mail、News 和 www 服务器,支持拨号方式和专线方式入网。

1997 年 10 月,中国公用计算机互联网(CHINANET)实现了与中国科技网(CSTNET)、中国教育和科研计算机网(CERNET)、中国金桥信息网(CHINAGBN)的互联互通。

③从政府推动到应用普及(1997—2002 年)

1996 年 2 月 1 日,国务院第 195 号令发布了《中华人民共和国计算机信息网络国际联网管理暂行规定》;1996 年 4 月 9 日,邮电部发布《中国公用计算机互联网国际联网管理办法》;1997 年 4 月 18 日至 21 日,全国信息化工作会议在深圳市召开,会议确定了国家信息化体系,并通过了“国家信息化九五规划和 2000 年远景目标”。1999 年 1 月 22 日在北京举行的“政府上网工程启动大会”标志着“政府上网工程”正式启动。

2000 年 10 月,党的十五届五中全会就信息化建设作出了重大决策,审议并通过了《中共中央关于制定国民经济和社会发展第十个五年计划的建议》,明确提出:“大力推进国民经济和社会信息化,是覆盖现代化全局的战略举措。以信息化带动工业化,发挥后发优势,实现社会生产力的跨越式发展。”同时,确立了“政府先行,带动国民经济和社会信息化”的基本思路。国家要全面建设信息化,政府信息化必须要发挥好带头作用,电子政务全面推进势在必行。2001 年 8 月,党中央重新组建了国家信息化领导小组,其常设议事协调机构——国务院信息化工作办公室也随之成立。2001 年 12 月至 2003 年 7 月,国家信息化领导小组共召开三次会议,通过了《关于电子政务建设的指导意见》,对电子政务建设进行了全面部署,确立了一系列重点建设工程,并提出了我国电子政务建设的目标是要把推进信息化与改进政府管理结合起来,着眼于转变政府职能,加快推进电子政务,提高政府经济调节、市场监管、社会管理和公共服务能力,促进政务公开。

在这期间,互联网应用迅速普及,出现了许多的中国互联网第一:中国第一份中文电子杂志《神州学人》与读者见面、中国第一个城域网——上海热线正式开通试运行、中国第一家网络咖啡屋实华开公司设立、第一家中央重点新闻宣传网站《人民日报》主办的人民网开通、中国第一个免费中文电子邮件系统 163.net 开通、在美国纳斯达克第一个中国概念网络公司股中华网上市。2000 年新浪、网易、搜狐三大门户网站的相继上市,登陆纳斯达克,掀起了对中国互联网的第一轮投资热潮。

除政府上网工程外,2000 年 7 月 7 日,由国家经贸委、信息产业部指导,中国电信集团公司与国家经贸委经济信息中心共同发起的“企业上网工程”正式启动。2001 年

12 月 20 日，由信息产业部、全国妇联、共青团中央、科技部、文化部主办的“家庭上网工程”也正式启动。

接着，网上教育、网上银行、电子商务、第四媒体纷纷兴起。随后，我国互联网经历了资本狂飙、财富冲动、创业热潮、新媒体神话乃至最具戏剧性的泡沫破灭，步入一个平稳的理性发展阶段。中国互联网公司开始切实把网络产业与传统产业有机结合起来，一种新的网络商业模式——以极少的组织成本，在规模人群中建立规模生意的商业模式逐渐形成。网络广告、短信、游戏成为互联网产业的宠儿，新的技术格局和产业秩序正在孕育。

④互联网不断向其他领域渗透（2003 年至今）

在科技史上，一项新技术或重大发明成果的问世和普及并不能称作技术革命，只有整个经济社会随着技术的渗透和扩散引发了生产效率的极大提高和人们生活方式的重大改变，才能称得上技术革命。互联网从问世到普及，到经济社会的渗透和扩散，引起人们生活方式的重大变化。这符合卡萝塔·佩蕾丝（Garlota Perez）通过对人类历史上的五次技术革命作出深入分析得出的“技术—经济范式”，新技术的渗透和技术革命的扩散会从“导入期”进入“展开期”。

2003 年之后，互联网发展进入“Web 2.0 时代”，出现了技术融合、产品融合、业务融合、市场融合和组织融合的趋势。计算处理成本、存储成本、带宽成本及设备的制造成本随着技术发展飞速下降，开始出现一些依靠大数据提供解决方案的新型服务。以移动互联网、云计算、大数据、物联网等为标志的新一代信息技术正以前所未有的广度和深度渗透到社会生活中，加快推进了资源配置方式、生产方式、组织方式的转变。经济发展模式的深刻变革，使“世界正在进入以信息产业为主导的新经济发展时期”。

在这期间，互联网对传统行业的改变经从营销的互联网化、渠道的互联网化、产品的互联网化发展到运营的互联网化。阿里巴巴以“互联网+传统集市”的思路打造了淘宝和天猫，以“互联网+传统银行”的模式创建了支付宝和余额宝。同样，“互联网+传统广告”成就了百度，“互联网+传统社交”成就了腾讯，“互联网+传统百货”成就了京东，“互联网+传统安保服务”成就了 360 安全卫士。从 2008 年开始我国的电子商务井喷式发展。

纵观互联网在我国二十多年来的发展，互联网对经济社会的渗透和扩散不断地深入，经历了从“+互联网”到“互联网+”的阶段。“+互联网”阶段的主要特征是传统企业利用互联网方式获取或者发布信息、完成交流沟通的通用型互联网应用；互联网企业搭建电子商务平台，融合了传统行业的零售在商贸流通领域迅速崛起。“互联网+”阶段的特征是互联网融入商业生态系统之后，正在从第三产业向第一和第二产业渗透，深入实体经济中；与此同时，传统产业与互联网经济之间经历了从碰撞、抵制、竞争到合作，呈现出顺势而为的融合发展趋势。电子商务、即时通信、搜索引擎、网络娱乐、互联网金融等经济活动领域进一步扩大，服务业形态发生根本性改变。

（2）互联网普及情况及网络经济

随着互联网的不断渗透和应用的深入，不论从基础设施建设还是从广泛应用的角度看，互联网得到迅速的普及，并对我国经济产生了重要的影响。

①互联网在我国的普及

根据中国互联网络信息中心第41次《中国互联网络发展状况统计报告》，如图11-1所示，截至2017年12月，我国网民规模达7.72亿人，全年共计新增网民4074万人。互联网普及率为55.8%，较2016年年底提升了2.6个百分点。我国手机网民规模达7.53亿人，网民中使用手机上网人群占比由2016年的95.1%提升至97.5%。

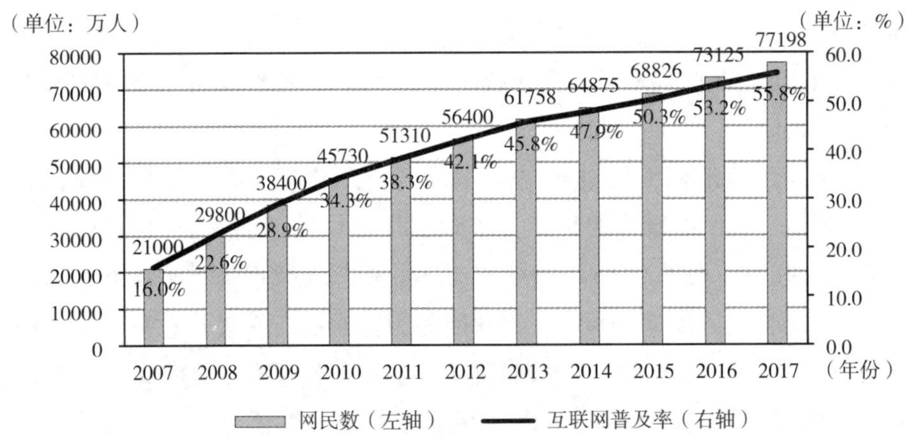

图11-1　2007—2017年中国网民规模和互联网普及率

1分钟之内，瞬息万变的互联网会发生什么呢？根据Intel 2012年公开的信息图表，1分钟之内会有4.7万个APP下载，亚马逊卖出8.3万美元货物，Facebook被查看了600万次。同样的1分钟，我国互联网又有什么变化呢？腾讯收入8.3万元、支付宝6250笔、百度搜索347万次、迅雷下载1.1万GB、新浪微博有9.5万条、14.8万人访问天猫淘宝、1.25万人观看搜狐新闻客户端等。

②我国的网络经济

艾瑞咨询发布的《2017年我国网络经济年度监测报告》显示，2016年我国网络经济营业收入规模达到14707亿元，同比增长28.5%。其中，电商营业收入规模8946.2亿元，占比超过60%，是推动网络经济增长的主要力量。网络广告排名第二，占比接近20%，是网络经济的重要组成部分。此外，网络游戏占比12.2%，第三方支付占比 7.3%。

麦肯锡全球研究院 2017 年发布的报告显示，我国拥有全球最大的电子商务市场，占到全球电商交易总额的 40%以上，这一比例在 10 年前还不到 1%。据估计，我国电商交易额现已超过英、美、日、法、德 5 国的总和。我国与个人消费相关的第三方移动支付交易额相当于美国的 11 倍。

2017 年“双 11”购物节如约而至，11 日 0 点正式开始。“双 11”刚开场 5 分钟 22 秒，支付宝的支付峰值达到 25.6 万笔/秒，是 2016 年的 2.1 倍，这意味着，在这一秒里，全球有 25.6 万笔交易同时在支付宝上完成。此次天猫“双 11”，全球消费者全天通过支付宝完成的支付总笔数则达到 14.8 亿笔，比 2016 年增长 41%，相当于在“双 11”这一天，平均每个国人在支付宝上完成超过 1 笔支付。最终当日成交额达 1682 亿元，全面超过 2016 年的 1207 亿元，100 亿元只用了 3 分钟，2016 年用了 6 分钟。

（3）互联网产业发展情况

我国互联网产业健康可持续发展，呈现“新业态、深融合”态势，产业格局加速变革，产业链更加细分，业务应用日益丰富，商业模式不断创新。

①移动互联网助推产业纵深发展

2014 年中国移动互联网市场规模达到 2134.8 亿元人民币，同比增长 115.5%，同时未来依旧会保持高速增长，预计到 2018 年整体移动互联网市场规模将突破 1 万亿元大关（见图 11-2）。智能手机的普及、智能硬件的快速发展以及游戏、广告在移动端不断衍生的创新应用将推动整个移动互联网市场规模的进一步增长。

②互联网产业联盟走向成熟

组建产业联盟是聚集产业资源、加强企业交流、实现合作共赢的有效途径和方式，互联网产业联盟以服务于企业、服务于政府、服务于社会为指导原则，通过互联网企业间的相互沟通、经验交流、行业自律、业务合作与优势互补等，携手互联网企业，共同推进我国互联网行业整体水平，加深互联网产业上下链间的业务合作与优势互补，加快互联网产业的整体发展速度，达到互联网企业共同发展的目的。

中关村移动互联网产业联盟于 2011 年 1 月成立，通过联盟凝聚中关村乃至国内移动互联网产业链上下游资源，促进成员企业之间的协作、创新与联动，提升中关村移动互联网产业的技术和商业创新能力；整合涉及移动互联网产业发展的投融资、科技园区、科研机构等资源，改善中关村移动互联网产业发展的市场环境；推动制定移动互联网产业技术和产品标准，努力将中关村国家自主创新示范区打造成为中国移动互联网产业的中心，进而推动全国移动互联网产业的发展。

2014 年 11 月，中国国际航空公司、新华社新闻信息中心、中兴通讯等 11 家单位倡导推动的我国首个空中互联网产业联盟在珠海航展宣布成立，来自民航、传媒、通信、金

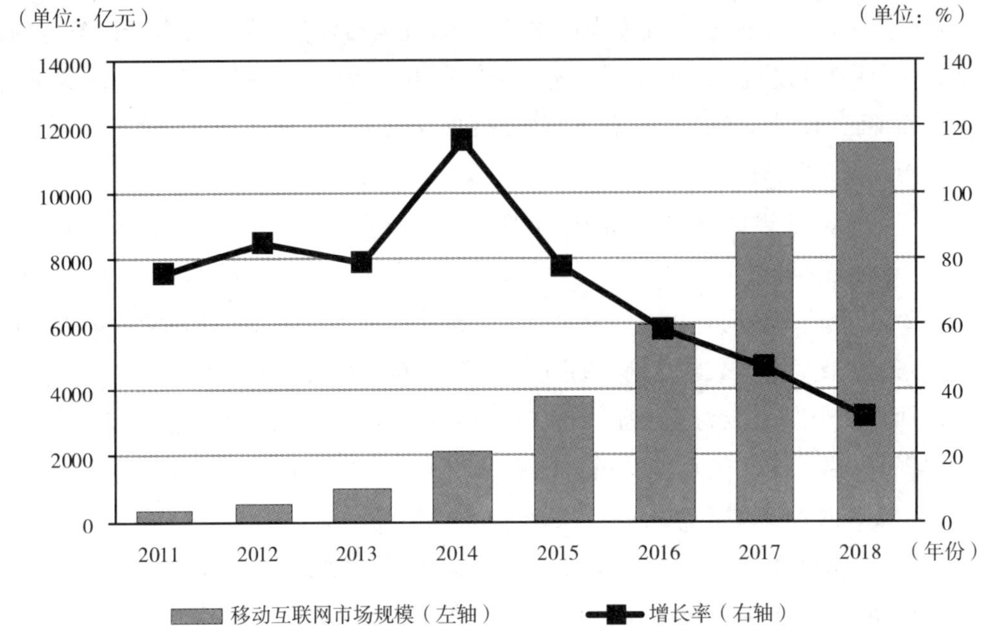

图 11-2　2011—2018 年中国移动互联网市场规模

注：1. 中国移动互联网市场规模包括移动增值、移动购物、移动广告、移动游戏等细分市场规模总和；2. 从 2012 年第二季度开始，移动购物统计的市场规模为营业收入规模；3. 从 2011 年第四季度开始，移动互联网市场规模包括手机和平板电脑两类移动设备上创造的市场规模总和；4. 从 2014 年第四季度数据发布开始，不再统计移动营销的市场规模，移动广告的市场规模包括移动展示广告（含视频贴片广告，移动应用内广告等）、搜索广告、社交信息流广告等移动广告形式，统计终端包括手机和平板电脑。短彩信、手机报等营销形式不包括在移动广告市场规模内。

资料来源：根据企业公开财报、行业访谈及艾瑞统计预测模型估算，仅供参考。

融等多个行业的成员单位将开展跨界合作，构建覆盖“空中上网”全产业链的共赢生态圈。在航空公司加速步入“网络时代”的大背景下，国内的机上网络产业随之兴起，涵盖硬件供应商、系统供应商、平台内容供应商、互联网产业、航空公司等我国民航空中互联网上下游企业，自愿发起成立“空中互联网产业联盟”，借此协商行业标准，促成多边合作，共同推动我国空中互联网产业升级。

③互联网产业生态链逐步优化

互联网产业生态链能够为互联网产业提供“一站式”的解决方案，可以减少企业大部分的沟通成本和时间成本，通过整体的解决方案，帮助我国的中小企业实现转型升级、产业结构的调整，达到共生、共存、共享、共创和共赢，维持一个共存的生态环境。

一个开放、全球化的网络，将人、数据和机器连接起来。工业互联网推崇的是利用物联网和软件定义的设备，来充分开启工业领域的巨大效益。能源互联网将大幅提升能源产生和消费的效率，最终形成能源交易和能源资产交易两个市场。互联网金融通过第三方支付、众筹、P2P 等方式提供金融支撑。互联网向服务领域的渗透，使人们可以享受到高效的政务服务、数据服务和创新服务。

④产业互联网蓬勃发展

随着互联网向高速泛在、智慧互联、平台聚合升级，产业信息化、智能化水平持续提高，以产业和互联网融合发展为动力的产业互联网生态加速形成。

产业互联网具备整合消费者、品牌商、制造商、渠道商和供应商的网络效应，有助于搭建协作共赢的智能生态网络，从而推进跨界融合，形成更高效的创新生态，成为新兴业态加速涌现的重要源泉。国内产业互联网的创新步伐与国际保持同步，其中电子商务、旅游互联网、能源互联网等相继成为"互联网+传统行业"融合发展的活跃领域。

3. 电子信息产业

随着技术及基础设施的完善，相关信息产业的发展也十分迅猛。以软件、智能设备、物联网、数据库等为突破口，保障信息产业稳步发展，信息产业整体运行稳中趋缓。

（1）电子信息产业规模

目前，我国电子信息产业总体规模已经超越美国，居世界第一。2017 年，我国电子信息产业总体保持平稳发展，规模以上电子信息产业整体规模达 18.5 万亿元。在信息技术的带动下，互联网蓬勃发展，2018 年 4 月 8 日的统计显示，在全球市值最高的十大互联网公司中，我国已经占到三家（腾讯、阿里巴巴、百度，分别居第 3、5、10 位），其中腾讯市值 4913.67 亿美元，阿里巴巴市值 4298.29 亿美元，百度市值 765.33 亿美元，值得注意的是，美国互联网社交企业 Facebook 排名第 4，市值 4566.66 亿美元，腾讯首次超越 Facebook，位列前三。我国最大的三家互联网公司通常被称为"BAT"，即百度公司（Baidu）、阿里巴巴集团（Alibaba）、腾讯公司（Tencent）首字母的缩写，形成了三足鼎立的格局，分别掌握着我国的信息型数据、交易型数据、关系型数据。

据商务部发布的《中国电子商务报告 2016》，国家统计局数据显示，2016 年全国电子商务交易额 26.1 万亿元，同比增长 19.8%。相比 2012—2016 年，我国电子商务交易额年复合增长 34%，2016 年电子商务交易额增长率有所降低（见图 11-3）。这表明我国电子商务进入平稳增长的发展阶段。

国家统计局电子商务交易平台调查显示（见图 11-3），2017 年全国电子商务交易额达 29.16 万亿元，同比增长 11.7%。其中商品、服务类电子商务交易额 21.83 万亿元，同比增长 24.0%；合约类电子商务交易额 7.33 万亿元，同比下降 28.7%。对个人及对单位交易额均保持加速增长态势。2017 年商品、服务类电子商务对个人的交易额为 8.68 万亿元，同比增长 33.1%，比 2016 年提高 4.5 个百分点；对单位的交易额为 13.15 万亿元，同比增长 18.6%，比 2016 年提高 12.2 个百分点。对个人交易额的快速增长说明网络购物在我国已经得到普及；对单位交易额的快速增长意味着企业利用互联网开展经营的水平也在不断上升。①

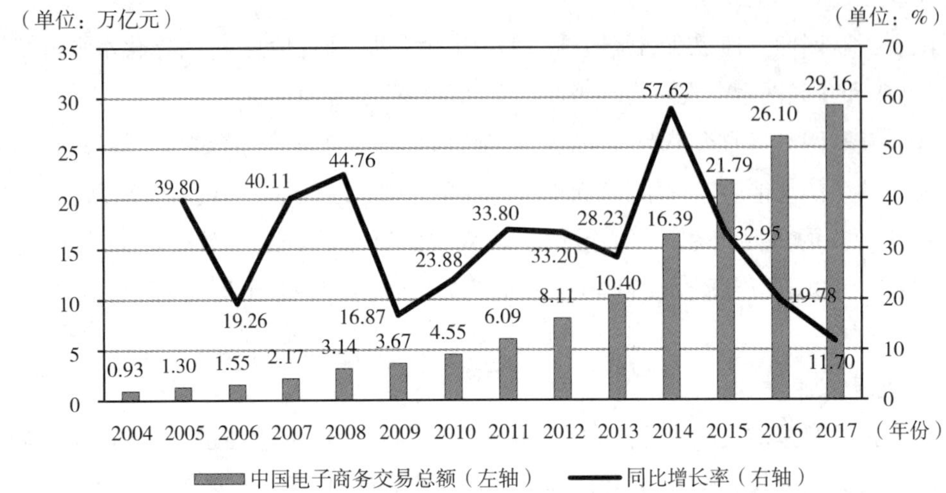

图 11-3　2004—2017 年中国电子商务交易总额及增长率

资料来源：国家统计局电子商务交易平台调查结果。

2017 年，规模以上电子信息制造业增加值增长 13.8%，高于全国工业平均水平 7.2 个百分点。电子制造业与软件业收入近 20 万亿元，同比增长高出 10%；其中，电子制造业实现收入超过 14 万亿元；软件业收入超过 5.5 万亿元。从结构调整与动能转换看，一方面，传统规模优势继续保持，手机、计算机和彩电产量分别达到 19.2 亿部、3.1 亿台和 1.7 亿台，稳居全球第一。另一方面，主要行业和产品的高端化、智能化发展成果显著，智能手机、智能电视市场渗透率超过 80%，智能可穿戴设备、智能家居产品、虚拟现实设备等新兴产品种类不断丰富。在虚拟现实/增强现实、无人驾驶、人工智能、无人机、智慧健康养老等新兴领域，国内涌现出一大批创新型企业，技术和应用在全球处于领先位置。②

（2）软件和信息技术服务业综合发展

2017 年工业和信息化部发布的《软件和信息技术服务业发展规划（2016—2020 年）》显示，"十二五"期间，我国软件和信息技术服务业规模、质量、效益全面跃升，综合实力进一步增强，在由大变强道路上迈出了坚实步伐。

具体表现为：

产业规模快速壮大，产业结构不断优化。业务收入从 2010 年的 1.3 万亿元增长至 2015 年的 4.3 万亿元，年均增速高达 27%，占信息产业收入比重从 2010 年的 16% 提高

① 资料来源：见 https://d.qianzhan.com/xnews/detail/541/180302-36bf44dc.html。

② 资料来源：见 http://dpc.wuxi.gov.cn/doc/2018/01/30/1730789.shtml。

到 2015 年的 25%。其中，信息技术服务收入 2015 年达到 2.2 万亿元，占软件和信息技术服务业收入的 51%；云计算、大数据、移动互联网等新兴业态快速兴起和发展。软件企业数达到 3.8 万家，从业人数达到 574 万人。产业集聚效应进一步突显，中国软件名城示范带动作用显著增强，业务收入合计占全国比重超过 50%。

创新能力大幅增强，部分领域实现突破。2015 年，软件业务收入前百家企业研发强度（研发经费占主营业务收入比例）达 9.6%。软件著作权登记数量达 29.24 万件，是 2010 年的 3.8 倍。基础软件创新发展取得新成效，产品质量和解决方案成熟度显著提升，已较好应用于党政机关，并在部分重要行业领域取得突破。智能电网调度控制系统、大型枢纽机场行李分拣系统、千万吨级炼油控制系统等重大应用跨入世界先进行列。新兴领域创新活跃，一批骨干企业转型发展取得实质性进展，平台化、网络化、服务化的商业模式创新成效显著，涌现出社交网络、搜索引擎、位置服务等一批创新性产品和服务。

企业实力不断提升，国际竞争力明显增强。培育出一批特色鲜明、创新能力强、品牌形象优、国际化水平高的骨干企业，成为产业发展的核心力量。2015 年，软件业务收入前百家企业合计收入占全行业的 14%，入围门槛从 2010 年的 3.96 亿元提高到 13.3 亿元，企业研发创新和应用服务能力大幅增强，已有两家进入全球最佳品牌百强行列，国际影响力显著提升。一批创新型互联网企业加速发展，进入国际第一阵营。

应用推广持续深入，支撑作用显著增强。软件技术加速向关系国计民生的重点行业领域渗透融合，有力支撑了电力、金融、税务等信息化水平的提升和安全保障。持续推进信息化和工业化深度融合，数字化研发设计工具普及率达 61.1%，关键工序数控化率达 45.4%，有效提高了制造企业精益管理、风险管控、供应链协同、市场快速响应等方面的能力和水平。加速催生融合性新兴产业，促进了信息消费迅速扩大，移动出行、互联网金融等新兴开放平台不断涌现，网上政务、远程医疗、在线教育等新型服务模式加速发展。

公共服务体系加速完善，服务能力进一步提升。软件名城、园区基地等建设取得新的进展，创建了 8 个中国软件名城，建设了 17 个国家新型工业化产业示范基地（软件和信息服务），以及一批产业创新平台、应用体验展示平台、国家重点实验室、国家工程实验室、国家工程中心和企业技术中心等，基本形成了覆盖全国的产业公共服务体系，软件测试评估、质量保障、知识产权、投融资、人才服务、企业孵化和品牌推广等专业化服务能力显著提升。产业标准体系进一步完善。行业协会、产业联盟等在服务行业管理、促进产业创新发展方面的作用日益突出。

（3）产业研发创新

2016 年 12 月 30 日，工业和信息化部、国家发展改革委联合制定《信息产业发展指南》（以下简称《指南》）。《指南》显示，“十二五”以来，我国信息产业发展势头良好，产业体系不断完善，产业链掌控能力显著提高，正日益成为我国创新发展的先导力量、驱动经济持续增长的新引擎、引领产业转型和融合创新的新动力、提升政府治理和公共服务能力的新手段。

"十二五"时期我国信息产业发展取得显著成效，比较优势和竞争能力发生深刻变化。

一是产业规模平稳较快增长。彩电、手机、微型计算机、网络通信设备等主要电子信息产品的产量居全球第一，电话用户和互联网用户规模居世界首位。

二是结构优化升级取得实质进展。2015 年，软件和信息技术服务业占信息产业收入比重提高到 25%，移动数据及互联网业务收入占电信业收入比重提升至 27.6%。电子信息产品竞争力明显提升，对外贸易顺差稳步扩大。

三是技术创新能力大幅提升。国内信息技术专利申请总量已超过 304.8 万件，其中发明专利申请总量和授权量分别超过 193.7 万件和 7.48 万件。具有自主知识产权的时分同步码分多址长期演进技术（TD-LTE Advanced）成为第四代移动通信（4G）国际主流标准之一，并实现大规模商用。集成电路设计水平达到 16/14 纳米，制造业实现 28 纳米小批量生产。多条高世代平板显示生产线建成投产。安全可靠软硬件实现重要突破，一批骨干企业创新能力和竞争力大幅提升。

四是信息基础设施加速升级。宽带接入实现从非对称数字用户线路（ADSL）向光纤入户（FTTH）的跨越，移动通信实现从 3G 向 4G 的升级。新增七个国家级骨干直联点建成开通，网间互通质量和效率大幅提升。中国铁塔公司成立，电信基础设施共建共享迈向新高度。

五是信息产业支撑引领作用全面凸显。信息产业快速发展带动"两化"融合水平稳步提升，互联网对经济社会促进作用逐步显现。一批互联网龙头企业建立开放平台，成为带动"大众创业，万众创新"的新渠道、新推力。智慧城市、智慧交通、远程医疗、互联网金融等新业态不断涌现，加速经济社会运行模式深度变革。

（二）企业信息化

1. 电子商务制度环境

党的十八大以来，党中央、国务院高度重视电子商务发展。习近平总书记指出，信息技术成为率先渗透到经济社会生活各领域的先导技术，将促进以物质生产、物质服务为主的经济发展模式向以信息生产、信息服务为主的经济发展模式转变，世界正在进入以信息产业为主导的新经济发展时期。李克强总理多次作出重要批示指示，要求促进电子商务加速发展，培育经济新动力，打造经济新的"发动机"。

商务部积极参与《电子商务法》立法工作，研究起草并推动国务院办公厅出台《国务院办公厅关于推进线上线下互动加快商贸流通创新发展转型升级的意见》《国务院办公厅关于深入实施“互联网+流通”行动计划的意见》,组织编制并发布《电子商务“十三五”发展规划》,出台《网络零售第三方平台交易规则制定程序规定(试行)》,制订《基于网络零售开放平台的电子商务服务商服务规范》等十五项行业标准。

中国互联网络信息中心显示,截至2017年12月,我国网络购物用户规模达到5.33亿人,较2016年增长14.3%,占网民总体的69.1%。其中,手机网络购物用户规模达到5.06亿人,同比增长14.7%,使用比例由63.4%增至67.2%。

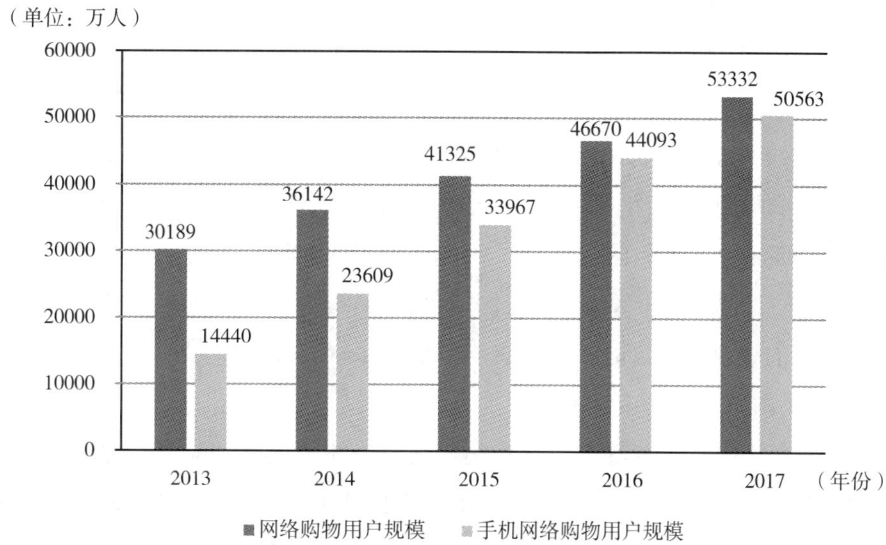

图11-4　2013—2017年网络购物/手机网络购物用户规模

资料来源:中国互联网络信息中心。

2. 电商平台

在电子商务的发展过程中,自然不能不提电商平台。B2C模式是我国最早产生的电子商务模式,以8848网上商城正式运营为标志。B2C即企业通过互联网网上商店为购物者提供购物环境,消费者通过网上选购及网上支付完成购物流程。艾瑞咨询数据显示,2014年我国网络购物市场中B2C交易规模达12882亿元,在整体网络购物市场交易规模的比重达到45.8%,较2013年的40.4%增长了5.4个百分点。从增速来看,B2C市场增长迅猛,2014年我国网络购物B2C市场增长68.7%,远高于C2C市场35.2%的增速,B2C市场将继续成为网络购物行业的主要推动力。我国B2C网站数量近年也增加迅猛,从消费者的认知度来看,目前知名度较高和比较受欢迎的B2C网站主要有天猫、京东商城、唯品会、当当网、亚马逊、易趣网等。大部分B2C网站在2014年一年中,购买人数一直保持着20%—30%的月增长幅度,同时订单和销售额也以同样的比例稳步攀升。

B2C 电子商务按服务主体可分为两种类型:自主销售式 B2C 电子商务和第三方平台式 B2C 电子商务。自主销售式网站是由企业自建服务于本企业需要的电子商务网站,如凡客诚品、京东商城、当当网、亚马逊、苏宁易购、唯品会等。而第三方平台式 B2C 是由电子商务企业建立网站向企业提供第三方交易平台的方式,如淘宝商城。一些自主销售式 B2C 网站为了商品更丰富和更好地利用已有网站资源,也推出 B2C 购物平台,如京东、当当、亚马逊等都相继开放第三方平台,在自营业务的同时,兼顾第三方平台业务。数据显示,来自全球第三方卖家的商品在亚马逊所销售商品总量中已经超过三成,第三方卖家已经成为 B2C 电商的重要组成部分。

随着越来越多的企业开展网上购物,B2C 市场竞争越来越激烈。2013 年 B2C 前三名全年交易额分别为,天猫交易额 4410 亿元,京东交易额 1255 亿元,苏宁易购交易额 284 亿元。中国电子商务研究中心发布了《2014 年度中国网络零售市场数据监测报告》,该报告显示我国 2014 年 B2C 市场份额排名依次为:天猫 59.3%、京东 20.2%、苏宁易购 3.1%、唯品会 2.8%、国美 1.7%、亚马逊中国 1.5%、一号店 1.4%、易迅 1.1%、聚美优品 0.6%、其他所有 B2C 7%。我国市场 B2C 购物网站正朝规模化运营方向发展。在 TOP30 的企业中,总部在北京的有 16 家、上海 6 家、广州 2 家。①

2015 年,我国网络零售市场的集中度进一步提高。阿里和京东占据了我国网络零售 90%以上的市场份额。随着淘宝交易额增速进一步放缓和消费升级带来的需求变化,给 B2C 带来了新的发展空间。消费升级有力推动了 B2C 平台的发展,2015 年市场份额前五位的 B2C 平台市场份额之和扩大,达到 93.7%,相比 2014 年增长了 5 个百分点,B2C 平台的市场集中度进一步提高。天猫占据了 65.2%的市场份额,京东紧随其后,占 23.2%,苏宁易购占 5.3%(见图 11-5)。②

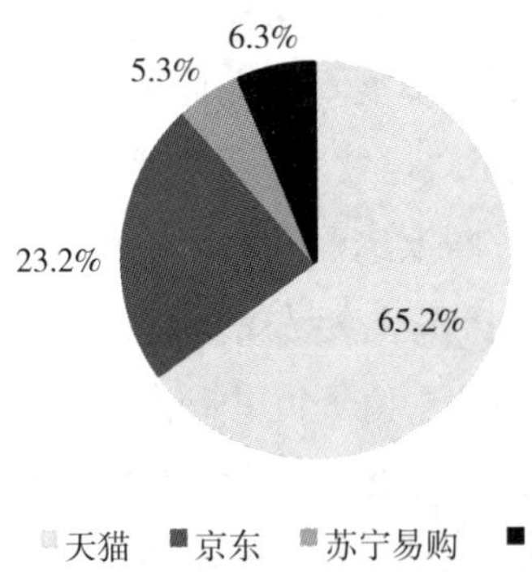

图 11-5 2015 年全国网络零售市场 B2C 交易额渠道分布

① 资料来源:见 http://www.xzbu.com/3/view-7130243.htm。

② 中国互联网络信息中心:《2015 年中国网络购物市场研究报告》,第 17—19 页。

3. 线上线下融合发展

我国电子商务不再只有线上这一个“香饽饽”，线上主体开始积极走到线下。据报道，阿里巴巴集团累计投资传统产业超过 1000 亿元，京东也计划在线下开设 1 万家专卖店。与此同时，线下传统产业加速拥抱互联网。江苏孩子王儿童用品公司利用信息技术，将商品体系、会员体系、服务体系与供应链管理线上线下全面打通，实现精准营销，精准服务，单客平均销售额从 200 元增长至 1224 元，坪效达到沃尔玛的三倍。

（三）行业信息化

1. 制造业信息化

在国家信息化战略的引领下，各行各业都开始了信息化建设。2015 年 5 月，国务院印发《中国制造 2025》，是我国实施制造强国战略第一个十年的行动纲领。实施三年来，取得明显成效，制造业的智能化、绿色化进程迈出了可喜的一步。单位制造业增加值的全球发明专利授权量、制造业研发投入强度、制造业研发人员占从业人员比重、制造业全员劳动生产率、销售利润率、信息化发展指数（IDI），2016 年与 2012 年相比，都有不同程度的提高。

我国近年来高度重视制造业研发创新，2015 年我国制造业研发投入强度为 2.01%，近五年来首次超过 2%。在推进智能制造中，一批试点示范企业通过实施制造智能化，生产效率提高 20%、运营成本降低 20%、产品研制周期缩短 30%、产品不良品率降低 20%、能耗降低 10%。①

进入云计算、物联网时代，制造业正在经历一次新的洗牌。从业务和经营管理的角度看，当前制造业正在经历从粗放式经营到精细化经营的转变。以前，制造业客户比较注重如何降低成本，而现在则希望借助信息化手段改善经营，提升效率。北京机械工业自动化研究所软件工程中心首席专家蒋明炜表示，“中国制造 2025”开局很好，起步高，制造业自从与信息化、互联网、大数据擦出智慧火花后，效果还算不错。首先，智能产品不断涌现。如今我国不仅在航空、航天、航母、深潜等领域处于世界领先地位，大批的机电产品的智能化水平也取得了举世瞩目的成就：智能手机占全球的市场份额第一；受到智能制造需求的牵引，我国成为世界上数控机床第一消费大国也是产量大国，国产高档数控系统在智能化功能的研发上取得可喜进展，具有自诊断、自修复、自适应、五轴联动数控机床不断涌现；2016 年工业机器人产量达到 7.24 万台，增长了 34.3%。产业的技术水平明显提升。人机协作机器人等高技术含量机器人已经推向市场，骨科手术机器人在三甲医院已经实现了批量应用。语音识别技术、图像识别技术、机器学习等一系列

① 资料来源：见 http://news.ifeng.com/a/20180407/57374931_0.shtml。

人工智能技术的应用,使一批中国制造的智能产品达到了国际先进水平。其次,智能工厂建设步入快车道。工信部2015—2017年3年间共支持了500余项智能制造综合标准化与新模式应用项目,极大地推动了制造业数字化车间和智能工厂的建设。110个项目入选工信部智能制造试点示范项目。最具有代表性的是海尔集团具有自主知识产权的COSMO智能工厂的操作系统,或称为海尔工业互联网平台。COSMO根据不同产业的特点、需求,迅速构建起一座智能互联工厂,实现了按需设计、按需制造、按需配送的互联工厂体系,实现绿色、节能、优质、高效、低耗、清洁、灵活的生产。目前海尔已建成8家这样的工厂。海尔的COSMO工业互联网平台完全可以同GE公司的Predix、西门子的MindSphere相媲美。此外还有航天云网、树根互联。①

截至2017年6月,全球人工智能企业总数达到2542家,其中美国拥有1078家,占据42.4%;中国其次,拥有592家,占据23.3%。国内的人工智能企业主要分布在北京、上海、深圳、杭州、广州、香港、成都、南京、厦门、苏州。

2017年,我国人工智能领域在技术研发和产业应用层面均取得突出成果。技术研发方面,南京大学、清华大学、上海交通大学在人工智能核心理论研究方面已取得一系列学术成果,互联网企业在计算机视觉、自然语言处理等人机交互技术方面取得一系列研发应用成果。我国人工智能相关专利申请数近二十年持续增长,2016年我国人工智能相关专利年申请数为30115项(见图11-6)。在识别技术研发方面,百度深度学习网络取得人脸识别准确率99.84%,语音识别准确率95%等世界领先成绩;腾讯以83.29%的成绩在国际权威人脸数据库MegaFace上100万级别人脸识别测试中获得冠军;阿里云ET人脸识别技术在户外脸部检测数据库上识别率超过99.5%。华为成立诺亚方舟实验室专门从事人工智能机器学习、数据挖掘,每年投资超过500亿元人民币。科大讯飞以语音为切入口,稳步推进从感知智能到认知智能的人工智能生态布局。在人工智能芯片研发方面,2017年11月,中科院孵化的寒武纪科技有限公司发布全球新一代AI芯片,包括寒武纪1H8、1H16、1M等系列,可用于多种人工智能应用场景。

产业应用方面,人工智能技术的快速发展,推动我国人工智能与电子终端和垂直行业加速融合,涌现出了智能家居、智能汽车、可穿戴设备、智能机器人等一批人工智能产品,并正在全面重塑家电、机器人、医疗、教育、金融、农业等行业。智能家居产业竞相打造开放互联平台,通过云端数据交互,实现各智能终端之间的互联互动,搭建智能家居生态,如华为的Hilink协议、小米的SmartThings、海尔的U+等;无人驾驶作为智能汽车的代表产品,其市场备受关注,大量的汽车厂商、科技巨头和创业企业积极布局;医疗也是人工智能重要的应用领域之一,随着人工智能、传感技术、大数据等高科技的融入,各

① 段永利:《制造业的制高点是智能制造》,《中国信息界》2017年第6期。

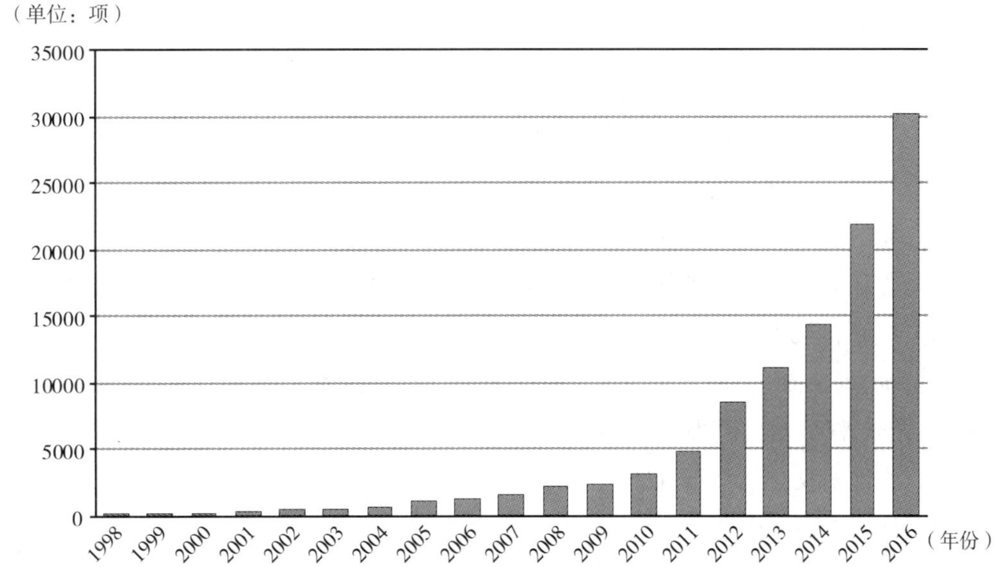

图 11-6　1998—2016 年中国人工智能相关专利申请数

项医疗服务逐渐走向智能化，并推动智慧医疗行业驶入快车道，目前，人工智能相关技术已经在辅助诊断、基因检测和个性化治疗、病患及老年智能看护、智能化药物研发等领域逐渐开展探索或应用。①

2. 农业信息化

农业信息化方面，《“十三五”全国农业农村信息化发展规划》指出，“十二五”时期，农业部编制了第一个全国农业农村信息化发展五年规划，成立农业部农业信息化领导小组，全面加强农业农村信息化工作的统筹协调和组织领导，推动信息技术向农业农村渗透融合，主要目标任务基本完成，为“十三五”发展打下了良好基础。具体表现为：

一是生产信息化迈出坚实步伐。物联网、大数据、空间信息、移动互联网等信息技术在农业生产的在线监测、精准作业、数字化管理等方面得到不同程度应用。在大田种植上，遥感监测、病虫害远程诊断、水稻智能催芽、农机精准作业等开始大面积应用。在设施农业上，温室环境自动监测与控制、水肥药智能管理等加快推广应用。在畜禽养殖上，精准饲喂、发情监测、自动挤奶等在规模养殖场实现广泛应用。在水产养殖上，水体监控、饵料自动投喂等快速集成应用。国家物联网应用示范工程智能农业项目和农业物联网区域试验工程深入实施，在全国范围内总结推广了 426 项节本增效农业物联网软硬件产品、技术和模式。

二是经营信息化快速发展。农业农村电子商务在东中西部竞相迸发，农产品进城

① 中国互联网络信息中心：第 41 次《中国互联网络发展状况统计报告》，第 84—85 页。

与工业品下乡双向流通的发展格局正在形成。农产品电子商务进入高速增长阶段，2015年农产品网络零售交易额超过1500亿元，比2013年增长2倍以上，网上销售农产品的生产者大幅增加，交易种类尤其是鲜活农产品品种日益丰富。农业生产资料、休闲农业及民宿旅游电子商务平台和模式不断涌现。农产品网上期货交易稳步发展。农产品批发市场电子交易、数据交换、电子监控等逐步推广。国有农场、新型农业经营主体经营信息化的广度和深度不断拓展。

三是管理信息化深入推进。“金农工程”建设任务圆满完成并通过验收，建成国家农业数据中心、国家农业科技数据分中心及32个省级农业数据中心，开通运行33个行业应用系统，视频会议系统延伸到所有省份及部分地市县，信息系统已覆盖农业行业统计监测、监管评估、信息管理、预警防控、指挥调度、行政执法、行政办公等七类重要业务。农村土地确权登记颁证、农村土地承包经营权流转和农村集体“三资”管理信息系统与数据库建设稳步推进。农业部行政审批事项基本实现网上办理，信息化对种子、农药、兽药等农资市场监管能力的支撑作用日益增强。农产品质量安全追溯体系建设快速推进。建成我国渔政管理指挥系统和海洋渔船安全通信保障系统，有效促进了渔船管理流程的规范化和“船、港、人”管理的精准化。农业各行业信息采集、分析、发布、服务制度机制不断完善，创立我国农业展望制度，发布《中国农业展望报告》，市场监测预警的及时性、准确性明显提高。农业大数据发展应用开始起步。

四是服务信息化全面提升。“三农”信息服务的组织体系和工作体系不断完善，形成政府统筹、部门协作、社会参与的多元化、市场化推进格局。农业部网站及时准确发布政策法规、行业动态、农业科教、市场价格、农资监管、质量安全等信息，日均点击量860万人次，成为服务农民最有权威性、最受欢迎的农业综合门户网站，覆盖部、省、地、县四级的农业门户网站群基本建成。12316“三农”综合信息服务中央平台投入运行，形成部省协同服务网络，服务范围覆盖到全国，年均受理咨询电话逾2000万人次。启动实施信息进村入户试点，试点范围覆盖到26个省份的116个县，建成运营益农信息社7940个，公益服务、便民服务、电子商务和培训体验开始进到村、落到户。基于互联网、大数据等信息技术的社会化服务组织应运而生，服务的领域和范围不断拓展。

五是基础支撑能力明显增强。行政村通宽带比例达到95%，农村家庭宽带接入能力基本达到4兆比特每秒(Mbps)，农村网民规模增加到1.95亿人，农村互联网普及率提升到32.3%。农业信息化科研体系初步形成，农业信息技术学科群建设稳步推进，建成2个农业部农业信息技术综合性重点实验室、2个专业性重点实验室、2个企业重点实验室和2个科学观测实验站，大批科研院所、高等院校、IT企业相继建立了涉农信息技术研发机构，研发推出了一批核心关键技术产品，科技创新能力明显增强。先后两批认定了106个全国农业农村信息化示范基地。政府引导、市场主体的农业信息化发展格局初步建立，农业互联网企业不断涌现。农业监测预警团队和信息员队伍初具规模。农业信息化标准体系建设开始起步，启动了一批国家和行业标准制订项目。农业信息化评价指标体系研究取得新进展，框架构建基本完成，主要指标通过测试。

3. 教育信息化

教育信息化方面，《教育信息化“十三五”规划》表明，“十二五”以来，特别是《教育信息化十年发展规划(2011—2020 年)》发布和首次全国教育信息化工作会议召开以来，教育信息化工作坚持促进信息技术与教育教学深度融合的核心理念，坚持应用驱动、机制创新的基本方针，加强顶层设计、多方协同推进，以“三通两平台”为主要标志的各项工作取得了突破性进展。

一是“宽带网络校校通”发展迅速。五年来，全国中小学互联网接入率从 25%上升到 90%、多媒体教室比例从不到 40%增加到 83%，每百名中小学生拥有计算机的数量从 8 台增长到 12 台。不少省市从教学实际需求出发建设了教育城域网，部分东部发达地区已启动无线教育城域网、校园网和“未来教室”建设试点。学校网络教学环境大幅改善，教育信息化应用的基础条件进一步夯实。

二是“优质资源班班通”不断普及深化。教育部连续开展了三轮“一师一优课，一课一名师”活动，参与教师超过 1500 万人次，形成优课数字资源 1300 万堂。当前，经济发达地区资源建设的重点已从教师备课资源向学生学习资源转变，数字教育资源实现从匮乏到丰富的飞跃，“课堂用、经常用、普遍用”的信息化教学新常态已初步形成。

三是“网络学习空间人人通”跨越式发展。师生网络学习空间开通数量从 60 万个激增到 6300 万个，应用范围从职业教育扩展到基础教育、高等教育和继续教育。在数量迅猛增长的同时，质量与效果也在不断提升。很多地方利用网络学习空间进行个人成长记录和综合素质评价，带动了教育理念变革和教学模式创新。

四是“教育资源公共服务平台”初具规模。国家教育资源公共服务平台不断优化升级，数字教育资源服务正在由以各级教育资源公共服务平台为主逐步向全国互通的数字教育资源公共服务体系发展转变，服务体系注册用户已达 6800 万人，接入了数百个应用，服务能力不断提升。

五是“教育管理公共服务平台”全面应用。“两级建设、五级应用”的教育管理信息化格局已经建立，初步形成了全国学生、教师、学校数据库，收集了全国 60 多万所学校(机构)、2.5 亿学生、1700 多万名教师、227 万栋中小学校舍信息，基本实现了学校“一校一码”、师生“一人一号”，有效地支撑了教育核心业务的开展。政务信息系统整合共享工作有序推进，教育治理能力和现代化水平不断提升。

此外，教师信息技术应用能力不断提升。通过组织实施“全国中小学教师信息技术应用能力提升工程”等项目，完成 1472 万人次教师信息技术应用能力诊断测评，近

1000万名中小学教师、10万多名中小学校长、20多万名职业院校教师经过培训，信息素养得到有效提升。

同时，各地教育信息化经费投入力度不断加大。据不完全统计，2016年全国省级财政投入教育信息化经费达到40多亿元。安徽省按照“省级统筹协调、政府购买服务、分级分类负担”的原则明确资金来源渠道，规定各中小学按照不低于公用经费10%的比例建立信息化专项资金，近三年投入教育信息化资金达53亿元。山西省各市将地方教育附加费的30%用于教育信息化。

教育系统网络安全工作保障条件也得到加强。2015年起，教育部设立了网络安全保障工作专项经费，共投入近4000万元，用于支持网络安全监测预警、安全培训、规范编制、等级保护测评等工作。31个省级教育行政部门、65所部属高校落实了专项保障经费，有效地支撑了教育行业的网络安全工作。教育部还组织对省级教育行政部门和部属单位的网络安全工作分管领导和管理人员进行专项培训，山东、辽宁等省也组织开展本地区的网络安全培训，湖南省要求网络安全人员必须持证上岗，网络安全的认识和管理水平不断提高。此外，教育行业网络安全防护能力显著提升。在教育部与公安部联合推动下，部直属机关信息系统定级工作基本完成，直属高校和省级教育行政部门的定级比例分别达到62%和77%，比2015年提高了40%和37%。2016年启动教育行业网络安全监测预警，到目前为止已发布安全威胁通报近2万个，处置率超过90%，网络安全事件发生率大幅下降。另外，还开展了教育行业年度网络安全检查、关键信息基础设施网络安全检查，重要时期实行7×24小时值守和“零报告制度”，进一步加强应急响应和处置工作。①

4. 科技信息化

科技的发展也离不开信息化。据科技部2017年数据显示，自全国人大修订《中华人民共和国促进科技成果转化法》，国务院颁布《实施〈促进科技成果转化法〉若干规定》和实施《促进科技成果转移转化行动方案》以来，我国科学家取得的科研成果转移转化渠道明显增加，走向市场的路子越来越宽。据不完全统计，目前我国各类技术交易市场超过1000家，2016年全国技术合同成交额同比增长15.97%，达到11407亿元，首次突破1万亿元大关。

国家法规颁发后，各部门、各地方纷纷响应国家“号令”，进一步具体细化实施国家关于科研成果转移转化政策，有效鼓励了科技产业的发展。如科技部会同教育部、中科院制定出台《教育部　科技部关于加强高等学校科技成果转移转化工作的若干意见》

① 雷朝滋：《中国特色教育信息化发展成果与展望——在第十七届中国教育信息化创新与发展论坛上的讲话》，中国双创，2017年11月23日。

《中国科学院关于新时期加快促进科技成果转移转化指导意见》，提高了高校院所科技成果转移转化能力。财政部、科技部、国资委印发《国有科技型企业股权和分红激励暂行办法》，扩大股权激励适用范围，明确激励对象、激励方式和实施条件、激励方案的管理等内容。财政部、国家税务总局印发《财政部　国家税务总局关于完善股权激励和技术入股有关所得税政策的通知》，降低征税税率，对技术成果投资入股纳税时点可以选择递延至转让股权时。农业部、卫生计生委、国土资源部、国防科工局等颁布了本行业科技成果转化制度。北京、河北、浙江、广东等 20 多个省市出台了地方配套政策。

科技部副部长李萌认为，总体而言，我国已经初步形成了具有中国特色的促进科技成果转化政策法规体系。与此同时，科技部还支持启动了国家科技成果转移转化示范区建设，探索了可复制、可推广的经验与模式，为国家政策制定提供支撑。如河北以落实京津冀协同创新战略为核心，探索承接京津创新要素外溢转移、与河北产业创新需求对接转化的新模式。浙江以完善科技成果转化市场机制为核心，探索“互联网+”科技成果转化的有效模式，构建互联互通的全国性技术交易网络。宁波以激发民营经济活力为核心，发挥科技成果转化对产业和企业创新发展的支撑作用。目前，示范区取得了很好的进展和成效，将进行阶段性总结与经验推广。

此外，技术交易平台服务模式不断创新。如中技所推出了专利拍卖和科技成果评估公示服务系统，已累计为 25 家高校院所提供相关服务，涉及项目 2258 项，成交 3.6 亿元。中国创新挑战赛、科技成果直通车、百家院校科技成果走基层等系列活动，从供给端、需求端、服务端同步发力，政府搭台、各类市场机构唱戏，实现了科技成果与技术需求零距离、精准化对接，取得了显著的经济与社会效益。例如百家院校科技成果走基层活动，共征集 200 余家机构近万项成果，企业技术需求 1000 多项，组织 217 位高校院所专家到企业生产一线提供技术指导与服务。①

5. 两化融合

随着信息化的发展，工业化与信息化融合的趋势显著。目前，我国机械、船舶、汽车、轨道交通装备等行业数字化设计工具普及率超过 85%，石化、有色、煤炭、纺织、医药等行业关键工艺流程数控化率超过 65%、大中型企业 ERP 装备率超过 70%。

（1）工业互联网

2016 年 10 月，工业和信息化部印发《信息化和工业化融合发展规划（2016—2020 年）》（以下简称《规划》）。《规划》指出，“十二五”期间，我国两化融合顶层设计逐步加强，整体意识日益提高，发展成效不断显现，为制造强国建设奠定了坚实基础。

① 资料来源：见 http://www.most.gov.cn/xinwzx/mtjj/ztjj/201702/t20170222_131143.htm。

一是两化融合政策体系日臻完善。党中央、国务院先后出台《中国制造 2025》《关于积极推进"互联网+"行动的指导意见》《关于深化制造业与互联网融合发展的指导意见》《国家信息化发展战略纲要》等系列文件,两化融合内涵思路不断丰富和创新,覆盖国家、行业、地区的两化融合协同工作机制正在形成。

二是两化融合对传统产业提升作用显著。信息技术在企业研发、生产、经营、管理等环节的渗透不断加深,数字化研发设计工具普及率达 61.1%,关键工序数控化率达 45.4%,制造企业在精益管理、风险管控、供应链协同、市场快速响应等方面的竞争优势不断扩大。

三是制造业智能化发展取得新进展。制造企业生产设备智能化改造步伐加快,综合集成水平持续提高,一批企业初步具备了探索智能制造的条件,智能机器人、增材制造、智能家电、智能汽车、可穿戴智能产品、移动智能终端等产业快速发展。

四是基于互联网的新模式新业态不断涌现。互联网与制造业的融合发展,催生了网络协同制造、个性化定制、服务型制造等新模式,工业云、工业大数据、工业电子商务等新业态蓬勃发展。

五是信息技术产业支撑服务能力进一步夯实。全球规模最大的宽带通信网络基本建成,自主研发的 EPA 实时以太网、WIA-PA 工业无线网络等被纳入工业控制网络国际标准;集成电路、高性能计算、网络通信、基础软件等领域取得突破,云计算、大数据、物联网、移动互联网在重点行业应用不断加深。

2017 年 11 月,国务院印发《关于深化"互联网+先进制造业"发展工业互联网的指导意见》(以下简称《意见》)。《意见》指出,我国工业互联网与发达国家基本同步启动,在框架、标准、测试、安全、国际合作等方面取得了初步进展,成立了汇聚政产学研的工业互联网产业联盟,发布了《工业互联网体系架构(版本 1.0)》《工业互联网标准体系框架(版本 1.0)》等,涌现出一批典型平台和企业。

2018 年 2 月 1 日,工业互联网峰会在北京召开。工业和信息化部总经济师王新哲在发言时指出,目前,我国已建成全球最大的 4G 网络。5G 技术研发进展也在全球领先。同时,《中国制造 2025》深入实施,一些重点领域取得了重大突破。总体来看,我国信息化和工业化融合的基础不断筑牢,深度不断拓展,工业互联网发展已经具备了比较好的基础。①

(2)两化融合平台

中国信息化和工业化融合咨询服务平台(www.cspiii.com)由工业和信息化部指导和支持、电子一所主办,是中国信息化和工业化融合咨询服务联盟的互联网工作载体,

① 资料来源:见 https://finance.qq.com/a/20180202/002314.htm。

是各方资源与成果共享、核心业务协同的关键纽带，是最前沿、最专业、最权威的两化融合第三方服务领航者，主要服务于信息化环境下企业核心竞争能力打造、产业转型升级、区域经济实力整体提升。

平台是落实和推进工信部《信息化和工业化深度融合专项行动计划（2013—2018年）》的重要抓手。平台将建成覆盖评估诊断、咨询培训、贯标与评定等全流程服务的信息系统，全面支撑开展两化融合管理体系标准建设和推广行动、两化深度融合示范推广行动、工业云创新行动、基于Handle系统的物联网标识管理公共服务推广等工作。

平台定位为各级政府推进两化融合科学决策提供数据和案例支撑；为行业组织和IT服务商等联盟成员开展两化融合相关业务提供方法和系统工具；为企业推进自身两化融合建设提供专业咨询和培训服务；为广大单位和个人深入了解两化融合提供交流和共享渠道。

平台遵循“体系化、规范化、市场化”的发展思路，在政府引导下，坚持走市场化的可持续发展道路。平台面向企业、行业、区域等提供专业服务，支持各行业、各地区建立分平台，搭建协同工作体系，推动建立第三方咨询服务体系，完善两化融合服务机制，推进企业对标和行业示范推广，加强区域分级分类指导。①

三、信息化发展的新趋势

（一）信息化的新特征

1. 互联网化

互联网化主要体现在互联网宽带接入技术和接入设施取得重大突破，互联网用户数增长速度极快，互联网内容呈爆发式增长，互联网在产业、金融、商业、社会服务和个人生活等领域的创新应用层出不穷。人与人、人与物、物与物，以及各类信息系统之间，都在互联互通，一切都在互联网化。②

李克强总理在2015年政府工作报告中首次提出“互联网+”行动计划。他提出，制定“互联网+”行动计划，推动移动互联网、云计算、大数据、物联网等与现代制造业结合，促进电子商务、工业互联网和互联网金融健康发展，引导互联网企业拓展国际市场。随后，国务院印发《关于积极推进“互联网+”行动的指导意见》。这是推动互联网由消费领域向生产领域拓展，加速提升产业发展水平，增强各行业创新能力，构筑经济社会

① 资料来源：中华人民共和国工业和信息化部，见 http://www.miit.gov.cn/n1146285/n1146352/n3054355/n3057656/n3057660/c5512129/content.html。

② 资料来源：见 http://www.qstheory.cn/zhuanqu/zywz/2014-08/14/c_1112066418.htm。

发展新优势和新动能的重要举措。目前,“互联网+”行动得以迅捷、高效实施,取得了重要进展。

阿里巴巴研究院发布的《“互联网+”研究报告》,指出“互联网+”是以互联网为主的一整套信息技术(包括移动互联网、云计算、大数据技术等)在经济、社会生活各部门的扩散、应用过程。互联网作为一种通用目的技术(General Purpose Technology),和100年前的电力技术,200年前的蒸汽机技术一样,将对人类经济社会产生巨大、深远而广泛的影响。“互联网+”在内涵上根本区别于传统意义上的“信息化”,或者说互联网重新定义了信息化。在互联网时代,信息化正在回归“信息为核心”这个本质。互联网是迄今为止人类所看到的信息处理成本最低的基础设施。互联网天然具备全球开放、平等、透明等特性,使得信息、数据在工业社会中被压抑的巨大潜力爆发出来,转化成巨大的生产力,成为社会财富增长的新源泉。例如,淘宝网作为架构在互联网上的商务交易平台,促进了商品供给—消费需求数据/信息在全国、全球范围内的广泛流通、分享和对接:10亿件商品、900万家商家、3亿多消费者实时对接,形成一个超级在线大市场,极大地提高了我国流通业的效率和水平,释放了内需消费潜力。①

2. 移动化

移动化是指移动宽带、卫星通信的普及,使得人和物可以随时随地在移动状态下接入互联网,进一步突破网络服务的时空界限,移动社交、手机导航、手机打车APP等基于位置的服务成为潮流,移动医疗、移动支付、手机购物等应用使人们可以随时随地进行购物娱乐和享受优质公共服务。②

目前,传统农业、劳动密集型的加工制造业在整体的经济结构中依然占据较大比重,经济发展中的产品技术含量低、利润率低等问题突出。特别是在“互联网+”浪潮袭来的时代背景下,组织落后的信息化建设加大了本来就存在的“信息鸿沟”,如果信息鸿沟得不到弥补,将进一步加大地区经济发展的差距。

移动化对于这些传统组织的优势在于,组织可以借助“后发优势”跳过资金需求量大、技术准备繁复的传统信息化建设之路,直接引入移动信息化的管理流程,实现“跳跃式”的发展。而且,移动化不仅适用于单位产出高的组织,还适合于产业布局分散、单位产出低的组织。即使是分散极为广泛的农业、畜牧业,也可以借助移动设备来进行信息化管理。

移动化更具备成本优势。如果组织部署传统的信息化平台,采购大量的终端设备将带来巨大的支出,而且还必须进行网络基础设施、服务器系统、网络安全体系等配套

① 资料来源:光明网,见 http://epaper.gmw.cn/gmrb/html/2015-10/16/nw.D110000gmrb_20151016_1-05.htm? div=-1。

② 资料来源:见 http://www.qstheory.cn/zhuanqu/zywz/2014-08/14/c_1112066418.htm。

建设，这些成本对于组织造成了巨大的负担。特别是传统组织本身利润率就偏低，更难以负担由此带来的成本压力。反之，移动化在成本上则具备巨大的优势。从终端上来说，移动设备的采购价格往往比 PC 低很多，将能节省大量的采购成本。而且，绝大多数组织员工都会随身携带智能手机等移动设备，只要组织下发 BYOD 策略，并对这些设备进行移动化改造，很容易就能将这些设备转化为工作终端，成本也会得到极大的降低。

移动化更符合未来的发展方向。毋庸置疑，移动互联网是未来的发展方向，其用户量更大、活跃性更高、蕴藏的商业价值也越大，是组织抢占产业“风口”的必争之地。因此，及早实现向移动互联网的转型不仅有助于组织提高生产力，还有利于组织提升在未来互联网经济中的竞争力。①

3. 智慧化

智慧化是指物联网、云计算、大数据等信息技术的融合应用实现信息交互和信息系统综合集成，信息资源和业务系统实现广泛共享和互联互通，从而使得信息系统具有了智慧运作的能力。例如，特斯拉通过内置无线互联网沟通车内车外的各种信息系统，将汽车打造成为智能的移动终端。城市信息系统的互联互通形成了智慧城市。工业企业内外部信息系统的互联互通形成了智能工业。远程办公、互联网金融、远程医疗、网上学校等各种智慧的新型服务蓬勃兴起。②

智慧化是信息化发展的最新阶段。物联网的出现，使物体与物体在网络中互联互通，智慧化则是根据需求将感知信息进行加工建立智慧系统，实现智慧化应用。智慧化是信息新技术的集成应用，主要应用物联网技术、云计算技术、智慧终端技术、大数据技术等新技术，其中大数据技术是基石，成为智慧之源。现在已经进入大数据时代，数据中蕴藏着巨大的资源和财富。信息是实体的表现形式，信息与实体是融为一体的。信息世界与实体世界互相对应，实体世界中产生的众多问题与矛盾，往往表现在实体世界，而根源在信息世界。由于信息缺失、信息不对称和信息虚假，使信息世界发生混乱，从而造成实体世界的矛盾。信息世界的大量数据，通过分析、整合、挖掘，可加工形成智慧化的数据产品，返回到实体世界，对实体世界的发展起到优化提升的巨大作用，这就是智慧化发展的根本之源。智慧化的本质是建立“虚拟大脑”系统，使实体具有“智慧”，大大提高“智商”，变得更加“聪明”，这是一个“换脑”的过程，将“笨”的大脑转换成一个“聪明”的大脑。智慧化发展十分广阔，其应用遍及经济与社会的方方面面。③

2014 年国家发展改革委联合八部委印发了《关于促进智慧城市健康发展的指导意

① 资料来源：见 http://cio.it168.com/a2015/1026/1771/000001771794.shtml。

② 资料来源：见 http://www.qstheory.cn/zhuanqu/zywz/2014-08/14/c_1112066418.htm。

③ 资料来源：见 http://m.chinabyte.com/cio/337/12540837_gfh.shtml。

见》,提出:到2020年,建成一批特色鲜明的智慧城市,聚集和辐射带动作用大幅增强,综合竞争优势明显提高,在保障和改善民生服务、创新社会管理、维护网络安全等方面取得显著成效。

许多城市将大数据作为新型智慧城市的核心资源,在顶层设计时重视挖掘和释放城市数据资源的潜在价值。《沈阳市智慧城市总体规划(2016—2020年)》明确提出"以释放数据红利为核心,以数据流引领技术流、物质流、资金流、人才流,构建'智基、智心、智脑、智惠、智理、智业、智引'的智慧沈阳体系"。一批智慧城市解决方案提供商纷纷积极探索利用互联网和大数据思维推动智慧城市建设与运营,中兴通讯牵头建设智慧沈阳统一平台,通过对22个委办局的数据采集,打通城市数据孤岛,汇聚城市数据资产,并在此基础上开发5大民生应用,培育10家大数据应用和服务企业,助力构建大数据产业链和生态圈。中国电科为深圳、福州、嘉兴等地打造新型智慧城市运营中心,通过城市数据深度挖掘、数据融合和数据价值发现,实现城市智慧治理。①

(二)智能制造引领产业升级

1. 智能制造的发展趋势

在新的技术驱动下,智能制造正在加速向服务化、融合化、平台化的方向发展。同时,虚拟经济和实体经济、虚拟世界和现实世界正在不断加深融合。

(1)制造业与服务业进一步融合成为发展趋势

制造业服务化和服务业制造化两路并进,两者在技术创新和商业模式创新方面相互影响、相互促进。随着信息技术对制造业的进一步渗透,许多知名制造企业迈出了向服务转型的步伐。例如,美国GE公司正在利用工业物联网技术由传统设备制造商向服务商转变,罗尔斯罗伊斯公司早在几年前就开启了销售发动机运行时间模式;我国三一重工借助4G、GPS、GIS、嵌入式系统技术等建立了基于物联网技术的企业控制中心,对销售出去的大型机械进行产品状态、产品位置、产品工况等数据的收集,形成了设备数据分析机制、服务订单管理机制等增值模式。在制造业向服务化转型的同时,一些服务型企业反其道而行,开始了制造化。例如,Facebook首席执行官扎克伯格(Zuckerberg)提出在未来十年,公司将会制造Oculus头部设备甚至太阳能飞机。除此之外,我们还看到了亚马逊的送货无人机、蓝色起源太空探索公司的可回收火箭、谷歌牌智能家居等一批炫酷的硬件产品。从上面的案例可以看出,无论是制造业服务化还是服务业制造化,都是硬件与软件、制造业与信息技术深度融合的产物。

① 资料来源:中国信息产业网,见http://www.cnii.com.cn/informatization/2017-02/13/content_1820092.htm。

(2)个性化定制成为智能制造的主流方向

目前制造业面临的主要问题是如何聚焦客户的真正需求,并快速地对客户的个性化需求作出反应。传统的制造业模式是封闭的,即生产者决定生产什么产品生产多少,生产者与消费者之间是割裂的。但是随着个性主权兴起,个性化需求放大,用户不再是制造业的旁观者和被动的商品接受者,传统的制造模式与个性化需求不匹配。智能制造模式下,工厂边界被打破,用户直接参与产品设计甚至生产过程。个性化定制让产品制造的每一个环节都与消费者建立联系,形成有效互动,消费者个性化需求得到充分尊重。以海尔空调智能制造为例,用户在海尔商城直接下单后,海尔平台会发短信给客户就产品的特定功能、模块、颜色及其他个性化需求进行频繁沟通,共同设计,用户可随时查看自己的产品所处的生产状态,直至最终交付客户。从生产者与消费者相互割裂的传统制造到"产消合一"的智能制造,两者的距离进一步拉近,个性化定制将会被越来越多的企业接受。

(3)智能服务将会成为未来制造的竞争核心

基于工业大数据的智能服务将会越来越重要,制造服务生态圈将成为未来制造的竞争核心。德国工业4.0最初关注的是智能生产,集中解决的是生产的灵活性问题,即可以随时经受30%—40%的订单扩大和收缩的冲击。之后,从数据驱动的智能工厂转到智能产品和智能服务,最终形成一个平台。从工业4.0的关注重点变化来看,基于数据驱动的智能服务是工业4.0的重中之重,这与智能制造的微笑曲线是一致的。在智能消费品领域,工业企业通过嵌入智能传感器的产品,实时采集、传输、存储和分析大量客户使用的数据,对客户进行画像,能提出精准的营销和服务方案,更好地为第三方和客户提供有价值的服务。以"互联网+汽车"为例,汽车生产企业利用收集到的安全、驾驶行为、路况等大数据,结合人、环境、社会之间的关系,就可以让保险公司设计出更为精准的险种,让汽车零配件企业提供更加人性化的汽车配件,让交通部门预测节假日及高峰期交通情况,最终实现跨部门和产业的"互联网+汽车"大生态系统。在智能装备领域,由于数据量远远超出消费级产品,数据的深度、复杂度和价值都更大。以工程机械为例,使用工业物联网能够使故障率降低1%,可能带来的就是千亿元级别的收益。

(4)智能制造商业模式创新频率加快

智能制造模式创新频率加快,一批典型模式进入推广普及应用阶段。最近两年,国家连续组织实施智能制造试点示范专项行动和智能制造专项,分别筛选了109个智能制造试点示范项目和156个智能制造新模式应用项目,通过对以上265个项目的梳理和分析可以得出:我国目前智能制造的新模式大概有6种,即满足需求和快速响应多样化市场需求的个性化定制模式、延伸产业链嵌入到客户中去的远程运维模式、加快产品研制和降低生产成本的网络协同设计与制造模式、提高制造效率的智能工厂模式、提升管理效率的智能管理模式、以增强质量管控为目的的全生命周期追溯模式。随着我国智能制造相关标准和政策的陆续发布和实施以及地方政府配套措施的不断完善,企业智能改造的动力进一步激发。一方面,推动企业商业模式持续创新,将会涌现更多的新模式;另一方面,一批可复制、可推广的智能制造新模式将会加速向行业推广应用。①

2. 制造业大国向制造业强国转变

从全球背景看,全球制造业格局发生了深刻变化。近几年来,随着国际经济、贸易与投资环境的深刻改变,制造业正在成为一些大国参与全球产业分工、争夺产业链、价值链高端的角力场。一方面,国际金融危机后,欧美等发达国家纷纷推出“再工业化”战略,力图抢占国际竞争的制高点。另一方面,新兴经济体国家如印度、越南等,也利用其相对更低的劳动力等要素成本,快速推进其工业化进程。此外,新一轮技术革命和产业革命也深刻影响着全球分工格局。在这样的背景下,我国需要找到一条新的发展之路,形成我国经济增长新动力,塑造国际竞争新优势,重点在制造业,难点在制造业,出路也在制造业。可以这样说,推动制造业在调整中发展,在发展中升级,对于提升综合国力、保障国家安全、建设世界强国、实现“两个一百年”的奋斗目标都具有重要意义。

转型升级是中国制造业提升竞争力、防止产业空心化、跨越中等收入陷阱的必由之路。从长远来看,我国需要通过加快制造业转型升级,在未来较长时期维持我国在全球范围内的竞争优势。推动结构转型升级,首先必须明确结构调整的目标和方向。结构调整的目标和方向是建立更加协调的结构关系,使国内需求和国外需求、投资和消费的关系更加协调,使高端制造业、现代服务业和传统产业的发展更加协调,使实体经济和虚拟经济的发展更加协调,使经济增长更多依靠技术进步和劳动力素质的提高,使我国经济成功向形态更高级、分工更优化、结构更合理的阶段演进。未来很长一段时间,代表工业 4.0 方向的智能制造将是我国工业转型升级的重要目标,是国家战略。但同时,我们也要补好工业 2.0、工业 3.0 的课,在技术标准、质量控制等方面全面提升我国制造业的能力。加快制造强国建设,不仅是时代赋予制造业的历史使命,更是适应我国国情的战略抉择。②

2015 年《政府工作报告》中首次提出实施“中国制造 2025”,坚持创新驱动、智能转型、强化基础、绿色发展,加快从制造大国转向制造强国。此后,“中国制造 2025”一直是贯穿国务院工作部署的关键词之一。

2015 年 5 月,国务院印发《中国制造 2025》,这是我国实施制造强国战略第一个 10

① 杨志波:《我国智能制造发展趋势及政策支持体系研究》,《中州学刊》2017 年第 5 期,第 33—34 页。

② 资料来源:人民网,见 http://theory.people.com.cn/n1/2016/0204/c49154-28109802.html。

年的行动纲领。2016 年，国务院办公厅发布《关于开展消费品工业“三品”专项行动营造良好市场环境的若干意见》，促进消费品工业迈向中高端。2017 年 7 月，李克强总理主持召开国务院常务会议，部署创建“中国制造 2025”国家级示范区，加快制造业转型升级。①

3. 产业升级

“牢牢把握发展实体经济这一坚实基础，实行更加有利于实体经济发展的政策措施，推动战略性新兴产业、先进制造业健康发展，加快传统产业转型升级”，党的十八大报告对此作出明确表述。不可否认，在我国实体经济领域，传统产业占有较大比重。加快转变经济发展方式，推进经济结构战略性调整，必须促进传统产业尽快向高附加值、低能耗、低污染的集约型发展方式转变，实现产业转型升级。要在更加有利于实体经济发展的政策措施激励下，加快新技术、新产品、新工艺的研发应用，加强技术集成和商业模式创新，使传统产业在转型升级中形成可持续的技术改造、创新和应用体系，不断增强长期发展后劲。②

我国传统产业转型升级具备非常大的潜力，表现在三个方面。第一，我国具备超大规模国家市场的优势。产业的发展主要取决于消费，以及消费结构的变化。现在的消费结构呈现出向中高端升级的明显态势，这可以反过来支撑产业的结构升级。第二，我国制造业的增加值率偏低。从整体上来看，与国际水平比较，我国还面临着产品附加价值偏低的问题。与美国、日本相比，我们的整体增加值率仅仅是它们的一半，也就是说在增加值率的提高、价值链的提升上我们还有很大的空间。第三，我国在新技术方面，特别是互联网、云计算、大数据等新一代信息技术与传统制造业的结合方面，潜力巨大。而且，在互联网行业当中，我们也有一批创新比较活跃的企业。在制造业和互联网技术结合的背景下，我们可能会在传统产业升级当中，走出一条新的中国特色道路来。这是转型升级的方向，同时也是市场的倒逼机制形成的。这是一个良性机制，市场倒逼机制的形成可以焕发企业的创造力，激发企业的积极性，比起政府号召甚至更加具备影响力。③

（三）新技术应用

1. 区块链

区块链技术作为一种基于互联网的颠覆性技术，可实现由信息互联网向价值互联网的转变，被认为是继大型机、个人电脑、互联网、移动社交网络之后计算范式的第 5 次

① 资料来源：中国政府网，见 http://www.gov.cn/guowuyuan/2017-08/10/content_5216727.htm。
② 资料来源：中国网，见 http://finance.china.com.cn/news/special/sbdzt/20121114/1133452.shtml。
③ 资料来源：凤凰财经，见 http://finance.ifeng.com/a/20151221/14131569_0.shtml。

颠覆式创新，是人类信用进化史上继血亲信用、贵金属信用、央行纸币信用之后的第4个里程碑，不仅吸引了全球的IT巨头、金融机构、审计咨询机构等纷纷研究这项新兴技术，还催生了上千家基于区块链技术的创业公司，我国政府和央行也对区块链投入了极大的关注度，目前在金融、医疗等领域已获得广泛应用，而在互联网业务、能源、电子证据、数据安全、政府区块链技术等领域也展现出了大好前景。

（1）金融领域

在金融领域，区块链技术将首先影响数字支付系统、证券结算系统、交易数据库、货币、转账、汇款等金融基础设施，使其朝着去中心化方向演进，随后将扩及一般性金融业务和更广泛的非货币应用，比如基于P2P的跨境支付和汇款、贸易结算以及证券、期货、金融衍生品合约的买卖、智能资产、智能合约、信用体系、“反洗钱”等。

（2）公共事业、公共卫生领域

在通信领域，设计的思路可以变为将信息发给全网的每一个人，但是只有拥有密码（即钥匙）的人才可以打开，这样通过去中心化和密钥的通信方式能够实现安全且高效的信息传输。在医疗领域，通过区块链技术来完成病历资料的认证可以实现对病人身份背景、往期病史、医疗支付情况、病历的隐私保护。在域名管理领域，能够把域名管理系统变成分布式的结构，使得系统中的每个节点都能对域名进行解析，并且由于节点数量众多，任何一个节点的损失都不会对整个域名系统造成问题，使得对域名的管理方便而安全。

（3）能源互联网领域

将区块链技术运用于能源领域能够引领“互联网+”智慧能源的发展趋势与潮流，区块链技术的运用能够连接海量分布式设备（分布式发电设备、储能设备、智能电器及电动机车等）、大规模用户及融合各种能源网络，提供一种在供需双方之间建立高效、可信、自动、点对点交易的能源交易模式，帮助供需双方高效建立和完成交易，实现能源领域的精确计量、泛在交互、自律控制、优化决策、一域协调，实现真正点对点、端到端、个人对个人的能源服务，促进能源综合利用率的提高。

（4）政府管理领域

相比其技术，区块链更像是一种机制、技术方案或设计思想，将引导着人类社会更深层次的发展走向。政府应逐渐摒弃传统政府担任单一管理角色，建立官民平等治理平台。与之相适应的是，区块链技术可以借助集体核查的完整数据库，建立全网信任，从而解决去中心化的核心问题。政府治理基于区块链技术的应用，可以积极推进公共服务需要政府充分发挥部门和地方政府的积极性，提供更好的网上公共服务、促使社会运行公共利益的最大化公共服务职能。区块链技术可以帮助政府搭建共享共建平台，同时建立全网背书机制，解决所有权界定难题，从而实现真正意义上的政务信息大公开。

除此之外，区块链技术的分享性、开放性为政府信息公示平台的建立提供了技术基础，在未来将会全面应用于保障公众的知情权当中去。通过大数据发展的契机，结合区块链技术的应用政府能够根据特定的需求，制定相对应的方案计划，进行针对性的筹备，实现政府治理的精准化。结合区块链技术的应用，通过充分发挥互联网的高效、方便、快捷的优势，进一步深化服务型政府的构建。通过借助区块链技术手段，推进“互联网+政府治理”的改革路径，实现对用户真实需求的切实契合。通过区块链技术对于信息的高度整合，进行模型的构建与预测，辅助政府进行相关的判断与决策。

（5）军事领域

区块链技术在军事领域也有很广阔的应用前景，如利用区块链技术记录交易时的匿名性，实现对情报人员激励金的隐蔽定向支付，对情报收集领域人员的工作绩效进行激励；还可以通过区块链技术让军事众多部门都参与到装备战技状态的更新与维护环节中，形成一个分布的、受监督的档案登记网络，完成对武器装备的全寿命跟踪；也能通过区块链进行军事人力资源管理，用区块链记录每个干部的任职履历，形成无法篡改的个人电子档案，从技术上彻底解决传统干部管理系统存在的问题和积弊；此外，还能将拓展应用层的区块链技术应用于军用物资采购、军用物流等方面，由此解决智能化军用物流面临的组网通信、数据保存和系统维护等难题。

2. 大数据

自 2011 年 11 月，国内第一篇大数据报告发布以来，大数据行业发展波澜壮阔。2015 年大数据正式成为国家战略，标志着发展大数据、运用大数据、以大数据促进数字经济发展、改善社会治理、增强国家安全保障，成为社会的共识。

大数据成为塑造国家竞争力的战略制高点之一，各国纷纷将大数据作为国家发展战略，将产业发展作为大数据发展的核心。据不完全统计，从 2014 年至今我国涉及大数据发展与应用的国家政策规定已多达 63 个，其中国家大数据发展顶层设计 1 个，国家层面顶层规划 4 个，重点行业领域发展应用 31 个，重点工作推进 25 个，重点区域发展 2 个。大数据战略已上升到国家战略高度，各部门从战略规划、技术能力提升、应用与管理三个层面积极落实推进大数据发展政策。

根据中国信通院调查研究，截至 2017 年 1 月已经公开发布了 37 份地方的大数据规划，涵盖 16 个省、21 个市。第一类是以北深广浙为代表的引领性规划，与产业现状结合最为紧密；第二类是以苏州、南宁为代表的落实性规划，对接国家和省相关战略，制定可操作的具体措施；第三类是追赶型规划，以相对欠发达地区制定的弯道超车型的发展规划为主。随着近几年各地规划的具体实施，我国大数据发展已呈现出三大成效：

第一，区域特色创新发展促进大数据产业快速聚集。目前我国已经形成中西部地区、环渤海地区、珠三角地区、长三角地区、东北地区五大产业区,配合国家大数据综合实验区的建设,整个产业布局将进一步清晰。

第二,行业应用逐步深入。以共享开放推进在政府中的应用,发展工业大数据促进产业转型升级,积极开展金融大数据的应用创新,推动在公共卫生医疗保健中的应用是各地规划中要见成效的领域。

第三,数据资源整合加快,数据中心建设迅速提升。通过大数据战略倒逼基础设施配合国家宽带中国普遍服务、全面小康一系列战略的推进,现在宽带网络和互联网数据中心都取得了快速发展。

大数据驱动的新型产业生态正在形成。大量的异质性企业,借助大数据,互相依存,形成了共生、再生乃至互生的价值循环体系。不同的行业,形成业务交叉、数据通联、运营协同的产业融合机制。不同的经济主体,借助大数据,形成跨地域、跨行业、跨系统的社会协同平台。

自 2010 年以来,大数据领域成功融资的企业数量逐年增加,2014 年进入爆发期,环比上升 193. 55%;2015 年投资数量持续稳步增长;2016 年融资企业数量达到 400 多家;2017 年大数据产业资本依旧热情高涨,经前瞻产业研究院初步统计,2017 年第一季度有 150 多家企业获得融资,其中数据挖掘与分析、行业化应用(如医疗、金融、旅游等)和垂直化应用(如智能营销、业务管理、移动开发服务等)三个方向最受资本青睐。①

就大数据的应用领域来说,具体如下:

(1)电商行业

电商行业是最早利用大数据进行精准营销的,它根据客户的消费习惯提前生产资料、物流管理等,有利于精细社会大生产。由于电商的数据较为集中,数据量足够大,数据种类较多,因此未来电商数据应用将会有更多的想象空间,包括预测流行趋势,消费趋势、地域消费特点、客户消费习惯、各种消费行为的相关度、消费热点、影响消费的重要因素等。

(2)金融行业

大数据在金融行业应用范围是比较广的,它更多应用于交易,现在很多股权的交易都是利用大数据算法进行,这些算法现在越来越多地考虑了社交媒体和网站新闻来决定在未来几秒内是买进还是卖出。

(3)医疗行业

医疗行业无论是病理报告、治愈方案还是药物报告等方面都是数据比较庞大的行

---

① 资料来源:中国产业经济信息网,见 http://www.cinic.org.cn/xw/cjfx/399988.html。

业，面对众多病毒、肿瘤细胞都处于不断进化的过程，诊断时会发现对疾病的确诊和治疗方案的确定是很困难的，而未来，我们可以借助大数据平台收集不同病例和治疗方案，以及病人的基本特征，建立针对疾病特点的数据库。

（4）农牧渔领域

未来大数据应用到农牧渔领域，这样可以帮助农民降低菜贱伤农的概率，也可以精准预测天气变化，帮助农民做好自然灾害的预防工作，也能够提高单位种植面积的高产出；牧农也可以根据大数据分析安排放牧范围，有效利用农场，减少动物流失；渔民也可以利用大数据安排休渔期、定位捕鱼等，同时，也能减少人员损伤。

（5）生物技术

生物技术是人类未来挑战疾病的重要武器，科学家可以借助大数据技术的应用，从而也会加快自身基因和其他动物基因的研究过程，这将是人类未来战胜疾病的重要武器之一，未来生物基因技术不但能够改良农作物，还能利用基因技术培养人类器官和消灭害虫等。

（6）改善城市

大数据还被应用改善我们日常生活的城市。例如基于城市实时交通信息、利用社交网络和天气数据来优化最新的交通情况。目前很多城市都在进行大数据的分析和试点。

（7）改善安全和执法

大数据现在已经广泛应用到安全执法的过程当中。想必大家都知道美国安全局利用大数据进行恐怖主义打击，甚至监控人们的日常生活。而企业则应用大数据技术进行防御网络攻击。警察应用大数据工具进行捕捉罪犯，信用卡公司应用大数据工具来拦截欺诈性交易。

此外，在传统领域大数据同样将发挥巨大作用：帮助农业根据环境气候土壤作物状况进行超精细化耕作；在工业生产领域全盘把握供需平衡，挖掘创新增长点；交通领域实现智能辅助乃至无人驾驶，堵车与事故将成为历史；能源产业将实现精确预测及产量实时调控。

个人的生活数据将被实时采集上传，饮食、健康、出行、家居、医疗、购物、社交，大数据服务将被广泛运用并对用户生活质量产生革命性的提升，一切服务都将以个性化的方式为每一个“你”量身定制，为每一个行为提供基于历史数据与实时动态所产生的智能决策。①

3. 人工智能

2016年，谷歌AlphaGo在人机大战中战胜李世石，引发全球对人工智能技术的高

① 资料来源：中国产业经济信息网，见http://www.ciotimes.com/bigdata/132490.html。

度关注,人工智能产业发展呈现出爆发态势。在企业界加速布局的同时,美国、英国政府相继推出人工智能国家战略,人工智能技术及产业发展正成为全球新一轮科技和产业竞争的重要制高点。随着我国人工智能技术能力的不断提升以及云计算、大数据、物联网等相关产业的协同发展,我国人工智能产业发展正进入突破期,大批的新型产品及服务不断涌现,行业应用持续深化,人工智能不仅成为我国经济创新发展的新动能,而且成为助推我国各行各业转型升级的新引擎。从产业发展角度出发,未来我国人工智能产业将呈现出以下六个主要发展趋势。

一是政策体系加速完善。一直以来,我国高度重视人工智能技术创新和产业发展,当前随着全球人工智能产业的快速成长,一些主要发达国家纷纷出台人工智能相关战略文件,力争在新的科技浪潮中抢占制高点、规避风险。美国、英国等相继出台了《国家人工智能研究和发展战略计划》等报告,不断完善人工智能顶层设计。我国也围绕"中国制造2025"和"互联网+"行动计划出台了一系列支持人工智能技术创新和产业发展的政策文件,如2016年5月由国家发改委、工信部等多部委联合发布的《"互联网+"人工智能三年行动实施方案》等。在国务院发布的《"十三五"国家战略性新兴产业发展规划》中,也提到要培育人工智能产业生态,促进人工智能在经济社会重点领域推广应用。近年来,我国人工智能产业发展的政策支撑力度不断加大。一方面,借鉴美国、英国等的人工智能国家战略,不断完善我国未来人工智能技术和产业发展的顶层设计。另一方面,科技部、国家发改委、工信部等相关部门也发布了人工智能相关的政策文件,从技术研发、产业培育等角度作出具体的部署,实施一批大型项目。此外,围绕标准、安全等特定议题,相关的政策研究与制定也将有望取得积极进展。

二是产业规模快速增长。自2006年深度学习算法提出以来,语音和视觉识别准确率得到大幅提升,人工智能进入到第三次高峰期。当前,在技术突破和应用需求的双重驱动下,人工智能技术已走出实验室,加速向产业各个领域渗透,产业化水平大幅提升,人工智能产业发展正处在黄金期。根据初步测算,2016年,全球人工智能市场规模约为1680亿元,我国人工智能市场规模约为98亿元。近年,随着我国软件与互联网技术向各行各业的持续深入以及云计算、大数据、物联网等相关产业的不断进步,人工智能产业市场规模将持续扩大,预计人工智能及其相关产业发展增速将超过40%。从细分行业来看,语音服务相关技术和模型将趋于成熟,围绕智能语音的行业应用将不断加速,市场逐渐打开,成为人工智能产业发展的主要方向。图像处理等计算机视觉技术将随着训练数据的快速累积实现大的突破,而面向各个行业领域的专业化智能服务则将创造出新的市场空间,有望造就新的行业领军者。

三是关键技术取得突破。当前,人工智能受到的关注度持续提升,大量的社会资本和智力、数据资源的汇集驱动人工智能技术研究不断向前推进。从发展层次来看,人工智能技术可分为计算智能、感知智能和认知智能。当前，计算智能和感知智能的关键技术已经取得较大突破，弱人工智能应用条件基本成熟。但是，认知智能的算法尚未突破，前景仍不明朗。近年来，随着智力资源的不断汇集，人工智能核心技术的研究重点可能将从深度学习转为认知计算，即推动弱人工智能向强人工智能不断迈进。一方面，在人工智能核心技术方面，在百度等大型科技公司和北京大学、清华大学等重点院校的共同推动下，以实现强人工智能为目标的类脑智能有望率先突破。另一方面，在人工智能支撑技术方面，量子计算、类脑芯片等核心技术正处在从科学实验向产业化应用的转变期，以数据资源汇集为主要方向的物联网技术将更加成熟，这些技术的突破都将有力推动人工智能核心技术的不断演进。

四是主体结构不断演进。在第三次人工智能产业发展高峰期中，人工智能创新主体及企业玩家的结构不断发生着调整，由于技术的创新仍处在活跃期，而产业发展空间仍然较大，发展方向具有多样性，人工智能产业发展的主体结构在未来一段时间内仍将持续演进，这不仅为我国人工智能取得突破发展带来机遇，也为传统企业业务发展带来挑战。从创新主体角度来看，伴随大量的科研力量从高等院校向重点企业转移，人工智能核心技术的主要创新者和拥有者将有望实现从院校到科技企业的转变，百度牵头成立了深度学习技术及应用国家实验室即反映出这一转变趋势，随着人工智能技术应用效果的不断显现，未来科技企业在人工智能技术创新中的主体地位将进一步加强，形成以企业为主、高校和科研机构为辅的人工智能创新主体结构。从产业发展主体角度来看，传统的人工智能产品及服务企业将面临较大的转型压力。人工智能的核心价值在于融合，包括与行业技术的融合、与应用场景的融合。随着人工智能底层技术的开源化，主要行业的领军企业将有望加快掌握人工智能基础技术并依托其积累的行业数据资源实现人工智能与自身业务的融合创新，成为人工智能产业发展的主力军。同时，以综合化的新型智能平台（如智能机器人、无人机、智能汽车等）为聚焦的新产品、新业态也将加速培育形成，为人工智能产业发展带来新生力量。

五是行业应用持续深入。当前，我国人工智能产业发展的基础条件已经具备，未来十年内都将是人工智能技术加速普及的爆发期。人工智能具有显著的溢出效应，将带动其他相关技术的持续进步，助推传统产业转型升级和战略性新兴产业整体性突破。近年来，人工智能技术在农业、工业、服务业等多个领域催生新的应用模式和产品。在农业领域，人工智能将为农作物的生产提供更加智能化的辅助手段，其作用将贯穿从种植、灌溉到收获等生产全流程。人工智能将有助于实现自动化、智能化的灌溉模式，提高灌溉效率，减少水资源浪费。在工业领域，人工智能将应用到生产、制造的多个环节中，改进现有的制造控制和管理体系。全自动生产线将大幅提高产品的制造效率和质量，减少人力投入，并且易于实现个性化定制等新型制造模式。在服务业领域，人工智能技术的应用场景更加多样,涵盖教育、金融、交通、医疗、文体娱乐、公共管理等多个领域。如在医疗领域,智能临床决策支持系统将有助于提高临床诊断的准确度和效率,大幅提高医疗服务水平。

六是影响作用大幅加强。从产业发展的视角来看,互联网、基础软件、人工智能都具有相似性,其价值的体现不仅包含自身产业发展带来的经济增量,还包括了对其他行业发展的支撑价值。随着人工智能产品和服务的不断涌现,人工智能所带来的经济社会价值也将持续释放。未来伴随着人脑仿生计算、虚拟助手、机器人、虚拟现实及增强现实技术的开发和应用,人工智能技术将嵌入到更多的机器人与终端设备中,改变人们的生产方式和生活方式,深刻影响我国经济社会发展。服务机器人将越来越多地应用于人类生产生活中,在为人们生活提供便利的同时,并将在儿童、老人、病人、残障人士的生活中扮演重要角色。军用机器人将广泛应用于军事和国防科学技术研究与生产,以辅助军人进行情报收集、协调作战、战争防御等。智能家居将改变家庭娱乐、教育、消费的方式,为人们创造更为智能化的家庭生活。可穿戴设备的发展将推动虚拟世界与物理世界相互融合,全面提升人们娱乐、教育、通信的体验水平。①

4. 云计算

从定义看,云计算本质上是互联网提供的集约化或并行计算服务,是互联网技术发展到高级阶段的产物。云计算新技术带来了革命性机会。

信息技术资源配置最优化。云计算提供资源共享,采用虚拟化技术,并具备负载平衡的能力,让资源得到充分的利用。资源像云一样,可以自由地扩展、自由地分配,可以将所有数据都存储在云端,随时可以访问。其防范病毒攻击的能力将大大提高,数据不易丢失,从而为云模式下的互联网运行提供了较为安全的保障。

信息化投入效益最大化。云计算实际上是对全部计算资源进行集约化管理,节省大量运维成本和人力支出。核心是将大量用网络连接的计算资源统一管理和调度,构成一个计算资源池面向用户按需服务。企业将不用进行IT设备方面的固定资产投资,只需少量营业支出,按需租赁专业云供应商的计算资源,就可以获得和大企业巨资建设的数据中心同样强大的信息处理能力。用户还可大量节省软件的采购费用,所需的应用程序不须运行在本地电脑终端设备上,云计算就可解决几乎所有的应用需求。

而对我国信息化发展进程来说,云计算是信息化的捷径。

云计算是一种普惠计算服务。云计算作为新的IT供给形式,以其廉价、高效的供应,可以辐射到更偏远的地区,填平数字鸿沟,加速普及,让偏远的地区建立新型经济模式,有能力与经济发达地区协同,大幅提升区域经济的附加值。

① 资料来源:见 http://news.cnfol.com/it/20170512/24722138.shtml。

云计算为物联网提供基础设施。如果说云计算是互联网中的神经系统的中枢，物联网则是互联网的末梢神经系统。物联网将人类生产、生活中的大量设备接入互联网，将爆炸性以几何级数产生大量数据。这些数据如果按传统方式处理、储存，将耗费大量 IT 资源。但如果利用云计算技术，将降低大量成本。

云计算大幅提供人类生活的智能水平。云计算以互联网为中心，提供安全、快速、便捷的数据存储和网络计算服务，可成为每个个体的数据中心和计算中心。个人的手机、可穿戴设备、家居用品，将能在云计算的模式中大幅增强功能。如果教育行业能普及云计算，互联网教育将极大节省投入；学生不仅可以得到真正的因材施教、因时施教，更可免除书包的负担，可以直接将移动硬盘淘汰。如果医疗行业普及云计算，患者将得到全程监护，实时报告所有身体信息；X 光透视也不必胶片洗像，一次可以拍摄几十张图片，通过互联网实时进行远程诊断将大大节约患者的就诊时间。

云计算为城市装配大脑。智慧城市是城市发展的新兴模式，本质在于信息化与城市化的高度融合，是城市发展的高级阶段。智慧城市是一个复杂的、相互作用的系统，包含由城市主体——政府、企业和个人形成的系统，必然以信息技术应用为主线。智慧城市通过物联网感知，通过云计算提供智慧决策，通过空间基础设施管理。云计算是城市的真正大脑，以普惠的形式，渗透到城市的方方面面。①②

四、信息化发展的挑战与对策

（一）信息化发展面临的挑战

1. 核心技术待突破

信息技术创新仍处于活跃期，创新成果的应用不断深化。人工智能、大数据、卫星通信、物联网、云计算等新一轮信息技术创新应用取得重大突破并向深层次发展。我国的信息化水平已经超过了世界的平均水平，然而还面临着信息化核心技术缺失的严峻挑战。③

许多行业虽然拥有较为完整的产业链，但关键核心信息技术和设备却受制于人。目前许多部门适用的通用计算机 CPU 和基础软件 90%仍依赖进口；核心集成电路国产芯片占有率低，在计算机、移动通信终端等领域的芯片国产占有率几近为零。以工业控制系统为例，我国目前已经形成较大的产业规模，但核心技术如芯片技术、嵌入式操作系统、工控软件等方面仍受制于国外公司，这些技术和产品的采购对国外依赖程度极

---

① 资料来源：第一财经，见 http://www.yicai.com/news/4019413.html。

② 资料来源：见 http://www.vsharing.com/k/cloud/2015-5/711606.html。

③ 罗文：《信息化发展形势、问题与对策》，《经济日报》2014 年 8 月 14 日。

高，其中一部分甚至完全依赖进口。美国商务部近日宣布对中兴通讯公司执行为期7年的出口禁令，再度引发关于我国半导体芯片产业核心竞争力的担忧。半导体芯片是一个需要高投入、规模效应的产业，投资周期长、风险大，很多人不愿涉足。我国政府从2013年开始对半导体产业从芯片研发到制造都加大了资金支持力度。但专家认为，目前投资过于分散，一些投资无效的项目瓜分了资金。再比如目前需要大力发展的高端数控机床、机器人、智能传感器等智能装备领域在我国有巨大需求，但技术储备也较为薄弱，部分产品高度依赖进口，产品和工艺与国际水平差距较大。

与此相对应，许多具有自主知识产权的技术和产品也没能真正提高自主创新能力，能够提高国家竞争力的高端应用，还远没有成为主流，应用产品低端化和主流市场边缘化的问题仍然存在。同时，我国科研氛围仍然有待改善，企业还没有真正成为技术创新的主体，我国核心技术领域的科研活动多由科研院所和高校主导，这导致许多课题研究与市场需求脱节，商用价值不大。同时，企业直接获得的国家科技投入较少，企业的研发投入意愿低迷。

技术的突破与积累通常是一个漫长的过程，目前我国想要提高自主创新能力，实现核心技术自主可控和技术领先仍面临严峻的挑战。

2. 信息化人才匮乏

信息化人才是推动我国信息化发展的动力，建设一支高素质的信息化人才队伍尤为重要。

信息技术的特殊性造就了技术领域人才的特殊性，信息技术领域的一个关键人物往往是一项技术突破的重要节点。信息化人才往往需要具备实践性、复合性、学习性和创新性四个特点。实践性要求必须具备实际操作的能力。复合性要求具备在信息技术以外掌握其他学科知识，比如政府信息化领域想要实现政务信息系统整合共享，由于涉及部门多、系统多、技术场景复杂，就需要既懂政府业务、管理需求，又精通大数据的复合型人才。学习性要求对不断发展的信息技术和信息产业有充分了解。创新性要求具备打破固有思维限制，从新的角度看问题的能力。

然而目前我国一些信息技术领域面临人才匮乏的问题。例如，芯片设计业是集成电路产业链的前端，近年来在国家大力推动和支持下快速发展，但却一直以来人才短缺。以应用处理器和存储器产业为例，由于技术瓶颈和人才缺失，我国自给率几乎为零。有专家表示目前人才短缺超过10万人。而造成这种缺口的原因，一是国内集成电路产业没有上升到国家战略层面，导致重视度不够，产业不够景气，对人才吸引力不足；二是高校微电子专业的建设规模远远不够，很难为产业和企业培养足够的人才。

造成目前人才匮乏的原因主要体现在三方面：一是信息化人才培养战略或者规划缺失，还未形成国家级信息化人才培养规划；二是人才培养机制较为落后，注重标准化而忽视个性化的培养模式导致我国信息化领域原创性创新稀缺；三是人才遴选机制和激励机制较为僵化，唯论文论、唯职称论的问题依旧存在，轻专利、轻商业应用的现象比较普遍，导致信息化人才科研创新受约束严重，高端人才稀缺。①

3. 信息化发展不均衡

我国信息化水平逐年上升，但发展不均衡现象也在不断加深。我国信息化发展不均衡主要体现在区域、行业和城乡三个方面。

一是区域不均衡。从地域上看，我国信息化发展呈现明显不均衡状态，北京、上海在信息化水平上处于绝对的领先地位，广东、天津、浙江、福建紧随其后，甘肃、安徽、贵州信息化水平较低，其余各省处于中间水平，总体上东部地区信息化水平要远远高于中西部地区。移动宽带是目前最能反映区域"上网"状态和"联网"能力的指标，是衡量区域信息化基础设施的重要指标。根据中国宽带发展联盟展最新发布的第6期《中国宽带普及状况报告》(2017年第三季度)显示，截至2017年第三季度，我国移动宽带用户普及率达到82.3%，而从地域分布来看，东部地区移动宽带普及率达到了98.2%，分别比中部和西部地区高29.6个和21.8个百分点。其中北京、上海、广东、浙江四地的移动宽带普及率已达到100%，新疆、云南、西藏等地区则低于70%，不足北京、上海等地区的一半，差距十分显著。

二是行业不均衡。各行各业信息化水平由于信息技术应用深入程度的不同而呈现不均衡状态。以2016年为例，我国电力、烟草、电子信息三个行业的信息化应用水平相对较高，超过55%，而纺织、采掘、建材三个行业的信息化应用水平则相对较低，应用水平在50%以下。

三是城乡不均衡。截至2017年12月，我国城镇人口和农村人口占比分别是58.5%和41.5%，而我国网民中城镇人口和农村人口占比分别是73.0%和27.0%。城镇地区互联网普及率为71.0%，农村地区互联网普及率为35.4%，城乡网络普及率差距较大。同样在计算机拥有量、网站数量、信息消费等方面，均能体现我国城乡信息化的发展不均衡。

4. 网络安全形势严峻

网络安全和信息化是相辅相成的。安全是发展的前提，发展是安全的保障，二者需要并重。信息化程度越高，安全挑战越大。

(1)网络安全中包含信息安全

一是从技术上来讲，网络信息的安全是指互联网信息的内容保密、完整、可用、不被篡改、不被窃取。近年来，一些发达国家凭借其技术优势，窃取外国的国家机密、商业机密和个人隐私，对国家安全造成了巨大的威胁。仅仅2017年一年，就发生了美国国家安全局的敏感数据泄露事件、勒索病毒(Wannacry)攻击以及艾可飞信用公司(Equifax)

① 左鹏飞:《信息化推动中国产业结构转型升级研究》，北京邮电大学2017年博士学位论文。

遭到的大规模黑客攻击等，近期 Facebook 数据泄露事件也在持续发酵，最新引发热议的则是大公司利用大数据“杀熟”。因数据问题衍生爆发的几起全球恶性事件，背后无一不涉及商业利益。牺牲品即是用户的数据安全和信息隐私。截至 2017 年年中，我国网络黑产从业人员已超过 150 万人，市场规模高达千亿元。二是从法律上来讲，网络信息的安全是互联网信息内容本身的合法无害，政治谣言、电信诈骗、垃圾短信、低俗色情、暴恐邪教等均属有害信息。目前我国民众辨别意识不足被不法分子利用，造谣者自身法律意识不足，通过非法手段来谋取利益，同时公安部门对网络谣言打击力度还有所不足，让这些造谣者有恃无恐。

(2)未来网络安全兼具信息安全与政府设备安全

随着技术的发展，尤其是云计算、物联网和大数据技术的推动，智能互联设备越来越多，智能手机、平板电脑已经非常普及了，智能硬件也逐步进入人们的视野，如智能电视机、智能冰箱、智能播放器等产品，这些硬件设备均可以连接到网络上，现在可以说，人、计算机、网络这三者真正融合在了一起。在这种情况下，网络安全面临的威胁越来越大。暴露在风险下的关键基础设施如 IT、水和电力供应能威胁企业；技术故障和人为错误也有可能造成持久广泛的业务中断；在数字化生产或工业 4.0 的环境下，数据提交失败或错误翻译都会迫使生产停止。

当前网络安全形势不断恶化，各种新型攻击技术层出不穷，恶意攻击事件呈大幅增长态势，虽然我国网络安全技术和产业发展态势良好，未来的发展仍然任重道远。

(二)信息化发展的对策建议

1. 突破核心信息技术创新

(1)建立和完善信息技术产业自主创新体系

一方面，要明确信息技术的核心主攻方向及优先级，避免出现技术科学研究与生产和市场脱节的现象。加大对共性技术、关键技术的前沿和基础研究投入，提高科研水平，自主研发创新新一代信息技术。同时，积极开展公平双赢的国际合作，充分整合国际资源，在引进的基础上自主开发并掌握核心技术，逐渐向自主创新过渡。

(2)培育技术创新企业

企业获得的国家科技投入少，银行贷款和市场融资较为艰难，民营企业的情况尤其如此。比如中国半导体行业协会数据显示，2017 年我国大陆共有集成电路芯片设计企业约 1380 家，普遍规模较小、研发实力较弱。其中，只有 500 多家企业赢利。实际上许多中小民营企业为求生存创新欲望极强，在核心技术设备的竞争中取得了不少重要成果。应从市场竞争中发现一批优秀的中小企业，大力推动其向掌握核心技术、“专精特新”的方向发展，与大企业构成分工协作体系，建立良好的信息技术产业系统。同时应大力支持我国大型 IT 企业、重点院校、信息技术研究机构强强联合，搭建合作平台，为我国核心信息技术发展提供力量。

（3）营造信息技术创新的发展环境

首先，要尽快加强国内新一代信息技术标准体系建设，既要积极参与 3GPP、IETF、ITU、OMA 等传统国际标准化组织的活动，也要重视和加强 ONF、Opendaylight 等新兴标准化组织的标准化工作。建设能被国际标准组织认可、被国内外企业所应用的标准，在未来网络、新一代移动通信等领域扩大对国际标准的影响力。其次，信息产业是技术密集型产业，知识产权密集萌生。我国需要强化新一代信息技术领域的专利布局，加强专利申请和知识产权保护力度，建立相关领域的知识产权监测与预警机制，鼓励龙头企业面向全球进行知识产权转让和购买，围绕企业自身产品和发展需求构建自主的专利体系，探索依托产业联盟等方式构建顺畅高效的专利池和交易平台。

（4）把握发展新机遇

21 世纪以来，云计算、移动互联网、5G 通信技术、大数据等新兴技术密集涌现，不断催生新技术、新产品、新模式。世界发达国家对于大数据技术等都非常重视，资金投入力度非常大。我国也应牢牢抓住此次机遇，积极开拓新一代信息技术的研发和应用，如新一代互联网体系结构和基本协议，特别是未来 15—20 年全球互联网发展的技术路线，并力争在我国有优势的 IPV6 标准体系、5G 通信技术等领域取得突破性进展。总体上做好统筹规划，加快我国信息化进程。

2. 重视和发展信息化人才培养

（1）强化总体规划，政策加以引导

首先，政府部门应该梳理正确的信息化人才观，重视信息化人才的培养，发展和强化总体规划，并建立和完善相关的人才培养、使用、交流、激励、引进政策，从而提升信息化人才的数量和质量。同时，通过各种传播媒介，加强信息化的报道与宣传，尤其是对政府信息化建设方面，转变陈旧的思想观念，树立技术与信息化意识。在这个知识信息时代，公众同样需要提高自身信息化方面的素质和水平。

（2）完善人才培养机制

首先，应进一步提高目前存在人才缺口的信息技术相关专业的师资力量和招生比例，通过建立一级学科、学院等多种形式推动学科建设、扩大培养规模。其次，要巩固完善高等教育模式，根据人力市场需求规律，积极调整课程结构，突出专业重点，在本科生中培养一批具有扎实基础的应用类信息化人才，以满足产业发展的基本需求。再次，加大硕士、博士教育力度，培养高层次信息人才，并保持与国内外企业、国外高校的交流合作，提升竞争力。最后，对于在职人员同样要加强更新教育和业务培训，比如在职学习、脱产进修、研讨会等方式，使之适应信息化发展。

(3)优化人才结构

人才竞争不仅是人才总量的竞争,更是人才结构优化的竞争。在培养信息化人才的过程中,不仅要注重高层次人才的培养,更要向多层次、多方位的人才培养转变。一方面,我国目前急需复合型信息化人才,无论是企业还是政府信息化,都需要既懂管理业务又懂信息技术的复合型人才,尤其是高级复合型人才;另一方面,也要重视中、低端人才的培养,为信息化和信息产业的大力发展准备条件。

(4)完善人才激励、引进机制

给予资金奖励和政策扶持以吸引人才,特别是对于微电子等紧缺人才给予优先资助。支持和鼓励用人单位建立信息技术人才博士后工作站,并给予经费资助。企业内可以采取技术入股、股权期权等激励方式,并加强员工的在职培训,建立相关基金,为员工的发展创造条件。落后地区更是要通过优化事业环境和人才薪酬待遇来留住人才,避免信息化人才向发达地区流失。

(5)借鉴发达国家信息化人才培养模式

世界各国都把信息化人才建设作为21世纪人才建设的重中之重,许多发达国家在信息化人才培养方面已经取得了比较卓著的成绩。德国的信息化人才培养模式采取政、企、研协同作战,既有其明确的分工又存在相互合作。政府部门负责舆论和政策引导,试点企业先行推动产业升级,刺激信息化人才的市场需求,教育培训行业根据市场需求,强化信息化人才培养。日本高校大数据人才的培养分为"数理·统计""IT·数据库"和"经济市场管理"三个方向。将"数理·统计"作为其方向的学院一般以数理统计为基础,重视数据分析和模型构建能力的培养;"IT·数据库"方向则多以计算机技术为支撑;"经济市场管理"方向多注重大数据技术与商业应用的结合。[①] 我国除了要借鉴国外成熟的人才培养模式外,同时还可寻找机会参与各种国际人才合作,通过合作利用国外的先进技术和管理经验,培训和锻炼本地信息化人才。

3. 进一步加强信息化基础设施建设

(1)加大信息化基础设施建设投入

当下所推行的"互联网+"行动和"中国制造2025"计划都离不开网络基础设施水平的大幅度提升,因此当前最为迫切的是提升硬件基础设施,政府应在每年的财政预算中规划出用于信息化基础设施建设的专项费用,确保有可靠的资金支持,并从速度和质量两方面打造信息化战略的硬件推进基础:一方面,逐步打破运营商垄断,创造竞争新环境,提高建设质量。另一方面,加快"宽带中国"战略,加大财政补贴力度,提高建设速度。在软件基础方面,我国信息经济这十多年的快速发展得益于具有一个较为宽松

① 周梦洁:《大数据时代日本IT人才培养研究》,《国际观察》2016年第5期。

的发展环境，我们所需做得更多是继续保持在法律允许的范围内对信息经济发展的较少干预原则。①

(2)提升制造业信息化基础设施水平

制造业转型升级是化解我国现阶段结构失衡的关键。围绕我国制造业转型升级的需要，国家有关部门及网络通信服务商应坚持推动信息技术基础设施建设，为制造业企业的内外信息联络提供便利。将硬件设施建设重点，锁定于中西部地区，以及县域、乡镇的互联网基础设施，提高网络通信能力，降低网络通信成本，为制造业产业转移、合理布局提供必要的保障；以物联网带动下一代互联网，在智能制造装备、智慧城市基础设施等一些正在大量部署智能终端的领域，要求率先普及 IPV6，以增量撬动存量；发展适应制造业需要的企业网络服务产业，依托部分公用网络设施，搭建企业虚拟专用网络、大型无线局域网等新型企业网络，提高企业对商业机密的信息安全保障能力，满足企业各地区分部间、不同厂房设施间的数据快速传递需求。

(3)提升中西部地区信息化水平

在市场竞争充分开展、生产要素自由流动、信息渠道更加通畅的新形势下，中西部地区的信息化建设对我国产业整体延伸产业链、巩固规模优势、实现区域协调发展，都具有重要的意义。信息化水平较低地区普遍处于我国经济发展相对落后的中西部地区，这些地区不仅信息化建设资金相对不足，而且受地理条件的制约，信息化建设难度也高于东部沿海地区。对于信息化基础设施落后地区，应加大财政补贴力度，提高信息化基础设施专项资金使用效率；对于信息化应用水平落后地区，应加快移动互联网建设，积极推广价格合适、功能完善的移动终端设备；对于信息产业发展落后地区，应出台优惠政策吸引信息类科技企业或服务企业落户；对于信息化发展环境落后地区，要加大对教育和科研工作的投入力度，通过财政拨款和税收优惠等方式，改善区域信息消费环境、教育环境和科研环境。

4. 强化网络安全防护

(1)提高安全意识，加强网络安全宣传

从个人信息安全意识层面来看，用户应该提高自我保护的意识，采取多种策略保护个人信息。虽然这是一个全球性的问题，但我国用户在这一方面与发达国家还有一定差距。盗版软件使用率相对较高就可以部分说明我国个人用户的信息安全意识仍然较差，有待于提高。同时，仍有广大中小企业与大量的政府、行业与事业单位用户信息安全意识淡薄，信息安全意识较低的必然结果就是导致信息安全实践水平较差，可以通过组织观看相关宣传视频，签订信息安全责任书等方式提高员工网络与信息安全的意识。

---

① 左鹏飞：《信息化推动中国产业结构转型升级研究》，北京邮电大学 2017 年博士学位论文。

(2)重视网络安全技术研发

组织国内信息安全方面技术领先的企业、研究机构开展相关技术的创新研发,扩大信息安全服务产业。加速面部识别技术、信息加密技术、网络控制技术、反病毒技术、针对关键信息基础设施中威胁的定位和特征描述技术、基于云的网络分析态势感知技术、自动告警预测网络攻击技术等先进技术体系的构建,掌握核心技术,建设安全可控的信息技术体系。

(3)加强关键信息基础设施安全保护

在能源、通信、交通、金融等关键领域的关键信息基础方面,积极研发并使用具有自主知识产权的产品,提升安全可控能力。企业和政府部门选购设备时要经部门批准,并且所选设备要符合国家标准,禁止私自更改标准。建议对目前无法实现技术自主的关键设施,开展信息安全等级保护和信息安全风险评估。更新安全防御理念,变被动保护为提前预防。

(4)完善法规、政策、标准

2017年6月1日开始实施的《网络安全法》多项条款只是原则性规定,真正形成我国的网络安全法律体系还有赖于配套法律法规的逐步完善。比如《网络安全法》中虽然对数据安全和利用做了规定,但现实中数据运用比较复杂,数据脱敏标准、企业间数据共享规则等还需具体完善;再比如人工智能等新兴领域已走入法律的无人区,法律和监管的滞后现象凸显。加快人工智能相关行业的立法研究,对人工智能、无人驾驶等利用数据进行商业开发的行为进行规范,为5G时代可能带来的新的产业重构做准备。未来云计算和大数据将成为互联网时代企业发展、社会运行、政府服务的基础设施,有关技术标准、服务标准和评价标准需要继续完善。最后,对于此前已制定的一些行政法规和部门规章也应根据网络安全法的要求以及法律实施中遇到的新情况、新问题,及时予以修改完善。

(5)加大监管执行力度

自2017年6月1日起,根据《网络安全法》,非法获取、出售公民个人信息最低五十条以上即可认定为"情节严重",达到入刑的标准。三个月内,北京市海淀警方破获了30余起与此相关的案件。而在此前,即便是上亿条数据的交易,由于缺乏司法解释,案件走不到诉讼程序,往往不了了之。如今有法可依,更要做到执法必严,违法必究。